साहित्य का भाषिक चिन्तन

रवीन्द्रनाथ श्रीवास्तव

प्रधान सम्पादक

बीना श्रीवास्तव

सम्पादक

नामवर सिंह

दिलीप सिंह

राधाकृष्ण प्रकाशन

ISBN : 978-81-7119-887-0

साहित्य का भाषिक चिंतन

पहला संस्करण : 2004
तीसरा संस्करण : 2018
This book is printed on **Print on Demand** Technology : 2025

मूल्य : ₹895

प्रकाशक
राधाकृष्ण प्रकाशन प्राइवेट लिमिटेड
जी-17, जगतपुरी, दिल्ली-110 051

शाखाएँ : अशोक राजपथ, साइंस कॉलेज के सामने, पटना-800 006
पहली मंजिल, दरबारी बिल्डिंग, महात्मा गांधी मार्ग, प्रयागराज-211 001
1, अनमोल सोराबजी संतुक लेन, धोबी तलाव, मरीन लाइंस, मुम्बई-400 002
वेबसाइट : www.radhakrishnaprakashan.com
ई-मेल : info@radhakrishnaprakashan.com

SAHITYA KA BHASHIK CHINTAN
by Ravindranath Shrivastava

सम्पादकीय

भाषाविज्ञान की अधुनातन प्रवृत्तियों तथा सैद्धान्तिक मान्यताओं पर प्रो. रवीन्द्रनाथ श्रीवास्तव जैसी गहरी दृष्टि विरले भारतीय भाषावैज्ञानिकों में ही दिखाई देती है। उनके सभी प्रकाशित लेख एवं पुस्तकें उनकी सूक्ष्म शोधपरक दृष्टि तथा गहन साधना के साक्षी हैं। उन्होंने सैद्धान्तिक और अनुप्रयुक्त भाषाविज्ञान के विविध पक्षों पर निरन्तर चिन्तन और लेखन किया। यह उल्लेखनीय और सराहनीय है कि इन पक्षों पर उनका लेखन मजबूत सैद्धान्तिक पीठिका और भाषा के व्यावहारिक दृष्टान्तों को साथ-साथ समेटते हुए वैचारिक लेखन की एक सम्प्रेषणीय परम्परा कायम करता है।

इसमें कोई सन्देह ही नहीं कि उनका चिन्तन-क्षेत्र अति व्यापक था और इसमें भी कि भाषावैज्ञानिक प्रश्नों पर उनकी दृष्टि एक जागरूक शोधार्थी की दृष्टि है। उनकी इस प्रखर वैचारिकता के कई कारणों में से दो कारण प्रमुख हैं–एक तो पाश्चात्य भारतीय-दर्शन के मूलभूत प्रकरणों को जाँचने-परखने की उनकी अतुलनीय मेधा और दूसरे विश्व-फलक पर उभरते समसामयिक भाषा-चिन्तनों को भारतीय भाषा परिवेश में घटाकर देखने की उनकी अद्‌भुत क्षमता।

भारतीय भाषावैज्ञानिक चिन्तन के ढाँचे को देखने से यह बहुत साफ दिखाई देता है कि पिछले बीस-पच्चीस वर्षों में भारत के भाषावैज्ञानिक मूलतः सैद्धान्तिक भाषाविद् ही बने रहे हैं। इतना ही नहीं, इनमें से अधिकांश का चिन्तन पाश्चात्य विचारों से आक्रांत भी रहा है। यही कारण है कि भारतीय सन्दर्भ में हिन्दी भाषा से सम्बद्ध भाषावैज्ञानिक समस्याओं के वैज्ञानिक आकलन तथा सर्वस्वीकार्य समाधानों की खोज की ओर बहुत कम भाषावैज्ञानिकों का ध्यान गया।

हिन्दी भाषा, साहित्य और समीक्षा का यह सौभाग्य रहा कि इन्हें केन्द्र में रखकर प्रो. श्रीवास्तव ने अपने अधुनातन भाषा-चिन्तन की धुरी से इन्हें बड़ी सहजता से जोड़े रखा। कई लोगों के लिए यह एक जानकारी हो सकती है कि प्रो. श्रीवास्तव ने अपने लेखन का प्रारम्भ हिन्दी में सर्जनात्मक साहित्य रचकर तथा हिन्दी-साहित्य-समीक्षा लिखकर किया। सम्भवतः इसीलिए हिन्दी के प्रति उनके हृदय का एक कोना सदैव कोमल भावनाओं से ओतप्रोत रहा। हिन्दी भाषा और साहित्य के प्रति उनके इसी लगाव ने उन्हें एक ओर हिन्दी भाषा समुदाय, हिन्दी भाषा संरचना, हिन्दी के सामाजिक सन्दर्भ, हिन्दी शिक्षण, प्रयोजनमूलक हिन्दी आदि की ओर मोड़ा तो दूसरी ओर शैली,

शैलीविज्ञान, साहित्य समीक्षा, कृति/पाठ विश्लेषण, मूर्धन्य हिन्दी रचनाकारों की भाषाई चेतना आदि की ओर। वे साहित्य और भाषा के बीच दुराव को नहीं इनकी अन्योन्याश्रितता और इनकी परिपूरकता को सिद्ध करनेवाले विचारक थे। जितना वैज्ञानिक उनका भाषा बोध था उतनी ही तीव्र उनकी साहित्यिक सम्वेदना थी। उन जैसा सम्मिश्रण बहुत कम बन पाता है। भाषा और साहित्य दोनों पर उनके विचार प्रेरक और मननीय हैं।

इस पुस्तक में प्रो. श्रीवास्तव के सर्जनात्मक साहित्य समीक्षा पर व्यक्त विचार एक स्थान पर एकत्रित मिल सकेंगे। उनके निधन के बाद उनके हिन्दी में लिखित प्रकाशित-अप्रकाशित छिटपुट आलेखों को पाँच पुस्तकों की एक शृंखला के रूप में प्रकाशित करने की योजना बनाई गई थी। यह प्रसन्नता की बात है कि शृंखला की चार पुस्तकें–हिन्दी भाषा का समाजशास्त्र, हिन्दी भाषा : संरचना के विभिन्न आयाम, भाषाविज्ञान : सैद्धान्तिक चिन्तन और अनुप्रयुक्त भाषाविज्ञान : सिद्धान्त एवं प्रयोग प्रकाशित हो चुकी हैं जिन्हें पाठकों का भरपूर आदर मिला है। यह पुस्तक *साहित्य का भाषिक चिन्तन* इस शृंखला की आखिरी कड़ी है।

इन सभी पुस्तकों में प्रो. श्रीवास्तव के विविध विषय-क्षेत्रों मे उनके सार्थक दृष्टिकोण को उद्‌घाटित करनेवाले आलेख संकलित हैं। इस योजना के पीछे हमारा यह संकल्प था कि प्रो. श्रीवास्तव के मानस की क्रमबद्ध सामग्री भाषा, भाषाविज्ञान और साहित्य के छात्रों, शोधकर्मियों तथा अध्येताओं को एक स्थान पर प्राप्त हो सके तथा हिन्दी में और हिन्दी पर उनका गम्भीर अध्ययन यह स्पष्ट कर सके कि हिन्दी के बौद्धिक-शैक्षिक आधुनिक विकास में उनका योगदान कितना बहुमूल्य और अतुलनीय है।

शृंखला की इस पाँचवीं पुस्तक के प्रकाशन के साथ ही हम राधाकृष्ण प्रकाशन और अशोक महेश्वरी के प्रति कृतज्ञ हैं। जिनके माध्यम से शृंखला की सभी पुस्तकें आकर्षक गेटअप और सुन्दर छपाई के साथ प्रकाशित हो सकी और प्रबुद्ध पाठकों तक पहुँच सकीं।

हमारा पूर्ण विश्वास है कि इस पुस्तक का स्वागत भी उसी प्रकार होगा, जैसा इस शृंखला की अन्य पुस्तकों का हुआ है।

प्रस्तावना

भाषा-चिन्तन के साथ-साथ साहित्य-चिन्तन को भी उतनी ही गहराई, सूक्ष्मता और वैज्ञानिकता प्रदान करने का जो काम प्रो. रवीन्द्रनाथ श्रीवास्तव ने किया, उसका कोई सानी नहीं है। एक भाषावैज्ञानिक के रूप में उन्होंने हिन्दी भाषा के विविध पक्षों को उभारते हुए जिस तरह हिन्दी भाषा के अध्ययन की परिधि का विस्तार किया उसी तरह हिन्दी साहित्य; नए-पुराने को केन्द्र में रखकर आलोचना की नई दृष्टि (शैलीविज्ञान) से उसे जोड़ा। आज भी अगर हिन्दी भाषाविज्ञान और हिन्दी आलोचना साहित्य की परख की जाए तो यह साफ दिखाई देगा कि भाषावैज्ञानिक और समीक्षक दोनों ही एक-दूसरे के दायित्व क्षेत्र से बहुत दूर जा छिटके हैं। साहित्य-आलोचक और भाषावैज्ञानिक के बीच एक प्रकार की संवादहीनता की स्थिति है। अगर कोई साहित्य का क्षेत्र अपना लेता है तो भाषाविज्ञान का सामान्य ज्ञान भी उसे अनावश्यक बोझ प्रतीत होता है और भाषाविज्ञान को अपना कार्यक्षेत्र बनानेवाला साहित्य, यहाँ तक कि साहित्यिक भाषा को भी अपनी सीमा में अपनाने से इनकार कर बैठता है। हिन्दी भाषा और साहित्य के अध्येताओं की इस कमी को प्रो. श्रीवास्तव ने गहराई से महसूस किया था। एक भाषावैज्ञानिक के लिए 'साहित्य भाषा' में कितनी सम्भावनाएँ छिपी हैं और 'भाषा-चेता' साहित्य समीक्षक/रचनाकार किसी कृति से कितना कुछ उकेर या उसमें भर सकता है, इस सच्चाई को उनके लेखन से पर्याप्त बल मिला है। कहा जाए तो वे इस सन्तुलन के आदर्श उदाहरण के रूप में दिखाई देते हैं। न तो उन्होंने भाषा और भाषाविज्ञान के किसी पक्ष को छोड़ा और न ही साहित्य तथा काव्यशास्त्र सम्मत भाषा दर्शन को। इस पुस्तक के अधिकांश लेखों से उनके इस सधे विचारक रूप की झलक मिलेगी। और यह भी पता चलेगा कि एक भाषावैज्ञानिक और साहित्य समीक्षक (शैलीवैज्ञानिक) के रूप में वे हमेशा अद्यतन बने रहे और नया सोचते, करते रहे। इन लेखों से उनकी अध्ययनशीलता और गम्भीर शोधक वृत्ति भी हमारे सामने उद्घाटित होती है कि जिस पक्ष या आयाम पर वे काम करते थे उससे सम्बन्धित कोई भी पुस्तक या लेख वे छोड़ते नहीं थे। वे 'वेल रेड' तो थे ही, साथ ही बहुत बारीकी से पढ़ते थे और उतनी ही बारीकी से लिखते भी थे।

यह पुस्तक उनके समीक्षापरक लेखों का संकलन मात्र नहीं है। साहित्य समीक्षा से सम्बद्ध चिन्तन का बहुपक्षीय निचोड़ इसमें निहित है। इसमें समीक्षा सिद्धान्त के

भारतीय-पाश्चात्य विचारों के टकरावों-सीमाओं पर टिप्पणी भी है और अन्तर्विद्यावर्ती समीक्षा के स्वरूप पर चर्चा भी। शैली और शैलीविज्ञान के 'बेसिक्स' को जानने समझने का भी यह पुस्तक पर्याप्त अवसर देती है। इसके कई लेख प्रो. श्रीवास्तव के अकादमिक जीवन के प्रारम्भ के हैं इसलिए उनकी विवेचन पद्धति इनमें ज़्यादा खुली हुई और व्याख्यात्मक है। कई वैचारिक बिन्दु बीज रूप में इन प्रारम्भिक लेखों में छिपे मिलते हैं जो उनकी बाद की रचनाओं में विस्तार पाते हैं, अर्थात् उनके चिन्तन की निरन्तरता और उनके लेखन में सिद्धान्त और अनुप्रयोग के समन्वय की प्रणाली का आभास इन आलेखों से बराबर निःसृत होता दिखाई देता है।

यह पुस्तक दो खंडों में विभाजित है। पहला खंड सैद्धान्तिक पीठिका से सम्बन्धित है और दूसरा अनुप्रयोग से।

आलोचना को वैज्ञानिक बनाने की माँग उनकी हर किताब में दिखाई देती है और इस किताब में भी वह साफ झलकती है। प्रो. श्रीवास्तव ने अपने सैद्धान्तिक चिन्तन की वैज्ञानिकता को व्यावहारिक स्वरूप मानते हुए युग परिस्थिति और सांस्कृतिक चेतना को इस चिन्तन परिवेश का दायरा स्वीकार किया है जिनके समन्वय से एक निश्चित समीक्षा-दर्शन रूपाकार लेता है। वे यह भी मानते हैं कि समीक्षा में विचारधारा या चिन्तनपद्धति की सीमाएँ साहित्यिक आलोचना की सीमाएँ भी निर्धारित करती हैं जिसे वे *बाह्य आलोचना का पक्ष* कहते हैं। इसके विपरीत व्यावहारिक आलोचना को वे सिर्फ साहित्यिक मूल्यों तक ही सीमित नहीं करते क्योंकि कोई भी सिद्धान्त जब मूल्यों का निर्माण करता है तो एक निश्चित प्रणाली का विकास भी करता है। अतः साहित्यिक आलोचना साहित्य सिद्धान्त के साथ अपने व्यावहारिक पक्ष को भी लेकर हमारे सामने आती है। क्योंकि प्रणाली का कोई इतिहास नहीं होता इसलिए व्यावहारिक आलोचना में तटस्थता बनी रहती है।

"साहित्य विश्लेषण का वैज्ञानिक दृष्टिकोण : शक्ति और सीमा" (1967) आलेख में उन्होंने ऐसे कई महत्त्वपूर्ण बिन्दु उठाए हैं और वैचारिक निष्कर्ष दिए हैं जिसमें एक उल्लेखनीय बिन्दु यह है कि आलोचना स्वयं में एक अनुशासन है, एक टेकनीक है जो अपनी सिद्धि के लिए एक निश्चित कार्य प्रणाली का विकास करती है। शैलीवैज्ञानिक आलोचना को सिद्धान्त के साथ-साथ एक प्रणाली के रूप में विस्तार देने का कार्य प्रो. श्रीवास्तव ने बाद में गम्भीरता से किया जिसमें मूल रूप से उन्होंने भाषाविज्ञान के जनक सस्यूर के *प्रतीक सिद्धान्त* को केन्द्र में रखा। तभी शैलीविज्ञान प्रतीक के सन्दर्भ में कथ्य और अभिव्यक्ति के एकीकरण की मान्यता को स्वीकार करते हुए चलता है।

दूसरी ओर उन्होंने रोमन याकोब्सन के उस विचार को महत्त्व दिया कि शैली विज्ञान बाह्य जगत और कला जगत के बीच पाए जानेवाले सम्बन्धों की यान्त्रिक और जड़ प्रकृति का विरोधी है। काव्यकृति और उसमें अन्तर्निहित काव्यात्मकता की स्वायत्तता और स्वनिष्ठता की जो बात रोमन याकोब्सन ने उठाई थी, उसका तात्पर्य कला के अन्य व्यापार क्षेत्रों से बिलगाव नहीं था। सम्भवतः इसीलिए प्रो. श्रीवास्तव इस

मत के समर्थक रहे कि भाषा और साहित्य के अध्येता को एक तरफ अपने क्षेत्र को परिभाषित करने की कोशिश करनी चाहिए और दूसरी ओर अपनी दृष्टि की समग्रता को बिना खंडित किए हुए बिलगाव की प्रकृति से बचते भी रहना चाहिए। इस प्रकार साहित्यिक आलोचना को वैज्ञानिक बनाने से उनका तात्पर्य था–*वह कार्यप्रणाली या युक्ति जो आज भाषाविज्ञान के क्षेत्र में मान्य है।* सम्भवतः इसीलिए वे यह कहते हैं कि *शैलीविज्ञान की दृष्टि भाषावादी और चिन्तन वस्तुवादी है।* अपनी बात को सस्यूर के संरचनात्मक सिद्धान्त से उभरी लांग (भाषा व्यवस्था) और पारोल (भाषा व्यवहार) की संकल्पना से जोड़कर देखते हैं। इस चिन्तन के बीज उनके इस पहले आलेख में फैले हुए हैं। जैसे यह बात कि साहित्यिक जगत बाह्य और वस्तुजगत की प्रतिच्छवि न होते हुए भी उसमें असम्पृक्त नहीं होता और क्योंकि वह भी ठोस और यथार्थ है अतः उसका भी वैज्ञानिक रीति से विश्लेषण सम्भव है। फिर वे इस बिन्दु को रस सिद्धान्त तक ले जाते हैं कि पहले अन्तर्मुखी पर्यवेक्षण पद्धति को अपनाया जाता था लेकिन आज की वैज्ञानिक दृष्टि उन तत्त्वों को अपनी पद्धति का उपकरण नहीं बनाती जो मात्र अन्तर्मुखी पर्यवेक्षण का आधार बनाते हैं। रस आस्वाद्य मात्र है, वह अनुभूति का विषय न होकर मात्र अनुभूति है अतः इसका अध्ययन भी वैज्ञानिक प्रणाली के सीमा क्षेत्र से बाहर है।

प्रो. श्रीवास्तव का यह चिन्तन नए-पुराने सिद्धान्तों की टकराहट से उद्‌भूत होता है। कृति की *स्वतन्त्र सत्ता* को स्वीकारते हुए *मूल्य की सत्ता* पर उन्होंने प्रश्नचिह्न लगाया क्योंकि जो समीक्षा काव्यभाषा की प्रतीक पद्धति के आन्तरिक पक्ष को अपनी विवेचना की विषयवस्तु मानती है वह कविता को स्वनिष्ठ और उसकी सत्ता को स्वायत्त स्वीकारती है। कविता दो आधारों पर स्वनिष्ठ बनती है। पहला कि वह अपने में पूर्ण होती है क्योंकि कोई भी साहित्यिक कृति अपनी सत्ता धारण करने के बाद अपना निजी व्यक्तित्व ग्रहण कर लेती है। स्वनिष्ठता का दूसरा अर्थ यह है कि कवि के अभिप्राय या पाठकों पर पड़नेवाले प्रभाव के सन्दर्भ में न तो कविता को जाँचा-परखा जा सकता है और न ही उसकी व्याख्या की जा सकती है। उन्होंने यह जोर देकर स्थापित किया है कि रचना को अपने 'होने' की स्थिति में पहुँचने के पहले तक जिस अभिप्राय को लेकर रचनाकार आगे बढ़ता है, सृजनात्मक प्रक्रिया से गुजरने के बाद उसकी रूप प्रकृति ही बदल जाती है। इस प्रकार *समीक्षा में मुख्य बात यह नहीं है कि कवि क्या कहना चाहता है, महत्त्वपूर्ण यह है कि कविता क्या कहती है।*

अपनी इस वैचारिकता को प्रो. श्रीवास्तव ने शैलीविज्ञान सम्बन्धी बाद के लेखन में ठोस आधार और वैज्ञानिक दृष्टि देकर सम्पन्नतर बनाया। इससे यह बात खुली और बहस का केन्द्र बनी कि आलोचना का धर्म कविता का अध्ययन-विश्लेषण करना है न कि कवि के व्यक्तित्व अथवा मानस का क्योंकि कविता का वास्तविक क्षेत्र स्वयं कृति है जो अपने में ठोस और यथार्थ है और जिसका पूरा संसार भाषा और शैली के दायरे के बीच सिमटा रहता है।

'शैली' का प्रश्न भी प्रो. श्रीवास्तव के चिन्तन का प्रमुख क्षेत्र रहा है जिसमें शैली भाषा मात्र अलंकरण, साधन या अर्थ के निकल जाने के बाद भाषा की सजावट के लिए बचा तत्त्व नहीं बल्कि वर्णन करने की भिन्न प्रणाली है, अभिव्यक्ति भेद है जिसे शैलीविज्ञान विषयवस्तु अर्थात् 'अर्थ' से असम्पृक्त करके नहीं देखता। उनके मतानुसार *शैली वस्तुतः अर्थविस्तार की सूक्ष्म मर्यादा का निर्माण करती है।* वह *टेक्सचर या मुख्यार्थ* के साथ एक गौण अर्थ का सृजन करती है अतः उसे केवल अभिव्यक्ति के स्तर पर देखना उचित नहीं है, 'अंडरटोन' की तरह द्वितीय अर्थ के रूप में उसे मानना होगा। इस सन्दर्भ में प्रो. श्रीवास्तव ने बड्र्सले और विम्सेट की मान्यताओं पर विस्तार से विचार किया है कि *शब्दों के माध्यम से क्या कहा जा रहा है, वह संघटनात्मक स्तर पर पूरी तरह से रचना में गुँथा होता है।* शैली का सम्बन्ध इसी दूसरे स्तर के अर्थ से रहता है जो छाया अथवा 'इको' की तरह प्रमुख अर्थ के भीतर से ध्वनित होता रहता है। इस सन्दर्भ में उनका यह विचार भी उल्लेखनीय रहा और जिसका संकेत इस पुस्तक के प्रारम्भिक लेखों में मिलता है कि काव्यविश्लेषण की पद्धति में ज्ञात से अज्ञात की ओर जाना अधिक वैज्ञानिक प्रक्रिया है न कि अज्ञात से ज्ञात की ओर जाना। इसीलिए *रस अथवा भावनाओं के बिन्दु से चलकर साहित्यिक शैली से होते हुए भाषा तक पहुँचना वैज्ञानिक पद्धति नहीं है,* बल्कि इसके विपरीत भाषा को आधार बनाकर काव्य शैली का निरूपण विश्लेषण और उसके बाद कृति के फलन की ओर बढ़ना अधिक तर्कसंगत और वैज्ञानिक होगा क्योंकि *भाषा कविता का माध्यम मात्र नहीं है, बल्कि कविता भाषा की ही एक विधा है।*

यहीं कविता को शैली के रूप में देखने, नॉर्म से अलग हुई भाषा के रूप में देखने की चर्चा को प्रो. श्रीवास्तव ने शैलीवैज्ञानिक प्रमुख समीक्षा चिन्तनों के सन्दर्भ में देखा और यह स्पष्ट किया कि *अगर विशेष रीति से व्यवस्थित भाषा ही शैली विशेष है तो यह देखना अभीष्ट होगा कि कृति में प्रयुक्त शब्द खुद क्या बोलते हैं।* अतः वैज्ञानिक आलोचना भाषाविज्ञान के क्षेत्र से बाहर नहीं है। साहित्य समीक्षा की परम्परा में शैली के इस व्यापक सन्दर्भ को ठीक से नहीं देखा गया जिसके प्रति उन्होंने खेद भी व्यक्त किया और परम्परा से चली आ रही शैली सम्बन्धी भ्रान्त धारणाओं को तोड़ने का प्रयास किया है। उन्होंने यह स्पष्ट कहा है कि साहित्य शास्त्र के अन्तर्गत शैली के सन्दर्भ में भाषा शैली का जो विवेचन हुआ है उसे मात्र साहित्यिक भाषा की शैली तक ही सीमित रखा गया है और इन आलोचकों ने साहित्य भाषा को एक स्वतन्त्र इकाई के रूप में मान्यता दी है। वे यह भूल गए कि साहित्यिक भाषा बोलचाल की सामान्य जीवन्त भाषा का ही एक विशेष रूप है अतः उसको समझने के लिए आवश्यक है कि उसे बोलचाल की भाषा के सन्दर्भ में देखा जाए। निश्चित ही कविता में प्रयुक्त भाषा का वाक्य गठन सामान्य भाषा में प्रयुक्त वाक्य गठन के स्ट्रक्चर से भिन्न होता है। इतना ही नहीं, कई स्तरों पर काव्यभाषा उस भाषा के सामान्य नियमों का अतिक्रमण करती पाई जाती है।

इस दृष्टि से प्रो. श्रीवास्तव ने कई प्रश्न उठाए, जैसे—काव्यभाषा का अपना वाक्य

गठन होता है, उसकी भाषा का अपना स्ट्रक्चर होता है, पर इस वाक्य गठन और काव्यभाषा के अन्य स्तरों पर पाए जानेवाले 'स्ट्रक्चर' को क्या हम एक 'नई' भाषा का रूपविधान मान लें ? काव्यभाषा के रूपविधान को सामान्य भाषा के 'नॉर्म' से हटी शैली के रूप में देखना क्या उचित नहीं होगा ? क्या काव्यभाषा का पैटर्न सामान्य भाषा के पैटर्न की ही एक विशेष स्थिति में, विशेष प्रभाव के लिए प्रयुक्त 'उप श्रेणी' नहीं है ? और इन प्रश्नों के उत्तर देते हुए वे प्रतिपादित करते हैं कि यह कार्य भाषाविज्ञान करता है। उसका प्रमुख क्षेत्र ही भाषा के 'पैटर्न' की खोज है। सम्भवतः इसीलिए भाषाविज्ञान ने शैलीविज्ञान को एक शाखा के रूप में अथवा विशिष्ट अध्ययन क्षेत्र के रूप में स्वीकार किया है।

इस पीठिका पर संग्रह का दूसरा आलेख "नई समीक्षा की भाषावादी चेतना" (1974) उनकी वैज्ञानिक दृष्टि को और भी प्रखरता से उद्घाटित करता है। यहाँ प्रो. श्रीवास्तव ने केन्द्रवर्ती मूल धारा या समान क्रोड (कॉमन कोर) की चर्चा की है जो स्थिर और समान रूप से मान्य होती है। दूसरी ओर उन्होंने बाह्यवर्ती परिधि अथवा सर्व-समावेशी अभिरचना (ओवर ऑल पैटर्न) की बात उठाई है जहाँ मत वैभिन्न्य की पूरी गुंजाइश होती है। इस सन्दर्भ में उन्होंने 'नई समीक्षा' का उदाहरण दिया है और उसकी एक ऐतिहासिक रेखा अपने इन विचारों में खींची है कि स्पिन गार्न (1910) ने सबसे पहले इसका प्रयोग किया फिर समीक्षा के विशिष्ट दर्शन के रूप में इसे रैंसम ने परिभाषित किया और इसके बाद विवस, टेट, ब्रुक्स तथा वारेन ने इसे विकास प्रदान किया।

इस विवेचन में प्रो. श्रीवास्तव रिचर्ड्स या इलियट की छिटपुट भाषावादी मान्यताओं से नई समीक्षा को जोड़कर देखनेवाली दृष्टि को अपर्याप्त मानते हैं। उनके अनुसार *जो भी सत्य है वह शब्दों में है* (यीट्स), *कविता शब्द निर्मित होती है, विचार निर्मित नहीं* (मेलार्मे) *कोई अगर तुम कविता क्यों लिखते हो के उत्तर में कहे कि मैं शब्दों के इर्द-गिर्द चक्कर काटना पसन्द करता हूँ क्योंकि मुझे जानना है कि वे क्या कहना चाहते हैं* (ऑडेन) जैसे कथनों में भाषावादी धारणाएँ हैं लेकिन इन धारणाओं से इन आलोचकों को नई समीक्षा का आलोचक नहीं माना जा सकता। प्रो. श्रीवास्तव के मत में मात्र एक या दो पक्षों अथवा एक या दो प्रवृत्तियों की समानता के आधार पर किसी आलोचक के सिद्धान्त को किसी काव्य सम्प्रदाय से जोड़कर देखना अधूरी ही नहीं वरन् भ्रामक दृष्टि भी है। यह पक्ष भी उन्होंने सामने रखा है कि नई समीक्षा काव्य चिन्तन का केवल सिद्धान्त ही नहीं प्रणाली भी है और उसकी दृष्टि ही नहीं प्रणाली भी भाषावादी है। अपने इस विचार को उन्होंने अपने शैली वैज्ञानिक लेखन में अनेक प्रकार से उभारा है और हिन्दी कविताओं (अज्ञेय, केदारनाथ सिंह, रघुवीर सहाय, मुक्तिबोध, विजयदेव नारायण साही आदि) के विश्लेषण द्वारा इस प्रणाली को स्पष्ट और स्थापित करने का भी प्रत्यन किया है।

इस सन्दर्भ में उन्होंने ब्रुक्स की उस मान्यता को देखने की सिफारिश की है कि

आधुनिक आलोचना की मूल वृत्ति भाषा और प्रतीकवाद के गहरे रुझान से प्रेरित है। साहित्यिक कृति में प्रयुक्त भाषा की अपनी प्रकृति या संरचना क्या है इस पर विचार करनेवाले आलोचकों की बैचारिकता को उन्होंने वर्गीकृत करके देखा हैं कि रैंसम ने शब्द और अर्थ-विधान को काव्य विश्लेषण के उपकरण के रूप में मान्यता दी, ऐम्सपन ने संदिग्धार्थता को, टेट ने तनाव को, ब्रुक्स ने विरोधाभास को, वारेन ने वक्रोक्ति को, और ब्लैक मूलर ने भंगिमा को। प्रो. श्रीवास्तव यह मानते हैं कि लक्ष्य भिन्न होते हुए भी इन सबकी केन्द्रवर्ती चिन्तन धारा एक है। भेद यहाँ काव्य विश्लेषण सम्बन्धी प्रणाली का है। पहले के आलोचकों ने रचनाओं के मूल में भाषा को तो महत्त्व दिया पर उनके लिए भाषा मात्र उपकरण थी—पूरी कविता या काव्य फलन का नहीं बल्कि कविता के किसी विशेष अंग का विशेष उपकरण है। और फिर इस मूल मुद्दे पर आते हैं कि *नई समीक्षा यह मानकर चलती है कि कविता स्वनिष्ठ है और उसकी सत्ता स्वायत्त होती है, उसे साधन बनाना उचित नहीं।*

प्रो. श्रीवास्तव की समीक्षा दृष्टि का वैचारिक फैलाव अत्यन्त वैज्ञानिक है। वे कविता को एक क्रिया मानते हुए कवि की प्रतीकपरक क्रिया का प्रतिफल कहते हैं। एक ऐसी क्रिया जो संघटना अथवा काव्य वस्तु के रूप में सिद्ध रहती है और जो पाठक के रूप में हमें फिर से प्रतिफलित करने में सक्षम बनाती है। इसी पुस्तक में *पाठक की रचनाधर्मिता* वाले आलेख में प्रो. श्रीवास्तव ने इस विचार बिन्दु को विस्तार दिया है। उनके अनुसार मानवोचित आचरण से सम्बद्ध वाक्यबन्ध अपने सन्दर्भ में तभी पूर्ण माना जा सकता है जब उसमें पाँच तत्त्वों का समावेश हो—क्या किया गया (एक्ट), कब और कहाँ वह सम्पन्न हुआ (सीन), किसने किया। (एजेंट), कैसे उसने किया (एजेंसी) और क्यों किया (पर्पज़)। वे मानते हैं कि किसी प्रतीकीकरण की प्रक्रिया इन्हीं पाँच उपकरणों के अन्तःसम्बन्ध की प्रकृति के आधार पर सम्पन्न होती है, *जिसे काव्य परक भाषा की गत्यात्मक शक्ति का स्रोत कहा जा सकता है।* इन पाँचों उपकरणों की प्रासंगिकता सिद्ध करने के लिए उन्होंने कई हिन्दी कविताओं की समीक्षा की है और बार बार यह कहा है कि *साहित्य समीक्षा का अर्थ है—पाठ को निकट से पढ़कर शिल्प और भाषा कौशलों के विश्लेषण के माध्यम से कृति को आलोकित करना।* और यह भी कि इसीलिए कविता शब्द नहीं शाब्दिक होती है। यहीं प्रो. श्रीवास्तव अनेक भाषावैज्ञानिक तथ्यों को भी महत्त्व देते चलते हैं कि शब्द महत्त्वपूर्ण तो हैं लेकिन रचना में उनकी उपयुक्तता की परख जरूरी है क्योंकि कविता में शब्द किसी अन्य घटक की प्रकृति का निर्धारण नहीं करते बल्कि अप्रत्यक्ष घटकों द्वारा स्वयं नियन्त्रित होते हैं। अतः कविता में शब्द प्रतीकवत् सिद्ध होते हैं। उनकी यह बात भी उल्लेखनीय है जिसे उन्होंने विवस (1953) और क्रेगर (1964) के हवाले से कहा है कि *कविता भाषा के माध्यम द्वारा व्यक्त नहीं होती अपितु भाषा में अपना अस्तित्व पाती है।* इस तथ्य को प्रतीक विज्ञान के विकास से पुष्टि मिली जो सस्यूर के चिन्तन बिन्दु से विकसित हुआ था और जिसके आधार पर ही यह कहा जा सका कि नई समीक्षा बोलचाल की सामान्य भाषा के सन्दर्भ में

काव्य भाषा की उस विशिष्टता की खोज में विकसित साहित्य सिद्धान्त है जिसके आधार पर भाषिक प्रतीक-काव्य प्रतीक बन जाता है।

पुस्तक के इन दो आलेखों में प्रो. श्रीवास्तव का गहन अध्ययन तो निहित है जो उनकी समीक्षा दृष्टि का पूरा आयाम भी समाहित है जिसका प्रतिफलन दूसरे खंड के आलेखों में भी झलकता दीखता रहता है।

संरचनावाद को नव्य रूपवादी विचारधारा और तकनीकी विश्लेषण प्रणाली के रूप में प्रतिष्ठित मानते हुए पुस्तक का तीसरा आलेख "कला और संरचनावादी (नव्य रूपवादी) दृष्टि" भी अत्यन्त विचारवान आलेख है जिसमें प्रतीक विज्ञान और सम्प्रेषण सिद्धान्त को रचनात्मक बुनावट की प्रयोजन परकता से जोड़कर प्रो. श्रीवास्तव ने वैज्ञानिक सोच से बाँध दिया है। रोलां बार्थ के इस चिन्तन को कि *संरचनावाद के जन्म की कहानी आधुनिक भाषाविज्ञान के जन्म और विकास के साथ जुड़ी है*, वे 'संरचना' शब्द की संकल्पनात्मक व्याख्या आधुनिक भाषाविज्ञान के दो प्रमुख विद्वानों सस्यूर और बादुएन दकुर्तने के विचारों से जोड़कर करते हुए प्राग स्कूल के सदस्यों द्वारा इसे मिली मान्यता पर दृष्टिपात भी करते चलते हैं। यहाँ वे एक और महत्त्वपूर्ण बात भी कहते हैं कि भाषा के सन्दर्भ में संरचना एक प्रकार्यात्मक यथार्थ है जिसकी प्रकृति अमूर्त और संकल्पनात्मक होती है। और यह भी कि संरचनावादी दृष्टि व्यष्टिनिष्ठ तथ्यों के भीतर से सार्वभौमिकता की खोज को अपना लक्ष्य मानती है। वह वस्तुओं के बाहरी आवरण के अन्दर से उसके मर्म को पकड़ना चाहती है। इसीलिए कविता अपनी मूल प्रकृति में समरूपी है, विकारहीन है, एक भाषिक वस्तु है। कविता की इसी अपरिवर्तनीय (इनवेरिएंट) प्रकृति को पकड़ना संरचनावादी का लक्ष्य होता है और उसके कलात्मक प्रकार्य की खोज उनका साध्य होता है। इस प्रकृति की तुलना प्रो. श्रीवास्तव ने भाषा के स्वनिमिक प्रकार्यों के उदाहरण देते हुए की है कि यह दुनिया वस्तुओं से नहीं अपितु उनके बीच पाए जानेवाले सम्बन्धों से बनी है, यह नई धारणा ही वास्तव में संरचनावादी दृष्टि का मूलाधार है।

इस चर्चा को आगे बढ़ाते हुए प्रो. श्रीवास्तव ने प्राग स्कूल की विचारधारा पर गम्भीर चिन्तन किया है। त्रुबेत्सकोय, फ्रांस के नव्य रूपवादी समीक्षा सिद्धान्त, लेविस्त्रॉस और फ्रांस की पाठ विश्लेषण पद्धति की गम्भीर विवेचना करते हुए वे इसे बार्थ, ग्रीमा, तादोरोव की दृष्टि का परिणाम स्वीकारते हैं क्योंकि ये सभी विद्वान *काव्यार्थ को भाषा में रूपान्तरित यथार्थ मानते हैं।*

प्रो. श्रीवास्तव की यह मान्यता उल्लेखनीय है कि अर्थ के बहुआयामी पक्ष को समीक्षा में उद्घाटित होना चाहिए क्योंकि कृति एक ओर अपने को बाह्य संसार में बाँधती है तो दूसरी ओर वह उसके पार भी जाती है। अर्थात् वह संसार को सृजन के बल पर रूपान्तरित करती है, प्रतिबिम्बित नहीं। ऐसी स्थिति में स्वाभाविक है कि भाषा भी रूपान्तरित होती है, विशिष्ट बनती है। यहीं वे यह भी स्थापित करते हैं कि संरचनावाद काव्य कृति का भाषा वैज्ञानिक विश्लेषण नहीं है। उसका प्रारूप जरूर

भाषावैज्ञानिक है लेकिन संरचनात्मक आलोचना अपनी विश्लेषणात्मक प्रणाली और सैद्धान्तिक मत प्रतिपादन में भाषा के दायरे में बँधकर चुक नहीं जाती बल्कि भाषा के 'पार' जाकर उसकी प्रतीकात्मक अर्थवत्ता को रूप (संरचना) के सहारे उद्‍भासित और प्रकाशित करती है। उन्होंने साफ शब्दों में यह चेताया भी है कि यह दृष्टि भाषा-चिन्तन और भाषावैज्ञानिक प्रणाली से बँधी है फिर भी साहित्यिक कृति का भाषिक विश्लेषण संरचनावादी आलोचना नहीं है। उनके लिए यह चेतावनी देना इसलिए जरूरी हो गया था क्योंकि संरचनावादी आलोचना पर भ्रमवश पूर्णतः भाषावैज्ञानिक होने के आरोप लग रहे थे। उन्होंने यह स्पष्ट किया कि किसी कृति का भाषिक विश्लेषण तो मात्र 'कला सामग्री' का अध्ययन है जबकि साहित्य तो 'कला प्रतीक' है। अतः रचना की अर्थवत्ता (सिगनीफिकेंस) को केन्द्र में रखना पड़ता है। इसीलिए वे कला सामग्री के स्तर पर किए गए कृति विश्लेषण को काव्यकृति का शुद्ध भाषावैज्ञानिक अध्ययन मानते हैं और इसे संरचनात्मक अध्ययन न स्वीकारने की अपील करते हैं क्योंकि इसके सहारे कला प्रतीक के रूप में कृति की अर्थवत्ता उद्‍घाटित नहीं हो पाती। उनके अनुसार कला प्रतीक के रूप में जिस पक्ष का अध्ययन यह धारा करती है उसका सम्बन्ध काव्य कृति के रूपविधान (संरचनात्मक बुनावट) और उसमें आबद्ध काव्य संसार से रहता है। वे संरचनावाद की रूप सिद्धि को कथ्य से भिन्न करके देखने के पक्ष में भी नहीं हैं। *वे रचना को कथ्य और अभिव्यक्ति की एकीकृत सर्जना मानते हैं जहाँ 'रूप' वस्तु की आभ्यन्तर संरचना का पर्याय है।*

तीसरे आलेख तक आते-आते प्रो. श्रीवास्तव नई/रूपवादी/संरचनावादी समीक्षा दृष्टि का एक पूरा खाका खींच देते हैं। साहित्य समीक्षा के गम्भीर अध्येताओं को इनमें बहुत कुछ मिलेगा। चौथा आलेख "शैलीविज्ञान और भारतीय काव्यशास्त्र" (1976) पूर्व और पश्चिम की विचारधाराओं पर गम्भीर चिन्तन करता है जिसमें प्रो. श्रीवास्तव ने एक ओर लीच, स्टैक, विक्ज, क्वर्क और रोमन याकोब्सन के विचारों पर अपनी विवेचनात्मक दृष्टि डालते हुए यह प्रतिपादित किया है कि शैलीविज्ञान आलोचना की वह दृष्टि है जो भाषाविज्ञान और काव्यशास्त्र की समन्वित पीठिका पर आधारित है। उन्होंने यह भी स्पष्ट किया और जिसका संकेत वे पिछले आलेखों में भी दे चुके हैं कि *शैलीविज्ञान आलोचना की वह प्रणाली है जो 'काव्यात्मकता' का निरूपण भाषा तत्त्वों के साक्ष्य पर करती है।* इसकी परीक्षण सामग्री सामान्य भाषा नहीं, काव्य भाषा है। इस आलेख में उन्होंने इस भ्रम का भी निवारण किया है कि भाषाविज्ञान अपने क्षेत्र का विस्तार करते हुए काव्यशास्त्र का समूल उच्छेदन करने के लिए प्रयत्नशील है और यह कहा है कि जब रोमन याकोब्सन शैलीविज्ञान को भाषाविज्ञान का ही एक उपांग मानते हैं तो निश्चित ही उनके भाषाविज्ञान का क्षेत्र सामान्य रूप से मान्य भाषाविज्ञान के क्षेत्र से अधिक व्यापक है। इस सन्दर्भ में उन्होंने भाषाविज्ञान की व्याप्ति को भली-भाँति समझते हुए अपना मत दिया है कि *भाषाविज्ञान का क्षेत्र उन सभी आयामों को अपने भीतर समेटता है जो संचार के साधन हैं।* अतः वह काव्यशास्त्र को भी अपने

भीतर समेटता है। काव्यशास्त्र भाषिक संघटना के अध्ययन का ही शास्त्र है, अतः उसे भाषाविज्ञान का ही एक अंग मानने में संकोच नहीं करना चाहिए। अपनी बात को पुष्ट करने के लिए प्रो. श्रीवास्तव ने रैंसम और रोमन याकोब्सन के उद्धरण देकर विवेचना की है। इसी आलेख में उन्होंने शैली, शैलीविज्ञान और प्रतीक सिद्धान्त पर भी विस्तृत चर्चा करते हुए इन्हें वाक्यपदीय, ध्वन्यालोक और काव्यालंकार से जोड़ते हुए भामह, दंडी, आनन्दवर्धन, मम्मट, वामन, अभिनवगुप्त, कुंतक आदि के तुलनीय देखा है और यह माना है कि भारतीय काव्यशास्त्र का चिन्तन भी वस्तुवादी और उसकी दृष्टि भाषावादी रही है और यह भी कि पश्चिमी दृष्टि के समान वह सुनिर्दिष्ट नहीं है लेकिन वह भी काव्यकृति को ही केन्द्रक मानती रही है, जब केन्द्रक को काव्यकृति से हटाकर 'सहृदय' में स्थापित किया गया तो भारतीय चिन्तन में परिवर्तन आया। इस आलेख का निष्कर्ष विचारणीय है कि *जिस प्रकार रूसी रूपवादी आलोचना या "अमरीकी नव्य समीक्षा" वस्तुवादी चिन्तन और भाषावादी दृष्टि से अनुप्राणित होकर भी शैलीविज्ञान नहीं है। (केवल उसकी पूर्वपीठिका के रूप में मान्य है) उसी तरह भारतीय काव्यशास्त्र, भारतीय शैलीविज्ञान (यदि ऐसा कोई काव्य सिद्धान्त है) की मात्र सन्दर्भगत पूर्वपीठिका ही है, स्वयं शैलीविज्ञान नहीं।*

पुस्तक के पाँचवें आलेख "पाठक की रचना धर्मिता" (1981) के संकेत भी पिछले आलेखों में मिलते हैं। इस आलेख में प्रो. श्रीवास्तव ने सर्जक, रचना और पाठक के बीच के सम्बन्धों के साथ उस दृष्टि की सीमा पर भी दृष्टिपात किया है जो लेखक को मात्र उत्पादक और पाठक को उपभोक्ता के रूप में देखती है। उनके अनुसार पाठक सिर्फ ग्रहीता नहीं है, वह स्वयं भी एक सीमा तक रचना में अर्थ भरता है। यहाँ उन्होंने कलाकृति (आर्ट ऑब्जेक्ट) और ग्रहीता के भाव जगत में सिद्ध काव्यवस्तु (एस्थेटिक ऑब्जेक्ट) को स्वनिम और सहस्वन के समतुल्य देखते हुए कृति की अपनी रचना या बुनावट पर भी बात की है और बड़े ही सार्थक ढंग से *सकर्मक और अकर्मक लेखन* पर विचार किया है। इन दोनों को उन्होंने भाषावैज्ञानिक दृष्टान्त देकर समझाने की कोशिश की है। *सकर्मक लेखन* के विषय में उनकी टिप्पणी है कि लेखन (क्रिया) में काव्य-संसार (कर्म) मूर्त रूप धारण किए रहता है जो पढ़ने के बाद भी पाठक की अनुभूतियों का आलम्बन बन सकता है। इस श्रेणी के लेखन में उन्होंने रामचरितमानस, गोदान और कफ़न की चर्चा की है। *अकर्मक लेखन* के बारे में उनका कहना है कि इसका कर्म (काव्य-संसार) क्रियार्थक संज्ञा की भाँति अमूर्त होता है अतः यहाँ लेखन के अलावा ऐसा कोई मूर्त संसार नहीं बनता जिसे पढ़ने से अलग करके देखा-परखा जाए। इस श्रेणी के लेखन के सन्दर्भ में उन्होंने निर्मल वर्मा और गोविन्द मिश्र की कुछ कहानियों और 'अँधेरे में' (मुक्तिबोध) का उल्लेख किया है।

"वस्तुगत यथार्थ और कलात्मक अभिव्यक्ति" (1959) की शास्त्रीयता में साहित्य को एक विशिष्ट सृजनात्मक प्रक्रिया का प्रतिफल स्वीकारते हुए उसे वस्तुगत यथार्थ की यथातथ्य अभिव्यक्ति अथवा सफल अनुकृति न मानते हुए प्रो. श्रीवास्तव ने गहरा

चिन्तन किया है। इस बहस में उन्होंने वस्तुगत यथार्थ के कलात्मक यथार्थ में बदलने की बात को 'स्ट्रक्चर' (मूर्तरूप) को कलात्मक अभिव्यक्ति द्वारा साहित्य में व्यक्त करने की प्रक्रिया से जोड़ते हुए 'रूप-आकार' पर लम्बी चर्चा की है। मूर्त रूप के तीन स्तरों—वस्तु जगत में, साहित्यकार की कल्पना में और साहित्य में, की व्याख्या भी यहाँ विचारणीय है। इस आलेख में भी उनकी भाषावादी दृष्टि की झलक बार-बार मिलती है। इस पुस्तक के ये प्रारम्भिक छह आलेख समीक्षा की भाषा केन्द्रित दृष्टि का ऐतिहासिक आकलन करते हुए इसकी और इस पर विचार करनेवालों की सीमाओं को भी तार्किक ढंग से देखते-परखते हैं। रूपवाद, नई समीक्षा, संरचनावाद, शैली-शैलीविज्ञान पर यहाँ सिर्फ़ अकादमिक वार्तालाप ही नहीं है बल्कि इनके माध्यम से समीक्षा पर देश-विदेश में किए गए महत्त्वपूर्ण कार्यों के पीछे निहित उन बिन्दुओं पर दृष्टिपात भी किया गया है जो समीक्षा, विशेष रूप से हिन्दी समीक्षा में अनेक भ्रान्त धारणाओं, कारणों से टकराते हुए वैज्ञानिक निष्कर्ष तक हमें पहुँचाते हैं। निश्चित ही इन लेखों के पीछे प्रो. श्रीवास्तव की गहन अध्ययनशीलता और विचारों को बाँधने-तोड़ने की उनकी वैज्ञानिक पद्धति के दर्शन होते हैं। इनसे विषय के प्रति उनकी गम्भीर चेता वृत्ति और 'डेडिकेशन' का पता तो चलता ही है।

अगले दो आलेख (दोनों का रचनाकाल 1958)--"मार्क्सवादी साहित्य समीक्षा" और "आलोचक बेलिंस्की का कला-सिद्धान्त" के साथ नवाँ आलेख "वर्ग-संघर्ष, जनता और साहित्य" (1958) मिलकर मार्क्सवादी समीक्षा के तब तक के कई अनछुए पहलुओं पर प्रकाश डालते हैं। सातवाँ और नवाँ आलेख एक-दूसरे के पूरक हैं तो आठवाँ आलेख बेलिंस्की के कला-सिद्धान्त के परिप्रेक्ष्य में मार्क्सवादी समीक्षा सिद्धान्त की परिणति के रूप में सामने आया है। अन्य लेखों की तरह ही इन तीनों लेखों की गम्भीरता और गहराई उल्लेखनीय है। यहाँ भी प्रो. श्रीवास्तव ने कला की रूप-प्रकृति को मूल तत्त्व (मैटर) और आत्म तत्त्व (स्पिरिट) के समन्वय की समर्थक विचारधारा के रूप में मार्क्सवादी समीक्षा सिद्धान्त को देखा है। साथ ही यह भी प्रतिपादित किया है कि काव्य संभावित यथार्थ का रचनात्मक रूपान्तर है—यहीं उन्होंने कला में यथातथ्य अनुकृति की संभावना से इंकार करते हुए कल्पना का स्थान निर्धारित किया है। मार्क्सवादी चिन्तन में रचनात्मक और संश्लेषण प्रक्रिया पर की गई व्यापक विवेचना से उन्होंने यह निष्कर्ष दिया है कि यह दृष्टि (बेलिंस्की की) कलाकार के व्यक्तित्व ओर उसकी रचनात्मक शक्ति दोनों को उसकी सम्पूर्णता में देखने की पक्षधर है और उनके अनुसार प्लेखानोव, मायकोवस्की, कॉडवेल, चर्नीकोव्स्की से भिन्न बेलिंस्की का चिन्तन राल्फ फॉक्स, इल्या इरनेबुर्ग और जॉर्ज लुकाच के निकट है। अनेक सन्दर्भों, उद्धरणों और वैचारिक टकराहटों पर सार्थक टिप्पणी के कारण ये तीनों आलेख मिलकर मार्क्सवादी समीक्षा सिद्धान्त की बारीक विवेचना करते हैं जिसके लिए प्रो. श्रीवास्तव के चिन्तक आलोचक रूप की प्रशंसा की जा सकती है।

दूसरे खंड के आलेख कई दृष्टियों से महत्त्वपूर्ण हैं। एक तो ये व्यावहारिक

आलोचना की नई प्रणाली का निदर्शन करते हैं। दूसरे इस खंड के कुछ लेख तुलसी, सूर, भारतेन्दु, मैथिलीशरण गुप्त और हजारीप्रसाद द्विवेदी के भाषा बोध या भाषाई चेतना को युगीन परिस्थितियों और समाज-भाषिक चेतना के सन्दर्भ में उकेरते हैं। तीसरे, छायावाद, गोदान और इतिहास लेखन (साहित्येतिहास) पर कुछ नया सोचने को देते हैं। चौथे, पाँच समीक्षाएँ गम्भीर समीक्षा-लेखन का आदर्श प्रारूप हमें देती हैं कि समीक्षक मात्र रचना का व्याख्याता या मूल्यांकक ही नहीं, कृति में छूट रहे शून्य को भरनेवाला और आगे के रचनाकारों को दिशा देनेवाला भी होना चाहिए। इन समीक्षाओं में भी प्रो. श्रीवास्तव की सन्दर्भित विषय पर गहरी पकड़ दिखाई देती है। इस खंड में दो अन्य आलेख भी हैं। भाषा, सामाजिक अस्मिता और राष्ट्रीय एकीकरण और "धूप की छाँव में : पंडित विद्यानिवास मिश्र" पर दोनों पर चर्चा बाद में।

तुलसी साहित्य के अन्तर्विरोधी स्वर (1959) या रचनाकार के रूप में तुलसी के खंडित व्यक्तित्व की बात प्रो. श्रीवास्तव ने 'कल्चरल लैग' से शुरू की है जिसकी पीठिका खंड 1 के आलेख 'खंडित व्यक्तित्व और साहित्य' में पूरे मनोवैज्ञानिक ढाँचे के साथ उन्होंने निर्मित कर दी थी। इसमें तुलसी के अपने जीवन तथा तत्कालीन समाज-सांस्कृतिक स्थितियों के योगदान की गहरी पड़ताल निहित है। तुलसी का आदर्श 'श्रुति' है अतः जब वे अपनी अनुभूति की बात करते हैं या जब उनका हृदय बोलता है तब वे 'मैं' के स्वर में बोलते हैं। इस समय वे वर्ण व्यवस्था का विरोध करते हैं, सामाजिक समानता की बात करते हैं पर जब वे अपनी अनुभूतियों से पूर्णतया तटस्थ होकर बोलते हैं उस समय वे अपनी बात न कहकर पुरखों की बात कहने लगते हैं, श्रुति सम्मत हो जाते हैं। प्रो. श्रीवास्तव ने अपने इस आलेख में दिखाया है कि तुलसी द्रष्टा तो थे पर उनके अहं से जुड़ा 'परसोना' उनके साहित्य में निहित विसंगतियों का मूल कारण है। उनकी यह मान्यता है कि तुलसी के इन दोनों पक्षों के कारण खंडित व्यक्तित्व का इतना जबर्दस्त उदाहरण कहीं देखने को नहीं मिलता। अगला आलेख 'तुलसी साहित्य के अन्तर्विरोधी स्वर' पिछले लेख का विस्तार है जिसमें तुलसी को देखनेवाली अतिवादी दृष्टियों (रांगेय राघव, भदन्त आनन्द कौसल्यायन, रामविलास शर्मा) पर उन्होंने सार्थक एवं तर्कपूर्ण टिप्पणी की है।

तुलसी, सूर भारतेन्दु, मैथिलीशरण गुप्त, हजारीप्रसाद द्विवेदी की भाषाई चेतनावाले लेख एक ओर हिन्दी भाषा परिवेश के तद्‌युगीन इतिहास का प्रतिबिम्ब हैं तो दूसरी ओर भाषिक यथार्थ और रचनाकार के उस द्वन्द्व का उद्‌घाटक भी जो अनुभूति से अभिव्यक्ति तक की यात्रा के बाद रूपाकार ग्रहण करता है। "सूरदास की भाषिक सम्पदा" (1992) में उन्होंने भाषा के साहित्यिक सर्जनात्मक प्रयोग को काव्यभाषा, काव्यपरक भाषा, कविता की भाषा, कवि विशेष की भाषा के माध्यम से बड़े ही वैज्ञानिक ढंग से विश्लेषित किया है। काव्यभाषा, जहाँ भाषा का सहारा लेते हुए सौन्दर्य को 'रूप' के सहारे सम्प्रेष्य बनाया जाता है। काव्यपरक भाषा, जो परम्परा का समर्थन करनेवाली प्रयुक्ति सापेक्ष भाषा होती है और कविता या कवि विशेष की भाषा जिसमें

कवि भाषा की लचीली सम्भावनाओं को साधता है, काव्यात्मक और अकाव्यात्मक भाषा के बीच सीमा-रेखा खींचता है तथा उपलब्ध विकल्पों का चयन करता है। प्रो. श्रीवास्तव ने सूर की भाषिक सम्पदा को इन तीनों स्तरों पर सोदाहरण प्रस्तुत ही नहीं किया है बल्कि सूर की भाषा की तुलना कबीर और तुलसी से करते हुए निष्कर्ष दिया है कि सूर में सभी भाषिक स्तर और शैली के रंग हैं। ''तुलसी की वाग्मिता'' (1987) पर भी उनका आलेख शैलीय घटकों और उनके चयन के आधार पर तुलसी काव्य में व्याप्त 'रेहटोरिक' को बड़ी सूक्ष्मता से देखता है। ये दोनों आलेख मिलकर मध्ययुगीन काव्यभाषा की बुनावट में इन दो कवियों की भाषाई चेतना के बहाने पूरे मध्य युग के भाषाई परिदृश्य का खुलासा करने की सामर्थ्य अपने में समेटे हुए हैं।

''भारतेन्दु युग की भाषाई चेतना'' (1992) भी एक सम्पूर्ण आलेख है जिसे प्रो. श्रीवास्तव ने भारतेन्दु युग की परिस्थितियों, संक्रमणकालीन प्रवृत्तियों, गद्य-पद्य भाषा के लेखकीय द्वन्द्व, खड़ीबोली कविता के आविर्भाव से जोड़ते हुए लिखा है। इसमें उन्होंने औपनिवेशिक मानसिकता और कूटनीति से उत्पन्न की गई गलत धारणाओं का खंडन किया है। यहाँ उन्होंने ग्रियर्सन और गिलक्राइस्ट के मतों का खंडन करते हुए भारतेन्दु युग की भाषा चेतना को नितान्त भाषावैज्ञानिक दृष्टि से देखते हुए भारतेन्दु की भाषा को लोकोन्मुखी और खुली भाषा के रूप में प्रतिपादित किया है जिसमें किसी भी स्रोत से आए शब्द की सहज स्वीकृति थी बशर्ते वह बोधगम्य और सम्प्रेषणीय हो, मिश्रित शैली के प्रति उदारता थी, शैली वैविध्य को सृजन में महत्त्व देने की ललक थी और भाषा की प्रयोजन परकता के प्रति सम्मान का भाव था। प्रो. श्रीवास्तव ने इंशाअल्ला खाँ की शैली से; जिनका यह मत सर्वविदित है ''जिसमें हिन्दवी छुट किसी बोली का पुट न मिले'' भारतेन्दु की शैली की तुलना करके यह स्थापित किया है कि भारतेन्दु युगीन भाषाई चेतना की नींव का आधार उनकी लोकवादी प्रवृत्ति थी। यह आलेख भारतेन्दु युगीन भाषाई चेतना की विवेचना भाषाविज्ञान, शैलीविज्ञान और समाज भाषाविज्ञान के उन मान्य सिद्धान्तों के परिप्रेक्ष्य में करता है जैसा कोई बड़ी पुस्तक भी शायद ही कर सके।

इसी तरह ''मैथिलीशरण गुप्त का भाषा बोध'' (1986) की शुरुआत भारतेन्दु युग में खड़ीबोली गद्य की अभिव्यंजक शैली के संस्कारित हो जाने की पृष्ठभूमि से होती है और प्रयोग क्षेत्र (डोमेन) तथा अभिवृत्ति (ऐटीट्यूड) की चर्चा को विस्तार देते हुए आगे बढ़ती है। अभिवृत्ति के सन्दर्भ में प्रो. श्रीवास्तव ने उस घटना का जिक्र किया है कि ''खड़ीबोली का पद्य'' की भूमिका पिन्काट ने लिखी और पुस्तक ग्रियर्सन के पास सुझाव के लिए भेजी गई तो ग्रियर्सन ने खड़ीबोली आन्दोलन के कार्य को असम्भव बताते हुए इसे श्रम और धन का अपव्यय कहते हुए अपना मत भेजा। प्रो. श्रीवास्तव के अनुसार 'डोमेन' और 'अभिवृत्ति' का प्रतिफलन मैथिलीशरण गुप्त में चरणबद्ध होकर दिखाई देता है। पहले चरण (1910-1929) में वे खड़ीबोली की संभावना से साक्षात्कार करते हैं, दूसरे चरण (1930-1940) में उनमें शैली संस्कार होता है और तीसरे चरण (1940

से अन्त तक) वे शैली तटस्थ रहते हैं। इन तीनों चरणों पर प्रो. श्रीवास्तव ने मैथिली शरण गुप्त की भाषाई क्षमता के क्रमिक विकास को समझने-देखने का प्रयत्न सर्वथा नवीन दृष्टि से किया है और यह जाहिर किया है कि चमत्कृत करनेवाली भाषा के व्यामोह से उबरने के लिए गुप्त जी के बनाए रास्ते पर चलना ही उपयुक्त होगा जो गद्य और पद्य के बाह्य परिधान की दूरी मिटाते हुए काव्यभाषा को अभिव्यंजकता और सम्प्रेषणीयता दोनों ही गुणों से परिपूर्ण बनाती है। गुप्तजी की भाषा को सपाट और उनकी अभिव्यंजना को बनावटी माननेवालों के लिए यह आलेख किसी चुनौती से कम नहीं।

ये सभी लेख मिलकर हिन्दी भाषा ओर उसके कुछ समर्थ रचनाकारों की भाषाई क्षमता और अभिव्यंजना शक्ति का परिचायक हैं। "छायावाद का लोकमंगलवादी पक्ष" (1959) एक शोध लेख है जिसमें छायावाद के प्रति स्थापित धारणाओं की सीमाओं को, जिसके चलते शुक्लजी इसे केवल शैलीगत विशिष्टता के रूप में ही देख पाते हैं, नगेन्द्र जी इसे स्थूल के प्रति सूक्ष्म के विरोध के रूप में ही परिभाषित कर पाते हैं और नंद दुलारे वाजपेयी इसे द्विवेदी युग की प्रतिक्रिया की देन घोषित करते हैं, उकेरते हुए प्रो. श्रीवास्तव ने इस मत से भी अपनी असहमति जताई है कि छायावाद हिन्दी साहित्य की अपनी स्वाभाविक धारा नहीं, रोमांटिक काव्य का भारतीय संस्करण है। जैसा कि प्रो. श्रीवास्तव की विचार पद्धति है इन सबको उन्होंने व्यापक चिन्तन की पीठिका के आधार पर विवेचित करते हुए छायावाद को समाज की आत्मा की गहराई में उतरकर उसकी सांस्कृतिक चेतना को काव्यवस्तु बनानेवाली धारा के रूप में देखा। और पूँजीवादी व्यवस्था ने जिस राष्ट्रीयता एवं नूतन मानवता को जन्म दिया था उसका व्यापक प्रभाव छायावाद की दृष्टि पर पड़ा यह स्वीकारते हुए इस तथ्य की ओर ध्यान खींचा है कि 'व्यक्तिवाद' स्वयं सामाजिक रूढ़ियों की प्रतिक्रिया की देन होता है, इस बात की तह में गए बिना छायावाद के सामाजिक पक्ष का अवलोकन सम्भव नहीं है।

'गोदान का कथा शिल्प : संरचना के सन्दर्भ" (1976) एक विचारणीय आलेख है। यहाँ भी प्रो. श्रीवास्तव नंद दुलारे वाजपेयी, रामविलास शर्मा और नलिनविलोचन शर्मा की 'गोदान' सम्बन्धी स्थापनाओं से टकराते आगे बढ़ते हैं। उनके मतानुसार 'गोदान' टूटती हुई सामन्ती प्रथा के बीच से भारतीय समाज को इस समाजवाद की ओर खींचने का प्रयत्न है। वे मानते हैं कि होरी का अन्तरंग और बहिरंग दोनों सामन्ती विचारधारा से आप्लावित है। उसके रग-रग में बरसों से चली आ रही सामन्ती संस्कृति घर कर चुकी है जिसका आधार है–धरती। 'गोदान' का बीज 'पूस की रात' में दिखाई देता है। वहाँ भी जमीन का मोह ही भीखू की प्रतारणाओं के मूल में है। 'गोदान' इसी सामन्ती आस्था के टूटने की कहानी है। यहाँ प्रो. श्रीवास्तव ने गोदान में मध्यवर्ग के चित्रण को भी नए कोण से देखा है और 'गोदान' शीर्षक को भी। यह हर तरह से एक पठनीय आलेख है। विचारों की ऊर्जा और टकराहट से लबालब।

"इतिहास लेखन और आचार्य द्विवेदी" (1967) एक सुचिन्तित आलेख है।

इतिहासकार और साहित्य के इतिहासकार के भेदोपभेद से वे अपनी चर्चा शुरू करते हैं। साहित्य का इतिहास क्या है ? इस प्रश्न के उत्तर के साथ ही वे साहित्येतिहास लेखक की अर्हताएँ भी निर्धारित करते हैं। यह आलेख हिन्दी साहित्य के इतिहास लेखन की परम्परा, उसकी सीमाओं और उसकी प्रणाली तथा प्रक्रिया पर शुक्ल पूर्व और द्विवेदी पूर्व के हिन्दी साहित्य के इतिहास के आलोक में "हिन्दी साहित्य की भूमिका" को रखकर देखता है। हजारीप्रसाद द्विवेदी की प्रखर ऐतिहासिक दृष्टि के विषय में प्रो. श्रीवास्तव की टिप्पणी काबिले गौर है कि "पूर्व मध्य काल" शुक्ल में कमजोर है। निर्गुण आन्दोलन निम्न वर्ग ने ही क्यों उठाया ? क्यों शिक्षित वर्ग का सहयोग उसे नहीं मिला ? क्यों ये आन्दोलन बाद में सम्प्रदाय में बदल गए, इन प्रश्नों के उत्तर द्विवेदीजी के पास है क्योंकि उनकी दृष्टि लोक पोषित और मानव केन्द्रित थी। आचार्य द्विवेदी की इस दृष्टि पर उन्होंने सारगर्भित विचार दिए हैं। प्रो. श्रीवास्तव आचार्य हजारीप्रसाद द्विवेदी के शिष्य थे। द्विवेदीजी के व्यक्तित्व का प्रभाव उनके छात्रों पर गहरा पड़ता था। "भाषा शैली और आचार्य द्विवेदी" (1985) लेख आचार्य द्विवेदी को एक गम्भीर शैली चिन्तक के रूप में सामने लाता है। श्रीवास्तवजी ने सस्यूर की 'लांग' और 'पारोल' की व्यापक संकल्पना से जोड़ते हुए द्विवेदीजी के उन भाषा विषयक विचारों को उजागर किया है जिनमें भाषा को सामाजिक प्रतीक के रूप में देखने के संकेत मौजूद हैं। शब्द-अर्थ सम्बन्ध के लिए द्विवेदीजी के 'कागजी नोट' के दृष्टान्त से उन्होंने सस्यूर के "शतरंज के मोहरों" के दृष्टान्त को सम्बद्ध किया और भाषा, शैली, काव्य भाषा पर द्विवेदीजी के विचारों को पाँच श्रेणियों में बाँट-छानकर पेश किया है। द्विवेदीजी के भाषा सम्बन्धी विचारों को सम्पूर्णता और गहराई में देखने के लिए यह लेख जरूरी है।

अब शुरू होती हैं समीक्षाएँ। सभी पाँच समीक्षाएँ गहरी हैं, इस अर्थ में भी कि ये समीक्षित रचना में गहरे धँसती हैं और इस दृष्टि से भी कि श्रीवास्तवजी ने इनकी समीक्षा के साथ अपनी बात कहने का भी गम्भीर प्रयास किया है। डॉ. नगेन्द्र की दो पुस्तकों "भारतीय सौन्दर्य शास्त्र की भूमिका" और "मिथकीय आलोचना" की गहन-गम्भीर समीक्षा लिख पाना आसान कार्य नहीं रहा होगा। पहली पुस्तक की समीक्षा उन्होंने सौन्दर्यशास्त्र या कलादर्शन के अस्तित्व के प्रश्न से शुरू की हैं कि लैंगर के अनुसार *कला किसी रूप में दार्शनिक नहीं।* और फिर डॉ. नगेन्द्र के इस कथन से इसे जोड़ा कि सौन्दर्यशास्त्र जैसा कोई स्वतन्त्र शास्त्र नहीं है। और फिर अपनी बात भी रखी कि *कला संरचना को समझने की वैज्ञानिक दृटि है सौन्दर्यशास्त्र।* यहाँ वे भारतीय सौन्दर्यशास्त्र तथा बाह्य घटकों की चर्चा भी उठाते हैं जहाँ उनका शैली वैज्ञानिक मुखर है। साथ ही वे पुस्तक की सीमांओं पर भी दृष्टिपात करते हैं कि इसमें कला, कला प्रतीक, कला में प्रतीक और कलात्मक उपलक्षण के भेद स्पष्ट नहीं हो पाए हैं। इतना ही नहीं अपने अद्यतन विचारों से पुस्तक को पुष्ट और पूर्ण करने की दिशा भी उन्होंने सुझाई है। "मिथकीय आलोचना" की नवीनता और डॉ. नगेन्द्र की आधुनिक संकल्पना के साथ संस्कृत चिन्तन परम्परा से टकराने की प्रवृत्ति की प्रशंसा करते हुए उन्होंने

पुस्तक की वैचारिकता और ज़रूरत को भी सराहा है। पुस्तक में लेवी स्त्रास और रोलां बार्थ का उल्लेख न होने की शिकायत भी उन्होंने की है और कुछ मूलभूत प्रश्न भी उठाए हैं कि क्या मिथक सम्प्रेषण का एक साधन नहीं ? उसे वस्तु या 'सम्प्रेष्य' को आन्तरिक प्रवृत्ति का परिणाम माना जाए अथवा उसकी अभिव्यक्ति प्रणाली का एक प्रकार ? मिथकीय आलोचना को 'प्रतीक विज्ञान' के एक उपक्षेत्र से जोड़कर नहीं देखना चाहिए ?–इनकी ओर पुस्तक में कोई संकेत नहीं है सो वे इनसे सम्बन्धित अपनी बात कहते हैं। 'प्रतिक्रियाएँ' के विषय में उनकी साफ़ टिप्पणी है कि इसमें कृतियों की रचना प्रक्रिया से कहीं अधिक लेखक के चिन्तन पक्ष को मुखर करनेवाले आलोचनात्मक लेख हैं। इसके व्यावहारिक पक्ष की शिथिलता की ओर संकेत करते हुए आलोचक की विदेशी आलोचना पद्धति से अल्प परिचय पर भी टिप्पणी की है। "अजय की डायरी" को मूर्त बिम्बों एवं सम्वेदनपूर्ण भाषा के सन्दर्भ में सराहते हुए इसके कथानक, चेतना, भाषा शैली पर विवेचनात्मक विचार किया है श्रीवास्तवजी ने। 'हिन्दी नवलेखन' को वे सीधे-सादे ढंग से लिखी गई पुस्तक कहते हैं। पर इसमें ऐतिहासिक विकास का दर्शन न होने तथा मात्र बाह्य स्वरूप की परिचयोक्ति होने को वे इसकी सीमा मानते हुए कहते हैं कि आलोचना इससे हटकर गहरी दृष्टि से किया गया मूल्यांकन होती है। जो मापदंड प्रो. श्रीवास्तव समीक्षा और समीक्षक के निर्धारित करते हैं वह उनके विचारों और लेखन का ज़रूरी हिस्सा बन चुका था। तभी तो उनके लेखन में विचारों का झोल या तार्किक अतार्किकता कहीं ढूँढे से भी नहीं दिखाई देती। विचार और अभिव्यक्ति का द्वैत उनके यहाँ नदारद है। यह साधना ही उनकी शक्ति थी।

उनकी इसी क्षमता और सामर्थ्य का प्रमाण इस संग्रह के सभी लेख हैं, विशेषकर "भाषा, सामाजिक अस्मिता और राष्ट्रीय एकीकरण" (1987) जो इस संग्रह में कुछ 'मिसफिट' भी लग सकता है पर अगर पूरी पुस्तक की वैचारिकता के आईने के सामने इसे रखकर देखा जाए तो यही वह अक्स है जो आइने के अस्तित्व या वजूद की वजह है। भाषा की सामाजिकता और भाषा समाज के सदस्यों की अस्मिता का भाषा से जुड़ाव। हिन्दी भाषा सम्प्रदाय की विशेषता और उसमें फैली भाषाई कोश की सम्पदा जिसके कारण हिन्दी भाषाई समाज की सांस्कृतिक चेतना और काव्यात्मक संवेदना बोली समुच्चय की अन्तरंग शक्ति के रूप में प्रतिफलित है और जिसके प्रमाणस्वरूप श्रीवास्तवजी ने तुलसी से लेकर हजारीप्रसाद द्विवेदी तक के भाषाई कोश का साक्ष्य इसी पुस्तक के अन्य लेखों में प्रस्तुत किया है। यह आलेख भाषाई समाज की जातीय अस्मिता पर भी प्रकाश डालता है (जिस पर हजारीप्रसाद द्विवेदी और रामविलास शर्मा ने भी पर्याप्त चिन्तन किया है) तथा सामाजिक अस्मिता से सम्बद्ध आभ्यन्तर एकता और बाह्य विशिष्टता पर भी। भारतीय बहुभाषिकता, हिन्दी के बहुल सन्दर्भ (क्षेत्रीय, राष्ट्रीय, अन्तर्राष्ट्रीय), राजभाषा, राष्ट्रभाषा जैसे प्रश्नों पर भी इस आलेख में काफी कुछ ऐसा है जिनका अंकुरण श्रीवास्तवजी की अन्य पुस्तकों-लेखों में विस्तार से हुआ है।

"धूप की छाँव में : पंडित विद्यानिवास मिश्र" एक अनूठा लेख या कहें निबन्ध है।

हिन्दी के एक ललित निबन्ध की शैली में रचा गया। श्रीवास्तवजी वैचारिक भाषा के ही नहीं, सृजनात्मक भाषा के भी धनी थे, यह लेख इस बात की जीती-जागती मिसाल है।

इस संग्रह के आलेखों के बीच समय का अन्तराल है। पर इनकी वैचारिक निरन्तरता को पकड़, परख पाना कठिन नहीं है जिनकी पंक्ति-पंक्ति से प्रो. श्रीवास्तव की 'सोच' का दिग्दर्शन होता है। 'सोच' उनका गुण था। वे विभिन्न विद्वानों के विचारों को खूबसूरती से जोड़ते थे। विश्लेषण और संश्लेषण की उनकी प्रतिभा का न तो उनके पहले कोई उदाहरण है, न अब है और न आगे होगा। उनकी विचारधारा एक सूत्र में प्रवाहित होती थी; यह पुस्तक और इसकी सभी रचनाएँ इस बात का स्वतः प्रमाण होंगी। एक भाषावैज्ञानिक साहित्य चिन्तन को कितनी सार्थक गहराई और वैज्ञानिक सूझ से ओत-प्रोत कर सकता है, प्रो. श्रीवास्तव हिन्दी भाषा और साहित्य के ऐसे अकेले उदाहरण हैं। रूस से भाषाविज्ञान में दीक्षित होकर आने और अपने को भाषाविज्ञान के क्षेत्र में ही स्थापित करने की मंशा जब उन्होंने डॉ. रामविलास शर्मा को लिखी तो डॉ. शर्मा का बड़ा ही सटीक जवाब उन्हें मिला कि "हमें एक समर्थ भाषावैज्ञानिक मिलेगा इसमें कोई शक नहीं, पर मुझे लगता है कि हमने एक गम्भीर साहित्य समीक्षक खो दिया है, इस रूप को खोना नहीं, अपने भाषावैज्ञानिक के साथ लेकर चलना।" हिन्दी भाषा और साहित्य का यह सौभाग्य रहा कि प्रो. श्रीवास्तव ने इन दोनों को अपनाया और नए विचारों, नई उद्भावनाओं से इन्हें पुष्ट करते रहे। यह पुस्तक उनके इन दोनों रूपों का अदभुत समन्वय है।

यह पुस्तक हिन्दी साहित्य के पाठकों को बहुत कुछ सोचने को देगी, ऐसा हमारा विश्वास है। हमारी कामना है कि यह पुस्तक हिन्दी साहित्य से जुड़े सजग अध्येताओं को उन विचार बिन्दुओं से आगे जाने को प्रेरित करे जिनका पल्लवन प्रो. श्रीवास्तव कर गए हैं।

नामवर सिंह
दिलीप सिंह

अनुक्रम

खंड : III

परिशिष्ट

खंड : I

साहित्य विश्लेषण का वैज्ञानिक दृष्टिकोण शक्ति और सीमा*

"दि लिटरेचर फैशंड आउट आफ दि फार्म एंड सब्स्टेंस ऑफ ए लैंग्वेज हैज़ दि कलर एंड दि टेक्सचर ऑफ इट्स मैट्रिक्स"

इ.सेपीर, 'लैंग्वेज एंड लिटरेचर'

आज देश-विदेश में साहित्यिक आलोचना को अधिक से अधिक वैज्ञानिक बनाने की माँग की जा रही है। और जब किसी दृष्टिकोण-विशेष पर आवश्यकता से अधिक बल दिया जाने लगता है, तब यह आवश्यक हो जाता है कि सबसे पहले हम यह समझ लें कि उस दृष्टिकोण-विशेष को अपनाने के आग्रह के पीछे कौन-सी प्रेरक शक्तियाँ काम कर रही हैं, उसके पीछे कौन-सा दर्शन है ? ज्ञान विज्ञान के क्षेत्र में ऐसी क्या नई उपलब्धियाँ सामने आई हैं, जो मोड़ देने के लिए एक आवश्यकता के रूप में महसूस की जाने लगी है। संक्षेप में कहें, तो यह सवाल सहज में उठाया जा सकता है कि साहित्य के क्षेत्र में आलोचना और उस आलोचना का 'वैज्ञानिक' तत्त्व है क्या ? क्या आज तक की आलोचना अवैज्ञानिक रही है ? साहित्य एवं कला के क्षेत्र में प्रयुक्त होनेवाला फ्रॉयड का 'कामवृत्ति-दमन सिद्धान्त' तथा 'स्वप्न-सिद्धान्त' के विचार पर आश्रित प्रकृत इच्छाओं की 'स्थानापन्न तृप्ति' की साधन-स्वरूप कला का विवेचन अवैज्ञांनिक है ? विश्लेषणात्मक मनोविज्ञान पर आधारित तथा व्यक्ति की रचनात्मक वृत्ति से प्रेरित सामूहिक अज्ञात मन में बीज रूप में अंकुरित प्रतिमा (आर्किटाइप) सम्बन्धी 'युग' का सिद्धान्त आज अवैज्ञानिक मान लिया जाए ? और नहीं तो क्या रिचड्र्स की 'मूल्यवादी आलोचना पद्धति' जो वैज्ञानिकता का दावा करती है अथवा कॉडवेल की आलोचना की 'मार्क्सवादी प्रणाली' जो अपनी पद्धति कों कारण-कार्य की बुद्धिजन्य संगति से पुष्ट करती चलती है, आज वैज्ञानिक आलोचना की सीमा के बाहर के सिद्धान्त हैं ? क्या साहित्य की निर्वैयक्तिक अभिव्यक्ति का इलियट का सिद्धान्त, जो माध्यम के तटस्थ विश्लेषण का आग्रह करता है, आज वैज्ञानिक नहीं ?

---

* इस लेख का पहला खंड 'आलोचना' (1967) में प्रकाशित 'साहित्य विश्लेषण का संघटनात्मक दृष्टिकोण' का संशोधित रूप है जिसका सम्बन्ध साहित्यिक अध्ययन के वैज्ञानिक दृष्टिकोण की शक्ति से है। इस दृष्टिकोण की सीमाओं से सम्बद्ध इस लेख का दूसरा खंड नया है।

इसमें सन्देह नहीं कि हर युग की अपनी परिस्थितियों के अनुरूप सांस्कृतिक चेतना होती है, चिन्तन-परिवेश का एक ऐसा दायरा होता है जिसके भीतर रहकर ही व्यक्ति प्रायः सोचता-समझता है। चिन्तन-परिवेश का यह दायरा वस्तुतः किसी निश्चित दर्शन की माँग करता है। साहित्यिक आलोचना के अब तक प्राप्त विविध रूप अपने युग के किसी न किसी दर्शन अथवा वैज्ञानिक चिन्तन पद्धति से प्रभावित होते रहे हैं। यही कारण है कि विचारधारा और चिन्तन पद्धति की अपनी सीमाएँ, साहित्यिक आलोचना की सीमाएँ भी निर्धारित करती रही हैं। दूसरी बात यह भी रही है कि विद्वानों ने साहित्यिक आलोचना का सम्बन्ध ज्ञान-विज्ञान के विभिन्न क्षेत्रों से जोड़ रखा है। वे कभी साहित्यकार के 'मन' का विश्लेषण करने के लिए मनोविज्ञान का सहारा लेते रहे हैं, कभी साहित्य की सामाजिक उपादेयता सिद्ध करने के लिए उसका समाज शास्त्रीय विवेचन करते रहे हैं अथवा 'रस' की अनिर्वचनीयता को स्पष्ट करने के लिए अन्य अनेक दार्शनिक सिद्धान्तों का सहारा लेने के पक्ष में रहे हैं। फल यह रहा है कि साहित्यिक आलोचना के नाम पर फैलाव अधिक आया है, साहित्य के विविध पक्षों पर आंशिक विवेचना अधिक हुई है, पर आलोचना जैसे अपने स्थान पर वहीं स्थिर खड़ी है जहाँ आज के कुछ वर्षों पहले स्थित थी। जहाँ विज्ञान के क्षेत्र में विकास के कुछ निश्चित चरण निर्देशित किए जा सकते हैं और किसी मान्यता-विशेष के विकास के कुछ स्पष्ट स्तर बतलाए जा सकते हैं, वहाँ साहित्यिक आलोचना का उस सन्दर्भ में विकास सन्दिग्ध ही माना जाएगा। उदाहरण के लिए अगर 'गति के नियम' को गैलेलियो ने एक मोड़ दिया, न्यूटन ने दूसरा और आइन्स्टीन ने तीसरा, तो एक ही सिद्धान्त अपना विकास पाकर अपने को और भी वैज्ञानिक बनाता गया, उस दिशा में ज्ञान पुष्ट से पुष्टतर होता गया। ऐसी स्थिति में समय के स्तर पर भौतिक विज्ञान एक सीधी रेखा (लिनियर मूवमेंट) में अपना इतिहास बनाता रहा है जबकि ऐसा इतिहास हमें साहित्यिक आलोचना का नहीं मिलता। और अगर कुछ बल देने पर यह मान भी लिया जाए कि साहित्यिक आलोचना का भी इतिहास है तो निश्चित रूप से यह भी कहा जा सकता है कि उसकी गति ज्ञान के अन्य क्षेत्रों की तुलना में मन्द है। विज्ञान के इतिहास से परिचित एक प्रबुद्ध पाठक के लिए यह स्थिर ही जान पड़ती है।

कहीं मेरी बात को गलत ढंग से न ले लिया जाए, उसके लिए यहाँ मैं एक-दो तथ्यों को और भी स्पष्ट कर देना उचित समझता हूँ। जब मैं साहित्य-सम्बन्धी आलोचना की बात उठाता हूँ तो मेरा तात्पर्य केवल 'साहित्यिक मूल्यों' तक सीमित नहीं। कोई भी सिद्धान्त एक ओर जब मूल्यों का निर्माण करता है तो दूसरी ओर एक निश्चित प्रणाली (मैथड) का भी विकास करता है। साहित्यिक-सिद्धान्त की चर्चा जब आलोचना के सन्दर्भ में उठाई जाती है तब उसे केवल 'मूल्यों' तक सीमित रखना वस्तुतः उसकी व्यावहारिकता से इनकार करना है। और उसमें सन्देह नहीं कि साहित्यिक-आलोचना, साहित्य-सिद्धान्त के साथ अपने व्यावहारिक पक्ष को भी लेकर हमारे सामने आती है, अर्थात् उसका सीधा सम्बन्ध 'प्रणाली' से भी है। आलोचना-सिद्धान्त के स्तर पर

साहित्यिक मूल्यों का इतिहास दिखाया जा सकता है पर ऐसा इतिहास एक खास दृष्टि के सहारे ही लिखा जाना संभव है[1] जो तटस्थ हो ही नहीं सकता। जहाँ तक आलोचना के दूसरे उपकरण अर्थात प्रणाली का प्रश्न है, साहित्यिक आलोचना के सन्दर्भ में उसका क्रमबद्ध विकास देखने को नहीं मिलता, अतः इतिहास के रूप में उसे लिखा जा भी नहीं सकता। डेविड डेइचिस जब आलोचना की प्रणाली को अपनी पुस्तक का आधार बनाते हैं तब वे साहित्यिक आलोचना का इतिहास लिखने में अपने को असमर्थ पाते हैं।[2] वस्तुतः यह अक्षमता लेखक की नहीं वरन् उसका सम्बन्ध तो स्वयं प्रतिपाद्य विषय अर्थात् आलोचना की प्रणाली से है। ध्यान देने की बात है कि विज्ञान के क्षेत्र में इतिहास वस्तुतः सिद्धान्त के साथ-साथ उसकी प्रणाली का भी इतिहास रहा है।

सच तो यह है कि वैज्ञानिक आलोचना के नाम पर जो भी साहित्य के क्षेत्र में लिखा गया उसका सम्बन्ध विज्ञान के अन्य क्षेत्रों के लिए गए कुछेक प्रत्यय (कान्सेप्ट) के प्रयोग मात्र तक सीमित रहा है। आधुनिक विज्ञान के पीछे प्रेरणास्वरूप कार्य करनेवाली चिन्तन-पद्धति अथवा उस चिन्तन को व्यावहारिक स्तर पर उतारकर कार्यान्वित करनेवाली कार्य-प्रणाली से आलोचकों का सम्बन्ध दूर का भी नहीं रहा है। उन्होंने अपने युग में प्रचलित मान्य वैज्ञानिक धारणाओं के व्यापक धरातल पर जाकर साहित्य के विश्लेषण का प्रयास नहीं किया, वरन् उन धारणाओं को लेकर मानविकी के अन्य क्षेत्रों में जो प्रयोग हुए, उसके निष्कर्षों पर अधिक बल दिया। मनोविज्ञान, समाजशास्त्र आदि क्षेत्रों की प्रचलित मान्यताएँ ही उनके लिए आदर्श बनीं, जबकि ये क्षेत्र न तो पूरी तरह से अपने युग की वैज्ञानिक धारणाओं को ठीक से अपना सके थे, और न अपने क्षेत्र में उस कार्य पद्धति या टेकनीक को ही विकसित कर पाए थे, जो हमें गणितशास्त्र, भौतिक शास्त्र, रसायनशास्त्र आदि विज्ञान के अन्य विकसित क्षेत्रों में देखने को मिलती है। परिणाम भी स्पष्ट है। साहित्यिक आलोचना की वैज्ञानिकता, मानविकी के स्तर पर रही, बल्कि कहना चाहिए कि सीधे वैज्ञानिक धारणाओं से सम्बन्ध न रहने के कारण उससे भी निम्न श्रेणी की ही बनी रही।

आलोचना स्वयं में एक 'अनुशासन' है; वह एक 'टेकनीक' है जो अपनी सिद्धि के लिए एक निश्चित कार्य-प्रणाली का विकास करती है। वस्तुतः आलोचना को वैज्ञानिक बनाने का अर्थ इस कार्य-प्रणाली को वैज्ञानिक बनाना है। प्रश्न किसी साहित्यिक मान्यता को लेकर आज नहीं रह गया है और न अब साहित्य की सामाजिक, मनोवैज्ञानिक अथवा दार्शनिक पृष्ठभूमि ढूँढ़ने में ही आलोचना की उपलब्धि रह गई है। यह मैं नहीं कहता कि ऐसे अध्ययन का अपना कोई महत्त्व नहीं है। सभी अपने स्थान पर किसी-न-किसी पक्ष का निश्चय ही उद्घाटन करते हैं। सृजनात्मक प्रक्रिया, सामाजिक परिवेश, पाठकों पर कृति के प्रभाव आदि पक्षों पर वे प्रकाश डालते हैं, पर मुख्य सवाल तो पहले आलोचना की टेकनीक की वैज्ञानिकता का है जिसको आलोचक अपनाता है। प्रश्न पहले साहित्य के क्षेत्र की अपनी सीमा-रेखा के भीतर किसी कृति के सही विश्लेषण का है, स्वयं रचना के संघटनात्मक तत्त्वों पर प्रकाश डालने का है।

अतः जब आलोचना की टेकनीक और उस टेकनीक की वैज्ञानिकता की बात उठती है तो उसका मतलब मुख्यतः साहित्य से है, उस कृति-विशेष से है जिसका अध्ययन आलोचक का साध्य रहता है, ओर उस अध्ययन के लिए अपनाई गई उस कार्य-प्रणाली से है जिसके सहारे वह साहित्यिक विशिष्टताओं पर प्रकाश डालता है।

यहीं पर इस ओर भी संकेत दे देना उचित होगा कि 20वीं शती के प्रारम्भ तक विज्ञान का भी दर्शन रहा है, उसको भी एक सिद्धान्त के रूप में समझा जाता रहा है। गैलेलियो, न्यूटन, डार्विन आदि के विचार को एक दार्शनिक सिद्धान्त के रूप में भी मान्यता मिलती रही है और उसने अपने युग की दार्शनिक विचारधारा को बहुत दूर तक प्रभावित भी किया है। हर युग में प्रचलित विभिन्न सिद्धान्तों के मूल में एक आधारभूत समष्टिगत दर्शन भी एक प्रच्छन्न धारा के रूप में उनके अन्तस्तल में प्रवाहित होता रहा है। पर वह दर्शन, ज्ञान-विज्ञान के विभिन्न क्षेत्रों द्वारा निकाले गए मूल-सूत्रों में एक अन्विति स्थापित करने का महत्त्वपूर्ण कार्य भी सम्पादित करता रहा है। पर आज की परिस्थिति भिन्न है। आज विशेषीकरण का युग है जहाँ ज्ञान का प्रत्येक क्षेत्र अपना विकास अपने ढंग से कर रहा है। आज एक क्षेत्र अगर विकसित होकर सिद्धान्त-स्थापना में दस कदम आगे बढ़ गया है तो दूसरा अभी दो कदम भी नहीं चल पाया है। (उदाहरण के लिए भौतिक-शास्त्र और जीव-शास्त्र की उपलब्धियों का तुलनात्मक अध्ययन कर देखिए।) अतः उस समष्टिगत दर्शन की बात ही नहीं उठ पाती जो ज्ञान के विभिन्न अंगों में अन्विति स्थापित करने में समर्थ होता आया था। यही कारण है कि आज के युग में दर्शन का स्थान 'प्रणाली' ने ले लिया है। आज का वैज्ञानिक अब स्पष्ट स्वर में कहता है कि 'आज विज्ञान को एक सिद्धान्त के रूप में नहीं वरन् एक कार्य-प्रणाली के रूप में पढ़ाना है।[3] आज एक स्वर से वैज्ञानिकों ने स्वीकार कर लिया है कि विज्ञान के नए सिद्धान्त और टेकनालॉजी की नई खोज से कहीं अधिक महत्त्वपूर्ण बात वह नया दृष्टिकोण और कार्यप्रणाली है जिसे वैज्ञानिक कहा जाता है।[4] वैज्ञानिकता का अर्थ कोई वैज्ञानिक विषय-वस्तु नहीं वरन् विषय-वस्तु पर बात करने की रीति है, फलित ज्योतिष (एस्ट्रालॉजी) की तुलना में खगोल-विद्या (एस्ट्रानोमी) इसलिए वैज्ञानिक नहीं कि उसकी विषय-वस्तु भिन्न है अपितु वह इसलिए वैज्ञानिक है कि वह एक ही विषय-वस्तु पर एक भिन्न उक्ति देता है, एक अलग ढंग से उसका विश्लेषण करता है।[5]

साहित्यिक आलोचना को वैज्ञानिक बनाने से मेरा तात्पर्य आलोचना के सन्दर्भ में वस्तुतः उसी कार्य-प्रणाली और उसी युक्ति से है जो आज विज्ञान के क्षेत्र में मान्य है, जिसे आज वैज्ञानिक कहा जाता है।

प्रश्न उठाया जा सकता है कि विज्ञान के क्षेत्र में अपनाई जानेवाली कार्य-प्रणाली क्या मनुष्यों की अपनी कार्यविधि, उसके सामाजिक व्यवहार एवं आन्तरिक क्रिया-कलापों पर भी लागू की जा सकती है ? क्या भौतिक जगत के अध्ययन के निमित्त विकसित प्रणाली

को समाज-विज्ञान, मनोविज्ञान, इतिहास तथा साहित्य के क्षेत्र में सफलतापूर्वक प्रयोग में लाया जा सकता है ? क्या निष्प्राण भौतिक जगत जहाँ विकल्प और चुनाव का प्रश्न नहीं, जहाँ गति स्व-निर्देशित एवं स्वयं-संयोजित प्राकृतिक नियमों के अनुसार संचालित होती है और मनुष्य का आन्तरिक जगत, जहाँ व्यक्ति की इच्छाएँ विकल्प को अपना आधार बनाती हैं, जहाँ मनुष्य के आपसी सम्बन्ध स्थिति को और भी जटिल बना देते हैं–एक हैं ? अगर वे एक नहीं तो क्या विषय-वस्तु की विभिन्नता, उनके अध्ययन के लिए विभिन्न प्रणाली की माँग नहीं करती ?

इस सन्दर्भ में प्रसिद्ध इतिहासकार टायन्बी का मत ध्यान देने योग्य है। उनके अनुसार हमारे पास विचार सामग्री और उसके साथ मानव-जीवन के विभिन्न पक्षों को अभिव्यक्त करने की तीन पद्धतियाँ हैं। पहली पद्धति है विशिष्ट 'तथ्यों' के निरीक्षण और 'रेकार्ड' की; दूसरी पद्धति है तुलनात्मक अध्ययन के माध्यम से सामान्य नियमों के निरूपण एवं स्पष्टीकरण की; और तीसरी पद्धति है कलात्मक सृजन और उस अभिव्यक्ति की जिसे हम 'फ़िक्शन' कहते हैं। इतिहास, नृतत्व-शास्त्र और साहित्य वस्तुतः तीन विभिन्न क्षेत्र हैं जहाँ अध्ययन की ये तीन स्पष्ट पद्धतियाँ क्रमशः लागू की जाती हैं। अतः टायन्बी के अनुसार जीवन और जगत के विभिन्न पक्ष जो विभिन्न ढंग से हमारे सामने आते हैं, उनके अध्ययन की भी उसके अनुरूप विभिन्न टेकनीक हैं क्योंकि उनकी कार्यप्रणाली एक हो ही नहीं सकती। अपनी बात को आगे बढ़ाते हुए वे इन विभिन्न पद्धतियों (टेकनीक) का सम्बन्ध तथ्य-सम्बन्धी आँकड़ों को सुचारु रूप से ग्रहण एवं अध्ययन करने की परिमाणक (क्वान्टिटेटिव) क्षमता के साथ जोड़ने का भी प्रयास करते हैं। उदारहण के लिए जहाँ 'डेटा' परिणाम में अत्यन्त सीमित हों, वहाँ उनका 'रेकार्ड' मात्र करना ही सम्भव है, पर जहाँ वे परिमाण में इतने अधिक हों कि उन्हें क्रमबद्ध अंकित करना सम्भव नहीं पर ये संख्या में इतने अधिक नहीं हों कि उनका सर्वेक्षण करना सम्भव न हो, वहाँ तुलनात्मक पद्धति के माध्यम से सामान्य नियमों का निरूपण एवं व्याख्या सम्भव है। लेकिन जब 'डेटा' संख्यातीत हों, जिनको न तो क्रमबद्ध करना सम्भव है और न सर्वेक्षण ही, वहाँ कलात्मक सृजन का ही एकमात्र टेकनीक अपनाया जा सकता है। अतः टायन्बी के अनुसार विभिन्न टेकनीक आपस में 'डेटा' को विभिन्न परिणामों में देखने-समझने और उसको कार्यरूप में बदलने की आन्तरिक क्षमता के आधार पर एक-दूसरे से अलग हो जाते हैं।[6]

नृतत्व-शास्त्री, वैज्ञानिक टेकनीक अपना सकता है, वह सामान्य नियमों का निरूपण-निर्देशन कर सकता हैं, सामाजिक व्यवहार में 'पैटर्न' की स्थापना कर सकता है और वह इसलिए कि आज कम-से-कम 650 आदिम समाजों से हमारा परिचय है। इसके विपरीत इतिहाकार उससे अधिक कुछ कर ही नहीं सकता जितना आज कर रहा है अर्थात् तथ्यों के अंकन और उसकी व्याख्या से ऊपर उठकर सामान्य नियमों का निर्देश उसकी सीमा तथा क्षमता के बाहर है। और इसका कारण ? टायन्बी के अनुसार इसको सभ्य समाज की सीमित संख्या है। हम आज 20-21 से अधिक सभ्य समाज

की सामाजिक व्यवस्था से परिचित ही नहीं।"साहित्यकार के लिए भी उस वैज्ञानिक टेकनीक को अपनाना सम्भव नहीं जिसके लिए नृतत्व-शास्त्री को प्रशंसा की दृष्टि से देखा जाता है। पर इसका कारण तथ्यों का सीमित होना न होकर ठीक इसके विपरीत मानवीय सम्बन्धों का संख्यातीत होना है। उपन्यास और नाटक साहित्यिक विधा इसलिए हैं क्योंकि वे व्यक्तिगत सम्बन्धों को अपने प्रतिपाद्य विषय-वस्तु का मूलाधार बनाते हैं। अतः टायन्बी के अनुसार इतिहास और साहित्य के अध्ययन-विश्लेषण की पद्धति में लचीलापन और अनस्थिरता (फ्लक्चुएशंस) का आना न केवल स्वाभाविक है पर एक अनिवार्य स्थिति भी है, क्योंकि उनका प्रतिपाद्य विषय ही ऐसा है।

ठीक इसके विपरीत प्रसिद्ध भाषा-वैज्ञानिक येल्मस्लेव विभिन्न टेकनीकों में किसी एक के चुनाव को विषय-वस्तु के परिमाण एवं गुण के आधार पर स्वीकार करने के सिद्धान्त के विरुद्ध हैं। टेकनीक के चुनाव का प्रश्न, विषय-वस्तु से सम्बन्धित न होकर उस विषय पर शोध करनेवाले विद्वानों की व्यक्तिगत अभिरुचि से प्रायः जुड़ा होता है।[7] अगर टेकनीक वैज्ञानिक है तो वह व्यक्तिगत अभिरुचि के प्रश्न के बाहर होगी और उसकी प्रणाली निश्चित ही एक होगी। परिमाण में संख्यातीत और सीमित तथ्यों के आधार पर निर्मित सिद्धान्त का प्रश्न तो मात्र सभावना (प्रॉबेबिलिटी) की डिग्री का प्रश्न है न कि विषय-वस्तु के गुणात्मक भेद का। येल्मस्लेव के मतानुसार सारी समस्या 'फलन' (फंक्शन) के प्रत्ययन को ठीक से समझने की है जो आधुनिक विज्ञान का मूल सिद्धान्त है। अरस्तू ने वस्तुओं के त्रिगुणात्मक पक्षों की ओर संकेत दिया है—1. वस्तु की सत्ता है, 2. उसके कुछ गुण हैं, और 3. वह कुछ कार्य सम्पादित करता है। इस विभाजन के आधार पर रसेल ने वाक्यों का विभाजन तीन खंडों में किया है—विशेष्य, विशेषण और क्रिया। पर आधुनिक विज्ञान ने इस त्रिगुणात्मक विभाजन को आज समाप्त कर दिया है। उदाहरण के लिए गुण और क्रिया के भेद को ही लें। नीलापन गुण है अथवा क्रिया ? प्राचीन मान्यता के अनुसार यह गुण-भेद के अन्तर्गत माना जाएगा। लेकिन विज्ञान की खोज के अनुसार तो उसे एक निश्चित लम्बाई की विद्युत-तरंगों की क्रिया के रूप में ही समझना सम्भव है। गुण-क्रिया आज आपस में एक-दूसरे की सीमा में अन्तर्भुक्त हो गए हैं। क्रिया के अतिरिक्त गुण की सत्ता नहीं और गुण-क्रिया को अलग कर हम वस्तु के अस्तित्व का बोध ही नहीं कर सकते। अतः हम तीनों पक्षों का समाहार आज एक प्रत्यय में हो गया है, और वह है 'फलन' का प्रत्यय जिसका चरम-विकास हमें गणित में देखने को मिलता है। सामान्य विज्ञान और सामाजिक विज्ञान के अध्ययन में अपनाई गई टेकनीक का अन्तर वस्तुतः 'फलन' के इस प्रत्यय को अपनाने और न अपनाने का अन्तर है। सामाजिक विज्ञान वस्तुतः वस्तुओं को विशेष्य तक सीमित कर उसी को एक 'इकाई' मान लेता है और उसके आगे नहीं जाता, जबकि सामान्य विज्ञान 'फलन' के प्रत्यय-बोध को अपनाने के कारण 'वस्तुओं' के पार जाकर उसका विश्लेषण करता है, उसके लिए वस्तु अन्तिम इकाई नहीं।

टायन्बी ने टेकनीक के सम्बन्ध में साहित्य की भी चर्चा उठाई है। उसने अरस्तू

के साहित्य-सिद्धान्त की आलोचना करते हुए यह निर्णय दिया है कि अरस्तू ने कविता की सामान्यीकृत पद्धति और इतिहास की व्यक्तिपरक अध्ययन-प्रणाली को ठीक से नहीं समझा था क्योंकि उसें उपन्यास-नाटक में प्रयुक्त व्यक्तिगत सम्बन्धों की रूप-प्रकृति और कविता-विज्ञान की सामान्यीकृत रचना का अन्तर स्पष्ट नहीं था।

लेकिन प्रश्न है, क्या उपन्यासकार व्यक्तिगत सम्बन्धों को व्यक्तिगत रूप में अभिव्यक्त करता है ? क्या वहाँ सामान्यीकरण की प्रक्रिया काम नहीं करती ? क्या उपन्यासकार किसी घटना के संभावित पक्ष और वास्तविक जगत में घटनेवाली घटनाओं के भेद को आमने-सामने नहीं रखता ? साहित्य की विवेचना करते समय प्रसिद्ध रूसी आलोचक बैलिंस्की ने एक स्थान पर लिखा है–'कला संभावित यथार्थ का रचनात्मक रूपान्तर है।' जो यथार्थ नहीं हो सकता, वह कला में स्थान पाने योग्य नहीं। कला तो यथार्थ की अभिव्यक्ति है। पर यथार्थ के साथ जुड़ा हुआ 'संभावित' शब्द इस तथ्य का बोधक है कि कला, वास्तविक जगत की यथातथ्य अनुकृति की माँग नहीं करती। कला के क्षेत्र में कल्पना का प्रयोग वर्जित नहीं, पर कल्पना का कार्य-सिद्धि का क्षेत्र भी निश्चित एवं सीमित है। कल्पना के माध्यम से कलाकार उन समस्त तथ्यों के अंकन एवं 'नए' जगत के निर्माण के लिए स्वतन्त्र है जो यथार्थ के रूप में अपना अलग अस्तित्व ग्रहण करने योग्य हों। शर्त केवल एक है कि उसकी कल्पना द्वारा उद्भुत संसार यथार्थ की संभावना से परे न हो।[8] सच तो यह है कि 'संभावित यथार्थ' का तात्पर्य किसी घटना का किसी विशेष परिस्थिति में एक विशेष ढंग से ही घटित होने से है। जिस अनुपात में हम इन परिस्थितियों को निर्दिष्ट कर सकने में समर्थ होंगे उसी अनुपात में घटनाओं की 'प्रकृति-संभावना' को भी निर्दिष्ट करने में हम सक्षम होंगे।

स्पष्ट है, विज्ञान अपनी प्रणाली को पर्यवेक्षण के आधार पर प्राप्त तथ्य-सामग्री के सन्दर्भ में अपनाता है और साहित्यकार भी अपनी प्रणाली को उस संश्लेषणात्मक विधान के आधार पर अपनाता है जो वस्तुतः वैसी ही तथ्य-सामग्री के पर्यवेक्षण पर आधारित है, जिसको वैज्ञानिक स्वीकार करता है। अन्तर है तो केवल इतना कि पर्यवेक्षित तथ्य-सामग्री द्वारा निर्मित 'साहित्यिक' जगत एवं उसकी क्रियात्मक घटनाओं के लिए आवश्यक नहीं कि वह यथार्थ में घटी ही हों। पर अपनी तमाम स्वतन्त्रता के बावजूद वह उच्छृंखल भाव से घटनाओं को मनमाने ढंग से वर्णन करने के लिए मुक्त नहीं होती। साहित्य स्वयं में एक अनुशासन है और साहित्यकार वास्तविक अर्थ में 'स्वतन्त्र' होता है उच्छृंखल नहीं, अर्थात् वह 'स्व' (अपने क्षेत्र में) 'तन्त्र' (नियम) से बँधा होता है। और यह तन्त्र है अपनी रचना में उद्भुत 'संसार' की यथार्थता और सच्चाई से पाठकों को विश्वस्त करना, कल्पित को भी वास्तविक के रूप में पेश करना। और वह अपने लक्ष्य में सफल कैसे होता है ? निश्चय ही वास्तविक जीवन में होनेवाले क्रिया-कलापों के पर्यवेक्षण से वह वास्तविक संसार का निरीक्षण करता है, विभिन्न व्यक्तिपरक घटनाओं के माध्यम से सामान्यीकृत व्यवहार का पता लगाता है और इस सामान्यीकृत व्यवहार के 'पैटर्न' की संभावनाओं से अपने को विश्वस्त कर लेने के पश्चात् उसके

सन्दर्भ में कुछ विशेष परिस्थितियाँ उत्पन्न करता है (जो संभव है पहले न घटी हों), और पूर्वगृहीत सामान्यीकृत व्यवहारों के सहारे ही 'पैटर्न' के भीतर से 'सब-पैटर्न' को ढूँढ़ निकालता है। इसी 'सब पैटर्न' को आलोचक मानव-व्यवहार के सन्दर्भ में अन्तर्जगत का अन्वेषण कहते हैं। वस्तुतः यह सम्पूर्ण क्रिया ठीक उसी प्रकार चलती है जैसे विज्ञान के क्षेत्र में।

उदाहरण के लिए दास्तायेव्स्की की उपन्यास-कला को ही लें। दास्तायेव्स्की को आलोचकों ने मनोवैज्ञानिक उपन्यास का सबसे समर्थ रचनाकार स्वीकार किया है।[9] उसने अपने मनोवैज्ञानिक उपन्यास में अन्तश्चेतना की प्रायः सम्पूर्ण परिधि को ही मानो समेट लिया है। लेकिन मनोविज्ञान को मनोविज्ञान के लिए न अपनाकर उसने अपने उपन्यासों में उसका लक्ष्य अन्तर्जगत के सूक्ष्म तत्त्वों का अन्वेषण अपने सामने रखा था।[10] और इस अन्वेषण के लिए वह मानव जीवन को कुछ विशेष असामान्य परिस्थितियों में डालकर उसकी प्रतिक्रिया देखने, समझने की कोशिश करता है। सच तो यह है कि आन्तरिक जगत के सूक्ष्म तत्त्वों का उद्घाटन वह मानव-जीवन की असामान्य प्रतिक्रिया के माध्यम से करने में सफल होता है। इस असामान्य प्रतिक्रिया का सीधा सम्बन्ध 'असामान्य परिस्थितियों' से है। यही कारण है कि दास्तायेव्स्की के प्रायः सभी उपन्यासों की रचना, उसके 'नायकों' के जीवन में आनेवाली अत्यन्त तनावपूर्ण दो-तीन नाटकीय घटनाओं के इर्द-गिर्द ही सिमटी रहती है।[11] मानवीय और अमानवीय तन्तुओं को अलग करने के लिए कुछ ऐसी परिस्थितियों का वह निर्माण करता है जहाँ आत्मा के लिए 'विकल्प' की स्थिति उत्पन्न हो जाए और चरम द्वन्द्व की स्थिति में व्यक्ति कभी एक ओर झुककर और कभी दूसरी ओर मुड़कर अपने व्यवहार से मन के तन्तुओं का परिचय दे दें। ऐसे ही क्षणों को ध्यान में रखकर 'अपराध और दंड' का नायक रस्कोल्निकोब अपनी बहन से कहता है, "तुम कभी एक ऐसे बिन्दु पर पहुँच जाओगी, जिसकी सीमा-रेखा पार कर तुम अपने को अभागी महसूस करोगी और जिसको न पार कर तुम और भी अपने को अभागी अनुभव करने लगोगी।" रूसी कवि मायकोव को लिखे अपने एक पत्र में उसने स्पष्ट लिखा था, "मैं हर जगह और हर चीज में उसकी सीमारेखा पर पहुँच जाना चाहता हूँ।[12]

दास्तायेव्स्की का प्रायः प्रत्येक पात्र सीमा का अतिक्रमण करता है। किन असहनीय और अविश्वसनीय परिस्थितियों में वह अपने नायक को ला पहुँचाता है। और वह उनके दिल और दिमाग के साथ कौन-कौन से प्रयोग नहीं करता ? उन्हें आत्मा की अतल गहराइयों में उतारकर नैतिक भ्रष्टाचार और बौद्धिक अनाचार के द्वन्द्व में उलझाते हुए वह उन्हें कहीं नहीं ले जाता—अपराध, हत्या, आत्महत्या यहाँ तक कि पागलपन। कभी-कभी तो ऐसा लगता है जैसे उसके नायक भावनाओं की तीव्रता को महसूस करने के लिए इन सीमाओं का भी अतिक्रमण कर जाना चाहते हैं।

प्रश्न उठाया जा सकता है कि आत्म-पीड़ित पात्रों का यह अतिक्रमण क्या अस्वाभाविक नहीं है ? उसके द्वारा चित्रित घटना एवं वातावरण कृत्रिम नहीं है ? क्या

उसके उपन्यासों की सम्पूर्ण पृष्ठभूमि अपने में अयथार्थ नहीं है ? ये अनोखी और विरल घटनाएँ, सामान्यीकृत स्थिति से दूर छिटककर व्यक्तिपरक नहीं हो गई है ? क्या अपवाद के भी अपवाद रूप ये नहीं हैं ? दास्तायेव्स्की के कथा-शिल्प को लेकर आलोचक अपना मत प्रायः इस रूप में देते हैं कि उसकी सम्पूर्ण कथा-सामग्री—अस्वाभाविक, विरल, कृत्रिम और अयथार्थपूर्ण है। वस्तुतः ऐसे ही आलोचक वास्तविक जगत के 'यथार्थ' और साहित्यिक जगत के 'संभावित यथार्थ' का अन्तर नहीं समझ पाते। अपने आलोचकों को उत्तर देते हुए उसने स्पष्ट लिखा है—'वे मुझे मनोवैज्ञानिक' कहते हैं जो सच नहीं।' मैं केवल यथार्थवादी हूँ। इस शब्द के सबसे ऊँचे अर्थ में।[13]

दास्तायेव्स्की यथार्थवादी है, इसमें सन्देह नहीं; पर सामान्य यथार्थवादियों से वह भिन्न है, इसमें भी सन्देह नहीं। मरजकोव्स्की के शब्दों में वह 'प्रयोगपरक यथार्थवादी' है। उसके अनुसार दास्तायेव्स्की अपने वैज्ञानिक शोध के लिए अपनी मशीन और 'एपेरेटस' का प्रयोग कृत्रिम एवं अपवादपूर्ण स्थिति में करता है और वह इसलिए कि प्रकृति के रहस्यों का उद्घाटन कर सके। वह इस कृत्रिम एवं असामान्य स्थिति में मानव मन को ले जाकर यह देखना चाहता है कि वह किस रूप में अपनी वास्तविक प्रकृति को खोलता है। वस्तुतः वैज्ञानिक शोध की पद्धति ही इसमें निहित है कि जान-बूझकर 'कृत्रिम वातावरण' की स्थिति पैदा की जाए और फिर उसके सन्दर्भ में वस्तुओं की प्रकृति के सही उद्घाटन के लिए विभिन्न प्रयोग हों। दास्तायेव्स्की भी अपने उपन्यासों में इस वैज्ञानिक पद्धति को अपनाता है, वह भी अपने पात्रों को अत्यन्त विरल एवं अस्वाभाविक परिस्थितियों के बीच से गुजरने देता है, यह देखने के लिए कि उसका परिणाम क्या निकलता है। उन विशेष परिस्थितियों में मानवीय व्यवहार की इस वास्तविक परख के सहारे ही आत्मा की अतल गहराइयों में जाकर उसकी प्रकृति का रहस्योद्घाटन करता है।[14] जिस वैज्ञानिक प्रणाली को इस युग का सबसे महान वैज्ञानिक 'आइंस्टीन' अपनाता है ठीक उसी प्रणाली को दास्तायेव्स्की पिछले युग में अपना चुका था। केवल क्षेत्र विभिन्न था—एक ने मानव-जीवन और उसकी प्रकृति को अपना शोध-विषय बनाया और दूसरे ने भौतिक-जगत और उसकी प्रकृति को। आइंस्टीन ने भी असामान्य एवं अत्यन्त कृत्रिम परिस्थितियों के सन्दर्भ में भौतिक जगत को गुजरने दिया, उसने भी 'निष्ठुर प्रयोग' की रीति को अपनाकर यह कल्पना की—क्या होगा अगर हम किसी गतिशील वस्तु को प्रकाश-तरंगों' की गति से घूमने को विवश करें ?[15] और इसमें आश्चर्य की बात नहीं जब आइंस्टीन यह स्वीकार करता है—'दास्तायेव्स्की मुझे किसी भी चिन्तक, यहाँ तक कि गॉस से भी अधिक, विचार सामग्री देता है।[16]

प्रश्न है—क्या अपने कृत्रिम प्रयोगों द्वारा आइंस्टीन या अन्य वैज्ञानिक सामान्यीकृत नियमों का पता नहीं लगाते ? क्या असामान्य परिस्थितियों के माध्यम से सामान्य प्रकृति के रहस्यों का वे उद्घाटन नहीं करते ? और क्या सचमुच दास्तायेव्स्की जैसे तथाकथित मनोवैज्ञानिक उपन्यासकार अयथार्थ जगत की ही सृष्टि करते हैं ? क्या वे असामान्य एवं कृत्रिम वातावरण के माध्यम से उसी प्रकार सामान्यीकृत नियमों का पता हमें नहीं

देते, जैसा वास्तविक जगत के सन्दर्भ में वैज्ञानिक देते हैं ? जब साहित्य के क्षेत्र में यह स्वीकार किया जाता है कि साहित्य, संभाव्य अकरणीय (प्रोबेबुल इम्पासिबिलिटी) को अपनाता है न कि असम्भाव्य करणीय (इम्प्राबेबुल पासिबिलिटी) को, तब यह 'सम्भाव्य' (प्राबेबल) तत्त्व क्या सामान्यीकृत नियमों की ओर निर्देश नहीं देता ?

कहने का तात्पर्य यह है कि जो विद्वान यह मानते हैं कि 'मन' 'आत्मा', 'चेतना' आदि का विश्लेषण वैज्ञानिक प्रणाली द्वारा सम्भव नहीं, वस्तुतः साहित्य को वे ही कृत्रिम एवं निर्जीव तथ्य के रूप में ग्रहण करने लगते हैं। वे जीवन और जगत के कार्य-व्यापार से असम्पृक्त कर, साहित्य के लिए एक बनावटी 'श्रेणी' का निर्माण करते हैं। इससे किसे इनकार हो सकता है कि 'साहित्यिक जगत' बाह्य जीवन के वस्तुगत जगत की हूबहू नकल नहीं, और वह हो भी नहीं सकता। पर इससे भी किसे इनकार हो सकता है कि साहित्यिक जगत, वास्तविक संसार से असम्बद्ध नहीं। साहित्यिक और बाह्य जगत में चरण प्रति चरण अनुरूपता नहीं, पर उनमें 'आन्तरिक अनुरूपता' (इंटरनल हार्मनी) के आधार पर सीधा सम्बन्ध हैं प्रश्न, सादृश्य का नहीं, प्रश्न उनके सम्बन्धों की 'आन्तरिक अनुरूपता' का है अर्थात सवाल, तथ्यों की समानता एवं घटनाओं की बाह्य एकरूपता का नहीं वरन् तथ्यों के आन्तरिक गठन की अन्विति एवं फलन के सामंजस्य की एकरूपता का है। दूसरे शब्दों में कहें तो साहित्यकार, फोटोग्राफर नहीं जो वस्तुओं का यथातथ्य स्वरूप उतारता है अपितु वह चित्रकार की तरह एक कलाकार है जो वस्तुओं को, उनके गठन (स्ट्रक्चर) के रूप में ग्रहण करते हुए उनके आधारभूत तत्त्वों की आन्तरिक अन्विति को चित्रित करता है। यह ठीक है कि 'चित्र' के रूप में कलाकृति, वस्तु की हूबहू प्रतिच्छवि नहीं, पर इससे भी इनकार नहीं किया जा सकता कि वह चित्र, वस्तुतः उसी वस्तु का चित्र है। अन्तर है तो केवल इतना ही कि बाह्य-जगत की वस्तु, जो पहले 'तथ्य-परक' थी, वह साहित्यिक जगत में आकर 'आन्तरिक अन्विति' और फलन के सन्दर्भ में जुड़ जाने के कारण 'यथार्थ-परक' बन जाती है। प्राकृतिक जगत मूलतः तथ्यपरक (फैक्चुअल) होता है, जबकि साहित्यिक जगत यथार्थ-परक। साहित्यिक जगत, वायवीय और काल्पनिक नहीं होता वरन् प्राकृतिक जगत की तुलना में कहीं अधिक यथार्थपूर्ण और ठोस होता है।

सवाल उठ सकता है कि प्राकृतिक जगत का तथ्य साहित्यिक जगत का 'यथार्थ' कैसे बन सकता है ? अगर वैज्ञानिक और साहित्यकार दोनों एक ही दुनिया के अनुभवों को अपना 'विषय' बनाते हैं तो उनका प्रतिपाद्य विषय एक होकर भी दो भिन्न स्तरों की सामग्री कैसे बन जाता है ? माना जाता है कि उनका भेद दो भिन्न दृष्टियों का परिणाम है। वे एक ही तथ्य को भिन्न दृष्टिकोण से देखते हैं। पर प्रश्न तो वास्तविक यह है कि इस भिन्न दृष्टिकोण का हम पता कैसे पाते हैं ? हम उनके अन्तर को देखते हैं तो आखिर किस माध्यम से। निश्चय ही हम इसे अभिव्यक्ति के आधार पर देखते-समझते हैं, हम इन दो भिन्न दृष्टिकोणों के अन्तर को भाषा और शैली के माध्यम से अनुभव करते हैं। अगर ये दो दृष्टिकोण अनभिव्यक्त रह जाएँ, अगर साहित्यकार

और वैज्ञानिक का 'एप्रोच' अपनी अभिव्यक्ति न पा सके, तो यह भी निश्चित है कि वह 'व्यक्तिगत' सामग्री बनकर ही रह जाएगा, और उसका पता हम न पा सकेंगे। उस स्थिति में यह निर्णय देना भी असम्भव होगा कि उसका दृष्टिकोण 'वैज्ञानिक' था या 'साहित्यिक' अर्थात् वह वास्तविक जगत के तथ्यों की खोज बीन कर रहा था अथवा उसके सन्दर्भ में यथार्थ का निर्माण। येल्मस्लेव तो उपन्यास और विज्ञान के अन्तर को मात्र अभिव्यक्ति-भेद के रूप में स्वीकार करता है। उसके अनुसार उपन्यासकार अपनी वस्तु सामग्री को 'सिंटेग्मेटिकली' प्रस्तुत करता है जबकि वैज्ञानिक उसी तथ्य को 'पैराडिग्मेटिकली'[17]। इसी प्रकार कविता और विज्ञान की अभिव्यक्ति में 'शैलियों' की विभिन्नता को देखा जा सकता है। ये दोनों शैलियाँ एक दूसरे के सीधे विरोध में हैं। रोमन याकोब्सन के अनुसार विज्ञान की भाषा में क्रमबद्धता समीकरण (इक्वेशन) के निर्माण का हेतु होता है जबकि कविता में समीकरण स्वयं में क्रमबद्धता का निर्माण करता है।[18] क=क (पिल्ला, कुत्ते के बच्चे को कहते हैं) वस्तुतः पहली कोटि का वाक्य है जिसे जितने भी सुन्दर ढंग से क्यों न कहा जाए, जब तक समीकरण का तत्त्व, लक्ष्य के रूप में स्थित है, काव्य की अभिव्यक्ति-पद्धति वह नहीं कहलाएगा।

निष्कर्ष यह कि 'साहित्यिक जगत' बाह्य एवं वस्तुपरक जगत की प्रतिच्छवि न होते हुए भी उससे असम्पृक्त नहीं, और क्योंकि वह भी ठोस और यथार्थ है अतः उसका भी वैज्ञानिक रीति से विश्लेषण सम्भव है। साहित्यिक एवं बाह्य जगत के अन्तर को समझना वस्तुतः वस्तुओं की 'आन्तरिक अन्विति' और उनके फलन को समझना है जिसे हम अभिव्यक्ति शैली के माध्यम से ही जान सकते हैं, कम से कम कविता में उसका पता लगाने का और कोई साधन नहीं। अगर यह ठीक है कि विज्ञान और साहित्य का अन्तर, अभिव्यक्ति भेद का अन्तर है अथवा वह अन्तर जो भी हो उसे अभिव्यक्ति के आधार पर ही समझा जाना सम्भव है तो इसमें भी सन्देह नहीं कि साहित्य के अध्ययन के लिए उस कार्य-प्रणाली एवं टेकनीक को अपनाया जा सकता है जो विज्ञान के क्षेत्र में प्रचलित है।

अगर यह सही है कि वैज्ञानिक आलोचना का अर्थ साहित्य के अध्ययन; एवं विश्लेषण के उस वैज्ञानिक टेकनीक से है जिसे आलोचक एक कार्य-प्रणाली के रूप में अपनाता है और उसके साथ अगर यह भी ठीक है, कि इस वैज्ञानिक कार्य-प्रणाली का विस्तार, साहित्य के क्षेत्र तक किया जाना असम्भव नहीं, तब यह देख लेना भी अनुचित न होगा कि इस वैज्ञानिक कार्य-प्रणाली की आधारभूत मान्यताएँ क्या हैं ? इसमें सन्देह नहीं कि इस वैज्ञानिक कार्य-प्रणाली का इस संक्षिप्त लेख में विस्तार से परिचय नहीं दिया जा सकता और न उसके सभी पक्षों का उद्घाटन ही सम्भव है। अतः आधुनिक विज्ञान के प्रचलित उन सिद्धान्तों की ओर ही संकेत देकर सन्तोष करना होगा जो इस कार्य-प्रणाली के स्वरूप को निर्दिष्ट करने में निर्णायक सिद्ध हैं। इनमें कुछ की ओर नीचे

संकेत दिया जा रहा है—

1. तथ्यों का विवरण प्रचलित मान्यता के आधार पर नहीं देना चाहिए, भले ही वह मान्यता कितनी ही प्राचीन एवं परम्परा अनुमोदित क्यों न हो। हमारी निरीक्षण एवं पर्यवेक्षण शक्ति की संगति ही एकमात्र वस्तुवादी विवरण का आधार बन सकती है।

2. विज्ञान उन सभी प्रश्नों को उठाने एवं उनका हल देने का प्रयत्न नहीं करता जिनका उत्तर देना सम्भव नहीं। वह अपने क्षेत्र को उसी सीमा तक सीमित रखता है जो उसकी पहुँच के भीतर है।

3. ज्ञात से अज्ञात की ओर बढ़ना, अज्ञात से ज्ञात की ओर बढ़ने से कहीं अधिक तर्कसंगत है। अतः पहली ही पद्धति अधिक वैज्ञानिक है।

4. उद्देश्य (पर्पज) का प्रश्न विज्ञान के स्तर पर अर्थहीन है अतः वैज्ञानिक पद्धति 'मूल्यों' के सवाल को अपनी सीमा क्षेत्र से बाहर की वस्तु मानती है।

5. वैज्ञानिक ज्ञान का तर्कशास्त्र 'सिद्धान्तों' के सिद्धान्त पर आधारित है। ये सिद्धान्त सार्वभौमिक प्रकथन (यूनिवर्सल स्टेटमेंट) के रूप में होते हैं, जिसे वैज्ञानिक 'वस्तुओं' को समझने के लिए हमारे सामने प्रस्तुत करता है। विज्ञान का एकमात्र लक्ष्य है--संसार की तर्कपरक व्याख्या (एक्सप्लेनेशन)

अगर सतही दृष्टि से देखें तो इनका कोई सम्बन्ध साहित्य के अध्ययन के साथ दिखाई नहीं पड़ता पर अगर आलोचना को कार्य-प्रणाली के रूप में स्वीकार किया गया तो इसका सीधा सम्बन्ध उस कार्य-प्रणाली से है। अपितु कहना चाहें तो कह सकते हैं कि यह आलोचनात्मक पद्धति में एक क्रान्तिकारी परिवर्तन लाने में सक्षम हैं।

उदाहरण के लिए 'रस-सिद्धान्त' को ही लें। भरतमुनि के अनुसार कोई भी काव्यार्थ रस-हीन होना ही नहीं चाहिए। (न रसादृते कश्चिदर्थः प्रवर्तते)। पर क्या हम इस सिद्धान्त को इसलिए साहित्य का शाश्वत नियम मान लें कि उसका शास्त्रीय एवं तर्कसंगत रूप भरतमुनि के नाट्यशास्त्र में मिलता है, और उसकी सत्ता को परिवर्ती भारतीय आचार्यों ने एक स्तर पर ही स्वीकार किया है? अगर हमारी पर्यवेक्षण शक्ति इस तथ्य की ओर संकेत देती है कि उपन्यास, कहानी आदि गद्य साहित्य की आधुनिक विधा की तो बात छोड़ें, आधुनिक कविता का भी विश्लेषण उसके आधार पर सम्भव नहीं प्रतीत होता। (आज रस-सिद्धान्त का सबल उद्घोष करनेवाले भारतीय विद्वानों ने अपने सिद्धान्त की कसौटी पर आधुनिक साहित्य को कसने का कोई भी प्रयत्न नहीं किया) तब भी क्या हम इस सिद्धान्त की सार्वकालिकता पर प्रश्न-चिह्न न लगाएँ ? वैज्ञानिक सिद्धान्त का सत्य वस्तुतः कार्य प्रणाली का सत्य होता है जिसे प्रयोग की कार्य-क्षमता के आधार पर नापा जाता है। अगर प्रयोग एवं व्यवहार के आधार पर उसकी सीमा निर्धारित होती है तो उस सीमा को सिद्धान्त के स्तर पर भी स्वीकार करना होगा। अमेरिका के विख्यात आधुनिक दार्शनिक जॉन डेवी के अनुसार तो विज्ञान की प्रगति का रहस्य ही एकमात्र इस सिद्धान्त को अपनाने में है।[19]

रस का अर्थ माना जाता है आस्वाद्य—'आस्वाद्यत्वाद्रसः।' काव्य की आत्मा रस है

और काव्य-रस का स्वाद लिया जाता है जैसे भोज्य एवं पेय पदार्थों का स्वाद हम लेते हैं। अन्तर है तो केवल इतना कि काव्य-रस लौकिक न होकर अलौकिक होता है, वह ब्रह्मानन्द सहोदर होता है। इसकी उत्पत्ति मन की एक विशेष स्थिति में ही सम्भव है जिसे पंडित केशवप्रसाद मिश्र ने 'मधुमती भूमिका' कहा है। अर्थात् चित्त की उस स्थिति में ही रसानुभूति सम्भव है जहाँ वितर्क की सत्ता नहीं रह जाती। रस अगर केवल आस्वाद्य है तो वह स्वयं अनुभूति है, अनुभूति का विषय नहीं। 'वस्तुतः रस उत्पन्न होता है, ज्ञात नहीं कराया जाता। रस ज्ञाप्य है ही नहीं।'[20]

वैज्ञानिक आलोचना, वस्तुतः अपने कार्यक्षेत्र को वहीं तक सीमित रखती है जहाँ तक उसका अध्ययन-विश्लेषण वह सम्भव समझती है (दूसरी मान्यता)। वह उन्हीं प्रश्नों का उत्तर देने के लिए सचेष्ट होती जो उसकी ज्ञान परिधि के भीतर हैं। पहले अन्तर्मुखी पर्यवेक्षण की पद्धति को अपनाया जाता था।[21] आज का वैज्ञानिक उन तत्त्वों को अपनी पद्धति का उपकरण नहीं बनाता जो मात्र अन्तर्मुखी पर्यवेक्षण के आधार पर निश्चित किया गया हो। वह उन तमाम स्थितियों को अपने कार्यक्षेत्र से अलग कर देता है, जिसकी सत्ता ज्ञाप्य न हो, जिसको समझा जाना अभी सम्भव न हो।[22] वैज्ञानिक प्रणाली चेतना, मन, अनुभूति के आधार पर वस्तुओं के विश्लेषण की ओर प्रवृत्त नहीं होती।[23] रस अगर आस्वाद्य मात्र है, अनुभूति का विषय न होकर मात्र अनुभूति है, तो इसका अध्ययन भी वैज्ञानिक प्रणाली के सीमा क्षेत्र के बाहर है।

रहा प्रश्न उद्‌देश्य का। विज्ञान 'उद्‌देश्य' की चर्चा नहीं उठाता। सूर्य की सत्ता का उद्‌देश्य प्रकाश देना है--इस कथन को अगर किसी वैज्ञानिक को कहना होगा तो वह मात्र यह कहेगा--सूर्य की सत्ता है और वह प्रकाश देता है। पर सूर्य की सत्ता क्यों है--इस प्रश्न के उत्तर के लिए वह प्रयत्नशील न होगा। बाइबिल में यह कहा गया है कि चन्द्रमा की उत्पत्ति ही इसीलिए हुई कि वह रात में रोशनी दे, लेकिन कोई भी वैज्ञानिक, चाहे वह कितना ही धार्मिक क्यों न हो, इस व्याख्या को इस रूप में स्वीकार नहीं करेगा। इसी उद्‌देश्य के साथ 'मूल्य' का भी प्रश्न जुड़ा है। साहित्य और विज्ञान का आधारभूत अन्तर ही यह माना गया है कि एक मूल्य-सापेक्ष होता है और दूसरा मूल्य-निरपेक्ष। पर उद्‌देश्य एवं मूल्य के प्रत्यय को अपनाना क्या भविष्य की पहले कल्पना करना और फिर उसके उपरान्त उसके आधार पर 'विगत' (भूत) को समझने का प्रयास करना नहीं है ? विगत-घटनाओं के आधार पर भविष्य की सम्भावना का संकेत कहीं अधिक न्यायसंगत है न कि भविष्य के आधार पर भूत का निर्माण।

अतः यह निर्देश देना कि अच्छी कविता अपने 'अनुभूतियोग' के अभ्यास से हमारे मनोविचारों का परिष्कार तथा शेष सृष्टि के साथ हमारे रागात्मक सम्बन्ध की रक्षा और निर्वाह करती है, अथवा साहित्य का मुख्य धर्म भावनाओं का परिष्कार है--साहित्य के सन्दर्भ में उद्‌देश्य एवं मूल्यों का संकेत मात्र करना ही है। साहित्य के सन्दर्भ में इन मूल्यों की चर्चा केवल परम्परावादी आलोचक ही नहीं उठाते। मनोविज्ञान की आधुनिक शैली में कविता की व्याख्या करनेवाले प्रसिद्ध पाश्चात्य आलोचक रिचर्ड्स भी कविता

को मूल्य-सापेक्ष मानते हैं यद्यपि वह भी स्वीकार करते हैं कि कविता क्या कहती है यह मुख्य बात नहीं, मुख्य तो यह है कि वह क्या है।[24] इसके बावजूद भी वे कविता को भी उद्देश्यपरक मानते हैं। और यह उद्देश्य है—अनुभवों के प्रति सन्तुलित वृत्ति का निर्माण।[25] (रिचर्ड्स के इस मूल्यवादी सिद्धान्त की आलोचना वैज्ञानिक प्रणाली के आधार पर कई आलोचक कर चुके हैं।)[26]

कविता को मूल्यों के सन्दर्भ में देखना वस्तुतः उसकी स्वतन्त्र सत्ता (ऑटोनोमी) से इनकार करना है। स्वतन्त्र सत्ता से मेरा मतलब है कि कविता को न तो कवि के उस अभिप्राय (इन्टेंशन) के आधार पर जाँचा-परखा जा सकता है जिसे लेकर वह अपनी कृति की रचना करता है और न पाठकों पर पड़े प्रभाव के सन्दर्भ में ही उसकी उचित व्याख्या की जा सकती है। होता यह है कि रचना को अपने 'होने' की स्थिति में पहुँचने के पहले तक जिस अभिप्राय को लेकर रचनाकार आगे बढ़ता है, सृजनात्मक प्रक्रिया से गुजरने के बाद उसका रूप ही बदल जाता है और कभी-कभी तो उसमें इस सीमा तक गुणात्मक भेद आ जाता है कि अभिप्राय का अन्तिम रूप जो कविता में प्रतिफलित होता है वह अपने पूर्व रूप के ठीक विरोध में आ खड़ा होता है। अतः मुख्य यह नहीं कि कवि क्या कहना चाहता है वरन् महत्त्वपूर्ण यह है कि कविता क्या कहती है। क्योंकि आलोचक का धर्म कविता का अध्ययन विश्लेषण करना है न कि कवि के व्यक्तित्व अथवा मानस का। इसी प्रकार 'प्रभाव' के आधार पर साहित्य का विश्लेषण, वस्तुतः पाठकों की रुचि-अभिरुचि के विश्लेषण का प्रश्न पहले बन जाता है और इसके बाद कृति का। लेकिन जब मैं कविता की स्वतन्त्र-सत्ता की मांग कहता हूँ तो इसका यह तात्पर्य नहीं कि पूरे काव्य-व्यापार की स्थिति से इनकार करना चाहता हूँ। काव्य-व्यापार का क्षेत्र तो समाज एवं जगत, कवि, कविता और पाठक तक फैला होता है, पर कविता का वास्तविक क्षेत्र तो स्वयं कृति है, जो स्वयं में ठोस और यथार्थ है, जिसका पूरा अपना संसार भाषा और शैली के दायरे के बीच सिमटा रहता है।

साहित्य का कोई उद्देश्य होता है या नहीं अथवा कविता मूल्य-सापेक्ष होती है या नहीं, इस पर संघटनात्मक (स्ट्रक्चरल) आलोचक अपना कोई अन्तिम निर्णय नहीं देता, देना भी नहीं चाहता। वह तो वैज्ञानिकों की पद्धति अपनाते हुए मात्र यह कहना चाहता है कि साहित्य का, किसी भी कलाकृति का, उद्देश्य या मूल्यों के सन्दर्भ में अध्ययन-विश्लेषण का विचार स्वयं में उपयोगी नहीं। कोई वस्तु क्या है और वह क्या कहती है, इसकी विवेचना को तो वैज्ञानिक दृष्टि अपने भीतर समेटती है पर वह वस्तु 'क्यों' है, उसकी सत्ता किस 'उद्देश्य' को लेकर है, इन प्रश्नों को अपने सीमाक्षेत्र से बाहर ही रखती है। अमेरिका के प्रसिद्ध कवि-आलोचक रैन्सम ने प्राचीन और आधुनिक कविता का अन्तर बतलाते हुए कहा है कि अब तक का समाज और आलोचक कवि को सौन्दर्य-स्रष्टा के साथ-साथ नैतिक उपदेशक, सामाजिक एवं सांस्कृतिक नेता और धार्मिक प्रचारक के रूप में स्वीकार करता आया है और कवि भी इस माँग की पूर्ति के उद्देश्य से अपनी रचना भी करता रहा है, पर आज का कवि, आधुनिक भी इसीलिए

है कि उसने इस आडम्बर को अपने कृतित्व से उतार फेंका है।[27] और अगर यह सही है तो आज की आलोचना को तटस्थ वैज्ञानिक पद्धति को ही अपनाना होगा जो अपनी कार्य-प्रणाली में विवरणात्मक है न कि नियम निर्देशात्मक।

आज का विज्ञान यह मानता है कि विश्लेषण-पद्धति में हमें ज्ञात से अज्ञात की ओर बढ़ना चाहिए न कि अज्ञात से ज्ञात की ओर (तीसरी मान्यता)। अतः साहित्य-विश्लेषण में रस अथवा भावनाओं के सन्तुलन के लक्ष्य के चरम-बिन्दु से चलकर, साहित्यिक शैली से होते हुए भाषा तक पहुँचना वैज्ञानिक पद्धति नहीं, वरन् ठीक इसके विपरीत भाषा को आधार बनाकर काव्य-शैली का निरूपण-विश्लेषण और उसके पश्चात कृति के फलन की ओर बढ़ना अधिक तर्कसंगत एवं वैज्ञानिक होगा। साहित्य के ज्ञात पक्ष के रूप में भाषा का स्वरूप ही सर्वप्रथम सामने आता है अतः साहित्यिक कृति की आलोचना की शुरुआत भी इसी स्तर से करना श्रेयस्कर होगा।

ध्यान देने की बात है कि पहले के कवि-आलोचक भी अपनी रचनाओं के मूल में भाषा को स्थान देते रहे हैं। पर उनके लिए भाषा मात्र उपकरण थी और वह भी कविता या काव्य-फलन का नहीं वरन् कविता के किसी विशेष अंग का विशेष उपकरण। उदाहरण के लिए सिडनी के अनुसार कवि भाषा का उपयोग इसलिए करता है कि वह वस्तु-पक्ष को हृदयग्राही बना सके, सामान्य जीवन के वे अंश जो बिना शंका के ग्रहण नहीं हो सकते, उसे संशयहीन ढंग से काव्यपरक भाषा के सहारे सम्प्रेषित किया जा सके। ड्रायडन के अनुसार भाषा का उपयोग उस तत्त्व को 'जीवन्त' बनाने मात्र में है जिसे हमारा ज्ञान और पर्यवेक्षण शक्ति 'सत्य' के रूप में स्वीकार कर चुकी है। कॉलरिज के लिए भाषा का महत्त्व उसकी कल्पना-शक्ति के लक्ष्य की पूर्ति का साधन रहा है और शैली के मतानुसार भाषा उसकी रचनात्मक कल्पना का केवल महत्त्वपूर्ण साथी एवं सहयोगी है।[28] लेकिन आज का कवि भाषा को कविता के केवल माध्यम के रूप में ही स्वीकार नहीं करता। वह इससे आगे बढ़कर यह भी कहता है कि 'कविता भाषा की ही एक विधा है'।[29] वह कविता को शैली के रूप में देखता है और शैली को 'नार्म' से अलग हटी हुई भाषा की स्थिति-विशेष मानता है। (पाल वैलरी)[30] वह आज कविता में प्रयुक्त शब्दों के इर्द-गिर्द चक्कर लगाकर यह सुनना चाहता है कि खुद में वे शब्द क्या बोलते हैं।[31] अतः आज आलोचक भी यह स्वीकार करने लगे हैं कि कविता, भाषा का ही एक विशेष रूप है।[32] विशेष रीति से व्यवस्थित भाषा ही शैली-विशेष है।[33]

अगर कविता भाषा की ही एक शैली-विशेष है तो निश्चित रूप से यह भी कहा जा सकता है कि उसकी वैज्ञानिक आलोचना, भाषा-विज्ञान के क्षेत्र से बाहर नहीं। यह बात दूसरी है कि आलोचना का यह क्षेत्र-विशेष, भाषा विज्ञान के उस स्तर को छूता है जो वाक्य के विश्लेषण तक ही अपनी प्रगति कर सका है और दूसरी ओर साहित्य के उस क्षेत्र का स्पर्श करता है जो 'कम्पोजिशन' के बिन्दु से ऊपर की ओर उठता है। वाक्य और कम्पोजिशन को एक में मिलानेवाले 'स्ट्रक्चर' की कल्पना वस्तुतः भाषा-विज्ञान के एक विशेष क्षेत्र की स्थापना करता है जिसे आज 'शैलीविज्ञान'

(स्टाइलिस्टिक्स) कहा जाता है। वैज्ञानिक मान्यताओं के सन्दर्भ में यह कहा जा सकता है कि शैलीविज्ञान साहित्यिक आलोचना का सिद्धान्त भी है और प्रणाली भी।[34]

यह ठीक है कि साहित्य के वैज्ञानिक अध्ययन की अपनी अनेक उपलब्धियाँ हैं। इस दृष्टि से साहित्य के व्यष्टिनिष्ठ तथ्यों के भीतर से सार्वभौम तत्त्वों को खोज निकालने का प्रयास किया हैं और साथ ही आलोचना को उसके सिद्धान्त, प्रणाली और तकनीक के साथ जोड़ा है। इसमें सन्देह नहीं कि साहित्यिक अध्ययन की वैज्ञानिक पद्धति ने हमारी दृष्टि को वस्तुवादी और विश्लेषण को व्यावहारिक बनाया है। आलोचना अब व्यक्ति (आलोचक) की अपनी रुचि और अभिरुचि की वस्तु न रहकर एक सार्वजनिक वस्तु (पब्लिक आब्जेक्ट) के पद पर प्रतिष्ठित हो चुकी है। हमारी वैज्ञानिक दृष्टि ने काव्य-प्रक्रिया को आलोचना की रहस्य वृत्ति की अँधेरी गुहा से निकालकर अभिव्यक्ति की सर्जनात्मक प्रक्रिया के प्रकाश से उद्‌भासित करने की कोशिश की है। उसने काव्यकृति की जीवन्तता को आधिभौतिक दार्शनिकता के सन्दर्भ में काटकर काव्य-वस्तु की संगतिनिष्ठ आंशिकता (आर्गनिसिटी) की संकल्पना से जोड़ दिया है।

पर इन उपलब्धियों के बावजूद वैज्ञानिक अध्ययन की अपनी कुछेक सीमाएँ भी हैं। संक्षेप में उन पर भी विचार कर लेना असमीचीन न होगा। ध्यान देने की बात है कि आलोचना का दायित्व दुहरा होता है। उसका पहला दायित्व, काव्य-कृति के प्रति समझदारी पैदा करना होता है। 'वस्तु' के रूप में काव्य-कृति की अपनी प्रकृति क्या है, उसकी संरचना और बुनावट क्या है आदि ऐसे प्रश्न हैं, जो उसके इस दायित्व के साथ जुड़े होते हैं। साहित्य का वैज्ञानिक अध्ययन आलोचक के इस दायित्व के निर्वाह में सर्वथा समर्थ है। विज्ञान के क्षेत्र में जिस सामर्थ्य की चर्चा प्रायः की जाती है, उसके क्रमिक सोपान हैं--(1) पर्यवेक्षण (आब्जर्वेशन), (2) विवरण (डिस्क्रिप्शन) और व्याख्या (एक्सप्लेनेशन)।[35] इनमें भी विज्ञान लक्ष्य के रूप में व्याख्यापरक सामर्थ्य को सर्वोपरि मानता है।[36] माना जा सकता है कि विवरण और व्याख्या के कार्य को जिस खूबी के साथ आलोचना की वैज्ञानिक दृष्टि या प्रणाली कर सकती है, उतनी कुशलता के साथ साहित्यिक आलोचना की अन्य कोई दृष्टि करने में समर्थ नहीं पर काव्यकृति की व्याख्या करने और उसके प्रति समझदारी पैदा करने के अलावा, आलोचना का एक दायित्व और भी है। इस दूसरे दायित्व का सम्बन्ध रचना के मूल्यांकन के साथ बना रहता है। आलोचना, काव्य-कृति के अर्थ (मीनिंग) से ही सम्बद्ध नहीं होती, वह उसकी अर्थवत्ता (सिग्निफिकेंस) के प्रश्न के साथ भी जूझती हैं।[37] अर्थ या समझदारी का सम्बन्ध सम्बन्धित कृति की 'व्याख्या' के साथ रहता है जबकि 'अर्थवत्ता' का सम्बन्ध रचना के 'मूल्यांकन' के साथ। जैसा कि पहले संकेत दिया जा चुका है कि विज्ञान, मूल्य और मूल्यांकन निरपेक्ष होता है, अतः साहित्यिक अध्ययन की वैज्ञानिक दृष्टि, कृति की 'अर्थवत्ता' के प्रश्न पर मौन ही रहती है। अतः वैज्ञानिक आलोचना की पहली सीमा

है उसके दुहरे दायित्व—अर्थ (व्याख्या) और सार्थकता (मूल्यांकन) के सन्दर्भ में मात्र 'अर्थ' तक अपने को सीमित रखना। यही कारण है कि आलोचना की वैज्ञानिक पद्धति हमें यह बताने में असमर्थ है कि वह क्या चीज़ है जो किसी काव्य-कृति को 'सार्थक' बनाती है। वह किसी रचना के 'क्या' पक्ष का तो उत्तर दे सकती है पर यह नहीं बता सकती कि वह जीवन के लिए कितनी महत्त्वपूर्ण है।

विज्ञान किसी भी 'वस्तु' या 'क्रिया' के उसके कारण-कार्य की तर्कजन्य परिणति के रूप में देखता है। इस सन्दर्भ में मानव जीवन के आचरण को भी वह 'व्यवहार' के रूप में देखता है। यहाँ प्रसिद्ध मनोविज्ञानशास्त्री 'स्किनर' के 'व्यवहारवाद' के सिद्धान्त को देखा जा सकता है जिन्होंने अपने अध्ययन को यथाशक्ति 'वस्तुवादी' और 'वैज्ञानिक' बनाने का प्रयत्न किया। अपने 'भाषा व्यवहार' सम्बन्धी पुस्तक में उन्होंने 'ज्ञानार्जन' के व्यवहारवादी सिद्धान्त को स्पष्ट करते हुए यह दिखलाने का प्रयास किया कि उनका 'उद्‌दीपन नियन्त्रण' (स्टिमुलस कन्ट्रोल) संश्लिष्ट सिद्धान्त किस रूप में वस्तुवादी भी है और वैज्ञानिक भी, और किस प्रकार यह वैज्ञानिक सिद्धान्त मनुष्य के 'शाब्दिक व्यवहार' की व्याख्या करने में समर्थ है। कारण-कार्य की तर्कशिला पर आधारित उनके इस सिद्धान्त के अनुसार मानव जीवन के समस्त व्यवहार को उसके परिवेश से प्राप्त उत्तेजना (स्टिमुलस) और अनुक्रिया (रिएक्शन) के संश्लिष्ट अनुबन्धन द्वारा समझा जा सकता है, बशर्ते हम उसको पुनर्बलन (रिइनफोर्समेंट) और वंचन (डेप्रिवेशन) की संकल्पना से भी जोड़ दें। अर्थात् व्यक्ति केवल उन्हीं प्रक्रियाओं को दुहराने की ओर प्रवृत्त होता है जिनकी पुष्टि परिवेश करता है, और जिस प्रक्रिया की पुष्टि परिवेश द्वारा नहीं होती उसको व्यक्ति स्वतः त्याग देता है।[38] जिस प्रक्रिया की आवृत्ति जितनी बार होगी, पुनर्बलन उतनी ही मात्रा में देखने को मिलेगा। वस्तुतः मानव व्यवहार की यह व्याख्या, पर्यवेक्षण शक्ति और कारण-कार्य के तर्कजन्य चिन्तन पर आधारित माना जा सकता है। स्किनर का यह सिद्धान्त इस ओर भी संकेत देता है कि उद्‌दीपन-नियन्त्रण का उनका सिद्धान्त मानव व्यवहार पर भी उसी प्रकार लागू होता है जिस प्रकार मानवेतर जीव-जन्तुओं पर। उनके सिद्धान्त में इसीलिए बन्दर और मनुष्य का अन्तर नहीं है, क्योंकि मानव व्यवहार की उनकी व्याख्या गुणात्मक स्तर पर अन्य जीवों के व्यवहार की व्याख्या से भिन्न नहीं।[39] स्किनर व्यवहार के पीछे कार्य करनेवाले 'मूल्य' और 'प्रयोजन' की संकल्पना का निषेध करते जान पड़ते हैं। क्योंकि विज्ञान, प्रयोजन (पर्पज़) निरपेक्ष होता है। पर जहाँ तक मानव-व्यवहार अथवा मानवजन्य अन्य सामाजिक अथवा सांस्कृतिक कार्य-कलाप हैं, उनकी सम्पूर्ण व्याख्या प्रयोजन अथवा मूल्य के सन्दर्भ के बिना सम्भव ही नहीं है। ध्यान देने की बात है कि कारण-कार्य व्याख्या मानव जीवन के व्यवहार पर प्रकाश तो डाल सकती है पर वह उस व्यवहार के न तो प्रेरक तत्त्वों की जानकारी दे सकती है और न ही उस व्यवहार की अर्थवत्ता का ही पता दे पाने में समर्थ है। उदाहरण के लिए कल्पना कीजिए, कोई स्त्री रोज सुबह कुछ फूल तोड़ती है। हम अपनी पर्यवेक्षण शक्ति के आधार पर उसके फूल तोड़ने के

व्यापार (व्यवहार) को देख सकते हैं, पर क्या उसके फूल तोड़ने के व्यापार के आधार पर यह पता लगा सकते हैं कि उसने फूल क्यों तोड़ा। फूल तोड़ने के पीछे कोई भी प्रयोजन हो सकता है—शृंगार के लिए वेणी में उसे गूँथना, अपने प्रेमी को प्रेम-प्रतीक के रूप में उसे उपहार देना या फिर मन्दिर में देवता के चरणों में अर्पित करना; हम इसका पता तभी लगा सकते हैं जबकि उसके फूल तोड़ने के व्यवहार के पीछे कार्यरत उसके प्रयोजन को जानें। इसी प्रकार अगर कोई व्यक्ति जहर खाकर मर जाए, तो उसके मरने के 'भौतिक-रासायनिक' कारण का पता वैज्ञानिक लगा सकता है। पर उस व्यक्ति के पीछे मरने का 'प्रयोजन' क्या था—प्रेम में उसकी असफलता अथवा गरीबी से छुटकारा अथवा कोई अन्य कारण। विज्ञान की पहुँच 'कारण' तक है, 'प्रयोजन' उसकी पकड़ के बाहर ही होता है। इस सन्दर्भ में यह भी कहा जा सकता है कि यह प्रयोजन ही उसके व्यवहार को 'कर्म' के रूप में ढाल देता है। व्यवहार और कर्म में अन्तर ही इस आधार पर किया जा सकता है कि पहले (व्यवहार) का सम्बन्ध उद्दीपन-अनुक्रिया द्वारा नियन्त्रित होता है, जहाँ उद्दीपन के रूप में कारण, अनुक्रिया के पीछे रहता है और उसे अनुक्रिया के लिए बाध्य करता है। पर मनुष्य में कर्तत्व भाव भी होता है, उसमें इच्छाशक्ति का विकल्प भी रहता है और सामाजिक संवृत्ति की प्रेरणा भी होती है, जिसके परिणामस्वरूप वह कुछ 'कर्म' करता है। इस 'कर्म' की अर्थवत्ता समझने के लिए उद्दीपन-अनुक्रिया का कारण-कार्य सम्बन्ध अधूरा पड़ता है, क्योंकि 'कर्म' की 'प्रेरक शक्ति' प्रयोजन है और 'प्रयोजन', सामाजिक मूल्य निरपेक्ष नहीं हो सकता। कारण-कार्य सम्बन्धों के आधार पर विज्ञान 'व्यवहार' की प्रकृति को समझाने में समर्थ है पर कर्ता के सामाजिक-सांस्कृतिक मूल्यों के ताने-बाने से बुने प्रयोजन के आधार पर मनुष्य के 'कर्म' को समझने-समझाने में वह असमर्थ है। जहाँ 'कर्तृत्व है, कर्म करने के विकल्पवत प्रयोजन हैं, वहीं 'साध्य' और 'अभिप्राय' की चर्चा सम्भव हो सकती है। और जहाँ 'साध्य' और 'अभिप्राय' का प्रश्न उठता है, वहाँ 'मूल्यांकन' आवश्यक बन जाता है। भारतीय परम्परा में कवि के रचना-स्वातन्त्र्य पर निरर्थक ही बल नहीं दिया गया। 'निरंकुशाः कवचः' की उक्ति मूल्यांकन की अपेक्षा से जुड़कर ही सार्थक मानी जा सकती है। काव्यकृति के रूप में 'निर्मिति' की संकल्पना कवि-कर्म के सन्दर्भ में ही मान्य हो सकती है, कवि-व्यवहार के परिप्रेक्ष्य में नहीं। हम कह सकते हैं कि साहित्य की वैज्ञानिक आलोचना 'निर्मिति' की व्याख्या करने में उस अनुपात में असमर्थ है जिस अनुपात में वह 'व्यवहार' और 'कर्म' तथा 'कारण' और 'प्रयोजन' में अन्तर नहीं कर पाती।

विज्ञान और साहित्य के बीच का आधारभूत अन्तर वस्तुतः संसार को देखने और विभिन्न दृष्टियों में स्थित है। प्रसिद्ध कवि मैक़लीश के अनुसार विज्ञान जिन वस्तुओं का विवेचन करता है, उसे मानव-सम्बन्धों से काटकर पहले जीवन-रस से असंपृक्त कर देता है। उसकी दूसरी प्रवृत्ति है, वस्तुओं को वस्तुओं के रूप में न देखना, अपितु उसे सामान्यीकृत अमूर्त प्रतीक के रूप में प्रस्तुत करना। अपनी इन दो प्रवृत्तियों के कारण वह 'सेव' को उसके स्पर्श, रूप, गन्ध, स्वाद आदि अनुभव-जन्य गुणों से काटकर एक

सामान्यीकृत अमूर्त रूप में ग्रहण करता है और उसे दूसरों के समक्ष सेव के प्रति सामान्य और जातीय संकल्पना के रूप में प्रस्तुत करता है। इसके विपरीत कविता की दृष्टि, सेव को सेव के रूप में देखने के पक्ष में है, वह वस्तु को उनके आभ्यन्तर गुणों के साथ एक ठोस रूप में देखने की ओर प्रवृत्त होती है, क्योंकि कविता, वस्तुओं को मानव सम्बन्धों से जोड़ते हुए उसे वस्तु रूप में ही ग्रहण करती है।[40] इसी तथ्य को कवि आलोचक रैन्सम ने इन शब्दों में व्यक्त किया है--'विज्ञान, तर्क और उद्देश्यपरक वृत्तियों को सन्तुष्ट करता है और वह प्रत्यक्षीकरण की न्यूनतम अभिव्यक्ति है। कला प्रत्यक्षीकरण की वृति को सन्तुष्ट करती है तथा वह तर्क की न्यूनतम अभिव्यक्ति है।[41] स्पष्ट है कि कविता सार्वभौम सत्य को व्यक्त करने के लिए विशिष्ट का मार्ग इसलिए अपनाती है कि प्रत्यक्ष का वही गोचर रूप हैं।

ऊपर के विवेचन से स्पष्ट है कि वैज्ञानिक पद्धति की अपनी कुछ सीमाएँ हैं। प्रसिद्ध दार्शनिक जोड[42] के अनुसार कम से कम उसकी निम्नलिखित चार ऐसी सीमाएँ हैं, जो मानविकी क्षेत्र में काम करनेवाले शोधार्थी के लिए समस्या बन जाती है।

1. विज्ञान, पूर्ण और अखंड यथार्थ का न तो परिचय दे सकता है और न ही उसे अभिव्यक्त कर सकता है।

2. वह 'व्यक्ति' का विश्लेषण कर सकता है, 'व्यक्तित्व' का नहीं, इसी प्रकार वह हमें बता सकता है कि 'हास्य' या 'करुणा' क्या है तथा उसकी प्रकृति क्या है, पर हमारे भीतर 'हास्य' या 'करुणा' का भाव पैदा नहीं कर सकता।

3. वह मानव-मन के भीतर सक्रिय विकल्प की सम्भावनाओं पर पूर्ण प्रकाश नहीं डाल सकता।

4. वह न तो 'मूल्यों' की परिभाषित कर सकता है और न वह उस पर कोई महत्त्वपूर्ण सम्मति ही देने की स्थिति में है।

साहित्य, विज्ञान की इन सीमाओं का अतिक्रमण करता है। अतः यह आवश्यक है कि साहित्य के अध्ययन-विश्लेषण की दृष्टि भी वैज्ञानिक रीति से अध्ययन करने की प्रणाली को अपनी इन सीमाओं से मुक्त करते हुए अपने को विवेच्य-वस्तु के अनुरूप बनाए। एक बात और ध्यान देने की है। साहित्य अध्ययन की वैज्ञानिक दृष्टि, साहित्य को एक तरफ 'शाब्दिक कला' मानती है और दूसरी तरफ काव्य-कृति को 'शाब्दिक प्रतीक' (बर्वल साइन)। भाषा (भाषाशास्त्र) और कला (सौन्दर्यशास्त्र) के अनुबन्ध को स्वीकार करती हुई वह यह बतलाती है कि हरेक शाब्दिक प्रतीक साहित्य नहीं है पर उसके साथ ही वह यह भी संकेत देती है कि प्रत्येक काव्य कृति पहले अनिवार्यतः 'शाब्दिक प्रतीक' है। दूसरे शब्दों में भाषा का प्रत्येक व्यक्त रूप साहित्य नहीं कहला सकता पर साहित्यिक कलाकृति मूलतः भाषा का ही व्यक्त रूप है। इस सन्दर्भ में यह कहा जा सकता है कि काव्यकृति (कविता या उपन्यास विशेष) में निहित काव्य-वस्तु की सत्ता के दो सन्दर्भ हैं। अपने पहले सन्दर्भ में वह 'कला वस्तु' (आर्ट आब्जेक्ट) है। कलावस्तु अपनी प्रकृति में मात्र 'सम्भावना' (पोटेन्शियल) होती है, ठीक उसी प्रकार

जैसे भाषा की प्रकार्यात्मक इकाइयाँ–स्वनिम, रूपिम आदि मात्र भाषा की प्रकार्यात्मक इकाइयाँ हैं। 'सम्भावना' के रूप में सिद्ध होने के बावजूद कलावस्तु अपनी प्रकृति में 'वस्तुगत' (आब्जेक्टिव) होती है, क्योंकि अपने मूलरूप में वह निर्वैयक्तिक (इम्परसनल) है। कला-वस्तु के इस स्तर पर कोई भी कृति, यथा शेक्सपीयर का 'हैमलेट' या तुलसीदास का 'रामचरितमानस'–प्रत्येक युग में और प्रत्येक सदस्य पाठक के लिए समरूप और निर्विकल्प है।

अपने दूसरे सन्दर्भ में काव्य-वस्तु, कला की आस्वाद्य वस्तु (एस्थेटिक आब्जेक्ट) है। आस्वाद्य वस्तु, सामाजिक सापेक्ष होने के कारण अपनी प्रकृति में एक सीमा तक वैयक्तिक भी होती है। इस परिप्रेक्ष्य में यह कहा जाता है कि प्रत्येक युग काव्य-कृति को अपने ढंग से लिखता है। सच तो यह है कि कला-वस्तु का सम्भाव्य रूप सहृदय पाठक की काव्य चेतना के भीतर पहुँचकर ही अपना ठोस रूप ग्रहण करता है, और इस ठोस रूप में ही वह आस्वाद्य बनता है। क्योंकि प्रत्येक युग की साहित्यिक चेतना और प्रत्येक सहृदय पाठक का काव्य संस्कार एक जैसा नहीं होता इसलिए कलाप्रतीक की आस्वाद्य वस्तु भी समरूपी नहीं होती। यही कारण है कि 'हैमलेट' अथवा 'रामचरितमानस' कलावस्तु के रूप में एक होकर भी आस्वाद्य वस्तु के रूप में विभिन्न युगों और विभिन्न पाठकों के मानस में विभिन्न रूप में प्रतिफलित मिलते हैं।[43] साहित्य के वैज्ञानिक अध्ययन की यह एक महत्त्वपूर्ण सीमा मानी जा सकती है कि वह काव्यकृति के केवल वस्तुगत (कलावस्तु) प्रतीक के ही अध्ययन-विश्लेषण और व्याख्या में सक्षम है, उसके भावगत (आस्वाद्य वस्तु) प्रतीक रूप की पकड़ और व्याख्या उसके सीमा-क्षेत्र के बाहर की वस्तु है।

आज विद्वान साहित्य के वैज्ञानिक अध्ययन भी अपनी सीमाओं और कठिनाइयों से परिचित हो गए हैं। इसके दो परिणाम देखने को मिल रहे हैं। प्रतिक्रिया के रूप में विद्वानों का एक वर्ग आलोचना की 'वस्तुवादी' प्रकृति पर ही आक्षेप करने की ओर उद्यत है। इन विद्वानों के अनुसार साहित्य का अध्ययन 'वस्तुपरक' हो ही नहीं सकता अतः वह उसके लिए 'भावपरक' अध्ययन के एक नए 'पैराडाइम' की संकल्पना पेश कर रहे हैं।[44] विद्वानों का दूसरा वर्ग साहित्य के वैज्ञानिक अध्ययन को और व्यापक बनाते हुए उसको पाठ-पाठक संवेद्य आलोचना के रूप में विकसित करने की माँग कर रहा है। वह 'विज्ञान' और 'वैज्ञानिक मान्यताओं' के भीतर रहकर ही विज्ञान को प्रकृति की लचीला और गत्यात्मक बनाने के पक्ष में है। कुछ ऐसा ही प्रयत्न विज्ञान के क्षेत्र में इस युग के प्रसिद्ध वैज्ञानिक एडिंग्टन और आइंस्टीन ने भी किया है।[45] पाठ-पाठक संवेद्य आलोचना को आज हम साहित्य के वैज्ञानिक अध्ययन के भीतर ही कई रूपों में पनपते देख सकते हैं। इस दिशा में जो काम हो रहे हैं, उनमें कुछ महत्त्वपूर्ण हैं–कलर का 'संरचनात्मक काव्यशास्त्र',[46] स्टेनले फिश का 'प्रभावी शैलीविज्ञान'[47], नारसन हालैंड की 'सक्रियात्मक समीक्षा'[48] और जर्मनी के जास ओर आइसर, द्वारा प्रस्तावित और होबुल द्वारा विकसित आलोचना का 'ग्रहण सिद्धान्त।'[49]

सन्दर्भ-टिप्पणी

1. विलियम के. विम्सेट एंड सी. ब्रुक्स–'लिटरेरी क्रिटिसिज्म–ए शार्ट हिस्ट्री' ऑक्सफोर्ड बुक कार्पोरेशन, कलकत्ता-दिल्ली (1957) पृ. 7
2. डेविड डेइचिस–'क्रिटिकल एप्रोचेस टु लिटरेचर, 'लान्गमैन्स (1957), पृ. 8
3. जे. रावर्ट ओपेनहीमर–'फिजिक्स इन दि कांटेंपोरेरी वर्ल्ड' संकलित 'ग्रेट एस्सेज़ इन साइंस' सं. एम. गार्डनर, न्यूयार्क (1961),
4. ए.एन. व्हाइटहेड–'दि ओरिजिन ऑफ मार्डन साइंस' संकलित फिलासफी इन दिन ट्वेन्टियेथ सेंचुरी खंड 2, सं. डब्ल्यू. बैरेट एंड ह.डी. एइकेन, न्यूयार्क (1962) पृ. 823
5. सोल सपोर्टा–'दि एप्लिकेशन ऑफ लिंग्विस्टिक्स टु दि स्टडी ऑफ पीयेटिक लैंगुएज' संकलित स्टाइल इन लैंगुएज' स. थामस. ए. सिबिओक, न्यूयार्क लन्दन (1960) ए 85
6. ए. टायेन्बी 'ए स्टडी ऑफ हिस्ट्री' खंड 1, ऑक्सफोर्ड (1945), पृ. 452
7. एल. येल्मस्लेव एंड एच. जे. उल्डाल–आउटलाइन ऑफ ग्लासेमेटिक्स, खंड 1, कोपेनहेगन (1957), पृ. 7।
8. देखिए लेखक की पुस्तक–'प्रगतिशील आलोचना', साहित्य भवन प्रा.लि. इलाहाबाद (1962), पृ. 147
9. मार्क स्लोनिम–आउटलाइन ऑफ एशियन लिटरेचर, मेन्टर बुक (1959), पृ. 107।
10. जे. लैवरिन, 'एन इंट्रोडक्शन टु दी रशियन नावेल' लन्दन (1947), पृ. 97
11. ग. म. फ्रिडलेंडर–'दास्तायेव्स्की का यथार्थवाद' (रूसी में) मास्को लेनिनग्राद (1964), पृ. 380
12. वी येर्निलोव, 'फ. म. दास्तायेव्स्की', मास्को (1), पृ. 10
13. न. म. चिर्कोव–'दास्तायेव्स्की का शिल्प कौशल' (रूसी में), मास्को (1964), पृ. 50
14. डी.एस. मर्झकोव्स्की–''दास्तायेव्स्की एंड टालस्टाय' संकलित 'रशियन लिटरेचर एंड माडर्न इंग्लिश फिक्शन' सं. डोनल्ड डेनी, शिकागो-लन्दन (1965), पृ. 85
15. वी. कुजनेत्सोव,–'आइंस्टीन' मास्को (1965), पृ. 85
16. जे. व्हारमोध, लैंगुएज, ए माडर्न लिन्यसिस, न्यूयार्क (1957) पृ. 101
17. येल्मस्लेव एंड उलडाल–पूर्वोद्धृत पृ. 78
18. रोमन याकोब्सन–लिंग्विस्टिक्स एंड पोयेट्री', संकलित 'स्टाइल एंड लैंगुएज' पूर्वोद्धृत पृ. 359
19. बी. रसेल–'दी इम्पैक्ट ऑफ साइंस आन सोसायटी,' लन्दन (1952), पृ. 99-100
20. आचार्य रामचन्द्र शुक्ल–रस-मीमांसा, काशी नागरी प्रचारिणी सभा : (सं. 2001), पृ. 408
21. विलियम जेम्स–'दि प्रिंसिपल्स ऑफ साइकॉलोजी' : होल्ट न्यूयार्क (1890), खंड 1, पृ. 185
22. विलियम जेम्स–'दि प्रिंसिपल्स ऑफ साइकॉलोजी' : होल्ट न्यूयार्क (1890) खंड 1, पृ. 185
23. ने. जेड. यंग–'डाउट एंड सर्टेनिटी इन साइंस, ऑक्सफोर्ड (1951), पृ. 156
24. आई.ए. रिचर्डस साइंस एंड पोयेट्री, 1926
25. सी.के. ओग्डेन एंड आई.ए. रिचर्ट्स–'दि मीनिंग ऑफ मीनिंग, लन्दन (1949)
26. देखिए, मैक्स ब्लॉक–'ए सिंपोजियम ऑन इमोटिव मीनिंग, सम क्वश्चन अबाउट इमोटिव मीनिंग, दि फिलासोफिकल रिव्यू' मार्च (1948), पृ. 111-126
27. जे.सी. रैन्सम–'पोयेट्स विदाउट लारेल्स' संकलित 'लिटरेरी क्रिटिसिज्म इन अमेरिका' सं. एल्बर्ट डी. वान स्ट्रैंड, न्यूयार्क (1957), पृ. 275
28. डेविड डेइचिज–पूर्वोद्धृत पृ. 1589

29. जे.सी. रैन्सम–दि वर्ल्ड्स बाडी' (1938) उद्धृत 'लैंगुएज एंड स्टाइल' पृ. 154
30. स्टिफेन उल्मान–लैंगुएज एंड स्टाइल', ऑक्सफोर्ड (1964) पृ. 154
31. डब्ल्यू. एच. आडेन–'स्वैस एंड आव्लाज', उद्धृत 'क्रिटिकल एप्रोचेज टु लिटरेचर', पृ. 159
32. रोमन याकोब्सन–लिंग्विस्टिक्स एंड पोयेट्री 'उद्धृत स्टाइल इन लैंगुएज' पृ. 377
33. य. न. सोपोरोव, 'भाषाविज्ञान एवं काव्य-शास्त्र की समीक्षा' (रूसी में)। 'रूपवादी टाइपोलाजिकता विश्लेषण' (मास्को) (1962) पृ. 264
34. विस्तृत विवेचन के लिए देखिए : रवीन्द्रनाथ श्रीवास्तव–'शैलीविज्ञान' और आलोचना की नई भूमिका, आगरा (1972) और संरचनात्मक शैलीविज्ञान, दिल्ली (1979)
35. नोम चोम्स्की, 'सिन्टेक्टिक स्ट्रक्चर्स, द हेग '(1957)
36. कार्ल आर. पापर–'द लॉजिक ऑफ साइंटेफिक डिस्कवरी,' न्यूयार्क (1959)
37. पी. मशरे–'ए थियोरी ऑफ लिटरेरी प्रोडक्शन, लन्दन (1978)
38. बी.एफ. स्किनर 'वर्बल बिहेवियर', न्यूयार्क (1957)
39. स्किनर के इस सिद्धान्त की कटु आलोचना भाषा-व्यवहार के सम्बन्ध में चोम्स्की ने की है, देखिए चोम्स्की–ए रिव्यू ऑफ बी.एफ. स्किनरर्स वर्बल विहेवियर', लैंगुएज, (1959) 26-58
40. ए. मैक्लीश–पोयेट्री एंड एक्सपीरियेंस, पेनगुइन (1960)
41. जे.सी. रैन्सम–पूर्वोद्धृत (1938)
42. सी.ई.एम. जोड–फिलॉसाफिकल एस्पेक्ट्स ऑफ माडर्न साइंस, लन्दन (1932)
43. रवीन्द्रनाथ श्रीवास्तव–'संरचनात्मक शैलीविज्ञान', दिल्ली (1979)
44. डेविड ब्लेख–'सब्जेक्टिव क्रिटिसिज्म', बाल्टीमोर एवं लन्दन (1978)
45. विस्तृत विवेचना के लिए देखिए; जे. सुलिवान–'दि लिमिटेशन्स ऑफ साइंस, न्यूयार्क (1933)
46. जे. कलर–'स्ट्रक्चरलिस्ट पोयटिक्स, इथाका (1975)
47. स्टैंले फिश–'इज देयर ए टेक्स्ट इन दिस क्लास' दि अथारिटी ऑफ इंटरप्रैटिव कम्यूनिटीज, कैम्ब्रिज (1980)
48. ना. हालैंड–'दि डायनामिक्स ऑफ लिटरेरी रिस्पान्स', न्यूयार्क (1968)
49. रावर्ट सी. होलुब–'रिसेप्शन थ्योरी : ए क्रिटिकल इंट्रोडक्शन', लन्दन एवं न्यूयार्क (1964)

नई समीक्षा की भाषावादी चेतना*

किसी भी 'वाद' का सही सन्दर्भ में देखन-परखने के लिए यह आवश्यक है कि हम उसकी दृष्टि या चेतना की उस मूलवर्ती धारा को पकड़ें जिसके आधार पर वह 'वाद' निर्दिष्ट होता है और अपनी आपसी विभिन्नता एवं मतभेद के बावजूद भी आपाततः वह एक विशिष्ट सम्प्रदाय के रूप में मान्य होता है। निस्सन्देह हर 'वाद' के चिन्तन की अपनी केन्द्रवर्ती एक मूल धारा होती है, कुछ ऐसी मूलभूत स्थापनाएँ होती हैं जो उस वाद के समर्थकों को समान रूप से मान्य होती हैं। मूल स्थापनाओं के इस केन्द्रवर्ती क्षेत्र को अपने भीतर समाहित करनेवाली वाद की बाह्यवर्ती एक परिधि भी होती है जहाँ मत-वैभिन्य की पूरी गुंजाइश रहती है। केन्द्रवर्ती क्षेत्र को उस वाद का समान क्रोड (कामन कोर) कहा जाता जा सकता है और बाह्यवर्ती परिधि को उसकी सर्वसमावेशी अभिरचना (ओवरआल पैटर्न) के रूप में माना जा सकता है।

केन्द्रवर्ती क्षेत्र वाद के 'पैराडाइम' से परिभाषित होने के कारण स्थिर होता है, अतः उसमें विकल्प अथवा उपभेदों की सम्भावना नहीं के बराबर रहती है। पर इस केन्द्रवर्ती क्षेत्र के बाहर की बाह्यवर्ती परिधि परिचालन उपगम से नियन्त्रित होती है। अतः उसमें स्वतन्त्र या सोपाधिक विकल्पन (वैरियन्ट) देखने को मिलते हैं। ये ही विकल्पन जब किसी समर्थ चिन्तक के हाथों पड़कर स्थिर हो जाते हैं, तो उसे हम मूलस्रोत से उद्‌भूत उपधारा की संज्ञा दे बैठते हैं।

किसी वाद या चिन्तन पक्ष के सन्दर्भ में मूल और उपधारा के इस अन्तर को सही परिप्रेक्ष्य में जान लेना यहाँ आवश्यक है। यह तथ्य महत्त्वपूर्ण है कि जब तक 'पैराडाइम' नहीं बदलता, चिन्तन की मूलधारा में भी कोई परिवर्तन नहीं आता क्योंकि यह 'पैराडाइम' ही किसी वस्तु को देखने की दृष्टि को नियन्त्रित करता है और इसी के आधार पर व्यक्तियों की जीवन-दृष्टि बनती-बदलती है। किसी भी वाद के समर्थकों को उनकी वैयक्तिक विभिन्नताओं के बावजूद इसी जीवन-दृष्टि की एकरूपता के आधार पर एक वर्ग के अन्तर्गत रखा जाता है। 'पैराडाइम' से नियन्त्रित केन्द्रवर्ती मूल चिन्तनधारा ही किसी वाद के समर्थकों को विचार की एकसूत्रता में पिरोती है जबकि व्यावहारिक उपगम से बाधित बाह्यवर्ती उपधाराएँ उनमें श्रेणीभेद का कारण बनती हैं।

---

* सर्वप्रथम 'आलोचना' 1974 में प्रकाशित

यहाँ यह भी ध्यान रखना आवश्यक है कि बाह्यवर्ती अभिरचना में न केवल विकल्पन की सम्भावना रहती है, बल्कि उसमें परम्परा के प्राप्त रूढ़िग्रस्त मान्यताएँ भी समाविष्ट हो सकती हैं; साथ ही, उसमें बदलती परिस्थितियों से उद्भूत उन असंगतियों एवं अन्तर्विरोधी प्रवृत्तियों का भी योग हो सकता है जिनका कालक्रम में 'पैराडाइम' को सामना करना पड़ता है।

कोई भी 'वाद' केन्द्रवर्ती मूलधारा और अनेक सन्दर्भों से जुड़ी बाह्यवर्ती उपधाराओं के समुच्चय के रूप में ही हमारे सामने आता है। अतः उस 'वाद' को सही सन्दर्भ में समझने के लिए इनके अन्तर की पकड़ आवश्यक है। मूल जीवन-दृष्टि और उस दृष्टि का वास्तविक रूपात्मक प्रतिफलन एक नहीं होता। उदाहरण के लिए, छायावादी या प्रगतिवादी कविता एक चीज है और छायावादी या प्रगतिवादी काव्य-दृष्टि उससे भिन्न एक दूसरी चीज़। ठीक उसी प्रकार अंग्रेजी आलोचना के सम्प्रदाय के रूप में जिसे हम 'नई समीक्षा' कहते हैं वह एक चीज़ है और इस सम्प्रदाय को काव्य-दृष्टि उससे भिन्न एक दूसरी चीज़।

'पैराडाइम' के बदलने के बाद जीवन-दृष्टि का बदलना स्वाभाविक है और जीवन-दृष्टि के बदलने के साथ पूर्ववर्ती मान्यताओं से उसका टकराना भी ऐतिहासिक अनिर्वायता है। आज हम छायावादी काव्यदृष्टि अथवा नई समीक्षा की मूलभूत चेतना का विरोध कर सकते हैं पर छायावादी कविता अथवा नए समीक्षकों के आलोचनात्मक ग्रन्थों की अस्वीकृति एक गलत कदम ही माना जाएगा। छायावाद ने हिन्दी साहित्य परम्परा को अपनी अनेक अविस्मरणीय कृतियों से समृद्ध बनाया है और नई समीक्षा ने काव्यपरक समस्याओं को जो नए सन्दर्भ और काव्य-विश्लेषण की नई प्रणाली दी है उसको देखकर प्रिचर्ड के स्वर में यही कहा जा सकता है कि 'आलोचना' का ऐसा महत्त्वपूर्ण समुदाय इस शती में अभी कोई और नहीं जन्मा है।''

इसमें सन्देह नहीं कि साहित्य (या ज्ञानविज्ञान) के किसी भी क्षेत्र की चिन्तनधारा के इतिहास को या उस इतिहास के सन्दर्भ में किसी वाद को पैराडाइम या केन्द्रवर्ती काव्यदृष्टि में परिवर्तन के क्रम के अनुसार देखना ही उचित है। और केन्द्रवंर्ती काव्यदृष्टि को उसके सही सन्दर्भ में जानने के लिए यह जरूरी है कि हम यह भी जानें कि अपने पूर्ववर्ती युग की किन असंगतियों एवं अन्तर्विरोधी प्रवृत्तियों के फलस्वरूप नई केन्द्रवर्ती काव्यदृष्टि की स्थापना की आवश्यकता पड़ी। साथ में यह भी देखना आवश्यक है कि यह नई केन्द्रवर्ती काव्यदृष्टि किस प्रकार उन असंगतियों के निराकरण में समर्थ है जिनका समाधान पूर्ववर्ती वाद की केन्द्रवर्ती काव्य-दृष्टि करने में अफ़सल रही। इतिहास की सातत्य दृष्टि इन असंगतियों एवं अन्तर्विरोधी प्रवृत्तियों की शक्ति से पुष्ट होती है और दो भिन्न युगों की दो भिन्न केन्द्रवर्ती काव्य-दृष्टियों को कार्य-कारण सम्बन्धों की एक-सूत्रता में बाँधने में सफल होती है।

वाद के रूप में किसी भी काव्य-सम्प्रदाय का व्यक्ति-सापेक्ष्य और पैराडाइम-सापेक्ष्य दृष्टियों से आकलन सम्भव है। व्यक्ति-सापेक्ष्य दृष्टि यह मानकर चलती है कि अमुक

व्यक्ति या व्यक्ति-समूह इस सम्प्रदाय के जनक हैं अथवा इस या उस व्यक्ति ने अपने समर्थ चिन्तनपक्ष द्वारा वाद को परिभाषित एवं निरूपित किया। वह किसी वाद को एक 'घटना' का परिणाम मानती है। उदाहरण के लिए, यह कहा जाता है कि 'नई समीक्षा' पदबन्ध का प्रयोग सर्वप्रथम प्रोफेसर स्पिनगार्न ने 1910 में किया, और समीक्षा के विशिष्ट दर्शन के रूप में जान क्रो रैन्सम ने इसे परिभाषित किया। यह भी बताया जाता है कि नई समीक्षा की मूल प्रवृत्तियों का सर्वप्रथम प्रकाशन 'द फ्यूज़िटिव' (1922-25) में हुआ जो कविता की पत्रिका थी और बाद में 'केन्यन रिव्यू' द्वारा उसको स्वीकृति मिली। इन दोनों पत्रिकाओं के सम्पादक रैन्सम थे, अतः इस वाद के न केवल वे प्रमुख प्रवक्ता थे वरन् इसकी आधारभूत प्रवृत्तियों के निर्धारक व्यक्तित्व भी थे। रैन्सम के अतिरिक्त जिन आलोचकों का इस काव्य-धारा के प्रतिपादन और विकास के सन्दर्भ में नाम लिया जाता है उनमें विवस, टेट, ब्रुक्स तथा वारेन का नाम अग्रणी है। इतिहास की व्यक्ति-सापेक्ष्य दृष्टि का ही परिणाम है कि नई समीक्षा के जन्म को लेकर अगर कोई विद्वान इसके मूलस्रोत पर यह वक्तव्य देता है–"इलियट और रिचर्ड्स जैसे दो विरोधी खेमों के आलोचकों से प्रेरणा लेकर यह समीक्षा-पद्धति प्रायः तीस वर्षों तक आलोचना-जगत् का मार्ग प्रशस्त करती है" (शास्त्री : 22), तो दूसरा अपनी यह मान्यता व्यक्त करता है–"नई समीक्षा का सिद्धान्त सबसे पहले प्रतिपादित-प्रवर्तित करनेवाले आई.ए. रिचर्ड्स नहीं थे, जैसा कि कुछ लोगों ने मान लिया है, न उनके शिष्य विलियम एम्पसन थे, और न रैन्सम ही–जैसा कि आलोचना-जगत् के कुछ इतिहासकार कहते हैं; बल्कि टी.एस. इलियट थे। यह एक ऐसा तथ्य है जिसे प्रायः अनदेखा किया गया है। ऐसी स्थितियों में तिथियों की बड़ी महत्ता होती है।" (नरसिंहैया : 12)

तिथियों एवं आँकड़ों के आधार पर लिखनेवाले यह भूल जाते हैं कि इतिहास घटनाओं के कालक्रम में मात्र तथ्यनिरूपण नहीं होता। यह एक 'प्रक्रिया' है; व्यक्ति के द्वारा प्रतिपादित सिद्धान्तों का क्रम न होकर केन्द्रवर्ती चिन्तनधारा के आन्तरिक विकास का एक अटूट सिलसिला है। यह सवाल उठाया जा सकता है कि 'नई समीक्षा' की भाषावादी प्रवृत्ति को येट्स की इस मान्यता से क्यों न जोड़ा जाए जो यह कहती है कि 'जो भी सत्य है वह शब्दों में है' अथवा मेलार्मे की इस उक्ति से इसका सम्बन्ध क्यों नहीं स्थापित किया जाए, जो यह मानती है कि "कविता शब्दनिर्मित होती है, विचारनिर्मित नहीं।" रेने वेलेक ने 'नई समीक्षा एवं तत्सम्बन्धी सभी आधुनिक आलोचना सम्प्रदायों का सम्बन्ध मेलार्मे की इस विचार-सरणी से जोड़ा है (1963:351), पर यहाँ यह भी पूछा जा सकता है कि काव्य-चिन्तन का यह भाषावादी रुझान तो ऑडेन (1948) में भी तब देखा जा सकता है जब वे लिखते हैं–"क्यों तुम कविता लिखना चाहते हो ? (इस प्रश्न के उत्तर में) अगर कोई नवयुवक यह उत्तर देता है : "मुझे कुछ महत्त्वपूर्ण बातें कहनी हैं" तब वह कवि नहीं है। लेकिन अगर वह यह जवाब देता है : "मैं शब्दों के इर्द-गिर्द चक्कर काटना पसन्द करता हूँ क्योंकि मुझे यह जानना है कि वे क्या कहना चाहते हैं"–तब यह सम्भव है कि वह कवि बन जाए।" पर क्या

इस धारणा के कारण मात्र से ऑडेन को नई समीक्षा के क्षेत्र का आलोचक मान लिया जाए ?

निस्सन्देह ऑडेन न तो नई समीक्षा-दृष्टिवाले आलोचक हैं और न भाषावादी रुझान के उनकी काव्य-दृष्टि नई समीक्षा की केन्द्रवर्ती चिन्तनधारा का परिणाम है। इसी प्रकार अर्थ-सम्बन्धी अपनी भाषा वैज्ञानिक प्रणाली और भाषा के वैज्ञानिक और रागात्मक प्रयोग-भेद के प्रमाण पर रिचर्ड्स को भी नई समीक्षा का आलोचक या प्रेरक शक्ति नहीं माना जा सकता है। यह तथ्य कम महत्त्वपूर्ण नहीं है कि रिचर्ड्स काव्य के नैतिक मूल्य के पक्षपाती हैं, अतः इसको साधन रूप में ग्रहण कर अन्तर्वृत्तियों के सन्तुलन और सामंजस्य पर बल देने के समर्थक हैं। पर नई समीक्षा यह मानकर चलती है कि काव्यकृति स्वयं अपना साध्य है क्योंकि वह स्वायत्त है, अपने अस्तित्व में वह स्वनिष्ठ है। उसकी सत्ता स्वायत्त है अतः नैतिक, सामाजिक, मनोवैज्ञानिक अथवा ऐतिहासिक लक्ष्य का उसे साधन बनाना उचित नहीं। रेने वेलेक के मत में रिचर्ड्स की समीक्षात्मक पद्धति में साहित्यकार को मनोचिकित्सक के रूप में रखा गया है। इसी प्रकार यद्यपि इलियट काव्य-विश्लेषण में कवि के व्यक्तित्व एवं रागद्वेष की जानकारी को अप्रासंगिक मानते हैं और काव्यकृति को यह कहकर निर्वैयक्तिक सिद्ध करना चाहते हैं कि वह आत्माभिव्यक्ति नहीं वरन् व्यक्तित्व का निषेध है, वह मनोभावों की अभिव्यक्ति नहीं अपितु उससे पलायन है। पर बावजूद इसके वे नई समीक्षा की मूलवर्ती चिन्तनधारा के अनुगामी आलोचक नहीं क्योंकि वह यह मानकर चलते हैं कि साहित्य की श्रेष्ठता का आधार मात्र साहित्यिक मानदंड नहीं बन सकता और काव्यालोचन को नैतिक एवं धार्मिक दृष्टि-सम्पन्न आलोचना से पूर्ण बनाना अपेक्षित है (इलियट : 1967 : 43)। इलियट ने यद्यपि यह स्वीकार किया है कि 'आलोचना की ईमानदारी इसी तथ्य में निहित है कि वह कवि की ओर उन्मुख न होकर कविता की ओर उन्मुख हो और तभी संवेदनापूर्ण रसास्वाद सम्भव है'' पर जैसा रैन्सम का कथन है, इलियट की काव्यदृष्टि मनोवैज्ञानिक तर्क की अन्तःप्रेरणा से अनुप्राणित है और अपने बाहरी वस्तुनिष्ठ रूप और मूर्तविधान के बावजूद अन्ततः वह रागात्मक हेत्वाभास पर आधारित है।

कहने का तात्पर्य यह है कि मात्र एक या दो पक्षों अथवा एक या दो प्रवृत्तियों की समानता के आधार पर किसी आलोचक के सिद्धान्त को किसी काव्य-सम्प्रदाय से जोड़कर देखना अधूरी ही नहीं वरन् भ्रामक दृष्टि भी है। जैसा पहले संकेत दिया जा चुका है कि अगर कोई सम्प्रदाय किसी नए 'पैराडाइम' से बद्ध होकर जन्म लेता है तो वह अपनी केन्द्रवर्ती चिन्तनधारा का नए सिरे से निर्माण भी करता है। इस चिन्तन धारा की अपनी प्रकृति होती है, अपनी कुछ आधारभूत प्रतिपत्तियाँ होती हैं। इस केन्द्रवर्ती चिन्तनधारा की समग्र दृष्टि के सन्दर्भ में ही किसी आलोचक विशेष की मान्यताओं का मूल्यांकन कर उसे उसका समर्थक अथवा पोषक माना जा सकता है।

पैराडाइम-सापेक्ष्य दृष्टि के आधार पर नई समीक्षा काव्य की एक ऐसी केन्द्रवती

चिन्तनधारा की परिणति मानी जा सकती है जो अपनी दृष्टि की समरूपता एवं सध्वनि के आधार पर विभिन्न देशों की अपनी काव्यधारा में विभिन्न नामों से जानी-पहचानी जा सकती है। उदाहरण के लिए 'नई-समीक्षा' के समानान्तर जर्मनी और रूस में रूपवादी आलोचना (क्रमशः Stilforschung और Opojaz स्कूल) के अभ्युदय की कहानी है (इर्लिच : 1965; पमोर्स्का : 1968)। देशभेद के बावजूद भी इन काव्य-सम्प्रदायों की केन्द्रवर्ती चिन्तनधारा अपनी प्रकृति में समरूप है। और सच तो यह है कि ये काव्य-सम्प्रदाय न केवल अपनी प्रकृति में समरूप हैं वरन अपनी उपलब्धियों में भी बहुत कुछ समान हैं। अतः अमरीका की 'नई समीक्षा' सम्प्रदाय का मूल्यांकन करते हुए आलोचक का अगर यह कथन है-"नए आलोचकों के अधिकांश योगदान का निश्चयात्मक मूल्यांकन तो कुछ समय बाद ही हो सकेगा, परन्तु यह स्पष्ट है कि भाषिक अभिव्यंजना पर उतना ज़ोर देने से कविता के अध्ययन को लाभ पहुँचा है। काव्याध्ययन की नई दिशा देकर और काव्य-समस्याओं के प्रचार द्वारा उन्होंने काव्य- पाठकों की संख्या में अभिवृद्धि की है। उन्होंने जो अन्धाधुन्ध स्थापनाएँ की हैं उनके कारण विरोधियों में लोहा लेने की प्रवृत्ति जागी है और इस तरह साहित्य के अध्ययन में उन्होंने नए प्राण फूँक दिए। विगत सात वर्षों में नए आलोचकों के आत्मपर्यालोचन से और इस प्रकार के संकेतों से कि वे अपने अध्ययन को व्यापक बनाने के लिए अधिकाधिक तैयार हैं, आशा बँधती है। इस प्रसार का अर्थ उनका और विकास है या एक सम्प्रदाय के रूप में उनका तिरोभाव-यह बात अभी कोई नहीं कह सकता। किंतु सत्य यह है कि आलोचना का ऐसा महत्त्वपूर्ण सम्प्रदाय इस शती में अभी और कोई नहीं जन्मा है।" (प्रिचर्ड उद्धृत सम्पादकीय भूमिका, समन्विति 73-74 : 10)

तो रूसी रूपवादी आलोचना-सिद्धान्त की उपलब्धियों का एक आलोचक द्वारा मूल्यांकन भी इस प्रकार है-"साहित्यिक विधा (लिटरेरी स्कालरशिप) के क्षेत्र में रूपवादी स्कूल का देय इस बात में है कि उसने साहित्यिक अध्ययन की आधारभूत समस्याओं पर पैनी दृष्टि के साथ अपना ध्यान केन्द्रित किया और विशेषकर उसने काव्य-वस्तु की अपनी विशिष्टता पर बल दिया। उसने साहित्यिक कृति के सम्बन्ध में हमारी धारणाओं को बदला और इस प्रकार उसने अनुसन्धान के नए आयाम खोले, साहित्यिक विश्लेषण के ज्ञान में वृद्धि की, साहित्यिक सिद्धान्त के क्षेत्र में हो रहे शोध के स्तर को ऊँचा उठाया। भाषिक संरचना पर बल देने के कारण इस सम्प्रदाय ने काव्य-कृति की ओर नजदीक तथा गहरी दृष्टि से देखने की प्रेरणा दी। काव्यालोचन के सन्दर्भ में ऐसा जीवन्त सिद्धान्त रूसी साहित्य में अभी देखने को नहीं मिला।" (इफ़िमोव, 1927)।

पैराडाइम-सापेक्ष्य दृष्टि में हमें यह भी बताती है कि कोई भी सम्प्रदाय अपनी केन्द्रवर्ती चिन्तनधारा में एक होकर भी बाह्यवर्ती परिधि के भीतर पाई जानेवाली विभिन्नता के आधार पर विभिन्न उपधाराओं को जन्म दे सकता है। यह भी सम्भव है कि ये उपधाराएँ और कुछ न होकर एक ही चिन्तनधारा के रूपायन अथवा विश्लेषण सम्बन्धी प्रणाली में भेद के परिणाम हों। यहाँ एक बार फिर दुहरा देना अनावश्यक नहीं

कि परिचालन उपगम के सन्दर्भ में अपनाई जानेवाली प्रणाली सम्प्रदाय के किसी सिद्धान्त अथवा मान्यता को समझने के लिए प्रयोग में लाए जानेवाले बाह्य उपकरण होते हैं, स्वयं उस सम्प्रदाय के सिद्धान्त अथवा उसकी अन्तश्चेतना को व्यक्त करनेवाले उपादान नहीं होते।

उदाहरण के लिए अगर हम यह मानकर चलें कि काव्य और काव्यात्मकता में अन्तर है या काव्य के प्रकार्यात्मक निरूपण के रूप में स्वीकार करें कि वह काव्यपरक प्रभेदक उपलक्षणों का एक समुच्चय है तब काव्यात्मकता का केन्द्रक (लोकस) क्या है– कवि, काव्य-कृति या सहृदय, इस प्रश्न का उत्तर किसी दृष्टि-विशेष के आधार पर ही देना सम्भव है। पर उत्तर में अगर हम यह मानकर चलें कि काव्यात्मकता का केन्द्र काव्य कृति है (जैसा कि नई समीक्षा मानती है) और काव्यंकृति और कुछ नहीं अपितु एक विशिष्ट भाषिक संरचना है तब इस प्रश्न का उत्तर कि भाषिक संरचना की विशिष्टता के रूप में काव्यात्मकता का प्रतिफलन कैसे होता है अथवा इसका पता किन उपकरणों द्वारा लगाया जा सकता है, दृष्टि की अपेक्षा न रखकर परिचालन उपगम-सम्बन्धी प्रणाली की अपेक्षा रखता है। ऐसे प्रश्नों का सम्बन्ध साहित्य सम्बन्धी सिद्धान्त से न होकर उसकी टेकनीक से रहता है। (यह बात दूसरी है कि टेकनीक का सम्बन्ध सिद्धान्त के साथ भी किसी न किसी स्तर पर जुड़ा होता है।) इस विवेचन के सन्दर्भ में यह कहा जा सकता है कि नई समीक्षा या रूसी रूपवादी आलोचना कविता और काव्यात्मकता के भेद को मानती है, साथ में काव्य-कृति को ही काव्यात्मकता का केन्द्रक स्वीकार करती है। काव्य कृति का केन्द्रक मानने के साथ-साथ वह उसे एक विशिष्ट भाषिक संरचना मानती है। अतः वह भाषिक संरचना की विशिष्टता के रूप में काव्यात्मकता का पता भी भाषिक उपलक्षणों के आधार पर ही पाना चाहती है।

नई समीक्षा, काव्य-चिन्तन का केवल सिद्धान्त ही नहीं, काव्य-विश्लेषण की एक प्रणाली भी है। प्रणाली के रूप में वह उन भाषिक उपलक्षणों का पता भी लगाना चाहती है जिसके आधार पर काव्यात्मकता का निरूपण और काव्यकृति का काव्यपरक विश्लेषण सम्भव हो सके। इसलिए उसकी दृष्टि ही नहीं वरन् प्रणाली भी भाषावादी बनी रही। आलोचना साहित्य के इस सम्प्रदाय की विशिष्टता का उल्लेख करते हुए इसके एक महत्त्वपूर्ण प्रतिपादक ब्रुक्स का यह कहना है–"आधुनिक आलोचना की मूलवृत्ति भाषा और प्रतीकवाद की गहरी रुझान से प्रेरित है।...अतः यह केवल आकस्मिक नहीं कि आधुनिक आलोचना का एक बहुत बड़ा अंश केवल इस समस्या को केन्द्र में रख कर लिखा गया कि भाषा की वस्तुतः अपनी संरचना क्या है, विशेषकर साहित्यिक कृति में प्रयुक्त भाषा की अपनी प्रकृति या संरचना क्या है।" (स्टैलमान, 1949)

इस दृष्टि से रैन्सम, एम्पसन, टेट, ब्रुक्स, वारेन, ह्वीलराइट, ब्लैकमूर आदि समीक्षक एक हैं। ये सभी साहित्यिक कृति में प्रयुक्त भाषा की अपनी प्रकृति या संरचना की

समस्या के प्रति सजग और सचेत आलोचक हैं क्योंकि ये मानते हैं कि कोई भी काव्यकृति या संरचना की समस्या के प्रति सजग और सचेत आलोचक हैं क्योंकि ये मानते हैं कि कोई भी काव्यकृति एक विशिष्ट भाषिक संरचना है। अतः उसकी काव्यात्मक विशिष्टता को भाषिक उपलक्षणों के माध्यम से ही जाना-पहचाना जा सकता है। ये आलोचक अगर आपस में एक-दूसरे से भिन्न हैं तो इसी भाषिक उपलक्षण सम्बन्धी अपनी मान्यता के आधार पर जिसके सहारे वे काव्यपरक विश्लेषण की अपनी टेकनीक विकसित करना चाहते हैं। उदाहरण के लिए काव्य-विश्लेषण के उपकरण के रूप में रैन्सम ने 'शब्द और अर्थ-विधान', एम्पसन ने 'सन्दिग्धार्थता', टेट ने 'तनाव' (सन्तुलन), ब्रुक्स ने 'विरोधाभास', वारेन ने 'वक्रोक्ति', ह्वीलराइट ने 'अनेकार्थता' और ब्लैकमूर ने 'भंगिमा' को स्वीकार किया। नई समीक्षा के इन प्रतिपादकों एवं समर्थकों के बीच पाए जानेवाले इस अन्तर का सम्बन्ध काव्य-सम्प्रदाय की केन्द्रवर्ती चिन्तनधारा से नहीं है। वस्तुतः ये भेद काव्य-विश्लेषण सम्बन्धी प्रणाली में भेद के परिणाम हैं।

प्रणाली और टेकनीक की प्रकृति बहुत दूर तक दृष्टि एवं चिन्तनधारा से प्रभावित होती है न कि दृष्टि या सिद्धान्त, प्रणाली अथवा टेकनीक द्वारा परिभाषित। इसलिए टेकनीक की ऊपरी समानता के भीतर पाए जानेवाले उन भेदों की चर्चा अत्यन्त महत्त्वपूर्ण है जो चिन्तनधारा की विशिष्टता के परिणाम माने जा सकते हैं। "ध्यान देने की बात है कि पहले के कवि-आलोचक भी अपनी रचनाओं के मूल में भाषा को स्थान देते रहे हैं। पर उनके लिए भाषा मात्र उपकरण थी और वह भी कविता या काव्य-फलन का नहीं वरन् कविता के किसी विशेष अंग का विशेष उपकरण। उदाहरण के लिए सिडनी के अनुसार कवि भाषा का उपयोग इसलिए करता है कि वह वस्तुपरक को हृदयग्राही बना सके, सामान्य जीवन के वे अंश जो बिना शंका के ग्रहण नहीं हो सकते, उन्हें संशयहीन ढंग से काव्यपरक भाषा के सहारे सम्प्रेषित किया जा सके। ड्राइडन के अनुसार भाषा का उपयोग उस तत्त्व को जीवन्त बनाने मात्र में है जिसे हमारा ज्ञान और पर्यवेक्षण-शक्ति 'सत्य' के रूप में स्वीकार कर चुकी है। कॉलरिज के लिए भाषा का महत्त्व उसकी कल्पना शक्ति के लक्ष्य की पूर्ति का साधन रहा और शैली के मतानुसार भाषा उसकी रचनात्मक कल्पना का केवल महत्त्वपूर्ण साथी एवं सहयोगी है।" (श्रीवास्तव 1967 : 79)

इसके विपरीत नई समीक्षा यह मानकर चलती है कि कविता स्वनिष्ठ है और उसकी सत्ता स्वायत्त होती है; कविता स्वयं अपना साध्य है अतः उसे नैतिक, सामाजिक एवं ऐतिहासिक लक्ष्य का साधन बनाना उचित नहीं। अतः नई समीक्षा काव्यभाषा को किसी अन्य वस्तु का साधन न मानकर काव्यात्मकता का प्रतिफलित शाब्दिक अभिव्यक्ति-रूप मानती है। इस सन्दर्भ में इसके दार्शनिक-आलोचक विवस द्वारा संकेतित काव्य-कृति की विषय-वस्तु और काव्य-वस्तु का अन्तर महत्त्वपूर्ण है। विषय-वस्तु, काव्य-कृति के कथ्य पक्ष का सामान्य भाषा में सामान्य कथन है पर काव्य-वस्तु, काव्य-कृति का वह अंश है जो काव्यभाषा के गर्भ से जन्म लेता है और

जो काव्यभाषा से अलग होकर अपना अस्तित्व ग्रहण ही नहीं कर सकता। कविता का विषय कृति के बाहर भी स्थित हो सकता हे और एक विषय पर अनेक रचनाएँ करना भी सम्भव है पर भाषा के गर्भ से उत्पन्न और कृति-विशेष से आबद्ध काव्य-वस्तु रचना-सापेक्ष होने के कारण विशिष्ट होता है।

काव्य-वस्तु को अपना लक्ष्य साधने के कारण नई समीक्षा को आभ्यन्तर आलोचना कहा जा सकता है। बहिरंग आलोचना काव्य-कृति के बाहर जाकर इतिहास, मनोविज्ञान, समाजशास्त्र और जीवन तथा ज्ञान के अन्य क्षेत्रों से सहारा लेकर काव्य-विषय पर अपना मूल्यपरक निर्णय दे सकती है और आभ्यन्तर आलोचना काव्यकृति को काव्यवस्तु के सन्दर्भ में ही परखती है। उसकी दृष्टि में काव्यकृति को स्वयं उसके सन्दर्भ में देखना ही उसके मर्म का उद्घाटन है। काव्यकृति की सत्ता स्वायत्त है तथा काव्य-वस्तु, **भाषा के द्वारा** ही नहीं अपितु **भाषा के भीतर** अपना जन्म लेती है--नई समीक्षा की ये दो ऐसी मान्यताएँ हैं जो उसे फ्रेंच आलोचना की पाठालोचन (explication de texte) पद्धति के नजदीक ला देती हैं। नई समीक्षा, काव्य-कृति को गहराई के साथ पढ़ने और सूक्ष्म दृष्टि से किए गए अभिव्यक्ति के विश्लेषण के आधार पर अर्थच्छाया के उद्घाटन की महत्ता पर बल देती है। अतः नई समीक्षा 'पाठ' को निकट से पढ़कर शिल्प एवं भाषा-कौशलों के विश्लेषण के माध्यम से कृति को आलोकित करने के पक्ष में है।

काव्याभिव्यक्ति के विश्लेषण के माध्यम से ही काव्यार्थ की अभिव्यंजना, अर्थच्छाया तथा विवक्षा को पाया जा सकता है। पर काव्य, अभिव्यक्त रूप में सदा शाब्दिक होता है। अतः काव्याभिव्यक्ति के विश्लेषण का अर्थ ही भाषा का विश्लेषण है। नई समीक्षा की इन मान्यताओं का शिकागो-सम्प्रदाय के समीक्षकों ने यह कहकर विरोध किया कि यह दृष्टि एकांगी है, क्योंकि काव्य-विवेचन, भाषा-विवेचन का पर्याय नहीं हो सकता। नई समीक्षा की एकनिष्ठ भाषावादी चेतना के विरोध मे उन्होंने आलोचनात्मक बहुलवाद की मान्यता यह कहकर रखी कि कविता के सन्दर्भ में भाषा केवल एक घटक है और वह भी कोई बहुत महत्त्वपूर्ण घटक नहीं। इसी दृष्टि से एक सम्प्रदाय के नेता 'क्रेन' (1948) के अनुसार भाषावादी चेतना पर आधारित ब्रुक्स के 'विरोधाभास' की संकल्पना एकलवादी और रूढ़िवादी आलोचना का नमूना है जिसका कोई विश्लेषणात्मक आधार नहीं। इसी प्रकार इस नव्य अरस्तूवादी शिकागो-सम्प्रदाय के एक-दूसरे प्रवक्ता ऑल्सन (1963) के अनुसार भाषा-विषयक 'संदिग्धार्थता' की संकल्पना का कोई औचित्य नहीं क्योंकि महान् कविताओं में काव्यार्थ दिग्भ्रम का परिणाम नहीं होता और न ही वह अस्पष्ट एवं सन्दिग्ध रहती है।

कविता के अन्य घटकों के बीच क्यों भाषा भी केवल एक घटक है और क्यों यह घटक गौण ही नहीं अपितु अन्य घटकों द्वारा नियन्त्रित एवं पराधीन है--इसका उत्तर ऑल्सन (1957) के इस वक्तव्य से स्पष्ट हो जाता है--"आज जबकि कविता की प्रकृति इतनी अनिर्धारित हो गई है कि प्रायः सभी लोग इसकी परिभाषा करने के लिए तत्पर हो उठते हैं, परिभाषा की शुरुआत प्रायः इस तरह से होती है : 'कविता शब्द है जो,

यह भाषा है जो, यह वाक्य-बन्ध है जो' आदि। सच तो यह है कि यह ऐसी कोई चीज नहीं। जिस प्रकार कि हम कुर्सी को केवल लकड़ी मानकर यह कहते हुए परिभाषित नहीं कर सकते कि उसमें इस या उस गुण का संयोग है। (क्योंकि कुर्सी, लकड़ी का नहीं वरन् 'फर्नीचर' का एक प्रकार है) उसी प्रकार हम कविता को भाषा का एक प्रकार कहकर परिभाषित नहीं कर सकते। कुर्सी, लकड़ी नहीं बल्कि लकड़ी की बनी होती है; कविता शब्द नहीं, शाब्दिक होती है। एक अर्थ में निश्चय ही शब्द अत्यन्त महत्त्वपूर्ण होते हैं; अगर वे सही या उपयुक्त शब्द नहीं हैं अथवा उन्हें हम सही ढंग से नहीं पकड़ते हैं, तो हम कविता को भी नहीं पकड़ पाते। दूसरे अर्थ में वे सबसे नगण्य वस्तु हैं क्योंकि वे कविता के अन्य किसी भी घटक की प्रकृति का निर्धारण नहीं करते, बल्कि इसके विपरीत वे अन्य सभी घटकों द्वारा स्वयं निर्धारित होते हैं। शब्द ही केवल वे तत्त्व हैं जिन्हें हम देखते और सुनते हैं; लेकिन वे उन अप्रत्यक्ष घटकों द्वारा नियन्त्रित होते हैं जिनको हम इनके सहारे अनुमानगम्य बनाते हैं। और जब हम कविता द्वारा द्रवित होते हैं तब हम शब्दों द्वारा द्रवित नहीं होते (केवल उस प्रभाव को छोड़कर जो ध्वनि एवं भाषापरक लय पर आधारित है); हम द्रवित होते हैं उन वस्तुओं द्वारा जिनके लिए शब्द प्रतीकवत् सिद्ध रहते हैं।"

ऑल्सन, जब यह कहते हैं कि कुर्सी लकड़ी नहीं, लकड़ी की बनी होती है तब उससे यह भी व्यंजना निकाली जा सकती है कि कुर्सी का उपादान प्रायः लकड़ी ही होता है, वैसे वह अन्य उपादानों से भी बन सकती है। यह ठीक उसी प्रकार सम्भव है जैसे मूर्तिकला के सन्दर्भ में पत्थर की स्थिति है। मूर्ति, कला का उदाहरण सिद्ध हो सकती है भले ही उपादान के रूप में हम पत्थर के स्थान पर मिट्टी, लोहा, प्लास्टिक या अन्य कोई ठोस उपादान ही क्यों न ले लें। पर प्रश्न तो यही है कि काव्य के सन्दर्भ में हम जिस काव्यकृति की बात उठाते हैं, क्या भाषा के अतिरिक्त किसी अन्य उपादान द्वारा वह सिद्ध हो सकती है ? शब्दों को छोड़कर क्या हम कोई अन्य ऐसा उपकरण अभिव्यक्ति के माध्यम के रूप में स्वीकार कर सकते हैं जिसके सहारे काव्यकृति निर्मित हो सके ? जिस प्रकार कुर्सी को हम उसके माध्यम लकड़ी से और मूर्ति को उसके माध्यम पत्थर से, अलग कर उसकी सत्ता को स्वनिष्ठ स्तर पर स्थापित कर सकते हैं, निश्चय ही किसी 'कविता' को हम उसी तरह उसके माध्यम शब्द से, अलग कर काव्य को स्वायत्त नहीं बना सकते। नई समीक्षा इसीलिए यह मानकर चलती है कि "कविता, भाषा के माध्यम द्वारा व्यक्त नहीं होती अपितु भाषा में अपना अस्तित्व पाती है।" (विवस, 1955; क्रेगर, 1964)

नई समीक्षा की भाषावादी चेतना काव्य और भाषा (कथ्य और अभिव्यक्ति) की इसी अन्तरंग अन्विति एवं अनिवार्य सम्बन्धों की प्रकृति पर आधारित है और इसीलिए वह काव्यकृति को एक विशिष्ट शाब्दिक प्रतीक के रूप में ग्रहण करने के पक्ष में है। काव्य अनिवार्यतः केवल शाब्दिक प्रतीक ही नहीं वरन् विशिष्ट शाब्दिक प्रतीक है। दूसरे शब्दों में यह कहा जा सकता है कि कविता के लिए शाब्दिक प्रतीक होना एक

आधारभूत शर्त है पर हर शाब्दिक प्रतीक, कविता नहीं होता। कविता के सन्दर्भ में शाब्दिक प्रतीक के इसी वैशिष्ट्य के खोजने के प्रयास में नए समीक्षकों ने अपने सिद्धान्त को विकसित और पुष्ट करने का सतत प्रयास किया है। अपने इस गुरुतर दायित्व के निर्वाह में जिस सिद्धान्त का उन्हें सामना करना पड़ा, वह रिचर्ड्स द्वारा प्रस्तावित भाषा का अर्थपरक सिद्धान्त है।

रिचर्ड्स के अनुसार प्रकथन की दो स्पष्ट प्रतीक-पद्धतियाँ हैं--एक, जिसका सम्बन्ध भाषा के संकेतार्थ (रेफ़रेन्स) पक्ष के साथ रहने के कारण वह अर्थ की सत्यता अथवा असत्यता का बोध कराती है और दूसरी, जो उन अनुभवों एवं कृति-दृष्टिकोण को व्यक्त करती है जिसे एक विशेष सन्दर्भ, में एक विशेष ढंग से भाषा उद्‌बुद्ध करती है। पहला, भाषा का वैज्ञानिक अथवा तर्कसिद्ध रूप है और दूसरा, भाषा का भावात्मक अर्थात् काव्यसिद्ध रूप। (रिचर्ड्स, 1925 : 67-8)। भाषा का भावात्मक रूप कवि की अपनी अनुभूति, भावना, अभिप्राय और दृष्टिकोण का वाहक होता है जिसको कथन की सत्यता-असत्यता के मापदंड द्वारा नापा नहीं जा सकता।

रिचर्ड्स की आलोचना-पद्धति कई दृष्टियों से महत्त्वपूर्ण है। उन्होंने एक ओर अपने साहित्यिक सिद्धान्त को मनोविज्ञान की चिन्तन-प्रणाली से जोड़कर उसे वैज्ञानिक बनाने का प्रयास किया और दूसरी ओर कविता को वस्तुनिष्ठ सिद्ध करते हुए पूर्ववर्ती आलोचना-सिद्धान्त की भाववादी एवं सौन्दर्यवादी मान्यताओं का खंडन भी किया है। भाषा के कार्यफलन के आधार पर भावात्मक (इमोटिव) एवं संकेतात्मक (रेफरेंशियल) प्रतीक-पद्धतियों का विभाजन वस्तुतः उनके साहित्यिक सिद्धान्त की अपनी माँग के परिणामस्वरूप है। रिचर्ड्स के अनुसार, "यह सही है कि कविता, विज्ञान की भाँति 'सत्यता' को आँका नहीं करती; लेकिन इसका यह अर्थ नहीं कि कविता निरर्थक भावों की सार्थक अभिव्यक्ति है। उनकी दृष्टि में कविता, तीव्र मनोभावों की एक ओर अभिव्यक्ति है और दूसरी ओर इन तीव्र मनोभावों की व्यवस्थापक भी। महान् कवि में स्वभावतः तीव्र मनोभावों का सघन रूप मिलता है। कविता का इन मनोभावों के साथ सम्बन्ध दो स्तरों पर होता है--(1) सृजनात्मक प्रक्रिया के स्तर पर जो कवि-सापेक्ष है; और (2) अनुभावन-प्रक्रिया के स्तर पर जो पाठक-सापेक्ष है। मनोभावों के इन दोनों स्तरों पर पाई जानेवाली संघटना में सम्बन्ध भी इसीलिए सम्भव है कि इनके बीच प्रभाव-संचार के लिए कविता का ठोस रूप स्थित है और अनुभव का काव्यभाषा के आधार पर साधारणीकरण (या विशेषीकरण) होना भी सम्भव है।"

नई समीक्षा के प्रायः सभी प्रतिनिधि आलोचकों ने रिचर्ड्स द्वारा प्रस्तावित आलोचना की इस मनोवैज्ञानिक परिणति और काव्यभाषा की भावात्मक प्रकृति का जोरदार खंडन किया। रैन्सम, टेट, वारने आदि सभी समीक्षकों ने रिचर्ड्स की इस मान्यता का विरोध किया कि गद्य की प्रकृति संकेतात्मक होती है और पद्य की भावात्मक। उदाहरण के लिए, रैन्सम के अनुसार पद्य की भाषा भी गद्य की भाषा के समान ही होती है। कविता वस्तुतः अर्थविधान और शब्दविधान की टकराहट का

प्रतिफल होती है। कविता का प्रकथन अपने अन्तिम रूप में इस टकराहट के कारण ही विशिष्ट संरचना में ढलता है।

रैन्सम के अनुसार, प्रकथन को कविता में प्रतिफलित होने की प्रक्रिया में दो स्तरों पर बद्ध होना पड़ता है--अभिप्रेत अर्थ-विधान और अभिप्रेत शब्द-विधान। प्रतिफलित संरचना में एक ओर अभिप्रेत अर्थविधान, शब्द-विधान से टकराकर अनिश्चित अर्थ को जन्म देता है; और दूसरी ओर अभिप्रेत शब्द-विधान, अर्थ-विधान से टकराकर अनिश्चित शब्द-योजना को। ये अनिश्चित अर्थ और शब्द-योजना, स्थानीय विशिष्टताओं को आविर्भूत करती हैं जिससे कविता, विशिष्ट और ठोस रूप ग्रहण कर लेती है (रैन्सम, 1941)। इस प्रकार कविता वस्तुतः अभिप्रेत शब्द और अर्थविधान तथा अनिश्चित शब्द और अर्थ-विधान की एक समुच्चय इकाई है। अभिप्रेत शब्द-विधान कविता के अपने छन्द एवं लय द्वारा बाधित अंश है पर अनिश्चित शब्द-विधान का अंश कविता के आन्तरिक छन्द एवं लय-योजना से सम्बद्ध नहीं रहता। इसी प्रकार अभिप्रेत अर्थ-विधान कविता के प्रकथन के अपने तर्क से बाधित होता है पर अनिश्चित अर्थ-विधान प्रकथन के अपने तर्क से सम्बद्ध नहीं होता।

इसी प्रकार रिचर्ड्स के सिद्धान्त का खंडन करते हुए क्लीन्थ ब्रुक्स (1947) का यह कहना है कि अगर कविता, पाठक के मनोभावों के अन्तर्द्वन्द्व का परिहार और उनमें सन्तुलन-स्थापना का कार्य करती है, तब कविता को मनोभावों की जटिलता और विविधता के सन्दर्भ में अनुस्तरित करना भी सम्भव होना चाहिए। पहले तो यह रिचर्ड्स द्वारा प्रस्तावित काव्यभाषा की भावात्मक प्रकृति द्वारा सम्भव नहीं; और दूसरे काव्यात्मकता के सन्दर्भ में यह प्रश्न ही बेमानी है। काव्य-सिद्धान्त को भाववादी दृष्टिकोण से मुक्त करते हुए ब्रुक्स ने अपने सिद्धान्त को वस्तुवादी चिन्तनधारा से जोड़ने का प्रयास किया। उनके दृष्टिकोण के बोधपरक चिन्तन के अनुसार कविता, ज्ञान का ही विशिष्ट रूपान्तरण है। कविता की भाषा, विरोधाभास की भाषा होती है जिसमें वैदग्ध्य और वक्रता का स्वयंमेव समावेश हो जाता है। विरोधाभास वस्तुतः परिमार्जन, वैदग्ध्य, चमत्कार की भाषा है; इसे शायद ही आत्मा की भाषा कहा जाए क्योंकि "हमारी चिन्तन-पद्धति का यह विश्वास है कि विरोधाभास की भाषा की प्रकृति बौद्धिक होती है, भावनात्मक नहीं; वह वैदग्ध्यपूर्ण होती है, सारपूर्ण नहीं; वह तर्कपरक होती है, दैविक प्रेरणा से प्रसूत अबौद्धिक नहीं।" इस मान्यता के आगे जाकर ब्रुक्स का यह भी कथन है कि "इसके बावजूद कविता के लिए उपयुक्त और अपरिहार्य भाषा, विरोधाभास की भाषा है। विज्ञान जिस सत्य की अपेक्षा रखता है उसकी अभिव्यक्ति के लिए अपनाई गई भाषा विरोधाभास की छाया से भी मुक्त रहती है जबकि कविता में निहित सत्य केवल विरोधाभास की भाषा द्वारा ही अभिव्यक्त हो सकता है।"

रिचर्ड्स के तर्कपरक और काव्यपरक भेद को इसी प्रकार टेट, ब्लैकमूर और व्हीलराइट ने भी स्वीकार किया, पर रैन्सम और ब्रुक्स की ही भाँति इन नव्य समीक्षकों ने काव्यपरक को भावात्मक मानने से इनकार किया। इन समीक्षकों ने न केवल

काव्यपरक को बोधात्मक स्वीकार किया, वरन् अपने काव्य-सिद्धान्त को प्रतीक-विज्ञान के साथ जोड़कर भी देखा। उदाहरण के लिए, व्हीलराइट के अनुसार, विज्ञान की तर्कपरक भाषा की मूलभूत इकाई एकार्थी प्रतीक होता है जबकि साहित्य की काव्यपरक भाषा जिस मूलभूत इकाई पर आधारित होती है वह अनेकार्थी प्रतीक है। व्हीलराइट अनेकार्थी प्रतीक को यद्यपि एम्पसन की सन्दिग्धार्थता की संकल्पना के साथ जोड़कर देखते हैं पर उनके मत में एम्पसन ने अनेकार्थी प्रतीक के कथ्य को 'यह अथवा वह' के साथ जोड़ा है, जबकि उसने स्वयं के मत में कथ्य का अनेकार्थी पक्ष 'दोनों तथा और' के पक्ष के साथ जुड़ा होता है–पहले का सम्बन्ध संकेतार्थ की विरलता और दुहरेपन के साथ होता है जो तर्कपरक भाषा में भी देखने को मिल सकता है पर दूसरे का सम्बन्ध निर्धारित विकल्पन और बहुस्तरीय सन्दर्भों से है जो तथ्यपरक अर्थ में काव्यपरक गुणात्मक भेद लाने में सक्षम होता है।

एलेन टेट के काव्य-सिद्धान्त का आधारभूत प्रत्यय है–'टेंशन' (तनाव या सन्तुलन)। अपने लेख (टेट : 1959) टेंशन इन पोयट्री' में इस प्रत्यय को स्पष्ट करते हुए उनका कहना है कि 'टेंशन' शब्द वस्तुतः दो सन्दर्भों के बीच सन्तुलन की संकल्पना को व्यक्त करता है–पहला, बहिरंग अर्थ जो वस्तुपरक अर्थ है; और दूसरा अन्तरंग अर्थ जो वस्तु के आन्तरिक गुणों का परिचायक है। वस्तुतः शब्द 'टेंशन' दो शब्दों–एक्सटेंशन' और इंटेंशन' के उपसर्गों के लोप के बाद बचा 'रूपिम' है। बहिरंग अर्थ का सम्बन्ध प्रतीक-पद्धति के रूप में उसके अभिधार्थ से और अन्तरंग अर्थ का सम्बन्ध उसके लक्ष्यार्थ से है, जबकि 'टेंशन' इन दोनों–अभिधार्थ (एक्सटेंशन) और लक्ष्यार्थ (इंटेंशन) के बीच सन्तुलन को व्यंजित करनेवाली काव्यपरक संकल्पना है। अतः टेट के अनुसार कविता प्रतीकीकरण-प्रक्रिया से उद्भुत "एक ऐसी व्यवस्थित संघटनात्मक भाषिक अभिव्यक्ति है जिसमें अभिधार्थ और लक्ष्यार्थ के बीच आन्तरिक सन्तुलन होता है।"

यहाँ ध्यान देने की बात है कि टेट ने 'तनाव' शब्द को न केवल विवरणात्मक सन्दर्भ में लिया है वरन् उसे मनोवैज्ञानिक सन्दर्भ से काटकर भी रखा है। 'तनाव' वस्तुतः 'सन्तुलन' की प्रक्रिया पर आधारित है जो दो धरातलों पर देखा जा सकता है–बाह्य धरातल, जो कविता के तार्किक प्रवाह से सम्बद्ध है और जिसे टेट ने बाह्य-सन्तुलन (एक्स्टेंशन) कहा है और आभ्यन्तर सन्तुलन, जो कविता की शब्द-योजना के विन्यास से जुड़ा होता है, अतः कथ्य की आन्तरिक प्रकृति की अन्विति से सम्बद्ध है जिसे उन्होंने आभ्यन्तर सन्तुलन (इंटेंशन) कहा है। टेंशन (सन्तुलन) बाह्य और आभ्यन्तर धरातलों के समन्वित संघात का सार्थक प्रतिफलन है।

नई समीक्षा की भाषावादी चेतना को प्रतीक-विज्ञान से पुष्ट कर उसकी गत्यात्मक शक्ति से जोड़नेवालों में दो आलोचकों–केनेथ बर्क (1945) और ब्लैकमूर (1952), के काव्य-सिद्धान्तों का विशिष्ट महत्त्व है। बर्क के अनुसार "भाषा को **सूचना** अथवा **ज्ञान** की अभिव्यक्ति का माध्यम मानना उसकी केवल 'ज्ञान-मीमांसा' है, 'अर्थपरक

विश्लेषण' है, 'विज्ञान' के प्रत्यय में सोचना है। (लेकिन) उसे क्रिया के रूप में समझना वस्तुतः कविता के प्रत्यय में समझना है। क्योंकि कविता एक क्रिया है, वह कवि की प्रतीकपरक क्रिया का प्रतिफल है--एक ऐसी क्रिया है ज़ो संघटना अथवा (काव्य) वस्तु के रूप में सिद्ध रहती है और जो पाठक के रूप में हमें फिर से प्रतिफलित करने में सक्षम बनाती है।" बर्क के अनुसार मानवोचित आचरण से सम्बद्ध वाक्य-बन्ध अपने सन्दर्भ में तभी पूर्ण माना जा सकता है जब उसमें पाँच तत्त्वों का समावेश हो--(1) क्या किया गया (ऐक्ट), (2) कब और कहाँ वह सम्पन्न हुआ (सीन), (3) किसने किया (एजेंट), (4) कैसे उसने किया (एजेन्सी), और (5) क्यों किया (पर्पज)। वस्तुतः इन पाँचों उपकरणों के अन्तस्सम्बन्धों की प्रकृति के आधार पर ही मानवोचित आचरण प्रतीकीकरण की उस सार्थक प्रक्रिया से जुड़ता है जो काव्यपरक भाषा की गत्यात्मक शक्ति का स्रोत है।

ब्लैकमूर यह तो मानते हैं कि काव्यभाषा प्रतीकपरक क्रिया है पर बर्क के सिद्धान्त के साथ अपना मतभेद इन शब्दों में व्यक्त करते हैं--"मिस्टर बर्क और मुझमें यह अन्तर है कि जब वह मुख्यतः प्रतीक में अभिव्यक्त क्रिया के विश्लेषण के लिए पद्धति-निर्धारण में प्रवृत्त होते हैं तब मैं प्रतिफलित प्रतीक (जो स्वायत्त रूप में घटकर अस्तित्व में आ चुका है) पर बल देने के पक्ष में हूँ। वे प्रतीक बनने की प्रक्रिया में भाषा के रहस्यों के उद्घाटन में प्रवृत्त होते हैं। विविध और सातत्यपरक उदाहरणों की कड़ी के रूप में मैं यह दिखाने की कोशिश करता हूँ कि किस प्रकार प्रतीक भाषा में गतिशीलता को काव्यपरक यथार्थता के साथ सम्पृक्त करता है।" ब्लैकमूर यह मानते हैं कि "भाषा, शब्दनिर्मित होती है और भंगिमा गति-निर्मित। जब शब्दनिर्मित भाषा हार जाती है तब हम भंगिमा निर्मित भाषा का प्रयोग करते हैं। लेकिन अगर हम यहीं रुककर रुक जाएँ तब हम दुविधा में ही भ्रमित रह जाते हैं। लेकिन अगर हम आगे बढ़कर यह कहें कि जब शब्दनिर्मित भाषा सर्वाधिक सफल होती है वह शब्दों में 'भंगिमा' बन जाती है, तो इस स्थिति में हम उस शाब्दिक भ्रम का निवारण कर लेंगे जो कला की भाषा की सार्थक अभिव्यक्ति के रहस्यपरक अन्त की खोज से सम्बद्ध था।" ब्लैकमूर की आलोचनात्मक पद्धति एक सजग भाषावैज्ञानिक की दृष्टि के आधार पर स्थिर है जो अपने केन्द्र में शब्दों की आवृत्ति, विभिन्न सन्दर्भों में उसके प्रयोग और आपस में ग्रन्थित होने के व्यवहारिक नियमों को समेटे हुए है।

नई समीक्षा की भाषावादी चेतना पर कई आलोचकों ने पर्याप्त प्रकाश डाला है जिनमें एडगर हाइमन (1947), मरे क्रेयगर (1956, 1964), विलियम रास्टर (1963), रिचर्ड फास्टर (1962) के नाम प्रमुख माने जा सकते हैं। पर श्रीमती हंगरलैंड (1958) ने जिन आधारों पर रिचर्ड्स की काव्यपरक भावात्मक भाषा की संकल्पना का खंडन किया, वे सबसे अधिक ठोस एवं तर्कसम्मत हैं। हंगरलैंड के अनुसार, "काव्यभाषा ऐसी कोई चीज़ नहीं होती--चाहे हम चर्चा का विषय शब्द-योजना बनाएं अथवा भावपरक अर्थ लें। रोजमर्रा की व्यावहारिक बोलचाल की भाषा के बीच पाए जानेवाले अर्थ के

रूप, अभिलक्षण और प्रकार्य ही कविता में होते हैं। संक्षेप में कविता का माध्यम सजीव भाषा है।" येट्स, बायरन, वर्ड्सवर्थ और मार्वेल की काव्य पंक्तियों के विश्लेषण के उपरान्त उनका यह निष्कर्ष है कि रिचर्ड्स द्वारा प्रस्तावित संकेतपरक और भावपरक भाषा-रूपों का विभाजन न तो भाषा की प्रकृति को समझने में सहायक है और न ही काव्यभाषा की संरचना के विश्लेषण में उपयोगी है। उनकी यह धारणा है कि "साहित्यिक और वैज्ञानिक वाक्यबन्ध, दोनों ही सामान्य बोलचाल की भाषा के विशेषीकृत रूपान्तरण हैं।" वस्तुतः नई समीक्षा बोलचाल की सामान्य भाषा के सन्दर्भ में काव्यभाषा की उस विशिष्टता की खोज में विकसित साहित्य-सिद्धान्त है जिसके आधार पर भाषिक प्रतीक, काव्य-प्रतीक बन जाता है।

कला और संरचनावादी (नव्य रूपवादी) दृष्टि*

'वाद' के रूप में 'संरचनावाद' आज नव्य रूपवादी विचारधारा और तकनीकी विश्लेषण-प्रणाली के रूप में पूरी तरह प्रतिष्ठित हो चुका है। इसकी मान्यता आज भाषा-सिद्धान्त और साहित्य-शास्त्र के दायरे के बाहर भी सिद्ध है। चाहे नृतत्वशास्त्री (लेवी स्ट्रॉस या एडमंड लीच) हों अथवा दार्शनिक चिन्तक (केसिरर और ज्यां प्याजा), या फिर वैज्ञानिक (एडिंग्टन या बूरबाकी) विचारक ही क्यों न हों, सभी संरचनावाद को अपनी दृष्टि और अध्ययन-प्रणाली के मूल स्रोत के रूप में अपना चुके हैं। अगर व्याप्ति के रूप में इस वैचारिक धारा पर ध्यान दें तो स्पष्ट हो जाता है कि इसने प्रतीक-विज्ञान और सम्प्रेषण-सिद्धान्त से अपने को जोड़कर एक ओर कला के अर्थ-परक दर्शन को अपने भीतर समेट लिया है और दूसरी ओर रचनात्मक बुनावट की प्रयोजनपरकता की समस्या को अपनी सीमा में ला खींचा है। 'संरचनावाद' आज अपनी अर्थ-सम्भावना में इतना फैल बिखर चुका है कि इस शब्द के विभिन्न प्रयोगों एवं सन्दर्भों के आधार पर इसकी सही प्रकृति को समझना असम्भव है।[1]

संरचनावाद की परिभाषा पर बात करते समय उसके एक प्रमुख विद्वान बार्थ का यह कहना है कि इस शब्द को संस्कृति एवं साहित्य के अध्ययन-विश्लेषण के उस 'प्रणालीगत आन्दोलन' तक सीमित कर देना चाहिए जो स्पष्ट रूप से अपनी शक्ति के स्रोत के रूप में भाषाविज्ञान को अपनाने के पक्ष में है।[2] सच तो यह है कि दार्शनिक चिन्तन और वैज्ञानिक प्रणाली के रूप में 'संरचनावाद' के आविर्भाव की कहानी आधुनिक भाषाविज्ञान के जन्म और विकास के साथ जुड़ी हुई है। संकल्पना के रूप में 'संरचना' शब्द को सैद्धान्तिक आधार आधुनिक भाषाविज्ञान के दो प्रमुख विद्वानों–सस्यूर और बादुएन द कुर्तने के सिद्धान्तों में मिल चुका था। पर प्रकार्यात्मक रूप में उसकी प्रामाणिक स्वीकृति प्राग स्कूल के 'लिंग्विस्टिक सर्किल' के सदस्यों द्वारा ही मिली जिन्होंने 1929 में प्राग में आयोजित स्लाविक भाषाविदों के प्रथम अन्तर्राष्ट्रीय कांग्रेस में सम्मिलित रूप से अपनी 'थीसिस' प्रस्तुत की थी। भाषा पर विचार करते समय उन्होंने इस बात पर बल दिया कि किसी (भाषिक) इकाई की संरचना उस इकाई के भीतर पाए जानेवाले 'सम्बन्धों की व्यवस्था' है। भाषा पर विचार करते हुए उन्होंने यह भी

* सर्वप्रथम 'साहित्य अध्ययन की दृष्टियाँ' पुस्तक (सं. उदयभानु सिंह हरभजन सिंह, रवीन्द्रनाथ श्रीवास्तव), 1980 में प्रकाशित, प्रकाशक : नेशनल पब्लिशिंग हाउस, दिल्ली।

दिखलाने का प्रयत्न किया कि संरचना एक प्रकार्यात्मक यथार्थ है जिसकी प्रकृति अमूर्त और संकल्पनात्मक होती है। आकृति/रूप (फार्म) और उपादान वस्तु (सब्स्टेंस) के युग्म को सामने लाकर उन्होंने इस बात को साफ करना चाहा कि संरचनात्मक इकाई के सन्दर्भ में किसी भी 'वस्तु' की मूल प्रकृति रूपात्मक होती है।

रूपात्मक कहने से तात्पर्य यह है कि संरचनात्मक इकाई के रूप में गृहीत किसी भी वस्तु को न तो उसके अभिव्यक्तिपरक माध्यम के भीतर समेटकर देखा जा सकता है और न ही उसे व्यष्टिपरक तथ्य के रूप में ग्रहण कर समझा-परखा जा सकता है। उस वस्तु के 'अन्तस' को अगर समझना है, उसकी अपनी 'प्रकृति' को अगर पहचानना है और उसकी वास्तविक सत्ता को अगर परखना है, तब उसके अध्ययनकर्ता को एक ओर अभिव्यक्ति माध्यम के 'पार' जाना होगा और दूसरी ओर अपनी दृष्टि को व्यष्टिपरक तथ्यों के सीमित दायरे से बाहर निकालकर 'व्यवस्था' के स्तर तक ऊपर उठाना होगा। उदाहरण के लिए, हम यह कह सकते हैं कि भाषा अपनी मूल प्रकृति में 'रूप' (फार्म) है। इस रूप को भाषा व्यवहार के सन्दर्भ में हमें अभिव्यक्ति देने की आवश्यकता पड़ती है। भाषा के सन्दर्भ में हम अभिव्यक्ति-माध्यम के लिए या तो ध्वनि का माध्यम चुनकर उसे 'मौखिक' रूप दे सकते हैं अथवा लेखन का माध्यम अपनाकर उसे लिपिबद्ध कर सकते हैं। पर किसी 'भाव' या 'विचार' को हम चाहे ध्वनियों के सहारे बोलकर व्यक्त करें अथवा लिपि के सहारे लिखकर, रूप के धरातल पर वह भाषाबद्ध विचार 'एकरूप' ही रहता है। संरचना का सम्बन्ध 'रूप' से रहता है अतः अभिव्यक्ति माध्यम के भेद से उसकी संरचना नहीं बदला करती।

जिस प्रकार संरचनावादी दृष्टि ने वस्तुओं को उसके अभिव्यक्ति माध्यम के भौतिक उपादानों से मुक्त कर देखने की माँग की उसी प्रकार उसे व्यष्टिपरक तथ्यों से ऊपर उठाकर निर्विशिष्ट रूप में ग्रहण करने का आग्रह भी किया। संरचना तो मूल्यों प्रकार्यों की एक व्यवस्था है। ये मूल्य हमेशा वस्तुगत इकाइयों के भेदक लक्षणों (डिफरेंशियल फीचर्स) के आधार पर अपनी अर्थवत्ता प्राप्त करते हैं। उदाहरण के लिए हम निम्नलिखित दो वाक्यों पर ध्यान दें--(क) श्याम पेड़ काटेगा और (ख) शीला फल खाएगी। व्यष्टिपरक तथ्य के आधार पर ये दो भिन्न-भिन्न वाक्य माने जाएँगे पर संरचना के बोधात्मक यथार्थ और प्रकार्यात्मक रूप के सन्दर्भ में ये एक हैं क्योंकि अपने प्रयोजन और प्रकार्य में दोनों ही वाक्य 'कर्ता + कर्म + सकर्मक क्रिया' की संरचनात्मक व्यवस्था के परिणाम हैं। इसके विपरीत नीचे दिए गए दो वाक्यों को लें--(च) मोहन घर आएगा और (छ) पत्र घर आएगा। इन दो वाक्यों की संरचना भिन्न है क्योंकि संज्ञा के रूप में 'मोहन' जिस प्रकार्य की ओर संकेत दे रहा है उससे भिन्न प्रकार्य की ओर 'पत्र' संकेत दे रहा है। (च) वाक्य में संज्ञा (मोहन) सजीव कर्ता है जो क्रिया (आने के काम) का सम्पादन स्वयं करनेवाला है जबकि दूसरे वाक्य में संज्ञा (पत्र) निर्जीव है अतः आने की क्रिया का सम्पादन वह स्वयं नहीं करनेवाला है। यह संरचनात्मक प्रकृति का ही अन्तर है कि वाक्य (च) को संरचना के विस्तार के रूप में हम यह कह सकते

हैं–"मोहन जानबूझकर आज घर नहीं आया" पर वाक्य (छ) सन्दर्भ में हम ऐसा नहीं बोल सकते–'पत्र जानबूझकर आज घर नहीं आया।'

जो स्थिति भाषा और भाषिक इकाइयों की संरचनात्मक व्यवस्था के सन्दर्भ में देखने को मिलती है, वही कला के सन्दर्भ में भी देखी जा सकती है। उदाहरण के लिए कला के अन्यतम उदाहरण के रूप में 'ताजमहल' को ही लें। संरचनावादी आलोचक यह कहना चाहेगा कि कलाकृति के सन्दर्भ में ताजमहल 'रूप' है जो अपनी मूल प्रकृति में निर्विशिष्ट है। इस कलाकृति की अपनी विशिष्टता उसकी अपनी संरचना में है। उसकी रूपात्मक (संरचनात्मक) विशिष्टता अपने अभिव्यक्ति माध्यम में बँधी होकर भी उससे मुक्त है। अगर ऐसा न होता तो हम इस कलाकृति को न तो अलग से चित्रों में बाँध पाते और न ही उसके प्रतिरूप (मॉडल) के रूप में अन्य मूर्तियाँ ही बना पाते। कलाकृति के रूप में ताजमहल संरचना के धरातल पर 'निर्विशिष्ट' भी है क्योंकि यह सम्भव है कि हम उसके अंगों के बीच की व्यवस्था का निर्वाह करते हुए उसकी छोटी-बड़ी मूर्तियाँ बना लें। चाहे कागज पर हम चित्र के रूप में उसे अंकित करें अथवा विभिन्न आकारों की मूर्तियों के रूप में उसको ठोस रूप में ढालें, हम संरचनात्मक विशिष्टताओं के आधार पर उसे 'ताजमहल' के रूप में ही ग्रहण करते हैं। माध्यम भेद या आकार वैभिन्न्य के बावजूद भी ग्रहीता के लिए ये सभी उदाहरण ताजमहल के ही प्रतिरूप या दृष्टान्त हैं। संरचनावादी विचारक के लिए 'ताजमहल' के ये विभिन्न प्रतिफलित रूप ताजमहल के रूप में ग्रहण इसीलिए होते हैं क्योंकि उनकी संरचनात्मक व्यवस्था में एकरूपता है।

संरचनावादी दृष्टि व्यष्टिनिष्ठ तथ्यों के भीतर से सार्वभौमिकता की खोज को अपना लक्ष्य मानती है, वह वस्तुओं के बाहरी आवरण और सतही व्यवहार-भेद के अन्दर से उसके उस 'मर्म' को पकड़ना चाहती है जो उसकी वास्तविक पहचान का कारण होता है। उदाहरण के लिए हम किसी 'काव्यकृति' को ही लें। हम किसी 'कविता' का पाठ करते हैं। पर यह व्यक्ति जिस ढंग से उसका पाठ करता है, क्या वैसा ही दूसरा भी करता है ? चाहे कविता का पाठ 'सस्वर' किया गया हो अथवा 'मानसिक' धरातल पर ग्रहण हुआ हो, व्यक्ति सन्दर्भ, युग आदि के सन्दर्भ में भिन्न-भिन्न रूप में ही वह कविता प्रतिफलित होती है। पाठ या अर्थग्रहण के रूप में कविता के ये प्रतिफलित रूप पूर्ण रूप से एकरूप नहीं होते। पर प्रतिफलित रूप की तमाम विभिन्नताओं के बावजूद क्या कविता किसी धरातल पर 'एक' नहीं है ? विमसाट और बिअर्ड्सले ने इस प्रश्न को उठाते हुए यह लिखा है कि किसी कविता को दो दृष्टियों के साथ देखा जा सकता है। पाठ और पठन की दृष्टि के सन्दर्भ में कविता का हर प्रतिफलित रूप अपने में एक विभिन्न इकाई है, क्योंकि यह इकाई, हर दूसरे प्रतिफलित रूप से भिन्न होती है। पर इन विभिन्नताओं के बावजूद भी कविता अपनी मूल प्रकृति में निर्विशिष्ट, समरूपी और विकारहीन रहती है, वह जन-सामान्य के लिए एक ऐसी भाषिक वस्तु है–जिसका विभिन्न व्यक्ति परीक्षण कर सकते हैं, अध्ययन कर सकते हैं, और जिस पर निर्भ्रान्त

ढंग से विवाद कर सकते हैं।[3] संरचनावादी आलोचक कविता को न केवल 'भाषिक वस्तु के रूप में ग्रहण करते हैं वरन् उसके इसी निर्विशिष्ट, समरूपी और विकारहीन स्वरूप को पहचानने और उद्‌घाटित करने का प्रयत्न करते हैं। कविता की अपरिवर्तनीय (इनवेरिएन्ट) प्रकृति की पकड़ उनका लक्ष्य होता है और उनके कलात्मक प्रकार्य की खोज उनका साध्य बनता है। भाषा से उदाहरण लेकर इस बात को स्पष्ट किया जा सकता है। मान लीजिए कि हम हिन्दी के तीन शब्दों का उच्चारण करना चाहें, 'कह, कर और कराना।' इन तीनों शब्दों के पहले अक्षर 'क' में निहित 'अ' के उच्चरित रूप पर ध्यान दें। ये सभी एक दूसरे से नितान्त भिन्न हैं, पर यह भिन्नता, भौतिक धरातल पर ही है। जहाँ तक स्वनिमिक प्रकार्य का सन्दर्भ है, स्वर के ये सभी प्रतिफलित रूप 'अ' के ही विभिन्न रूप माने जाएँगे। इसको एक ही स्वर के विभिन्न प्रतिफलित रूप जानने का आधार 'अ' का अपना प्रकार्य (फंक्शन) है जो हिन्दी भाषा के अन्य स्वरों के सम्बन्धों की व्यवस्था के आधार पर निर्धारित है। 'वस्तु' नहीं अपितु 'वस्तुगत सम्बन्ध' प्रकार्य का आधार बनता है, 'इकाई' नहीं वरन् 'संरचनात्मक साकल्पता', बोधात्मक यथार्थ का कारण होती है, और बाहरी अथवा सतही लक्षण नहीं बल्कि आभ्यन्तर विधान रचनात्मक गुणों का निर्धारक होता है। संरचनावादी विचारधारा की यह मान्यता अन्य आलोचनात्मक धाराओं से उसे अलग करती है। यह दुनिया वस्तुओं से नहीं अपितु उनके बीच पाए जानेवाले सम्बन्धों से बनी है--यह नई धारणा ही वस्तुतः वह दृष्टि है जिसे संरचनावादी दृष्टि का मूलाधार कहा जा सकता है।[4]

यह तथ्य महत्त्वपूर्ण है कि संरचना का सम्बन्ध किसी भी वस्तु--यथा, साहित्यिक रचना अथवा कलाकृति के साकल्य रूप (ऑर्गेनिक होल) से रहता है। साकल्पता वस्तु के सावयव पक्ष में निहित होती है। वह वस्तु के अंग-अंगी सम्बन्धों की आभ्यन्तर संगति से सम्बद्ध रहती है। उसका विषय क्षेत्र वस्तु की आंगिकता (ऑर्गनिसिटी) है। किसी भी रचना के संघटक (उपांग) किसी न किसी एक आन्तरिक विधान में बँधे होने के कारण ही संगतिनिष्ठ पूर्णता को जन्म देते हैं। यह इस सम्पूर्णता का विधान ही है जो अर्थ के धरातल पर संघटकों के उस पूर्ण योग से कुछ अधिक और विशिष्ट अर्थ देने में समर्थ है जो उस संरचना के बाहर रहने की स्थिति में मिलना संभव था। इसीलिए संरचना, अंगों के समग्र योग (एग्रिगेट) से भिन्न चीज है।

संरचना अपनी प्रकृति में अमूर्त और संकल्पनात्मक होती है। पर यहाँ यह ध्यान देने की जरूरत है कि संरचना स्वयं में प्रेक्षणीय (आब्जर्वेबल) नहीं होती। अगर किसी सावयव वस्तु के संरचनात्मक रूप को पकड़ना है तो हम उसे अपने जैविक नेत्रों द्वारा नहीं पकड़ सकते। उसके लिए हमें बुद्धि और अनुभव की आँखों की सहायता लेनी पड़ती है। इसलिए यह कहा जा सकता है कि संरचना, रूप के धरातल पर स्वयं में प्रेक्षणीय नहीं होती यद्यपि उसका पता प्रेक्षण-प्रक्रिया द्वारा ही सम्भव है। क्योंकि संरचनात्मक रूप अपनी प्रकृति के संकल्पनात्मक होता है और उस रूप का पता हम केवल प्रेक्षण प्रक्रिया द्वारा ही लगा सकते हैं--इसलिए उसकी हम दो स्थितियाँ देख सकते

हैं–भाववादी स्थिति और वस्तुवादी स्थिति।

भाववादी स्थिति के समर्थक विद्वान यह मानते हैं कि वस्तुओं के अमूर्तीकरण की प्रक्रिया मानसिक होती है अतः इस प्रक्रिया के आधार पर निर्मित रूप की प्रकृति भी आत्मगत है। इस मत के माननेवाले यह स्वीकार करते हैं कि जिस रचनागत संरचना की चर्चा की जाती है वह वस्तुतः प्रेक्षक (आलोचक/पाठक) की वस्तु (कृति) सम्बन्धी वह संकल्पना है जिसके सहारे वह वस्तु की आभ्यन्तर प्रकृति को समझना चाहता है। वास्तविकता तो यह है कि अवधारणा के रूप में हम जब किसी वस्तु को मन में ग्रहण करते हैं, तब उस वस्तु की रूपात्मक मूर्ति का निर्माण करते हैं। यह मूर्ति, उस वस्तु की प्रतिच्छाया नहीं होती और न ही उसकी हू-ब-हू कोई फोटो ही होती है। वह तो प्रेक्षक और प्रेक्ष्य वस्तु के सम्बन्धों के आधार पर वस्तु का निर्मित रूप है। भाववादी विचारकों के मत में वस्तु की वास्तविक प्रकृति स्वयं उस वस्तु में निहित नहीं होती, वह तो व्यक्ति और वस्तु के सम्बन्धों के बीच स्थित होती है जिसके सहारे हम वस्तुओं के रूप में निर्माण करते हैं और जिसकी संकल्पना के सन्दर्भ में मन में अनुभव करते हैं।

इसके विपरीत वस्तुवादी स्थिति के समर्थकों के मत में संरचना का केन्द्रक प्रेक्षक न होकर स्वयं वस्तु (कृति) होता है। अगर कृति सावयव और संगतिनिष्ठ है तो उसके उपांगों में निश्चय ही अन्यव-सम्बन्धी व्यवस्था होगी। अतः संरचना, कृति की आंगिकता (आर्गनिसिटी) में प्रच्छन्न रूप से निहित रहती है। यह आंगिकता ही कृति को पूर्णता प्रदान करती है। इस सन्दर्भ में अमूर्तीकरण, प्रेक्षक की उस मानसिक प्रक्रिया की ओर संकेत देता है जो वस्तु के अपने अभिलक्षणों के प्रयोजनपरक सम्बन्धों के आधार पर रूप का निर्माण करता है। इस दृष्टि के अनुसार किसी वस्तु का वास्तविक रूप उसके प्रकार्यात्मक अभिलक्षणों का ही गुच्छ होता है। अभिलक्षण गुच्छ के रूप में किसी वस्तु को देखना ही उस वस्तु को पारदर्शी बनाकर उसकी आभ्यन्तर प्रकृति (रूप) को साकार करना है। यही कारण है कि संरचनावादी (रूपात्मक) दृष्टि को किसी भी सावयव वस्तु की संरचना (अथवा रूप) और उसके मॉडल के अन्तर को भी स्पष्ट कर लेना चाहिए। वस्तु की संरचना प्रच्छन्न रूप से वस्तु में ही निहित होती है। वह वस्तु का अपना गुण है जिसे वस्तु के बाहर कर नहीं देखा जा सकता। पर इस संरचना के आधार पर वस्तु का मॉडल बनाया जाना सम्भव है। उदाहरण के लिए 'ताजमहल' कृति को ही लें। ताजमहल, वस्तुजगत की एक ठोस सावयव इकाई है जिसे हम अपनी आँखों से देख सकते हैं और हाथों से स्पर्श कर सकते हैं। सावयव होने के कारण उसकी अपनी एक विशिष्ट संरचना है जो प्रच्छन्न रूप से स्वयं ताजमहल कृति के अपने गुण के रूप में उसमें निहित है। इस संरचना की हम मात्र संकल्पना कर सकते हैं, जिसे देखने के लिए हमें जैविक नेत्र नहीं वरन् बौद्धिक दृष्टि चाहिए। ताजमहल के संरचनात्मक रूप (फार्म) का हम मॉडल बना सकते हैं, जिसे हम छोटी-बड़ी मूर्तियों के रूप में सामने कर सकते हैं। ताजमहल की ये मूर्तियाँ वस्तुजगत का स्वयं ताजमहल नहीं, वरन उसमें प्रच्छन्न रूप से अन्तर्भुक्त संरचनात्मक रूप का प्रतीकीकरण के सिद्धान्त के आधार पर बनाए गए 'मॉडल' है।

संरचनावाद के प्रतिपादकों ने 'संरचना' और 'रूप' की संकल्पना को दार्शनिक मान्यता के रूप में स्वीकार किया। उन्होंने इसे जीवन और जगत को समझने के लिए एक 'दृष्टि' के रूप में मानने पर बल दिया है।[5] प्राग स्कूल के एक प्रमुख विद्वान त्रुबेत्स्कोय ने एक ओर 'संरचना' और रूप को अपने सिद्धान्त में पर्यायवाची संकल्पना घोषित किया और दूसरी ओर इसे एक विशिष्ट वैज्ञानिक विचारधारा के रूप में प्रतिपादित किया। उनके अनुसार आज के वैज्ञानिक चिन्तन की प्रमुख प्रवृत्ति खंडीय यथार्थ के स्थान पर संरचनावाद और व्यष्टिनिष्ठ तथ्यों के स्थान पर सार्वभौमिकता की प्रति-स्थापना है।[6] संरचनावाद भले ही भाषावैज्ञानिक चिन्तन के सन्दर्भ में उभरकर सामने आया, पर वाद के रूप में इसका प्रसार बाद में चलकर भौतिक शास्त्र, रसायन शास्त्र, जीवविज्ञान, मनोविज्ञान आदि विभिन्न विषय-क्षेत्रों में फैल गया। केसिरर ने 1945 से प्रकाशित अपने लेख में इस तथ्य की ओर संकेत देते हुए लिखा है कि संरचनावाद कोई एकान्तिक धारा नहीं है। वह तो विचार की एक सामान्य प्रवृत्ति है जो गत कुछ दशकों के दौरान प्रायः सभी वैज्ञानिक शोध-क्षेत्रों में प्रमुख रूप से उभर आई है।[7]

सिद्धान्त और प्रणाली के सन्दर्भ में संरचनावाद एक आन्दोलन की तरह भले ही ज्ञान-विज्ञान के सभी क्षेत्रों में फैल गया हो, पर साहित्य के भीतर नव्य-रूपवादी आलोचना के रूप में यह फ्रांस में जन्मा और वह भी लेवी स्ट्रॉस के बाद ही उभरा। इसकी पृष्ठभूमि के रूप में रूसी रूपवादी आलोचना, अमेरिकी नव्य समीक्षा, फ्रांस की पाठ विश्लेषण पद्धति आदि अवश्य कार्य करते रहे, पर एक साहित्यिक धारा के रूप में उसे बार्थ, ग्रीमा, तदोरोव आदि विद्वानों की रचनात्मक दृष्टि का परिणाम ही कहा जा सकता है। आज इस धारा के समर्थकों में एक ओर कलर, देरिदा, फाउलर, चेटमैन आदि विद्वानों का नाम लिया जा सकता है तो दूसरी ओर रूसी आलोचक यूरी लोटमान, बोरिस उस्पेन्स्की, इवानोव, तोपरोव, यूरी निकोत्सोव आदि का।

इस नई धारा के समर्थकों ने काव्यार्थ को भाषा में रूपान्तरित कलात्मक यथार्थ माना पर साहित्य और भाषा के सम्बन्धों के सन्दर्भ में यह भी कहा है कि साहित्य एक ऐसा भयानक हथियार है जिसके सहारे भाषा, आत्मघात करती है। 'अर्थ' पर बल देते हुए उन्होंने यह माना कि साहित्यिक आलोचना को कलात्मक कृति में निहित अर्थ के बहुआयामी पक्ष को उद्घाटित करना चाहिए न कि उसकी व्याख्या अथवा अन्वयान्तर प्रस्तुत करना उसका लक्ष्य होना चाहिए। कलाकृति, अपने रचना-संसार में बाह्य संसार को बाँधकर भी उसके 'पार' जाती है क्योंकि वह संसार को अपने सृजन के बल पर रूपान्तरित करती है न कि प्रतिबिम्बित। इसी प्रकार साहित्य, भाषा में बँधकर भी उसके 'पार' जाता है क्योंकि भाषा उसके लिए मात्र स्थूल माध्यम नहीं। कथ्य की विशिष्टता के लिए उसे भाषा को भी रूपान्तरित करना पड़ता है।

यह ठीक है कि संरचनावादी धारा के सिद्धान्त और प्रणाली दोनों के लिए ही अपने को भाषा-दर्शन और भाषावैज्ञानिक प्रणाली के साथ बाँधा है। पर इस सन्दर्भ में एक

महत्त्वपूर्ण तथ्य को विचार से ओझल कर दिया जाता है--साहित्यिक कृति का भाषावैज्ञानिक विश्लेषण स्वयं में संरचनावादी आलोचना नहीं है। किसी साहित्यिक कृति का भाषिक विश्लेषण तो मात्र कला-सामग्री का अध्ययन है। साहित्य तो कला-प्रतीक है। प्रतीक के रूप में साहित्यिक अध्यन को तो रचना की 'अर्थवत्ता' (सिग्निफिकेशन) को केन्द्र में रखना पड़ता है। यह ध्यान देने की बात है कि कला-सामग्री के स्तर पर जो अध्ययन विश्लेषण किया जाता है उसका सम्बन्ध काव्यकृति में प्रयुक्त भाषा की व्याख्या एवं विश्लेषण से रहता है। यह काव्यकृति का शुद्ध भाषा वैज्ञानिक विश्लेषण है। इस विश्लेषण-अध्ययन को संरचनात्मक अध्ययन नहीं कहा जा सकता क्योंकि इसके सहारे कला-प्रतीक के रूप में कृति की अर्थवत्ता उद्घाटित नहीं हो पाती। यह तो मात्र उस कृति में प्रयुक्त भाषा का वाक्य के स्तर पर अध्ययन है। काव्यकृति को कला-प्रतीक के रूप में स्वीकार कर जिस पक्ष का अध्ययन संरचनावादी आलोचना करती है उसका सम्बन्ध काव्यकृति के रूपविधान (संरचनात्मक बुनावट) और उसमें आबद्ध काव्य-संसार के साथ रहता है।[8]

संरचनावादी आलोचक, रूपवादी तो है पर वह 'कला, कला के लिए' के विचार का समर्थक नहीं। वह रूप-सिद्धि को कथ्य के बिलगाव के साथ देखने के पक्ष में नहीं। काव्यकृति को कलाप्रतीक मानने के कारण वह रचना को कथ्य और अभिव्यक्ति की एकीकृत सर्जना मानता है। यही कारण है कि काव्यकृति के व्यापक सन्दर्भ में जहाँ वह कथ्य से रूप के बिलगाव का विरोध करता है वहीं वह कथ्य से असम्पृक्त अभिव्यक्त रूप की भी तीखी आलोचना करने में नहीं चूकता। संरचनावादी आलोचना की प्रमुख विशेषता यह है कि वह 'रूप' को 'कथ्य' में रूपान्तरित करती है। उसके लिए रूप पर दी गई उक्ति, वस्तुतः कथ्यपरक प्रतिज्ञप्ति बन जाती है।[9] इसका कारण यह है कि रूप-सम्बन्धी उसकी अवधारणा, 'प्रतीक' की संकल्पना को अपना आधार बनाती है। वह प्रतीक के रूप में काव्यकृति को स्वीकार करते हुए पहले कथ्य और रूप की अभिन्नता पर बल देती है, फिर 'रूप' को कथ्य की यथार्थता को पकड़ने का साधन और कथ्य को अपनी आन्तरिक प्रकृति के प्रकाशन के लिए 'रूप' में बँधने की अनिवार्य नियति के सन्दर्भ में स्वीकार करती है। यहाँ एक बार फिर दुहरा देना असमीचीन न होगा कि 'रूप' सम्बन्धी उसकी अवधारणा एक विशिष्ट चिन्तन-प्रणाली का परिणाम है। उसके लिए 'रूप', वस्तु की आभ्यन्तर 'संरचना' का पर्याय है।

आलोचना की संरचनात्मक धारा के प्रणालीगत विषय में एक तथ्य विशेष महत्त्वपूर्ण है। संरचनात्मक आलोचना, किसी काव्यकृति का भाषावैज्ञानिक विश्लेषण नहीं है पर इसके साथ यह तथ्य भी महत्त्वपूर्ण है कि उसके विश्लेषण का प्रारूप, अनिवार्यतः भाषावैज्ञानिक मॉडल है। ग्रीमा की आलोचना-पद्धति इस बात को स्वीकार कर चलती है कि कथानक की संरचना का विश्लेषण, प्रसिद्ध भाषाशास्त्री सस्यूर के 'लांग' (भाषा-व्यवस्था) और 'परोल' (भाषा-व्यवहार) की संकल्पना के आधार पर विकसित प्रारूप पर ही सम्भव है। वह रूसी रूपवादी आलोचक 'प्राप' की विश्लेषणात्मक

प्रणाली का रूपान्तरण भाषावैज्ञानिक उपकरणों में करते हुए कथानक की अर्थवत्ता पर प्रकाश डालते हैं।[10] इसी प्रकार तदोरोव अपने आलोचना-सिद्धान्त को 'सार्वभौम व्याकरण' की संकल्पना पर आधारित करते हुए साहित्य को सांस्कृतिक स्तर पर उद्भासित करनेवाले संघटक के रूप में देखने के पक्ष में है। उनके अनुसार न केवल भाषाएँ बल्कि सभी प्रतीकपरक रचनाएँ भी इसी सार्वभौम व्याकरण की रचना की पुष्टि करती है।[11] फाउलर तो पूरी काव्यकृति को ही वाक्यवत मानते हैं। उनके अनुसार उपन्यास के सभी तत्त्व अपनी संरचना में वाक्य के प्रकार्यात्मक उपांगों के समान हैं।[12] यह कहा जा सकता है कि संरचनात्मक आलोचना अपनी विश्लेषणात्मक प्रणाली एवं सैद्धान्तिक मत प्रतिपादन से भाषा के दायरे में बँधकर चुक नहीं जाती, बल्कि भाषा के 'पार' जाकर उसकी प्रतीकात्मक अर्थवत्ता को रूप (संरचना) के सहारे उद्भासित और प्रकाशित करती है। अपने इस प्रयास में वह जिस प्रारूप को अपने प्रणालीगत विश्लेषण का आधार बनाती है वह भाषाविज्ञान के क्षेत्र में अपनी वस्तु है।

सन्दर्भ

1. 'One cannot define structuralism by examining how the word has been used; that would lead only to despair.' J.Culler : Structuralist Poetics Routledge & Kegan Paul. London (1975) p 3.
2. Rolland Barthes. Science Versus Literature. The Times Literary Supplement (28 Sept., 1967) 897-8.
3. There are many performances of a poem-differing among themselves in many ways. A performance is an event, but the poem itself, if there is and any poem, must be some kind of enduring object. We are asking about the poem as a public linguistic object—something that can be examined by various perosns, studied, disputed—univocally. "W.K. Wimsatt. and M.C. Beardsley. The Concept of Meter : An Excerise in Abstraction." In Essays on the Language of Literature (eds) Chatman and Levin. Boston (1967).
4. This new concept, that the world is made up of relation-ships rather than things, constitutes the first principle of that way of thinking whick can properly be called 'structuralist.' T.Hawkes : Structuralism and Semiotics. Methuen & Co. Ltd. London. (1977) 17-18.
5. 'Thus regarded, structuralism is neither a theory nor a method but a way of looking a things.'

   Edmund Leach. Structuralism in Social Anthropology in Structuralism—an Introduction (ed,) D Robey. Clarendon Press : Oxford, (1973) p 37.
6. 'The age in which we live is characterized by the tendency of all scientific disciplines to replace atomism with structuralism, and individualism with universalizm !

N. Trubetzkoy. 'La Phonologie actuelle.' Journal de Psychologie: xxx (1933), 246.

7. Structuralism in no isolated phenomenon; it is, rather, the expression of a general tendency of thought that. in these last decades, has became more and more prominent in almost all fields of scientific research.'

   E. Cassirer. 'Structuralism in Modern Linguistics' Word, 1 (1945) 120

8. विस्तार के लिए देखिए, रवीन्द्रनाथ श्रीवास्तव : संरचनात्मक शैलीविज्ञान, आलेख प्रकाशन, दिल्ली (1979)।

9. The most characteristic feature of Structuralist criticism lies precisely in a kind of transformation of form into content, in which the form of Structuralist research (Stories are organized like sentences, like linguistic enunciation) turns into a proposition about content...' F.Jameson : The prison flouse. of Language. Princeton University Press (1972) 198-9.

10. A.J. Griemas. Semantique Structurale. Larousse, Paris (1966)

11. 'Not only all languages, but also all signfing systems conform to the same grammar. It is universal not only because it informs all the language of the universe, but because it coincides with the structure of the universe itself. T. Todorov. Grammaire du De' cameron. Mouton : The Hague (1969) 15.

12. First, I suggested that the elements of novels are structurally analogous to the componets of sentences...second, what is surely uncontroversial, the compositional structure of a novel. is recolized. in and can be studied in the actual sentences of its 'linguistic surface.' R. Fowler : Linguistics and the Novel. Methuen & Co. London (1977) 122.

शैलीविज्ञान और भारतीय काव्यशास्त्र*

शैलीविज्ञान, आलोचना की वह दृष्टि है जो भाषाविज्ञान और काव्यशास्त्र की समन्वित पीठिका पर आधारित है; वह आलोचना की वह प्रणाली है जो काव्यात्मकता का निरूपण भाषातत्त्वों के साक्ष्य पर करती है। स्टैकविक्ज (1960) के अनुसार आज भाषाविज्ञान ने जिस वस्तुवादी दृष्टि और वैज्ञानिक प्रणाली का विकास कर लिया है वह काव्यशास्त्र की दृष्टि को और गहरी और उसकी विवेचनात्मक प्रणाली को और वैज्ञानिक बना सकती है। पर इसके लिए यह आवश्यक है कि भाषाविज्ञान के इस देय के साथ हम यह न भूलें कि हमारी परीक्षण सामग्री, (सामान्य) भाषा नहीं अपितु काव्यभाषा है और हमारा कार्यक्षेत्र केवल जीवन का बाह्य अथवा आन्तरिक सामान्य व्यवहार नहीं वरन काव्य जीवन का विशिष्ट सर्जनात्मक व्यापार है।

शैलीविज्ञान यह मानकर चलता है कि 'सभी काव्य भाषा के ही एक रूप है' पर उसके साथ यह भी वह स्वीकार करता है कि 'भाषा का हर रूप काव्य नहीं होता।' अतः लीच (1970) के अनुसार यह शंका निर्मूल है कि भाषाविज्ञान अपने क्षेत्र का विस्तार कर काव्यशास्त्र का समूल उच्छेदन करने के लिए प्रयत्नशील है। ज्ञान के क्षेत्र में यह सम्भव है कि एक शास्त्र (डिसीप्लिन) की विषयवस्तु अपने भीतर किसी दूसरे शास्त्र की विषयवस्तु को अन्तर्भुक्त कर ले। पर इससे यह निष्कर्ष निकालना कि अन्तर्भुक्त विषयवस्तु से सम्बद्ध शास्त्र समाहित करनेवाले व्यापक शास्त्र के सन्दर्भ में सारहीन या उद्रिक्त है, नितान्त भ्रामक होगा। अगर भाषा विज्ञान के व्यापक शास्त्र का एक उपांग बनाकर साहित्यशास्त्र को निरूपित करने की माँग को इस रूप में लिया जाए कि भाषाविज्ञान, साहित्यशास्त्र के 'गौरव' और 'प्रतिष्ठा' को खंडित या अपदस्थ करना चाहता है तब यह भी तो कहा जा सकता है कि आज का भाषाविज्ञान भी एक तरह से मनोविज्ञान के व्यापक शास्त्र का उपांग है। पर क्या इस सन्दर्भ में भाषाविज्ञान शास्त्र के रूप में उद्रिक्त है? अथवा संघटनात्मक भाषाविज्ञान सौ वर्ष पहले नृतत्त्वशास्त्र का एक अंग बनकर आया तो क्या भाषाविज्ञान, सिद्धान्त के रूप में अपनी महत्ता खो बैठा? यहाँ यह तथ्य भी तो विचारणीय है कि अगर सभी काव्य, भाषा के ही विशिष्ट रूप है तो इसके साथ शैलीविज्ञान यह भी स्वीकार करता है कि भाषा का हर (विशिष्ट)

---

*पूर्वप्रकाश 'नगेन्द्र अभिनन्दन ग्रन्थावली' 1976 में प्रकाशित। प्रकाशक : नेशनल पब्लिशिंग हाउस, दिल्ली।

रूप काव्य नहीं होता। क्वर्क (1959) के अनुसार 'शैली के उपादान अनिवार्यतः भाषिक तत्त्व होते हैं पर भाषिक उपादान अनिवार्यतः शैली के तत्त्व नहीं होते।'

शैलीविज्ञान के अपने विशिष्ट क्षेत्र के भीतर भाषाविज्ञान और काव्यशास्त्र एक दूसरे के प्रतिस्पर्धी शास्त्र के रूप में सिद्ध नहीं रहते। वस्तुतः ये दोनों शास्त्र भिन्न धरातल एवं भिन्न आयाम पर कार्य करने के कारण एक ही विषयवस्तु को दो भिन्न दृष्टियों के आधार पर विश्लेषित करते हैं। शैलीविज्ञान वस्तुतः इन दो भिन्न दृष्टियों के बीच न केवल सेतु का कार्य करता है वरन् एक ऐसे क्षेत्र का निर्धारण भी करता है जो अपने समन्वित दृष्टि के आधार पर दो भिन्न धरातलों एवं आयाम पर स्थित विषयवस्तु में तादात्म्य स्थापित करने में समर्थ है। हिल (1956) के अनुसार शैलीविज्ञान, काव्यसिद्धान्त का वह स्तर है जो सूक्ष्म अर्थ के संसार (स्तर) और स्थूल ध्वनियों के संसार (स्तर) को अनुबन्धित करता है और प्रकार्य के रूप में वह भाषा की संरचना, व्यवस्था और प्रतीक योजना के आधार पर भाषेतर संसार को उद्भासित करता है।

प्रसिद्ध भाषाशास्त्री और रूसी रूपवादी आलोचना पद्धति के प्रतिष्ठित विद्वान रोमन याकोब्सन शैलीविज्ञान को भाषाविज्ञान का ही एक उपांग मानते हैं। पर यह तथ्य भी महत्त्वपूर्ण है कि उनके भाषाविज्ञान का क्षेत्र सामान्य रूप में काव्य भाषाविज्ञान के क्षेत्र से अधिक व्यापक है। उनकी दृष्टि में भाषाविज्ञान का क्षेत्र भाषा के उन सभी आयामों को अपने भीतर समेटता है जो संचार (कम्युनिकेशन) के साधन हैं। इस दृष्टि से अगर भाषाविज्ञान अपने क्षेत्र का प्रसार कर काव्य-शास्त्र को अपने भीतर समेटता है तब उसके साथ ही वह भाषावैज्ञानिक को उसके गुरुतर दायित्व के प्रति सचेत भी करता है। उनके अनुसार (1960) ''अगर कवि रैन्सम का यह कथन सही है (और वह सही है) कि 'कविता, भाषा का ही एक रूप है' तब भाषा को अपनी अध्ययन सामग्री बनानेवाले भाषावैज्ञानिक को अपने कार्य-क्षेत्र के भीतर कविता को भी स्वीकार करना पड़ेगा। अब वह समय हमसे काफी पीछे छूट गया है जब भाषावैज्ञानिक और साहित्य के इतिहासकार काव्य-संघटना-सम्बन्धी प्रश्नों को टाल जाया करते थे। अगर अभी भी कुछ आलोचक ऐसे हैं जो काव्यशास्त्र की चर्चा को भाषाविज्ञान की सामर्थ्य शक्ति के बाहर समझते हैं तब मैं व्यक्तिगत रूप से इसमें विश्वास रखता हूँ कि उनकी काव्यात्मक अक्षमता को भूल से स्वयं भाषाविज्ञान की ही सीमा समझा जाने लगा है। यहाँ पर उपस्थित प्रायः सभी व्यक्ति यह अनुभव कर रहे हैं कि भाषा के प्रकार्य के प्रति बधिर भाषावैज्ञानिक समस्याओं से उदासीन एवं भाषावैज्ञानिक प्रणाली से अपरिचित साहित्य-शास्त्री, दोनों ही समान रूप से अपने समय से बहुत पीछे हैं।'' याकोब्सन की यह मान्यता है कि जिस प्रकार चित्रकला की विवेचना, चित्रों की संघटना की प्रकृति का विश्लेषण है उसी प्रकार काव्यशास्त्र भाषिक संघटना की प्रकृति को अपनी अध्ययन सामग्री बनाता है। और भाषिक संघटना के अध्ययन का मूल शास्त्र भाषाविज्ञान है। अतः काव्यशास्त्र आपाततः भाषाविज्ञान का ही एक अंग ठहरता है।

साहित्य के सन्दर्भ में 'शैली' वस्तुतः शब्द (भाषा) और कला (साहित्य) के

अनुबन्धन की संकल्पना है। यही कारण है कि साहित्य को 'शाब्दिक (भाषिक) कला' (बर्बल आर्ट) कहकर परिभाषित किया जाता है। शैलीविज्ञान, भाषा-विज्ञान और काव्यशास्त्र के अनुबन्धन का क्षेत्र है। इस दृष्टि से यह भी कहा जा सकता है कि भाषाविज्ञान की अन्तर्दृष्टि से सन्दर्भित और उसकी विश्लेषणात्मक प्रणाली से संयुक्त काव्यशास्त्र ही शैलीविज्ञान है।

शैलीविज्ञान की प्रकृति एवं उसके व्यवहार क्षेत्र को लेकर उसके पक्ष और विपक्ष में इधर काफी लिखा गया है (और आज भी लिखा जा रहा है।) एक ओर ह्वाइटहाल (1957) जैसे विद्वान हैं जो यह स्पष्ट कर देना चाहते हैं कि आज काव्यशास्त्र की प्रकृति का निरूपण न तो परम्पराबद्ध साहित्यशास्त्री कर सकते हैं और न नव्य समीक्षक (न्यू क्रिटिक); उसके निर्देशन की बागडोर अब केवल भाषावैज्ञानिक ही कर सकता है। दूसरी ओर बैटसन (1968) प्रभृत आलोचक हैं जो यह मानते हैं कि साहित्य के सन्दर्भ में भाषा, शैली के एक सामान्य एवं सतही स्तर को ही स्पर्श करती है और साहित्यिक संवेदनशीलता के प्रति भाषा-विज्ञान का न तो कोई अनुराग और न उससे कोई उसका सम्बन्ध। अतः साहित्य के आलोचक को भाषाविज्ञान से कोई गहरी प्रेरणा या अन्तर्दृष्टि मिलने का प्रश्न ही नहीं है। इन दो अतिवादी दृष्टियों के परिप्रेक्ष्य में एक ओर रेब्जिन (1965), तोपोरोव (1962), सोल सपोर्टा (1960) आदि जैसे विद्वानों की मान्यताओं को रखा जा सकता है जो काव्यशास्त्र को भाषाविज्ञान के उपांग के रूप में मानते हैं और दूसरी ओर विनोकुर (1959), रेनेवैलेक (1960), झिरमुन्स्की (1961), विनोग्रादोव (1963), कोझिनोव (1965) आदि विद्वान है जो यह मानकर चलते हैं कि भाषाविज्ञान, भाषाशैली का अध्ययन तो कर सकता है पर 'कलाशैली' को भाषा के आधार पर नहीं समझा जा सकता। उनके अनुसार काव्यवस्तु का सम्बन्ध जीवन-दृष्टि और भावजगत के साथ रहता है जो मूल्यों का निर्माण करने में सक्षम है और 'मूल्यों' की चर्चा भाषाविज्ञान के बाहर का क्षेत्र है।

इन दोनों दृष्टियों की समीक्षा अन्यत्र विस्तारपूर्वक की जा चुकी है (श्रीवास्तव, 1968)। यहाँ शैलीविज्ञान-सम्बन्धी आधारभूत तथ्यों का संकेत पर्याप्त होगा :

1. (अ) अगर भाषाविज्ञान अपने व्यापक अर्थ में भाषा के प्रत्येक प्रकार्य (फंक्शन) ओर व्यवहार (यूजेज) के अध्ययन का शास्त्र हैं तब शैलीविज्ञान, भाषाविज्ञान का ही एक उपांग है, क्योंकि उसका कार्यक्षेत्र साहित्य में प्रयुक्त भाषासंरचना और उसका साहित्यिक कार्यफलन है।

(आ) अगर भाषाविज्ञान को उसके सीमित अर्थ में लिया जाए तो शैलीविज्ञान, उसी प्रकार का व्यावहारिक (एप्लाइड) भाषाविज्ञान का क्षेत्र है जिस प्रकार का मनो-भाषाविज्ञान (साइको-लिंग्विस्टिक्स), समाज-भाषाविज्ञान (सोशियो-लिंग्विस्टिक्स) आदि। इस दृष्टि से शैलीविज्ञान भाषाविज्ञान और काव्यशास्त्र के अनुबन्धन का क्षेत्र है।

(2) शैलीविज्ञान का चिन्तन वस्तुवादी है और दृष्टि भाषावादी।

(3) शैलीविज्ञान, साहित्यिक आलोचना का सिद्धान्त भी है और प्रणाली भी।

(4) (अ) शैलीविज्ञान के अनुसार काव्यात्मकता का केन्द्र (लोकस) स्वयं काव्यकृति हैं।

(आ) भाषावादी सिद्धान्त के रूप में शैलीविज्ञान की यह मान्यता है कि साहित्य, 'शाब्दिक कला' है और कृति के रूप में साहित्यिक रचना, भाषा की अपनी सीमा में बँधी एवं स्वनिष्ठ (ऑटोनॉमस) इकाई है। कृति स्वायत्त है अतः उसका विश्लेषण न तो कवि के उस अभिप्राय के आधार पर करना समीचीन है जिसे लेकर वह अपनी कृति की रचना करता है और न पाठकों पर पड़े प्रभाव के रूप में उसकी व्याख्या उचित है।

(5) (अ) साहित्य अगर 'शाब्दिक कला' है तो काव्यकृति शाब्दिक प्रतीक (लिंग्विस्टिक साइन)।

(आ) प्रतीकवत होने के परिणामस्वरूप काव्यकृति में कथ्य (वाच्य) और अभिव्यक्ति (वाचक) पक्ष की अन्तरंग अन्विति–आभ्यन्तर अभिन्नता स्वयं-सिद्ध रहती है। शैलीविज्ञान के अनुसार कथ्य और अभिव्यक्ति के सम्बन्धों की प्रकृति के आधार पर ही काव्यात्मकता का उद्‌घाटन सम्भव और अभीष्ट है।

(6) (अ) भाषा की व्यापक संभावना के सन्दर्भ में भाषिक प्रतीक एवं प्रतीक पद्धति के अनेक विकल्पों में किसी एक के चयन का परिणाम ही शैली है।

(आ) यह चयन भाषा के विभिन्न स्तरों पर संभव है।

(इ) विकल्प के सन्दर्भ में चयन की प्रकृति को नियन्त्रित करनेवाले विभिन्न उपादानों के सन्दर्भ में शैली का वर्गीकरण और उसकी अभिव्यंजक परिभाषा संभव है। यथा, चयन के नियामक के रूप में अगर साहित्यकार का व्यक्तित्व है तो साहित्यकार-विशेष की शैली (निराला, पन्त, अज्ञेय, प्रेमचन्द की शैली), अगर नियामक युग-विशेष की प्रवृत्ति है तो युग-विशेष की शैली (रीतिकालीन, छायावादी, नई कविता की शैली); और अगर चयन का नियामक विधा है तो विधा-विशेष की शैली (नाट्य, काव्य, उपन्यास की शैली) आदि।

(ई) अगर चयन की प्रकृति को नियन्त्रित करनेवाला उपादान स्वयं काव्यवस्तु हो तब यह कृति की शैली है। जिस प्रकार व्यक्ति, युग अथवा विधा विशेष की शैलीगत विशिष्टताओं को कृति की काव्यवस्तु से अलग किया जा सकता है उसी प्रकार काव्यकृति की शैली को उससे अलग नहीं किया जा सकता क्योंकि यह शैली ही काव्यवस्तु की आत्मा है।

(उ) शैलीविज्ञान अपने व्यापक अर्थ में साहित्य में प्रतिफलित सभी प्रकार की शैलियों के अध्ययन को अपनी विषयवस्तु बनाता है पर उसका आधारभूत लक्ष्य काव्यवस्तु की आत्मा को पकड़ना है अतः वह मूलतः काव्यकृति की शैली को ही अपना साध्य मानता है।

इस लेख के सीमित दायरे में न तो शैलीविज्ञान की इन आधारभूत मान्यताओं का विस्तारपूर्वक विवेचन संभव है और न उसके सन्दर्भ में भारतीय काव्यशास्त्र का सही मूल्यांकन ही। अतः हम ऊपर संकेत दिए गए पहली चार मान्यताओं के सन्दर्भ में यह

देखने का प्रयत्न करेंगे कि भारतीय काव्यशास्त्र की चिन्तन-सरणी और विश्लेषणात्मक पद्धति शैलीवैज्ञानिक मान्यताओं से कितनी निकट और कितनी दूर है।

पहले यह संकेत दिया जा चुका है कि शैलीविज्ञान की दृष्टि भाषावादी है। वह यह मानकर चलता है कि काव्य, भाषा-संरचना का ही एक सर्जनात्मक रूपान्तरण है। भाषा की प्रकृति और उसकी संरचना को समझने का अपना विज्ञान है जिसे हम 'भाषाविज्ञान' अथवा 'भाषाशास्त्र' के रूप में जानते हैं। काव्य, भाषा का ही अगर एक उपांग है (भले ही वह कितना ही विशिष्ट क्यों न हो) तो उसके अध्ययन का शास्त्र (काव्यशास्त्र) भी भाषा के अध्ययन के शास्त्र (भाषाशास्त्र) का ही एक अंग ठहरता है।

यहाँ यह बात भी ध्यान देने योग्य है कि प्रश्न भाषाशास्त्र के विभिन्न सिद्धान्त, सम्प्रदाय अथवा प्रारूपों (मॉडल) का नहीं है। साहित्य सिद्धान्त की जो दृष्टि काव्यशास्त्र और भाषाशास्त्र के इस अंग-अंगी सम्बन्ध को स्वीकार कर चलेगी वह आपाततः भाषाशास्त्र के अपने सिद्धान्तों एवं प्रारूपों से प्रभावित होगी ही। यही नहीं अगर चिन्तन-प्रक्रिया जीवन्त है और सिद्धान्त विकासात्मक तो न केवल भाषाशास्त्र के विकास के चरण काव्यशास्त्र से सम्बन्धित चिन्तन में गुणात्मक विकास लाने में समर्थ होंगे अपितु काव्यशास्त्र के सिद्धान्तों के विकासमान चरण स्वयं भाषाशास्त्रीय चिन्तन को भी आगे बढ़ाने और नई दिशा देने में सक्षम होंगे। खेद है कि क्रिया-प्रतिक्रिया की इस उभयगामी प्रकृति के सन्दर्भ में भाषा-शास्त्र और काव्यशास्त्र की चिन्तनधारा का अभी विश्लेषण प्रस्तुत ही नहीं किया गया है और न चिन्तन के इतिहास को इस द्वन्द्वात्मक प्रकृति की प्रक्रिया के सन्दर्भ में ही लिखा गया है।

मूल प्रश्न यह नहीं कि आज शैलीविज्ञान, साहित्य विश्लेषण के लिए जिस भाषावैज्ञानिक सिद्धान्त अथवा प्रारूप को अपना रही है वह भारतीय काव्यशास्त्र के अध्ययन-विश्लेषण के सिद्धान्त अथवा प्रारूप थे या नहीं। इसमें तो सन्देह ही नहीं कि काल और काल भेद के कारण भाषावैज्ञानिक चिन्तन-प्रणाली में भेद होगा। पर यह भेद जिस प्रकार भाषाविज्ञान के शास्त्र को नहीं बदलता और बदलता है तो केवल उस शास्त्र के 'पैराडाइम' को। उसी प्रकार भाषाविज्ञान के प्रारूपभेद (जब तक वह यह स्वीकार कर चलता है कि काव्यशास्त्र उसका एक अंग है) शैलीविज्ञान के शास्त्र (डिसिप्लिन) को नहीं बदल सकता; बदल सकता है तो केवल उनके 'पैराडाइम' को, अध्ययन के केवल आयाम और स्तर को। आज भाषाविज्ञान के कई सिद्धान्त और प्रारूप प्रचलित हैं—संघटनात्मक, टैग्मेमिक : सिन्टैमिक, रूपान्तरण (ट्रांसफॉर्मेशनल) आदि। शैलीविज्ञान के सन्दर्भ में यह भी देखा जा सकता है कि किसी काव्यकृति के अध्ययन के निमित्त इनमें से किस प्रारूप का प्रयोग किया जा सकता है (और सम्प्रति किया भी जा रहा है)। पर इसका यह अर्थ नहीं कि भाषाविज्ञान के इन विभिन्न प्रारूपों के प्रयोग से शैलीविज्ञान का अपना शास्त्र ही खंडित हो गया अथवा वह अपनी समन्वित दृष्टि के आधार पर अपना शास्त्र बनाने में अब सक्षम न रहा।

अतः यह प्रश्न नहीं कि काव्यशास्त्र, भाषाविज्ञान के किस सिद्धान्त अथवा प्रारूप

को अपना आधार बनाता है वरन् मूल प्रश्न यह है कि भाषाविज्ञान (अथवा भाषाशास्त्र) के किसी भी सिद्धान्त अथवा प्रारूप को अपनी काव्यदृष्टि के लिए अपनाता है या नहीं ?

प्राचीन भारतीय चिन्तन और कलाशास्त्र का थोड़ा भी अध्ययन करने पर स्पष्ट हो जाता है कि न केवल कलाशास्त्र की वरन सम्पूर्ण चिन्तन की पीठिका वाक् है। भारतीय आचार्य यह स्वीकार कर चलते हैं कि वाक् केवल संचार का साधन मात्र ही नहीं, वरन विश्व में जो कुछ भी सत्य है, सुन्दर है उन सबका वह व्यंजक है। डॉ. मिश्र ने अपने लेख–'पाणिनीय भाषादर्शन और भारतीय चिन्तन' में इस तथ्य की ओर इन शब्दों द्वारा संकेत दिया है–'भारतीय कलाबोध की पीठिका वाक् है (सा सर्वविद्याशिल्पानां कलानां चोपबन्धिनी। तद्वशादभिनिष्पन्नं सर्व वस्तु विभज्यते। वाक्यपदीय 1/125) क्योंकि वाक् के कारण समस्त वस्तु-जगत अनुभाव्य आकार ग्रहण करता है और भारतीय साधना की पीठिका का नाम ध्यान है। भारतीय वैयाकरणों के चिन्तन का इसीलिए भारतीय प्रज्ञा, भारतीय आनन्दबोध और भारतीय धर्मसाधना तीनों के स्तरों को व्याकृत करने में और तीनों को अनुस्यूत करने में बहुत बड़ा योगदान है।'

अगर भारतीय चिन्तन की पीठिका मूलतः वाक् है और उसके आनन्दबोध पर भारतीय वैयाकरणों के चिन्तन की गहरी छाप है तो यह सोचना भी कि काव्यशास्त्रीय विचारसरणि पर भाषावादी चिन्तन का व्यापक प्रभाव न होगा, अत्यन्त भ्रामक होगा। अधिक स्वाभाविक तो यह सोचना होगा कि काव्यशास्त्र के मूल में न केवल भाषाचिन्तन की अपनी प्रेरक शक्ति ओर समन्वित दृष्टि कार्य कर रही होगी वरन भाषाशास्त्र के विभिन्न प्रारूप अथवा सम्प्रदाय, काव्यशास्त्रीय अध्ययन को भिन्न मोड़ देने में भी सक्रिय रहे होंगे। यह तथ्य भी इस सन्दर्भ में द्रष्टव्य है कि काव्यशास्त्र के विभिन्न सम्प्रदायों–रस (भरतमुनि), अलंकार (भामह, उद्‌भट और रुद्रट), गुण (दंडी तथा वामन), वक्रोक्ति (कुन्तक), ध्वनि (आनन्दवर्द्धन तथा अभिनवगुप्त), औचित्य (क्षमेन्द्र) का आविर्भाव हो चुका था वरन उसके विभिन्न सम्प्रदाय भी बन चुके थे। यास्क, पाणिनि, दंडी, कात्यायन आदि व्याकरणाचार्यों के भाषा-सम्बन्धी सिद्धान्त चौथी शती ईसापूर्व प्रतिपादित हो चुके थे। अगर भरतमुनि को छोड़ दें तो पतंजलि, वसुरात (यहाँ तक कि भर्तृहरि) आदि के भाषासिद्धान्त छठी शती तक न केवल निरूपित हो चुके थे वरन उन पर टीकाएँ भी लिखी जा चुकी थी। यह तथ्य इसलिए भी महत्त्वपूर्ण है कि काव्यशास्त्र का पहला सम्प्रदाय (अलंकार) व्यवस्थित रूप में भामह के काल से माना जा सकता है और विद्वान भामह के जीवनकाल को छठी शताब्दी मानते हैं। कहने का तात्पर्य यह कि काव्यशास्त्र के चिन्तन एवं उसके सम्प्रदायों के आविर्भाव के बहुत पहले व्याकरणशास्त्र निरूपित हो चुका था और दर्शन के रूप में वह एक सशक्त चिन्तनधारा के रूप में, ज्ञान की अन्य चिन्तन सरणियों पर भी प्रभाव डालने लगा था। भारतीय काव्यशास्त्रीय चिन्तन न तो इससे अप्रभावित रह सकता था और न इससे तटस्थ रहकर फल-फूल ही सकता था।

भारतीय काव्यशास्त्र, व्याकरणदर्शन एवं उसकी प्रणाली से प्रभावित होता रहा है,

यह इस तथ्य से भी पुष्ट होता है कि साहित्याचार्यों ने न केवल व्याकरणकारों की उक्तियों का समर्थन अथवा उनको स्पष्ट शब्दों में प्रतिध्वनित किया है अपितु व्याकरणकारों को आदर के साथ स्मरण भी किया है। उदाहरण के लिए अगर भर्तृहरि यह व्यक्त करते हैं कि व्याकरण, शब्दसमूह के पुण्यतम ज्योति का ऋजु मार्ग है और शब्दसमूह के प्रकाश से ही सम्पूर्ण चर-अचर जगत दीप्यमान है[1] (वाक्यपदीय, हरिवृत्ति टीका 1/12) तो गुण सम्प्रदाय के समर्थक दंडी (काव्यादर्श 1/4) का कथन है :

इदमन्धन्तमः कृत्स्नं जायेत भुवनत्रयम्।
यदि शब्दाह् वयं ज्योतिरासंसारं न दीप्यते॥

यह भी तथ्य महत्त्वपूर्ण है कि पदार्थ विचार अथवा शब्दों के संकेतग्रह के सम्बन्ध में भारतीय काव्यशास्त्र नैयायिकों अथवा मीमांसकों का नहीं वरन वैयाकरणों का ऋणी है। वैयाकरणों ने शब्द प्रवृत्ति को 'चतुष्टयी' माना है--जाति, गुण, क्रिया तथा यदृच्छा। काव्याचार्यों ने इसी विभाजन को स्वीकार किया। यही नहीं उपमा, उपमान, उपमित तथा सामान्य जैसे अलंकारशास्त्र के पारिभाषिक शब्द, पाणिनि के अष्टाध्यायी और पतंजलि के महाभाष्य में भी देखने को मिल जाते हैं। अगर ध्यान से देखें तो उपमा के 'श्रोती' तथा 'आर्थी' विभाजन तथा उसके कुछ प्रमुख उपभेदों का मूलभूत स्रोत पाणिनि के सूत्र कहे जा सकते हैं। ध्वनि-सम्प्रदाय का काव्यशास्त्र एक विशिष्ट सम्प्रदाय है जिसने परवर्ती काव्य-चिन्तन को सबसे अधिक प्रभावित किया है। डॉ. नगेन्द्र ने 'ध्वनिकाल' को रस-सिद्धान्त का स्वर्णयुग कहा है। अगर किंचित भी गहराई में जाकर देखें तो स्पष्ट हो जाता है कि आनन्दवर्द्धन प्रणीत ध्वनि-सम्प्रदायवादी काव्यशास्त्र की मूल प्रेरक शक्ति भर्तृहरि द्वारा प्रतिपादित भाषा-सिद्धान्त ही रहा है। व्याकरणशास्त्र के इतिहास के सन्दर्भ में भर्तृहरि को भी उसी प्रकार युगप्रवर्तक कहा जा सकता है जिस प्रकार काव्यशास्त्र में आनन्दवर्द्धन को, भर्तृहरि का 'वाक्यपदीय', आनन्दवर्द्धन के 'ध्वन्यालोक' से कम युगान्तकारी नहीं और न अर्थविचार के सन्दर्भ में उनकी 'स्फोट' की संकल्पना ही किसी भी प्रकार आनन्दवर्द्धन की 'व्यंजना' की संकल्पना से कम व्यंजक और सारपूर्ण है। सच तो यह है कि व्याकरणशास्त्र से भर्तृहरि रचित 'वाक्यपदीय' के कारण जो युगान्तकारी मोड़ आया, वही 'ध्वनि-सम्प्रदाय' के रूप में काव्यशास्त्र को भी एक विशिष्ट दिशा देने का कारण बना।

आनन्दवर्द्धन के दो-तीन शती पूर्व भर्तृहरि ने तत्कालीन भाषाशास्त्र की सीमा की आलोचना करते हुए यह स्पष्ट कर दिया था कि मात्र शब्द अथवा शाब्दिक अर्थ के आधार पर भाषासिद्धान्त का निरूपण खंडित दृष्टि का परिचायक है। उनके अनुसार पदों के पारस्परिक संसर्ग के परिणाम से आविर्भूत जो आधिक्य है वही वाक्यार्थ है अतः वाक्यार्थ अनेक पदों पर आश्रित संसर्ग का परिणाम है :

सम्बन्धे सति यत्त्वन्यदाधिक्यमुपजायते।
वाक्यार्थमेव तं प्राहुरनेक पद संश्रयम् ॥--वाक्यपदीय 2/42

भाषा द्वारा संकेतित जगत (पदार्थ) असत्य है पर वाक्यार्थ सत्य है। पदार्थ पृथक

अर्थ रख भी सकते हैं पर वाक्यार्थ में वे अर्थ के प्रत्यायक तभी हो सकते हैं जब वे संसर्ग रूप में सिद्ध हों :

संसर्गरूपं संसृष्टेष्वर्थवस्तुषुगृह्यते ॥–वाक्यपदीय 2/428

भर्तृहरि के भाषा-सिद्धान्त के अनुसार 'शब्द' की तरह 'वाक्य' भी एक भाषिक प्रतीक है। उसमें भी वाच्य और वाचक का अन्तरंग एवं अविच्छिन्न सम्बन्ध रहता है और भाषिक प्रतीक के दोनों पक्ष अमूर्त, और सामान्यीकृत (एब्स्ट्रैक्ट) होते हैं। (इसकी तुलना आधुनिक भाषाशास्त्र के जनक सस्यूर के 'भाषिक प्रतीक' (लिंग्विस्टिक साइन) की संकल्पना से करें तो एक अद्भुत वाक्य पाते हैं। सस्यूर की दृष्टि में भी रूपिम, शब्द, वाक्य आदि सभी भाषा के विभिन्न स्तरों पर स्थित इकाइयाँ हैं जो अपनी प्रकृति में अमूर्त भाषिक प्रतीक के रूप में सिद्ध रहती है।

अर्थाभागैस्तथा तेषामान्तरोर्थ प्रकाशते ॥–वाक्यपदीय 2/31 अर्थात् पूरा वाक्य, शब्द (भाषिक प्रतीक के समान) है और उसके भी दो भाग (पक्ष) हैं–अन्तःशब्दतत्त्व (अमूर्त वाचक) और अन्तःअर्थतत्त्व (अमूर्त वाच्य)। अपने 'स्फोट' सिद्धान्त के आधार पर भर्तृहरि ने स्पष्ट कर दिया कि सम्पूर्ण वाच्य एक समन्वित भाषिक प्रतीक है, वाक्यार्थ अनेक पदों पर आश्रित संसर्ग का परिणाम होता है। वह सन्दर्भ बाधित होकर ही सिद्ध रहता है क्योंकि वाक्य मूल रूप में अविभक्त है अखंड है, एक समन्वित भाषिक इकाई है तथा ऐसा संभव है कि वाक्य का अर्थ वाक्य में प्रयुक्त सभी पदों के समन्वित अर्थ से भिन्न हो।

भर्तृहरि की भाषा-सम्बन्धी इन धारणाओं का स्पष्ट प्रभाव आनन्दवर्द्धन के ध्वनि सम्प्रदाय पर परिलक्षित होता है। डॉ. कुन्हनि राजा के शब्दों में तो आनन्दवर्द्धन ने भर्तृहरि की मान्यताओं के आधार पर ही अपनी भाषा-सम्बन्धी धारणाओं का निर्माण किया। लेकिन उन्होंने अपने विचार को केवल काव्यपरक सौन्दर्य तक ही सीमित रखा, इसलिए भाषा प्रक्रिया की अन्य जटिल समस्याओं पर प्रकाश डालने का उन्होंने प्रयत्न नहीं किया। 'ध्वन्यालोक' में आनन्दवर्द्धन ने स्पष्ट रूप से भर्तृहरि के 'स्फोट' सिद्धान्त के प्रति अपना आभार व्यक्त किया है।

डॉ. सुशील कुमार डे (1959) का भी यह मत है कि ध्वन्यालोककार भर्तृहरि के व्याकरणदर्शन से प्रभावित है और उसके सिद्धान्त का बीज स्फोट सिद्धान्त के रूप में पहले ही पड़ चुका था। रामसुरेश त्रिपाठी (1972 : 121-2) के शब्दों में–'भर्तृहरि ने नानात्ववाद के प्रसंग में प्रतीयमान शब्द और प्रतीयमान अर्थ का संकेत किया है। प्रतीयमान अर्थ ही आनन्दवर्द्धन का 'ध्वनि-सिद्धान्त' है जिसके सहारे व्यंजनावृत्ति पल्लवित हुई है। कुछ आचार्यों का मत था कि श्रूयमाण शब्द ही सदा प्रत्यायक नहीं होता, अनुमीयमान शब्द भी प्रत्यायक होता है।' (वाक्यपदीय 2/362 हरिवृत्ति-हस्तलेख)।

अनुमीयमान शब्द का भाई प्रतीयमान शब्द है। किसी ने विप्रतिपत्ति उठाई थी कि प्रतीयमान शब्द अर्थ का अभिधायक नहीं हो सकता। (वाक्यपदीय 2/363) इससे स्पष्ट है कि ध्वनिसिद्धान्त का बीज व्याकरण दर्शन में मिल जाता है। केवल प्रतीयमान अर्थ

का ही नहीं, आनन्दवर्द्धन के अविवक्षित वाच्य आदि वादों का भी मूल भर्तृहरि के वचन है। भर्तृहरि ने प्रश्न उठाया है कि शब्द के प्रयोग होते हुए भी अर्थ अविवक्षित कैसे रह सकता है ? स्वयं उसका उत्तर घट प्रदीप न्याय के आधार पर दिया है। (वाक्यपदीय 2/300 हरिवृत्ति, हस्तलेख) यह उल्लेखनीय है कि आनन्दवर्द्धन ने भी वाच्य और प्रतीयमान के प्रसंग में दीपशिखा का उदाहरण दिया है। "आलोकार्थी यथा दीपशिखायां यत्नवान् जनः।" ध्वन्यालोक।[2]

'ध्वन्यालोक' के प्रसिद्ध टीकाकार आचार्य अभिनवगुप्त ने भी भर्तृहरि को जब स्मरण किया तब उनके लिए 'तत्रभवान्' शब्द का प्रयोग किया है। भर्तृहरि का व्याकरण दर्शन अपने समय में लोकप्रसिद्ध हो चुका था। विद्वत्समूह का झुकाव इस मत की ओर था और जनता उसे आदर की दृष्टि से देखने लगी थी—स्वयं अभिनवगुप्त ने स्पष्ट शब्दों में इस तथ्य का संकेत किया है। (ध्वन्यालोक लोचन, चौखम्भा संस्कृत, पृ. 553)।

कहने का तात्पर्य यह कि भारतीय काव्यशास्त्र, व्याकरणदर्शन से प्रभावित होता रहा है और व्याकरणचिन्तन में अगर कोई मोड़ आया है तो उसका प्रत्यक्ष प्रभाव काव्यशास्त्र पर भी देखने को मिलता है। भारतीय काव्यशास्त्र के प्रमुख आचार्यों ने मान्य व्याकरणाचार्यों को न केवल आदर के साथ स्मरण किया और उनके विशिष्ट कथनों को प्रतिध्वनित किया है वरन् उनके सिद्धान्तों के आधार पर अपनी चिन्तन पद्धति और विश्लेषण प्रणाली का विकास भी किया है।

किसी एक शास्त्र का दूसरे शास्त्र से प्रभावित होना एक बात है और उसका किसी अन्य शास्त्र का अंग बनना अथवा किसी दूसरे शास्त्र के व्यापक सन्दर्भ में परिभाषित होना एकदम दूसरी बात है। जैसा पहले संकेत दिया जा चुका है कि शैली-विज्ञान, यह स्वीकार कर चलता है कि साहित्यशास्त्र, वस्तुतः भाषाशास्त्र का एक उपांग है। यहाँ यह प्रश्न उठाया जा सकता है कि क्या भारतीय काव्यशास्त्र भाषाचिन्तन एवं उसकी प्रणाली से मात्र प्रभावित ही होता रहा है अथवा वह शैलीविज्ञान की धारणा के अनुसार अपने को भाषाशास्त्र का उपांग भी मानता है ?

काव्यशास्त्र-सम्बन्धी उपलब्ध सामग्री में भरतमुनि रचित 'नाट्यशास्त्र' प्राचीनतम ग्रन्थ है। पर यह ग्रन्थ मूलतः ललितकलाओं का शास्त्र है जिसमें प्रमुखता नाट्यकला की है। आनुषंगिक रूप में हम अलंकार (काव्य) शास्त्र, संगीतशास्त्र, छन्दशास्त्र आदि को भी विवेचना अथवा उनके मूल सिद्धान्तों की चर्चा पाते हैं। जिस 'रस' की संकल्पना को हम बाद में काव्यशास्त्र के सन्दर्भ में विकसित एवं निरूपित देखते हैं। भरतमुनि की विवेचना के सन्दर्भ में उसे नाट्याश्रित ही पाते हैं। अतः यह कहा जा सकता है कि जिस 'अलंकारशास्त्र' या 'रस' का विवेचन हमें 'नाट्यशास्त्र' में मिलता है वह न तो काव्यशास्त्र के रूप में एक स्वतन्त्र शास्त्र का विषय है और न उसका चिन्तन ही भाषा के किसी व्यापक सन्दर्भ में हुआ है।

भामह पहले आचार्य हैं जिन्होंने न केवल काव्यशास्त्र को नाट्यशास्त्र की परतन्त्रता से मुक्त किया वरन् उसे भाषा के व्यापक सन्दर्भ में निरूपित किया। उन्होंने साहित्य

(काव्य) की व्यापक परिभाषा के रूप में उसे शब्द और अर्थ के युगल सम्बन्धों के रूप में देखा–'शब्दार्थौ सहितौ काव्यं।' भामह ने जब काव्य को 'शब्दार्थौ सहितौ' कहा तो इसका यही तात्पर्य निकलता है कि वह काव्य को भाषा की व्यापक पृष्ठभूमि में परिभाषित करना चाहते थे अन्यथा 'भाषा' और 'काव्य' का भेद उन्हें स्पष्ट था। भामह के अनुसार सामान्य 'शब्दार्थ' तो मात्र 'वार्ता' है, वह केवल एक भाषिक (व्याकरणिक) यथार्थ है पर मात्र 'वार्ता' (शब्दार्थ) साहित्य बनने की क्षमता नहीं रखता। वह तो केवल सामान्य कथन है, यथा :

गतोऽस्तमर्को भातीन्दुर्यान्ति वासाय पक्षिणः।
इत्येत्मेवधादि कि काव्यं ? वार्तामेनांप्रचक्षते। *काव्यलंकार 2/87*

अर्थात सूर्य अस्त हो गया, चन्द्रमा चमकता है, पक्षी अपने बसेरों में लौट जाते हैं– आदि कथन तो सामान्य हैं, वे वार्ता मात्र हैं। उनमें काव्य (का सौन्दर्य) कहाँ ? भामह ने काव्य को लक्ष्य रूप में 'अतिशय उक्ति' अथवा शब्दार्थ की 'रमणीयता' के रूप में ग्रहण किया है। काव्य-विश्लेषण की प्रणाली के रूप में उन्होंने काव्य को 'लोकातिक्रान्तगोचरं' वचन के रूप में देखा।

निमित्ततो वचो यत्तु लोकातिक्रान्तगोचरं।
मन्यतेऽतिशयोक्तिं तामलंकारतया यथा। *काव्यलंकार 2/81*

भामह के अनुसार 'लोकातिक्रान्तगोचरं' वचन ही 'अतिशय उक्ति' है और यह अतिशय उक्ति ही काव्य की रमणीयता है, उसका अलंकार (अथवा प्राण-शक्ति) है। वही 'वक्रोक्ति' है जो उसे सामान्य कथन अर्थात् 'वार्ता' से अलग कर देती है। इस वक्रोक्ति के अभाव में काव्यसौन्दर्य की प्रतीति कहाँ ?

सैषा सर्वत्र वक्रोक्तिरनयार्थो विभाव्यते।
यत्नोऽस्यां कविना कार्यः कोऽलंकारोऽनया बिना ॥

–काव्यालंकार 2/85

स्पष्ट है भामह का काव्यशास्त्रीय चिन्तन पहले काव्य को सामान्य भाषा के व्यापक सन्दर्भ में परिभाषित करता है–'शब्दार्थौ सहितौ काव्यं', तदुपरान्त उसकी विशिष्टता को भी भाषा के आधार पर ही यह संकेत देकर समझना-समझाना चाहता है कि यद्यपि सभी काव्यात्मक उक्तियाँ भाषिक होती हैं पर सभी भाषिक कथन काव्यात्मक उक्तियाँ नहीं होतीं क्योंकि 'वार्ता' और 'काव्य' में स्पष्ट भेद है। काव्यात्मकता के विश्लेषण के लिए जिस 'अलंकार' की कल्पना को प्राणभूत शक्ति के रूप में उसने मान्यता दी है वह भी भाषा-सन्दर्भित है क्योंकि 'वक्रोक्ति' (अथवा अतिशय उक्ति) के बिना काव्य सम्भव नहीं। इस दृष्टि के अनुसार वक्रोक्ति और कुछ नहीं अपितु 'लोकातिंक्रान्तगोचरं वचन' होने के कारण लोक में व्यवहार्य सामान्य कथन (वार्ता) का ही अतिक्रमण है।

शैलीविज्ञान की आधुनिक दृष्टि के साथ इस काव्यचिन्तन की तुलना करने पर एक अद्भुत साम्य देखने को मिलता है। शैलीविज्ञान की मान्यता के अनुसार, "कविता के 'विशिष्ट' एवं 'असामान्य' अर्थ को पकड़ने के लिए काव्यभाषा एक 'विशिष्ट' शैली का

प्रयोग करती है। 'विशिष्टता' को सामान्य के अतिक्रमण के रूप में ही परखना सम्भव है क्योंकि 'विशिष्ट' और 'सामान्य' सापेक्षित प्रत्यय हैं और सामान्य का परिचय सहज साध्य होता है। भाषा का सामान्य रूप बोलचाल की भाषा पर आधारित होता है। अतः कविता की भाषा-शैली को सामान्य बोलचाल की भाषा की संघटना के अतिक्रम के रूप में ही देखना तर्कसम्मत है।" (श्रीवास्तव, 1972, 53), रेब्जिन (1965), तोपोरोव (1962), सोल सपोर्टा (1960) आदि विद्वान भी काव्य को सामान्य कला के अंग के रूप में देखने की अपेक्षा उसे भाषा के विशिष्ट प्रयोग के रूप में देखने के समर्थक हैं और काव्य के भाषागत वैशिष्ट्य को भाषा के सामान्य नियम (नॉर्म) के अतिक्रमण के रूप में परिभाषित करने के पक्ष में हैं। कीट्स (1964) ने इस अतिक्रम के लिए सामान्य भाषा के सामान्य 'व्याकरण' के सन्दर्भ में एक 'काउंटर' व्याकरण की आवश्यकता व्यक्त की है। ओहमान (1964) और थार्न (1965) इस अतिक्रम के सिद्धान्त को रूपान्तरण व्याकरण के 'सेलेक्शनल रेस्ट्रिक्शन' नियम के सन्दर्भ में प्रतिस्थापित करना चाहते हैं। लेविन (1958) के अनुसार इस अतिक्रमण को काव्य के बाह्य एवं आन्तरिक दोनों ही स्तरों पर देखना अपेक्षित है।

भामह ने जिस 'अतिशय उक्ति' को 'वक्रोक्ति' एवं 'लोकातिक्रान्तगोचरं वचनं' कहकर परिभाषित किया और जिसे काव्य की प्राणभूत शक्ति (अलंकार) के रूप में मान्यता प्रदान की उसका चरम विकास हम कुन्तक के 'वक्रोक्तिजीवितं' में पाते हैं। कुन्तक के अनुसार भी काव्य, शब्द (वाचक) और अर्थ (वाच्य) के मंजुल सम्बन्धों पर आधारित है। एक सामान्य अभिधा के जिस अतिक्रमण के कारण वह विशिष्ट होता है वह 'वैदग्ध्यभंगीभणिति' होता है। और यह 'वैदग्ध्य' अलंकार्य के दोनों ही स्तर--वाह्य (शब्द) और आन्तरिक (अर्थ) पर देखा जा सकता है :

उभावेतावलंकार्यौ तयोः पुनरलंकृतिः।
वक्रोक्तिरेव वैदग्ध्यभंगीभणितिरुच्यते ॥--व.जी., 1/10

इसमें सन्देह नहीं कि कुन्तक ने काव्य को 'सहृदयों को आह्लाद देनेवाला बन्ध' कहा है पर उसके साथ ही उन्होंने उसे शब्द और अर्थ के उस विशिष्ट सम्बन्धों के आधार पर निरूपित किया है जो कवि के वक्रव्यापार से युक्त होता है :

शब्दार्थौ सहितौ वक्रकविव्यापारशालिनी।
बन्धे व्यवस्थितौ काव्यं तद्विदाह्लादकारिणी ॥--व.जी., 1/7

यह ध्यान देने की बात है कि भामह ने काव्य की विशिष्टता को 'वार्ता' के सन्दर्भ में समझाया है। काव्य को 'विचित्र अभिधा' कहकर कुन्तक ने इसे शब्द-शक्तियों के सन्दर्भ में रखा है। 'विचित्र अभिधा' भी उसी प्रकार 'लोकोत्तर चमत्कारकारि', 'शास्त्रादिप्रसिद्धशब्दार्थोपनिबन्धव्यतिरेकिं,' 'प्रसिद्धप्रस्थानव्यतिरेकिं' और 'अतिकान्तप्रसिव्यवहारसरणि' है जिस प्रकार भामह की अतिशय उक्ति 'लोकातिक्रान्तगोचरं' है।[3]

इसमें सन्देह नहीं कि 'कुन्तक ने भामह के काव्यशास्त्रीय लक्षण की न केवल

व्याख्या प्रस्तुत की वरन उसको विश्लेषणगम्य भी बनाया। विश्लेषण के लिए उन्होंने भाषा-संरचना के जितने स्तरों अथवा उपस्तरों की स्थापना की उनके नामकरण से ही स्पष्ट हो जाता है कि वे उनको भाषाशास्त्रीय उपकरणें से युक्त और भाषा-चिन्तन से सन्दर्भित करने के पक्ष में हैं। साथ ही उनके द्वारा संकेतित वक्रता के भिन्न स्तरों की प्रकृति से स्पष्ट ध्वनित हो जाता है कि काव्यशास्त्र को वे न केवल 'सिद्धान्त' के रूप ग्रहण करते हैं वरन उसे 'विश्लेषणात्मक प्रणाली' के रूप में भी विकसित करना चाहते हैं। सिद्धान्त के साथ ही साथ प्रणाली के रूप में काव्यशास्त्र को विकसित करने के लिए वे कितने उत्सुक थे, यह उनके इस कथन से स्पष्ट व्यक्त हो जाता है :

"यह साहित्य इतने असीम समय की परम्परा में केवल साहित्य शब्द से प्रसिद्ध ही रहा है। कविकर्म कौशल के कारण रमणीय इस (साहित्य शब्द) का यह वास्तविक अर्थ है, इस बात का आज तक किसी विद्वान ने तनिक भी विचार नहीं किया। इसलिए सरस्वती के हृदयारविन्द के मकरन्द-बिन्दुसमूह से सुन्दर कवि-वचनों के आन्तरिक आमोद से मनोहर रूप में प्रस्फुटित होनेवाले इस (साहित्य) को सहृदय-मधुपों के सामने प्रकट करते हैं। (अर्थात् साहित्य शब्द का प्रयोग अब तक काव्य आदि के लिए होता रहा है, परन्तु इसके वास्तविक अर्थ का प्रकाशन अब तक किसी भी विद्वान ने नहीं किया। अब तब इसका रसास्वादन ही हुआ है, विश्लेषण-विवेचन नही।" (हिन्दी वक्रोक्ति जीवितं, 16वीं कारिका की वृत्ति)।

स्पष्ट है–कुन्तक के मत में साहित्य का रसास्वादन एक चीज है और उसका विश्लेषण-विवेचन उससे भिन्न दूसरी चीज; साथ ही साहित्य के वास्तविक अर्थ का प्रकाश 'रसास्वादन' अथवा रस-प्रक्रिया के सन्दर्भ में सम्भव नहीं। साहित्य के सही अर्थ को जानने के लिए शब्द और अर्थ के उस विशिष्ट सहभाव को पहचानना आवश्यक है जो वक्रता-वैचित्र्य से युक्त रहता है, और इस वक्रता-वैचित्र्य को उद्‌घाटित करने के लिए उसका विश्लेषण-विवेचन आवश्यक है जो, भाषाशास्त्री प्रणाली पर आधारित होकर ही 'वस्तुवादी' रह सकता है।

भामह ने काव्यशास्त्र के लिए जिस भाषावादी व्यापक पृष्ठभूमि की कल्पना की उसे केवल वक्रोक्तिवाद के प्रतिपादक कुन्तक के व्यावहारिक और विश्लेषणगम्य नहीं बनाया। कुन्तक के पूर्व अलंकार सम्प्रदाय के समर्थक दंडी, उद्‌भट, रुद्रट और रीति सम्प्रदाय के प्रतिपादक वामन ने भी एक सीमा तक इस भाषावादी काव्यशास्त्र की चिन्तनधारा को विकसित और परिष्कृत कर लिया था। भामह के 'शब्दार्थौ सहितौ काव्यं' उक्ति के समान ही अलंकारवादी रुद्रट भी यह मानते हैं कि शब्दार्थ ही काव्य का मूलाधार है–'शब्दार्थौ काव्यं'। इसी प्रकार अगर अलंकारवादी दंडी अलंकार को वाक्य के शोभाकारी धर्म मानते हैं (काव्यशोभाकरान् धर्मान् अलंकारान् प्रचक्षते। काव्यादर्श 2/1) तो वे उसे 'इष्टार्थ-व्यवच्छिन्न पदावली' के भाषावादी आधार पर प्रतिस्थापित भी करते हैं। रीति सम्प्रदाय के प्रतिपादक आचार्य वामन 'रीति' को काव्य की आत्मा मानते हैं ('रीतिरात्मा काव्यस्य') और 'रीति' को गुणों के आधार पर

प्रतिस्थापित करना चाहते हैं क्योंकि उनके अनुसार काव्यशोभा के मूलभूत धर्म गुण हैं (अलंकार नहीं); अलंकार तो उसके अतिशय करनेवाले धर्म हैं–(काव्यशोभाया: कर्तारो धर्मा गुणाः। तदतिशय हेतवस्त्वलंकारा) लेकिन इसके साथ ही वे गुणों को शब्द और अर्थ के सम्बन्धों के व्यापक आधार पर ही निरूपित करते हैं और रीति को 'पदों की विशिष्ट पद-रचना' कहकर परिभाषित करते हैं।–'विशिष्टपदरचना रीति।' (का. सूत्र 1/2/7)

यही नहीं रस-सम्प्रदाय के समर्थक भी काव्य को भाषावादी सन्दर्भ के साथ ही ग्रहण करते हैं। जो यह मानते हैं कि काव्य की आत्मा 'रस' है वे यह भी स्वीकार करते हैं कि वह काव्य की शक्ति नहीं, वरन उस शक्ति का फल है। रस काव्य का उद्देश्य या प्रयोजन है (स्वयं काव्य की आत्मा नहीं) आत्मा का निवासस्थल तो स्वयं काव्य ही हो सकता है। इसीलिए ध्वन्यालोककार ने काव्य की आत्मा को 'ध्वनि' माना है– 'काव्यस्यात्मा ध्वनिः' (पृ. 2)। ध्वनि, भाषा का गुण है, और उसे शब्द (भाषा) शक्तियों के आधार पर ही समझा जा सकता है। अतः आनन्दवर्द्धन के अनुसार विद्वानों में सर्वप्रथम 'वैयाकरण' आते हैं (प्रथमे हि विद्वांसौ वैयाकरणाः) और व्याकरण सभी विधा के मूल में है (व्याकरण मूलत्वात् सर्वविधानां--ध्वन्यालोक, पृ. 47)

ध्वनि-सम्प्रदाय भी काव्य को 'शब्दार्थ' के आधार पर ही विश्लेषित करना चाहता है, वह भी भाषा और व्याकरण से सन्दर्भित कर ही काव्यशास्त्र का निरूपण करने के पक्ष में है पर इसके साथ ही वह अर्थ के क्षेत्र का व्यापक विस्तार करने का आग्रही भी है। वह काव्यार्थ की सीमा को केवल वाच्यार्थ तक सीमित करने के पक्ष में नहीं। अतः शब्द-शक्तियों के रूप में वह अभिधा और लक्षणा के अतिरिक्त व्यंजना की भी उद्भावना करता है। वह यह मानकर चलता है कि यद्यपि काव्य में अर्थ वाच्यपरक भी होता है और प्रतीयमान भी पर प्रतीयमान अर्थ ही मूलतः काव्यात्मा से सम्बद्ध होता है। लेकिन प्रतीयमान अर्थ शाब्दिक अर्थ से कहीं अधिक गहरा, उससे कहीं अधिक व्यापक होता है इसलिए उसे 'वाचक शब्द के सन्दर्भ में नहीं अपितु पूरे काव्य के परिप्रेक्ष्य में ही समझा जा सकता है ध्वनि सम्प्रदाय, अपने पूर्ववर्ती सम्प्रदायों से इसी आधार पर भी अलग किया जा सकता है कि वह अर्थग्रहण के लिए व्यक्तिगत शब्दों को नहीं वरन भाषा की बड़ी इकाइयों को अपना आधार बनाता है।

काव्यशास्त्रीय चिन्तन में आनन्दवर्द्धन का सर्वाधिक महत्त्व इस तथ्य में है कि उन्होंने ध्वनि को रस-सिद्धान्त के व्यापक सन्दर्भ में देखने का प्रयास किया। उन्होंने ध्वन्यालोक (पृ. 163) में स्पष्ट स्वीकार किया है कि उनका लक्ष्य मात्र ध्वनि-सिद्धान्त की प्रतिस्थापना ही नहीं है वरन् ध्वनि का रस-सिद्धान्त के साथ सामंजस्य स्थापित करना भी है। यह सत्य है कि आनन्दवर्द्धन रस को भावों के परिज्ञान के रूप में न देखकर उसका सम्बन्ध 'सहृदय' की 'चित्तवृत्ति' से जोड़ते हैं पर इसके साथ यह भी सच है कि उनका लक्ष्य मूलतः आर्थी (सिमेंटिक) पक्ष के सन्दर्भ में काव्य-लक्षण की प्रकृति का निरूपण करना है। वे काव्य के अर्थ की व्यापकता को सार्वकालिक (यूनिवर्सल) लक्षण के सन्दर्भ में साधारणीकृत करके एक निश्चित पद्धति (सिस्टम) में

रखना चाहते हैं। वे (काव्य) भाषा के आर्थी स्तर के मनोवैज्ञानिक पक्ष ढूँढ़ने के लिए भी उद्यत दीखते हैं इसलिए 'सहृदय' की चित्तवृत्तियाँ उनके लिए वे सन्दर्भगत उपकरण (या पैरामीटर) हैं जिनके परिप्रेक्ष्य में वे सामान्य भाषा और काव्यभाषा की आर्थी असमानता का विवेचन और काव्यात्मकता के आधारभूत गुणों का उद्घाटन करते हैं।

'सहृदय की चित्तवृत्तियाँ (भाव/रस) आदि आर्थी पक्ष के सन्दर्भगत उपकरण हैं। यह इस तथ्य से भी स्पष्ट हो जाता है कि आनन्दवर्द्धन ध्वनि (व्यंग्यार्थ) को काव्यात्मा मानते हैं और उनके लिए 'रसादि ध्वनि' वस्तुतः तीन प्रकार की ध्वनियों (रसादि, अलंकार और वस्तु) में से एक प्रकार की ध्वनि है। साथ ही चित्र काव्य के सन्दर्भ में वे अपनी ही उठाई शंका से सहमत दीखते हैं कि 'सभी काव्य इस विश्व की किसी-न-किसी वस्तु का वर्णन हैं। काव्य में वर्णित सभी वस्तुएँ किसी न किसी रस अथवा भाव के विभाव के रूप में रहती हैं। क्योंकि रस और भाव, और कुछ नहीं वरन् चित्तवृत्तियाँ ही हैं अतः विश्व में ऐसी कोई वस्तु हो ही नहीं सकती जो चित्तवृत्तियों के जन्म के कारण न हो। अतः विभिन्न् वस्तुओं के वर्णन को समाहित करनेवाला काव्य अनिवार्यतः रसयुक्त होता है। इसलिए रसविहीन चित्र काव्य की संकल्पना ही असम्भव है।' (ध्वन्यालोक, पृ. 495-7)

निष्कर्ष रूप में यह कहा जा सकता है कि भारतीय काव्यशास्त्र के विभिन्न सम्प्रदाय के प्रवर्तक शैलीविज्ञान की इस मान्यता से सहमत रहे हैं कि काव्यशास्त्र, भाषा के सन्दर्भ में ही निरूपित हो सकता है; काव्य शब्दार्थ के मंजुल और विशिष्ट सम्बन्धों के आधार पर ही परिभाषित किया जा सकता है; और काव्य-विश्लेषण के लिए व्याकरणिक (भाषिक) उपकरणों को ही मूलतः साधन रूप में ग्रहण करना अपेक्षित है।

काव्यशास्त्र के विभिन्न सम्प्रदाय, शब्दार्थ की विशिष्टता को समझने के लिए प्रयुक्त भिन्न भाषिक उपकरणों के बीच किसी एक को मूलभूत उपकरण मानने के परिणाम हैं। वे काव्यात्मा के विवेचन के सन्दर्भ में उस 'तत्त्व' के अनुसन्धान के परिणाम हैं जिसकी सत्ता काव्य में 'काव्यत्व' की प्रतिस्थापना करती है। यह तथ्य विशेष महत्त्व का है कि काव्यात्मा के जिस 'तत्त्व' को जिस भी सम्प्रदाय ने काव्य-सिद्धान्त अथवा काव्य- विश्लेषण के लिए अपना साध्य बनाया (अलंकार, रीति (गुण), वक्रोक्ति, ध्वनि आदि) उसकी प्रकृति उन्होंने मूलतः भाषिक ही स्वीकार की।

इसके साथ यह भी एक महत्त्वपूर्ण तथ्य है कि 'प्राचीन भारतीय उच्चतर-संस्कृति (अमूर्त और अभौतिक संस्कृति) की यह एक प्रमुख विशेषता है कि उसमें बौद्धिकता की जितनी व्याप्ति है, उतनी ही तीव्र अभिलाषा। उसमें सिद्धान्तों की तर्कसंगत स्थापना तथा तथ्यों के विश्लेषण और वर्गीकरण आदि करने की है।' (एमेन्यू : 456) अमेरिका के प्रसिद्ध भाषाशास्त्री एमेन्यू के अनुसार—'प्राचीन भारतीय व्याकरणिक अध्ययनों में भी बौद्धिकता का वही स्तर दृष्टिगोचर होता है जो अन्य शास्त्रों या दर्शनों में दृष्टिगोचर होता है तथा व्याकरणिक अध्ययन, जो साक्षात्कृत 'वेद' को यथावत सुरक्षित रखने के मौलिक प्रयोजन से प्रेरित होकर प्रारम्भ हुए थे, आगे चलकर भारतीय मनीषा की

उपलब्धि के अन्यतम रूप में सिद्ध और प्रसिद्ध हुए।...इसीलिए वे हजारों वर्ष पहले 'व्याकरण के लिए व्याकरण बनाने में प्रवृत्त हुए थे।...वस्तुतः पाणिनि के समय में ही विज्ञान 'धार्मिकता' से मुक्त और स्वतन्त्र हो गया था, तथा जैसा कि पहले कहा जा चुका है उसका व्याकरण 'व्याकरण के लिए लिखा गया व्याकरण था।' (एमेन्यू : 457)

भारतीय काव्यशास्त्र का आविर्भाव पाणिनी काल के बहुत बाद आविर्भूत हुआ। वह उसी भारतीय चिन्तन की देन है जो अपनी दृष्टि में वस्तुपरक और प्रणाली में तर्कसंगत है; वह भी बौद्धिकता के एक उच्चतर आयाम की सृष्टि करता है तथा 'काव्यशास्त्र के लिए' काव्यशास्त्र बनाने का परिणाम है। पर इसके साथ ही वह काव्यशास्त्र के उस उचित सन्दर्भ को कभी भी अपनी दृष्टि से ओझल नहीं करता जो अपनी प्रकृति में वस्तुवादी और चिन्तन में भाषावादी रहा है।

अगर भामह ने काव्यशास्त्र को नाट्यशास्त्र की परतन्त्रता से मुक्त कराया तो अभिनवगुप्त ने 'रस' को नाट्यशास्त्र के सीमित क्षेत्र से निकालकर उसका व्यापक प्रसार करते हुए एक बार फिर काव्यशास्त्र के नियामक तत्त्व के रूप में प्रतिस्थापित किया। उन्होंने 'रस' की सत्ता को काव्य के उस गुरुत्वाकर्षण शक्ति के रूप में स्वीकार किया जिसकी ओर काव्य के सभी अन्य उपादान–अलंकार, रीति, गुण आदि–न केवल अपने-आप खिंच जाते हैं वरन् जिसके सन्दर्भ में ही वे अपनी सार्थकता की सिद्धि पा सकते हैं। अभिनवगुप्त के अनुसार रस-ध्वनि ही काव्यात्मा है तथा वस्तु और अलंकार ध्वनि के उद्देश्य एवं प्राकर्य का रसध्वनि में स्वयमेव पर्यवसान हो जाता है। रस-ध्वनि को काव्यात्मक मानने की इसी धारणा का प्रतिफलन पंडितराज जगन्नाथ की इस उक्ति में होता है–'रमणीयतार्थ प्रतिपादक शब्दः काव्यम्' अथवा 'वाक्यं रसात्मकं काव्यं।'

रसवादी साहित्यशास्त्री वस्तुतः काव्यात्मकता के केन्द्रक (लोकस) काव्यकृति को न मानकर 'प्रेक्षक' या 'पाठक' को मानते हैं। काव्यात्मकता स्थित 'कहाँ' रहती है–इस प्रश्न के उत्तर में कई स्थान नियत किए जा सकते हैं–कवि, काव्यकृति अथवा पाठक। रस को काव्य की आत्मा माननेवाले कलाशास्त्री वस्तुतः पाठक (या प्रेक्षक) को ही कला का केन्द्रक मानते हैं। रस तो आस्वाद्य है 'रस इति कः पदार्थ ? आस्वाद्यत्वात्...' (नाट्यशास्त्र 6/26) वह बिना सहृदय या रसिक के प्रतिफलित ही नहीं हो सकता। चाहे 'रस' कहिए या 'चमत्कारनिवेश', 'रसना', 'आस्वाद', 'भोग', 'सभापति', 'लय' अथवा 'विश्रान्ति', ये सभी सहृदय के अलौकिक अनुभव के साक्ष्य पर आधारित हैं। इसका अगर कोई प्रमाण है तो विश्वनाथ के अनुसार वह 'सहृदय' ही हो सकता है (साहित्यदर्पण; III, 20) अतः रस मम्मट के अनुसार 'अनुभव-साक्षिक' है। अगर रस 'अनुभव साक्षिक' है तो निश्चित ही उसकी सत्ता 'सहृदय' में है और अगर काव्य की आत्मा यह 'रस' है तो यह आत्मा काव्य में स्थित न होकर सहृदय (पाठक या प्रेक्षक) में केन्द्रस्थ है।

अभिनवगुप्त ने अपने साहित्य-सिद्धान्त के आधार पर काव्यात्मकता के केन्द्रक को काव्यकृति से हटाकर सहृदय बना दिया और अपने पक्ष को इतनी सबलता और परिपूर्णता के साथ रखा कि परवर्ती विद्वान इस मत की उपेक्षा कर सके। रस-सिद्धान्त

की धारा आगे चलकर इतने प्रवाह के साथ आगे बढ़ी कि इस सहृदय के केन्द्रक को बदलनेवाले साहित्य सिद्धान्त को आज (डॉ. डे जैसे) कुछ विद्वान प्रतिक्रियावादी सिद्धान्त मानते हैं अथवा (डॉ. नागेन्द्र प्रभृत) कुछ विद्वान इसके विरोधी सभी सम्प्रदायों को देहवादी की संज्ञा दे बैठते हैं।

पर अभिनवगुप्त ने जिस 'ध्वन्यालोक' की टीका के रूप में 'लोचन' में अपने सिद्धान्त का प्रतिपादन किया उसके प्रणेता के मत में रस की सत्ता काव्य के लिए आवश्यक तो है पर काव्यात्मकता का नियामक तत्त्व रस नहीं वरन् 'ध्वनि' है– 'काव्यस्यात्मा ध्वनिः'। अतः उनके अनुसार न केवल रसध्वनि अपितु वस्तु और अलंकार ध्वनि भी काव्यात्मकता की नियामक शक्ति है। 'ध्वन्यालोककार' काव्यात्मकता का केन्द्रक काव्यकृति ही स्वीकार करते हैं अतः वे शब्द-अर्थ के सम्बन्धों की उपेक्षा करने के पक्ष में नहीं क्योंकि वे ही तो व्यंग्य के व्यंजक हैं। वे यह मानते हैं कि गुण, अलंकार आदि (जो व्यंजक-तत्त्व हैं) की सार्थकता व्यंग्य के साथ उनके सम्बन्धों की प्रकृति पर निर्भर करती है पर व्यंग्य की सिद्धि के साधन के रूप में उनकी सत्ता काव्यकृति में स्वयमेव सिद्ध रहती है। रसवादी आलोचकों ने काव्यात्मकता के केन्द्रक को काव्यकृति से स्थानान्तरित कर सहृदय (पाठक) में सीमित कर ध्वनि सिद्धान्त के आचार्य के काव्यशास्त्र की इस व्यापक पृष्ठभूमि–वस्तुवादी दृष्टिकोण और भाषिक चिन्तन को, सीमित कर इस आत्मवादी विचारसरणि में रूपान्तरित कर दिया। यह सभी रूपान्तरण का परिणाम है कि बाद में चलकर साहित्यशास्त्रियों ने 'काव्यास्यात्मा ध्वनिः' जैसी वस्तुवादी एवं भाषासन्दर्भित परिभाषा में अतिव्याप्ति दोष देखना शुरू कर दिया और अविवक्षित वाच्य की बात तो छोड़िए, संलक्ष्य क्रम व्यंग्य को भी काव्यात्मा मानने से इनकार कर दिया।

यहाँ यह बात भी ध्यान देने योग्य है कि कुन्तक जैसे देहवादी आचार्य और आनन्दवर्द्धन जैसे रसवादी आचार्य की न तो अन्तर्दृष्टि में कोई मूलभूत अन्तर है और न भाषासन्दर्भित चिन्तन पद्धति में ही आधारभूत विभेद है। कुन्तक काव्य में व्यंग्यार्थ की सत्ता के विरोधी न थे। उन्होंने प्रतीयमान अर्थ की सत्ता को न केवल स्वीकार किया है अपितु 'विचित्र' मार्ग के अन्तर्गत वाक्यार्थ की प्रतीयमानता का सूक्ष्म विवेचन भी किया है। प्रतीयमान रूपक, प्रतीयमान व्यतिरेक, औपम्यगम्य प्रतीयमान उपमा आदि सभी व्यंग्यमुखेन वक्रोक्ति के उदाहरण कहे जा सकते हैं। इसी प्रकार यद्यपि 'परिवृत्ति' को कुन्तक अलंकार्य मानते हैं पर उसके साथ उनका यह भी निर्देश है कि प्रतीयमानता मात्र अलंकरण नहीं होती; वह अलंकार्य वस्तु की द्योतिका भी होती है। कुन्तक और आनन्दवर्द्धन की अन्तर्दृष्टि की इस समानता को देखकर ही सम्भवतः महिमभट्ट ने यह संकेत दिया कि अगर कुन्तक की वक्रोक्ति की संकल्पना का सूक्ष्म विश्लेषण किया जाए तो वह व्यंजना से भिन्न नहीं दिखाई पड़ेगी।

वक्रोक्तिवाद पर महिमभट्ट की यह आलोचनात्मक उक्ति वस्तुतः वक्रोक्तिवाद की उस व्यापक दृष्टि को ही व्यंजित करती है जिसके भीतर ध्वनि के सभी प्रमुख भेद और

उपभेदों का अन्तर्भाव मिल जाता है। पर अन्तर्दृष्टि एवं लक्ष्य की इस एकता के बावजूद देहवादी कुन्तक और आत्मवादी आनन्दवर्द्धन में विश्लेषणात्मक पद्धति एवं व्याख्यात्मक सन्दर्भ में महत्त्वपूर्ण विभिन्नता है। एक की दृष्टि अगर वस्तुपरक है तो दूसरे की आत्मपरक; एक भाषा के उपकरणों के आधार पर ही प्रतीयमानता की व्याख्या करने के पक्ष में है तो दूसरा प्रतीयमानता को मनोविज्ञान के सन्दर्भ में व्याख्यायित करने का अनुमोदक, एक 'अभिधा' के भीतर ही व्यंजना का अन्तर्भाव कर लेता है तो दूसरा अभिधा, लक्षणा एव तात्पर्यवृत्ति से अनुपलब्ध पर शब्दप्रमाण से प्राप्त व्यापार के रूप में उसे सिद्ध करना चाहता है। अतः यह कथन सर्वथा उचित है कि 'काव्य' के जिन सौन्दर्यभेदों की आनन्दवर्द्धन ने ध्वनि के द्वारा आत्मपरक व्याख्या की थी, उन सभी को कुन्तक ने अपनी अपूर्व मेधा के बल पर वक्रोक्ति के द्वारा वस्तुपरक विवेचना प्रस्तुत करने की चेष्टा की। इस प्रकार वक्रोक्ति प्रायः ध्वनि की वस्तुगत परिकल्पना ही थी।'

यह बात नहीं कि जिन्हें देहवादी या रूपवादी आचार्य कहा जाता है उन्होंने 'काव्यात्मा' की बात न की हो अथवा काव्य के सारतत्त्व अथवा उसकी मूल शक्ति की चर्चा न उठाई हो। काव्यशास्त्र के विभिन्न सम्प्रदायों के अभ्युदय के पीछे की कहानी ही यही रही है कि उनके प्रवर्तक आचार्यों ने काव्यात्मा को न केवल भौतिक ढंग से निरूपित किया वरन अपनी मान्यता के अनुसार उसकी 'शक्ति को परिभाषित भी किया। किसी ने 'अलंकार' को मूल शक्ति माना और किसी ने 'रीति' को काव्यात्मा कहा; किसी ने 'गुण' को 'सारतत्त्व' कहा और किसी ने 'वक्रोक्ति' को। पर ये सभी तथाकथित देहवादी आलोचक इस तथ्य के समर्थक रहे कि काव्यात्मकता का केन्द्रक (फोकस) काव्यकृति है, पाठक (या सहृदय) अथवा कवि नहीं। यहाँ तक कि जो कुन्तक, काव्य को कवि व्यापार के रूप में देखने के समर्थक हैं और जो उसका लक्ष्य 'आह्लादकारिणी' मानते हैं वे भी काव्य शरीर और काव्यात्मा का भेद सामने रखते हुए शब्द और अर्थ को काव्य शरीर (अलंकार्य) के रूप में ग्रहण करते हैं और वक्रोक्ति को काव्यात्मा के रूप में।

सच तो यह है कि इन तथाकथित देहवादी आचार्यों ने न तो 'काव्यात्मा' की खोज और उसकी चर्चा से कभी अपना सम्बन्ध तोड़ा है और न कविता के हृदय पक्ष की ही कभी उपेक्षा की है। उदाहरण के लिए भामह 'काव्यपाक' (जो काव्य की सिद्धदशा के रूप में ग्रहीत है) को दो श्रेणियों में विभाजित करते हैं—अहृद्य (कपित्थ पाक) और हृद्य। अहृद्य पाक की धारणा पहले से ही प्रचलित थी जिसके अनुसार सुबन्त एवं तिङन्त पदों के समुचित संयोग का परिणाम ही काव्यार्थ माना जाता था। भामह के अनुसार यह असुकुमार मार्ग है; हृदय के रंजन में असमर्थ है अतः इसे काव्यपाक न कहकर 'सौशब्द्य' ('सुशब्दता' अथवा सुन्दर शब्दों का विलास) कहना अधिक उचित होगा।

आज शैलीविज्ञान यह मानता है कि 'शैली' की संकल्पना के मूल में 'चयन का सिद्धान्त' (थियरी ऑव सेलेक्शन) काम करता है। चयन की इसी संकल्पना को आधार

बनाते हुए भामह, काव्यपाक को 'पदनिवेश निष्कम्पता' के रूप में देखते हैं। इसी पदस्थैर्य के नियामक की खोज के परिणामस्वरूप वामन काव्यपाक को 'परिवृत्ति विमुखता' के सन्दर्भ में परिभाषित करते हैं अथात् पदस्थैर्य तभी संभव है जब पद का पर्याय शब्दों द्वारा स्थानान्तरित करना असम्भव हो, और न ही उसकी रूप च्युति करना ही संभव हो।

यत् पदानि त्यजन्त्येव परिवृत्तिसहिष्णुताम्।
तं शब्दन्यासनिष्णाताः शब्दपाकं प्रचक्षते ॥–काव्यालंकार 1/3/15

अतः भामह के अनुरूप ही वामन भी काव्यपाक को दो वर्गों में विभाजित करते हैं--वृन्ताक पाक (जो सुप, लिङ्; नाम, क्रियापद का समुचित संयोग है पर जहाँ गुण, अस्फुट रहते हैं) और सहकार पाक (जो पदों की परिवृत्ति विमुखता है और जहाँ गुण स्फुट रूप में रहता है।)

स्पष्ट है भामह और वामन दोनों शब्द सौन्दर्य (कपित्थ और वृन्ताक पाक) और गुणों से स्फुट और हृदय के रंजन में समर्थ शक्ति (हृदय और सहकार पाक) में अन्तर देखते हैं।

'अलंकारसर्वस्व' के टीकाकार समुद्रबन्ध ने काव्यशास्त्र-सम्बन्धी विभिन्न समुदायों के उदय के सन्दर्भ में व्यापार (काव्य प्रक्रिया) को सामने रखकर अपने सिद्धान्त का प्रतिपादन करनेवाले दो आचार्यों का नाम लिया है–वक्रोक्तिवादी कुन्तक और मुक्तिवादी भट्टनायक। दोनों व्यापार-प्राधान्यवादी आचार्य यह मानते हैं कि काव्य-व्यापार के सन्दर्भ में तीन अंश हैं–(1) कवि, (2) काव्यकृति, और (3) सहृदय। शब्दार्थ के सन्दर्भ में भट्टनायक तीन भिन्न प्रकार के व्यापार मानते हैं–(1) अभिधा (जो अपने व्यापक अर्थ में कवि के अभीष्ट अर्थ की अभिव्यक्ति है,) (2) भावकत्व (जो कृति के सन्दर्भ में परिभाषित होता है और विभाव-अनुभाव के साधारणीकरण का व्यापार है), और (3) भोजकत्व (जो सहृदय के सन्दर्भ में वह भोक्तृत्व व्यापार है जिसके आधार पर प्रेक्षक (पाठक) रस का भोग करने में सक्षम होता है)। कुन्तक भी एक ओर कवि के वक्रव्यापार की बात उठाते हैं और दूसरी ओर काव्य को 'तद्विदाह्लाददायी' कहते हैं और इनको काव्य के 'व्यवस्थित बन्ध' के सन्दर्भ में रखने के पक्ष में है। कुन्तक कवि कौशल को जीवन्त तभी मानते हैं जब कि उनमें कविस्वभाव (कौशल), अलंकार (काव्यात्मकता) तथा रस की प्रतीति हो। (रसस्वभावालंकाराणामं सर्वेषां कविकौशलमेव जीवितम्–व.जी. 146)। लेकिन इन दोनों आचार्यों की उद्भावना काव्यप्रक्रिया के तीनों अंशों–कवि, कृति और सहृदय को–समान रूप में स्वीकार कर भी काव्यात्मकता के केन्द्रक (लोकस) के सन्दर्भ में नितान्त भिन्न है। यह नायक 'सहृदय' को केन्द्रक मानते हैं अतः अभिधा और भावकत्व दोनों भोजकत्व (रसविषयक चर्वण व्यापार) के अधीन है। पर कुन्तक 'व्यवस्थित बन्ध' (काव्यकृति) को ही काव्यात्मकता का केन्द्रक (लोकस) मानते हैं। अतः वक्रोक्ति को काव्यात्मा मानते हुए उस (काव्यात्मकता) को 'विशिष्ट अभिधा' द्वारा परिभाषित करते हैं।

केन्द्रक के रूप में काव्यकृति को स्वीकार करने के फलस्वरूप ही ये तथाकथित देहवादी आचार्य रस को काव्यात्मकता के अनिवार्य तत्त्व के रूप में ग्रहण करने के मत में नहीं। तथ्य द्रष्टव्य है कि 'रस' की सत्ता से ये आचार्य भी अपरिचित नहीं। अगर 'भामह' ने काव्यशास्त्र को नाट्यशास्त्र की परतन्त्रता से मुक्त कराया तो इस वक्तव्य का यह भी अर्थ है कि वे भरतमुनि के 'नाट्यशास्त्र' से परिचित और नाट्यशास्त्र के 'रसवादी' सिद्धान्त से पूरी तरह अवगत थे। पर उन्होंने 'काव्य' के परिप्रेक्ष्य में 'रस' को काव्यात्मा मानने से इनकार कर काव्य के लक्षण को काव्य कृति में ढूँढ़ने का आग्रह किया; उसे 'शब्दार्थ' के 'विशिष्ट' सन्दर्भ में परिभाषित करने का प्रयास किया और 'अतिशय कथन' के रूप में 'वक्रोक्ति' की सत्ता को काव्यात्मा के रूप में प्रतिस्थापित किया। अन्यथा 'रसोक्ति' अलंकार की चर्चा तो इनके विरचित काव्यशास्त्र में भी है। भामह की 'वक्रोक्ति' की संकल्पना के भीतर ही स्वभावोक्ति, वक्रोक्ति और रसोक्ति तीनों का समाहार है। दंडी ने स्वभावोक्ति और वक्रोक्ति के भेद को सामने रखकर रस-सम्बन्धी सभी अलंकारों को वक्रोक्ति के भीतर स्वीकार किया। कुन्तक तो रस सिद्धान्त से पूर्णतया परिचित थे। उनका जीवनकाल भी आनन्दवर्द्धन, अभिनवगुप्त और राजशेखर के काल के बाद का है। उनसे सिद्धान्त में 'रसवत' अलंकार अथवा रस की सत्ता का पूर्ण विधान है। रस के प्रति उनका कितना अधिक आग्रह है वह इस कथन से ही स्पष्ट हो जाता है :

यथा स रसवन्नाम सर्वालंकारजीवितं
काव्यैकसारतां याति...'—व.जी., 174

प्रबन्ध तथा प्रकरण वक्रता के सन्दर्भ में कुन्तक ने रस चमत्कार के कई उदाहरण प्रस्तुत किए हैं। इसकी विवेचना करते हुए बलदेव उपाध्याय (पृ. 335) का कथन है—'यह अनुशीलन हमें इसी परिणाम पर पहुँचाता है कि कुन्तक काव्य में रस के सूक्ष्म उन्मेष के गौरव को भली-भाँति जानते थे, वे रस के मर्म से परिचित थे। रस कुन्तक की वक्रोक्ति के नाना प्रकारों में से एक सुन्दर प्रकार है।'

लेकिन यहाँ यह भी ध्यान देने की बात है कि कुन्तक अथवा अन्य वे सभी आचार्य जो काव्यात्मकता का केन्द्रक काव्यकृति मानते हैं, रस का एक छोर अगर सहृदय में मानते हैं तो उसका दूसरा छोर काव्यवस्तु (काव्य-शरीर) में। इनके मत में यह दूसरा छोर ही रस का नियामक है। अतः काव्यवस्तु अर्थात् वर्ण्य विषय और उसके अभिव्यक्ति बाह्य शरीर के स्वभावाधायक रूप में ही वे रस की सत्ता स्वीकार करते हैं। वे आनन्दवर्द्धन की भाँति यह मानते हैं कि रस, 'स्वशब्दावाच्य' है, परन्तु आनन्दवर्द्धन के विपरीत वे रस की सत्ता को सहृदय के भीतर न मानकर काव्यवस्तु के भीतर मानते हैं। इसीलिए उनके अनुसार 'रसवत' अलंकार, अलंकार नहीं अलंकार्य है, वह काव्य का गुण नहीं, काव्यशरीर की शोभा है। जिस प्रकार 'स्वभावोक्ति' 'अलंकृति' नहीं अपितु 'अलंकार्य' है और जिस प्रकार उसमें वर्ण्य वस्तु के स्वभाव का सहज सौन्दर्य रहता है उसी प्रकार रस भी काव्य शरीर की सहज शोभा है और रसवक्रता, और कुछ नहीं

वस्तुवक्रता का प्रतिफलन है। अलंकारवादी कुन्तक स्वभावोक्ति या रसोक्ति के लालित्य से न तो अपरिचित हैं और न वे उसकी उपेक्षा ही करते हैं। रसवादियों से अन्तर है तो इतना ही कि वे 'रस' की सत्ता को स्वीकार कर भी उसे 'काव्यात्मकता' (काव्यकृति) के अधीन रखने के आग्रही हैं और साथ ही वे 'रस' को पारिभाषिक रूप में वर्ण्यविषय से सन्दर्भित करने के पक्ष में है।

ध्वनि सन्दर्भित रस-सिद्धान्त के पहले के अन्य आचार्यों में यद्यपि 'रस' की संकल्पना भिन्न भूमि पर स्थित है पर यह भूमि भी 'सहृदय' की न होकर 'काव्यकृति' की है। यथा दंडी के अनुसार यह रीति के अनेक गुणों में एक गुण के रूप में है। 'माधुर्य' के सन्दर्भ में दंडी शब्द और वस्तु के भीतर रस को 'स्थित' मानते हैं (वाचि वस्तुन्यपि रसस्थितिः 1/51) लेकिन अन्यत्र (II, 292) वे माधुर्य गुण को 'अग्राम्यता' से सम्बद्ध करते हैं। उनके अनुसार माधुर्य गुण दो भिन्न स्थितियों में व्यक्त होता है—श्रुत्यनुप्रास के रूप में 'वागरस' और अग्राम्यता के रूप में 'वस्तुरस'। अन्यत्र दंडी ने (1/64) स्पष्ट निर्देश दिया है कि वर्ण्य-वस्तु की 'अग्राम्यता' ही माधुर्य गुण का कारण है। वामन भी 'रस' को 'काव्यात्मकता' के सन्दर्भ में ही परिभाषित करते हैं। उनके अनुसार गुण, शब्द और अर्थ के धर्म हैं और वे ही काव्यात्मकता के नियामक हैं, अतः रस की स्थिति अर्थ-गुण की क्रान्ति में ही स्थित है (दीप्त-रसत्वम् III, 2/15)

कहने का तात्पर्य यह है कि जिन साहित्यचार्यों को सामान्यतः देहवादी या रूपवादी बतलाकर यह कह दिया जाता है कि 'रस' के मर्म को उन्होंने ठीक से नहीं समझा, यह उचित नहीं। वे न तो मात्र रूपपादी हैं और न रसविरोधी। रसवादियों से उनका विरोध इस तथ्य में निहित है कि वे काव्यात्मकता का केन्द्रक (लोकस) काव्यकृति मानते हैं, सहृदय नहीं; 'रस' की जो स्वीकृति उनके काव्य-सिद्धान्त में है उसका सम्बन्ध वर्ण्य-वस्तु या शब्दार्थ की अपनी प्रकृति से है पाठक की 'चित्तवृत्ति' अथवा 'वासनागत संस्कार' से नहीं। रस उनकी दृष्टि में काव्य का उपजीव्य है पर 'आत्मा' नहीं, वह काव्य का एक रूप है पर उसका मुख्य रूप नहीं।

शैलीविज्ञान की यह आधारभूत मान्यता है कि साहित्य व्यापक रूप में भाषा क्रिया (लैंग्वेज ऐक्ट) ही है जो अपनी (कलात्मक) विशिष्टताओं के फलस्वरूप भाषा अध्ययन के शास्त्र के भीतर ही एक उपश्रेणी अथवा उपशास्त्र का निर्माण करता है। साहित्य को ही वह 'शाब्दिक कला' के रूप में देखता है अतः उसकी रूप-प्रकृति को समझने में उसके 'शाब्दिक' पक्ष की वह उपेक्षा नहीं करता। पर उसके साथ यह तथ्य भी उपेक्षणीय नहीं कि साहित्य 'शाब्दिक' (भाषिक) है, मात्र शब्द (भाषा) नहीं; उसकी आत्मा कला के 'सौन्दर्य' व्यापार से रंजित रहती है, न कि भाषा के सामान्य लौकिक व्यापार से बाधित। अतः साहित्य के सन्दर्भ में वह 'शैली' को शब्द (भाषा) और कला (सौन्दर्य) के अनुबन्ध की संकल्पना के रूप में ग्रहण करता है।

शैलीविज्ञान की इन आधारभूत मान्यताओं एवं अन्तर्दृष्टि के सन्दर्भ में यह कहा जा सकता है कि भारतीय काव्यशास्त्र की भी दृष्टि मूलतः भाषावादी ही है। वह यह

पहले मानकर चलता है कि शब्द और अर्थ के युगल सम्बन्ध ही काव्य है। प्रायः सभी भारतीय साहित्याचार्यों ने अपने सिद्धान्त प्रतिपादन के लिए काव्यसौन्दर्य की आधारशिला 'शब्दार्थ' को ही माना है। पर इसके साथ ही उन्होंने यह भी स्वीकार किया है कि मात्र शब्दार्थ, साहित्य नहीं हो सकता क्योंकि वह तो व्याकरणिक तथ्य है, 'वार्ता' है, 'अहृदय' अथवा 'वृन्ताक' पाक है। साहित्य 'विशिष्ट' शब्दार्थ है जो व्याकरणिक होने के साथ ही साथ 'रमणीय' (सौन्दर्यपरक) भी होता है; वह 'हृदय' अथवा 'सहकार' पाक है जो सौन्दर्यबाधित शब्दार्थ की विशिष्टता की सिद्धावस्था है। काव्यशास्त्र के प्रथम आचार्य भामह को भी यह स्पष्ट था कि केवल सुबन्त और तिङ्न्त के संयोग पर आधारित शब्दार्थ काव्यपाक (काव्यात्मक शब्दार्थ की सिद्धावस्था) नहीं हो सकता; वह तो मात्र 'सौशब्य' (सुशब्दता) है, जो काव्य का बाह्य उपकरण हो सकता है पर उसके अन्तस्तल की प्रकृति नहीं बन सकता। काव्यात्मा तो 'सौन्दर्य' है; चारुत्व है जो काव्य में ही नहीं अपितु सभी ललित कलाओं की प्राणशक्ति के रूप में स्थित होती है।

विवाद अथवा मतवैभिन्न्य के कितने भी आधार क्यों न देखने को मिलें—यथा, काव्य 'रसात्मक' होता है या नहीं; काव्यार्थ का मूलाधार अभिधा, लक्षणा है अथवा व्यंजना; व्यंजना अनुमानाश्रित है, भाषाश्रित है अथवा वह अभिधा लक्षणा एवं तात्पर्यवृत्ति से अनुपलब्ध प्रकाशन व्यापार है आदि, पर इस तथ्य से सभी भारतीय आचार्य सहमत हैं कि काव्य की आत्मा सौन्दर्य ही है—'चारूत्व प्रतीति तर्हि काव्यस्य आत्मा इति तद् अंगीकुर्म एव। नास्ति खल्वयं विवाद इति।' (अभिनवगुप्त, 'लोचन', पृ. 33) शैलीविज्ञान की ही भाँति भारतीय काव्यशास्त्र का भी चिन्तन वस्तुवादी रहा है। अतः इस 'सौन्दर्य' की संकल्पना को उसने वस्तुवादी पद्धति से ही देखने का आग्रह किया।

यह ध्यान देने योग्य है कि विषय पक्ष का भावपरक या वस्तुपरक होना एक बात है और विश्लेष्य विषय सामग्री के प्रति चिन्तनधारा का भाववादी या वस्तुवादी होना—उसने नितान्त भिन्न बात है। मनोभाव, अनुभूतियाँ या संवेदनात्मक प्रतीति की प्रकृति 'भाव' परक हो सकती है पर इसके साथ उसके अध्ययन का दृष्टिकोण अथवा विज्ञान (मनोविज्ञान) का पूर्णतः वस्तुवादी (ऑब्जेक्टिव) होना भी सम्भव है। शैलीविज्ञान यह स्वीकार कर चलता है कि शास्त्र के रूप में उसकी चिन्तन पद्धति की प्रकृति का वस्तुवादी होना उसकी पहली शर्त है। वह यह मानता है कि 'सौन्दर्य' की प्रकृति अगर 'अबौद्धिक कथ्य' और 'भावजगत' की जीवनदृष्टि पर आधारित भी हो तो काव्यकला के सन्दर्भ में भाषा (शब्दार्थ) की प्रकृति के आधार पर ही समझा जा सकता है। स्पिटज़र (1962 : 141-42) के शब्दों में 'यह कहने के बजाय कि कविता शब्दनिर्मित नहीं होती और कविता में शब्द अपने अर्थ से मुक्त होकर बौद्धिक प्रत्यय के पार लयात्मक प्रत्यय का सृजन करते हैं, मैं यह कहना चाहूँगा कि कविता शब्दनिर्मित होती है और उन शब्दों का अर्थ भी उसमें स्थित होता है। लेकिन कवि की चमत्कारपूर्ण प्रतिभा, जो काव्य संघटना को एक समग्र दृष्टि के लयात्मक प्रत्यय में बाँधती है, इन शब्दों में एवं उसमें

स्थित अर्थ को बौद्धिक प्रत्यय के तार ले जाकर लयात्मक प्रत्यय तक पहुँचा देती है। और यह भाषाशास्त्र के अध्येता (शैली वैज्ञानिक) का कार्य है कि वह इस तथ्य का विश्लेषण करे कि निर्देशित रूपान्तरण की प्रक्रिया क्या है ? कविता के अबौद्धिक पक्ष भाषा वैज्ञानिक (शैली वैज्ञानिक) के हाथों में अपनी सत्ता खो नहीं देते अथवा उनके हाथों उनकी सत्ता समाप्त नहीं हो जाती। इसके ठीक विपरीत धैर्यपरक विश्लेषणात्मक पद्धति का सहारा लेते हुए वह उस पथ को ढूँढ़ने का प्रयत्न करेगा जो बौद्धिक से अबौद्धिक की ओर कविता को ले जाता है और जिस दूरी को कवि अपनी एक छलाँग में ही तय कर लेता है।'

शैलीविज्ञान की ही भाँति भारतीय काव्य-सम्प्रदाय भी यह देखने का प्रयास करता है कि किस प्रकार भाषिक प्रत्यय (शब्दार्थ) का रूपान्तरण 'अबौद्धिक लयात्मक कथ्य' (सौन्दर्य) में हो जाता है; वह भी शैलीविज्ञान की ही भाँति विश्लेषण की इस प्रक्रिया के आधार को भाषा के प्रकार्य (फंक्शन) और उसकी संघटना में ही ढूँढ़ता है। विभिन्न काव्य सम्प्रदायों के मूल में इसी वस्तुवादी 'चिन्तन पद्धति' की स्वीकृति है। अन्तर है तो इस प्रश्न के उत्तर में कि 'अनेक भाषिक तत्त्वों नें कौन तत्त्व सौन्दर्य-विधायक है और कौन नहीं ? सौन्दर्य-विधायक इस भाषिक तत्त्वों की मूलप्रकृति अन्य किन उपकरणों द्वारा बाधित या नियन्त्रित है ?'

उदाहरणस्वरूप अलंकारवादी आचार्यों की मान्यता को ही देखें। वे पहले यह मानते हैं कि काव्य की मूलशक्ति (प्राणतत्त्व) सौन्दर्य है और इस काव्यात्मक सौन्दर्य का अभिधायक 'अलंकार' है। दंडी के शब्दों में अलंकार और कुछ नहीं अपितु काव्यशोभाकारक धर्म है–"काव्यशोभाकरान् धर्मानलंकारान् प्रचक्षते ॥2॥" पर उनके अनुसार अलंकार, शरीरभूत शब्दार्थ नहीं वरन् शब्दार्थ के वे सभी मूलभूत तत्त्व हैं जो सौन्दर्य विधायक है। इन अलंकारवादियों की 'अलंकार' की संकल्पना काफी व्यापक है। वह वस्तुतः 'सौन्दर्य' का काव्यशास्त्रीय संकल्पनात्मक रूपान्तरण है। यह इस तथ्य से भी स्पष्ट हो जाता है कि दंडी आदि आचार्यों ने उपमा, रूपक आदि प्रसिद्ध अलंकारों को मात्र 'साधारण अलंकार' कहा है। पर इस 'अलंकार' की समतुल्य भाषिक रचनात्मक इकाई क्या है ? इसके उत्तर में अगर भामह के अनुसार वक्रोक्ति ही 'अलंकार के मूल में है–'कोऽलंकारोऽनयाविना।' यह वक्रोक्ति वस्तुतः काव्यशास्त्रीय प्रत्यय 'अलंकार' का ही भाषाशास्त्रीय संकल्पनात्मक रूपान्तरण है। काव्य के सभी रूपों में यह वक्रोक्ति तत्त्व देखा जा सकता है–'युक्त वक्रस्वभावोक्त्या सर्वमेवैत दिष्यते। 1/30 ॥' परिभाषित रूप में अन्यथा यह 'लोकातिक्रान्तगोचरं वाचयम्' के अतिरिक्त और कुछ नहीं है। 'शब्दार्थौ सहितौ काव्यं' के सन्दर्भ मे यह 'लोकातिक्रान्तगोचरता' और कुछ नहीं अपितु 'लोकोत्तरचमत्कारकारि', 'प्रसिद्धप्रस्थानव्यतिरेकि' अथवा 'शास्त्रादि प्रसिद्ध शब्दार्थोपनिबन्धव्यतिरेकि' है।

वामन भी काव्य की आत्मा अन्ततोगत्वा 'सौन्दर्य' ही स्वीकार करते हैं। अलंकार शब्द तो सौन्दर्य का पर्यायवाची है "सौन्दर्यमलंकारः' (काव्यालंकार 1/1/2) पर जिस

अलंकार को, भामह और कुन्तक 'वक्रोक्ति' के आधार पर निरूपित करना चाहते हैं उसके लिए वे 'रीति' की संकल्पना सामने लाते हैं। पर 'रीति' का पारिभाषिक आधार उन्होंने भी भाषिक ही माना है, इसीलिए रीति उनके अनुसार और कुछ नहीं वरन् विशिष्ट पदरचना है–'विशिष्टा पदरचना रीतिः'। पर वामन इस भाषिक स्तर की संकल्पना तक ही अपनी विवेचना सीमित नहीं कर देना चाहते। वे 'विशिष्ट पदरचना' के रूप में परिभाषित 'रीति' को और भी गहराई में विश्लेषित करने के लिए भाषिक धरातल (पदरचना की विशिष्टता) को प्रभेदक उन उपलक्षणों (डिस्टिन्क्टिव फीचर्स) के आधार पर समझाना चाहते हैं जिनकी प्रकृति भाषेतर है। पद रंचना के वैशिष्ट्य के उपलक्ष्य वामन के अनुसार 'गुण' है। (विशेषीगुणात्मा' 1/2/8) अतः उसके अनुसार ये ही गुण अन्ततोगत्वा काव्यार्थ के शोभाकारक धर्म हैं। (2/2/1) ध्वनिवादी आचार्य भी काव्य की आत्मा, 'चारुत्व प्रतीति' (सौन्दर्य) ही मानते हैं। पर काव्यात्मक संकल्पना के रूप में वे 'रीति' के स्थान पर 'ध्वनि' और भाषिक संकल्पना के धरातल पर 'विशिष्ट पदरचना' के स्थान पर व्यंजना की स्थापना करते हैं। भाषेतर प्रभेदक उपलक्षण के रूप में वे 'गुण' के स्थान पर अधिक सूक्ष्मतर इकाई 'मनोभाव' (रस) की परिकल्पना करते हैं। अन्यथा मनोवैज्ञानिक दृष्टि से गुण और 'भाव' दोनों मनःस्थितियों के ही परिचायक हैं। पर ध्वनिवादियों के 'भाव/रस' की परिकल्पना मानवमन की सार्वकालिक (यूनिवर्सल) मनःस्थितियों के घटक (कंस्ट्रक्ट) के रूप में सिद्ध होने के कारण कहीं अधिक व्यापक, गहरे और आधारभूत हैं।[4]

ऊपर की विवेचना से यह स्पष्ट है कि भारतीय काव्यशास्त्र का चिन्तन वस्तुवादी और दृष्टि भाषावादी रही है और इस वस्तुवादी चिन्तन और भाषावादी दृष्टि की एक निर्दिष्ट विकासात्मक दिशा है। यह कहना कि 'पाश्चात्य साहित्यालोचन की ही भाँति भारतीय साहित्यालोचन की परम्परा बड़ी पुरानी है, परन्तु वह अपने पश्चिमी प्रतियोगी की-सी सुनिर्दिष्ट नहीं है, अथवा भारतीय काव्यशास्त्र के विभिन्न सम्प्रदाय, जैसे रस, अलंकार, रीति, वक्रोक्ति इत्यादि अपने आरम्भिक और मूलरूप में केवल काव्य सिद्धान्त के विभिन्न पक्ष ही थे न कि सम्पूर्ण काव्यदर्शन के स्थानापन्न।' (वाजपेयी 1959 : 101) भारतीय-काव्यशास्त्र के वस्तुवादी चिन्तन और भाषावादी दृष्टि के निरन्तर गुणात्मक परिवर्तन की विकासमान प्रकृति को न समझने का परिणाम ही है। यहाँ यह ध्यान रखने की आवश्यकता है कि प्रत्येक सम्प्रदाय ने अपने पूर्ववर्ती सम्प्रदायों के आधारभूत प्रत्यय एवं संकल्पनाओं को अपने सम्प्रदाय की आँखों से देखा है। यथा, जो 'अलंकार' की संकल्पना भामह ने की उसी रूप में उसे वामन ने नहीं परिभाषित किया और जिस 'गुण' के प्रत्यय को वामन ने रीति के धर्म के रूप में प्रतिस्थापित किया उसी गुणात्मक स्तर के साथ ध्वनिवादियों ने उसे नहीं अपनाया। पर काव्यात्मक प्रकार्य के रूप में भामह ने अलंकार 'वक्रोक्ति की संकल्पना की, उसी के समानान्तर (पर प्रभेदक उपलक्षणों के समुच्चय के रूप में उससे भिन्न) वामन की रीति। गुण, आनन्दवर्द्धन की ध्वनि–व्यंजना भाव की संकल्पना कही जा सकती है।

यही नहीं कि भारतीय काव्यशास्त्र की मूल परम्परा शैलीविज्ञान की ही भाँति चिन्तन में वस्तुवादी और दृष्टि में भाषावादी है वरन् जब तक वह चिन्तन में वस्तुवादी और दृष्टि में भाषावादी रही वह काव्यात्मा की 'सौन्दर्य' और काव्यात्मकता के केन्द्रक (लोकस) को शैलीविज्ञान की ही भाँति 'काव्यकृति' मानती रही। पर परवर्ती रसवादियों ने 'केन्द्रक' को काव्यकृति से हटाकर 'सहृदय' में स्थापित कर दिया; काव्यात्मक संकल्पना एवं उसके सृजनात्मक घटक के भाषाशास्त्रीय रूपान्तरण इकाइयों को समझने के लिए प्रयुक्त भाषेतर प्रभेदक उपलक्षणों को साधन के स्थान पर साध्य बना दिया। परिणाम भी स्पष्ट है। काव्यात्मक की 'सौन्दर्यवादी' प्रकृति का पर्यवसान 'रसवाद' हो गया; रस भोक्ता का वैयक्तिक विषय बनकर वस्तुवादी चिन्तन को 'आत्मवादी' बनने के लिए बाध्य करने लगा और सौन्दर्यशास्त्र तथा काव्यशास्त्र, काव्यशास्त्र तथा भाषाशास्त्र, भाषाशास्त्र तथा भाषेतर शास्त्र की शृंखला का उच्छेदन कर उसने भाववादी दृष्टि को 'भाषावादी' बनने पर मजबूर किया।

पाश्चात्य साहित्यशास्त्र के इतिहास के सन्दर्भ में यह कहा जा सकता है कि 'शैलीविज्ञान' वस्तुतः आलोचना की प्रभाववादी (इम्प्रेशनिस्टिक) अथवा आत्मपरक (सब्जेक्टिव) धारा की प्रतिक्रिया के रूप में आविर्भूत धारा का ही एक विकासमान चरण है। इसकी पूर्वपीठिका के रूप में विभिन्न देशों में उद्भूत विभिन्न काव्यसम्प्रदाय के उदय की कहानी है—यथा, रूस में 'रूपवादी' (फॉर्मल) आलोचना, जर्मनी में Stilforschung, फ्रांस में 'पाठ्यविश्लेषणवादी' समीक्षा और अमेरिका में नव्य समीक्षा। पर आज हिन्दी समीक्षा सिद्धान्त और साहित्यशास्त्र का वही आत्मपरक चिन्तन पाते हैं जो भारतीय काव्यशास्त्र की अपनी मूल चिन्तनधारा के प्रतिकूल है और जिसे पाश्चात्य साहित्यशास्त्र भी आज के ज्ञान के सन्दर्भ में अपनाने से इनकार करता जा रहा है।

इतिहास की दृष्टि सर्वांगीण होती है। वह दर्शन की ही भाँति समग्रतावादी दृष्टि पर आधारित और ज्ञान के प्रत्येक क्षेत्र के घात-प्रतिघात की सक्रिय चेतना से स्पन्दित रहती है। काव्यशास्त्र के इतिहास के सन्दर्भ में यह तथ्य भी कम महत्त्वपूर्ण नहीं कि जब तक भाषाचिन्तन के सन्दर्भ में नई-नई उद्भावनाएँ होती रहीं तब तक न केवल काव्यात्मकता का केन्द्र काव्यकृति मान्य रहा, उसकी आत्मा 'सौन्दर्य' की वस्तुवादी संकल्पना के रूप में परिभाषित होती रही और इस आत्मा की व्याख्या तथा विश्लेषण भाषिक आधार पर विकसित होता रहा। पर भर्तृहरि के पश्चात कोई भाषाशास्त्र का ऐसा विचारक ही नहीं उत्पन्न हुआ जिसने भाषा-चिन्तन को नई दिशा और उसकी चिन्तन प्रक्रिया में कोई गुणात्मक परिवर्तन किया हो।

आनन्दवर्द्धन और कुन्तक (दोनों ही का काव्यचिन्तन भर्तृहरि के व्याकरण दर्शन से प्रभावित रहा है) के बाद काव्यशास्त्र का सर्जनात्मक युग समाप्त हो जाता है। ध्वनिसिद्धान्त और वक्रोक्तिसिद्धान्त वस्तुतः व्याकरण परम्परा की उस निर्बाध धारा से सम्बद्ध काव्यसिद्धान्त है जो अपना चरम उत्कर्ष भर्तृहरि के 'स्फोट' सिद्धान्त और 'वाक्यार्थ' की सूक्ष्म विवृति में पाते हैं। इसके बाद या तो ध्वनिसम्प्रदाय की मान्यताओं

का आलोचना के रूप में काव्य सिद्धान्त के प्रणेता सामने आए (यथा, मुकुलभट्ट और महिमभट्ट) अथवा उसकी पुष्टि अथवा व्यवस्थापन के लिए काव्यचिन्तन का आचार्यों ने प्रसार किया (यथा, अभिनवगुप्त, क्षेमेन्द्र, मम्मट, विश्वनाथ, पंडितराज जगन्नाथ आदि)।

यहाँ यह भी संकेत दे देना अनुचित न होगा कि जिस प्रकार रूसी 'रूपवादी' आलोचना या अमेरिकी 'नव्य समीक्षा' वस्तुवादी चिन्तन और भाषावादी दृष्टि से अनुप्राणित होकर भी 'शैलीविज्ञान' नहीं है (अपितु उसकी केवल पूर्वपीठिका के रूप में ही मान्य है) उसी प्रकार भारतीय काव्यशास्त्र भारतीय शैलीविज्ञान (अगर ऐसा कोई काव्यसिद्धान्त है) की मात्र सन्दर्भगत पूर्वपीठिका ही है, स्वयं शैलीविज्ञान नहीं।

सन्दर्भ

1. इस कथन का महत्त्व इस तथ्य से अधिक स्पष्ट हो जाता है कि वैदिक साहित्य में 'वाणी' का स्थान 'ब्रह्म' से नीचे है। ऐतरेय ब्राह्मण (1/19) में वृहस्पति को ब्रह्म का प्रतिनिधि माना गया है और वाणी को क्षेत्र का। मैत्रायणी उपनिषद् (6/23) में वाणी को वृहस्पति (ब्रह्म के प्रतिनिधि) से अवर स्थान दिया गया है। भर्तृहरि ने शब्द में परब्रह्मत्व की कल्पना की और सम्पूर्ण विश्व को इस शब्द-ब्रह्म का 'विवर्तन' कहा। सूक्ष्म रूप में वाणी ही 'ब्रह्ममय' है, चिति तत्त्व है और स्थूलरूप में वह 'भाषा' है।
2. इस स्थिति की तुलना आज के साहित्यशास्त्रियों एवं समीक्षकों की उस मनोवृत्ति से करें जो व्याकरण को 'असत्' और काव्य को 'सत्य' मानते हैं तथा व्याकरणाचार्यों को व्यवहारवादियों (साहित्यशास्त्रियों) से निम्न स्तर पर रखते है। यथा, राममूर्ति त्रिपाठी (1957, 106) वेदान्ती तथा भर्तृहरि जैसे स्फोटवादी वैयाकरणाचार्य के अर्थ सिद्धान्त की चर्चा करते हुए लिखते हैं–"उक्त विचार शुद्ध पारमार्थिक दृष्टि से किया गया है, व्यावहारिक दृष्टि से नहीं किया गया है।...व्यंजना व्यवहार दशा की वस्तु है, पारमार्थिक दृष्टि से तो उसका विचार ही नहीं है। वे ही वैयाकरण एवं वेदान्ती जब व्यवहार दशा में उतरेंगे, तब अभिधा के पैरों पर लौटेंगे। वाच्यार्थ मात्र समझनेवाली मोटी बुद्धि के लोगों से सूक्ष्म बुद्धिसम्पन्न विदग्ध जनों का अन्तर सिद्ध करने के लिए व्यंजनों को अगत्या स्वीकार करेंगे ही।'
3. कुन्तक अभिधा के वैचित्र्य को 'विन्यास वैचित्र्य' मानते हैं और विन्यास के वैचित्र्य को कृति में प्रयुक्त भाषा-स्तर के संरचना भेद के आधार पर निरूपित करते हैं। उनके अनुसार 'विन्यास वैचित्र्य' वक्रोक्ति को निम्नलिखित छह स्तरों पर विश्लेषित किया जा सकता है : 1. वर्णविन्यास वक्रता, 2. पद पूर्वार्द्ध वक्रता, 3. पदपरार्द्ध वक्रता, 4. वाक्य वक्रता, 5. प्रकरण वक्रता, 6. प्रबन्ध वक्रता।

   इन प्रमुख छह भेदों के भी अनेक प्रभेद कुन्तक ने दिखलाए हैं। उदाहरण के लिए पदपूर्वार्द्ध वक्रता के आठ मुख्य प्रभेद हैं :

   1. रूढ़िवैचित्र्य वक्रता, 2. पयार्य वक्रता, 3. उपचार वक्रता, 4. विशेषण वक्रता, 5. सम्वृत्ति वक्रता, 6. वृत्ति वक्रता 7. लिंग-वैचित्र्य वक्रता, और 8. क्रिया वैचित्र्य वक्रता। इसी प्रकार पदपरार्द्ध वक्रता के छह मुख्य प्रभेद 'वक्रोक्तिजीवितम्' में निरूपित है–1. काल वैचित्र्य वक्रता, 2. कारक वक्रता, 3. संख्या वचन वक्रता, 4. पुरुष वक्रता, 5. उपग्रह वक्रता, 6. प्रत्यय वक्रता।
4. यहाँ इस ओर संकेत दे देना अनुचित न होगा कि किसी एक धरातल की इकाई अथवा संकल्पना को समझने के लिए दूसरे धरातल की इकाइयों की स्थापना अथवा इन स्थापित इकाइयों के सन्दर्भ

में दूसरे धरातल की इकाइयों की व्याख्या न तो अनुचित है और न अवैज्ञानिक ही। उदाहरण के लिए अगर भाषावैज्ञानिक 'स्वनिम' (फोनीम) को प्रभेदक उपलक्षणों के समुच्चय के रूप में परिभाषित करता है तब इन उपलक्षणों के निरूपण के लिए वह भाषेतर धरातल का आश्रय लेते हुए कभी शारीरिक (उच्चारणात्मक अथवा श्रवणात्मक) और कभी भौतिक (ध्वनितरंगात्मक) पैरामीटर की स्थापना करता है। इसी प्रकार 'अर्थ' पक्ष की विवृति के लिए वह कभी 'सामाजिक' और कभी 'मनोवैज्ञानिक', पैरामीटर के आधार पर प्रभेदक उपलक्षणों को परिभाषित करता है।

पाठक की रचना-धर्मिता*

साहित्य एक व्यापार है जिसके एक छोर पर सर्जक (कृतिकार) है और दूसरे छोर पर पाठक। इन दोनों छोरों को सम्बद्ध करनेवाली वस्तु है—रचना। इस रचना और उसके सर्जक के सम्बन्धों की प्रकृति पर बात कृतिकार की रचना-धर्मिता के सन्दर्भ में उठाई जाती रही है। पर रचना और पाठक के सम्बन्धों की प्रकृति पर जितनी खुलकर बात अब तक होनी चाहिए थी, उतनी हो नहीं पाई है। वस्तुतः साहित्य को हमने एक ऐसा व्यापार मान लिया है जिसमें लेखक साहित्य का उत्पादक (producer) है और पाठक उसका उपभोक्ता (consumer)। स्पष्ट है, इस क्रिया-व्यापार में पाठक की भूमिका 'ग्राहक' तक सीमित कर दी गई है, अर्थात् वह उस वस्तु का मात्र 'गृहीता' मान लिया जाता है जिसे कृतिकार सर्जित (उत्पादित) करता है।

मेरी समझ में वह दृष्टि अधूरी है जो पाठक को अपनी रचना-धर्मिता को नकारती है। क्या गृहीता के रूप में पाठक रचना को केवल ग्रहण करता है ? क्या उसके लिए साहित्य कुँआ भर है जिसके भीतर से वह अर्थ रूपी पानी खींचकर तृप्त हुआ करता है ? क्या ऐसा नहीं कि रचना को ग्रहण करने की प्रक्रिया में पाठक स्वयं एक सीमा तक उसमें अर्थ भरता हो। कृति का प्रत्येक 'पठन' (reading) क्या कृति की अर्थवत्ता में एक नया आयाम नहीं जोड़ता ? अगर ऐसा न होता तो अन्य व्यापार की तरह साहित्य भी एक 'क्लोज्ड एंडिड एक्टीविटी' होता, वह भी एक 'फिनिश्ड प्रोडक्ट' माना जाता। पर हम सभी जानते हैं कि हर सच्ची (genuine) कृति, कालजयी बनकर एक सम्भावना के रूप में हमारे बीच जिन्दा बनी रहती है, जिसे हर युग (या कहें, हर व्यक्ति) अपने ढंग से लिखता है। इसीलिए एक सच्ची रचना अपनी प्रकृति में 'स्थायी' होने के साथ-साथ 'नित-नूतन' होने का दावा भी करती है, बार-बार पढ़ी जाने पर भी कभी 'चुकती' नहीं। और सम्भवतः यही कारण है कि किसी सच्ची साहित्यिक कृति की कोई 'अन्तिम' व्याख्या नहीं हुआ करती।

पाठक की रचना-धर्मिता की बात पर बहस शुरू करने के पहले साहित्यिक व्यापार के एक-दो पक्षों में अन्तर कर लेना जरूरी है। हम यह कहना चाहते हैं कि कलाकृति के रूप में जो काव्य-वस्तु (art object) है, और पाठक द्वारा गृहीत और उसके भावजगत

*सर्वप्रथम 'अभिरुचि' (सं. अज्ञेय एवं विद्यानिवास मिश्र, के मई 1981 अंक में प्रकाशित।)

में जो सिद्ध काव्य-वस्तु (aesthetic object) है, वे 'एक' होकर भी एक नहीं है। पहले को हम काव्य-वस्तु का सम्भाव्य कलात्मक रूप कह सकते हैं और दूसरे को काव्य-वस्तु या उच्चरित/आस्वाद्य रूप। भाषावैज्ञानिक शब्दावली का उपयोग करते हुए यह कहा जा सकता है कि इनके सम्बन्धों की प्रकृति बहुत कुछ 'स्वनिम' (phoneme) और 'सहस्वन' (allophone) की तरह है। (जिस तरह 'स्वनिम' की 'इकाई' को 'सार्थक लक्षणों के गुच्छ' के रूप में देखा जाना सम्भव है, उसी प्रकार सम्भाव्य/कलात्मक काव्य-वस्तु को भी 'सार्थक काव्यात्मक लक्षणों का गुच्छ' माना जा सकता है।) कलात्मक काव्य-वस्तु के स्तर पर इस इकाई के सभी अभिलक्षण न तो व्यक्त (Specified) होते हैं और न ही प्रतिफलित (actualized)। इस कलात्मक काव्य-वस्तु को जब पाठक आस्वाद्य काव्य-वस्तु के रूप में ग्रहण करता है तब इस प्रक्रिया में उसे निलम्बित (suspended) और अव्यक्त (unspecified) अभिलक्षणों को अपने ढंग से निरूपित करना पड़ता है। इसीलिए किसी साहित्यिक कृति का 'पढ़ना' स्वयं में अर्थ मात्र भी है, काव्य-वस्तु की एक सीमा तक पुनः सर्जना (re-creation) भी है।

अगर काव्य-व्यापार कृतिकार और पाठक की सहसर्जनात्मक क्रिया (co-creative activity) की अपेक्षा रखता है, तब हम यह भी कह सकते हैं कि साहित्यिक कृति को 'पढ़ना' एक विशेष सन्दर्भ में 'लिखना' भी है। इस दृष्टि से पाठक, काव्य-वस्तु का 'गृहीता' ही नहीं बल्कि एक सीमा तक उसका सर्जक भी है। चूँकि कृतिकार के रूप में लिखने और काव्य-वस्तु को सर्जित करने और पाठक के रूप में लिखने (पढ़ने) और काव्य-वस्तु को प्रतिफलित (रूपायित) करने की भूमिका और प्रकृति में गुणात्मक अन्तर है, क्या यह जरूरी नहीं कि कृतिकार के साथ-साथ पाठक की भी रचना-धर्मिता की बात की जाए।

वैसे तो पाठक की रचना-धर्मिता के कई पहलू हैं और उन सभी पर गहराई के साथ विचार करने की जरूरत है, पर इस 'परिचर्चा' के लिए अपनी बहस को उसके एक पहलू तक ही सीमित करना चाहूँगा। यह पहलू है—कृति की अपनी रचना या बुनावट और पाठक की रचना-धर्मिता के बीच का सम्बन्ध। (अन्य 'वेरिएबल' को इस बहस के लिए 'कांस्टेंट' मान लेना चाहूँगा)। वैसे किसी भी काव्य-कृति को अपने ढंग से पढ़ने की छूट होती है, पर यह ध्यान देने की जरूरत है कि इस छूट की भी एक सीमा है। इस सीमा से आगे बढ़कर अर्थ करने या निकालने पर हम उसे 'गलत' या 'अतिरंजित' व्याख्या की संज्ञा दे देते हैं। कलात्मक काव्यवस्तु के स्तर पर जो भी व्यक्त और संकेतित लक्षण हैं, उनको न 'पढ़ना' अथवा उनके बहुस्तरीय सन्दर्भों में से किसी एक को भी छोड़ना उस कृति को 'अधूरे' ढंग से पढ़ना है, और जो व्यक्त और निर्दिष्ट लक्षण हैं उनके विरोध में लाकर अतिरिक्त लक्षणों का सर्जन उस कृति को 'गलत' ढंग से पढ़ना। हर युग और हर पाठक को 'रचना' को कुछ नए ढंग से पढ़ने (या पुनः रचने) की छूट रहती है, पर यह छूट न केवल उन लक्षणों तक सीमित रहती है जो कृति के स्तर पर निलम्बित और अव्यक्त रहते हैं बल्कि वह छूट इस बाध्यता के साथ मिलती

है कि वह आस्वाद्य काव्य-वस्तु का जो भी रूप गढ़े, वह दिऐ हुए अर्थ (कलात्मक काव्य-वस्तु के रूप) के साथ संगत (compatible) हो और साथ-ही-साथ पाठक की साहित्यिक चेतना के सम्बर्द्धक भी हों।

बहस का मुद्दा इस सवाल को लेकर है कि क्या कृति की अलग-अलग रचना/बुनावट पाठक से अलग-अलग ढंग से पढ़ने की माँग करती है ? अगर इसका उत्तर 'हाँ' में है तो फिर यह सवाल भी उठता है—क्या इनके सम्बन्धों की प्रकृति पर लेखन और पठन की प्रक्रिया को एक साथ वर्गीकृत करना सम्भव है?

मैं यह मानकर चलता हूँ ऊपरी अनेक समानताओं के बावजूद पढ़ने और पढ़ने के बीच भेद सम्भव है और इस भेद का आधार कृति की अपनी विशिष्टगत रचना है। हम 'क्लासिकल' साहित्य को उसी ढंग से नहीं पढ़ते जैसा कि 'प्रचार' (propaganda) साहित्य को, भले ही इन दोनों में दर्शन, नीति और सामाजिक मूल्य की मात्रा का अनुपात एक ही जैसा क्यों न हो। हम 'क्लासिकल' साहित्य को उस तरह भी नहीं पढ़ते जैसे नई कहानी या आज की कविता को पढ़ते हैं ? यह संकेत दे दूँ कि जो बात मैं उठा रहा हूँ उसका सम्बन्ध 'विधा' (genre) से नहीं है। क्लासिकल साहित्य 'महाकाव्य' भी हो सकता है, जैसे तुलसीकृत 'रामचरितमानस', और 'उपन्यास' भी, जैसे प्रेमचन्द कृत 'गोदान'। इन दोनों के पढ़ने के ढंग में विभिन्नता से कहीं अधिक समानता है।

मैं यह कहना चाहूँगा कि लेखन, लेखन के बीच (अर्थात् सर्जक की रचना-धर्मिता के सन्दर्भ में रचना, रचना में) अन्तर करना सम्भव है। उदाहरण के लिए कुछ लेखन, सकर्मक (transitive) होते हैं और कुछ अकर्मक (intransitive)। सकर्मक लेखन में लेखन (क्रिया) कुछ और (कर्म) की भी अपेक्षा रखकर चलता है (जैसे, 'लड़का आम खा रहा है' वाक्य में खाने की क्रिया अपने अर्थ व्यापार में कर्म (आम) को साधे हुए है), जबकि अकर्मक लेखन में लेखन ही रचना की क्रिया भी है और कर्म भी (जैसे, 'लड़का दौड़ रहा है' वाक्य में 'दौड़ना' क्रिया का अर्थ है 'दौड़ (कर्म) दौड़ना')। दोनों ही लेखन-प्रकार सकर्मक और अकर्मक, सामान्य/सहज हो सकते हैं अथवा बलार्थक/विपथित।

बलार्थक सकर्मक प्रकार में न केवल लेखन, 'कुछ और' (कर्म) की अपेक्षा रखकर चलता है बल्कि उसका बल भी लेखन के गुण-धर्म की तुलना में 'कर्म' पर अधिक रहता है। इस प्रकार के लेखन में फोकस का बिन्दु कर्म होता है न कि क्रिया। सवाल केवल क्रिया (लेखन) या कर्म (कुछ और) के होने न होने का नहीं है (अगर वह साहित्यिक कृति है तो उसमें लेखन तो होगा ही) बल्कि उसमें आगे बढ़कर कर्म को अतिरंजित रूप से फोकस करने और न करने का है। (उदाहरण के लिए 'सकर्मक' रचना के सहज रूप को बदलकर उसका कर्मवाच्य रूप भी दिया जा सकता है जहाँ लेखक (कर्त्ता) के गुण-धर्म को निरस्त या लोप कर 'कर्म' को प्रधानता दे दी जाती है।) ऐसा करने पर कृति जो रूप धारण करती है उसे साहित्येतर (लेखन-इतर) लक्ष्यों को साधनेवाला रूप कहा जा सकता है। प्रचार साहित्य के रूप में लिखी गई रचनाएँ बलार्थक सकर्मक लेखन

के अन्तर्गत आएँगी। सकर्मक लेखन स्वयं को कोई निकृष्ट अथवा हेय साहित्य को जन्म नहीं देता। वस्तुतः क्लासिकल साहित्य अथवा 'महान' की विशेषता अर्जित करनेवाले सभी साहित्य, सहज सकर्मक लेखन के ही परिणाम हैं, क्योंकि उनमें निहित कर्म, क्रिया (लेखन) की अपनी अपेक्षा के फलस्वरूप है।

बलार्थक सकर्मक लेखन के आधार पर रची गई कृतियों के बारे में अन्य आलोचकों ने भी बात उठाई है। उदाहरण के लिए प्रेमचन्द के साहित्य पर बात करते हुए जब राजेन्द्र यादव यह लिखते हैं–'सही है कि अपने वर्ग की जितनी समस्याएँ वे (प्रेमचन्द) जानते हैं, हममें से कोई नहीं जानता। मगर फिर वे समस्याएँ और उनके समाधान ही लिखते हैं, कहानी नहीं ('अभिरुचि', फरवरी 1981, पृ. 72)। तब वे वस्तुतः प्रेमचन्द के लेखन को मात्र सकर्मक लेखन नहीं बताना चाहते। उससे आगे बढ़कर वे यह भी कहना चाहते हैं कि प्रेमचन्द का कहानी-साहित्य बलार्थक सकर्मक लेखन का उदाहरण है।

लेखन के उस प्रकार को सहज 'अकर्मक' कहा जा सकता है जिसमें कहानी लिखी जाए तो 'कहानी' की तरह और 'कविता' रची जाए तो 'कविता' की तरह। यहाँ लेखन, क्रिया भी है और कर्म भी। साहित्य के जो भी अपने गुण-धर्म निर्धारित किए जाएँ, उन्हीं को लेखन की क्रिया भी समझना चाहिए और उन्हीं को उसका कर्म भी। (साहित्य के आचार्यों में इस गुण-धर्म की प्रकृति और प्रकार्य को लेकर मतभेद सम्भव हैं।) बलार्थक अकर्मक प्रकार के भीतर वे रचनाएँ आएँगी जिनमें साहित्य के गुण-धर्म के 'कर्मत्व' पर बल देकर रचना को भाव-वाच्य का रूप दे दिया गया हो। ऐसी भाव-वाच्य प्रधान रचनाएँ, 'कला, कला के लिए' के सिद्धान्त पर रची गई होती है।

संक्षेप में कहा जा सकता है कि जिस प्रकार आधारभूत वाक्य साँचों के दो सहज और सामान्य ढाँचे हैं–सकर्मक और अकर्मक, उसी प्रकार लेखन की भी दो आधारभूत रीतियाँ हैं–सकर्मक लेखन और अकर्मक लेखन, और जिस प्रकार इन आधारभूत वाक्यों को दो वाच्यों में रूपान्तरित करना संभव है–सकर्मक के सन्दर्भ में 'कर्मवाच्य' और अकर्मक के सन्दर्भ में 'भाववाच्य', उसी प्रकार इन दो लेखन की सहज अभिव्यक्ति प्रकारों को भी बलार्थक बनाकर रचा जाना सम्भव है–कर्मवाच्य रूपी 'प्रचार' साहित्य और भाववाच्य रूपी 'कलात्मक' साहित्य।

बात पहले मैंने 'पढ़ने' या पाठक की 'रचना-धर्मिता' की उठाई थी और उसके सन्दर्भ में सवाल यह उठाया था कि अलग-अलग लेखन-प्रकारों के पढ़ने का ढंग भी क्या अलग-अलग होगा ? इसे 'परिचर्चा' के लिए बलार्थक प्रधान लेखन (यथा, प्रचार अथबा कला अतिरंजित रचनाओं) पर भी संक्षेप में विचार करना चाहूँगा। वैसे ऐसी रचनाओं को पढ़ने के साथ-साथ जो प्रभाव पाठक पर पड़ता है–वह 'वाह-वाही' का होता है–चाहे वह वाह-वाही विचार के अतिरेक के कारण हो, चाहे कला की अतिरंजिता के कारण। इसके विपरीत लेखन चाहे सहज सकर्मक हो अथवा सहज अकर्मक, जो प्रभाव पाठक पर छोड़ता है उसका सम्बन्ध अनुभव और अनुभूतियों की व्यापकता और

गहराई के साथ जुड़े होने के कारण साहित्यिक संस्कार के साथ रहता है।

सहज लेखन और बलार्थक लेखन के बीच भेद का एक और मुख्य आधार है। दोनों प्रकार के सहज लेखन, सकर्मक और अकर्मक, कर्तृत्व-प्रधान रचनाओं को जन्म देते हैं। पर इन रचनाओं का कर्त्ता 'संवेदनात्मक उद्देश्य' है जिसकी सत्ता 'काव्य-वस्तु' और 'काव्य-व्यक्तित्व' के रूप में असंदिग्ध भाव से बनी रहती है। यह संवेदनात्मक उद्देश्य ही है जो यहाँ लेखन को प्रेरित और परिचालित करता है। ऐसी रचनाओं को कवि 'बनाता' या 'गढ़ता' नहीं, बल्कि अपने उद्देश्य की अभिव्यक्ति का वह केवल 'माध्यम' बनता है। इसके विपरीत दोनों ही प्रकार के बलार्थक लेखन—प्रचार साहित्य और कला अतिरंजित साहित्य—का रचयिता कवि होता है जिसके बाहरी विचार या ऊपरी कौशल रचना की विषय-वस्तु बनकर उभरते हैं। इस प्रकार की रचनाओं में काव्य-व्यक्तित्व नहीं उभरता, उभरता है तो कवि का काव्येतर व्यक्तित्व। एक में काव्य-व्यक्तित्व और दूसरे में कवि-व्यक्तित्व को उद्देश्य के रूप में साधने के कारण पाठक और काव्यकृति के सम्बन्धों की प्रकृति में भी अन्तर आ जाता है। काव्य-व्यक्तित्व अपनी परिधि में पाठक को खींचता है, उसको काव्य-संसार का प्रतिभागी सदस्य बनने के लिए आमन्त्रित करता है। यहाँ पाठक प्रतिभागी-दर्शक (participant observer) की भूमिका के साथ निर्मित संसार का अनुभव करता है। अतः ऐसी सहज रचनाओं को 'पढ़ना' वस्तुतः रचना-संसार का अनुभव करना बन जाता है। इसके विपरीत बलार्थक लेखन, कवि-व्यक्तित्व (काव्य व्यक्तित्व नहीं) प्रधान साहित्य को जन्म देता है। कवि व्यक्तित्व जिस भी संसार का निर्माण करता है, उसके दायरे से पाठक को बाहर धकेलता है। यहाँ पाठक मात्र दर्शक रह जाता है, काव्य संसार का प्रतिभागी दर्शक नहीं। यही कारण है कि इस प्रकार की रचनाओं का पाठक, अपने को काव्य संसार से बाहर रखकर पढ़ता है, अतः उसके लिए 'पढ़ना' केवल असम्पृक्त भाव से 'देखना' और निःसंग रूप में 'चमत्कृत' होना है।

सकर्मक लेखक, 'पढ़ने' की जिस प्रक्रिया की अपेक्षा रखता है उसमें सह-सर्जना की प्रवृत्ति (co-creative activity) कम होती है। यह पाठक से भीतरी आँख की माँग करती है। यहाँ कृति स्वयं में वह 'खिड़की' बन जाती है जिसके सहारे पाठक उस काव्य-संसार का प्रत्यक्ष दर्शन करता चलता है जिसको रचनाकार उसे दिखाना चाहता है। ऐसी रचनाएँ काव्य-संसार के निर्माण-बिन्दु से शुरू तो होती है पर अपने परिवेश और व्यवस्था में फैलकर जिस परिधि का निर्माण करती है, उसमें पाठक को भी शामिल कर लेती हैं। प्रेमचन्द की कहानियाँ 'पूस की रात' या 'कफन' अथवा उनका उपन्यास 'गोदान' इसी प्रकार की कृतियाँ हैं। तुलसीकृत 'रामचरितमानस' भी इसी प्रकार की रचना है जिसकी परिधि के घेरे में आए बिना 'पाठक' उसकी अर्थवत्ता या सार्थकता को समझ नहीं पाता। पर सकर्मक लेखन का सर्जक स्वयं कृतिकार होता है, पाठक नहीं। पाठक मात्र उसका सहयात्री होता है, सहयोगी सर्जक नहीं। कहने का मतलब यह है कि हर (सकर्मक) रचना, अपनी रचनागत बुनावट के आधार पर सृजन का खुद अपना दस्तावेज है। पाठक 'पढ़ने' के साथ-साथ दस्तावेज से परिचित होता चलता है। यहाँ

'पढ़ना' कृति को समझना है और उससे भी आगे बढ़कर उस 'काव्य-संसार' का दर्शन करना है जिसके घेरे में बाँधकर कृतिकार पाठक को ला खड़ा करना चाहता है।

इसके विपरीत 'अर्कमक' लेखन के पढ़ने की प्रक्रिया में पाठक केवल 'सहयोगी' ही नहीं बनता। उसे 'पाठक' के रूप में कुछ 'लिखना' भी पड़ता है। यहाँ पढ़ने की क्रिया 'सह-सर्जना' की माँग करती है अर्थात् ऐसी रचनाओं के सहारे कृतिकार पाठक को साथ-साथ लिखने के लिए आमन्त्रित करता है। जो पाठक इस रचना को साथ-साथ लिखने के लिए तैयार नहीं हो पाता, वह काव्य-वस्तु को 'रूप' भी नहीं दे पाता। उसके लिए ऐसी रचनाएँ 'अप़ठनीय' हो जाती है। मुक्तिबोध की रचना 'अँधेरे में' या फिर निर्मल वर्मा, गोविन्द मिश्र आदि की कुछेक कहानियाँ इसी प्रकार की रचनाएँ हैं जिनको रेल में सफर करते नहीं पढ़ा जा सकता। जहाँ तक पाठक की रचना-धर्मिता का सवाल है--सकर्मक लेखन के पढ़ने के बाद उसे किसी सांस्कृतिक 'महायज्ञ' अथवा 'अनुष्ठान' में भाग लेने के बाद के आत्मगौरवजन्य सुख की अनुभूति होती है जबकि अकर्मक लेखन के पढ़ने के बाद उसे तृप्तिजन्य आनन्द की वैसी ही अनुभूति होती है जैसे दो अभिन्न सहकर्मियों को अपने हाथों अपना 'घर' बनाकर मिलता है।

एक अन्तर और भी है। सकर्मक लेखन की रचनाओं को पढ़ते समय जो अनुभूति पाठक को होती है, उसका प्रसार पाठक रचना की समाप्ति के बाद के क्षणों तक कर सकता है। 'मानस' या 'गोदान' ऐसे क्लासिकी साहित्य को पढ़ते समय ही नहीं वरन् उसके बाद भी उसके द्वारा निर्मित संसार में हम विचरण कर सकते हैं। इसका कारण यह है कि इस प्रकार के लेखन (क्रिया) में काव्य संसार (कर्म) मूर्त रूप धारण किए रहता है जो पढ़ने की समाप्ति के बाद भी पाठक की अनुभूतियों का आलम्बन बन सकता है। इसके विपरीत 'अकर्मक' लेखन में अनुभूति की स्थिति पढ़ने की क्रिया तक ही सीमित होकर रह जाती है। यहाँ जब तक पाठक, रचना को पढ़ता है उसका मन काव्य-संवेदना से भींगता और उसमें डूबता रहता है, पर एक बार जब 'रचना' का 'पढ़ना' खत्म हो जाता है, यह काव्यानुभूति भी संवेदना की आँखों से ओझल हो जाती है। बात यह है कि अकर्मक लेखन का कर्म (काव्य-संसार), क्रियार्थक संज्ञा की भाँति अमूर्त होता है, अतः यहाँ लेखन के अलावा ऐसा कोई 'मूर्त संसार' नहीं बनता, जिसे पढ़ने से अलग कर देखा-परखा जा सके।

वस्तुगत यथार्थ और कलात्मक अभिव्यक्ति*

साहित्य, वस्तुगत यथार्थ (Objective Reality) की यथातथ्य अभिव्यक्ति अथवा सफल अनुकृति न होकर एक विशिष्ट सृजनात्मक प्रक्रिया (Creative Process) का प्रतिफल होता है। इस प्रक्रिया में साहित्य के स्थूल-उपादान (क्षर अंश–Raw material) को कल्पना की चाक पर चढ़ाकर साहित्यकार अपनी विचार रूपी अँगुलियों द्वारा कुछ इस प्रकार की संवेगात्मक एवं अनुभूतिजन्य छाप छोड़ता है कि पूरी साधना के पश्चात् स्थूल-उपादान, रूप में असुन्दर से सुन्दर और गुण में क्षर से अक्षर बन जाता है। क्षर से अक्षर बनने की यह पूरी साधना ही इस तथ्य को स्पष्ट कर देती है कि वस्तुगत-यथार्थ का जो असन्तुलित रूप एवं अस्थायी प्रकृति समाज एवं प्रकृति के क्षेत्र में देखने को मिलती है, ठीक वही स्वरूप एवं प्रकृति साहित्य में अपनी अभिव्यक्ति नहीं पाती। रूप के साथ-साथ उसमें नानाविधि गुणात्मक परिवर्तन भी होते हैं। जो पहले बोधपरक (Cognitive) था वह अब भावपरक (Emotive) हो सकता है; सीमित दायरे में सिमटा हुआ जो क्षणभंगुर था वह व्यापक और शाश्वत बन जाता है।

साहित्य की इस रचनात्मक प्रक्रिया के सन्दर्भ में हम यह देखने की चेष्टा करेंगे कि साहित्य के क्षर अंश के रूप में मान्य 'वस्तुगत-यथार्थ' कैसे और किस रूप में "कलात्मक यथार्थ" के रूप में बदल जाता है। 'वस्तुगत यथार्थ' की रूप-प्रकृति एवं साहित्य के शिल्पविधान में क्या कोई सम्बन्ध है ? यथार्थवादी धरातल पर खड़ा होकर भी वस्तुगत एवं कलात्मक यथार्थ दो भिन्न वस्तु क्यों ? मूल्यवादी दृष्टिकोण से इनमें आखिर अन्तर क्या है ?

मैंने अभी यह संकेत दिया है कि साहित्य-रचना एक सृजनात्मक-प्रक्रिया है। पर यहाँ पर मैं यह भी बतला देना चाहूँगा कि यह प्रक्रिया साधारण न होकर जटिल एवं विशिष्ट होती है, वह प्रोटीन के संश्लेषण (Protien Synthesis) की भाँति अपने भीतर कई स्तरों पर और अपने कई रूपों में संयोगात्मक प्रवृत्ति (Bond) रखती है। इस क्रिया-विशेष की दुरूहता का इसी से पता चल सकता है कि विभिन्न शास्त्रकार एवं विचारक उसकी सम्यक् विवेचना की ओर प्रवृत्त हुए, पर उसमें बहुत ही कम ऐसे हैं जिन्होंने उसके सभी अंगों का पूरी तरह मनन कर उस पर प्रकाश डालने का प्रयत्न किया

---

* सर्वप्रथम 'समालोचक' (सं. डॉ. रामविलास शर्मा) के फरवरी 1959 अंक में प्रकाशित।

है। एक या दूसरे स्तर पर उलझ जाने के कारण उनकी विवेचना एकांगी रह गई है अतः अपनी स्थापनाओं में वे विवाद से परे नहीं हो पाए हैं। एक ने साहित्य के 'फिनिश्ड फार्म' (Finished Form) पर अपनी दृष्टि रखकर विश्लेषण करने की चेष्टा की है तो दूसरे ने कलाकार के मानस से चलनेवाले विभिन्न घात-प्रतिघात के अध्ययन को अपना क्षेत्र चुना है। इसी प्रकार साहित्य के स्थूल उपादान को अपनी दृष्टि में रखकर कुछ विचारकों ने साहित्य का मूल्यांकन करने की कोशिश की है और कुछ ने पाठकों की अनुभूति के विश्लेषण पर ही अपनी दृष्टि स्थिर करना श्रेयस्कर समझा है।[1]

लेकिन एकांगी, पर गहराई से की गई इस विवेचन-पद्धति का भी एक बहुत बड़ा मूल्य है। विभिन्न स्तरों पर होनेवाली विभिन्न क्रियाकलापों की पूरी जानकारी के पश्चात् सम्पूर्ण प्रक्रिया को समझना बहुत कुछ आसान हो जाता है।

सर्वप्रथम साहित्यकार अपनी रुचि-अभिरुचि के आधार पर समाज एवं प्रकृति के अगाध भंडार से कुछ विशिष्ट तत्त्वों को चुनता है। ग्रहण करने की यह क्रिया उसके मानस में ज्ञात-अज्ञात रूप में निरन्तर चलती रहती है। चेतन और अचेतन दोनों स्तर पर यह कार्य होता रहता है इसलिए यह कोई आवश्यक नहीं होता कि साहित्यकार जागरूक होकर ही प्रत्येक वस्तु का विश्लेषण करते रहे। प्रत्येक रूप उसके मानसपट पर एक छाप छोड़ जाता है, प्रत्येक घटना किसी न किसी अनुपात में उसकी अनुभूति को जाग्रत करती है और प्रत्येक समस्या उसके मानसरोवर में विचार रूपी कुछ न कुछ तरंगों का निर्माण करती है।

विश्लेषण परक रुचि-अभिरुचि द्वारा संचित मन के विभिन्न छापों (Impressions) का साहित्यकार संश्लेषण करता है। पर संश्लेषण की इस प्रक्रिया में वस्तुगत यथार्थ द्वारा मन पर अंकित विभिन्न छाप ही एकमात्र उपादान के रूप में प्रयुक्त नहीं होते। साहित्यकार की संस्कृति और उसकी कल्पनाशक्ति का भी उसमें योग रहता है। व्यक्ति की संस्कृति, उसकी दृष्टि को परिमार्जित करती है और कल्पनाशक्ति उस परिमार्जित दृष्टि को और भी व्यापकता प्रदान करती है। अतः एक ओर तो एक व्यक्ति की रुचि अभिरुचि ही तटस्थ नहीं रह पाती अतः जैसा वस्तुगत यथार्थ होता है ठीक उसी प्रकार उसकी छाप मन पर नहीं पड़ती और दूसरी ओर मन की उस छाप को अपनी संकुचित सीमा को तोड़कर व्यापकता के स्तर पर उतरना पड़ता है। अतः वस्तुगत यथार्थ के साथ व्यक्ति की सांस्कृतिक पृष्ठभूमि, उसका इतिहास, समाज, विज्ञान आदि विभिन्न क्षेत्रों का अर्जित ज्ञान, उसकी अपनी कल्पनाशक्ति भी संश्लेषणात्मक प्रक्रिया में योग देती है। फलस्वरूप साहित्यकार के मन में जिस मूर्त रूप (Structure) का निर्माण होता है, वह वस्तुगत-यथार्थ की मूल भित्ति पर आधारित होने पर भी अपने स्वरूप एवं प्रकृति में उससे भिन्न होता है।

एक बात और ध्यान देने की है। एक बार साहित्यिक रूप का निर्माण कर, मन पर अंकित छाप अपनी सत्ता खो नहीं देती अर्थात् एक बार संश्लेषण प्रक्रिया (Synthesis) में आयुक्त हो जाने के कारण मात्र से मानसपट से उनका अस्तित्व मिट

नहीं जाता। एक ही छाप, एक से अधिक बार संश्लेषण-प्रक्रिया में योग दे सकती है। टी.एस. इलियट के शब्दों में वह 'Catalytic agent' का कार्य करती है जो स्वयं में अपरिवर्तनशील रहकर भी संश्लेषण की पूरी प्रक्रिया में अपना विशिष्ट योग देती है। ठीक उसी प्रकार जैसे प्लेटिनम का तार, हाइड्रोजन (क) और आक्सीज़न (ख) दो प्रकार की हवा के संयोग से जल (H_2O) का निर्माण करने में समर्थ होता है। जिस प्रकार जल के बनने की प्रक्रिया में प्लेटिनम की उपस्थिति अनिवार्य है, उसके बिना दो विभिन्न तत्त्वों का संश्लेषण ही सम्भव नहीं, और साथ ही इस पूरी प्रक्रिया के बावजूद भी वह अपरिवर्तित ही रहता है, उसका क्षय नहीं होता उसी प्रकार साहित्यिक रूप आकार (Structure) के निर्माण में रुचि-अरुचि द्वारा गृहीत क्षर अंशों की जो छाप इन्द्रियानुभूति के माध्यम से मन पर अंकित होती है उसका भी रहना अनिवार्य है और साथ ही सांघातिक प्रक्रिया में योग देने के उपरान्त भी उसका कुछ भी क्षय नहीं होता, मूलरूप में वह अपरिवर्तित ही रहती है।

साधारण व्यक्ति के मानस पट पर भी वस्तु-जगत अपनी छाप छोड़ता है पर उसके मस्तिष्क में ये विभिन्न छाप भिन्न-भिन्न अवस्था में बिखरी पड़ी रहती हैं। साधारण जन से कलाकार इसी कारण विशिष्ट है कि छिन्न-भिन्न अवस्था में अंकित इन विभिन्न छापों को अपनी भावना एवं कल्पना शक्ति द्वारा वह एक निश्चित रूप-रेखा एवं आकार देने में सफल होता है। मस्तिष्क में अंकित छापों को मूल-उपादान के रूप में स्वीकार कर वह एक सर्वथा नवीन मूर्त स्वरूप (Structure) का सृजन करने में समर्थ होता है। इसी 'स्ट्रक्चर' को अपनी कलात्मक अभिव्यक्ति के माध्यम द्वारा साहित्य में वह व्यक्त करता है।

इस रूप-आकार का उपयोगी-अनुपयोगी तत्त्व साधारण पाठक के मस्तिष्क में स्पष्ट नहीं रहता। साथ ही पाठक उस वस्तु का ग्रहण पूर्णता के साथ नहीं कर सकने के कारण पूरी तरह रस-मग्न होने में कठिनाई का अनुभव करता है। साहित्य में व्यक्त संश्लिष्ट-रूप का उचित विश्लेषण कर आलोचक (उद्बुद्ध पाठक) पाठकों की इस अक्षमता को दूर कर देता है। आलोचकों द्वारा संश्लिष्ट रूप के प्रत्येक पक्ष की विवेचना के उपरान्त पाठक सरलतापूर्वक उसको हृदयंगम कर लेता है। इस स्थिति में रसाप्लावित होने में उसकी आत्मा के लिए कोई व्यवधान शेष नहीं रह जाता। यही कारण है कि विचारकों ने आलोचना को साहित्य और पाठक की रसानुभूति के बीच की कड़ी—अर्थात् उसमें सम्बन्ध स्थापित करनेवाला ब्रिज—कहा है।

साहित्य के क्रिया-व्यापार की इस पूरी विवेचना के पश्चात् यह तो स्पष्ट हो जाता है कि तीन विभिन्न स्तर पर हमें सुनिश्चित 'स्ट्रक्चर' के दर्शन होते हैं (1) वस्तु जगत में (2) साहित्यकार की कल्पना में और (3) साहित्य में। देखना यह है कि इन विभिन्न स्तरों पर जिस 'स्ट्रक्चर' का हमें दर्शन होता है, वे सभी एक ही जैसे हैं अथवा उनमें अन्तर भी रहता है। अगर उनमें कुछ अन्तर रहता भी है तो वह क्या और किस अनुपात में होता है।

जहाँ तक वस्तु-जगत और साहित्यकार की कल्पना के मूर्त-स्वरूप का प्रश्न है, हम उस पर थोड़ा-बहुत प्रकाश डाल चुके हैं। यह हमने देखा है, कि वस्तु-जगत का मूर्त-स्वरूप (Structure) साहित्यकार की कल्पना में हू-ब-हू अपनी प्रतिछवि नहीं डालता। कलाकार की संस्कृति, और उस संस्कृति द्वारा प्रभावित उसकी रुचि-अभिरुचि वस्तु-जगत को तटस्थ रूप में अपनाने में बाधक होती है। व्यक्ति की जातीय संस्कृति, उसका सामाजिक वातावरण, जीवन के क्रम में आई उसकी अपनी मानस-ग्रन्थियाँ (Complexes), सभी मिलकर उसे एक दृष्टि-विशेष अपनाने को विवश करती हैं। व्यक्ति का वह विशिष्ट दृष्टिकोण (angle of vision), वस्तुगत यथार्थ को एक कोण-विशेष (Angle) से देखने के लिए प्रेरित करता है।

इस तथ्य को एकाध उदाहरण के माध्यम द्वारा आसानी से समझा जा सकता है। हावर्ड फास्ट ने मिल मजदूर के हड़ताल की चर्चा करते हुए यह लिखा है कि हड़ताल की प्रतिक्रिया समाज के प्रत्येक व्यक्ति पर एक जैसी नहीं होगी। प्रत्येक मनुष्य का अपना एक दायरा निर्दिष्ट होता है, लाभ-हानि की दृष्टि से उसका अपना वर्ग होता है, जो समाज के आर्थिक ढाँचे में अपना एक विशिष्ट स्थान रखना है। वर्गों का विभाजन व्यक्तियों के आर्थिक सम्बन्ध के आधार पर किया जाता है अतः एक वर्ग के सभी व्यक्तियों का आर्थिक-सम्बन्ध एक जैसा होता है। यही कारण है कि जब आर्थिक ढाँचे में कुछ व्यतिक्रम उपस्थित होता है, उस स्थिति में एक वर्ग के सभी व्यक्तियों की प्रतिक्रिया एक समान होती है। पर आर्थिक-सम्बन्ध के विभिन्न स्तरों पर स्थित विभिन्न वर्गों में समरूपता का प्रश्न ही नहीं उठता। अतः लाभ-हानि की दृष्टि से उनमें एक तनाव (Tension) का आ जाना स्वाभाविक ही है। फलस्वरूप किसी मिल में जब कभी कोई हड़ताल का अवसर आता है, तब इस वस्तुस्थिति की प्रतिक्रिया विभिन्न वर्गों पर विभिन्न प्रकार की होती है। मजदूर वर्ग की दृष्टि में हड़ताल अपनी दयनीय आर्थिक स्थिति के विरोध में किया गया नैतिक आचरण का सहज परिणाम होता है। सशक्त पूँजीपतियों द्वारा किए गए अतिशय-शोषण के विरोध में यह उनका मूक प्रदर्शन एवं असहयोग आन्दोलन है। पूँजीपति वर्ग के मतानुसार यह मजदूरों का अनाचार है जो उनके धनोर्पाजन में बाधा डालता है। उनकी दृष्टि में उन्हीं के पैसों पर पलनेवाले मजदूरों द्वारा उनके मिल को बन्द रखने का दुस्साहस, सरासर ज्यादती है। राजा के पदाधिकारियों की दृष्टि के अनुसार मजदूर-आन्दोलन सामाजिक असन्तुलन का परिणाम होता है अतः उसका दमन आवश्यक है।

वस्तु-स्थिति अर्थात तथ्य तो एक है कि हड़ताल हुई पर उसकी तत्सम्बन्धी प्रतिक्रिया विभिन्न वर्गों में विभिन्न प्रकार की देखी जाती है। व्यक्ति की सहानुभूति किस वर्ग के साथ है, उसके मानस-तन्तुओं की बनावट किस वर्ग के साथ उसका सहज सम्बन्ध स्थापित करती है, यही तथ्य वह मूल बिन्दु है जो व्यक्ति के दृष्टिकोण को निर्धारित करता है। अतः कुछ आलोचकों के अनुसार अगर साहित्यकार को अपनी भावनाओं एवं अनुभूतियों का तादात्म्य मजदूर-वर्ग की भावनाओं एवं अनुभूतियों के

साथ हो चुका है तब वह हड़ताल को न्यायोचित ठहराएगा, उसकी लेखनी से निसृत पंक्तियाँ मजदूरों के दुख-दर्द की हिमायती होंगी। और अगर वह पूँजीपति वर्ग का कलाकार है, तब उसके साहित्य में समझौते का स्वर होगा अथवा वह मज़दूरों के दुख-दर्द के ऊपर असत्य का आवरण डालकर हड़ताल को सामाजिक जीवन की सुख-शान्ति के लिए घातक बताएगा।

वर्ग-सम्बन्धी इस सहानुभूति का व्यक्ति के जीवन में अपना एक विशिष्ट महत्त्व होता है। पर यह समझना कि यह महत्त्व साहित्यिक स्तर पर भी उसी अनुपात एवं रूप में व्यक्त होता है, नितान्त भ्रामक है। वर्ग विरोध के कठघरे में बैठाकर उसके साहित्य की आलोचना करना कुत्सित-समाजशास्त्रियों का कार्य है।[1] किसी तथ्य या वर्ग से सहानुभूति रखना एक बात है तथा वर्ग और तत्सम्बन्धी धारणा को साहित्यिक स्तर पर अभिव्यंजित करना सर्वथा दूसरी बात। अन्यथा बाल्ज़ाक और उसके साहित्य की समालोचना हमें एक उलझन की विचित्र स्थिति में डाल देगी। यह तो सभी जानते हैं कि बाल्ज़ाक की व्यक्तिगत सहानुभूति सामन्तवादी राजकुमारों (Feudal Lords) के पक्ष में थी। वह अपने विचारों एवं व्यक्तिगत मान्यताओं द्वारा सदा सामन्तवाद का समर्थन करता रहा। पर उसकी इस व्यक्तिगत मान्यता का कौन-सा रूप साहित्य में उभरकर आया है, यह भी बतलाने की आवश्यकता नहीं। मार्क्स-एंगेल्स-लेनिन, सभी बाल्ज़ाक के, साहित्य में व्यक्त तज्जनित सामाजिक जीवन के यथार्थवादी चित्रण के प्रशंसक रहे हैं। टूटती हुई सामन्तवादी प्रथा और वैभव विकास के बीच की खोखली आस्था का जितना सटीक चित्रण बाल्ज़ाक की लेखनी द्वारा हुआ, उस प्रकार की अभिव्यक्ति उस समय के अन्य किसी भी साहित्यकार में नहीं मिलती। अतः हमें यह देखना होगा कि वस्तुगत-यथार्थ की साहित्यिक अभिव्यक्ति में व्यक्ति की अपनी सहानुभूति, उसकी विचारधारा का क्या स्थान एवं महत्त्व है ? साहित्य-रचना के समय वह किस रूप और अनुपात में वस्तुगत यथार्थ को प्रभावित करती है।

साहित्य प्रक्रिया के इस जटिल पक्ष को स्पष्ट करने के लिए साहित्यकार के व्यक्तित्व का विश्लेषण व्यक्ति के रूप में नहीं अपितु साहित्यकार के रूप में करना होगा। साहित्यकार का व्यक्तित्व, अपने स्रष्टा एवं द्रष्टा, दोनों पक्षों के समुचित योग का परिणाम होता है। ''स्रष्टा के रूप में साहित्यकार अपने चारों ओर फैले वातावरण में व्याप्त सुख-दुख, आशा-निराशा, भाव-अभाव, जीवन-मरण आदि सफल चित्रण करने में समर्थ होता है। इसी शक्ति के आधार पर उसकी समर्थ लेखनी देश और काल के चेहरे पर पड़ी हल्की से हल्की शिकन को भी साहित्य में अभिव्यंजित करने में समर्थ
ह ा े त ी
है।...साथ ही समाज किस गति से किस दिशा में आगे बढ़ रहा है, उसकी प्रगति में कौन से तत्त्व सहायक है और कौन से विरोधी, विकास का क्रम उसे किस ओर खींचे लिए जा रहा है—आदि समस्याओं का ज्ञान कलाकार का द्रष्टा-पक्ष ही करता है।...स्पष्ट है आदर्श रूप में कलाकार का द्रष्टापक्ष इतिहास की गतिशील वृत्तियों का उचित

आकलन करता है और उसी आकलन के सन्दर्भ में उसका स्रष्टा-पक्ष वस्तुगत यथार्थ को और भी सटीक बनाकर कलात्मक आवरण प्रदान करता है। जब तक स्रष्टा एवं द्रष्टा पक्ष की प्रकृति में सामंजस्य रहता है, कलाकृति निर्दोष रहती है। पर जैसे ही उसकी एकरूपता में व्यवधान पड़ता है, साहित्यकार का व्यक्तित्व खंडित हो जाता है। तदनन्तर असंगतियाँ स्वयमेव रचनाओं से अनुस्यूत होने लगती हैं।

"असंगतियों के अनुस्यूत होने का भी कारण है। स्रष्टा के रूप में कलाकार अपनी रचनाओं में जिस सामाजिक यथार्थ की अभिव्यंजना करता है, वह भविष्यात की ओर एक निश्चित संकेत देता है। अगर कलाकार का द्रष्टा-पक्ष सबल और दोषरहित रहा तब वह इतिहास की गतिशील शक्तियों का उचित मूल्यांकन करने में समर्थ होगा और उसके इस द्रष्टा पक्ष द्वारा वर्णित भविष्यत् का संकेत स्रष्टा-पक्ष द्वारा अभिव्यंजित यथार्थ द्वारा निर्देशित संकेत के साथ अभिन्नता स्थापित करता रहेगा पर स्रष्टा एवं द्रष्टा दोनों पक्षों में किसी के निर्बल हो जाने से रचना में विरोधाभास का आ जाना स्वाभाविक है। जब कलाकार का द्रष्टा-पक्ष समाज की ऐतिहासिक शक्तियों का उचित आकलन न कर, अपने चित्त की मनमानी लहर के अनुसार भविष्य की कल्पना करने लगता है उस समय द्रष्टा-पक्ष द्वारा अभीप्सित काल्पनिक आदर्श कुछ संकेत देता पाया जाता है और स्रष्टा के रूप में चित्रित सामाजिक यथार्थ एवं उससे ध्वनित इतिहास की गतिवर्द्धक शक्तियाँ, भविष्यत् के लिए कुछ और ही संकेत देती देखी जाती हैं। इस प्रकार रचनाओं में अन्तर्विरोधी स्वर स्वयमेव मुखरित हो आता है।"[2]

'बाल्जाक' का द्रष्टा-पक्ष कमजोर था, उसकी अपनी कुछ सीमाएँ थीं—इस तथ्य के इनकार नहीं किया जा सकता। पर यह भी सत्य है कि साहित्य में उसका यह द्रष्टा-पक्ष कभी भी स्रष्टा-पक्ष पर हावी नहीं हुआ है। जहाँ कहीं भी स्रष्टा एवं द्रष्टा पक्ष में विरोध की सम्भावना उसे दिखलाई पड़ी, एक सच्चे साहित्यकार के नाते उसने द्रष्टा-पक्ष की उपेक्षा कर स्रष्टा पक्ष की अभ्यर्थना की है। (साहित्य में वैसे तो स्रष्टा एवं द्रष्टा दोनों पक्षों का समुचित योग अभीप्सित है। पर सृजनात्मक प्रक्रिया का परिणाम होने के कारण उसमें स्रष्टा पक्ष की ही प्रमुखता रहती है।) स्रष्टा पक्ष, वस्तुगत यथार्थ की नींव पर आश्रित होने के कारण स्वयमेव समाज की विकासशील शक्तियों को प्रतिध्वनित करता है। अगर साहित्यकार अपनी आत्मा की सच्चाई के साथ स्रष्टा-पक्ष का निर्वाह करे अर्थात् वस्तु स्थिति का एक तटस्थ-दृष्टि से सफल चित्रण मात्र कर दे, तब भी उसका साहित्य यथार्थवादी भूमि पर खड़ा होने के कारण एक सफल कृति समझा जाएगा। साहित्य में द्रष्टा-पक्ष का योग तो स्रष्टा पक्ष को केवल सबल बनाने के लिए प्रयुक्त होता है, यथार्थवादी ज्ञान को और भी गहराई तथा विस्तार से देखने के लिए वह व्यवहृत होता है। स्रष्टा पक्ष के साथ जब द्रष्टा पक्ष के उचित रूप का संयोग हो जाता है तब साहित्य और भी सार्थक तथा सबल (Forceful) हो जाता है। यही कारण है कि बाल्जाक का विश्व विख्यात उपन्यास 'ओल्ड मैन द गोरियो' एक सफल रचना होते हुए भी द्रष्टा-पक्ष के योग के अभाव में उतना सबल एवं सार्थक (Forceful) नहीं बन पाई

है जितना मैक्सिम गोर्की का 'मदर' अथवा प्रेमचन्द का 'गोदान।'

तुलसी-साहित्य की वस्तु-स्थिति कुछ दूसरी है। वहाँ (विशेष रूप से 'रामचरितमानस' में) द्रष्टा पक्ष कहीं-कहीं पर स्रष्टापक्ष पर हावी हो गया है जिसके फलस्वरूप उनके साहित्य में कुछ स्वर अन्तर्विरोधी भी उभर आए हैं। "तुलसी साहित्य में जो असंगतियाँ देखने को मिलती हैं उसका कारण स्रष्टा एवं द्रष्टा पक्ष की विषमता है। स्रष्टा पक्ष के प्रबल होने के कारण उनकी लेखनी ने अपने समय के सामाजिक यथार्थ को बहुत ही मार्मिक ढंग से अपनाया। अतः उस सामयिक यथार्थ से ध्वनित भविष्यत् का संकेत यह स्पष्ट कर देता है कि इतिहास की गतिशील शक्तियाँ समाज को किस दिशा में खींचे लिए जा रही हैं। पर द्रष्टा-पक्ष द्वारा वर्णित आदर्श समाज का चित्रण उनकी कल्पना का मनमाना रूप रहा है। उसमें परम्परा पालन (वेद प्रतिपादित) का ध्यान अधिक है और ऐतिहासिक शक्तियों को पहचानकर उसके अनुरूप समाज-निर्धारण की प्रवृत्ति कम। अतः स्रष्टा पक्ष द्वारा वर्णित सामाजिक यथार्थ ने उन्हें जिस सत्य को अंकित करने के लिए विवश किया, द्रष्टा-पक्ष के काल्पनिक एवं आदर्शवादी (पुनरुत्थानवादी) पक्ष ने उसी विषय पर उन्हें विरोधी बात भी लिखने को मजबूर किया। यही कारण है कि आलोचकों ने लिखा—तुलसीदास की सहृदयता और तार्किकता में सामंजस्य नहीं रहता।"[3]

बाल्जाक और तुलसी की पद्धति से कुछ भिन्न एक तीसरी स्थिति हमें प्रेमचन्द के 'गोदान' उपन्यास में देखने को मिलती है। प्रेमचन्द का यह उपन्यास उनकी बीस वर्ष की साहित्यिक-साधना का विकसित पुष्प है अतः इस कृति में साहित्यकार के स्रष्टा एवं द्रष्टा, दोनों पक्ष का प्रौढ़ रूप देखने को मिलता है। अपने समय की बदलती हुई सामाजिक स्थिति का जितना सफल और सार्थक चित्रण प्रेमचन्द ने किया वह उनके द्रष्टा पक्ष की सबलता का परिचायक है।

प्रेमचन्द के द्रष्टा पक्ष ने यह भली भाँति देखा कि भारत की सामन्ती प्रथा भीतर से अब खोखली हो चुकी है। वह अब तेजी से टूट रही है। इतिहास की गतिशील शक्तियाँ एवं विकासशील आन्तरिक प्रवृत्तियाँ इस टूटती हुई सामन्तवादी प्रथा के बीच से भारतीय समाज को 'समाजवाद' की ओर खींचे लिए जा रही हैं। 'सामूहिक सम्पत्ति' एवं 'सामूहिक श्रम' ही वे आधारभूत सैद्धान्तिक मान्यताएँ हैं जिस पर 'समाजवाद' का भवन खड़ा होता है। इस 'सामूहिक-सम्पत्ति' और 'सामूहिक श्रम' के लिए यह आवश्यक हो जाता है कि पहले समाज से 'व्यक्तिगत सम्पत्ति' (Private property) एवं 'व्यक्तिगत-श्रम' की प्रथा का नाश हो जाए। क्योंकि व्यक्तिगत-सम्पत्ति का अन्त हो जाने के उपरान्त ही वह अपने वैयक्तिक-बन्धनों से मुक्त हो पाएगा और सह-अस्तित्व के उस धरातल पर खड़ा होने की स्थिति में होगा जिसमें 'सामूहिक श्रम' एवं 'सामूहिक-सम्पत्ति' ही एकमात्र लक्ष्य बन सकती है। इतिहास की सतत विकासशील शक्तियाँ यह कार्य स्वयं कर रही हैं—इस तथ्य से प्रेमचन्द भली-भाँति अवगत हो चुके थे। एक ओर जमींदारों को लगान एवं बेगार के लिए किसान रुपया जुटाने में असमर्थ

था, दूसरी तरफ महाजन कर्ज में एक के बदले उससे दस वसूल करता था। तनाव की इस स्थिति को वह कुछ समय के लिए तो अवश्य सह लेता है। पर सामाजिक-विषमताओं की लगातार जो कटु मार उस पर पड़ती रहती है, वह अन्त में उसे विवश कर देती है कि वह जमीन का मोह छोड़ दे। इस तथ्य को प्रेमचन्द ने अपनी कहानी 'पूस की रात' में बड़े ही कलात्मक ढंग से चित्रित किया है। 'हलकू' किसान है। खेत पर किए गए अपने अथक परिश्रम के पश्चात् भी जमींदार को लगान देने के लिए उसके पास तीन रुपया तक नहीं बच पाता। फिर भी जमीन का मोह उसे गाँव से बाँधे है, सामन्तवादी मनोवृत्ति उसे बन्धन तोड़कर मुक्त होने की छूट नहीं देती। पर परिस्थितियों की विषमता एवं सत्य की कटुता का जो अनुभव उसे होता है वह उसे बाध्य करता है कि वह मजदूरी करे और अन्त में वह मजदूरी करने के लिए प्रस्तुत हो जाता है। उसको इस तथ्य का भी बोध हो जाता है कि उसके सभी कष्ट एवं प्रतारणाओं का मूल-स्रोत सामन्ती प्रथा है, जमीन का उसको मोह है।[4] इस कहानी के छोटे से पट पर तत्कालीन समाज का जो बड़ा-सा सत्य दिखलाया गया है, उसी को प्रेमचन्द ने 'गोदान' नामक उपन्यास के वृहद् कैनवास पर सविस्तार चित्रित करने का सफल एवं प्रशंसनीय प्रयास किया है।

होरी का अन्तरंग एवं बहिरंग--दोनों सामन्ती विचारधारा से आप्लावित है। पर यह कहना कि कृषक वर्ग तो सामन्तवाद का कृष्ण-पक्ष है, वह उसके आधीन होकर भी सदा सामन्तवादी राजकुमारों (Feudal Lords) की संस्कृति का विरोधी होता है--पूरी तरह न्यायसंगत नहीं। फिल्ट्रेशन के सिद्धान्त के अनुसार सामन्ती मनोवृत्ति समय के साथ कृषकों के रंगों में धीरे-धीरे उतरती जाती है और एक समय यह सामन्ती संस्कृति प्रसार पाकर किसानों के रक्त में पूरी तरह घुल-मिल जाती है। ऐसी अवस्था में सामन्ती संस्कृति और किसानों की संस्कृति में कोई अन्तर नहीं रह जाता। होरी भी उसी किसान वर्ग का एक व्यक्ति है जिसके रग-रग में, रक्त के एक-एक कतरे में वर्षों से चली आती सामन्ती-संस्कृति बुरी तरह अपना घर बना चुकी है।

सामन्ती-संस्कृति का आधार धरती है। धरती ही सामन्ती युग की उत्पादन प्रणाली का वह मूल बिन्दु है। जिसके आधार पर जमीन्दार अथवा सामन्ती राजे-महाराजे किसानों का शोषण करते हैं। ऐसी धरती से जब एक ओर किसान अपना अभिन्न सम्बन्ध स्वीकार कर बैठता है और दूसरी ओर जमींदारों को धरती का स्वामी और अपने को उसका दास समझने लगता है, तब वह जान-अनजान में शोषणकारी सामन्ती-संस्कृति को ही और पुष्ट करता है। होरी भी स्वयं अपने को धरती का स्वामी नहीं मानता। एक ओर तो वह धरती से सदा चिपटा रहना चाहता है और दूसरी ओर अपने शोषण के बावजूद भी वह 'रायसाहब' (जमींदार) को ही सदा उसका स्वामी घोषित करता रहता है।[5]

जिस समय प्रेमचन्द ने 'गोदान' की रचना की, उस समय सामन्ती प्रथा टूट रही थी। सामन्तवादी प्रथा के टूटने एवं बिखरने का अर्थ ही होता है जमीन के प्रति किसान

के मोह का टूटना। जमीन के मोह के टूटने का दूसरा अर्थ होता है मजदूर बनना। यही मजदूर वर्ग, आगामी 'समाजवादी' प्रथा का आधार-स्तम्भ होता है। वस्तुतः गोदान की सम्पूर्ण कहानी सामन्ती आस्था के टूटने की कहानी है। पर इसका टूटना आसान न था। हजारों वर्षों से हमारे रक्त में प्रवाहित होने के कारण जो संस्कृति उसमें अच्छी तरह घुल-मिलकर, आत्मा में बहुत गहराई तक उतर चुकी थी, वह स्वयं कितनी बड़ी शक्ति होगी, इसका सहज में अनुमान लगाया जा सकता है। 'होरी' का जीवन, दो पाटों--सामन्ती एवं समाजवादी--के तनाव के बीच में गुजरता है। वह एक ओर सामन्ती मान्यताओं से लड़ता है तो दूसरी ओर मजदूर वर्ग की सत्ता पर आधारित समाजवादी प्रथा अपनाने से इनकार भी करता है। पर इतिहास की गतिशील शक्तियाँ समाज को प्रगति के किस पथ पर ले जा रही थीं, यह 'गोदान' के रचयिता को भली-भाँति विदित था। उसका द्रष्टा पक्ष, वस्तु-स्थिति का सही-सही विश्लेषण करने में समर्थ हो चुका था। अतः अन्तर्द्वन्द्व की इस स्थिति का अन्त 'गोदान' में इतिहास की गतिशील प्रवृत्तियों के विजय में ही घोषित होता है। होरी अपने जीवन का सम्पूर्ण श्रम और अपनी खोखली आस्था की पूरी शक्ति लगाकर जमीन से चिपटा रहना चाहता है, पर जमींदार के लगान, महाजन के कर्ज आदि अन्यान्य ऐतिहासिक कर्जों द्वारा उसे जमीन का मोह अन्त में त्यागना पड़ता है। सामन्तवादी विकृतियों से लड़ता-लड़ता वह टूट जाता है, पर उसका दम तोड़ने का अर्थ ही है, पुरानी सामन्तवादी प्रथा पर निहित आस्था का चूर-चूर होना। एक पीढ़ी (होरी) सामन्तवादी प्रथा से लड़ते-लड़ते अन्त में टूट जाती है और टूटकर भावी जीवन (समाजवादी) की आस्था की ओर संकेत देती है और दूसरी पीढ़ी (गोबर) उस आस्था को अपने जीवन में उतारकर, उसे कर्मक्षेत्र (समाज) में स्थापित कर देता है। स्रष्टा एवं द्रष्टा पक्ष की इस एकरूपता के ही कारण 'गोदान' समसामयिक अन्य उपन्यासों से अधिक विशिष्ट एवं शक्तिशाली (forceful) है। 'गोदान' की सफलता एवं सार्थकता का यही प्रमुख कारण है।

बाल्जाक, तुलसी और प्रेमचन्द (गोदान) के साहित्य का संक्षेप में विवेचन कर लेने के पश्चात हम इसके आधार पर यह देखने की चेष्टा करेंगे कि साहित्य रचना के समय, साहित्यकार की अपनी विचारधारा एवं उसकी अपनी कल्पनाशक्ति वस्तुगत यथार्थ को किस प्रकार प्रभावित करती है। साहित्यिक-प्रक्रिया का विश्लेषण करते समय हम यह देख चुके हैं कि साहित्य-सृजन के समय साहित्यकार अपनी कल्पना शक्ति का भी उपयोग करता है। कल्पना का वह उपयोग अवश्य करता है पर उसकी यह कल्पना वस्तुतः वस्तुगत-यथार्थ को उसकी सम्पूर्णता में देखने के लिए प्रयुक्त होती है, वह वास्तविकता को एक तरफ गहराई से देखने की अन्तर्दृष्टि प्रदान करती है और दूसरी ओर उसको आकाश का विस्तार भी देती है। प्रत्येक कल्पना का आधार यथार्थ की धरती होती है, और जब तक उसका पैर वस्तुगत-यथार्थ की धरती पर टिका रहता है, वह मर्यादित, स्पष्ट और सन्तुलित होती है। ठीक उसी प्रकार जैसे पतंग को आकाश में उड़ने की पूरी स्वतन्त्रता रहती है पर उसका एक छोर सदा धरती पर खड़ा रहनेवाले

मनुष्य के हाथ में रहता है। जहाँ उसके इस 'केन्द्रोन्मुखी शक्ति' (Centrepital force) का आधार टूटा, वह हवा में चक्कर खाने लगता है और कुछ ही समय में छिन्न-भिन्न हो धरती पर आ गिरता है। 'तुलसी-साहित्य' में कल्पना का सामाजिक आधार जहाँ कहीं भी टूटा है, वहीं आन्तरिक असंगतियाँ आविर्भूत हो उठी हैं। प्रेमचन्द के साहित्य (गोदान) में कल्पना का प्रचुर प्रयोग है पर वह वस्तुगत यथार्थ के 'केन्द्रोन्मुखी शक्ति' से सम्बद्ध है। और यही कारण है कि वह वस्तुगत यथार्थ को और भी सटीक तथा व्यापक बनाने में सहायक सिद्ध होता है।[6]

कल्पना के माध्यम द्वारा वस्तुगत-यथार्थ को जिस गहराई एवं व्यापकता से देखने की ऊपर चर्चा की गई है, उसकी भी प्रक्रिया को भली भाँति समझ लेना चाहिए। अन्यथा कहीं हमारे मन में यह भ्रांति न रह जाए कि साहित्यकार के मन में जो 'मूर्तरूप' (Structure) अपना आकार, ग्रहण करता है वह वस्तुगत-यथार्थ की अनुकृति मात्र रहता है; कल्पना तो उस धुँधली 'मूर्तरूप' (वस्तुगत-यथार्थ) को केवल और भी स्पष्ट करने के लिए प्रयुक्त होती है।

मैं पहले कह चुका हूँ और अब भी यह दुहरा देना चाहता हूँ कि साहित्य, सृजनात्मक प्रक्रिया का परिणाम होता है। वह किसी वस्तु का सृजन होता है, वस्तुगत-यथार्थ की अनुकृति अथवा यथातथ्य अभिव्यति नहीं। 'मिमेसिस' (Mimesis) के सिद्धान्त को एक सीमा तक स्वीकार करते हुए भी अरस्तु ने बहुत पहले ही यह प्रतिपादित किया था कि साहित्यकार, जीवन में जो नित्य घटता है उसका चित्रण नहीं करता, वह तो जिसके घटने की सम्भावना रहती है, जिसका घटना उस स्थिति-विशेष में स्वाभाविक होता है, उसका वर्णन प्रस्तुत करता है। उसके अनुसार 'Improbable possibility' की तुलना में 'Probable impossibility' वस्तुगत-यथार्थ को अधिक सच्चाई और गहराई से व्यक्त करती है। इसी तथ्य को और भी सुस्पष्ट करते हुए आलोचक बेलिंस्की कहता है–"काव्य सम्भावित यथार्थ का रचनात्मक-रूपान्तर है।" यथार्थ के साथ जुड़ा हुआ 'सम्भावित' शब्द इस तथ्य की ओर संकेत करता है कि कलाकार न तो फोटोग्राफर है ओर न इमिटेटर। एक ओर काव्य को 'रचनात्मक रूपान्तर' कह कर वह साहित्यकार के स्रष्टा पक्ष की ओर संकेत करता है और दूसरी ओर 'सम्भावित यथार्थ' का परिणाम घोषित कर 'कल्पना-तत्त्व' के योग को अनिवार्य बना देता है जिसके सहारे साहित्यकार उन समस्त तथ्यों का अंकन करने के लिए स्वतन्त्र छोड़ दिया जाता है जिनको वह कल्पनाशक्ति द्वारा यथार्थ का रूप दे सकने में समर्थ हो। "साहित्यकार किसी भी रूप एवं अनुभूति का चित्रण करने के लिए पूर्णतया स्वतन्त्र है, शर्त केवल एक है कि उसकी कल्पना द्वारा उद्भूत संसार यथार्थ की सम्भावना से परे न हो।"[7]

पहले यह निर्देश दिया जा चुका है कि वस्तुगत-यथार्थ के मूर्त-रूप को हम तीन विभिन्न स्तरों पर देखने की चेष्टा करेंगे। बाह्य जगत, और कल्पना में गृहीत उसके रूप से हम अवगत हो चुके हैं। लेकिन अभी यह देखना शेष है कि साहित्यकार की कल्पना

में जो मूर्तरूप आकार लेता है, वह साहित्य के क्षेत्र में किस रूप में अपनी अभिव्यक्ति पाता है। क्या कल्पना में निर्मित 'स्ट्रक्चर' हू-ब-हू साहित्य में अंकित होता है अथवा साहित्यिक अभिव्यक्ति की प्रक्रिया में उसका कुछ रूप परिवर्तन हो जाता है।

प्रश्न कुछ जटिल है और उसको ठीक उसी रूप में न देखकर पहले हमें यह देखने की कोशिश करनी होगी कि साहित्य का मूल मर्म क्या है और वह साहित्य के किस अंग-विशेष में स्थित रहता है। दूसरे शब्दों में कहें तो जो रसानुभूति पाठक के हृदय में होती है वह साहित्य के किस पक्ष का परिणाम होता है। विषय के अनपेक्षित विस्तार में न जाकर मैं यहाँ पर साहित्यशास्त्र के अधिकारी विद्वान श्री बाल सीताराम मर्ढेकर द्वारा प्रतिपादित सिद्धान्त को ही व्यक्त कर सन्तोष लेना चाहूँगा।[8]

साहित्य को रसानुभूति के स्तर पर प्रतिष्ठित करनेवाली शक्ति को श्री मर्ढेकर ने पहले तीन विभिन्न क्षेत्रों में ढूँढ़ने का प्रयास किया है। 1—अभिव्यक्ति पद्धति में, 2—जो व्यक्त करता है अर्थात् कलाकार की कल्पना में निर्मित मूर्तरूप (Structure) और उसको व्यक्त करने के साधन (अभिव्यक्ति पद्धति) के परस्पर सम्बन्ध में, और (3) जो व्यक्त करता है अर्थात् कल्पना में जो मूर्तरूप (Structure) अपना स्वरूप ग्रहण करता है उसमें। और पूरी विवेचना के पश्चात् वे इस निष्कर्ष पर पहुँचते हैं कि साहित्य की वह अन्तर्शक्ति, जो किसी रचना को साहित्य की संज्ञा से बोधित कराने में समर्थ होती है, वह मूलरूप में इन तीन क्षेत्रों में से किसी एक में भी विद्यमान नहीं रहती। उनके अनुसार, साहित्य संभावित घटनाओं (यथार्थ) की केवल सरल माला के रूप में न होकर, भावनात्मक लयों की एक आकृति-विशेष होता है। साहित्य केन्द्रोन्मुखी मुख्य भावना और कभी उसको काटती, कभी उसके समानान्तर चलती हुई परन्तु सदा उसके साथ तादात्म्य स्थापित करनेवाली उपभावनात्मक लयों का परिणाम होता है। अर्थात् भावनात्मक लयों की जो अनुभूति पाठक को होती है, वही साहित्य का मूल एवं सौन्दर्य पक्ष है जिसकी विशिष्टता के आधार पर किसी रचना को हम साहित्य अथवा कलाकृति की संज्ञा से बोधित कर सकते हैं।

श्री मर्ढेकर की इस उपपत्ति को निष्कर्ष रूप में स्वीकार करते हुए अब यह देखना अनुचित न होगा कि वस्तुगत यथार्थ (Objective Reality) की जो परिणति साहित्यकार की कल्पना में होती है, उस मूर्तरूप (Structure) का साहित्य के इस भावनापरक लय-संधान के साथ क्या सम्बन्ध है ? साधन-साध्य के सम्बन्ध की इस चर्चा के पश्चात् ही हम यह देखने में समर्थ हो सकते हैं कि साहित्यकार के मन में बनी मूर्त-छवि साहित्य में किस रूप में अपनी अभिव्यक्ति पाती है।

हम इस तथ्य से परिचित हैं कि ज्ञात से अज्ञात की ओर बढ़ने की प्रणाली ही अधिक वैज्ञानिक होती है। भौतिक से आधिभौतिक और स्थूल से सूक्ष्म तत्त्व की ओर जाना ही अधिक संगत और बोधगम्य है। अतः भौतिक जगत के क्षेत्र में नित्य-प्रति के व्यवहार्य नियम को देखते और समझते हुए ही हम साहित्य में व्याप्त लय अथवा रस की आधिभौतिक सत्ता तक पहुँचने का प्रयास करेंगे। साधारणतया हम यह देखते हैं कि

जब एक पत्थर का टुकड़ा सरोवर में फेंका जाता है, तब वह जल में लहरों के एक क्रम को जन्म देने में समर्थ होता है। वाह्यजगत की किसी भी स्थूल सत्ता द्वारा हवा में दबाव डालकर ध्वनि की छोटी-छोटी लहरियाँ उत्पन्न की जा सकती हैं। इसी प्रकार पाठक को भी भावनात्मक लयों की अनुभूति उसी अवस्था में होना सम्भव है जब उसकी चेतना में कोई स्थूल मूर्त-रूप (Concrete structure) व्यवघात डालने में समर्थ हो। वस्तुतः कलाकार की कल्पना में निर्मित वस्तुगत यथार्थ का मूर्त-रूप ही साहित्य में अपनी अभिव्यक्ति पाकर पाठकों की तरल चेतना में भावनापरक लहरियों का निर्माण करने में समर्थ होता है।

लहरियों की उत्पत्ति, स्थूल वस्तु का तरल पदार्थ पर हुए संघात के फलस्वरूप होता है अतः उसकी रूप-प्रवृत्ति का सम्बन्ध सीधे स्थूल-वस्तु-तरल पदार्थ एवं उसमें हुए संघात से है। अर्थात् लहरों की रूप-प्रकृति (रूप आकार में छोटी बड़ी अथवा प्रकृति में उसकी गत्यात्मक शक्ति) इस बात पर निर्भर करेगी कि स्थूल वस्तु का रूप आकार क्या है, उसकी प्रकृति क्या है, तरल पदार्थ का घनत्व (Density) कितना है, संघात कितनी शक्ति के साथ किया गया है। वैज्ञानिकों का तो यह भी दावा है कि तरल पदार्थ का घनत्व जानने के पश्चात् उसमें उत्पन्न हुई लहरियों की रूप प्रकृति के आधार पर वे स्थूल-वस्तु का रूप-आकार ठीक-ठीक बतला सकते हैं। ध्वनि के क्षेत्र में भी हम यह देखते हैं कि निश्चित रूप ग्रहण कर जब जिह्वा मुँह के भीतर की हवा पर आघात करती है तब एक निश्चित प्रकार की स्वर लहरियों का आविर्भाव होता है। ये ही लहरियाँ अपने रूप-प्रकृति के अनुसार एक निश्चित व्यंजनात्मक ध्वनि को जन्म देने में सफल हैं। इन तथ्यों के आधार पर हम यह कह सकते हैं कि कलाकार के मानस में वस्तुगत-यथार्थ जो रूप ग्रहण कर, साहित्य में अपनी अभिव्यक्ति पाता है, वही मूर्तरूप (Structure) इस तथ्य को निर्धारित करता है कि पाठक की तरल चेतना में किस प्रकार की भावना परक लहरियाँ उत्पन्न हों ! अर्थात् मूर्त रूप और भावनात्मक लयों की प्रकृति 'डाइरेक्ट प्रोपोर्शनल' (Direct Proportional) हैं। चेतना रूपी जल को अगर 'कान्सटैंट फैक्टर' (Constant Factor) मान लिया जाए (अर्थात् पाठक पूर्ण सहृदय हो) तब भावनापरक लहरियों का सीधा सम्बन्ध साहित्य में व्यक्त मूर्त रूप से स्थापित हो जाता है।

हम यह भी देखते हैं कि जो स्थूल वस्तु लहरों को उत्पन्न करती है, वह जल में कभी तैरती रहती है और कभी उसी में डूब जाती है। तैरती रहकर वह वस्तु तब तक लहरों को उत्पन्न करने में समर्थ होती है जब तक उसका जल के साथ सम्बन्ध बना रहे। यही स्थिति साहित्य में भी देखी जा सकती है। जब तक पाठक की तरल चेतना के साहित्य में व्यक्त मूर्त-रूप (Structure) का सम्बन्ध बना रहता है, पाठक अपनी चेतना में उठी भावनात्मक लहरियों का अनुभव करता है। अतः पुस्तक बन्द कर देने के पश्चात् भी कभी-कभी साहित्य में अभिव्यक्त तथ्य पाठक की चेतना को आलोड़ित कर (लहरियों का निर्माण कर) उसे रसमग्न करने में समर्थ होता है।

तैरने के समय स्थूल-वस्तु का अधिकांश भाग जल के भीतर डूबा रहता है और

साधारणतया दृष्टि से वह ओझल ही रहता है। लेकिन अदृश्य रहकर भी वह लहरों के निर्माण में योग देता है। ठीक उसी प्रकार साहित्यकार की कल्पना में वस्तुगत यथार्थ का जो मूर्त रूप अपना आकार ग्रहण करता है, वह साहित्य में अपनी पूरी अभिव्यक्ति नहीं पाता। उसका कुछ रूप व्यक्त साहित्य के धरातल के नीचे रहने के कारण अव्यक्त ही रहता है पर उस मूर्त रूप का व्यक्त और अव्यक्त, दोनों रूप भावना की लयबद्ध अनुभूति में सहायक होता है।

साहित्यकार अपने मस्तिष्क में जिस मूर्त रूप का निर्माण करता है उसको संकेतात्मक बिन्दुओं अथवा रेखाओं द्वारा ही साहित्य में वह अभिव्यंजित करता है। अगर पाठक सहृदय एवं उद्‌बुद्ध (Elivated) है तब कल्पना एवं भावनाशक्ति, इन प्रतीकात्मक बिन्दुओं की सहायता से मूर्त रूप का पूरा परिचय प्राप्त कर लेगा। जो पाठक जितना ही सहृदय होगा, जिसकी चेतना जितनी ही जागृत एवं उद्‌बुद्ध होगी, वह उसी के अनुपात में रसमग्न होने की स्थिति में होगा। रसानुभूति के लिए यह आवश्यक है कि पाठक अपनी कल्पना का उपयोग रिक्त-स्थानों की पूर्ति के लिए करे। फोटोग्राफी और चित्रकला अथवा जीवनी और जीवनीपरक उपन्यास में यही तो प्रमुख अन्तर है। फोटो अथवा जीवनी में व्यक्ति की आकृति अथवा उसके कार्यों का लेखा-जोखा हू-ब-हू वैसा ही अक्स या वर्णित कर दिया जाता है। पर कलात्मक चित्र अथवा जीवनीपरक उपन्यास में व्यक्ति की आकृति या उसके गुण-कार्यों को निश्चित संकेतात्मक गुणों द्वारा केवल 'रिप्रजेंट' (Represent) कर दिया जाता है। शेष स्थलों की पूर्ति पाठक अपनी कल्पना के माध्यम द्वारा स्वयं ही कर लेता है। साहित्य का यह सत्य कवि कुँवरनारायण की इन पंक्तियों में अत्यन्त स्पष्ट रूप में व्यक्त हुआ है—

ए अजान
तुम तक यदि मेरा भावोद्रेक पहुँचे,
तो इस कोलाहल को अपने आकाशों में भरसक अपनाना,
तुम्हें आश्चर्य होगा यह जानकर
कि कवि तुम हो,...
और मैं केवल कुछ निस्पृह तत्त्वों का एक नया समावेश
तुम्हारी कल्पना के आसपास मँडराता हुआ
जीवन की सम्भावनाओं का एक दृढ़ संकेत...

(चक्रव्यूह–पृ. 3)

कि कवि तुम हो (अर्थात कल्पना का प्रयोग मुझसे अधिक तो तुम्हें करना है) के सत्य का पता तो तब चलता है जब हम यह देखते हैं कि तैरनेवाले विशाल हिमखंडों का भी केवल 1/10 भाग ही जल की सतह से ऊपर रहता है, शेष तो सतह से नीचे रहने के कारण अदृश्य ही रहता है।

मैं समझता हूँ कि इस पूरी विवेचना के उपरान्त साहित्य सम्बन्धी इन निम्नलिखित तथ्यों को हम प्रतिपादित करने की स्थिति में पहुँच चुके हैं।

(1) साहित्य एक सृजनात्मक प्रक्रिया का परिणाम है (2) इस सृजनात्मक-प्रक्रिया का स्थूल उपादान (Raw Material) वस्तुगत यथार्थ (Objective Reality) है। (3) इस प्रक्रिया में कल्पना तत्त्व (Imagination) का भी योग अपेक्षित है। (4) यह कल्पना, पतंग की भाँति मुक्त आकाश में विचरण करने के लिए तो स्वतन्त्र है पर उसका एक छोर सदा वस्तुगत यथार्थ की धरती से सम्बद्ध रहता है। (5) कल्पना के प्रयोग पश्चात 'वस्तुगत-यथार्थ' के इस धरातल पर उतरकर ही वह साहित्य में अपनी अभिव्यक्ति पाता है। अर्थात् व्यक्ति की कल्पना और संस्कृति के योग से साहित्यकार के मानस में जिस मूर्त रूप (Structure) का निर्माण होता है वह मूल रूप में वस्तुगत यथार्थ पर आश्रित होते हुए भी उससे सर्वथा भिन्न होता है। (6) साहित्य के मूल में छिपी अन्तर्शक्ति जो साहित्य को साहित्य के गुण से विभूषित करती है वह साहित्य की अभिव्यक्ति पद्धति, साध्य-साध्यनुकूल साधन के पारस्परिक सम्बन्ध, अथवा साहित्यकार के मानस में अवस्थित मूर्त रूप (Structure)–में स्थित नहीं रहती। (7) साहित्य का यह मर्म भावनात्मक तरंगों की लयबद्ध आकृति में छिपा रहता है। (8) कारण-कार्य के न्याय के अनुसार वस्तुगत-यथार्थ का वह रूप जो साहित्यकार के मानस में अपना रूप परिवर्तन कर साहित्य में अभिव्यक्ति पाता है, भावनापरक लय अथवा रसानुभूति के तरंगों के निर्माण के कारण होता है।

सन्दर्भ

1. लेखक ने इस तथ्य का विवेचन विस्तार के साथ एम.ए. के परीक्षार्थ प्रस्तुत अपने प्रबन्ध "आलोचना का प्रगतिवादी दृष्टिकोण"–में किया है। ('प्रगतिशील आलोचना' के नाम से यह प्रबन्ध 1962 में पुस्तकाकार प्रकाशित हुआ जिसका विवरण अन्यत्र है।–सम्पादक।)
2. विशेष अध्ययन के लिए देखिए लेखक का लेख–"वर्ग-संघर्ष, जनता और साहित्य"–युगचेतना, अप्रैल, '58 वर्ष 4, अंक 4। (यह आलेख इस संग्रह में संकलित है।–सम्पादक)
3. विशेष अध्ययन के लिए देखिए लेखक का लेख–'तुलसी-साहित्य के अन्तर्विरोधी स्वर'–'युग-चेतना', फरवरी, '58, वर्ष 4, अंक 2। (यह आलेख इस संग्रह में संकलित है।–सम्पादक)
4. 'पूस की रात' कहानी का अन्त इन शब्दों से होता है :–
   ("दोनों खेत की दशा देख रहे थे। मुन्नी के मुख पर उदासी छाई हुई थी; पर हल्कू प्रसन्न था।
   मुन्नी ने चिन्तित होकर कहा–अब मजूरी करके मालगुजारी भरनी पड़ेगी।
   हल्कू ने प्रसन्न मुख से कहा–रात की ठंड में यहां सोना तो न पड़ेगा।")
   "हिन्दी कहानियाँ"–संकलनकर्ता डॉ. श्रीकृष्णलाल, पृ. 158
5. 'गोदान' के दो स्थल–
   (अ) होरी ने झुंझलाकर कहा...जैजात किसी से छोड़ी जाती है...हमीं को खेती से क्या मिलता है ? एक आने नफरी की मजदूरी भी तो नहीं पड़ती। जो दस रुपए महीने का नौकर है, वह भी हमसे अच्छा खाता-पीता है, लेकिन खेतों को छोड़ा नहीं जाता। ..खेतों में जो मरजाद है, वह नौकरी में तो नहीं है।...) पृ. 20-21।

(ब) (होरी बोला–सलामी करने न जाएँ तो रहें कहाँ। भगवान ने जब गुलाम बना दिया है, तो अपना क्या बस है।...) पृ. 18।

प्रेमचन्द–'गोदान', 'आठवाँ संस्करण, अप्रैल 1946।

6. 'बाल्जाक', 'तुलसी' और 'प्रेमचन्द' के साहित्य में व्याप्त स्रष्टा एवं द्रष्टा पक्ष के सन्तुलन का केवल यहाँ पर विवेचन प्रस्तुत किया गया है, अतः इस विवेचना के आधार पर यह सोचना कि प्रेमचन्द बड़े हैं कि तुलसी, अथवा बल्ज़ाक और तुलसी में कौन श्रेष्ठ है–भ्रामक होगा।
7. विशेष अध्ययन के लिए देखिए–लेखक का लेख–

   (अ) 'मार्क्सवादी साहित्य-समीक्षा'–समालोचक

   (ब) 'आलोचक बेलिंस्की का कला सिद्धान्त'–युगचेतना

   (ये दोनों आलेख इस संग्रह में संकलित हैं।–सम्पादक)
8. मैं श्री मर्ढेकर के प्रतिपादित सिद्धान्त से पूर्णतया सहमत हूँ और जिसको इसकी विस्तृत व्याख्या देखनी हो वह उनकी पुस्तक "Art and man" पढ़े।

मार्क्सवादी साहित्य-समीक्षा*

प्रथम महायुद्ध की घटना अपने में इतनी विशिष्ट थी कि उसने भारतीय जनजीवन की दृष्टि को अपनी संकुचित परिधि तोड़कर विश्व के अन्य भागों की ओर भी देखने के लिए विवश किया। चैतन्य होकर भारतीयों ने विदेशों में होनेवाली घटनाओं के भी अध्ययन की ओर ध्यान देना प्रारम्भ किया। साथ ही भारत की राष्ट्रीय चेतना जिस राजनीतिक, सामाजिक एवं सांस्कृतिक रेखाओं के विकास के लिए तत्पर एवं उत्सुक थी उसके लिए नवनिर्माण के नूतन मानदंड की आवश्यकता थी और उसकी इस आवश्यकता की पूर्ति पूर्वी एवं पाश्चात्य दोनों क्षेत्रों के संचित ज्ञानभंडार की आधारशिला पर ही होना सम्भव था। इसलिए उस समय के जागरूक एवं उद्बुद्ध वर्ग (Intelligentsia Class) ने जब एक तरफ भारत के अतीत गौरव की ओर दृष्टि-निक्षेप किया उस समय उन्होंने पाश्चात्य सभ्यता की अमूल्य देन—वैज्ञानिक सिद्धान्तों की सटीक व्याख्या की भी उपेक्षा नहीं की। सामाजिक परिवर्तन एवं बदलती हुई इस मूल्यांकन वृत्ति से हिन्दी-साहित्य प्रभावित हुए बिना नहीं रहा। जिस प्रकार पाश्चात्य प्रभाव से भारतीय समाज प्रभावित हो रहा था, उसी प्रकार समाज की चित्तवृत्तियों की अभिव्यंजना करनेवाला भारतीय साहित्य भी।

यह बताने की आवश्यकता नहीं कि किस प्रकार सन् 1935 तक आते-आते मार्क्स के दर्शन ने भारत के राजनीतिक नेताओं की विचारधारा को अपने सिद्धान्तों द्वारा उद्वेलित कर दिया था, किस प्रकार भारतीय जनजीवन के लिए भी वे मार्क्स के समाजवादी सिद्धान्त की उपयोगिता को स्वीकार करने लगे थे। सच तो यह है कि साहित्य में यही उपयोगिता 'प्रगतिवाद' के नाम से व्यक्त हुई। यह ठीक है कि मार्क्सवाद कोई साहित्यशास्त्र नहीं है, पर वह एक जीवन-दर्शन है, अतः प्रत्येक मानव-कर्म की व्याख्या उसके द्वारा प्रस्तुत की जा सकती है। साहित्य, मानव-समाज के अन्तस्तल में प्रवाहित होनेवाली रसात्मक धारा की भाषाबद्ध अभिव्यक्ति है, अतः साहित्य की भी व्याख्या मार्क्सवादी विचार प्रणाली एक निश्चित दृष्टिकोण से प्रस्तुत करती है।

विदेशी साहित्य में मार्क्सवादी दृष्टिकोण से लिखे गए लेख एवं प्रसिद्ध मार्क्सवादी आलोचकों की साहित्यपरक धारणाओं का भी प्रगतिवाद पर व्यापक प्रभाव पड़ा। इन

* सर्वप्रथम 'समालोचक' (सं. डॉ. रामविलास शर्मा) के सितम्बर 1958 अंक में प्रकाशित।

धारणाओं को हिन्दी-साहित्य में अपनाने की वृत्ति 1940 तक आते-आते इतनी उग्र हो गई कि संस्कृत साहित्य के प्रसिद्ध साहित्यकारों एवं साहित्य-शास्त्र के पंडितों तथा समकालीन भारतीय प्रमुख साहित्यकारों एवं आलोचकों की उपेक्षा कर विदेशी-मार्क्सवादी-साहित्यिक समीक्षकों की उक्तियों को प्रधानता दी जाने लगी थी। समीक्षकों में बेलिसकी, चर्नीशेव्सकी, प्लेखानोव, काडवेल, हावर्ड फास्ट, गोर्की, ट्राट्स्की, राल्फ फॉक्स, माओ-त्से-तुंग, इल्या-रेनबुर्ग, जार्ज ल्यूकाम्स के नाम विशेष रूप से उद्धृत मिलते हैं।

साहित्य के क्षेत्र में मार्क्सवादी दृष्टिकोण का भी अपना एक इतिहास है। अपने विकास की गति में इसको कई रूप ग्रहण करने पड़े, जिसको सुविधा की दृष्टि से हम निम्नलिखित भागों में विभाजित कर सकते हैं :–

--(1) **आदर्शवाद समन्वित भूतात्म (Spirit and Matter) तत्त्व के आग्रह की अवस्था**

[बेलिंस्की, चर्नीशेव्सकी, दोब्रोल्यूबोव]

–(2) **भूत तत्त्व (matter) के आग्रह की अवस्था**

(क) कविता का क्षेत्र

[प्लेखानोव, काडवेल, जार्ज थाम्सन]

(ख) कथा-साहित्य का क्षेत्र

[गोर्की, हावर्ड फास्ट, राल्फ फॉक्स]

–(3) **मध्यवर्ती अवस्था** (Intermediary phase)

[माओ-त्से-तुंग]

--(4) **यथार्थवाद समन्वित भूतात्म तत्त्व के आग्रह की अवस्था**

[इल्या इरेनबुर्ग, जार्ज ल्यूकाम्स एवं अन्य]

1. आदर्शवाद समन्वित भूतात्म तत्त्व के आग्रह की अवस्था : इस काल के समीक्षकों में विशेष रूप से तीन व्यक्तियों के नाम उल्लेखनीय हैं जिन्होंने रूसी-साहित्य में गहराई तक धँसी आसमायिक सामन्तशाही प्रवृत्तियों की तीव्र आलोचना कर साहित्य को जनसाधारण के साथ सम्पर्क स्थापित करने में अपरिमित सहायता दी, और वे हैं बेलिंस्की, चर्नीशेव्सकी, और दोब्रोल्यूबोव। इनमें भी बेलिंस्की का नाम सबसे अधिक आदर के साथ लिया जाता है।

बेलिंस्की एक निर्भीक, क्रान्तिकारी आलोचक था। उसकी दृष्टि इतनी सीधी एवं पैनी थी कि आलोचना के समय उसके एवं आलोच्य वस्तु के बीच कोई व्यवधान शेष नहीं रह जाता। आलोचना की इस तीक्ष्ण दृष्टि का ही परिणाम था कि गोगोल को महान साहित्यकार के रूप में स्वीकार करते हुए उसने उसकी रचनाओं से ध्वनित

सामन्तवादी विचारधारा की कटु आलोचना भी की। गोगोल के नाम लिखा हुआ उसका पत्र [2] उसकी सूक्ष्म अन्वीक्षण शक्ति का ही परिचय नहीं देता अपितु उसके हृदय में लोक-कल्याण की जो अजस्र धारा प्रवाहित हो रही थी, उसको भी स्पष्ट कर देता है। जुलाई 3, सन् 1847 को लिखा हुआ उसका यह पत्र आनेवाली पीढ़ी के लिए क्रान्ति का जलता मशाल बन गया।

बेलिंस्की एवं इस युग के अन्य आलोचक (चर्नीशेव्सकी एवं दोब्रोल्यूबोव) साहित्य को निरा मनोरंजन का साधन नहीं समझते थे। बेलिंस्की के अनुसार समाज कल्याण की भावना से कला को वंचित करने का अभिप्राय है कला को विकृत करना।[3] चर्नीशेव्सकी के मत में भी कला को मनोरंजन का साधन न होकर किसी-न-किसी आवश्यक लक्ष्य की पूर्ति में सहायक होना ही चाहिए। "धन का अस्तित्व इसलिए है कि मनुष्य उसका उपयोग करे, विज्ञान इसलिए है कि वह मनुष्य का मार्गनिर्देश करे, उसी प्रकार कला को भी केवल मनोरंजन के लिए न होकर किसी न किसी सारभूत लक्ष्य की पूर्ति में योग देना ही चाहिए।"[4]

इस काल में अवसर एवं आकस्मिकता (Chance) के सिद्धान्त का भी तीव्र विरोध हुआ। किसी भी घटना का घटित होना किसी निश्चित आवश्यकता का परिणाम होता है। कार्य-कारण की परम्परा के परिदृश्य में ही हम किसी भी वस्तु को उसकी सम्पूर्णता के साथ जानने में समर्थ हो सकते हैं। इसलिए आलोचकों ने लिखा–"महान् ऐतिहासिक घटनाएँ आकस्मिक रूप से नहीं घटतीं। वे अपनी पूर्ववर्ती घटनाओं की ही आवश्यक परिणति होती हैं।[5]

जिस विचार पद्धति का बीज 'मिच्यूरिन' के द्वारा जीवविज्ञान के क्षेत्र में डाला गया, तत्पश्चात् 'लाइसेन्को' ने जिसको अंकुरित होने में सहायता दी, वह इस युग में पहले ही अपनाया जा चुका था। मनुष्य की आन्तरिक प्रवृत्ति मूलतः 'सेल' (Cell), क्रोमोजोम (Chromosome), जीन (Gene) आदि तत्त्वों द्वारा निर्धारित नहीं होती। व्यवहार एवं आन्तरिक भावनाओं को मुख्य रूप से निर्धारित करनेवाला तत्त्व, व्यक्ति के चारों ओर फैला हुआ सामाजिक वातावरण होता है। 'बुराई मनुष्य में नहीं अपितु समाज में प्रच्छन्न रूप से रहती हैं।[6]

कलाकार की भावनाओं के विश्लेषण के लिए हमें अपनी दृष्टि को कलाकार की अनुभूतियों तक ही सीमित नहीं कर देना चाहिए। उसके उचित विश्लेषण के लिए यह आवश्यक है कि उन अनुभूतियों के प्रेरक यथार्थ-तत्त्व (Reality) की तह तक आलोचकों की पहुँच हो क्योंकि व्यक्ति की स्वानुभूति यथार्थ-तत्व को निर्धारित नहीं करती, अपितु यथार्थ ही स्वानुभूति की प्रकृति का निर्णायक होता है।[7] इसीलिए इस युग के आलोचकों ने काव्य को सामाजिक यथार्थ के परिदृश्य में देखने का आग्रह किया।

इस युग के प्रायः सभी आलोचकों ने भूत-तत्त्व (Matter) के साथ-साथ आत्म-तत्त्व (Spirit) की सत्ता को स्वीकार किया है। जिस प्रकार स्थूल शरीर और सूक्ष्म प्राण तत्त्व के योग से ही जीवित मनुष्य की सार्थकता का बोध होता है, उसी प्रकार कला क्षेत्र में

भी सजीवता तभी आ पाती है जब उसका रूप तत्त्व (Form) कलाकार की आन्तरिक चेतना एवं सूक्ष्म भावनाशक्ति (Spirit) द्वारा अनुप्राणित हो। आत्मतत्त्व विहीन भूत तत्त्व का कला के क्षेत्र में कोई स्थान नहीं। क्योंकि वह मात्र 'शव' है, मांस का एक स्थूल लोथड़ा, जिसको आकार तो मिला है पर प्राण नहीं। पर साथ ही आत्मतत्त्व निराकार एवं सूक्ष्म होने के नाते स्वयं अपने में तब तक अनुभवगम्य नहीं होता, जब तक वह अपनी अभिव्यक्ति का माध्यम नहीं ढूँढ़ लेता। उसको प्रगट होने के लिए भूत-तत्त्व का आसरा लेना ही पड़ता है, अतः ये दोनों तत्त्व एक दूसरे के पूरक हैं। वस्तु की सम्पूर्णता के लिए दोनों तत्त्व की उपस्थिति आवश्यक है।[8]

कला-क्षेत्र में आत्म-तत्त्व की सत्ता को स्वीकार कर लेने के पश्चात् रचयिता के प्रभाव की भी अस्वीकृति सम्भव नहीं हो सकती। अतः इस युग के आलोचकों ने कलाकार के व्यक्तित्व की महत्ता को शिर-सा स्वीकार करते कला की व्याख्या आन्तरिक अनुभूति की रूपगत अभिव्यक्ति के रूप में ही की है। व्यक्तित्व की महत्ता को स्वीकार करता हुआ वेलिंस्की कहता है कि कलाकार का 'स्व' ही वह माध्यम है जिसके द्वारा वस्तु एवं वस्तु द्वारा उत्प्रेरित भाव एवं विचार साहित्य में अभिव्यक्ति पाता है।[9] साथ ही वह उन समस्त कलाकारों को धिक्कारता है जो अपनी आन्तरिक अनुभूति की प्रेरणा से प्रेरित होकर कला की रचना नहीं करते। प्रत्युत धन के लिए काव्य रचना में प्रवृत्त होते हैं।[10] चर्नीशेव्सकी एवं दोब्रोल्यूबोव ने भी ऐसे लोगों की भर्त्सना की है।[11]

कला की परिभाषा देते हुए इन विचारकों ने कहा--'कला सत्यनिष्ठ वस्तु एवं कृतियों का मूर्त-छवियों के माध्यम द्वारा किया गया तात्कालिक चिन्तन है।'[12] लिफार्शट्स के अनुसार 'वास्तविक जीवन की रूपक अभिव्यक्ति ही मूर्तछवि है।'[13] एक ओर 'तात्कालिक चिन्तन' कहकर आत्मगत प्रेरणातत्त्व (Inspirations) की माँग की गई है।[14] और दूसरी ओर मूर्त-छवियों द्वारा वास्तविक जीवन की रूपगत अभिव्यक्ति पर भी जोर दिया गया है। साथ ही यह कहकर कि ''काव्य सम्भावित यथार्थ का रचनात्मक रूपान्तर है''[15] एक 'कल्पना' (Imagination) तत्त्व के भी योग को अपेक्षित समझा गया है जिसके आधार पर कलाकार उन समस्त तथ्यों को अंकन करने के लिए स्वतन्त्र छोड़ दिया जाता है जिसको वह कल्पना शक्ति द्वारा यथार्थ का रूप दे सकने में समर्थ हो। यथार्थ के साथ जुड़ा हुआ 'सम्भावित' शब्द इस तथ्य की ओर संकेत करता है कि कलाकार न तो फोटोग्राफर है और न इमिटेटर। वह एक स्रष्टा है, व अपनी 'कल्पना' द्वारा किसी भी रूप एवं अनुभूति का चित्रण करने के लिए वह पूर्णतया स्वतन्त्र है, शर्त केवल एक है कि उसकी कल्पना द्वारा उद्भूत संसार यथार्थ की सम्भावना से परे न हो।

इस प्रकार हम देखते हैं कि इस युग के आलोचकों ने मूलतत्त्व के साथ आत्मतत्त्व को भी कला का एक अभिन्न अंग समझा, साहित्य की समाजगत उपयोगिता के साथ व्यक्ति की अनुभूति एवं भावनाशक्ति की भी आत्मप्रतिष्ठा की तथा कला के मूल उपादान को दृश्य जगत की सीमा में बाँधते हुए भी कलाकार की कल्पना शक्ति की

उपयोगिता को स्वीकार किया। एक ओर यह लिखा कि "बुराई मनुष्य में नहीं अपितु समाज में प्रच्छन्न रूप से रहती है" अतः सामाजिक ढाँचे में जब तक आमूल परिवर्तन नहीं होता व्यक्ति की सांस्कृतिक चेतना में भी परिवर्तन सम्भव नहीं और दूसरी तरफ व्यक्ति के 'स्व' की महत्ता का प्रतिपादन करते हुए यह भी कहा है कि उसका 'स्व' ही वह मूल उपादान है जिसके माध्मय द्वारा व्यक्ति, अन्य वस्तुओं एवं विचारों का विरोध करता है या समर्थन।

यहाँ पर यह भी कह देना आवश्यक है कि अपने जीवन के अन्तिम चरणों में बेलिंस्की, मार्क्स की कृतियों से प्रभावित अवश्य हुआ था, पर उसे मार्क्सवादी नहीं कहा जा सकता। उसकी दृष्टि में जनकल्याण की भावना थी, साहित्य की सामाजिक उपादेयता को वह भी स्वीकार करता था, पर जिस "द्वन्द्वात्मक-भौतिकवाद" की वैज्ञानिक प्रणाली को मार्क्सवादी आलोचक स्वीकार करता है, उस सीमा तक उसके विचारों का विकास नहीं हो पाया था। वह आदर्शोन्मुख यथार्थवाद का समर्थक था। जीवन-दृष्टि एवं साहित्यिक मान्यताओं पर विचार करते हुए यह कहा जा सकता है कि हिन्दी साहित्य में प्रेमचन्द का जो ऐतिहासिक महत्त्व है वही बैलिंस्की का रूसी-साहित्य के क्षेत्र में है।

2. भूत-तत्त्व (Matter) के आग्रह की अवस्था (क) कविता की आलोचना : समाजवादी समीक्षा के प्रथम काल में जिस शरीर (भूत-तत्त्व) एवं आत्मा (आत्म-तत्त्व) के सामन्जस्य पर बल दिया गया था तथा एक दूसरे का जिसे पूरक सिद्ध करने का प्रयत्न हुआ था वह स्थिति इस काल के आलोचकों को मान्य नहीं हुई। साथ ही मार्क्सवाद के "द्वन्द्वात्मक-भौतिकवाद" को उचित रूप में हृदयंगम नहीं करने के कारण इस काल के आलोचकों की दृष्टि केवल भूत-तत्त्व पर ही संकुचित होकर रह गई। मार्क्स द्वारा प्रतिपादित "इतिहास पर आर्थिक आधार" के सिद्धान्त की व्याख्या एवं उस व्याख्या द्वारा इतिहास की आरोपित विवेचना ही उनका लक्ष्य हो गया। इसी कुत्सित-समाजशास्त्री तुला पर काव्य के मूल-तत्त्वों का आकलन करने का प्रयास इस युग में हुआ।

किसी भी वस्तु के सम्पूर्ण बोध के लिए उसे ऐतिहासिक पक्ष का ज्ञान आवश्यक होता है। 'कविता' को समझने के लिए कविता के मूलोद्‌गम एवं उसकी व्युत्पत्ति का भी ज्ञान आवश्यक था। इस युग में इस पक्ष पर विशेष बल दिया गया। काव्य के मूलोद्‌गम का विवेचन इसके पूर्व न हुआ हो, ऐसी बात नहीं। पर मार्क्सवादी-आर्थिक-आलोचना पद्धति का सहारा लेकर काव्य को मूलतः आर्थिक समझने की प्रवृत्ति को इसी काल में प्रश्रय मिला।

कला को मूलतः आर्थिक सिद्ध करने के प्रयास का ही परिणाम था कि प्लेखानोव ने लिखा—"मेरे विचार से कला का समाज की आर्थिक व्यवस्था से गहरा सम्बन्ध है।"[16] अपने समय का सर्वाधिक शक्तिशाली आलोचक काडवेल भी कला की व्युत्पति पर विचार करते हुए लिखता है—"काव्य अपने आधाररूप में न तो जातीय है और न

राष्ट्रीय। वह मूलतः आर्थिक होता है।"[17] काडवेल के सिद्धान्तों का अनुकरण करते हुए जार्ज थाम्सन भी यही कहता है कि कला के उद्भव एवं विकास में एकमात्र आर्थिक परिस्थितियों का ही हाथ रहा है।[18]

इस मत के आलोचकों के अनुसार कला का अध्ययन इतिहास की भौतिक व्याख्या के परिदृश्य में ही करना उचित होगा। इसके मतानुसार सौन्दर्य (Aesthetic) के मूल में श्रम (Labour) रहता है अर्थात् श्रम की प्रकृति के अनुसार ही कलाकार की रुचि-अभिरुचि, कला का विषय (Content) तथा शिल्प-विधान (Form) आदि के स्वरूप एवं प्रकृति का निर्धारण होता है। बूचर एवं स्पेंसर ने मनोविनोद (Play) को ही कला के मूल में होना बताया है। मनोविनोद की प्रवृत्ति ही कला की भावना को जन्म देती है। उनके इस विचार का खंडन करते हुए प्लेखानोव ने इस तथ्य का प्रतिपादन किया कि कला के मूल में मनोविनोद की भावना नहीं, श्रम का कारण निहित रहता है। मनोविनोद की भावना का जन्म तो श्रम के रूप-निर्धारण के बाद होता है।

प्लेखानोव के मतानुसार श्रम (Labour) गर्भ से ही मनोविनोद रूपी बालक का जन्म होता है।[19] मनोविनोद का प्रथम स्वरूप तो सदा उपयोगितावादी सिद्धान्त की भित्ति पर आधारित होता है। अपने इस कथन को अनेक उदाहरणों द्वारा प्रतिपादित करने का वह भगीरथ प्रयत्न करता है। एक उदाहरण में वह यह स्पष्ट करने का प्रयत्न करता है कि क्यों आदिमानव अपने नृत्य में जंगली जानवरों के अवयवों के संचालन (Movement) का अनुकरण करते थे ? वह इसको आखेट की प्रक्रिया में प्राप्त सुखानुभूति के पुनः अनुभव की माँग का परिणाम घोषित करता है। सील मछली का शिकार करते समय जिस प्रकार इस्कीमों जाति के व्यक्ति अपने पेट के बल रेंगकर चलते हैं, जिस प्रकार मछली स्वयं अपने सिर का संचालन करती है, ठीक उसी की अनुकृति इस्कीमों अपने सामूहिक-नृत्य में करते देखे जाते हैं। प्लेखानोव के अनुसार वास्तविक सुखानुभूति मूलरूप में शिकार के क्रिया आधार में ही निहित थी। नृत्य तो एक बार फिर उस सुखानुभूति के अनुभव की प्राप्ति का साधन है अर्थात् श्रम (Labour) और मनोविनोद (Play) में वह बीज और वृक्ष का सम्बन्ध मानता है।

काडवेल के अनुसार भी कोई भी कला अपने मूल में किसी न किसी उपयोगिता की ही सिद्धि के प्रयास का परिणाम होता है। पर अपनी विवेचना में वह प्लेखानोव से अधिक वैज्ञानिक है। उसके अनुसार काव्य, सामूहिक भावों (Collective Emotion) की अभिव्यक्ति का हेतु मात्र है।[20] वह भी काव्य के मूल में आर्थिक-व्यवस्था को ही मानकर उसके विकास का इतिहास की अभिव्यंजना के फलस्वरूप हुई है। सामूहिक-भाव मानव समाज के सामूहिक-भाव प्रस्तुत करता है। पर उसके अनुसार काव्य की उत्पत्ति एवं उसकी यह अभिव्यंजना पद्धति, तत्कालीन आर्थिक-व्यवस्था से प्रभावित होता है। उस समय की आर्थिक व्यवस्था ही वास्तविकता (Reality) है और उससे प्रभावित सामूहिक भावों की अभिव्यंजना का प्रयास उस वास्तविकता के ऊपर आरोपित मिथ्यावरण (Illusion) है।[21]

इसी तथ्य को जार्ज थाम्सन कुछ सरल ढंग से स्पष्ट करता है। जंगली 'माओरिस' जाति में 'पोटेटो डांस' (Potato Dance) की प्रथा का प्रचलन है। वहाँ के नृत्य-समारोह का आयोजन आलू के खेतों में ही होता है। उस जाति के स्त्री-पुरुष एकत्रित होकर एक निश्चित ढंग से नृत्य करते हैं। इस नृत्य के स्वरूप की व्याख्या करते हुए थाम्सन का कथन है कि इस नृत्य-विधान का वहाँ की आलू-उत्पादन-व्यवस्था से सीधा सम्बन्ध है।

वहाँ आलू की खेती को पूर्वी-हवा के अंधड़ से नष्ट होने की सदा आशंका बनी रहती है। नृत्य-समारोह में स्त्री-पुरुष अपने अवयव-परिचालन के माध्यम द्वारा इसी अंधड़ में आने का आभास देते हैं और अपने इस नृत्य के साथ जो गान गाते हैं उसके द्वारा वे आलू के पौधों को उनका अनुकरण करने के लिए आमन्त्रित भी करते जाते हैं। साथ ही इस विश्वास के कारण कि उनका यह नृत्य, पूर्वी अंधड़ के झोंकों से उनके खेत एवं पैदावार की रक्षा करेगा, वे अपने कार्य में और भी उत्साह से संलग्न हो जाते हैं।[22] यही मैजिक (Magic) है जो यथार्थ (Reality)-उत्पादन-रीति एवं व्यवस्था--पर एक मिथ्यावरण (Illusion) आरोपित करता है। कहने का तात्पर्य यह है कि इसी तरह आदिम समाज की आर्थिक-व्यवस्था के गर्भ से कला का जन्म होता है अर्थात् (Reality) की भूमिका से मिथ्या (Illusion) का बीज अंकुरित होता है।

एंगेल्स का यह मत रहा है कि किसी भी क्रिया-व्यापार की प्रेरक एवं प्रभावित करनेवाली अनेक शक्तियों में आर्थिक-व्यवस्था एक मुख्य शक्ति होती है, पर वही सर्वेसर्वा रहती है, यह उसने कभी स्वीकार नहीं किया।[23] उसके अनुसार यह कहना नितान्त भ्रामक है कि आर्थिक व्यवस्था ही एक मात्र होती है और अन्य तत्त्व निष्क्रिय रहते हैं।[24] एंगेल्स ने स्पष्ट स्वर में यह स्वीकार किया है कि आलोचकों द्वारा मूल तत्त्व एवं आर्थिक समस्या का अपनी विवेचना में इतना आग्रह करना उचित नहीं और इस भ्रान्त धारणा के प्रसार में उसने अपने को और मार्क्स को एक सीमा तक उत्तरदायी भी ठहराया है।"[25]

मार्क्स के "द्वन्द्वात्मक भौतिकवाद' के सिद्धान्त का उचित रूप में हृदयंगम नहीं करने का ही परिणाम था कि इस युग के आलोचकों ने कलाकार के व्यक्तित्व-पक्ष की पूर्ण उपेक्षा की। जिस आत्म-तत्त्व (Spirit) को बेलिंस्की ने कला के प्राण रूप में ग्रहण किया था, मनुष्य की जिस स्वानुभूति एवं व्यक्तिगत विचार का होना साहित्य के लिए अपेक्षित कहा था, प्लेखानोव, काडवेल आदि आलोचकों द्वारा वे तत्त्व साहित्यिक क्षेत्र में मनोनीत नहीं हुए।

बेलिंस्की ने लिखा है कि जिस साहित्य की रचना साहित्यकार के अन्तर में उठी किसी अभिलाषा का परिणाम नहीं होता, वह साहित्य, साहित्य नहीं है। मार्क्स और एंगेल्स भी व्यक्ति की चेतन-सत्ता को स्वीकार करते है। पर प्लेखानोव के अनुसार– 'कलाकार का कोई व्यक्तिगत दायित्व नहीं। अन्य उसे न प्रोत्साहित कर सकते हैं न निरुत्साहित। उसी प्रशंसा या निन्दा करना भी व्यर्थ है। वह वही लिखता है जो उसे

लिखना पड़ता है।'[26] काडवेल भी काव्य में किसी अनुभूति का होना आवश्यक नहीं समझता। उसके अनुसार कला केवल एक मशीन के समान है जिसे कलाकार एवं श्रोता दोनों को एक भौतिक क्रिया-व्यापार के रूप में ग्रहण करना चाहिए।[27] काडवेल जैसे आलोचकों का ही प्रभाव था कि 'मायकोवस्की' ने लिखा–'मैं आनन्द की रचना करनेवाला रूस का कारखाना हूँ।'[28]

इस युग की उपलब्धियों में सर्वाधिक प्रमुख उपलब्धि है कला के आदर्शवादी स्थान पर उसके यथार्थवादी स्वरूप की स्थापना। पर साथ ही विषय-वस्तु पर अधिक बल देने के कारण वे समाजवादी यथार्थ के वास्तविक स्वरूप को पहचान न सके। कला का आर्थिक व्यवस्था के साथ सीधा (Direct) सम्बन्ध-स्थापन की प्रवृत्ति ने उनकी कला-सम्बन्धी मान्यताओं को एकांगी एवं विकृत कर दिया था। काडवेल ने कलाशिल्प के विधान के मूल में भी आर्थिक-व्यवस्था की ही कल्पना की। उसके अनुसार किसी एक काल में अपनाया जानेवाला किसी विशेष छन्द, वर्ण आदि का कारण उस काल-विशेष की सामाजिक, आर्थिक व्यवस्था ही होती है।

इस वर्ग के आलोचकों की दृष्टि से समाज-शास्त्र एवं साहित्य दो विभिन्न विषय नहीं रह गए थे। किस सामान्य आधारभूमि पर इन दोनों विषयों की मान्यताएँ अन्यान्योश्रित सम्बन्ध स्थापित करती हैं, और किस स्थल पर इनकी मान्यताओं के मध्य गहरी खाई रहती है–इस तथ्य का वे समुचित विश्लेषण नहीं कर सके। काव्य के आर्थिक आधार पर जोर देने की प्रवृत्ति एवं साहित्य की सामाजिक उपयोगिता को स्वीकार करनेवाली इनकी दृष्टि, साहित्य के मर्म एवं काव्य की वास्तविक प्रकृति की ओर दृष्टि-निक्षेप न कर सकी। साहित्यिक कृतियों की आलोचना एवं साहित्यिक आलोचक की दृष्टि से प्रस्तुत नहीं की गई अपितु उसे समाज-शास्त्र के अध्येता के पद से ही देखने का प्रयास किया गया।

(ख) कथा साहित्य की आलोचना : इस क्षेत्र के आलोचकों में राल्फ फॉक्स, मैक्सिम गोर्की एवं हावर्ड फास्ट का नाम विशेष रूप से उद्धृत किया जा सकता है। काव्य के क्षेत्र में जिस आर्थिक व्याख्या का प्रश्रय लेकर कविताओं के मूल स्रोत तक, अब तक पहुँचने का प्रयास हुआ था, प्लेखानोव, काडवेल प्रभृत्ति आलोचकों ने जिस प्रकार साहित्य को समाज की आर्थिक-व्यवस्था की प्रतिच्छाया के रूप में समझने का प्रयास किया था, वह पद्धति गल्प-साहित्य की आलोचना के क्षेत्र में नहीं अपनाई गई। सामाजिक-यथार्थ का आग्रह इस वर्ग के आलोचकों ने भी किया, इनके द्वारा भी ऐतिहासिक दृष्टिकोण अपनाया गया, पर जिस यान्त्रिक एकांकी यथार्थवाद एवं संकुचित ऐतिहासिक दृष्टिकोण को प्लेखानोव एवं काडवेल आदि आलोचकों ने सिद्धान्त रूप में स्वीकार किया था, उससे इनके द्वारा व्यवहृत पद्धति भिन्न थी।

हावर्ड फास्ट ने सामाजिक एवं साहित्यिक यथार्थ में अन्तर देखा, यथार्थ की व्याख्या करते समय उसने यह स्पष्ट करने की चेष्टा की कि वस्तुगत यथार्थ (Objective reality) एवं कलात्मक यथार्थ (Literary reality) एक नहीं, दो वस्तुएँ हैं।[29] यह

आवश्यक नहीं कि जो तथ्य वस्तुगत यथार्थ की कसौटी पर खरा न उतरे, वह कलात्मक यथार्थ हो ही नहीं सकता।

अगर यह नियम बना दिया जाए कि दोनों यथार्थ-कलात्मक एवं वस्तुगत–दो नहीं, सदा एक ही होते हैं, तब वैज्ञानिक युग के पूर्व की रचनाएँ साहित्यिक कृति के रूप में स्वीकृत हो ही नहीं सकतीं। कारण, उनमें वस्तुगत यथार्थ का अभाव होने के फलस्वरूप कलात्मक यथार्थ की भी अभिव्यंजना दृष्टव्य नहीं होगी। सम्प्रति ज्ञान के प्रकाश में प्राचीन काल की कितनी ही मान्यताएँ आज उपहासास्पद प्रतीत होती हैं। विज्ञान के नित बढ़ते हुए चरण ने अब तक सत्य समझे जानेवाले कितने ही तथ्यों का खंडन कर उनको नए सिरे से देखने की दृष्टि दी है। कितनी ही प्राचीन धारणाएँ वस्तुगत यथार्थ की विरोधी ठहरती हैं। लेकिन इन्हीं प्राचीन धारणाओं को अपने में समाहित कर अनेक साहित्यिक कृतियाँ आज भी कलात्मक सौन्दर्य के क्षेत्र में अद्वितीय समझी जाती हैं। अतः कलात्मक एवं वस्तुगत यथार्थ एक नहीं, दो भिन्न तथ्यों का बोध कराते हैं।

अपने को भौतिकवादी या मार्क्सवादी घोषित करनेवाले उन्नीसवीं सदी के अधिकांश आलोचकों की यह मान्यता रही है कि साहित्य अपने युग की आर्थिक व्यवस्था को यथारूप प्रतिबिम्बित करता है। प्लेखानोव एवं काडवेल के सिद्धान्तों से हम परिचित हो चुके हैं। पर इस धारणा का विरोध इस युग के आलोचक राल्फ फॉक्स ने किया। उसके अनुसार यह कहना कि मार्क्स, कलात्मक कृतियों में भौतिक या आर्थिक व्यवस्था का सीधा प्रतिबिम्ब ढूँढता था, असत्य है। ऐसा उसने कभी नहीं किया।[30]

यह सत्य है कि आर्थिक व्यवस्था ही वह मूलाधार है जिसमें परिवर्तन होने के फलस्वरूप समाज के ऊपरी ढाँचा (Super-structure)–न्याय, राजनीति, धर्म, सौन्दर्य, दर्शन–में भी परिवर्तन हो जाता है। लेकिन आर्थिक ढाँचे का सीधा प्रभाव ऊपरी ढाँचे पर पड़ा है, यह कहना गलत है। साथ ही ऊपरी ढाँचे के प्रत्येक क्षेत्र के परिवर्तन में एकरूपता नहीं ढूँढ़ी जा सकती। आर्थिक या सामाजिक व्यवस्था में परिवर्तन होने पर 'कानून' (Law) सबसे अधिक प्रभावित होता है। पर कला के क्षेत्र में ऐसा नहीं होता। इस परिवर्तन का न्यूनतम प्रभाव कला पर पड़ता है।[31]

इस वर्ग के आलोचकों में राल्फ-फॉक्स का विचार सबसे अधिक साहित्यिक एवं तर्क-सम्मत है। वह मार्क्स-एंगेल्स के विचारों के अधिक निकट है। इसीलिए गोर्की के साहित्य को वह दो भागों में विभाजित करके देखने के पक्ष में हैं। गोर्की का पहला रूप सन् 1917 के युद्ध के समय समाप्त हो जाता है। गोर्की का यह रूप साहित्यकार का रूप है। इसके बाद की रचनाएँ प्रोपेगैंडा-साहित्य के अन्तर्गत समझी जा सकती हैं क्योंकि उस समय गोर्की अपने साहित्यिक व्यक्तित्व की उपेक्षा कर अपने ऊपर राजनीतिक आवरण चढ़ाने को उद्यत हो जाता है। 1917 के बाद ही उसकी कृतियों में साहित्यकारों को एकसूत्रता में बाँधने का प्रयत्न है। साहित्यकारों को संघटित कर वह एक साहित्यिक एवं सांस्कृतिक मोर्चा बनाने के प्रयत्न का परिणाम है जिसके द्वारा साहित्य नहीं, क्रान्ति की लपटों को प्रज्ज्वलित करने का प्रयास होता रहा है। गोर्की के जीवन का यह भाग

साहित्यिक-रचनाओं के निर्माण का काल न था।[32]

साहित्य-निर्माण की प्रक्रिया में प्लेखानोव ने साहित्यकार के व्यक्तित्व को कुछ भी महत्त्व नहीं दिया था। उसके अनुसार लेखक को वही लिखना पड़ता है जो परिस्थितियाँ उसे लिखने को बाध्य करती हैं। काडवेल मनुष्य की अन्तःप्रवृत्तिं का सीधा सम्बन्ध युग की आर्थिक-व्यवस्था से जोड़ने के पक्ष में था। पर गोर्की, फास्ट एवं राल्फ-फॉक्स तीनों ने साहित्यकार के व्यक्तित्व को एक दूसरे ही दृष्टिकोण से देखा। उनके अनुसार साहित्य के निर्माण में व्यक्तित्व का अपना स्थान होता है।

19वीं सदी की पूँजीवादी व्यवस्था में व्यक्तित्व किस प्रकार कुचल दिया जाता है, यह उस युग में घटित आत्महत्या की संख्या से स्पष्ट हो जाता है। सामाजिक व्यवस्था से अपने जीवन का तादात्म्य स्थापित नहीं कर पाने के कारण व्यक्ति का जीवन निराशा और दुख के सागर में गोते लगाने लगता है। और एक समय अपने जीवन की इन विषमताओं से क्षुब्ध होकर वह अपने जीवन का स्वयमेव अन्त कर लेने पर विवश हो जाता है।

इसके विपरीत मार्क्सवाद व्यक्ति को समाज का एक अंग समझता है। यह समझ लेना कि मार्क्सवाद में समाज ही सब कुछ है और व्यक्ति का कुछ भी मूल्य नहीं होता, गलत है। गोर्की के अनुसार यह कहा जा सकता है कि जब व्यक्ति, मजदूर एवं कृषक वर्ग की मान्यताओं की ओर आकृष्ट होकर मुड़ता है, उस समय उसका लक्ष्य मजदूर वर्ग की भलाई करना ही केवल नहीं होता। वह तो यह भी आशा करता है कि मजदूर वर्ग बुर्जुआ व्यवस्था का नाश कर उसके व्यक्तित्व के विकास के लिए उचित व्यवस्था करेगा।[33]

मार्क्सवाद का सम्बन्ध सामाजिक व्यवस्था से हो सकता है पर उसका चरम लक्ष्य व्यवस्था नहीं, उस व्यवस्था में रहनेवाला मनुष्य होता है। सामाजिक व्यवस्था का प्रश्न आवश्यक नहीं। उसके लिए सामाजिक व्यवस्था की पृष्ठभूमि पर नाटक रचनेवाला मनुष्य एवं उसकी मनुष्यता का प्रश्न ही सर्वोपरि होता है।[34]

मीना की पुस्तक 'ओल्ड एंड न्यू' (Old and New) की सम्यक आलोचना करते हुए एंगेल्स ने यह लिखा है कि प्रत्येक व्यक्ति 'टाइप' है ओर साथ ही वह अपना अलग एक 'व्यक्तित्व' भी रखता है।[35] राल्फ फॉक्स भी व्यक्ति के इन दो पक्षों को स्वीकार करता है। व्यक्ति समाज के नियमों से परे नहीं होता। सामाजिक विकास की क्रिया प्रतिक्रिया से वह तटस्थ नहीं रह सकता। अतः समाज की एक विकसित विकासधारा का वह एक अंग है। पर साथ ही प्रत्येक व्यक्ति के चारों ओर फैला हुआ वातावरण एक समान नहीं होता। प्रत्येक मनुष्य की परिस्थितियाँ भिन्न होतीं हैं जिससे उसके व्यक्तित्व (Individuality) का रूप निर्धारित होता है।

मनुष्य के इन दो विभिन्न पक्षों की ओर राल्फ फॉक्स आलोचकों का ध्यान आकर्षित करना चाहता है। सामाजिक विकास के धारा प्रवाह से प्रभावित उसका 'टाइप' रूप तथा व्यक्ति की अपनी परिस्थितियों के परिणाम स्वरूप प्रस्फुटित उसके

स्वयं का 'व्यक्तित्व', दोनों पक्ष का ज्ञान होना साहित्यकार के लिए अभीप्सित है। 'टाइप' (type) के रूप में मनुष्य समाज के एक निश्चित वर्ग का प्रतिनिधित्व करता है और 'व्यक्ति' (Individual) के रूप में वह अपनी निजी विशेषताओं का विकास।

गोर्की के विचार कुछ भिन्न हैं। उसके अनुसार साहित्य, राजनीतिक विचारों के प्रचार का साधन भी है। यही कारण है कि वह पार्टी के नेतृत्व में ही साहित्य की रचना करने के पक्ष में है। वह साहित्य को व्यवस्था के रूप में ही अपनाने का समर्थक था। व्यवसाय के रूप में ग्रहण करनेवालों का उसके अनुसार एक अलग संघ होना चाहिए। इस संघ का कार्य न केवल साहित्यकारों के हित की रक्षा करना होगा, अपितु उसे साहित्य के नियमन पर भी अंकुश रखने का अधिकार होगा।

साहित्य और राजनीति के जिस सम्बन्ध पर गोर्की बल देते हुए यह कहता है कि साहित्य, राजनीतिक उद्देश्यों की पूर्ति का साधन मात्र है, उसको एक सीमा तक हावर्ड फास्ट भी स्वीकार करता है। लेकिन गोर्की एवं फास्ट की मान्यता में अन्तर है। फास्ट राजनीति को साहित्य के समानान्तर लाना चाहता था और गोर्की साहित्य के ऊपर। फास्ट ने लिखा है कि कला स्वयं में पूर्ण नहीं होती। उसका मुख्य धर्म सामाजिक-यथार्थ की सुरुचिपूर्ण अभिव्यक्ति करना है। यथार्थ के क्षेत्र में राजनीति को स्वीकार करने के उपरान्त उसे साहित्य के क्षेत्र में अस्वीकार कर देना महान मूर्खता के अतिरिक्त और कुछ नहीं। लेकिन ध्यान में रखना चाहिए कि गोर्की के प्रोपेगैंडा साहित्य का फास्ट भी समर्थक था।

3. **मध्यवर्ती अवस्था (Intermediary Phase) :** समाजवादी चीन के प्रमुख नेता 'माओ त्से तुंग' का प्रभाव वहाँ के कलम पर व्यापक रूप से पड़ा। मई 1942 में आयोजित 'येनान कांफ्रेंस' के अध्यक्ष पद से बोले गए उनके भाषण में कला को मार्क्सवादी दृष्टिकोण से देखने का प्रबल आग्रह है। कला की अपनी महत्ता को स्वीकार करते हुए भी वह प्रचारवादी साहित्य का समर्थक है।

माओ के अनुसार राजनीति से तटस्थ रहकर न किसी उत्कृष्ट साहित्य की रचना हो सकती है और न उसके समकक्ष होकर ही कोई साहित्य पनप सकता है। साहित्य के लिए यह आवश्यक है कि वह राजनीति की अधीनता को स्वीकार करे। गोर्की की भाँति वह भी साहित्य की स्वतन्त्र सत्ता में विश्वास नहीं रखता है तथा साहित्य को राजनीति के सहायक रूप में ही स्वीकार करता है। लेकिन यह राजनीति कतिपय व्यक्तियों द्वारा अनुमोदित एवं अनुप्राणित राजनीति नहीं होती। साहित्य जिस राजनीति की अपेक्षा रखता है, माओ के अनुसार वह वर्ग-संघर्ष में प्रयुक्त वर्ग-विशेष की राजनीति होती है।

उसके अनुसार वर्ग-संघर्ष की मान्यताओं को जनता तक पहुँचाना ही साहित्य का एकमात्र प्रयोजन होता है। किसी भी साहित्यिक कृति का मूल्यांकन उसकी सामाजिक प्रभावोत्पादकता की तुलना द्वारा होनी चाहिए। क्योंकि किसी भी रचना का उत्कृष्ट अथवा निकृष्ट होना रचना द्वारा वर्ग-संघर्ष में दी जानेवाली प्रकृति एवं मात्रा पर निर्भर करता है।

साहित्य एवं कला के मूल्यांकन के लिए माओ दो भिन्न मानदंड-राजनीतिक एवं कलात्मक–प्रस्तुत करता है। यद्यपि वह इन दोनों पक्ष की सत्ता को स्वीकार कर समन्वय करने के पक्ष में है, फिर भी उसका विशेष आग्रह राजनीति पक्ष पर ही अधिक रहा। कला और राजनीति दो भिन्न वस्तुएँ हैं, और यह भी सत्य है कि कलात्मक गुण से हीन होकर कोई भी कृति साहित्य की श्रेणी में नहीं आ सकती, भले ही उसमें निहित विचार कितने ही प्रगतिशील हों ! फिर भी 'माओ' के अनुसार आलोचकों को साहित्य में राजनीति पक्ष पर अधिक बल देना चाहिए।

गोर्की की भाँति माओ त्से तुंग भी साहित्य की रचना पार्टी के नेतृत्व में ही करना उचित समझता है। जनता की आशा-आकांक्षाओं की पूर्ति 'पार्टी' का मुख्य लक्ष्य होता है और साहित्य में भी जनता की ही आशा-आकांक्षाएँ अभिव्यक्ति पाती हैं अतः साहित्य को भी पार्टी के अधीन होकर उसके द्वारा निर्देशित पथ का अनुसरण करना चाहिए। लेकिन जहाँ तक 'जनता' शब्द के बोध का सम्बन्ध है, माओ उसे मजदूर, किसान एवं लाल फौज के सिपाहियों तक सीमित कर देता है। उसके अनुसार जनता शब्द द्वारा इन्हीं व्यक्तियों का बोध होता है। शेष व्यक्ति तो जनता के शत्रु हैं। अतः साहित्य रचना भी केवल मजदूर, किसान एवं लालफौज के सिपाहियों की दृष्टि से ही होना उसे मान्य था।

साहित्यकार की अपनी अनुभूति एवं अभिव्यक्ति पद्धति का जहाँ तक प्रश्न है वह भी शत्रु-मित्र की भावना से तटस्थ नहीं होना चाहिए। मुख्य रूप से एक राष्ट्र में रहनेवाले व्यक्तियों को अपने परस्पर सम्बन्ध के आधार पर तीन भागों में विभाजित किया जा सकता है—जनता के शत्रु, जनता के सहायक, एवं स्वयं जनता। 'माओ' के अनुसार इन तीनों वर्गों के प्रति साहित्यकार को एक ही दृष्टि नहीं होनी चाहिए। शत्रुओं के अत्याचार, उनकी निर्दयता एवं निर्ममता का खुला चित्रण, सहयोगियों के कार्यों की समुचित आलोचना तथा स्वयं अपने वर्ग (मजदूर) के कार्यों की प्रशंसा करना ही साहित्यकार के लिए अपेक्षित है।

लक्ष्य के आधार पर साहित्य को 'माओ' दो श्रेणियों में विभाजित करता है।

(1) शिक्षा के हेतु रचित साहित्य।

(2) कलात्मक स्तर उठाने की दृष्टि से रचित साहित्य।

दोनों प्रकार के लक्ष्य को अनिवार्य रूप में स्वीकार करते हुए भी उसने तत्कालीन (1942) अवस्था के लिए शिक्षा के हेतु रचित साहित्य को ही अधिक आवश्यक एवं महत्त्वपूर्ण घोषित किया है। पत्रकारिता एवं साहित्य-सर्जन के भेद का विस्मरण कर साहित्यकारों से भी पत्रकारों की भाँति दिन प्रति दिन की घटनाओं पर टिप्पणियाँ लिखने का आग्रह करता है। उसके अनुसार अपने वर्ग की मान्यता को जनता में प्रचारित करने के लिए साहित्यकारों को पोस्टर एवं पैम्फलेट का भी सहारा लेना अनुचित नहीं। लाल-फौज से सिपाहियों को उद्‌बुद्ध एवं उत्साहित करने के लिए शक्तिशाली लेख लिखना ही सचेत साहित्यकार का धर्म है।

जहाँ तक सांस्कृतिक एवं साहित्यिक स्तर उठाने का प्रश्न है, वह भी उपेक्षणीय नहीं। पर उसके लिए भी किसी न किसी आधारभूमि का अवलम्बन लेना ही होगा। जिस प्रकार कुँए से जल खींचनेवाले को कुँए के जल के स्तर को आधार मानकर ही जल को ऊपर उठाना पड़ता है, उसी प्रकार साहित्यिक एवं सांस्कृतिक स्तर उठाने के लिए किसी न किसी आधारभूमि का निर्धारण करना होगा। माओ के अनुसार जनता की संस्कृति एवं साहित्य ही वह आधार भूमि हो सकती है। साहित्यकार के लिए मजदूर एवं किसान वर्ग की संस्कृति को ही 'बेस' मानकर उसे उच्च स्तर पर ले जाने का प्रयास उचित है क्योंकि 'हमारा साहित्य जनता के लिए लिखा जाता है और जनता के द्वारा ही उसका उपभोग भी होना चाहिए।

साहित्यिक विचारों की तुलना में यह कहा जा सकता है कि माओ, राल्फ-फॉक्स की तुलना में गोर्की के अधिक निकट है।

4. **यथार्थवाद-समन्वित भूतात्म-तत्त्व के आग्रह की अवस्था :** टी.एस. इलियट (T.S. Eliot) का कथन है कि क्रान्ति का समय कला के लिए लाभप्रद नहीं होता क्योंकि उस समय क्रान्तिकालीन अवस्थाएँ प्रत्यक्ष अथवा परोक्ष रूप में कलाकार को उसकी अपनी विचार-पद्धति के प्रति अतिविश्वासी बनने को विवश कर देती हैं। इस वाक्य की सत्यता की पुष्टि गोर्की और माओ त्से तुंग की साहित्यिक मान्यताएँ करती हैं। दोनों महान् विचारक रहे हैं। कला पर दोनों व्यक्तियों के विचार अपने देश की क्रान्ति एवं तज्जनित आवश्यकताओं से प्रभावित हैं। दोनों कला एवं साहित्य को वर्ग-संघर्ष के अस्त्र के रूप में ग्रहण करते थे। पत्रकारिता एवं साहित्य दोनों के लिए एक वस्तु रही।

लेकिन कुछ ही समय पश्चात् रूस और चीन–दोनों ही देशों में सामन्तशाही एवं साम्राज्यवादी शासन का अन्त हो गया। वर्षों से संचित विद्रोह की चिनगारियों ने जब क्रान्ति की लपट बनकर शासकवर्ग की निरंकुशता, शोषण-प्रक्रिया एवं कृषकवर्ग की दासता को एक साथ भस्मीभूत कर डाला, उस समय जनता ने सुख-शान्ति का प्रथम बार खुलकर अनुभव किया। अब परिस्थिति कुछ भिन्न थी, सामाजिक आवश्यकताओं का रूप कुछ दूसरा था। संक्रान्तिकालीन अवस्था के पश्चात् जनता ने जिस आत्मविश्वास, स्फूर्ति, सुख-शान्ति एवं सन्तोष का अनुभव किया, साहित्य भी उससे अछूता नहीं रहा।

साहित्य को युद्ध के लिए अस्त्र के रूप में समझने की आवश्यकता का अन्त हो चुका। गोर्की एवं माओ के समय की संक्रान्तिकालीन अवस्था अब नहीं रह गई थी। इसके पश्चात भी जब प्रचारवादी साहित्य ही लिखा जाता रहा, तो उसमें न तो गोर्की की रचनाओं में उपलब्ध जीवन एवं वर्ग की स्फूर्ति रह गई और न माओ के विचारों में व्याप्त रहनेवाला अदम्य उत्साह एवं कर्मठ व्यक्ति की छाप। स्तालिन की 'पंचवर्षीय-योजना' को लक्ष्य मानकर लिखी गई रचनाएँ इसका ज्वलन्त प्रमाण है।

अपनी उपयोगिता की समाप्ति के पश्चात् प्रचारवादी साहित्य के विरुद्ध आवाज उठनी थी और उठी भी। रूस का इल्या इरेनवुर्ग, हंगरी का जार्ज ल्यूकाक्स तथा चीन

देश के अन्य अनेक कलाकार प्रचारवादी साहित्य को छोड़कर साहित्य के कलापक्ष पर अधिक आग्रह देते पाए जाने लगे। साहित्य का समाज से घनिष्ठ सम्बन्ध है। अतः इनके अनुसार समाज के अन्तस्तल में जब भीषण लहरें उठेंगी, समाज के ढाँचे में जब शीघ्रता से परिवर्तन होता रहेगा, उस समय जनता की चित्तवृत्तियों को प्रतिबिम्बित करनेवाले साहित्य को भी सामाजिक परिवर्तन की सत्यता को स्वीकार कर अपना स्वरूप बदलना होगा। लेकिन जैसा इल्या इरेनबुर्ग का मत है कि अपनी आवश्यकता की माँग के अनुसार क्रान्ति के समय राजनीतिक दृष्टि से रचित साहित्य एवं राजनीति से भी अधिक व्यापक अन्य सामाजिक एवं सांस्कृतिक पृष्ठभूमि पर आधारित शान्तिकालीन साहित्य, एक नहीं हो सकते। व्यापकता एवं स्थायित्व की दृष्टि से पहले की तुलना में दूसरी कृति का सौन्दर्य महत्तर होगा।

कम्यूनिस्ट पार्टी के आठवें 'राष्ट्रीय-कांग्रेस' के अधिवेशन में (सितम्बर 25, 1956 को आयोजित) भाषण देते हुए चाउ चांग ने भी इसी धारणा की पुष्टि की। उनके अनुसार पिछले युद्ध के अवसर पर यह आवश्यक हो गया था कि साहित्यिक एवं कलात्मक कर्तृत्व, वर्ग राजनीति का एक अंग बनकर विपक्षियों को पराजित करने में सहायता दे तथा जनता के हृदय में राजनीतिक भावना एवं क्रान्तिजनित विचारधारा का उद्रेक कराने में उपयोगी हो। ''साहित्य एवं कला को समसामयिक राजनीतिक-संघर्ष में क्रियात्मक रूप से सहयोग देना ही चाहिए।'' पर आज परिस्थिति बदल चुकी है। राजनीतिक संघर्ष समाप्त हो चुका है। इसलिए अब साहित्य का क्षेत्र राजनीतिक मान्यताओं के प्रसार तक ही संकुचित नहीं रह गया है। उसका क्षेत्र अब अधिक व्यापक हो चुका है।[40]

माओ त्से तुंग ने साहित्य में वर्णित पात्रों में मजदूर, किसान एवं क्रान्ति के अग्रदूत लाल फौज के सिपाही, इन्हीं तीन को प्रमुखता दी थी। इस काल में कला को इस संकुचित परिधि से बाहर निकालने का प्रयत्न हुआ। चीन के कम्यूनिस्ट पार्टी सम्बन्धित ''प्रोपेगैंडा डिपार्टमेंट'' के अध्यक्ष 'लू-हीन्ग-ची' ने स्वयं कहा–''इस तरह के कुछ नियम बना देना उचित नहीं कि केवल मजदूर, किसान एवं सिपाहियों को केन्द्र मानकर ही साहित्य लिखो, केवल नए समाज पर लिखो।[41]

विषय निर्वाचन के लिए प्रत्येक साहित्यकार स्वतन्त्र होता है। अगर किसी विषय प्रतिपादन एवं चरित्र-चित्रण द्वारा समाज को कोई हानि नहीं पहुँचती, तब उक्त विषय पर प्रतिबन्ध क्यों हो ? अगर समाज अथवा व्यक्ति के किसी विशेष पक्ष की अभिव्यक्ति से जनकल्याण की भावना को ठेस नहीं पहुँचती, तब उस पर आक्षेप करने की क्या आवश्यकता ? इसीलिए चीन के थिएटर एवं ओपेरा में अपनाए जानेवाले नीतिबद्ध, उपदेशात्मक एवं एकांगी दृष्टिकोण का सन् 1951 में तीव्र विरोध हुआ। वहाँ जीवन-वैचित्र्य एवं विचार-स्वातन्त्र्य की भावना को अपनाने के लिए आग्रह किया जाने लगा और अब वहाँ–''सभी प्रकार के पुष्पों को विकसित होने दो तथा सभी प्रकार की विचारधारा को पनपने दो'' का नारा सर्वस्वीकृत हो गया।[42]

हम देख चुके हैं कि राजनीतिक मान्यताओं एवं संक्रान्तिकालीन विचारधारा को

साहित्य में आरोपित कर जनता के बीच प्रचार कराने के लक्ष्य के कारण अब तक साहित्यकार के व्यक्तित्व एवं स्वानुभूति की पूर्णतया उपेक्षा हो गई थी। उस समय मार्क्सवादी साहित्य, राजनीतिक सिद्धान्त एवं कतिपय नेताओं के मनमाने विचारों का संवाहक मात्र समझा जाने लगा था। हंगरी के प्रसिद्ध आलोचक जार्ज ल्यूकाक्स ने इस धारणा का विरोध करते हुए लिखा कि साहित्य में समसामयिक आवश्यकताओं के चित्रण का यह अर्थ कदापि नहीं है कि कलाकार की अनुभूतियाँ एवं उसके अपने विचार त्याज्य समझ लिए जाएँ।[43]

प्रसिद्ध साहित्यकार एवं आलोचक 'रे-पास्कल' के अनुसार यह आक्षेप करना कि मार्क्सवादी साहित्य में आत्मा अथवा अनुभूतियों को व्यक्त करने की कोई जीवन्त परम्परा नहीं, मिथ्यारोप के अतिरिक्त और कुछ नहीं है। जार्ज-ल्यूकाक्स की रचनाओं में आत्मगत अनुभूति एवं स्वगत विचारों को अपनाने की स्पष्ट प्रवृत्ति देखी जा सकती है।[44]

व्यक्ति एवं समाज के सम्बन्ध को उचित रूप में हृदयंगम नहीं करने के फलस्वरूप कुत्सित समाजशास्त्री समाज को आवश्यकता से अधिक महत्त्व दे बैठते हैं। व्यक्ति की स्वतन्त्र सत्ता स्वीकार नहीं करने के कारण प्लेखानोव की भाँति उसे वे एक निष्क्रिय काठ का टुकड़ा समझ बैठते हैं जो समाज रूपी समुद्र की लहरों के ऊपर-नीचे उठने-गिरने से स्वयं कभी ऊपर उठता है और कभी नीचे आता है। कुत्सित समाजशास्त्री साहित्यिक आनन्द के प्रसार को सामाजिक धरातल की पृष्ठभूमि पर लाकर आलोचना करने के पक्षपाती नहीं। उनके अनुसार साहित्यिक आनन्द एवं रसानुभूति की व्याख्या का कोई विशेष महत्त्व नहीं। सामाजिक व्यवस्था को सर्वोपरि समझने के कारण उसी की आलोचना को वे प्रमुख स्थान देते हैं। लेकिन साहित्य समाजशास्त्र नहीं होता और न साहित्यिक आलोचना आर्थिक विश्लेषण का लेखा-जोखा। ल्यूकाक्स ने स्पष्ट किया कि सामाजिक विश्लेषण एवं समसामयिक आर्थिक-व्यवस्था का ज्ञान एवं विवेचन साहित्य के सौन्दर्य तत्त्व को उद्दीप्त करने एवं रसानुभूति को भी तीव्र करने के लिए साधनमात्र है। वे स्वयं अपने में साध्य कदापि नहीं होते।

ल्यूकाक्स, इल्या इरेनबुर्ग एवं आधुनिक अन्य मार्क्सवादी आलोचकों की दृष्टि से मार्क्सवाद न तो व्यक्ति की सत्ता को अस्वीकार करता है और न समाज के अस्तित्व को। व्यक्ति, समाज में रहकर ही अपने चरित्र का विकास करता है अतः उसका प्रत्येक कार्य-व्यापार समाज-सापेक्ष होता है। व्यक्ति एवं समाज के इस अटूट और जीवन सम्बन्ध का भी दिग्दर्शन साहित्य में अभीष्ठ है। मार्क्सवादी आलोचना जब 'टाइप' (Type) के रूप में मनुष्य को सामाजिक धाराप्रवाह के एक विशेष कालक्रम में विकसित, एक विशिष्ट जन-समुदाय अर्थात् वर्ग-विशेष के रूप में स्वीकार करती है वहीं वह 'व्यक्ति' (Individual) के रूप में, अन्य व्यक्तियों से भिन्न परिस्थितियों में पोषित होने के कारण वैयक्तिक विशेषताओं के भी चित्रण को महत्त्व देती है। प्रगतिवादी आलोचक न तो समाज को नायक बनाने को इच्छुक है और न समाज-निरपेक्ष व्यक्ति को ही अपने साहित्य में स्वीकार करने के पक्ष में है। वह 'सामाजिक-व्यक्ति' के रूप में समाज एवं

व्यक्ति के विकास की सार्थकता समझता है। अतः समाज और व्यक्ति के अटूट घनिष्ठ सम्बन्ध के निर्वाह पर अधिक आग्रह करते पाया जाता है।

निष्कर्ष

विदेशी मार्क्सवादी-साहित्यिक-समीक्षा के विकासक्रम का अध्ययन करने से स्पष्ट हो जाता है कि कतिपय ऐतिहासिक कारणों के फलस्वरूप मार्क्सवादी-समीक्षा पद्धति कुछ समय के लिए रूढ़िग्रस्त अवश्य हो गई थी। पर उसका यह रूप कुछ स्थायी नहीं रहा। अपने एकांगी दृष्टिकोण का परित्याग कर अब वह मार्क्सवाद में मानवतावादी सिद्धान्त को अधिक व्यापकता एवं सम्पूर्णता के साथ अपनाने की ओर प्रवृत्त है। इसी का परिणाम है कि अब वह अपने सिद्धान्तों में भूत-तत्त्व (Matter) के साथ-साथ आत्मतत्त्व (Spirit) को भी आत्मसात करने का समर्थन करती है।

विचार के क्षेत्र की यह व्यापकता ही है कि साहित्य के उद्यान में अब प्रत्येक प्रकार के पुष्प को विकसित होने के लिए अवसर दिया जा रहा है। संकीर्णता के विरुद्ध उठे स्वर का ही परिणाम है कि सभी प्रकार के विचार के बीज जो वहाँ अंकुरित करने का प्रयास चल रहा है। मार्क्सवादी आलोचकगण अब यह स्वीकार करने लगे हैं कि यद्यपि कला के क्षेत्र में 'समाजवादी यथार्थ' का चित्रण अपना विशिष्ट महत्त्व रखता है, पर वहीं एकमात्र सर्वोत्कृष्ट साधन नहीं है। अपनी विषय-व्याप्ति की सीमा से वह परिचित हो चुका है, अतः अन्य विचार-सरणियों के प्रति भी अब वह सहिष्णु और सचेत है। अपने सिद्धान्तों के विकास के इस सोपान पर पहुँचने के पश्चात् अब वह स्वीकार करने लगा है कि मार्क्सवादी आलोचक को अन्य आलोचकों से भी बहुत कुछ सीखना समझना शेष है।[45] और इसीलिए इल्या इरेनबुर्ग सांस्कृतिक आदान-प्रदान का समर्थन करते हुए यह घोषित करता है कि दूसरे देशों की सांस्कृतिक चेतना से तटस्थ रहकर कोई भी देश (रूस ही क्यों न हो ?) अपना न तो आत्मिक विकास कर सकता है और न समय का साथ ही दे सकने में समर्थ हो सकता है।[46]

एक बात और ध्यान देने की है। आलोचना के स्वरूप एवं प्रकृति के विकासक्रम की दृष्टि से विदेशी मार्क्सवादी-समीक्षा एवं प्रगतिवादी आलोचना में एक आश्चर्यजनक साम्य लक्षित होता है। प्रगतिवादी समीक्षा को भी अपने विकास की गति में तीन अवस्थाओं--आदर्शवाद समन्वित भूतात्म तत्त्व के आग्रह की अवस्था, भूत-तत्त्व की आग्रह की अवस्था--को पार करना पड़ा है। प्रगतिशील लेखक संघ के अधिवेशन में सभापति के पद से दिया गया प्रेमचन्द का 1936 का भाषण, प्रगतिशील लेखक संघ के 1949 और 1953 के घोषणापत्र, इन तीन अवस्थाओं के स्वरूप को क्रमशः स्पष्ट कर देते हैं। सिद्धान्त रूप में प्रगतिवादी समीक्षा भी विदेशी-मार्क्सवादी समीक्षा की भाँति अपनी हठवादिता एवं एकांगी दृष्टिकोण से अब मुक्त होती जा रही है।

पाद टिप्पणियाँ

1. Ishian Berlin—"From the Third Programme" p. 170.
2. Belinsky letter to N.V. Gogol—July 3, 1847.
3. V.G. Belinsky—"Selected Philosophical Works" p. XLIV.
4. Chernyshevsky—Extracted from "Art and Social Life" p. 179
5. V.G. Belinsky—"Selected Philosophical Work's p.XXXVIII.
6. Ibid—p.XXXIII.
7. Karl Marx & F. Engles—"Literature and Art" p.11.
8. 'The spirit is divine thought, the source of life; matter is the form without which thought could not manifest itself. Obviously both these elements need each other;..." V.G. Belinsky—"Selected Philosophical Works" p.196.
9. Ibid p. 188
10. Ibid p. 97
11. Chernyshevsky—"Selected Philosophical Works."
12. "Art is immediate contemplation of truth or thinking in images."—V.G. Belinsky—"Selected Philosophical Works" p. 180.
13. "It (imagery) is the morphological type of real life..." Lifshitz—"The Modern Quarterly" (Miscellaney No.1).
14. V.G. Belinsky—"Selected Philosophical Works" p.193
15. Ibid.
16. V.G. Plekhanov—"Art and Social Life" p.61
17. Caudwell—"Illusion and reality" p.14
18. George Thomson—"Marxism and Poetry."
19. G.V. Plekhanov—"Art and Social Life" p.86
20. Caudwell—"Illusion and Reality" p.24
21. Ibid p. 25.
22. George Thomson—"Marxism and Poetry" p.8
23. Engles letter to I Bloch. Sept. 21-22, 1890.
24. Engles letter to Starkenbirg Jan. 25, 1894.
25. "Marx and I are partly to blame for the fact that the younger people sometimes lay more stress on matter than is due to it."Engles letter to I. Bloch Sept. 21-22 1890
26. G.V. Plekhanon—Art and Social life.
27. Caudwell—"Studies in Dying Culture" p.46
28. "I am Soviet factory manufacturing happiness"—Mayokovasky.
29. Howard Fast—"Literature and Reality" p.14
30. Ralhph Fox—"The Novel Art the People" p.72
31. Ibid p. 71.
32. Ibid p. 53.
33. Maxim Gorky—"Creative Labour & Culture" p.32
34. Ralph Fox—"The Novel and the Poeple.
35. Engles letter to Minna Kant sky—Nov. 26, 1885.
36. Mao Tse Tung—"Problems of Art and Literature" p. 29
37. Ibid 33.

38. Ibid 25.
39. "However the excellent the result of the 'Five Year Plan' may otherwise have been, in literature they are unsatisfaction. Ianko Larwin—"An Introduction to the Russian Novel." p. 193.
40. Chore Young'—"Chinese Literature" Vol. I, 1957 p. 182.
41. Lu Tin Yi—"Chinese Literature" No. 4, 1956, p. 229.
42. Mayo Tun—Speach made at the Third Session of the First National Peoples' Congress on June 19, 1953.
43. George Lucacs—"Studies in European Realism" p.6.
44. Ray Pasçal—"Forward"—Ibid.
45. "Socialist realism is the highest stage in the development of art. This does not mean, of course, that every work of Soviet literature is superior to every work of critical realism, or that our writers have nothing to learn from the advanced artists abroad."
'Soviet Literature'—Vol. I, 1957, P-154.
46. Ilya Ehreenburn—"The Fire of Promethus."
"Culture and Life"—Vol. II, 1957, P. 89.

आलोचक बेलिंस्की का कला-सिद्धान्त*

कार्ल मार्क्स (1818-1884) का समकालीन प्रसिद्ध आलोचक बेलिंस्की (Vissarion Grigoryevich Belinsky) ही वह प्रथम व्यक्ति है जिसने रूसी साहित्य में दूर तक धँसी आसामयिक सामन्तशाही प्रवृत्तियों की तीव्र आलोचना कर साहित्य का जनसाधारण के साथ सम्बन्ध स्थापित कर दिया। आलोचना के क्षेत्र में यथार्थ चित्रण का इतना प्रबल आग्रह पूर्व लक्षित नहीं है। बोतकिन को पत्र लिखते हुए उसने लिखा– ''यथार्थ धरती से उद्‌भूत होता है क्योंकि प्रत्येक यथार्थ की धरती समाज है।''

बेलिंस्की के समकालीन दार्शनिक 'हर्ज़न' ने इस तथ्य को स्वीकार किया है कि बेलिंस्की की लेखनी द्वारा सामन्ती प्रथा से उत्पीड़ित उन सहस्रों मूक किसानों की चेतना ने अभिव्यक्ति पाई है, जिसको बहुतेरे साहित्यकारों ने अनुभव तो किया था पर या तो लिखने का साहस नहीं कर सके अथवा उसकी सजीव अभिव्यक्ति देने में सफल नहीं हो पाए। लेकिन पुश्किन के साहित्य की आलोचना करते समय बेलिंस्की रूस की जनता के हृदयकंपन की हलकी से हलकी ध्वनि की भी व्याख्या करने में समर्थ हुआ है। अतः साहित्य की वह कौन सी दृष्टि थी जिसके आधार पर बेलिंस्की ने अपनी आलोचना की मान्यताएँ स्थिर की, इसका विवेचन यहाँ असमीचीन न होगा।

कला की रूप-प्रकृति पर विचार करते हुए बेलिंस्की ने एक जगह लिखा ''कला सत्यनिष्ठ वस्तु एवं वृत्तियों का मूर्त छवियों के माध्यम द्वारा किया गया तात्कालिक चिन्तन है।'' (Art is immediate contemplation of truth or thinking in images)

कला तात्कालिक (Immediate) क्रिया का परिणाम है—यह विचार स्वयं इस भाव को व्यंजित करता है कि उसमें दर्शन की भाँति गहन चिन्तन मनन नहीं होता, विज्ञान की भाँति निरीक्षण एवं परीक्षण के पश्चात् अपना निष्कर्ष नहीं निकाला जाता और न गणित की भाँति अंकों का लेखा-जोखा ही रखा जाता है। भौतिक एवं रसायन विज्ञान की सहायता से किसी फूल का सूक्ष्मातिसूक्ष्म अध्ययन की कृत्रिम प्रतिमूर्ति को कितने ही कौशल से क्यों न बनाया जाए, उसकी पंखुड़ियों की एक-एक शिराओं अणुवीक्षणात्मक ढंग से अध्ययन कर क्यों न यथासम्भव अनुकृति करने का प्रयास किया

* सर्वप्रथम 'युग चेतना, (सम्पादक डॉ. देवराज) के अगस्त 1958 अंक में प्रकाशित।

जाए, पर यह निश्चित है कि उसमें पुष्प की आत्मा (Spirit) का वह सहज सौन्दर्य उद्भासित नहीं हो सकता जो विकसित पुष्प की अपनी सहज अवस्था होती है। किसी वस्तु को सजीव एवं निर्जीव के विशेषण में बाँधनेवाला तत्त्व वस्तु के भूत (Matter) में निहित नहीं होता। वह तो उसकी आत्मा (Spirit) की अपनी प्रेरक शक्ति है। "जिस वस्तु में उसकी आत्मा का आवास नहीं, वह सजीव नहीं हो सकती और जो सजीव नहीं उसका मार्मिक होना भी सम्भव नहीं।"

बेलिंस्की कला में भूत तत्त्व (Matter) और आत्मतत्त्व (Spirit) के समन्वय का समर्थक था। उसके अनुसार आत्मतत्त्व ही प्रत्येक वस्तु का मूल हेतु है, वही वस्तु का प्राण-तत्त्व है। आत्म-तत्त्व विहीन भूत का कला के क्षेत्र में कोई स्थान नहीं। साथ ही यह आत्म-तत्त्व–जो विचार प्रक्रिया का अविकार एवं सूक्ष्म स्वरूप है–भूत तत्त्व के माध्यम से ही अपने को व्यक्त करने में समर्थ होता है। आत्म-तत्त्व को प्रकट होने के लिए भूत तत्त्व का सहारा लेना ही पड़ेगा। अतः ये दोनों एक दूसरे के पूरक हैं। वस्तु की सम्पूर्ण अभिव्यक्ति के लिए दोनों तत्त्व की उपस्थिति अपेक्षित है।

बेलिंस्की ने कलाकार के व्यक्ति की महत्ता को स्वीकार किया है। मनुष्य एक विचारशील प्राणी है। वह जिस वस्तु को देखता है, जिस तथ्य का अनुभव करता है उसको अपने मस्तिष्क के माध्यम से ही सोचता समझता है। उसकी व्यक्तिगत समताओं से तटस्थ रहकर किसी वस्तु अथवा अनुभूति का व्यक्तिकरण कलाक्षेत्र में हो, यह उसे मान्य न था। उसके अनुसार "कलाकार के समस्त विचारों का केन्द्र बिन्दु स्वयं उसका 'स्व' होता है। इसी 'स्व' या 'स्व' के माध्यम द्वारा अन्य वस्तुओं एवं विचारों का वह या तो समर्थन करता है या प्रतिरोध। अतः उसका 'स्व' ही वह माध्यम है जिसके द्वारा किसी वस्तु या उस वस्तु द्वारा उत्प्रेरित भाव एवं विचार को वह साहित्य में अभिव्यक्ति देता है।"

कलाकार के व्यक्तित्व से तटस्थ रहकर कला सजीव नहीं हो सकती जब तक कलाकार के व्यक्तित्व का उन्नयन (Sublimation) नहीं होगा, कलाकार की आन्तरिक चेतना जागृत होकर उसके हृदय का स्वयं मन्थन नहीं करने लगेगी, उस समय तक कला में आत्म-तत्त्व का संचार हो पाना सम्भव नहीं। आत्म-तत्त्व विहीन कला सजीव नहीं हो सकती और जो सजीव नहीं वह किसी भी रूप में न तो सार्थक हो सकती है और न सटीक।

मनुष्य एक संवेदनशील प्राणी है। जब तक उसका हृदय द्रवित नहीं होता, उसके मस्तिष्क के शान्त सरोवर में विचार रूपी तरंगें स्वतः उद्भूत नहीं होती, वह कला का सफल निर्माण नहीं कर सकता। हृदय की भावना जब तक तीव्र होकर स्वयमेव व्यक्त नहीं होने लगती, कलात्मक सौन्दर्य का प्रस्फुटन नहीं हो सकता। इस दृष्टि से बेलिंस्की 'कला' के मूल में 'प्रेरणा' (Inspiration) तत्त्व का निहित होना अत्यावश्यक समझता है।

जिस तात्कालिक (Immediate) चिन्तन को बेलिंस्की ने अपनी कला की परिभाषा

में कला का एक गुण-धर्म स्वीकार किया है, वह इस प्रेरणा-तत्त्व (Inspiration) के अभाव में अपना कुछ अर्थ नहीं रखता। अर्थात् 'तात्कालिक' चिन्तन के लिए 'प्रेरणा' तत्त्व होना निहायत जरूरी है। जब मस्तिष्क पर अपना व्यापक प्रभाव डालते हुए कोई वस्तु या तथ्य हृदय को सम्पूर्णतया अभिभूत कर लेता है, उस व्यक्ति के हृदय में उस अनुभूति के क्षण की तीव्रतम अनुभूति को वह तत्काल अंकित कर डालता है। यह जानी हुई बात है कि वस्तु जितनी ही नुकीली एवं अपने में सिमटी होती है उतनी ही वह तीव्र होती है जैसे सुई की नोक। अतः अनुभूति की सबसे अधिक तीव्रता किसी एक बिन्दु पर ही होती है। यह 'बिन्दु' ही 'क्षण' का प्रतीक है अतः तीव्रतम अनुभूति के क्षण में ही कलाकार की आन्तरिक चेतना उद्‌बुद्ध (sublimated) होती है, और उसके हृदय में उस अनुभूति के परिवेश (Halo) से घिरे हुए तथ्य या सत्य को साहित्य में अभिव्यंजित करने की लालसा या प्रेरणा जगती है। इस 'प्रेरणा' की तीव्रता भी अनुभूति की तीव्रता पर ही अवलम्बित है। अर्थात् दोनों 'प्रोपोर्शनल' (Proporitonal) है। अतः अनुभूति के उस क्षण को 'तत्काल' (Immediately) शब्दों के घेरे में बाँध नहीं लिया गया तो प्रेरणा-शक्ति (Inspiration) का ह्रास होता जाएगा, और इस स्थिति में रचना में विषय-विस्तार भले देखने को मिल जाए, अपेक्षित गहराई नहीं मिल सकती। अतः बेलिंस्की का कथन है कि तात्कालिक चिन्तन (Immediate contemplation) के लिए प्रेरणाशक्ति (Inspiration) का होना आवश्यक है। उसके अनुसार जो "स्वतः प्रेरित है वही तात्कालिक हो सकता है और जो तात्कालिक है वही सजीव तथा जो सजीव है वही सटीक एवं मार्मिक" (Only that which is inspired can appears immediately, can be organic, and the only organic can be vital).

बेलिंस्की द्वारा प्रस्तुत की गई कला की परिभाषा का दूसरा चरण इस तथ्य का बोध कराता है कि कला मूर्त छवियों के माध्यम से अपनी अभिव्यक्ति पाती है। लीफशीट्स (Lifshitz) के अनुसार "वास्तविक जीवन की रूपगत अभिव्यक्ति ही मूर्तछवि है।" (It : imagery : is the morphological type of real life...) वास्तविक जीवन की अभिव्यक्ति का अर्थ मनुष्य के दैनिक जीवन का यथातथ्य वर्णन नहीं समझ लेना चाहिए। अतः आत्मतत्त्व के पश्चात् जिस तत्त्व की माँग बेलिंस्की करता है, वह है वास्तविक जीवन की रूपाभिव्यक्ति।

काव्य की विवेचना करते समय उसने एक स्थान पर लिखा है—"काव्य सम्भावित यथार्थ का रचनात्मक रूपान्तर है।" (Poetry is the creative reproduction of reality as possibility.) जो यथार्थ नहीं वह कला में स्थान पाने योग्य नहीं। कला तो यथार्थ की अभिव्यक्ति है। पर यथार्थ के साथ जुड़ा हुआ 'सम्भावित' (Possibility) शब्द इस तथ्य का बोधक है कि कला यथातथ्य अनुकृति की माँग नहीं करती। कला के क्षेत्र में कल्पना का योग वर्जित नहीं। कल्पना के माध्यम से कलाकार उन समस्त तथ्यों का अंकन करने के लिए स्वतन्त्र है जो यथार्थ के रूप में ग्रहण करने योग्य हों। वह अपनी 'कल्पना' द्वारा किसी भी रूप एवं अनुभूति का चित्रण कर सकता है, शर्त

केवल एक है कि उसकी कल्पना द्वारा उद्‌भूत संसार यथार्थ की सम्भावना से परे न हो। यह सत्य है कि जीवन में घटित प्रत्येक क्रिया कलाप की अनुकृति कलाकार के लिए आवश्यक नहीं, पर यह भी असत्य नहीं कि कलाकार दृश्य जगत के क्रिया-व्यापार से ही अपने मूल उपादान का संचय करता है। पर ध्यान रहे मूल उपादान दृश्य जगत के होते हैं, पर उसका नियोजन, उसकी रूपगत अभिव्यक्ति कलाकार की 'कल्पना' एवं 'भावना' शक्ति ही रहती है।

साथ ही, इस विवेचना में एक शब्द आया है 'रचनात्मक'। अर्थात् काव्य सम्भावित यथार्थ का रचनात्मक (creative) रूपान्तर है। कला का गुणधर्म यथार्थ की अनुकृति (Imitation) या तद्‌रूप चित्रण (Photography) नहीं है, वह तो रचनात्मक प्रक्रिया है। समाज या प्रकृति के अक्षय भंडार का विश्लेषण कर सर्वप्रथम साहित्यकार अपनी मनोनुकूल वस्तुओं का संचय करता है। संचय करने की यह वृत्ति उसके मानस में ज्ञात-अज्ञात भाव से निरन्तर क्रियाशील रहती है। विश्लेषण द्वारा संचित स्थूल उपकरणों को संश्लेषण प्रक्रिया (Synthesis) द्वारा एक निश्चित रूप देकर साहित्यकार उसे साहित्य में अभिव्यक्त करता है। संचय एवं संश्लेषण, दोनों ही प्रक्रिया में कलाकार को अपनी 'कल्पना' एवं भावना शक्ति का उपयोग करना पड़ता है। इस प्रकार कलाकार एवं भावना शक्ति का अवलम्बन लेकर सांसारिक वस्तुओं से कुछ भिन्न एवं श्रेष्ठ कृति का निर्माण करने में सफल होता है। यह ठीक है कि प्रकृति अपने वस्तु निर्माण में अगाध है, वस्तु-संचय के अनुपात में कलाकृति से कहीं अधिक समृद्ध एवं पूर्ण है, फिर भी प्रकृति की तुलना में कलाकार की कृति आत्मा के अधिक निकट रहती हैं, वह अधिक प्रभावोत्पादक होती है। कारण, कलाकार की सृजनात्मक कल्पना एवं जीवन्त भावनाशक्ति कलाकृति में एक व्यवस्था की नियोजन करती है, उसे अधिक सटीक, विशिष्ट एवं आदर्शात्मक रूप देती है, जिसके फलस्वरूप उसकी कृति, प्रकृति से अधिक व्यापक (universal) एवं सजीव (vital) हो उठती हैं।

कला के क्षेत्र में कल्पना के प्रसार की अपनी उपयोगिता है। कल्पना के माध्यम से वह वस्तु चित्रण को और भी अधिक व्यापक धरातल प्रदान करता है। किसी एक व्यक्ति की घटना पर कल्पना ऐसा रंग चढ़ाता है कि वह घटना प्रत्येक व्यक्ति के जीवन की अपनी घटना-सी प्रतीत होने लगती है। व्यक्ति का चित्रण व्यक्तिमात्र से सम्बन्धित न रहकर सर्वसाधारण (Type) के रूप में परिवर्तित हो जाता है और इसी तथ्य की ओर बेलिंस्की भी संकेत करता हुआ प्रतीत होता है, जब वह यह कहता है–"कला के क्षेत्र में कल्पना का प्रसार यथार्थ को और भी व्यापकता देने के लिए ही प्रयुक्त होता है।"

बेलिंस्की की दृष्टि कलाकार के व्यक्तित्व एवं उसकी रचनात्मक शक्ति–दोनों को अपनी सम्पूर्णता में देखने के पक्ष में रही है। अतः एक जागरूक एवं तीक्ष्ण आलोचक की भाँति वह कला और कलाकार के व्यक्तित्व निरूपण एवं विश्लेषण के समय, वह उन आधारभूत मान्यताओं की स्थापना करता है जिससे कलाकार की प्रतिभा एवं रचनात्मक शक्ति का पता चल जाए और साथ ही व्यक्ति रूप में उसकी सहृदयता, वर्ग

विशेष के प्रति आत्मीयता, राजनीतिक, सामाजिक एवं सांस्कृतिक चेतना के प्रति उसकी जागरूकता से भी पाठक भली-भाँति अवगत हो जाएँ। उसके अनुसार स्रष्टा एवं द्रष्टा, कलाकार के ये दो पक्ष हैं। कला निर्माण में इन दोनों का समुचित योग अपेक्षित है। यह ठीक है कि कला के क्षेत्र में स्रष्टा पक्ष का ही अधिक महत्त्व होता है, पर यह भी असत्य नहीं कि जब कलाकार का द्रष्टा पक्ष कमजोर पड़ जाता है उस समय उसके साहित्य में असंगतियाँ स्वयं उद्भूत हो उठती हैं। स्रष्टा के रूप में बेलिंस्की ने गोगोल की महत्ता को स्वीकार किया, उसकी समर्थ लेखन शैली की भूरि-भूरि प्रशंसा की पर साथ ही उसके द्रष्टा-पक्ष की उसने उतनी ही कटु आलोचना भी की है।

कलाकार का बिचारक पक्ष जब वास्तविकता के धरातल को छोड़कर शून्य में परिभ्रमण करने के लिए प्रवृत्त होता है, उसी समय कृति में असंगतियाँ उद्भूत होती हैं। सामाजिक यथार्थ स्वयं जिस विचार को ध्वनित करता है, अपने विकास के धारा प्रवाह में वह जिस विचार शक्ति की अपेक्षा रखता है, उसको पहचानकर उसी के अनुरूप अपने दर्शन की मान्यताओं को आधारित करनेवाला कलाकार ही महान होता है। उसके द्रष्टा पक्ष की यही सार्थकता है। बेलिंस्की के मतानुसार वस्तुगत यथार्थ का साहित्य में प्रतिबिम्बित कर देना ही कलाकार का धर्म नहीं, अपितु विकासोन्मुख विचारधारा को पहचानकर उस यथार्थ की व्याख्या करना भी कलाकार के लिए नितान्त आवश्यक है। क्योंकि "यथार्थ-बोध के लिए साहित्य और कला, विज्ञान की ही भाँति शक्तिशाली निमित्त हैं।"

इस प्रकार हम देखते हैं कि बेलिंस्की अपने समकालीन आलोचक चर्नीशेव्सकी (Chernyshevky) की भाँति कलाकृति को वस्तुगत यथार्थ की तुलना में निम्न स्तर का नहीं समझता और न वह काडवेल (Caudwell) की भाँति साहित्य को निरा आर्थिक परिस्थितियों एवं उत्पादन सम्बन्धों की उपज मानता है। प्लेखानोव (Plekhanov) की भाँति कलाकार की चेतन-सत्ता एवं स्वानुभूति का वह विरोधी भी न था अतः प्लेखानोव की यह उक्ति उसे कभी स्वप्न में भी न सूझी कि "कलाकार वही लिखता है जो उसे लिखना पड़ता है।" और न मायकोवस्की (Maokavasky) की भाँति अपने को कला के पुर्जे के रूप में कभी स्वीकार कर पाया—"मैं आनन्द की रचना करनेवाला कारखाना हूँ।" साहित्य के ऊपर पार्टी के जिस अंकुश को रखने के लिए गोर्की तत्पर था, उसका भी वह समर्थक नहीं था और न वह उसकी भाँति साहित्य को राजनीति का अनुभागी तथा प्रोपेगैंडा स्वरूप ही समझता था। संक्षेप में यह कहा जा सकता है कि उसके कला-सिद्धान्त की मान्यताएँ काडवेल, प्लेखानोव, मायकोवस्की, गोर्की आदि की मान्यताओं के उतनी समीप नहीं जितनी राल्फफाक्स, इल्या इरेनबुर्ग, जार्ज ल्यूकाक्स आदि की मान्यताओं के।

वर्ग-संघर्ष, जनता और साहित्य*

प्राचीन काल में जब मानव अत्यधिक असभ्य था, जब उसके पास उत्पादन के साधन इतने विकसित न थे कि अपनी दैनिक आवश्यकताओं की पूर्ति वह सहज ही में कर सकने में समर्थ हो पाता, उस समय उसका सारा समय जीविका के साधन जुटाने में ही बीत जाता था। उसके व्यस्त जीवन में इतना अवकाश न था कि वह अपनी उत्पादन-शक्ति के विकास की ओर ध्यान दे सके। देश, कानून, कला, विज्ञान आदि अन्यान्य विषयों पर कुछ सोच भी सके। अतः इतिहास के प्रवाह ने एक ऐसे वर्ग की आवश्यकता उत्पन्न की जो उन पर समुचित ध्यान देने में समर्थ हो सके।* कालान्तर में शारीरिक-श्रम से मुक्त-तथाकथित वर्ग श्रमिकों से अधिक से अधिक कार्य लेने की व्यवस्था करने लगा, जिससे उसका जीवन स्वयं सुखी एवं सम्पन्न हो सके। शोषण का आरम्भ इसी काल से प्रारम्भ होता है और जो समाज के भीतर इतनी गहराई से जड़ जमा चुका है कि उसे निस्तार पाना आज भी कठिन हो रहा है।

इस शोषण की प्रक्रिया में समाज का एक बहुत बड़ा अंश (जनता) पिसता रहा है। शोषण की इस पद्धति का अन्त करने के लिए जनता सदैव प्रयत्नरत रही। इसलिए विरोध के साथ ही साथ शासक-वर्ग को उत्पादन शक्ति को विकसित करने के लिए समय-समय पर बाध्य भी करती गई। उसके विकास का लक्ष्य था एक ऐसी उत्पादन-शक्ति का निर्माण करना, जहाँ प्रत्येक व्यक्ति अपने दैनिक जीवन की आवश्यकताओं की पूर्ति के लिए उत्पन्न की गई वस्तुओं के निर्माण में सहयोग देने के उपरान्त भी इतना अवकाश प्राप्त कर ले जिससे साहित्य, कला, कानून एवं अन्य सामाजिक क्रिया-व्यापारों पर भी मनन करना उसके लिए सम्भव हो सके। आदर्शपरक इस स्थिति की सम्प्राप्ति के पश्चात् ही समाज वर्ग-संघर्ष की क्रिया से मुक्त हो सकता है। लक्ष्य की प्राप्ति के पश्चात् शोषण की प्रक्रिया स्वयमेव नष्ट हो जाएगी। कारण,

---

* सर्वप्रथम 'युग चेतना' (सं. डॉ. देवराज) के अप्रैल 1958 अंक 4, वर्ष 4 में प्रकाशित।

* "So long as the really working population was so much occupied in their necessary labour that they had no time left for looking after the common affairs of the society...so long was it necessary that there should exist a special class, freedom from actual labour, to manage these affairs..."

"Frederick Engles—Anti—Duhring"

उस समय इन ऐतिहासिक आवश्यकताओं का ही अन्त हो जाएगा जिसके फलस्वरूप एक समय में शोषक-वर्ग का अविर्भाव सम्भव हो सका था।

यही कारण है कि दासयुग की तुलना में सामन्त-युग की उत्पादन-शक्ति अधिक विकसित है और सामन्तवादी युग की तुलना में पूँजीवादी युग की। समाजवादी युग की उत्पादन-शक्ति इस मात्रा में विकसित हो जाती है कि प्रत्येक व्यक्ति अपने दैनिक जीवन की आवश्यकताओं की पूर्ति के लिए आवश्यक वस्तुओं के निर्माण के अतिरिक्त भी सिद्धान्त पक्ष पर ध्यान देने का अवकाश प्राप्त कर लेता है। अतः इस समाजवादी युग की अन्तिम परिणति शोषण-मुक्त साम्यवादी प्रणाली में ही है।

एक बात विशेष रूप से ध्यान देने की है। उत्तराधिकार के रूप में प्राप्त उत्पादन-व्यवस्था अपने पूर्व की उत्पादन-व्यवस्था से भिन्न होते हुए भी उसकी ऋणी रहती है। पूर्व की उत्पादन-व्यवस्था को अपने वृहत्तर रूप में अन्तर्भुक्त कर ही वह विकास की अगली सीढ़ी पर अपना पग रखती है। पूर्व की अवस्था को तिलांजलि देकर नहीं अपितु उसे अपने जीवन रूप में समाहित कर ही आनेवाली व्यवस्था अपने को सम्यक् बनाती है। इसीलिए इतिहास में एक सुसम्बद्धता दिखलाई पड़ती है, साहित्य, संस्कृति, सभ्यता एवं अन्यान्य विचारों के विकास में एकसूत्रता मिलती है। साहित्य के इतिहास के अध्ययन में एकसूत्रता का निर्वाह एवं निर्देशन इसी रूप में करना समीचीन होगा। अतः विभिन्न सरोवर-रूपी वर्ग-विभाजन की व्याख्या द्वारा इतिहास की गतिशीलता का परिचय नहीं मिल सकता।

एकसूत्रता के छोर को पकड़कर चलने से यह स्पष्ट हो जाता है कि समाज के बाहरी ढाँचे में जो कुछ भी परिवर्तन होता रहा हो, पर उसके अन्तस्तल में मानवता की एक अविरल धारा भी बहती रही है जिसने सदा शोषण का विरोध किया है। यह बात दूसरी है कि काल के प्रभाव में कभी इसकी पाट चौड़ी रही है और कभी पतली, कभी उसे अवरोधरूपी कठोर एवं वृहत्काय शिलाओं का सामना करना पड़ा है और कभी छोटे-मोटे झाड़-झंखाड़ का ही। शोषण के विरुद्ध उठी जनता कि इसी मानवतावादी आवाज को मार्क्स ने कुछ निश्चित भागों में विभाजित कर समझने की कोशिश की है। और चूँकि अविकसित उत्पादन-प्रणाली के फलस्वरूप ही शोषण प्रक्रिया का आरम्भ हुआ और जिससे त्राण पाने का एकमात्र उपाय इस प्रकार उत्पादन-प्रणाली को समुन्नत बना देने में शेष रह गया है कि शोषक-वर्ग की कोई ऐतिहासिक आवश्यकता ही न रह जाए—मार्क्स ने मानव समुदाय के शोषण के सम्पूर्ण इतिहास को उत्पादन-प्रणाली के विकास के इतिहास के रूप में देखा।

जो आलोचकगण मार्क्स को इस रूप में न देखकर निरा आर्थिक सिद्धान्त के रूप में देखते हैं, वे उसके सिद्धान्तों के भीतर बसनेवाली आत्मा का या तो अनुभव नहीं कर पाते या जान-बूझकर उसे झुठला बैठते हैं। वस्तुतः जिस प्रकार जायसी 'व्यक्त' के माध्यम से 'अव्यक्त' की ओर संकेत देते हैं और लौकिक कथा का सहारा लेकर अलौकिक तत्त्व का निर्देश देते पाए जाते हैं उसी प्रकार दर्शन के क्षेत्र में मार्क्स

आर्थिक-सिद्धान्त एवं 'वर्ग-संघर्ष' की भावना के माध्यम द्वारा शोषण विरोधी 'मानवतावादी' स्वर का ही प्रतिपादन करता है। यह सच है कि मार्क्स और एंगेल्स ने अपने सिद्धान्तों में आर्थिक-तत्व को आवश्यकता से अधिक महत्त्व दिया है, पर इसका कारण कुछ दूसरा था। अपने सिद्धान्त से इनकार करनेवाले आदर्शवादियों के समक्ष उन्हें अपने सिद्धान्त को परिपुष्टि करनी थी। अतः उक्त अवसर पर उन्हें आर्थिक-आधार पर विशेष बल देना ही पड़ा। अन्यथा एंगेल्स यह स्वीकार करता है कि आर्थिक तत्त्व पर अधिक बल देने की जो प्रवृत्ति नवयुवक में आई है उसके लिए मैं और मार्क्स दोनों आंशिक रूप में दोषी हैं।* स्पष्ट है, साहित्य की सम्यक् आलोचना के लिए कुत्सित-समाज शास्त्रियों के इस एकांगी दृष्टिकोण की आवश्यकता नहीं जो 'आर्थिक-आधार' का ही एकमात्र अवलम्बन लेते हैं। मार्क्सवाद की 'मानवतावादी' व्यापक-दृष्टिकोण से ही साहित्य का सही मूल्यांकन सम्भव है।

सामाजिक विकास की शृंखला में जनता का क्या स्थान रहा है, यह भी एक महत्त्वपूर्ण एवं विचारणीय प्रश्न है। हम देखते हैं कि जबसे शोषण आरम्भ हुआ अर्थात् वर्ग-विभाजन की नींव पड़ी, उसी समय से जनता पिसती आ रही है। इसकी विज्ञप्ति में उसने समय-समय पर क्रान्तियाँ की, शोषक-वर्ग को आर्थिक-प्रणाली एवं उत्पादन-सम्बन्धों को बदलने के लिए मजबूर किया। पर जैसा ऊपर निर्देशित है एकाएक न तो वह सफल हो सकती थी और न वह हो सकी। उसकी सफलता क्रमिक थी। समाज एवं जनता का इतिहास शोषण की प्रक्रिया को मिटाने के क्रमिक प्रयत्न मात्र का इतिहास है। सच्चा कलाकार जनता के स्वर में स्वर मिलाकर इसी शोषण का विरोध करता है। प्रत्येक महान कलाकार की कृति में ध्वनित मानवतावादी स्वर का यही मूलोद्गम है। आलोचक का गुण-धर्म कलाकार को वर्ग-विभाजन के किसी एक कठघरे में बिठाना नहीं होता। सच्चे आलोचक का कर्तव्य यही है कि वह साहित्य में जनता की आवाज के इस मूलोद्गम को ढूँढ़े, जनजागरण को परिपार्श्व में उसकी कृतियों में प्रतिपादित सिद्धान्तों एवं उनमें ध्वनित संकेतों का सही निर्देश दे।

वर्ग-भेद के आधार पर कलाकार को समझने की कुत्सित समाज शास्त्री प्रवृत्ति ने साहित्यिक रचनाओं के उचित मूल्यांकन में सदा रोड़े डाले हैं। कुत्सित-समाज शास्त्री एक वर्ग-विभाजन के आधार पर इतिहास का अध्ययन करता है, उस समय वह केवल जनता के शोषण से उत्पन्न लाभ को केन्द्र मानकर दो शोषक वर्ग के युद्ध को ही अपना अन्तिम लक्ष्य स्वीकार कर बैठता है। दास एवं सामन्तवाद, सामन्त एवं समाजवाद आदि के अधिकार जनित संघर्ष की व्याख्या करते समय उसकी आँखों के सामने से 'जनता' का अस्तित्व ही विलीन हो जाता है। वह यह नहीं सोच पाता कि मांस के एक टुकड़े के लिए जिस प्रकार दो कुत्ते एक साथ लपकते हैं, वैसी ही कभी एक अवस्था दो वर्गों की

---

* "Marx and I are partly to blame for the fact that the younger people something lay more stress on the economic side than is due to it."

Engles letter to J. Bloch-Sept. 21-22, 1890.

भी होती है। वह यह देखने का प्रयत्न नहीं करता कि जनता का किस वर्ग के साथ और वह भी कितना सहयोग है, किस वर्ग का हित कितने समय तक जनता के हित के साथ तादात्म्य स्थापित किए हुए है।

कहने के लिए तो जो भी समाज मार्क्स निर्देशित विकास के विभिन्न सोपान से होकर अपने पथ का सन्धान करेगा, वह उन्नति की ओर उन्मुख होगा। पर इस विकास को गति की तीव्रता का प्रश्न जनजागरण से सम्बन्धित होता है। इसीलिए जनशोषण द्वारा समाज में व्याप्त दुख-दर्द के साथ जिस कलाकार की जितनी ही गहरी सहानुभूति होगी, तत्कालीन उत्पादन-सम्बन्ध की विषमता के फलस्वरूप सामाजिक असंगतियों के प्रति साहित्यकार की बुद्धि जितनी ही चैतन्य होगी, उसी के अनुपात में उसके साहित्य की महत्ता भी स्वीकार की जाएगी।

एक उदाहरण द्वारा इस सिद्धान्त का स्पष्टीकरण किया जा सकता है। फ्रांस, ब्रिटेन एवं भारत, तीनों देशों के बुर्जुआ वर्ग ने सामन्तवादी आर्थिक प्रणाली के स्थान पर उससे कहीं अधिक विकसित पूँजीवादी उत्पादन-प्रणाली लाने के महत्त्वपूर्ण कार्य को सम्पादित किया है। जनवादी शक्ति से अपरिचित आलोचक तीनों देशों के बुर्जुवा वर्ग को समान ही प्रगतिपरक सिद्ध करेगा। पर क्या सत्य कुछ और ही दिशा में संकेत नहीं करता ?

ध्यान देने की बात यह है कि बुर्जुआ वर्ग उत्पादन-शक्ति को विकसित करने के लिए स्वयं कभी प्रेरित नहीं हुआ है। भारतवर्ष का इतिहास इस तथ्य का साक्षी है। बुर्जुआ वर्ग ने पहले मजदूरों के काम करने के घंटे में वृद्धि की, मजदूर स्त्रियों एवं छोटे-छोटे बच्चों को कार्य करने पर विवश किया। इनकी स्थिति कितनी विषम हो गई थी, यह उस काल के सामाजिक नेताओं के वक्तव्यों एवं राज्य के संरक्षकों द्वारा बनाए गए मजदूर सम्बन्धी अधिनियमों से पता चलता है। भारतीय ट्रेड यूनियन एक्ट (1926) हड़ताल कानून एक्ट (1929) भारतीय रेलवे एक्ट (1930) श्रमजीवी क्षतिपूर्ति एक्ट (संशोधित) (1933), बालक-बन्धन कानून एक्ट, (1933) फैक्टरी कानून (1934) आदि मजदूर सम्बन्धी विभिन्न कानून इस तथ्य की ओर संकेत करते हैं कि भारतीय जन-जीवन को मजदूरों की समस्या ने किस सीमा तक प्रभावित कर दिया था। परन्तु कानून बन जाने से ही मजदूरों को पूरा संरक्षण मिल जाए—यह आवश्यक नहीं। अतः समय-समय पर मजदूरों ने संगठन की आवश्यकता का अनुभव किया। तदनुरूप संघों का निर्माण भी होता गया।

स्पष्ट है, अब शोषण की प्रक्रिया के विरुद्ध जनता चैतन्य हो गई, इस अनाचार विरोध में जब मजदूर संघों की स्थापनाएँ होने लगीं, उस समय कहीं जाकर अपनी सुरक्षा एवं लाभ की दृष्टि से पूँजीपतियों ने उत्पादन-शक्ति के विकास की ओर ध्यान दिया। अतः जनजागरण की चेतना एवं उसके सुख-दुख की भावना ही सामाजिक प्रगति के मूल में कार्य करती है, जनता की लाभ-हानि की समस्या ही शोषण विरोधी मानवता-वादी प्रवृत्ति की निर्णायिका होती है। साहित्यकार की भावभूमि एवं बौद्धिक-चेतना का विश्लेषण भी इसी जनजागरण के परिप्रेक्षण में करना आलोचक के

लिए अभीप्सित है।

इतिहास के अध्ययन के समय जनता की इस प्रेरक-शक्ति की अवहेलना घटनाओं के सही मूल्यांकन में घातक सिद्ध हो सकती है। पूँजीवादी प्रणाली का आविर्भाव तो फ्रांस, ब्रिटेन और भारत तीनों देशों में हुआ पर हर एक देश में उसकी उपलब्धि की प्रक्रिया एक जैसी नहीं रही। फ्रांस के बुर्जुआ वर्ग ने जनता की सहायता से सामन्तवादी प्रवृत्तियों का विरोध किया। ब्रिटेन में सामन्तवादी वर्ग से गठमेल कर बुर्जुआ वर्ग ने इतिहास को आगे बढ़ाने का प्रयास किया। भारत की अपनी अवस्था इससे कुछ भिन्न थी। यहाँ पर नवविकसित बुर्जुआ वर्ग ने सामन्तवाद के प्रतिनिधियों का अवलम्बन लेकर समझौते रूपी सन्धिपत्र से साम्राज्यवाद का सामना किया।

समाज एवं साहित्य पर तदनुरूप ही प्रतिक्रिया भी लक्षित होती है। अपने सामाजिक विकास के नवोदित पूँजीवादी युग में वाल्टेयर-डिडरौट (फ्रांस), फील्डिंग-स्मालेट (इंग्लैंड) और भारतेन्दु (भारत) आदि की रचनाएँ प्रकाश में आईं। इनके साहित्य का तुलनात्मक अध्ययन इस तथ्य की ओर निर्देश देता है कि बुर्जुआ वर्ग का जिस अनुपात में समाज से सम्बन्ध रहा है, उसी के अनुरूप साहित्यकारों का मानवतावादी स्वर भी मुखरित हुआ है। यही कारण है कि फील्डिंग-स्मालेट यथार्थवादी होकर भी उस स्तर की रचनाएँ नहीं दे सके हैं जैसा कि वाल्टेयर-डिडरौट देने में समर्थ हुए हैं। भारतेन्दु की लेखनी कभी सामन्तवादी शृंगार की मनोवृत्ति के रस से भींगी है, साम्राज्यवाद की प्रशंसा के रस से सिक्त है तो कभी राष्ट्रीयता के नाम पर मचली है।

प्रतिपादित मान्यताओं के आधार पर निष्कर्ष रूप में यह कहा जा सकता है—

(1) समाज का इतिहास शोषण-प्रक्रिया के उन्मूलन के क्रमिक प्रयत्नमान का इतिहास है।

(2) यद्यपि मार्क्स ने मानव के सम्पूर्ण इतिहास को उत्पादन प्रणाली के विकास के रूप में ही देखा—पर यह उसके दर्शन का बाह्य पक्ष था अन्यथा उसकी मान्यताओं के अन्तराल में सदा शोषण-विरोधी मानवतावादी भावना ही कार्य कर रही थी।

(3) साहित्य एवं साहित्यकार के महत्त्व का मूल्यांकन, समाज की बाहरी ढाँचे (आर्थिक अथवा राजनीतिक) में परिवर्तन अथवा विभिन्न सरोवर रूपी वर्ग-विभाजन के सिद्धान्त पर न होकर उसके अन्तस्तल में प्रवाहित मानवतावाद के उस अविरल धारा के परिप्रेक्ष्य में होना उचित है जिसकी मूल प्रकृति सदा शोषण-विरोधी रही है।

(4) इतिहास के मूल में जन-प्रेरक शक्तियाँ ही कार्य करती हैं अतः साहित्य के इतिहास का अध्ययन करते समय साहित्यिक धाराओं की विशिष्टता का आकलन जनवादी स्वर के परिदृश्य में ही करना चाहिए।

(5) जन-शोषण द्वारा समाज में व्याप्त दुख-दर्द के साथ जिस कलाकार की जितनी गहरी सहानुभूति होगी, उसी के अनुपात में उसके साहित्य की महत्ता भी स्वीकार की जाएगी।

खंडित व्यक्तित्व और साहित्य*

साहित्य और संस्कृति में अटूट सम्बन्ध है। जीवन के वास्तविक सन्दर्भ के धरातल पर दोनों एक हैं। संस्कृति, जीवन को अर्थवत्ता देनेवाली आन्तरिक प्रेरणा का दूसरा नाम है अर्थात् किसी समाज की संस्कृति अपने युग की परिस्थितियों से निर्धारित मानव समुदाय की उस आन्तरिक शक्ति स्रोत को कहते हैं जो तत्कालीन समाज को जीवन की सार्थकता का बोध कराता रहता है। उच्च-कोटि का साहित्य भी मनुष्य को न केवल उसके जीवन के वास्तविक सन्दर्भ में देखने की दृष्टि देता है अपितु जीवन की अर्थवत्ता एवं सार्थकता का बोध कराने में भी समर्थ होता है। लक्ष्य के इस धरातल पर दोनों एक हैं।

जीवन की सार्थकता का बोध प्रत्येक व्यक्ति को उचित रूप में हो ही जाता है--ऐसा नहीं कहा जा सकता। कभी-कभी व्यक्ति उस सार्थकता का अनुभव तो करता है--पर उसको पूरी तरह से समझ नहीं पाता। साहित्य, जीवन की बोधात्मक प्रतीति को, जो सूक्ष्म होने के कारण अशरीरी होता है, मूर्त्त एवं ठोस प्रतीकों (Concrete images) के माध्यम द्वारा, जन-साधारण को प्रत्यक्ष कर देता है। इस प्रकार जो संस्कृति जनसाधारण के जीवन में प्रच्छन्न (Latent) रहती है उसकी साहित्य द्वारा न केवल रसात्मक अनुभूति होती है, अपितु उसके वास्तविक स्वरूप का दर्शन भी होता है। अतः साहित्य, संस्कृति से इसलिए विशिष्ट है कि प्रथमतः वह जीवन की सार्थकता की बोधात्मक प्रतीति--जो सूक्ष्म होने के कारण प्रच्छन्न (Latent) रहती है, उसका प्रत्यक्ष दर्शन कराने में सफल होता है, दूसरा, वह उस बोधात्मक प्रतीति की रसात्मक अनुभूति कराने में भी समर्थ है।

इस विश्लेषण के आधार पर ऐसा लगता है जैसे संस्कृति और साहित्य का अन्तर केवल प्रतीति का अन्तर है। पर हम यह भी जानते हैं कि साहित्य एक रचनात्मक प्रक्रिया (Creative process) का परिणाम है। वह जीवन की यथातथ्य अभिव्यक्ति अथवा सफल अनुकृति नहीं होता। साहित्यकार में सृजन की प्रतिभा होती है, उसमें निर्माण की क्षमता होती है। अतः अपने समय की संस्कृति को हू-ब-हू वैसे ही अपनाकर वह सन्तुष्ट नहीं हो जाता। समाज में मानव-जीवन की सार्थकता के प्रति जो बोधात्मक-प्रतीति होती है--केवल उसकी रसात्मक अनुभूति कराने तक ही अपने को सीमित कर नहीं रह जाता।

---

* सर्वप्रथम 'समालोचक' (सं. डॉ. रामविलास शर्मा) के अगस्त 1959 अंक में प्रकाशित।

वह कुछ निर्माण करता है, कुछ सृजन करता है। (पर सृजन किसका ? क्या भौतिक जगत का ? क्या सामाजिक परिस्थितियों का ?) नहीं, अपनी सृजनात्मक-प्रतिभा के सहारे वह नए-नए मानव-मूल्यों का निर्माण करता है, इन नए-नए मानव-मूल्यों द्वारा मानव-जीवन को वह नई अर्थवत्ता एवं सार्थकता देने का अनवरत प्रयत्न करता है। अतः युग की संस्कृति से साहित्यकार एवं उसका साहित्य केवल प्रभावित ही नहीं होता, वरन् इन नए मानव-मूल्यों द्वारा संस्कृति को प्रभावित भी करता है। इस प्रकार साहित्यकार मानवात्मा का शिल्पी जो है। उसके दायित्व का यह पहलू ही उसके कार्य की गुरुता को और भी विशिष्ट बना देता है। मानवात्मा का शिल्पी होने के नाते सृजन का जो गुरुतर भार साहित्यकार संवहन करता है, वह उसके लिए कोई साधारण दायित्व नहीं होता है।

समाज-विज्ञान द्वारा अब यह पूर्ण रूप से निश्चित किया जा चुका है कि चेतना की स्वयं कोई अपनी आधिभौतिक अथवा स्वतन्त्र सत्ता नहीं होती। मनुष्य की चेतना (Consciousness) उसके जीवन क्रम में आए क्रिया-व्यापार द्वारा निर्मित एवं निर्धारित होती है। पर उसके साथ यह भी सत्य है कि एक बार चेतना का प्रकृति निर्धारण एवं स्वरूप-निर्देश हो जाने के उपरान्त वह स्वयं सामाजिक शक्ति बनकर जीवन को प्रभावित करने लगती है। कुत्सित समाजशास्त्री इस तथ्य को भले न स्वीकार करें पर इस सत्य का निर्देश स्वयं एंगेल्स ने किया है। 'मार्क्सवाद क्या है ?' नामक पुस्तक में एमेली बर्न्स ने भी इस सत्य की ओर स्पष्ट संकेत किया है।[1]

युग की यह सांस्कृतिक चेतना, तत्कालीन परिस्थितियों एवं अन्तर्शक्तियों के द्वन्द्व-प्रतिद्वन्द्व के फलस्वरूप कुछ ऐसी आधारभूत मान्यताओं को जन्म देती हैं जो अपने समय में व्यवहृत होनेवाली सम्पूर्ण दर्शन-सम्पदा की प्राण-ध्वनि होती है। ये आधारभूत मान्यताएँ युगात्मा की आवाज बनकर व्यक्तियों के प्रत्येक क्रियाकलाप का जान अनजान में नियन्त्रण करने लगती हैं। युग के चिन्तन-परिवेश की यह चहारदीवारीं जनसाधारण के विचारों की अपनी सीमा बन जाती है जिसके भीतर रहकर ही बहुधा वह सोचता, समझता और अपने समय की आस्थाओं को दोहराता या थोड़ा-बहुत हटकर उससे समझौता करता रहता है। युग का सत्य, तत्कालीन मानवमूल्यों के साथ हमारे दैनिक जीवन में उतरने लगता है और फिर तो कुछ समय पश्चात् वह हमारे खून में कुछ इस प्रकार घुल-मिल जाता है कि उसे जानने के लिए हमें न किसी पाठशाला की आवश्यकता पड़ती है ओर न किसी पुस्तक की। सामाजिक वातावरण के हर क्षेत्र में व्याप्त युग का यह स्वर हमारी जीवनेच्छा की प्रत्येक साँस के अन्तस के समीप आता जाता है और बाद में आत्मा के भीतर वह इतनी गहराई से जड़ जमा लेता है कि हमारी संवेदनाएँ कंडीशंड रिफ्लेक्स (Conditioned reflex) के सिद्धान्त के अनुसार उसके अनुरूप अपने आप 'रिस्पांस' करने लगती हैं।

एक ओर सांस्कृतिक संवेदनाएँ युग के सामाजिक जीवन को इस गहराई तक जाकर प्रभावित करती हैं, दूसरी ओर सतत विकासशील होने के कारण समाज अपनी पूर्व

स्थिति से स्वयं आगे बढ़ जाता है। बदली हुई ये परिस्थितियाँ एवं नूतन सामाजिक सन्दर्भ, परिस्थिति-सापेक्ष्य नइ संस्कृति, नए मानव-मूल्यों की माँग करती हैं। मनुष्य अपनी बदली हुई सामाजिक परिस्थितियों के अनुसार जीवन की अर्थवत्ता, मानवगत अधिक सम्यक् सार्थकता को ढूँढ़ने की कोशिश करता है पर हम यह जानते है कि सामाजिक परिस्थितियाँ जिस सरलता एवं शीघ्रता से बदलती हैं, आत्मा को बहुत गहराई तक जकड़े रहने के कारण उसी तीव्रता के अनुपात में युग की सांस्कृतिक चेतना नहीं बदल पाती। परम्परा से प्राप्त सांस्कृतिक चेतना और परिस्थिति विशेष की माँग के अनुसार मानव-मूल्यों के निर्माण की आकांक्षा में संघर्ष उत्पन्न होता है। यही तनाव (Tension) की स्थिति है। वस्तुतः सृजन का यही वातावरण है, यही पीड़ा का वह गर्भ है जहाँ साहित्य रूपी बालक के शरीर में आत्मा पहले पहल प्रवेश करती है।

परम्परागत सांस्कृतिक चेतना एवं बदली हुई परिस्थितियों के गर्भ से अनुस्यूत नए मानव-मूल्यों के निर्माण की आकांक्षा के बीच जो कल्चरल लैग आ जाता है, नूतन मानव-मूल्यों द्वारा निर्मित ब्रिज के रूप में साहित्यकार उसी को कम करने की कोशिश करता है। वह गुण की माँग के अनुसार नए मानव मूल्यों का निर्माण करने की ओर प्रवृत्त होता है, मानव जीवन को परिस्थिति-सापेक्ष्य सम्यक् सार्थकता का बोध कराता है। जितना श्रेष्ठ साहित्यकार होगा, कल्चरल लैग की दूरी द्वारा उद्भूत उतनी ही अधिक एवं तीव्र पीड़ा की उसे अनुभूति होगी।

यहाँ पर एक और तथ्य पर विचार कर लेना आवश्यक जान पड़ता है। मानव-मूल्यों का निर्माण दार्शनिक भी करता है। वह भी बदली हुई परिस्थितियों के अनुकूल मानवगत मूल्य एवं सामाजिक दर्शन का अनुसन्धान करता है। फिर क्या दार्शनिक और साहित्यकार एक हैं ? या दर्शन एवं साहित्य में कुछ अन्तर भी है ?

हम पहले यह कह चुके हैं कि साहित्यकार का क्षेत्र अनुभूति का क्षेत्र होता है अतः कल्चरल लैग से उत्पन्न पीड़ा की अनुभूति से उसका लगाव पहले होता है और नई परिस्थितियों के सन्दर्भ में कौन से नए मानव-मूल्य हो सकते हैं, परिवर्तित सामाजिक अवस्थाओं के सन्दर्भ में जीवन की नई सार्थकता क्या है–उसका स्वरूप निर्धारण एवं विवेचन का स्थान उसके लिए बाद में आता है। ध्यान रहे कि यह मैं नहीं कहता कि नए मानव-मूल्यों के निर्धारण से उसे तटस्थ रहना चाहिए अथवा उससे उसका कोई सम्बन्ध नहीं होता। पर यह उसका गौण कर्तव्य है। अतः अगर इस माँग की पूर्ति वह नहीं भी करता, तब भी वह साहित्यकार रह सकता है, भले ही उसका साहित्य अधिक सार्थक न हो। बालजाक का साहित्य इसका प्रत्यक्ष प्रमाण है। उसने टूटती सामन्ती प्रथा का निर्देश मात्र दिया है, दो संस्कृतियों के संघर्ष की अनुभूति का वर्णन मात्र किया है। नए मानव मूल्य के निर्माण का प्रभाव उसके साहित्य में कहीं नहीं है। पर अगर कोई साहित्यकार स्रष्टा की अनुभूति के साथ साहित्य में द्रष्टा पक्ष द्वारा निर्धारित मानव के नए मूल्यों का निर्माण भी करता है–तो उसकी रचना, साहित्यकार ही नहीं, सबल साहित्य (Forceful literature) बन जाती है। गोर्की के प्रसिद्ध उपन्यास 'मदर' और

प्रेमचन्द के 'गोदान' का नाम इस दृष्टि से उद्धरणीय है। साहित्य की इस विधा के ठीक विपरीत, दर्शन का सम्बन्ध पहले नए सन्दर्भ में नए मानव-मूल्यों के निर्माण से होता है। अनुभूति पक्ष उसके लिए गौण होता है।

वस्तुतः दर्शन एवं साहित्य का अन्तर साध्य का अन्तर नहीं अपितु साधना का है, यह विचार एवं विचारों की अनुभूति का अन्तर है। व्यक्तित्व के दो पक्ष--स्रष्टा एवं द्रष्टा, में किसी एक की प्राथमिकता देने का अन्तर है।

सरिता के स्वतन्त्र प्रवाह में कौन-सी बाधाएँ आ रही हैं, किस प्रकार के रोड़े-पत्थर एवं रुकावट के अन्य साधन बीच में आते हैं, इसकी अनुभूति किनारे पर खड़े रहनेवाले तटस्थ दर्शक को नहीं हो सकती। उसके लिए तो स्वयं सरिता में प्रवाहित होना पड़ेगा, प्रवाह के साथ-साथ बहना होगा। सृजन का क्षण एवं पीड़ा की अनुभूति उस स्थिति विशेष को कह सकते हैं जब व्यक्ति परम्परा के प्रवाह में बहकर आए हुए अवरोधों एवं छोटी-मोटी रुकावटों का अनुभव करता हुआ उस सन्धि-रेखा तक पहुँच जाता है, जहाँ वर्तमान काल का तनाव व्याप्त हो, जहाँ परिवर्तित परिस्थितियों के कारण पूरा का पूरा समाज नए मानव-मूल्यों के निर्माण के लिए छटपटा रहा हो। जहाँ कल्चरल लैग आ जाने के कारण सांस्कृतिक धारा प्रवाह टूट गया हो जिसके फलस्वरूप रूढ़िवादिता (Stagnant) का पूरा वातावरण जीवन के विकास को जकड़ बैठा हो। महान साहित्यकार पीड़ा की इसी अनुभूति का वर्णन करता है, समाज की इसी घुटन एवं बेचैनी को अभिव्यक्ति देने के लिए उसकी आत्मा छटपटाती है। इसी से त्राण पाने के लिए मानव-मूल्यों के निर्धारण की ओर प्रवृत्त होता है। साहित्यकार के स्रष्टा पक्ष की यही यथार्थ भूमिका है, उसके द्रष्टा पक्ष के गुरुतर दायित्व की यही प्रमुख प्रस्तावना है।

"स्रष्टा एवं द्रष्टा, इन दो पक्षों के समुचित योग से ही कलाकार का व्यक्तित्व सम्पूर्णता को प्राप्त होता है। स्रष्टा के रूप में कलाकार अपने चारों ओर फैले वातावरण में व्याप्त सुख-दुख, आशा-निराशा, भाव-अभाव, जीवन-मरण आदि का सफल चित्रण करने में समर्थ होता है। इसी शक्ति के आधार पर उसकी समर्थ लेखनी देश और काल के चेहरे पर पड़ी हल्की शिकन को साहित्य में अभिव्यंजित करने में समर्थ होती है। पर कलाकार का महत्त्व अपनी लेखनी की अतुलनीय शक्ति द्वारा संवेदनशील अनुभूतियों को जनसाधारण के लिए प्रेषणीय बना देने मात्र में ही सीमित नहीं होता। स्रष्टा के साथ-साथ कलाकार द्रष्टा भी होता है। अतः उसकी सहानुभूति अपने भीतर इतिहास की गतिवर्द्धक शक्तियों एवं प्रगतिशील वृत्तियों को किस अनुपात में समाहित किए है, उसकी चेतना की भावभूमि कितनी व्यापक है, इसका भी समुचित प्रभाव साहित्य पर पड़ता है। समाज किस गति से किस दिशा में आगे बढ़ रहा है, उसकी प्रगति में कौन से विरोधी, विकास का क्रम उसे किस ओर खींचे लिये जा रहा है—आदि समस्याओं का ज्ञान कलाकार का दृष्टा पक्ष ही करता है। इस ज्ञान के परिवेश में अगर कला की रचना नहीं हुई, तो कलाकृति में विषय की न तो गम्भीरता ही मिलेगी और न यथार्थ को उसकी सम्पूर्णता के साथ पकड़ने की अन्तर्दृष्टि।

स्पष्ट है, कलाकार का द्रष्टा पक्ष इतिहास की गतिशील वृत्तियों एवं नए मानव-मूल्यों का उचित आकलन एवं निर्माण करता है और उसी के सन्दर्भ में उनका स्रष्टा-पक्ष सामाजिक यथार्थ को और भी सटीक बनाकर कलात्मक आवरण प्रदान करता है। जब तक स्रष्टा एवं द्रष्टा पक्ष की प्रकृति में सामंजस्य रहता है, कलाकृति निर्दोष रहती है। पर जैसे ही उसकी एकरूपता में व्यवधान पड़ता है, कलाकार का व्यक्तित्व खंडित हो जाता है तदनन्तर अपने आप असंगतियाँ रचनाओं से अनुस्यूत होने लगती हैं।

असंगतियों के अनुस्यूत होने का भी कारण है। स्रष्टा के रूप में कलाकार अपनी रचनाओं में जिस सामाजिक यथार्थ की अभिव्यंजना करता है, वह भविष्यत की ओर एक निश्चित संकेत देता है। अगर कलाकार का द्रष्टा पक्ष सबल और दोषरहित रहा, तब वह इतिहास की गतिवर्द्धक शक्तियों का उचित मूल्यांकन करने में समर्थ होगा और उसके इस द्रष्टा पक्ष द्वारा वर्णित भविष्यत् का संकेत, स्रष्टा पक्ष द्वारा अभिव्यंजित सामाजिक यथार्थ द्वारा निर्देशित संकेत के साथ अभिन्नता स्थापित करता रहेगा। पर स्रष्टा एवं द्रष्टा-दोनों पक्षों में किसी के निर्बल हो जाने से रचना में विरोधाभास का आ जाना स्वाभाविक है। जब कलाकार का द्रष्टा पक्ष समाज की ऐतिहासिक शक्तियों का उचित आकलन न कर, अपने चित्त के अनुसार भविष्य की कल्पना करने लगता है, उस समय द्रष्टा पक्ष द्वारा अभिप्सित काल्पनिक आदर्श कुछ संकेत देता पाया जाता है और स्रष्टा के रूप में चित्रित सामाजिक यथार्थ एवं उससे ध्वनित इतिहास की गतिवर्द्धक शक्तियाँ, भविष्य के लिए कुछ और ही संकेत देती देखी जाती हैं। इस प्रकार रचनाओं में अन्तर्विरोधी स्वर अपने आप मुखरित हो उठता है।"

व्यक्तित्व के इन दो पक्षों को मनोवैज्ञानिक सिद्धान्तों के आधार पर भी समझा जा सकता है। फ्रायड, एंडलर एवं लुडविग के अतिवादी सिद्धान्तों की चर्चा न कर यहाँ पर मैं इन तीनों सिद्धान्तों के आधार पर अपने मत की पुष्टि करते हुए जुंग के सिद्धान्त 'व्यक्तित्ववाद' (Theory of Individuation) की ओर ध्यान आकृष्ट करना चाहूँगा। वैसे भी व्यक्तित्व को उसको सम्पूर्णता के रूप में समझने के लिए जुंग का यह सिद्धान्त और बैज्ञानिक एवं विशिष्ट है।

फ्रायड के अनुसार मनुष्य 'साइक' दो भागों में विभाजित होता है–चेतन और अचेतन (Conseious & unconscious)। जुंग ने अचेतन को भी दो भागों में विभाजित किया–'व्यक्तिगत एवं सामूहिक (Personal & Collective)। व्यक्तिगत अचेतन में व्यक्ति के अपने जीवन काल की स्वाभाविक एवं मूल प्रवृत्तियाँ दबी पड़ी रहती हैं। ठीक इसी स्तर के नीचे सामूहिक अचेतन का क्षेत्र रहता है जिसमें व्यक्ति की दबी हुई वे मानसिक ग्रन्थियाँ मिलती हैं जिसको वह समाज अथवा मानव समुदाय का एक सदस्य होने के कारण अपने पूर्वजों से उत्तराधिकार के रूप में प्राप्त करता है। नैतिक मान्यताओं के आधार पर दबाई गई उन स्वाभाविक प्रवृत्तियों (Natural Instincts) का यह संक्षिप्त संचित कोष है जो वर्षों से नैतिक शासन की छलनी में छनकर यहाँ एकत्रित होती गई हैं।

जुंग एक और शब्द का प्रयोग करता है वह है–"परसोना (Perosna) उसके अनुसार 'परसोना' एक ऐसा नकली चेहरा (Mask) है जिसको व्यक्ति अपनी स्वाभाविक एवं मूल-वृत्तियों को छिपाने के लिए काम में लाता है। रात्रि के अँधेरे में जिस काम को स्वाभाविक समझकर कार्यान्वित करने में व्यक्ति नहीं हिचकता उसी कर्म को दिन के उजाले एवं सामाजिक जीवन के खुले प्रांगण में, चेतन मन के लिए अहम्पक्ष (Ego) की शक्ति के परिणामस्वरूप वह पूर्ण नहीं कर पाता–यही शक्ति जुंग के शब्दों में 'परसोना' है। चेतन मन के अहं पक्ष (Ego) एवं व्यक्तिगत और सामूहिक अचेतन में सामंजस्य स्थापित कर ही व्यक्ति पूर्णता को प्राप्त हो सकता है। और इसके लिए आवश्यक है कि वह 'परसोना' का अपनी जीवन-दृष्टि से बहिष्कार कर दे। जब तक अपने व्यक्तित्व के ऊपर लगाए गए इस 'नकली चेहरा' का वह त्याग नहीं करता, उसके 'साइक' के दोनों पक्ष में सामंजस्य भी स्थापित हो पाना असम्भव है।

वस्तुतः व्यक्ति का जीवन दो छोरों के बीच चक्कर खाता रहता है और ये दो छोर हैं अहं और अचेतन।[2] (Ego & unconciousness)। 'परसोना' का बहिष्कार कर जब शक्ति (Anima) की सहायता से 'अचेतन' के साथ सामंजस्य स्थापित कर लेता है–उस समय वह उच्चस्तर अर्थात् व्यक्तित्व की पूर्णता (Self) की स्थिति को प्राप्त करता है। सार्थक साहित्य इसी स्तर से निसृत रचना होती है जहाँ एक ओर अहं का योग होने के कारण वे व्यक्ति के चेतन अंश की माँग करती है और दूसरी ओर 'सामूहिक अचेतन' के साथ सम्बन्धित होने के कारण उनका प्रभाव समूहगत (Generic) होता है।

कलाकार के स्रष्टा पक्ष का सम्बन्ध 'समूहगत अचेतन' के साथ है[3] जबकि द्रष्टा पक्ष का व्यक्ति के अहं के साथ। 'परसोना' को व्यक्ति के स्रष्टा पक्ष का रूढ़िगत अंश समझा जाता है। अखंडित व्यक्तित्व (Integrated personality) जिसे जुंग 'Self' कहकर पुकारता है वस्तुतः स्रष्टा एवं द्रष्टा के समुचित योग के परिणाम का ही प्रतिफल है।

यद्यपि फ्रायड का सिद्धान्त व्यवहार-पद्धति में कुछ अंशों तक एकांगी है, फिर भी व्यक्तित्व विश्लेषण में उसकी उपयोगिता असन्दिग्ध है। उसके अनुसार व्यक्ति के अंह पक्ष का सन्तुलित रहना ही व्यक्तित्व की स्वस्थ प्रकृति (Normality) का परिचायक होता है। मन को स्वस्थ-प्रकृति की अवस्था में ही व्यक्ति अपने व्यक्तित्व का पूर्ण विकास कर सकता है। पर फ्रायड के मत में 'अहं' को सन्तुलित रखना एक कड़ी साधना की अपेक्षा रखता है क्योंकि उसके अनुसार 'इगो' को अपने तीन कठोर शासकों की आज्ञा का निरन्तर पालन करना पड़ता है। और वे तीन शासक हैं बाह्य-जगत, 'सुपर इगो' और 'इड' (Id)[4] जब कभी 'इगो' इनके साथ अपने स्वाभाविक सम्बन्ध को स्थापित करने में असमर्थ हो जाता है अर्थात् 'इगो' के साथ जब इन तीन शासकों की प्रवृत्तियों में मेल नहीं बैठता, असंगतियाँ अपने आप प्रादुर्भूत हो उठती हैं। क्रम से हम देखें तो इन्हें बाह्य-जगत (Objective), नैतिक (Moral) एवं स्वाभाविक (Neurotic) सम्बन्धी असंगतियाँ कह सकते हैं।

जिस सांस्कृतिक एवं नैतिक सिद्धान्तों की चर्चा हमने पहले की है, उसका सम्बन्ध वस्तुतः 'सुपर इगो' और 'इगो' के पारस्परिक सम्बन्ध से है। जहाँ तक 'सुपर-इगो' का प्रश्न है, वस्तुतः वह 'इगो' का ही वह परिवर्द्धित अंश है जो व्यक्ति की नैतिक मान्यताओं को वहन करता है। दूसरे शब्दों में कहें तो यह व्यक्ति के चेतन-अचेतन मन का वह अंश है जो Conseience को निर्धारित करता है तथा नैतिक मान्यताओं के साथ-साथ 'अहं' के आदर्श (Ego ideal) की पूर्ति के लिए सदा तत्पर रहता है। लेकिन ध्यान देने की बात है कि फ्रायड, इस (Conscience) को व्यक्ति के भाव एवं आत्म-जगत के साथ सम्बद्ध कर भी उसे आधिभौतिक नहीं मानता और न वह यही स्वीकार करता है कि मन का यह अंश आरम्भ से ही व्यक्ति की अपनी स्वाभाविक एवं मूल-प्रवृत्ति के साथ निहित मिलती है। उदाहरण के रूप में हम देख सकते हैं कि बालक पहले वस्तुतः नैतिकता-निरपेक्ष (a-moral) ही होता है अतः अच्छा-बुरा का विचार-निर्धारण करनेवाला उसका Conscience जन्म-गत नहीं होता। यह तो जीवन-प्रक्रिया में आई हुई बाद की स्थितियों का परिणाम होता है।

जो वाह्य परिस्थितियाँ बच्चे के 'सुपर-इगो' का निर्माण करती हैं उसमें माता-पिता द्वारा दी गई शिक्षा-दीक्षा एवं पालन-पोषण के योग को फ्रायड बहुत अधिक महत्त्व देता है। माता-पिता के संसर्ग में रहकर ही बालक, लाड़-प्यार एवं डाँट-फटकार के रूप में मुख्य रूप से कार्य के अच्छे-बुरे होने का ज्ञान पाता है। अतः उसकी यह मान्यता माता-पिता की नैतिक मान्यताओं की मुखापेक्षी होती है। बावजूद इसके कि उसकी आन्तरिक प्रवृत्तियों का स्वाभाविक झुकाव कुछ करने की सलाह दे रहा हो, उसकी स्वयं की इच्छा एक निश्चित कार्य करने की ओर उन्मुख हो, वह माता-पिता के डाँट-फटकार से बचने अथवा उनका लाड़-प्यार पाने के लिए एवं अन्य सामाजिक लाँछनाओं से बचने के लिए वह बहुधा वही कार्य करता देखा जाता है जो उसके माता-पिता अथवा सामाजिक दृष्टि में नैतिक एवं अच्छे हों। और खूबी यह कि जब यही बालक बड़ा होकर पिता के पद पर आसीन होता है, उस समय वह स्वयं अपनी कठिनाइयों को भूल जाता है। वह यह सोचने की चिन्ता भी नहीं करता कि बाल्यवस्था में उसने भी कभी अपनी आन्तरिक प्रवृत्तियों एवं माता-पिता द्वारा निर्धारित मान्यताओं के संघर्ष की कटुता का तीव्र अनुभव किया था। परिणाम यह होता है कि व्यक्ति का यह 'सुपर इगो', उसके माता-पिता के सम्पूर्ण व्यक्तित्व के आधार पर निर्मित न होकर आपाततः उनके 'सुपर-इगो' के आधार पर निर्धारित होता है। वह अपने माता-पिता के 'सुपर-इगो' को ही अपने भी 'इगो' में उतार डालता है और इस प्रकार एक बार गत्यात्मक-शक्ति पाने के पश्चात यह 'सुपर-इगो' पीढ़ी दर पीढ़ी नीचे उतरता चला जाता है।

इस विश्लेषण के आधार पर हम यह प्रतिपादित करने की स्थिति में हैं कि व्यक्ति का यह 'सुपर इगो' उसकी अपनी स्थितियों एवं तत्कालीन सामान्य परिस्थितियों के आधार पर आधारित न होकर मूलतः परम्परा से प्राप्त मान्यताओं को संवहन करने का कार्य सम्पादित करता है। यह मैं नहीं कहता कि परम्परा से प्राप्त ये सभी नैतिक मूल्य

मनुष्य के लिए रूढ़िगत एवं त्यजनीय हैं पर यह तो कहा ही जा सकता है कि सभी प्राचीन मूल्य साधु ही नहीं होते अतः सुपर-इगो पर आधारित व्यक्ति के नैतिक मूल्यों के साधु-असाधु पक्ष के सम्यक परीक्षण की माँग भी उपेक्षणीय नहीं है। 'सुपर-इगो' पर आधारित मान्यताएँ पता नहीं किस काल में सामाजिक अवस्थाओं का परिणाम रही है और उस युग से भिन्न, आज की परिवर्तित परिस्थितियाँ किन नए नैतिक मूल्यों की माँग कर रही हैं ? अगर आज की परिवर्तित परिस्थितियाँ–जिसका ज्ञान 'इगो' पक्ष द्वारा हमें हो जाता है–नए मानव-मूल्यों के निर्माण की मुखापेक्षी हैं और इस नए 'मानव-मूल्यों' का संघर्ष परम्परा से प्राप्त 'सुपर-इगो' द्वारा निर्धारित नैतिक मान्यताओं के साथ होने लगता है, उस समय प्रत्येक प्रगतिशील विचारक की तरह साहित्यकार के लिए भी नए मानव-मूल्यों को ही अंगीकार करना अपेक्षित है।

मैकडूगल ने स्पष्ट लिखा है कि व्यक्तित्व का संगठन–प्रज्ञा (Intellect) और चरित्र का संगठन है। लेकिन बहुधा यह देखने को मिलता है कि विरोधी प्रतिक्रियात्मक प्रवृत्तियाँ एकता में आबद्ध नहीं हो पातीं, और इस प्रकार संगठित व्यक्तित्व के विघटन एवं विच्छेद (Dissociation) का कारण बन बैठती हैं। (विच्छेद शब्द का प्रयोग मैंने चेतना की मूलवर्ती धारा के साथ सम्बन्ध-विच्छेद कर कभी गति के साथ और कभी 'गति के विरोध में बहनेवाली उपचेतना परक धाराओं के लिए किया है।) व्यक्तित्व के विघटन एवं विच्छेद के वैसे तो अनेक रूप हैं पर मूल रूप से वे सांवेदनिक (संवेदनशून्यता) विचारात्मक (विभ्रम) या गत्यात्मक (स्वगति Automatism) ही होते हैं।

वस्तुतः सांवेदनिक, विचारात्मक एवं गत्यात्मक विच्छेद के कारण जब कभी कोई व्यक्ति परम्परागत प्राप्त नैतिक मान्यताओं (सुपरइगो) का अपने 'इगो' पक्ष के साथ सामंजस्य करने में असमर्थ होता है, उसी समय उसका व्यक्तित्व खंडित हो उठता है। उसके व्यक्तित्व का 'सुपर इगो' जब किसी विषय पर एक प्रकार के सिद्धान्त एवं मानव मूल्यों का निर्देश करता है, उस समय तत्कालीन सामाजिक अवस्थाओं एवं व्यक्तिगत परिस्थितियों के अनुरूप 'इगो' पक्ष और ही प्रकार के मूल्यों के निर्माण के लिए छटपटाता पाया जाता है। इस प्रकार स्वयं व्यक्ति की आन्तरिक प्रवृत्तियाँ, दो विभिन्न धाराओं में विभाजित होकर एक दूसरे का खंडन करती देखी जाती हैं। अतः अखंडित व्यक्तित्व के लिए यह नितान्त आवश्यक है कि व्यक्ति अपने 'इगो' के ज्ञातात्मक एवं संवेदनात्मक पक्ष द्वारा प्राप्त विचारानुभूति के आधार पर परम्परा से प्राप्त 'सुपर-इगो' द्वारा निर्धारित नैतिक मानव-मूल्यों का, सचेत होकर निरन्तर परिवर्तन-परिष्कार करता रहे, कम से कम इस दिशा में प्रवृत्त तो अवश्य रहे।

इस सम्पूर्ण विवेचन के आधार पर हम देखते हैं कि जुंग के अनुसार जब साहित्यकार को अपने स्रष्टा एवं द्रष्टा पक्ष में समरूपता रखना अपेक्षित है उस समय फ्रायड के अनुसार उसके लिए स्वयं द्रष्टा-पक्ष की विभिन्न चेतना-धाराओं में भी एकत्व (unity) स्थापित रखना नितान्त आवश्यक है।

साहित्य के अध्ययन के लिए साहित्यकार के व्यक्तित्व का विश्लेषण व्यक्ति के रूप

में नहीं अपितु साहित्यकार के रूप में करना अपेक्षित है। साहित्यकार जनसाधारण से कुछ 'विशिष्ट' होता है और उसकी यह विशिष्टता उसके व्यक्तित्व में कुछ ऐसे तत्त्वों की मुखापेक्षी होती है जो अन्य मनुष्यों से उसे अलग कर देती है। मैंने पहले निर्देश दिया है कि साहित्यकार का सम्बन्ध पहले अनुभूति-पक्ष से है और बाद में मानव-मूल्यों के निर्माण एवं चिन्तन-अनुशीलन से। अतः किसी साहित्यकार का श्रेष्ठ-अश्रेष्ठ होने में उसके व्यक्तित्व के स्रष्टा पक्ष का जितना हाथ होता है, उस अनुपात में द्रष्टा पक्ष का नहीं रहता। वस्तुतः द्रष्टा पक्ष तो, स्रष्टा पक्ष का सहयोगी मात्र बनकर आता है, उसकी अपने में कोई स्वतन्त्र-सत्ता साहित्य के क्षेत्र में नहीं होती। वह द्रष्टा पक्ष का उपयोग तो अवश्य करता है पर उसका यह पक्ष, स्रष्टा-पक्ष द्वारा प्राप्त अनुभूति एवं संवेदना को पूरी तरह समझने के लिए प्रयुक्त होता है। एक तरफ वह पीड़ा को गहराई से देखने की अन्तर्दृष्टि प्रदान करता है तो दूसरी ओर उसको आकाश का विस्तार भी देता है। पर साहित्य का प्राण, उसकी संवेदना एवं अनुभूति है न कि यह विचारक पक्ष !

"स्रष्टा एवं द्रष्टा की इसी मान्य कसौटी पर कसकर आलोचकों ने ताल्सताय, गोगोल आदि महान साहित्यकारों की रचनाओं में व्याप्त असंगतियों का स्पष्टीकरण किया है। लेनिन ने ताल्स्ताय के स्रष्टा पक्ष की भूरि-भूरि प्रशंसा की, पर जहाँ तक ताल्स्ताय के द्रष्टा पक्ष का प्रश्न था, वह उसकी समझ में हास्यास्पद था।[5] इसी प्रकार 'गोगल' के द्रष्टा-पक्ष की ओर चर्नीशेव्सकी ने भी संकेत दिया है।[6] बेलिंस्की ने गोगोल के द्रष्टा पक्ष की कमजोरी पर कितना निर्मम प्रहार किया है, वह 'गोगोल' को लिखे गए उसके पत्र से भली-भाँति स्पष्ट हो जाता है।[7] अतः निष्कर्ष रूप में यह कहा जा सकता है कि साहित्यकार के व्यक्तित्व के पूर्ण एवं अखंडित रहने के लिए यह अपेक्षित है कि उसके स्रष्टा एवं द्रष्टा पक्ष में सामंजस्य बना रहे, व्यक्तित्व के दोनों पक्षों द्वारा निर्धारित मानव-मूल्यों की एकरूपता कभी खंडित न हो।

सन्दर्भ

1. 'But although Ideas can only arise from material condition, when they do arise they certainly exert an influence on men's action and therefore on the cource of life.'
   Emile Burns 'What is Marxims' p. 11.
2. "The individual and society are divided from one another like two poles, between which life oscillates. In the psyche the corresponding qualities are individual (ego) & collective (unconseiousness) life moves backwards and forwards between the two..."
   —Joseph Goldbrunner—"Individuation" p. 95
3. "The poets are able to provide further inside into the secret depth of the collective unconseious and its contents. It is His own depth which is the creative element in the artist, not his contructive mind...' ibid. p. 139.
4. Freud-New Introductory Lectures On Psycho-Analysis". p. 130.
5. As a prophet who would discover new recipes for the salavation of the humanity,

Tolstoy is ludicrous"

V.I. Lenin "Tolstoy Mirror of the Russian Revolution."

6. "(Gogol) remained true to the end of his life as an artist, regardless of the fact that as a thinker he was prone to err."

Quoted from 'Lenin & Marxism' p. 63

7. "I belive that it is so because your profound knowledge of Russia is that of the artist, but not of a thinker whose role you have so ineffectually tried to play in your fantastic book."

Belinksy 'Selected Philosophical Work' p. 537.

खंड : II

खंडित व्यक्तित्व और तुलसी साहित्य के अन्तर्विरोधी स्वर*

सिद्धान्त पक्ष का विश्लेषण करते समय हम यह देख चुके हैं कि साहित्यकार का सम्बन्ध विशेषतः 'कल्चरल लैग' से उत्पन्न पीड़ा की अनुभूति एवं उसकी अभिव्यक्ति से होता है, वह जिन मानव-मूल्यों का निर्माण करता है उनका मूलभूत लक्ष्य परिवर्तित सामाजिक परिस्थितियों की माँग के अनुसार नए मानव मूल्यों की आकांक्षा एवं परम्परागत सांस्कृतिक चेतना के बीच जो एक तनाव की स्थिति आ जाती है, उसको दूर करना होता है। अतः तुलसी साहित्य के विवेचन के पूर्व यह देख लेना अनुचित न होगा कि उस काल की बदलती हुई परिस्थितियाँ क्या थीं, 'कल्चरल लैग' एवं उसके गर्भ से अनुस्यूत पीड़ा की रूप-प्रकृति क्या थी? इस पृष्ठभूमि के सन्दर्भ में ही हम तुलसी-साहित्य का उचित मूल्यांकन करने में समर्थ हो सकते हैं।

तुलसी जिस युग में पैदा हुए थे, उस समय यातायात के विभिन्न साधनों में समुचित उन्नति होती जा रही थी। सड़कें और नहरें, शेरशाह सूरी के राजस्वकाल में ही बनने लगी थीं, आवागमन के साधनों में उन्नति होने के कारण धीरे-धीरे शहरों में व्यापारी वर्ग उभरता आ रहा था। बात यह है कि जमीन के कर (लैंड टैक्स) के रूप में जो धन गाँवों से आता था—वह शहरों में ही राजा-महाराजा एवं उनके मुसाहिबों के ऐशो-आराम में खर्च होता था। राजसी वैभव एवं विलासिता की हर प्रकार की सामग्री प्रदान करने के लिए उस समय का व्यापारी वर्ग तत्पर था।[1] साथ ही शहरों का सम्बन्ध केवल भारत के अन्य शहरों से ही नहीं, अपितु अन्य देशों से भी बना हुआ था। अतः व्यापार के प्रसार की दृष्टि से जो सुविधाएँ शहरों में थीं—वे गाँवों में न थीं।

यह ठीक है कि गाँवों की अपनी सन्तुलित आर्थिक व्यवस्था के फलस्वरूप इस नवजात व्यापारी वर्ग को विकसित होने के लिए वह अन्तर्शक्ति न मिल सकी, जिसके आधार पर वह अपना शक्तिशाली रूप ग्रहण करता।[2] पर जैसा जौन व्यूचप ने लिखा

---

* सर्वप्रथम 'समालोचक' (सं. डॉ. रामविलास शर्मा) के दिसम्बर 1959 अंक में प्रकाशित। (लेख का पहला अंश 'खंडित व्यक्तित्व और साहित्य' के नाम से 'समालोचक' के अगस्त '95 अंक में प्रकाशित हो चुका है। सिद्धान्त पक्ष के विवेचन के पश्चात् उसका व्यावहारिक पक्ष इस लेख में तुलसी साहित्य के आधार पर प्रस्तुत किया जा रहा है—लेखक)

ऐ-देशव्यापी आन्दोलन न हो सका पर धीरे-धीरे (व्यापारी वर्ग) प्रभावशाली होता जा रहा था—इससे इनकार भी नहीं किया जा सकता।[3] उभरते हुए इस मध्यम वर्ग का ही परिणाम था कि 17वीं शताब्दी तक आते-आते भारतवर्ष, उद्योग धन्धों के क्षेत्र में संसार का सबसे उन्नतिशील देशों में समझा जाने लगा[4], सूरत का व्यापारी सेठ, बिरजी बौरा दुनिया का सबसे बड़ा व्यापारी और फाइनेन्सियर माना जाने लगा। भारतीय अर्थशास्त्र की अधिकारी विदुषी 'वीरा एन्ट्सी' द्वारा निर्देशित तथ्यों का संकेत देते हुए स्वयं 'ओ मैली' ने इस तथ्य का समर्थन किया है।[5] मध्यवर्ग की इस औद्योगिक एवं सामाजिक क्रान्ति का प्रभाव कितना व्यापक होता जा रहा था—वह जौन ब्यूचप के एक वाक्य द्वारा समझा जा सकता है। वह कहता है—मुगलों की टूटती हुई राज्य-व्यवस्था के गर्भ से जो नए सामाजिक पद एवं मान्यताएँ उभर रहे थे, वस्तुतः वे व्यापारी वर्ग द्वारा निर्धारित एवं संचालित होते थे, यद्यपि संचालन का बाह्य एवं राजनीतिक रूप सामन्ती था।[6]

मध्यवर्ग का यह अधिकारी समुदाय ही वस्तुतः पूँजीवादी क्रान्ति का जलता मशाल लेकर हर देश में सबसे पहले सामने आता है। रूढ़िग्रस्त सामन्तवाद को तोड़ने का सबसे पहले जबरदस्त कारण इस मध्यवर्ग का बढ़ता हुआ व्यापार एवं उसके प्रसार की आवश्यकता होती है। इस तथ्य को केवल मार्क्स एवं उसके अनुवर्ती ही नहीं अपितु आज का प्रत्येक समाजशास्त्री स्वीकार करता है।[7] अतः टूटती हुई इस सामन्तवादी प्रथा के बीच जो मध्यवर्ग उभर रहा था उसका समर्थन करना ही उस काल का सबसे प्रगतिशील कदम था। राजनीतिक हो अथवा समाज सुधारक, दार्शनिक हो अथवा साहित्यकार, उस समय यदि उसे समाज को आगे बढ़ाना था, समाज को तत्कालीन अवस्था से कुछ और ऊपर उठाना था—तो उसके लिए इस मध्यवर्ग का समर्थन करना आवश्यक था, उभरते हुए व्यापारी वर्ग की मान्यताओं को अपने विचारों में अपनाना उसके लिए अनिवार्य था।

साहित्य के सिद्धान्त पक्ष का विवेचन करते समय हम यह देख चुके हैं कि परम्परा से प्राप्त रूढ़िग्रस्त चेतना एवं परिस्थिति विशेष की माँग के अनुसार मानव-मूल्यों के निर्माण की आकांक्षा में जब संघर्ष उत्पन्न होता है उस समय साहित्यकार युग की माँग के अनुसार नए मानव-मूल्यों का निर्माण करने की ओर प्रवृत्त होता है और नव-निर्मित इन नए मानव-मूल्यों द्वारा, परम्परागत सांस्कृतिक चेतना के बीच जो 'कल्चरल लैग' आ जाता है, उसको वह पाटने का प्रयास करता है। विचारणीय यह है कि तुलसी ने जिन मानव-मूल्यों का निर्माण किया है—क्या वे इस साहित्यिक दायित्व के अनुकूल हैं? जनसाधारण के मानसिक गठन (मेकअप ऑफ माइंड) को उन्होंने जो मोड़ देने की कोशिश की—वह क्या इस उभरते हुए व्यापारी वर्ग की मनोवृत्ति के अनुकूल थी?

अपनी आवश्यकताओं के अनुसार मध्यवर्ग जिस दर्शन को अपनाता है, (अर्थात् व्यापारी वर्ग के विकास के फलस्वरूप बदलती हुई परिस्थितियाँ जिस सांस्कृतिक गठन एवं मानव-मूल्यों की अपेक्षा रखती हैं) वह 'स्टेटस ऑफ बर्थ' (Status of birth) का नहीं अपितु 'स्टेटस ऑफ वेल्थ' (Status of wealth) का समर्थक है, वह वर्ण (Cast)

का नहीं अपितु वर्ग (Class) का अनुमोदक है। जिस समाज का मध्यवर्ग निर्माण करता है वहाँ परिवार एवं कुल की मिथ्या प्रतिष्ठा का तबका व्यक्ति को ऊपर नहीं उठाता, अपितु वह स्वयं अपने आन्तरिक गुणों (Inherent Qualities) के फलस्वरूप अपने व्यक्तित्व का निर्माण करता है। देखना यह है कि क्या तुलसी के विचार में ऐसे मानव-मूल्यों के निर्माण का कुछ भी आग्रह मिलता है या नहीं ?

यहाँ पर एक तथ्य का स्पष्टीकरण आवश्यक प्रतीत होता है। जिस मध्यवर्ग की चर्चा ऊपर की गई है, उसको आधुनिक मध्यवर्ग की हू-ब-हू अनुकृति समझने की भूल नहीं कर लेनी चाहिए। जो स्वरूप एवं विकास की गत्यात्मक शक्ति आज के मध्यवर्ग की है, वही तुलसी के काल में भी थी–ऐसा समझना इतिहास की गतिशील वृत्तियों एवं, उसके विकास की प्रक्रिया को झुठलाना होगा। वस्तुतः इन दो परिस्थितियों में मुख्य रूप से मध्यवर्ग के दो निश्चित स्वरूप एवं दो भिन्न 'रोल' रहे हैं।–(एक औद्योगिक क्रान्ति के पहले और दूसरा औद्योगिक क्रान्ति काल में।) दोनों के शरीर में प्राण एवं जीवन लक्ष्य एक ही है, मूलभूत आदर्श भी बहुत कुछ समरूप है, फिर भी उनकी कार्यशक्ति (Intensity) के अनुपात एवं परिस्थितियों की जटिलता के फलस्वरूप उनकी कार्य-सिद्धि की दुरूहता की मात्रा में स्पष्ट अन्तर है। जहाँ तक परिवर्तन की मात्रा (Intensity) का प्रश्न है, हम यह कह सकते हैं कि एक लक्ष्य धीरे-धीरे एवं क्रमिक सुधार (Step by step) होता है और दूसरे का सम्बन्ध क्रान्ति के सहारे झटका देकर आमूल परिवर्तन से रहता है।

उदाहरण के लिए औद्योगिक क्रान्ति के समय झटके से बदली हुई परिस्थितियों के परिणामस्वरूप नए मानव मूल्यों के निर्माण की आकांक्षा की तीव्रता का हम भारतीय जन-जीवन में देख सकते हैं, और निर्देशीय मध्यवर्गीय दर्शन एवं उसके आधारभूत मान्यताओं को अपनाने की बलवती लालसा को स्वयं अपने इतिहास के माध्यम से परिलक्षित कर सकते हैं। हम देखते हैं कि अंग्रेजों द्वारा अपने काम की दृष्टि से अपनाए गए रेल, तार एवं अन्यान्य वैज्ञानिक साधनों के फलस्वरूप जब औद्योगिक क्रान्ति होना भारत वर्ष में भी अनिवार्य हो गया, उस समय इन सामाजिक परिस्थितियों के गर्भ से अनुस्यूत मध्यवर्ग की लिबरलवादी मान्यता ने भी भारतीय-संस्कृति को झटके के साथ एक नई दिशा अपनाने के लिए विवश कर दिया। यह उसी का परिणाम था कि राममोहन राय ने 'ब्रह्मसमाज' की स्थापना की, दयानन्द सरस्वती ने 'आर्य-समाज' की तथा रामकृष्ण परमहंस के योग्य शिष्य स्वामी विवेकानन्द ने 'रामकृष्ण मिशन' की नींव डाली। कुमारी ब्लेवेइस्की द्वारा चलाए 'थियोसिफिकल सोसायटी' का एनी बेसेंट ने यहाँ भी रूप दिया और केशवचन्द्र सेन ने 'प्रार्थना-समाज' की भित्ति खड़ी की। मध्यवर्ग की समसामयिक 'व्यक्तिवादी' आवश्यकताओं के अनुसार धर्म की व्याख्या करते हुए स्वामी विवेकानन्द, अरविन्द, रामतीर्थ आदि विचारकों ने 'अद्वैतावाद' का सहारा लेकर आत्मा को मुक्त करने का आग्रह किया। सामाजिक बन्धनों एवं तत्कालीन विकृतियों के विरोध में व्यक्ति के स्थूल-शरीर को ही नहीं, अपितु उसकी आत्मा को मुक्त करने के इस प्रयास

का व्यापक प्रभाव भारतीय समाज की चिन्तनधारा पर पड़ा।

लेकिन तुलसी के काल में पनपते हुए मध्यवर्ग का सम्बन्ध क्रान्ति द्वारा झटके से आमूल परिवर्तन करने से नहीं रहा है। सच तो यह है कि औद्योगिक क्रान्ति द्वारा उद्‌भूत चेतना का उद्वेलन एवं उसकी तीखी अनुभूति उसके लिए अपरिचित है। संस्कृति में मोड़ देने का उसका कार्य भी अपने जन्म एवं विकास के अनुरूप क्रमिक विकास एवं अनवरत साधन का परिणाम रहा है। और जैसा हम जानते हैं, जो चीज झटके से आती है अथवा जहाँ सांस्कृतिक धारा एक मोड़ लेती हुई दिखाई पड़ती है, उसका अनुभव जनसाधारण उस स्थिति की तुलना में शीघ्रता से कर लेते हैं जो साधारण गति से बढ़ती हो अथवा जिसके विकास में कोई निश्चित मोड़ न आया हो यद्यपि कि विकास और गति दोनों ही स्थितियों में पाए जाते हैं।[8] पर साहित्यकार एक संवेदनशील प्राणी होता है, उसका हृदय एक ऐसा 'सीस्मोग्राम' होता है जो हलके से हलके भूकम्प को भी 'मार्क' कर लेता है, वह एक ऐसा 'बैरोमीटर' के सदृश है जो वातावरण के न्यूनतम परिवर्तन को भी 'रीड' कर देता है। तुलसी के युग में समाज एवं संस्कृति की जो धारा प्रवाहित हो रही थी--उसमें मोड़ और झटका न होने पर भी एक विशिष्ट गति और क्रमिक झुकाव है। देखना यह है कि स्वयं तुलसी के व्यक्तित्व ने इस गति को कितना 'मार्क' किया है, इस झुकाव को कितना 'रीड' किया है।

मैक्स वेबर (Max Waber) के अनुसार पूँजीवादी प्रथा के आने के पहले ही धर्म द्वारा उसके आने की सम्भावना का दर्शन या अनुभूति समाज को होने लगती है। उसके मतानुसार पाश्चात्य जगत की नई पूँजीवादी प्रणाली प्रोटेस्टेंट धर्म के गर्भ से ही अनुस्यूत हुई है।[9] टाने (R.H. Tawney) भी इसी निष्कर्ष पर पहुँचता है, पर उसके सोचने का ढंग कुछ दूसरा है। उसके अनुसार धर्म, सामाजिक परिस्थितियों एवं जीवनगत दृष्टिकोण को प्रभावित तो अवश्य करता है पर उसके साथ ही साथ समाज की बदलती हुई आर्थिक व्यवस्था एवं सामाजिक परिस्थितियाँ भी धर्म के भीतर ही भीतर मानव-मूल्यों को अपने अनुरूप बनाने की कोशिश करती रहती हैं।[10]

तथ्य तो यह है कि औद्योगिक क्रान्ति के पूर्व पनपता हुआ मध्यवर्ग का यह व्यापारी समुदाय ही आगे क्रान्ति का जलता मशाल लेकर सामने आता है। अतः उसके जन्मकाल से ही औद्योगिक क्रान्ति की हल्की-सी झलक दिखलाई देने लगती है, उसके 'होने की' अनुभूति समाज को होने लगती है जिसके लिए मैक्स वेबर ने यह कहा कि पूँजीवाद के आने के पहले ही पूँजीवाद की आत्मा का दर्शन होने लगता है। पर इसके होने की अनुभूति एवं उसकी आत्मा का दर्शन क्या जन साधारण भी कर लेता है ? आत्मा सूक्ष्म होती है अतः साधारण व्यक्ति न तो उसका दर्शन कर पाता और न संवेदन स्थूल होने के कारण उसकी अनुभूति ही। पर साहित्यकार एक संवेदनशील प्राणी होता है, वातावरण के हल्के से हल्के परिवर्तन को वह लक्ष्य कर लेता है अतः उसको इस पनपते हुए मध्यवर्ग के रूप में पूँजीवादी आत्मा का दर्शन एवं उसकी अनुभूति होती रहती है। जिस प्रकार माँ के गर्भ में बालक पनपता रहता है माँ को उसके होने की अनुभूति एवं

दर्शन की कल्पना निरन्तर होती रहती है—उसी प्रकार समाज के गर्भ में पनपते हुए इस मध्यवर्ग की अनुभूति एवं उसका काल्पनिक दर्शन (जो यथार्थ का ही काल्पनिक रूपान्तर है) समाज के अन्तरंग सम्बन्ध स्थापित किए रहने के फलस्वरूप साहित्यकार को भी होती है। गर्भ के भीतर पलता हुआ यही बालक जब गर्भ के बाहर निकलता है, उस समय जनसाधारण को भी उसकी सत्ता का पूर्ण विश्वास हो उठता है।

मध्यवर्ग की जो स्थिति तुलसी-काल में हमें देखने को मिलती है, वह वस्तुतः गर्भ में पल रहे बालक की स्थिति के सदृश है अतः हम भीतर-भीतर धर्म का बिना विरोध किए, उसको सामाजिक मान्यताओं एवं मानव-मूल्यों को बदलने के लिए प्रयत्न करते देखते हैं। व्यापारी वर्ग के औद्योगिक प्रसार के कारण जो सामाजिक परिस्थितियों में अन्तर आता है, वह नए मानव-मूल्यों के निर्माण की माँग करता है। और हम जानते हैं कि नए मूल्यों का सम्बन्ध उसकी संस्कृति से होता है। भारत की अपनी संस्कृति, धर्म के साथ इस प्रकार घुली-मिली हुई है, कि एक में परिवर्तन लाने के लिए दूसरे पक्ष को भी अछूता नहीं छोड़ा जा सकता अर्थात् 'कल्चरल लैग' को दूर करने के लिए जिन मानव-मूल्यों का निर्माण किया जाना अपेक्षित था—(या है) उसको धर्म के माध्यम द्वारा ही करना सम्भव था। अतः मध्यवर्गीय जिस चेतना की चर्चा पहले की गई है—वर्ण के स्थान पर वर्ग की भावना, 'स्टेट्स ऑफ बर्थ' के स्थान पर 'स्टेटस ऑफ वेल्थ' की मान्यता, 'व्यक्तिवादी' मान्यताओं में आस्था—वह धर्म के भीतर दूध-पानी की तरह मिलने के उपरान्त ही पनपती देखी जा सकती है, वह धार्मिक-भावना के भीतर घुल-मिलकर ही सांस्कृतिक चेतना अर्थात् नए मानव-मूल्यों का निर्माण करती पाई जा सकती है।

स्पष्ट है अगर हमें तुलसी साहित्य में उभरते हुए मध्यवर्ग की चेतना एवं बदलती हुई परिस्थितियों के कारण आए 'कल्चरल लैग' के फलस्वरूप समाज में व्याप्त पीड़ा की अनुभूति का पता पाना अपेक्षित है—तो हम उनकी धार्मिक भावनाओं के बीच ही पा सकते हैं। सच तो यह है कि इस व्यापक पृष्ठभूमि के सन्दर्भ के अभाव में हम तुलसी के साहित्यिक व्यक्तित्व एवं सांस्कृतिक साधना का सही सही मूल्यांकन नहीं कर सकते।

तुलसी जिस युग में पैदा हुए थे, वह रामराज्य की आदर्शमय कल्पना से नितान्त भिन्न था। सामाजिक विषमताओं ने उस समय समाज को जातियों के ऊँच-नीच विभाजन के अतिरिक्त अमीर-गरीब श्रेणियों में भी विभाजित कर रखा था। एक ओर राजसी वैभव के बीच सामन्तगण कामिनी-कंचन और सुरा की मादकता में अपने जीवन के प्रत्येक क्षण को सराबोर किए हुए थे और दूसरी ओर समाज का एक बहुत बड़ा अंश दरिद्रता की क्रोड़ में बैठा क्षुधा-ज्वाला की पीड़ा से आर्त्तनाद कर रहा था। तुलसी का स्रष्टा-पक्ष बहुत ही सशक्त था अतः रामराज्य की कल्पना करनेवाले उनके व्यक्तित्व का सहृदय पक्ष इस सामाजिक विषमता की न तो अवहेलना कर सका और न उससे तटस्थ ही रह सका। अतः उन्होंने लिखा—

'नही दरिद्र सम दुख जग माहीं'
'दारिद दसानन दबाई दीनबन्धु दुरित दहन देख
तुलसी हहाकरी।'

अर्थात् जिस प्रकार रावण की विभीषिका से एक समय पूरा का पूरा समाज आर्त्तनाद कर उठा था, मुनिजन एवं साधुगण संत्रस्त हो उठे थे, उसी प्रकार तुलसी के काल में दारिद्रय ने सम्पूर्ण संसार को ग्रस्त और भयभीत कर रखा था और इसी ज्वाला की विभीषणता को दिखाकर तुलसी आर्तनाद कर रहे हैं।

तुलसी ने यह कोई सुनी-सुनाई बात नहीं लिखी है। उनका स्वयं का जीवन जिस गरीबी में पला था—उसकी बड़ी तीखी अनुभूति मिली थी। अनुभूति की यह तीव्रता ही उनके स्रष्टा-पक्ष की अमूल्य थाती है। उन्होंने अपने जन्म के विषय में लिखा है—

'जायो कुल मंगन, बधावनो बजाओ, मुनि
भयो परितापु पापु जननी-जनक को'

पुत्र प्राप्ति से माता-पिता को हर्ष होना चाहिए, बधावा का स्वर अमृत के सदृश कानों को सुख देनेवाला मालूम होना चाहिए, पर तुलसी के जन्म पर इस सुख की अनुभूति नहीं अपितु परिताप और कष्ट हुआ क्योंकि वे भिक्षा माँगनेवाले परिवार में जन्मे थे, वे माता-पिता के लिए एक बोझ बनकर पैदा हुए थे। कितनी दुखद स्थिति है। अपनी बाल्यावस्था की स्थिति का वर्णन करते हुए उनका कहना है -

'बारें तै ललात-बिललात द्वार द्वार दीन
जानत हो चारि फल चार ही चनक को।'

केवल कुछ दानों के लिए उनका जीवन बिलबिलाते हुए बीता, रोटी के लिए वे द्वार द्वार मारे मारे फिरते रहे। धर्म, अर्थ, काम, मोक्ष जो हिन्दू-धर्म के चार प्रमुख स्तम्भ समझे जाते हैं, उनका महत्त्व निर्धन तुलसी के लिए चने के चार दाने के समान था, वे चार दाने जो उनके जीवन-साधन के उस समय मूलभूत आधार थे। तुलसी की गरीबी एवं दीनता अपनी सीमा का अतिक्रमण कर चुकी थी, उसकी अनुभूति उन्हें बहुत तीखी हुई थी अन्यथा वे यह न लिखते—'मेरे पास तो पितरो को भेंट चढ़ाने के लिए सिर पर बाल भी नहीं है।' (भेंट पितरन को न मूड़ह में बारू है)

गरीबी की स्थिति से उत्पन्न पीड़ा की जो गहरी अनुभूति तुलसी ने की थी, वह व्यक्तिनिष्ठा मात्र न था। उन्होंने अपने दुख के साथ जन-साधारण के दुख का भी अनुभव किया था, उनके स्वयं के दुख का प्रसार जनसाधारण के दुखित जीवन से सम्बन्ध स्थापित कर चुका था। समाज में फैली बेकारी एवं उसकी यातना से वे परिचित थे।

'खेती न किसान को,
भिखारी को न भीख, बलि,
बनिक को बनिज,
न चाकर को चाकरी।
जीविका बिहानी लोग

सीद्यमान सोच बस
कहैं एक एकन सों
'कहाँ जाई, का करी।'

जिस पेट की अग्नि के लिए तुलसी ने निष्कर्ष रूप में यह लिखा—'पेट की कठिन जगु जीवन को जवारू है' वह जीवन में क्या-क्या कुकर्म करा सकती है, मनुष्य के चरित्र निर्माण एवं व्यवहार-निर्धारण में किस सीमा तक अपना प्रभाव डाल सकती है—यह तुलसी के शब्दों में देखें तो हमें पता चल जाता है कि उनके स्रष्टा पक्ष की धर्म व नैतिक आचरणों के प्रति क्या मान्यता है।

'ऊँचे नीचे करम, धरम-अधरम करि,
पेट ही को पचत, बेचत बेटा बेटकी।'

जनसाधारण पेट के लिए ऊँचे-नीचे कर्म तथा धर्म करते हैं, यहाँ तक कि अपने बेटा-बेटी तक को बेच देते हैं। कितना कटु अनुभव है, कितनी दयनीय स्थिति है। यह गरीबी-अमीरी के बीच की खाई और अधिक होती जा रही थी, इसीलिए सुख और सुकृत भी संकुचित होते जा रहे थे।

'दीन दिन दूनी देखि दारिदु, दुकालु दुख
दुरित, दुराजु, सुख-सुकृत सकोच है।'

तुलसी ने अपने तथा जन-जीवन के माध्यम से केवल गरीबी का ही अनुभव नहीं किया था, अपितु इस गरीबी के कारण सामाजिक मान-सम्मान में जो कमी आ जाती है—उसको भी अच्छी तरह परखा था। लोक जीवन से तादात्म्य रहने के कारण वे इस निष्कर्ष पर पहुँचे थे कि तत्कालीन अवस्था में व्यक्ति की इज्जत एवं समाजगत प्रतिष्ठा उसके कुल, परिवार, जाति आदि से सन्नद्ध न होकर धन और वैभव से जुड़ी है। अर्थात् उभरता हुआ मध्यवर्ग अपनी आवश्यकता के अनुसार जिस 'स्टेटस ऑफ वेल्थ' की मान्यता को उपजाता है, उससे भी तुलसी परिचित थे।

वे ब्राह्मण कुल में पैदा हुए थे, शिक्षा-दीक्षा में भी किसी से कम नहीं रहे, पर समाज उनको कोई प्रतिष्ठा देने के लिए तैयार नहीं। बावजूद इसके कि वे ऊँचे कुल में पैदा हुए हैं, वे प्रकांड ज्ञानी हैं—

'ऊँचो मनु, ऊँची रुचि, भागु नीचो निपट ही
लोक रीति-लायक न, लंगर लबारु है।'

कारण ? जन-साधारण तो धन के अभाव में किसी को उच्च सामाजिक पद देने के लिए तैयार न था और तुलसी के लिए लोक जो जानता था, वह है—

'पातक, पीन, कुदारिद दीन
मलीन धरें कथरी-करवा है
लोकु कहै, बिधिहूँ न लिख्यो
सपनेहुँ नहीं अपने बर बाहै।'

जो कुछ मान-सम्मान है, वह 'स्टेटस ऑफ वेल्थ' का समर्थक है। 'स्टेटस ऑफ

बर्थ' की मान्यता जिस प्रकार टूट रही थी, उसको तुलसी के स्रष्टा पक्ष ने भली-भाँति परखा था–

'भागें पैंत पावत पचारि पातकी प्रचंड
काल की करालता, भले को होत पोच है।'

और यह तथ्य और भी स्पष्ट हो जाता है जब तुलसी लिखते हैं–

'कुल-करतूति-भूति की रति-सुरूप-गुन
जौबन जरत जरत जुर, परै न कल नहीं
राजकाजु कुपथु, कुसाजु भोग रोग ही के
वेद-बुध विधा पाइ विवस बलकहीं।'

पहले तो संसार की कुल गौरव के कारण जल रहा था पर अब ? अब तो राजकवि के साथ नाना प्रकार के भोग की सामग्री भी एकत्रित हो गई है। और यह सामाजिक मान प्रतिष्ठा केवल धनी मानी व्यक्ति के लिए ही नहीं है, अपितु उस धन का तो इतना प्रभाव था कि उसके सम्पर्क में रहनेवाले नौकर एवं कुत्ते तक को सम्मान मिलने लगा–

'लोकरीत विदित विलोकिअत जहाँ-तहाँ
स्वामी के सनेह स्वानहूँ को सनमानु है।'

गरीबी-अमीरी के भेद-विभेद का जो परिचय तुलसी के सहृदय पक्ष ने पाया था, धन के भाव अभाव में मान-सम्मान का जो अनुभव उसके स्रष्टा पक्ष ने किया था– वह जिस मानव-मूल्यों की अपेक्षा रखता है, तुलसी का स्रष्टा पक्ष उसी के अनुरूप उसका निर्माण करता है। जिस 'राम' की कल्पना तुलसी ने की है, वह वस्तुतः सामन्ती राजा-महाराजाओं का समर्थक नहीं। यह तो गरीबों के दुख-दर्द को दूर करनेवाला है। अतः वे लिखते हैं–

'रंक के नेवाज रघुराज ! राजा राजनि के,
उमरि दराज महाराज तेरी चाहिए।'
'राम गरीब नेवाज ! भय हौ
गरीब नेवाज गरीब नेवाजी'
'तुलसी ! भजु दारिद-दोष-दवानल,
संकट-कोटि-कृपानहि रे।'

जिस गरीबी के कारण तुलसी का जीवन त्राहि-त्राहि कर उठा, जिसकी आग में उन्हें सारा समाज का समाज जलता हुआ दिखलाई पड़ा, उसी ने उन्हें इस तथ्य का भी परिचय कराया कि वर्णाश्रम धर्म उस समय की परिस्थितियों के लिए अनुकूल नहीं। उनके स्वयं के जीवन ने इसका कटु अनुभव किया था।

'जाति के, सुजाति के,
कुजाति के पयागि बस
खाए टूक सबके,
विदित बात दुनीं सो।'

सम्पूर्ण संसार को यह विदित है कि उन्होंने पेट की अग्नि के कारण अपनी जाति, सुजाति, कुजाति सभी के टुकड़े माँग-माँगकर खाए हैं। कितनी स्पष्टवादिता के साथ उनका स्रष्टा पक्ष स्वीकार करता है। यथार्थ के कठोर धरातल पर जाति-पाँति व्यवस्था तक सराहनीय है, उस युग के लिए असमीचीन है।

लेकिन सिद्धान्त के पक्ष के विश्लेषण के साथ हमने यह देखा है कि साहित्यकार के स्रष्टा पक्ष के साथ-साथ द्रष्टा पक्ष भी होता है जो परम्परा का कायल और समर्थक होता है। उसका सम्बन्ध व्यक्ति की अनुभूति से न होकर, उसके विचारक पक्ष से होता है। सच्चा साहित्यकार स्रष्टा पक्ष द्वारा निर्मित मान्यताओं की स्थापना करता है, उसमें समरूपता लाने की चेष्टा करता है। विचारणीय यह है कि क्या तुलसी के इन दोनों पक्षों में सामंजस्य है ?

स्रष्टा के रूप में जब तुलसी का हृदय जनसमूह में फैली सामाजिक विषमताओं की चोट सहता है, वर्णाश्रम धर्म के ठेकेदारों द्वारा उनका जीवन स्वयं दुख के हिंडोले में चक्कर खाता है, उस समय उनकी लेखनी से निसृत हो सकता है–

'लोग कहे पोचु सो न सोचु न संकोचु
मेरे व्याह न बरेखी जाति, पाति न चहत हों।'

इस व्यवस्था के असामायिक पक्ष का जो उन्होंने अनुभव किया था उनको यहाँ तक कहने के लिए बाध्य कर देता है कि यह व्यवस्था उनके लिए ही नहीं वरन औरों के जीवन के लिए भी कुछ महत्त्व नहीं रखती।

'मेरे जाति पाँति न चाहों
काहू की जाति पाँति,
मेरे कोउ काम को न हों
काहू के काम को।'

पर जब उनकी आदर्शवादी मनोवृत्ति जोर पकड़ती है, उनका द्रष्टा पक्ष जब ऐतिहासिक पक्ष को झुठलाकर अतीत की ओर झाँकने लगता है, उस समय वे लिखते हैं–'वरनाश्रम निज निज धर्म निरत वेद पथ लोग।'

जिन ऐतिहासिक परिस्थितियों ने सुजाति-कुजाति के हाथों रोटी के टुकड़े खाने को विवश किया, उसको वे भुला बैठते हैं, जिस वर्णाश्रम धर्म के लिए उनका स्रष्टा पक्ष यह कहता पाया जाता है कि 'मेरे कोउ काम को न हों, काहू के काम को' उसकी होली जलाकर उनका द्रष्टा पक्ष वर्णाश्रम की स्थापना करना चाहता है, उसे नष्ट होते देखकर शोक प्रकट करता है–

'बरन-धरम गयो, आश्रम निवास तज्यो
भासन चकित सो परावनो-परो सो है।'

वह यह समझ बैठता है कि वर्णाश्रम धर्म के टूटने के कारण ही संसार में दुख-दैन्य व्याप्त है।

'धर्म-विभाग न आश्रम धर्म,

दुनी दुख-दोष-दरिद्र-दली है।'

जैसा ऊपर निर्देशित है, असाम्प्रदायिक वर्ण-व्यवस्था एवं उससे आविर्भूत तज्जनित सामाजिक आवश्यकताओं से तुलसी का व्यक्तिगत जीवन अछूता हो–ऐसी बात नहीं रही हैं। जनसाधारण की भाँति स्वयं उनका जीवन कुरीतियों का शिकार बन चुका था। हृदय को विदीर्ण करनेवाली सामाजिक विषमताओं के प्रति उनकी तीव्र घृणा का ही परिणाम है कि उन्होंने अपने को जन्म जाति कुलीन (Status of birth) समझनेवाले समस्त ब्राह्मण जाति को ललकार कर कहा था–

'धूत कहौ, अवधूत कहौ,
रजपूत कहौ, जुलहा कहौ कोऊ
काहू की बेटी सो बेटा न व्याहब,
काहू की जाति बिगार न सोऊ।'

यह तो रहा तुलसी का स्रष्टा पक्ष। पर जब हम उनके द्रष्टा पक्ष की ओर मुड़ते हैं तब हम यह तुलसी को 'विचार' करते हुए पाते हैं, तो उनको हम यही कहते पाते हैं–

'आश्रम-बरन व्यक्ति विनस बिकल भए
निज-निज मरजाद मोटरी सी डार दी।'

जिन 'कारणों' से उनका व्यक्तिगत जीवन क्षुब्ध हो उठता है, उन 'कारणों' को भुलाकर वह लिख बैठते हैं–

'वेद-पुरान विहाइ सुपंथु, कामारग,
कोटि कुचालि चली है।'

इसी प्रकार हम देखते हैं कि कुल एवं परिवार की झूठी-प्रतिष्ठा का जितना बहिष्कार तुलसी का स्रष्टा पक्ष करता है, उतनी ही प्रतिक्रियावादी शक्ति के साथ उनका दार्शनिक पक्ष उससे चिपटा रहना चाहता है।

'भक्ति भारत भूमि, भले कुल जनम,
समाज सरीर भली कहिके'
'दियो सुकुल जनम सरीर सुन्दर
हेतु फल चारि को।'

और मानो व्यक्ति पर लादी गई जन्म एवं कुल (Status of birth) की इस झूठी प्रतिष्ठा से उन्हें सन्तोष न हो, वह व्यक्ति के आन्तरिक गुणों एवं उसके पूरे स्वतन्त्र व्यक्तित्व के प्रति भी नकारात्मक भाव से लिख बैठते हैं–

'पूजहिं विप्र सील गुन हीना,
सुद्र न गुन गन ग्यान प्रवीना।'

सच यह है कि तुलसी का द्रष्टा पक्ष अपने पूर्ववर्ती संस्कारों से पूर्ण रूप से प्रभावित है। अगर शुक्लजी का आदर्श तुलसीदास की रचनाएँ थीं तो तुलसी का आदर्श 'श्रुति' था जिसको वे मानव जाति की प्रेरणा का आदि-स्रोत मानते थे। अतः वेद को ही आधार

मानकर उन्होंने आसमायिक वर्ण-व्यवस्था में सुधार के विचार को उचित समझा। जिस वर्णाश्रम धर्म ने उनके जीवन को पीड़ा की गहराइयों में डुबोया, जिससे सारा समाज क्षुब्ध था, उसी को वे फिर स्थापित करना चाहते हैं–

'बरनाश्रम निज निज धरम
निरत वेद पथ लोग
चलहिं सदा पावहिं सुखहि
नहिं भय शोक न रोग।'

और अन्त में उनकी पुनर्स्थानवादी मान्यता यह घोषित करती है कि वास्तव में वर्णाश्रम प्रणाली आसमायिक नहीं अपितु विद्वानों की बुद्धि भ्रष्ट हो गई है। वे वेद का सार-तत्त्व ही ग्रहण नहीं कर पाते तो उसमें 'वेद' एवं वर्णाश्रम धर्म का क्या दोष ?– 'कीबे कहा पढ़िबे को कहा फलु, बूझि न बेद को भेदु विचारें।'

यह ठीक है कि वर्ण-व्यवस्था का जो आदि रूप था वह तत्कालीन विकृत वर्ण-व्यवस्था से बहुत कुछ भिन्न था। साथ ही वैदिककालीन वर्ण-व्यवस्था पहले स्वयं में आदर्श थी। पर प्रत्येक युग का अपना-अपना आदर्श होता है। सामाजिक परिस्थितियों की अनुरूपता एवं प्रतिकूलता के मानदंड पर आधारित गृहीत एवं त्याजनीय मान्यताएँ होती है। तुलसी के युग में समाज-विभाजन की जो प्रवृत्ति मान्य होनी चाहिए थी, जिसका अंगीकार होना उचित था वह वर्ण की नहीं वर्ग की भावना थी। तुलसी के स्रष्टा पक्ष ने इसका अनुभव किया भी तो द्रष्टा पक्ष उसको स्वीकार नहीं कर पाया।

स्पष्ट है कि जब तुलसी 'अपनी' अनुभूति की बात करते हैं, जब उनका 'हृदय पक्ष' बोलता है, जब वे 'मैं' के स्वर में बोलते हैं–वे वर्ण-व्यवस्था का सदा विरोध करते देखे जाते हैं, सामाजिक समानता का स्वर मुखरित करते पाए जाते हैं। पर जब वे अपनी अनुभूतियों से पूर्णतया तटस्थ होकर बोलते हैं, उस समय हजारों वर्षों से चली आती सामन्ती प्रथा के कारण उनका मस्तिष्क जो एक निश्चित प्रकार का गठन (Mental make-up) धारण कर लिए होता है, 'कंडीशंड रिफ्लेक्स' के अनुसार 'रिस्पांस' कर बैठता है। उस समय तुलसी स्वयं अपनी अनुभूति की बात न कहकर पुरखों की बातें बोलने लगते हैं। यह उनके 'सुपर इगो' का परिणाम होता है। तुलसी के इन दोनों पक्षों के प्रबल होने के कारण खंडित व्यक्तित्व का इतना जबर्दस्त उदाहरण कहीं और देखने को नहीं मिलता।

कलाकार के इस स्रष्टा एवं द्रष्टा पक्ष के सहज विश्लेषण के अभाव में कुत्सित-समाज-शास्त्री एक दूसरे को मूर्ख सिद्ध करते हुए प्रायः अपनी थोथी मनोवृत्ति का परिचय देते दिखाई पड़ते हैं। एक ओर डॉ. रांगेय राघव का कहना है कि 'तुलसी ने ब्राह्मणवाद का पुनरुत्थान किया।'[11] इसीलिए तुलसी को जनवादी कहना इतिहास के साथ अन्याय करना है।[12] भदन्त आनन्द कौसल्यायन तुलसी-साहित्य में नारी चित्रण का विश्लेषण करते हुए उन्हें घोर अप्रगतिशील सिद्ध करते हैं।[13] दूसरी ओर डॉ. रामविलास शर्मा यह स्वीकार करते हैं कि 'उनके (तुलसी) विचारों में अन्तर्विरोध है।[14]

पर उस अन्तर्विरोध के कारण पर विचार करते हुए वे आगे लिखते हैं–'(यह) पुरोहितों का चमत्कार है, जिन्होंने पहले तो तुलसी का विरोध किया लेकिन जब उनकी लोकप्रियता रोके न रुकी, तब उन्होंने अपने काम की बातें मिलाकर रामचरितमानस को अपने अनुकूल बनाने की कोशिश की।'[15] अपनी बुद्धि से वह यह निष्कर्ष निकालते हैं–'स्त्रियों, शूद्रों आदि के लिए जो ताड़ना आदि की बातें कहीं गई हैं वे तुलसी की लिखी हुई नहीं है, प्रक्षिप्त है, उन्हें नहीं माना जा सकता।[16]'

स्पष्ट है कि तुलसी के द्रष्टा-पक्ष के समक्ष उसके स्रष्टा-पक्ष की महता को भुला देने के कारण डॉ. रांगेय राघव एवं भदन्त आनन्द कौसल्यायन तुलसी को अप्रगतिशील एवं ब्राह्मणवादी स्वीकार करते हैं तथा डॉ. रामविलास शर्मा द्रष्टा के इस सम्पूर्ण योग को प्रक्षिप्त मानकर तुलसी के स्रष्टा पक्ष की अभ्यर्थना करते हुए उन्हें सामन्त-विरोधी एवं प्रगतिशील सिद्ध करते हैं। लेकिन जैसा निर्देशित है--तुलसी स्रष्टा के रूप में निस्सन्देह महान थे पर द्रष्टा के रूप में उनकी अपनी कुछ सीमाएँ थीं, जिसके फलस्वरूप उनके साहित्य में कहीं-कहीं असंगतियाँ प्रादुर्भूत हो उठी हैं। और ये असंगतियाँ और कुछ नहीं, स्रष्टा एवं द्रष्टा के रूप में तुलसी के खंडित व्यक्तित्व की सूचक है।

तलसी-साहित्य का मूल्यांकन करते समय उनके स्रष्टा एवं द्रष्टा पक्ष के इस अन्तर्विरोधी प्रवृत्तियों की हमें उपेक्षा नहीं करनी चाहिए। तुलसी का स्रष्टा पक्ष बहुत सबल था। संस्कृति में 'टाइम लैग' आ जाने के कारण समाज के भीतर जो एक घुटन थी, छटपटाहट थी, नए मानव-मूल्यों के निर्माण की जो आकांक्षा थी–उसकी बहुत तीखी अनुभूति तुलसी ने की थी। सृजन की पीड़ा के क्षण को उन्होंने बहुत गहराई तक जाकर अनुभव किया था, परिवर्तित होती हुई परिस्थितियों के अनुकूल जीवन की नई सार्थकता ढूँढ़ने की जबर्दस्त कोशिश उन्होंने की थी। इसलिए स्रष्टा के रूप में तुलसी महान थे, समकालीन समस्त कवियों से वे श्रेष्ठ थे।

पर जैसा संकेत दिया जा चुका है, स्रष्टा के साथ ही जुड़ा हुआ उनके व्यक्तित्व का द्रष्टा पक्ष कमजोर था, उसने अपने युग की बदलती हुई परिस्थितियों की आवश्यकता के अनुसार नए मानव-मूल्यों एवं सामाजिक चेतना का निर्माण नहीं किया। तुलसी के द्रष्टापक्ष के समक्ष तत्कालीन स्थिति में दो मार्ग थे या तो वे उभरते हुए व्यापारी वर्ग का साथ देकर वर्ण व्यवस्था का विरोध करते, समाज में बढ़ती हुई ऊँच-नीच (Social inequalities) भावना पर कटु प्रहार करते, जन्मगत पक्ष (Status of birth) की मान्यता को ध्वस्त करने के लिए प्रयत्न करते अथवा तत्कालीन वर्ण-व्यवस्था एवं सांस्कृतिक असंगतियों में हेरफेर युगानुरूप बनाने का सुधारवादी कार्य करते।

वस्तुतः तुलसी मध्यवर्ग की उस मनोवृत्ति से परिचालित थे जो प्रत्येक नूतन परिवर्तन की प्रशंसा करते हुए अपने सिद्धान्तों में उतरने की भरपूर कोशिश करता है पर उसकी वंशगत (Hereditary) आन्तरिक प्रवृत्तियाँ उनका सतत विरोध करती रहती है। जो इस अन्तर्द्वन्द्व में बुरी तरह उलझकर रह जाते हैं तथा अन्ततोगत्वा अपने नाम

के अनुरूप सदा 'मध्यमार्ग' का अनुसरण करते पाए जाते हैं। वे भीतर चलनेवाली दो विरोधी प्रवृत्तियों के तनाव (Tension) की समस्या को सुधारवादी (Reformist) बनकर सुलझाने की कोशिश करते हैं। आचार्य शुक्ल जी ने तुलसीदास के सुधार की इसी मध्यमार्गी पद्धति की भूरि-भूरि प्रशंसा की है।

यह मैं नहीं कहता कि तुलसी के इस सुधारवादी कार्य का कोई सामाजिक महत्त्व नहीं। पर किसे नहीं मालूम कि सुधार अथवा समझौता का मार्ग-समाज में पड़े हुए दरार पर ऊपर से पलस्तर करने का काम होता है जिससे उस समय तो काम चल जाता है पर समय के साथ-साथ भीतर की धरती और भी खोखली होती जाती है। वस्तुतः पीड़ा की अनुभूति और पीड़ा के कारण उनकी पहुँच के प्रायः बाहर ही रहा। अगर उनको उन्होंने पहचाना भी तो उन विषमताओं एवं विकृतियों को आमूल उखाड़ फेंकने के बजाय, वे केवल ऊपर से उनकी कटौती करते रहे हैं।

कहने की आवश्यकता नहीं कि सृजन की पीड़ा ने नए मानव-मूल्यों के लिए जिस धरती का निर्माण किया था, व्यक्तित्व के स्रष्टा पक्ष ने जिस आकांक्षाओं के तीखी अनुभूति के रस से उर्वर बनाया था, उसमें तुलसी का द्रष्टा पक्ष उचित बीज आरोपित नहीं कर सका। परिणाम यह हुआ कि उनका साहित्य जनसाधारण को जीवन में 'कल्चरल लैग' को दूर करने की अभीप्सित चेतना को जागृत करता है, उसी को धर्म के आवरण में लिपटा उनका द्रष्टा पक्ष अपने आसमायिक नीतोपदेशों द्वारा या तो शान्त कर देने की कोशिश करता है अथवा उसको एक दूसरी दिशा दे देता है। तुलसी के व्यक्तित्व का एक पक्ष परम्परागत आसमायिक बन्धन से छुटकारा पाने के लिए विद्रोह का स्वर मुखरित करता है तो दूसरा पक्ष उस विद्रोह की अनुभूति को रूढ़िगत धर्म, नीति एवं परम्परा का अफीम खिलाकर सुला देता है, उसे समझौते की एक दूसरी दिशा का निर्देश कर प्रगति के सही पथ से विरत कर देता है। तुलसी के इस खंडित व्यक्तित्व का ही परिणाम है कि--उनकी अनुभूति और चेतना, विचारों की शक्ति से सम्बन्धित होकर तीव्रतम (Hieghtened) होने के बजाय प्रभाव में प्रगतिशीलता की दृष्टि से मध्यस्तर (Mediocre) बनकर रह जाती है, और जान अनजान में ही वे अन्तर्विरोधी स्वरों को जन्म दे बैठती है।[17]

नए मानव-मूल्यों के निर्माण की दो दिशाएँ रही हैं--गतिवर्द्धक और स्तरवर्द्धक (Linear & Horizontal)। एक संस्कृति की गति की सूचक है और दूसरी सांस्कृतिक स्तर की उच्चता का। एक समाज को आगे बढ़ाता है तो दूसरा उसको और भी ऊँचा उठाता है। इस लेख से यह धारणा निकालना कि मैं तुसली-साहित्य के इन दोनों सांस्कृतिक दिशाओं में दिए गए योग से असहमत हूँ--मेरे साथ अन्याय ही होगा। एक ओर शैव-वैष्णव, निगुर्ण-सगुण, ज्ञान-भक्ति आदि विरोधी तत्त्वों में सामंजस्य स्थापित कर भारतीय समाज को एकता के रूप में बाँधकर तत्कालीन समाज को आगे बढ़ाने में तुलसी ने सहायता दी है तो दूसरी ओर भरत, ऐसा मानव-चरित्र उपस्थित कर संस्कृति को और भी उन्होंने उच्चता प्रदान की है। पर द्रष्टा पक्ष की इस सबलता के बावजूद

उनके अहं (Ego) के साथ जुड़ा हुआ 'परसोना' पक्ष भी था, जो उनके साहित्य में प्राप्त असंगतियों का मूलभूत कारण है। इस लेख द्वारा इसी 'परसोना' के कारण--जो खंडित व्यक्तित्व का सूचक है–प्रादुर्भूत असंगतियों की ओर विद्वानों का ध्यान आकर्षित करने का मेरा प्रयास रहा है।

सन्दर्भ

1. "The critics were the centres of the industries fostered by the rulers. small and large, who supported a large number of officials and favourites in comparative splendour. These princely courts created demand for artistic products and along with the wealthier merchants and land owners who surrounded them, employed a fairly large number of merchants and middleman and craftsmen."

   —Wadia & Mercant—'Our Economic Problems, p. 17.
2. The industrial and mercantile classes of the towns. due to the almost impregnable balanced economy of the self-sufficient village, could not bring the country-side within the orbit of any apppreciable trading operation.'

   —A.R. Desai—'Social Background of India Nationalism' p.II
3. 'Although the Village still retained it's position as the production unit urban trading centers had arisen as a result of the exchange and distribution of commodities carried on by middle-class which was already become wealthy.'

   Joan Beauchop 'British Imperialism in India' p. 16.
4. Veera Antsey—"The ?Economic Development of India, p.5
5. 'It has been pointed out by an authority on Indian Economics that upto 18th century Indian methods of production and of industrial and commercial organization could challange comparision with those in another part of the world.'

   —O Malley-Modern India and The West, p. 18.
6. "The new status which sprang up amidst the ruines of the Moghul Empire were largely controlled finacially by the trading class, although the political structure remained feudal."

   —Joan Beauchop-'British Imperialism In India' p. 16.
7. Encyclopaedia of Social Seiences' Vol III p. 407.
8. आइंस्टीन के सापेक्षतावाद के सिद्धान्त के अनुसार अगर हम किसी बन्द यान में बैठे हों जो सीधी रेखा में समान गति से चल रहा हो तो गति चाहे कितनी भी तेज क्यों न हो, हमें उसका अनुभव नहीं हो पाता। वस्तुतः गति के होने और न होने का अनुभव, हमें स्थिति-परिवर्तन एवं गति में आए रुकावट से होता है। (अथवा बाह्य दृश्य जगत जो ज्ञान की तुलना में अचल हो उससे होती जाती हुई दूरी के बोध से)।
9. 'Before modern capitalism appeared, It had been percieved, cultivated and prepared in realm of the Protestant religion. The spirit of capitalism appeared before capitalism itsefl.'

   Quoted from P. Sorokin—'Contemporary Sociological Theories' p. 675.
10. R.B. Tawney—'Religion & the Rise of Capitalism' p.XII.
11. डॉ. रांगेय राघव–'प्रगतिशील साहित्य के मानदंड' पृ. 117।

12. वहीं।
13. भदन्त आनन्द कौसल्यायन–'रामचरितमानस में नारी चित्रण' 'सरिता' 1956।
14. डॉ. रामविलास शर्मा–'प्रगतिशील साहित्य की समस्याएँ' पृ. 172
15. वहीं।
16. डॉ. रामविलास शर्मा 'आचार्य रामचन्द्र शुक्ल और हिन्दी आलोचना' पृ. 113।
17. एक तथ्य की ओर और भी निर्देश दे देना मैं अपना विनीत कर्तव्य समझता हूँ। इस लेख लिखने का उद्देश्य कवि के खंडित व्यक्तित्व के कारण साहित्य में प्राप्त होनेवाले अन्तर्विरोधी स्वरों का केवल निर्देशमात्र करना रहा है। अतः स्रष्टा पक्ष के साथ तुलसी के द्रष्टा पक्ष के उसी अंश के ऊपर यहाँ विचार किया गया है जो रूढ़िगत थे, जो उस काल की माँग के अनुसार नए मानव-मूल्यों के निर्माण में असमर्थ थे। साहित्यकार के अन्तस की गहराई से निःसृत अनुभूतियों के साथ मनोवैज्ञानिक जुंग द्वारा निर्देशित 'परसोना' तत्त्व का सामंजस्य न होने के कारण जो विरोधाभास तुलसी-साहित्य में उभर आया था–उनका निर्देश मात्र देना ही मेरा लक्ष्य रहा है।

तुलसी-साहित्य के अन्तर्विरोधी स्वर*

स्रष्टा एवं द्रष्टा, इन दो पक्षों के समुचित योग से ही कलाकार का व्यक्तित्व सम्पूर्णता को प्राप्त होता है। द्रष्टा के रूप में कलाकार चारों ओर फैले वातावरण में व्याप्त सुख-दुख, आशा-निराशा, भाव-अभाव, जीवन-मरण आदि का सफल चित्रण करने में समर्थ होता है। इसी शक्ति के आधार पर उसकी समर्थ लेखनी देश और काल के चेहरे पर पड़ी हल्की से हल्की शिकन को साहित्य में अभिव्यंजित करने में समर्थ होती है। पर कलाकार का महत्त्व अपनी लेखनी की अतुलनीय शक्ति द्वारा संवेदनशील अनुभूतियों को जनसाधारण के लिए प्रेषणीय बना देने मात्र में ही सीमित नहीं होता। स्रष्टा के साथ ही साथ कलाकार द्रष्टा भी होता है। अतः उसकी सहानुभूति अपने भीतर इतिहास की गतिवर्द्धक शक्तियों एवं प्रगतिशील वृत्तियों को किस अनुसार में समाहित किए हैं। उसकी चेतना को भावभूमि कितनी व्यापक है, इसका भी समुचित प्रभाव कृति पर पड़ता है। समाज किस गति से किस दिशा में आगे बढ़ रहा है, उसकी प्रगति में कौन से तत्त्व सहायक हैं, और कौन से विरोधी, विकास का क्रम उसे किस ओर खींचे लिए जा रहा है—आदि समस्याओं का ज्ञान कलाकार का द्रष्टा पक्ष ही करता है। इस ज्ञान के परिवेश में अगर कला की रचना नहीं हुई, तो कलाकृति में विषय की न तो गम्भीरता ही मिलेगी और न यथार्थ का उसकी सम्पूर्णता के साथ पकड़ने की अन्तर्दृष्टि।

स्पष्ट है, कलाकार का द्रष्टा पक्ष इतिहास की गतिशील वृत्तियों का उचित आकलन करता है और उसी के सम्बन्ध में उसका स्रष्टा पक्ष सामाजिक यथार्थ को और भी सटीक बनाकर कलात्मक आवरण प्रदान करता है। जब तक द्रष्टा पक्ष की प्रकृति में सामंजस्य रहता है, कलाकृति निर्दोष रहती है। पर जैसे ही उसकी एकरूपता में व्यवधान पड़ता है, कलाकार का व्यक्तित्व खंडित हो जाता है। तदन्तर असंगतियाँ अपने साथ रचनाओं में अनुस्यूत होने लगती हैं।

असंगतियों के अनुस्यूत होने का भी कारण है। स्रष्टा के रूप में कलाकार अपनी रचनाओं में जिस सामाजिक यथार्थ की अभिव्यंजना करता है, वह भविष्यत की ओर एक निश्चित संकेत देता है। अगर कलाकार का द्रष्टा पक्ष सबल और दोषरहित रहा, तब वह इतिहास की गतिवर्द्धक शक्तियों का उचित मूल्यांकन करने में समर्थ होगा और

* सर्वप्रथम 'युग चेतना' (सं. डॉ. देवराज) के फरवरी 1958 अंक : 2, वर्ष 4, में प्रकाशित।

उसके इस द्रष्टा पक्ष द्वारा वर्णित भविष्यत का संकेत, स्रष्टा पक्ष द्वारा अभिव्यंजित सामाजिक यथार्थ द्वारा निर्देशित संकेत के साथ अभिन्नता स्थापित करता रहेगा। पर स्रष्टा एवं द्रष्टा–दोनों पक्षों में किसी के निर्बल हो जाने से रचना में विरोधाभास का आ जाना स्वाभाविक है। जब कलाकार का द्रष्टा पक्ष समाज की ऐतिहासिक शक्तियों का अनुचित आकलन न करें, अपने चित्त के अनुसार भविष्य की कल्पना करने लगता है उस समय द्रष्टा पक्ष द्वारा अभीप्सित काल्पनिक आदर्श कुछ संकेत देता पाया जाता है और स्रष्टा के रूप में चित्रित सामाजिक यथार्थ एवं उससे ध्वनित इतिहास की गतिवर्द्धक शक्तियाँ, भविष्यत् के लिए कुछ और ही संकेत देती जाती है। इस प्रकार रचनाओं में अन्तर्विरोध स्वर स्वयमेव मुखरित हो उठता है।

तुलसी साहित्य में भी असंगतियाँ देखने को मिलती हैं और उसका कारण सृष्टा एवं द्रष्टा पक्ष की विषमता है। स्रष्टा पक्ष के प्रबल होने के कारण उनकी लेखनी ने अपने समय के सामाजिक यथार्थ को बहुत ही मार्मिक ढंग से अपनाया। अतः उस सामाजिक यथार्थ से ध्वनित भविष्यत का संकेत यह स्पष्ट कर देता है कि इतिहास की शक्तियाँ समाज को किस दिशा में खींचे लिए जा रही हैं। पर द्रष्टा पक्ष द्वारा वर्णित आदर्श समाज का चित्रण उसकी कल्पना का मनमाना रूप रहा है। उसमें परम्परा-पालन का ध्यान अधिक है और ऐतिहासिक शक्तियों को पहचानकर उसके अनुरूप समाज-व्यवस्था के निर्धारण की प्रवृत्ति कम। अतः स्रष्टा प्रक्ष द्वारा वर्णित सामाजिक यथार्थ ने उन्हें जिस सत्य को अंकित करने के लिए विवश किया, उनके द्रष्टा पक्ष के काल्पनिक एवं आदर्शवादी (पुनरुत्थानवादी) पक्ष ने उसी विषय पर उन्हें विरोधी बात लिखने को मजबूर किया। इसीलिए कतिपय आलोचकों ने लिखा–तुलसीदास की सहृदयता और तार्किकता में सदा सामंजस्य नहीं रहता।

स्रष्टा के रूप में जब तुलसी का हृदय जनसमूह में फैली सामाजिक विषमताओं की चोट सहता है, वर्णाश्रम धर्म के ठेकेदारों द्वारा उनका जीवन स्वयं दुख के हिंडोले में जब चक्कर खाता है उस समय उनकी लेखनी से निसृत हो उठता है–"लोक कहैं पोचु, सो न सोचु न संकोचु मेरे ब्याह न बरेखी जाति, भाँति न चहत हों।" या "मेरे जाति पाति न चाहों काइ को जाति पाति। मेरे कोउ काम को न हो काहु के काम को" पर जब उनकी आदर्शवादी मनोवृत्ति जोर पकड़ती है, उनका द्रष्टा पक्ष जब ऐतिहासिक पक्ष को झुठलाकर अतीत की ओर झाँकने लगता है, उस समय वे लिखते हैं–

पूजहिं विप्र सील गुन हीना, सूद्र न गुन-गनग्यान प्रवीना।

तुलसी जिस युग में पैदा हुए थे, वह रामराज्य की आदर्शमय कल्पना से नितान्त भिन्न था। सामाजिक विषमताओं ने उस समय समाज को जातियों के ऊँच-नीच विभाजन के अतिरिक्त अमीर-गरीब श्रेणियों में भी विभाजित कर रखा था। एक तरफ राजसी वैभव के बीच सामन्त गण कामिनी-कंचन और सुरा की मादकता में अपने जीवन के प्रत्येक क्षण को सराबोर किए हुए थे और दूसरी ओर समाज का बहुत बड़ा अंश दरिद्रता की क्रोड़ में बैठा क्षुधा ज्वाला की पीड़ा से आर्त्तनाद कर रहा था। 'रामराज्य'

की कल्पना करनेवाले तुलसी का सहृदय व्यक्तित्व इस सामाजिक विषमता की न तो अवहेलना कर सका और न उससे तटस्थ ही रह सका। अतः उन्होंने लिखा–

'नहि दरिद्र सम दुख जग माहीं'

'आगि बड़वागि ते बड़ी है आग पेट की'

'दरिद्र दसानन दबाई दुनी दीनबन्धु दुरित दहन देखि तुलसी हहाकरी।

'खेती न किसान को भिखारी को न भीख बानिक को बनिज न चाकर को चाकरी।'

जनता के इस दुख उत्पीड़न की साकार अभिव्यंजना तुलसी ने की, यह उनके स्रष्टा पक्ष की प्रबलता ही है। अन्यथा अगर कोई उनकी विचार-पद्धति का विश्लेषण करने बैठे तो उन्हें तुलसी यही कहते मिलेंगे–

'कीन्हे प्राकृत जन गुन गाना, सिर धुनि गिरा लागि पछिताना'

ठीक इसी प्रकार एक ओर तो तुलसी शूद्र एवं सम्पूर्ण नारी जाति की भर्त्सना करते पाए जाते हैं, 'ढोल गँवार शुद्र पशु नारी, ये सब हैं ताड़न के अधिकारी।' और कभी उन्हें हम नारी की परवशता एवं पराधीनता पर क्षोभ प्रकट करते हुए देखते हैं : 'कत विधि सृजी नारी जग माहीं। पराधीन सपनेहु सुख नाहीं।'

तुलसी जिस युग में पैदा हुए थे, उस समय यातायात के विभिन्न साधनों में समुचित उन्नति होती जा रही थी। सड़कें और नहरें, शेरशाह सूरी के राजत्वकाल में ही बनने लगी थीं। आवागमन के साधनों में उन्नति होने के कारण धीरे-धीरे शहरों में व्यापारी वर्ग उभरता आ रहा था। यह ठीक है कि गाँवों की अपनी सन्तुलित आर्थिक व्यवस्था के फलस्वरूप इस नवजात व्यापारी वर्ग को विकसित होने के लिए वह अन्तर्शक्ति न मिल सकी जिसके आधार पर वह अपना शक्तिशाली रूप ग्रहण कर पाता।[1] पर इसमें सन्देह नहीं कि इस व्यापारी वर्ग के उदय के साथ उस क्रान्तिकारी चेतना का बीज पड़ चुका था जो जर्जर होती जाती सामन्तवादी प्रथा के लिए घातक सिद्ध हुआ।

तुलसी का 'मानस' यह प्रमाणित करता है कि वह केवल एक सफल कवि ही नहीं वरन् एक महान समाज सुधारक भी थे। अतः उनकी रचनाओं में इस टूटती सामन्तवादी प्रथा का स्पष्ट निर्देश ढूँढ़ना अनुचित न होगा। यही नहीं, यह भी देखना अनुचित नहीं कि वे कितने विश्वास एवं आस्था की कितनी सच्चाई के साथ इस दिशा में प्रवृत्त थे। अगर वे समाज-सुधारक न भी होते, तब भी इस दृष्टि से उनके साहित्य का मूल्यांकन अभीप्सित था। क्योंकि प्रेमचन्द के शब्दों में–"वह (साहित्यकार) देशभक्ति और राजनीति के पीछे चलनेवाली इकाई ही नहीं, बल्कि उनके आगे मशाल दिखाती हुई चलनेवाली सच्चाई है।" साहित्यकार ने अज्ञान की अँधियारी रात में ज्ञान का मशाल दिखाकर सही मार्ग की ओर बढ़ने में सहायता दी है या नहीं, अगर दी है तो कितनी, यह एक महत्वपूर्ण प्रश्न है।

सामन्ती व्यवस्था के टूटने के साथ उसके मूलभूत आधार-स्तम्भों का भी धराशायी होना आवश्यक था। सदियों से चली आती अपरिवर्तनशील सामाजिक व्यवस्था में सबसे

अधिक मान्यता प्राप्त सामन्तवादी आधार जो रहा है, वह है—वर्ण-व्यवस्था। सामन्तवादी प्रथा के टूटने के साथ यह वर्ण-व्यवस्था भी विशृंखलित होती जा रही थी। तुलसी के पूर्व ही कबीर, दादू, नानक आदि सन्त कविगण इस व्यवस्था के विरुद्ध अपनी वाणी मुखरित कर चुके थे। पर इन सन्त कवियों के पास जाति-पाँति के विरुद्ध विद्रोह की भावना तो थी पर कोई समुचित व्यवस्था न थी, समाज की वर्तमान असंगतियों एवं कुरीतियों से लड़ने की अदम्य शक्ति तो थी पर भावी समाज की कोई ऐसी निश्चित रूपरेखा न थी, जो व्यावहारिक एवं सर्वहितकारी हो सके। तुलसी इस तथ्य से परिचित थे।

आसमायिक वर्ण-व्यवस्था एवं उससे आविर्भूत तज्जनित सामाजिक विषमताओं से तुलसी का व्यक्तिगत जीवन अछूता हो—ऐसी बात नहीं रही है। जनसाधारण की भाँति स्वयं उनका जीवन इसकी कुरीतियों का शिकार बन चुका था। हृदय को विदीर्ण करनेवाली सामाजिक विषमताओं के प्रति उनकी तीव्र घृणा का ही परिणाम है कि उन्होंने अपने को जन्मजात कुलीन समझनेवाले सम्पूर्ण ब्राह्मण जाति को ललकार कर कहा था

"धूत कहौ, अवधूत कहौ, रजपूत कहौ जुलहा कहौ कोऊ
काहू की बेटी सो बेटा न ब्याहब, काहू की बिगार न सोऊ"

अतः वर्ण-व्यवस्था का जो विकृत रूप तुलसी के युग में प्रचलित था, सामाजिक परिस्थितियाँ उनके अनुकूल न थीं। तत्कालीन वर्ण व्यवस्था का विरोध होना आवश्यक था और जैसा प्रत्येक सहृदय साहित्यकार का गुण-धर्म था, तुलसी ने भी उसका विरोध किया। लेकिन उस विरोध का रूप कुछ भिन्न था।

तुलसी के समस्त विरोध प्रदर्शन के लिए दो मार्ग थे। या तो वे उभरते हुए व्यापारी वर्ग का साथ देकर वर्ण-व्यवस्था का तीव्र विरोध करते अथवा तत्कालीन वर्ण-व्यवस्था में हेरफेर कर उसे युगानुरूप बनाने का सुधारवादी कार्य करते। वस्तुतः तुलसी मध्यमवर्ग की उस मनोवृत्ति से परिचालित थे जो प्रत्येक नूतन परिवर्तन की प्रशंसा करते हुए अपने सिद्धान्तों में उसे उतारने की भरपूर कोशिश करते तो हैं पर उनकी वंशगत (Heriditary) आन्तरिक प्रवृत्तियाँ उनका सतत विरोध करती रहती हैं। जो इस अन्तर्द्वन्द्व में बुरी तरह उलझकर रह जाते हैं तथा अन्ततोगत्वा अपने नाम के अनुरूप सदा "मध्यम मार्ग का अनुसरण करते पाए जाते हैं। ये अपने भीतर चलनेवाली दो विरोधी प्रवृत्तियों के तनाव (Tension) की समस्या को सुधारवादी (Reformist) बनकर सुलझाने की कोशिश करते हैं। आचार्य शुक्ल जी ने तुलसीदास के सुधार की इसी मध्यमार्गी पद्धति की भूरि-भूरि प्रशंसा की है।

सच तो यह कि तुलसी का द्रष्टा पक्ष अपने पूर्ववर्ती संस्कारों से पूर्ण रूप से प्रभावित था। अगर शुक्ल जी का आदर्श तुलसीदास की रचनाएँ थीं तो तुलसी का 'आदर्श' 'श्रुति' था जिनको वे मानव जाति की प्रेरणा का आदि-स्रोत मानते थे। अतः 'वेद' को ही आधार मानकर उन्होंने आसमायिक वर्ण-व्यवस्था में सुधार के विचार को

उचित समझा। उन्होंने लिखा–

" 'वरनाश्रम निज निज धरम निरत वेद पथ लोग'
चलहिं सदा पावहिं नहिं भय शोक न रोग"

यह ठीक है कि वर्ण-व्यवस्था का जो आदि रूप था उसका स्वरूप तत्कालीन विकृत वर्ण व्यवस्था से बहुत कुछ भिन्न था। साथ ही वैदिक कालीन वर्ण-व्यवस्था पहले स्वयं अपने में आदर्श थी। पर प्रत्येक युग का अपना-अपना आदर्श होता है। सामाजिक परिस्थितियों की अनुरूपता एवं प्रतिकूलता के मानदंड पर आधारित गृहीत एवं त्यजनीय मान्यताएँ होती हैं। तुलसी के युग में सामाजिक विभाजन की जो प्रवृत्ति मान्य होनी चाहिए थी अथवा जिसको अंगीकार होना उचित था वह वर्ण की नहीं अपितु वर्ग की भावना थी। तुलसी के स्रष्टा पक्ष ने इसका अनुभव किया भी तो द्रष्टा पक्ष इसको स्वीकार नहीं कर पाया। परिणाम भी स्पष्ट है। एक ओर उनका जीवन स्वयं जाति प्रथा के कारण क्षुब्ध है अतः वे उसका विरोध करते हैं, चारों वर्णों को स्नान करते चित्रित करते हैं और दूसरी ओर जब आदर्श-निरूपण एवं नीतोपदेश का प्रश्न उठता है तो यह भी लिखते हैं–"पूजिय विप्र सील-गुन-हीना। सूद्र न गुन-गन ग्यान प्रवीना।"

इसी स्रष्टा एवं द्रष्टा की मान्य कसौटी पर कसकर आलोचकों ने ताल्स्ताय, गोगोल आदि महान साहित्यकारों की रचनाओं में व्याप्त असंगतियों का स्पष्टीकरण किया है। लेनिन ने ताल्सताय के स्रष्टा पक्ष की भूरि-भूरि प्रशंसा की, पर जहाँ तक ताल्सताय के द्रष्टा पक्ष का प्रश्न था, वह उसकी समझ में हास्यास्पद था।[2] इसी प्रकार 'गोगोल' के द्रष्टा पक्ष की ओर चर्नीशेव्सकी ने भी संकेत दिया है।[3] बेंलस्की ने गोगल के द्रष्टा पक्ष की कमजोरी पर कितना निर्मम प्रहार किया है, यह 'गोगोल' को लिखे गए उसके पत्र से भलि-भाँति स्पष्ट हो जाता है।[4]

कलाकार के इस स्रष्टा एवं द्रष्टा पक्ष के सहज विश्लेषण के अभाव में कुत्सित-समाजशास्त्री एक दूसरे को मूर्ख सिद्ध करते हुए प्रायः अपनी थोथी मनोवृत्ति का परिचय देते दिखाई पड़ते हैं। एक ओर डॉ. रांगेय राघव का कहना है कि "तुलसी ने ब्राह्मणवाद का पुनरुत्थान किया[5] इसलिए 'तुलसी को जनवादी कहना इतिहास के साथ अन्याय करना है।[6]' भदन्त आनन्द कौसल्यायन तुलसी साहित्य में नारी चित्रण का विश्लेषण करते हुए उन्हें घोर अप्रगतिशील सिद्ध करते हैं।[7] दूसरी ओर डॉ. शर्मा यह स्वीकार करते हैं कि "उनके (तुलसी के) विचारों में अन्तर्विरोध है[8] पर इस अन्तर्विरोध के कारण पर विचार करते हुए वे आगे लिखते हैं–"(यह) पुरोहितों का चमत्कार है, जिन्होंने पहले तो तुलसी का विरोध किया लेकिन जब उनकी लोकप्रियता रोके न रुकी, तब उन्होंने अपने काम की बातें मिलाकर रामचरितमानस को अपने अनुकूल बनाने की कोशिश की।[9] "अपनी विलक्षण बुद्धि से वह यह निष्कर्ष निकालते हैं–स्त्रियों, शूद्रों आदि के लिए जो ताड़ना आदि की बातें कही गई हैं वे तुलसी की लिखी हुई नहीं है, प्रक्षिप्त है, उन्हें प्रमाण नहीं माना जा सकता।"[10]

स्पष्ट है तुलसी के द्रष्टा पक्ष के समक्ष उसके स्रष्टा पक्ष की महत्ता को भुला देने

के कारण डॉ. रांगेय राघव एवं भदन्त आनन्द कौसल्यायन तुलसी को अप्रगतिशील एवं ब्राह्मणवादी स्वीकार करते हैं तथा डॉ. रामविलास शर्मा द्रष्टा के इस सम्पूर्ण योग को ही प्रक्षिप्त मानकर तुलसी के स्रष्टा पक्ष की अभ्यर्थना करते हुए उन्हें सामन्तविरोधी एवं प्रगतिशील सिद्ध करते हैं। लेकिन जैसा निर्देशित है–तुलसी स्रष्टा के रूप में निस्सन्देह महान पर द्रष्टा के रूप में उनकी अपनी कुछ सीमाएँ थीं, जिसके फलस्वरूप उनके साहित्य में भी कहीं-कहीं असंगतियाँ प्रादुर्भूत हो उठी हैं।

सन्दर्भ

1. "The industrial and mercantile classes of the towns, due to the almost impregnable balanced economy of the self-sufficient village, could not bring the countryside within the orbit of any appreciable trading operation."
   A.R. Desai—"Social Background of Indian Nationalism. p.II
2. "As a prophet who would discover new recipes for the salvation of the humanity, Tolstoy is ludicrous..."
   V.I. Lenin—"Tolstoy, Mirror of the Russian revolution.
3. "(Gogol) remained true to the end of his life as an artist, regardless of the fact that as a thinker he was prone to err." Quoted from Lenin & Marixim" p. 63.
4. "I believe that it is so because your profound knowledge of Russia is that of the artist, but not of a thinker, whose role you have so ineffectually tried to play in your fantastic book."—Belinsky-Selected Pholosophical Work' p. 107.
5. डॉ. रांगेय राघव–"प्रगतिशील साहित्य के मानदंड" पृ. 107
6. वही, पृ. 116।
7. भदन्त आनन्द कौसल्यायन–'रामचरितमानस में नारी चित्रण–'
8. डॉ. रामविलास शर्मा–'प्रगतिशील साहित्य की समस्याएँ' पृ. 172।
9. वही।
10. डॉ. रामविलास शर्मा–'आचार्य रामचन्द्र शुक्ल और हिन्दी आलोचना'–पृ. 113।

सूरदास की भाषिक सम्पदा

सूरदास की काव्य भाषा और उनकी भाषिक सम्पदा पर विचार करते समय यह पहले ही स्पष्ट कर लेना चाहिए कि बात सूरदास-रचित साहित्य और काव्यकृतियों के सन्दर्भ में की जा रही है। इससे विवेचन का जो सन्दर्भ उभरता है, वह है सूरदास की सर्जनात्मक शक्ति जिसके सहारे उन्होंने भाषा के भीतर से काव्य-मूर्तियों को गढ़ने का प्रयास किया है। दूसरे शब्दों में हम कह सकते हैं कि 'सूरदास की भाषिक सम्पदा' से हमारा तात्पर्य है सूरदास द्वारा रचित काव्यकृतियों में भाषा का साहित्यिक और सर्जनात्मक प्रयोग। पर 'भाषा का साहित्यिक प्रयोग' जैसी अभिव्यक्ति भी अपने में पूरी तरह से निर्भ्रान्त नहीं कही जा सकती। इसके कम से कम दो स्पष्ट सन्दर्भ देखे जा सकते हैं--(1) परम्परा-समर्थित भाषिक अभिव्यक्तियों का सर्जनात्मक प्रयोग, जिसे मैं 'काव्यपरक भाषा' नाम देना चाहूँगा और (2) भाषा की सम्प्रेषणपरक सम्भावनाओं के भीतर से खोजी हुई नूतन अभिव्यक्तियाँ, जिसे मैं 'काव्यभाषा' की संज्ञा देना चाहूँगा। यह विभाजन हमें सूरदास द्वारा प्रयुक्त साहित्य की भाषा को दो दृष्टियों से देखने के लिए बाध्य करता है। पहली दृष्टि यह संकेत देती है कि सूरदास ने परम्परा से क्या अर्जित किया है और रिक्थ में उपलब्ध भाषा और अभिव्यक्त-रूढ़ियों को कितना नया सन्दर्भ दिया है। दूसरी दृष्टि हमें यह बताती है कि साहित्य की भाषा के क्षेत्र में सूरदास ने क्या कुछ 'नया' दिया है, और उन्हें भाषिक सम्पदा को कितना और किस रूप में समृद्ध बनाया है।

यह ध्यान देने योग्य है कि 'साहित्य में प्रयुक्त भाषा,' विशेषकर कविता में प्रयुक्त भाषा की प्रकृति के बारे में विद्वान न केवल एकमत नहीं है बल्कि उनके द्वारा व्यक्त विचारों में अन्तर्विरोध भी देखने को मिलता है। कभी-कभी तो दो विद्वानों के विचार 'एक-दूसरे के ठीक विरोध में भी व्यक्त मिलते हैं। इसका एक मुख्य कारण है कि ये विद्वान 'साहित्य में प्रयुक्त भाषा' जैसी अभिव्यक्ति से एक ही अर्थ नहीं निकालते। ऐसी भ्रान्तियों से बचने के लिए यह आवश्यक है कि निम्नलिखित चार निश्चित सन्दर्भों को स्पष्ट करते हुए सूरदास-रचित साहित्य में प्रयुक्त भाषा पर विचार करें, (1) काव्य

---

*सर्वप्रथम 'भाषाई अस्मिता और हिन्दी' (ले. रवीन्द्रनाथ श्रीवास्तव) 1992 में प्रकाशित। प्रकाशक : वाणी प्रकाशन, दिल्ली।

(गोयटिक) भाषा, (2) काव्यपरक (पोयटिकल) भाषा, (3) कविता की भाषा और (4) कवि-विशेष की भाषा।

काव्य-भाषा : कविता एक ऐसे कलाविधान की परिणति है जहाँ भाषा का सहारा लेते हुए सौन्दर्य को 'रूप' (फार्म) के सहारे सम्प्रेष्य बनाया जाता है। यहाँ कलात्मक संवेग, भाषाई चेतना पर झेले जाने के बाद अपनी रूप-प्रकृति निर्धारित करती है। इस दृष्टि से हम यह कह सकते हैं कि काव्य-सृजन वस्तुतः कलात्मक संवेग का रूपबद्ध भाषिक रूपान्तरण है। अतः जो भी तत्त्व भाषिक अभिव्यक्ति को कविता में रूपान्तरित करता है और कविता को अपना 'अस्तित्व' प्रदान करता है, उसे काव्य (पोयटिक) कहा जा सकता है। चूँकि सभी भाषिक अभिव्यक्तियाँ काव्यात्मक नहीं होतीं अतः अभिव्यक्तिपरक हर भाषिक उपकरण को काव्यभाषा का हेतु नहीं माना जा सकता।

प्रयोजन की दृष्टि से भाषा-प्रयोग के कम से कम दो पक्ष तो सामने आते ही हैं--एक, दैनिक प्रयोग की भाषा जिसमें संकेतार्थ की प्रमुखता रहती है और जो हमारे व्यावहारिक जीवन और कार्य-व्यापार को साधने में काम आती है। इसे हमारे प्राचीन आचार्यों ने 'वार्ता' कहकर सम्बोधित किया है। दूसरा, कलात्मक संवेग और सौन्दर्य प्रतीति की भाषा जिसमें सम्पृक्तार्थ की प्रमुखता रहती है और जिसका सम्बन्ध हमारे भाव-संसार से है। यह भाषा का वह पक्ष है जो हमारी चेतना को उद्बुद्ध करता है, हमारे अनुभव को गहराई प्रदान करता है, हमारी अनुभूतियों को पैनापन देता है और संस्कार-अर्जित परम्परा को एक नया कोण देता है। संक्रियात्मक (आपरेशनल) दृष्टि से देखें, तो भाषा-प्रयोग का यह पक्ष उन भाषिक उपकरणों का 'सहेतुक' प्रयोग है जिससे हमारे 'प्रात्यक्षिक अनुभव और अनुभूतियों' को ग्रहण करने की शक्ति में वृद्धि होती है।

इसमें सन्देह नहीं कि सूरदास की भाषा में वह काव्यात्मक शक्ति निहित है जो हमारे प्रात्यक्षिक अनुभव को समृद्ध बनाती है। उनकी भाषिक शक्तियाँ हमें परिचित 'संकेतार्थ' को एक नए सन्दर्भ के साथ इस प्रकार देखने को विवश करती हैं जिससे जीवन और जगत् को देखने की हमारी दृष्टि में एक पैनापन आ जाता है। वस्तुतः वे हमारे प्रत्यक्षिक (परसेप्चुअल) संवेग की सन्तुष्टि के समर्थ साधन के रूप में प्रयुक्त हैं। उदाहरण के लिए निम्नलिखित पंक्तियों पर ध्यान दें--

(1) सूर श्री गोपाल की छवि, दृष्टि भूरि-भूरि लेहु

(2) देखत आनि संच्यो उर अन्तर, दे पलकन को तारो री,

(3) लोक लाज्ज सब फटिक पछारयो

सूरदास में बिम्ब-निर्माण की अद्भुत प्रतिभा थी। वे भाषा की सर्जनात्मकता का प्रयोग दृष्टि-छवियों के निर्माण में इस सफाई के साथ करने में समर्थ थे कि भाषा सहज और उक्ति मार्मिक बन जाए। कृष्ण की त्रिभंगी मुद्रा का यह वर्णन, हमें एक नए ढंग से वस्तु को देखने के लिए विवश करता है,

(4) उर में माखन चोर गड़े।

अब कैसेहु निकसति नहीं ऊधौ। तिरछै है जु अड़े।

सूरदास की काव्यभाषा की प्रकृति ऐसी थी जो सहज ही उन अनुभवों और अनुभूतियों के लिए बिम्ब-रूप बन जाती थी जिसके लिए भाषाई कोष में कोई 'नाम' नहीं मिलता। वह सीधे-सादे और अति परिचित अनुभवों के उस पक्ष को उजागर करने में समर्थ हो जाती है जिसको देखने के लिए हमें दृष्टि के एक निश्चित 'कोण' की जरूरत महसूस होती है। चारित्रिक गुणों की सहजता सूरदास की भाषा में उक्ति की न्यूनता का पर्याय बन जाती है। माता यशोदा के पुत्र-प्रेम, उनकी झल्लाहट और स्थितियों के बीच टूटन की अनुभूति की तीखी व्यंजना का अनुभव सहज ही हम इस भाषिक अभिव्यक्ति के सहारे कर लेते हैं–'नन्द ! ब्रज लीनों ठोकि बजाय।' कोई अपरिचित शब्द नहीं, कोई जटिल वाक्य-विन्यास, नहीं, भाषा-व्यापार में कोई दुरूहता नहीं, फिर भी ममता की झल्लाहट, झन-झनाहट-सी दिल के कानों में अव्यक्त गूँज बन जाती है।

अनुभवों से समृद्ध और अनुभूतियों से पूरित काव्यभाषा के सार्थक प्रयोग के कई ऐसे उदाहरण सूरदास की कृतियों में बिखरे पड़े हैं जो हमारे प्रात्यक्षित संसार को समृद्ध बनाते हैं, यथा–'लोचन चुवति अचेत'; 'चिरई चुहचुहाती'; 'नीके उझकि निहारयौं'; 'निसि के उनींदे नैन', 'सकुचि होत सुकुमार नींद में'; 'सपने ज्यो डहकानो'; 'पटकत बांस-कांस-कुस चटकति' आदि।

काव्यपरक भाषा : काव्यपरक भाषा, परम्परा को समर्थन करनेवाली प्रयुक्ति (रजिस्टर) सापेक्ष भाषा है। भाषा हमेशा प्रयोजन के अनुरूप अपना एक रूप ग्रहण कर लेती है। भाषा को जो भी भूमिका दीजिए, उसको साधने के लिए उस भूमिका के अनुरूप अपनी भाषिक उपव्यवस्था का भी निर्माण कर लेती है। परम्परा से बल पाकर कभी-कभी यह भाषिक उपव्यवस्था 'रूढ़िग्रस्त' हो जाती है। काव्यपरक भाषा ऐसी ही एक रूढ़िग्रस्त भाषिक उपव्यवस्था है जो साहित्य की परम्परा के रूप में मिर्धारित और निर्दिष्ट होती है। ऐसी ही रूढ़िग्रस्त भाषिक व्यवस्था हमें पद्य का फ़ार्मेट देती है। गद्य के विरोध में जब हम 'पद्य' पर विचार करते हैं तब साफ हो जाता है कि इसका सम्बन्ध अब अनिवार्यतः कलात्मक संवेग के साथ नहीं रह गया है। पद्य से हम गद्यात्मक संवाद कर सकते हैं, उसमें आयुर्वेद की विषय-वस्तु का प्रतिपादन करते हुए 'चरक संहिता' लिख सकते हैं और साहित्यिक सिद्धान्त की चर्चा करते हुए उसमें 'काव्यशास्त्र' (काव्य नहीं) का भी निर्माण कर सकते हैं। संक्षेप में हम यह कह सकते हैं कि काव्यपरक भाषा भाषा-प्रयोग का वह अंश है जो अपने भाषिक विधान में एक निश्चित 'फार्मेट' का अनुसरण करता है और अपने प्रकार्य में 'रूढ़िग्रस्त' होकर मात्र रूपात्मक (फार्मल) रह जाता है।

कालपरक भाषा-प्रयोग के दो आयाम देखे जा सकते हैं। एक आयाम पर वह विगत का मात्र ऐतिहासिक देय है, इतिहास द्वारा प्रदत्त कहने का जीवन-विहीन एक ढंग है।

इस दृष्टि से वह काव्यात्मक रूढ़ियों का वह समुच्चय है जो अपने संकेतार्थ में अनुभव-शून्य और सम्पृक्तार्थ में अनुभूतियों के दारिद्रय को व्यंजित करता है। दूसरे आयाम पर काव्यपरक भाषा को उस भाषिक स्रोत के रूप में देखा जा सकता है जो समय का अतिक्रमण करता है। इस दृष्टि से उसे अब तक हुए सर्जनात्मक भाषा-प्रयोगों के उस संचित कोश के रूप में देखा जा सकता है जिसके सहारे हम साहित्यिक और सांस्कृतिक स्तर पर अपने इतिहास से सम्बन्ध स्थापित करते हैं। अतः काव्यपरक भाषा भाषिक अभिव्यक्ति का वह विधान और फार्मेट है जिसे साहित्यिक नैरन्तर्य को बनाए रखने के लिए विगत हमें एक अनुपम उपहार के रूप में देता है-जिसे सम्प्रति साहित्यकार को या तो निर्मम बोझ के रूप में स्वीकार करना पड़ता है अथवा उसे जीवन्त शक्ति के रूप में ग्रहण करना पड़ता है। उदाहरण के लिए सूर-साहित्य से लिए गए निम्नलिखित दो उद्धरणों पर ध्यान दें-

(1) दूर करहु बीना कर धारिबो
मोहे भृग नाही रथ हाक्यो, नाहिन होत चन्द को ढारिबो।

(2) बातें बूझत यों बहरावति।
सुनहुं श्याम ! वे सखी सयानी पावस ऋतु राधिकहिं सुनावति।
घन गरजत तो कहत कुसलमति गूंजत गुहा सिंह समझावति।

पहला उद्धरण कथानक भंगिमा का वह रूप है जिसे सूरदास ने काव्य-रूढ़ि के रूप में पाया था और जो अपनी अर्थवत्ता खोकर अनुभवशून्य होकर रह गया था। साहित्यिक भाषा पर यह परम्परा से मिला एक बोझ है क्योंकि अपने प्रयोजन में वह सारी सर्जनात्मक शक्ति खो चुका है। हमें पूर्ववर्ती अन्य कवियों की रचनाओं में भी इसी प्रकार की अभिव्यक्तियाँ देखने को मिलती हैं। उदाहरण के लिए जायसी में भी इसी प्रकार के रूढ़ि-ग्रस्त प्रयोग मिलते हैं-

गवै बीन मकु रैन बिहाई। ससि बाहन तहं रहे ओनाई।

सच तो यह है कि सूरदास के अधिकांश कूट-पद इसी श्रेणी की अभिव्यक्तियाँ मानी जा सकती हैं जहाँ न तो हमें अनुभूतियों का कोई नया रंग देखने को मिलता है और न ही भाषा की सर्जनात्मकता का कोई नया सन्दर्भ ही।

इसके विपरीत जब हम दूसरे उद्धरण पर ध्यान देते हैं तब वहाँ भी हम काव्य-रूढ़ियों का प्रयोग पाते हैं, वहाँ भी बाह्य प्राकृतिक दृश्य और आन्तरिक भाव जगत् के बीच सम्बन्धों का वह रंग पाते हैं जो परम्परा-अनुमोदित है, पर सूरदास ने यहाँ सन्दर्भ की जो नूतन उद्‌भावना की है वह परम्परा से प्राप्त कथन-भंगिमा की व्याख्या का एक नया आयाम खोलता है। यहाँ हमें साहित्यिक प्रयोग का एक नया स्वर सुनाई पड़ता है जो काव्य-रूढ़ियों को भी एक नया रंग दे देने में समर्थ हैं।

कविता और कवि की भाषा : कविता केवल भाषा के माध्यम से व्यक्त नहीं होती बल्कि वह भाषा के गर्भ से अपना जन्म भी धारण करती है। भाषा अपनी प्रकृति में उसी प्रकार सर्जनात्मक होती है जिस प्रकार मानव-मन सर्जनात्मक होता है। अगर हम

कविता को मानव-मन की सर्जनात्मक शक्ति का एक अप्रतिम उदाहरण मानते हैं तब कविता की भाषा भी, भाषा की लचीली संभावना का क्षेत्र बन जाता है। भाषा से व्यक्ति जो भी काम लेना चाहे, भाषा उस काम के अनुरूप अपना रूप ढाल लेती है। किसी भी भाषा-समुदाय के व्यक्तियों की सामाजिक और सांस्कृतिक भूमिका के निर्वाह के लिए इसीलिए हमें एक ही भाषा के भीतर अनेक कथन-रीतियाँ देखने को मिल जाती हैं। यह इस बात का भी प्रभाव है कि भाषा की भीतरी व्यवस्था इतनी लचीली होती है कि विभिन्न सामाजिक भूमिका के लिए अपना एक नया रूप ले लेती है। भाषा का यह लचीलापन साहित्य की भाषा में सबसे अधिक देखने को मिलता हैं क्योंकि साहित्य जीवन के बहुविध रूप को अपने भीतर समेटने के लिए बाध्य है।

कविता अपने व्यापार में एक ओर दूरवर्ती विगत घटनाओं से लेकर वर्तमान के आधुनिक काल-बोध को अपने भीतर समेटने की क्षमता रखती है और दूसरी ओर प्रतिष्ठा-प्राप्त व्यक्तियों की संस्कारित चेतना से लेकर लोक-जीवन के मिट्टी-सने अनुभव-संस्कार को अपने भीतर बाँधने की क्षमता रखती है। अतः कविता की भाषा और कुछ नहीं, उस भाषा की लचीली सम्भावना है जिसके गर्भ से कविता उद्‌भूत होती है और जिसके माध्यम से वह अपना रूप ग्रहण करती है। ध्यान देने की बात है कि कविता की भाषा के सन्दर्भ में काव्यात्मक और अकाव्यात्मक प्रयोग जैसे न तो भेद देखे जा सकते हैं और न ही काव्य-भाषा और काव्यपरक भाषा जैसे अन्तर। कविता की भाषा के भीतर इसीलिए ऐसे सीधे-सादे भाषा-प्रयोग भी आते हैं–

'मैया मैं नहि माखन खायो' या 'मैया कबहि बढ़ैगी चोटी।'

और उसके भीतर ऐसी उक्तियाँ भी देखने में आती हैं–'आपुन पौढ़ि अधर-सज्जा पर कर पल्लव सों पद पलुटावति' या 'राजीवदल, इंदीवर, शतदल, कुशेशय जाति।'

कवि की भाषा, भाषा की लचीली सम्भावना के भीतर से 'विकल्प से चुनाव' का परिणाम होती है। यह कहा जा सकता है कि भाषा एक सम्भावना है और उस सम्भावना के भीतर रहकर व्यक्ति अनेक विकल्पों में से एक विकल्प का चुनाव कर उसे ठोस रूप देता है। कोई कवि एक संकेतार्थ के लिए तत्सम शब्दों का चयन करने की ओर प्रवृत्त होता है तो उसी युग का कोई दूसरा कवि उसी संकेतार्थ के लिए तद्‌भव शब्दों का चयन करता है, एक कवि वाक्य-विन्यास में पदबन्धीय शैली का प्रयोग करता है तो दूसरा कवि उपवाक्यीय शैली का। कवि की भाषा का सम्बन्ध वस्तुतः 'विकल्प में चुनाव' की धारणा को सामने लाता है और यह संकेत देता है कि भाषा की लचीली और अगाध सम्भावना के भीतर से कवि ने अपने स्वभाव (व्यक्ति शैली) के अनुरूप किस प्रयोग का चयन किया है। दूसरे शब्दों में यह कहा जा सकता है कि भाषा की लचीली संभावना उस भाषा में रचित उक्त कवि की भाषा है। इसी दूसरे सन्दर्भ में सूरदास की भाषा पर नीचे कुछ विचार किया जा रहा है।

एक बहुभाषी समाज में विकल्प से चयन का एक आयाम स्वयं भाषा का भी होता है। कवि अगर बहुभाषी है तो किस भाषा में वह कविता करे ? यह समस्या एक भाषा

के भीतर की अनेक शैलियों में से किसी एक शैली के चुनाव की न होकर भाषाई समुदाय के भाषाई कोश के भीतर पाई जानेवाली अनेक भाषाओं में से किसी एक भाषा के चुनाव से सम्बद्ध है। परम्परा के रूप में यह सम्भव था कि भक्तिकाल में कोई व्यक्ति संस्कृत भाषा में कविता करे अथवा ब्रज या अवधी भाषा में। यह सच है कि सूर ने संस्कृत भाषा के विरोध में आकर 'भाखा' में लिखने के लिए न तो कोई घोषणा की है और न ही कोई तर्क दिया है, जैसा कि हम कबीर या तुलसी को करते पाते हैं। कबीर ने संस्कृत भाषा को 'कूप जल' और भाखा को 'बहता नीर' कहा है और तुलसी ने उसके अन्तर को प्रयोजन के आधार पर रखते हुए एक को 'कुमाच' कहा है और दूसरे को 'कामरी'। कोई उक्ति न देने के बावजूद स्पष्ट है कि सूरदास ने कबीर और तुलसी की तरह जन-सामान्य के हित के निमित्त अपने काव्य की रचना के लिए भाखा को ही आधार बनाया है।

भक्ति आन्दोलन का सामाजिक-सांस्कृतिक पक्ष वर्ण और जातिगत विषमताओं से ऊपर उठा हुआ था। वह लोक-जीवन और लोक-संस्कार पर आग्रह रखता था। साहित्य में वह 'कला' को 'जीवन' के स्तर पर उठाने का प्रयास था और समाज में वह शोषित और पीड़ित वर्ग के हितों का संरक्षक था। अतः सामाजिक-सांस्कृतिक पक्ष के लिए उस 'भाषा' को अपनाने के पक्ष में था जो उसके आन्दोलन को बल दे सके और उस 'शैली' में बात कहने का समर्थक था, जो उसकी सामाजिक अस्मिता को दलित और शोषित वर्ग के साथ जोड़ सके। सूरदास ने न केवल ब्रज-भाखा को अपने काव्य-सन्देश का माध्यम बनाया बल्कि उस भाषा-शैली को भी अपनाया, जो उसकी सामाजिक अस्मिता के पहलू को व्यंजित कर सके। वैसे तो आचार्य केशवदास ने भी ब्रज में अपनी रचना की, पर उनकी भाषा-शैली कला के जिस संस्कार से जुड़ती है उसको किसी भी प्रकार से लोक-जीवन से उद्भूत नहीं कहा जा सकता। उनकी काव्य-भाषा न तो कला को लोक-जीवन के स्तर पर ला पाने में समर्थ है और न ही वह लोक-संसार के गर्भ से उत्पन्न ही जान पड़ती है। केशवदास ने स्वयं स्वीकार किया है कि उनके घराने के लोग उस भाखा शैली से परिचित नहीं जो काव्यभाषा को नीरस बना देती है। उनके अनुसार अलंकार की साज-सज्जा के बिना कविता सम्भव ही नहीं—"भूषन बिनु न बिराजई कविता बनिता मित्त।' इसके विपरीत सूरदास अपनी अस्मिता की पहचान उस भाखा-शैली के माध्यम से देते हैं जो भक्ति आन्दोलन के मूल्यों के अनुरूप था।

इसके साथ ही अगर सूरदास अपनी भाषिक सम्पदा पर ध्यान दें तो यह बात भी साफ हो जाती है कि वह एक तरफ कबीर की भाखा-शैली से भिन्न है तो दूसरी तरफ तुलसी की भाखा-शैली से भी अलग है। यहाँ मैं भाषिक सम्पदा से अर्थ संकेतित करना चाहता हूँ—वह है विकल्प से चयन के सिद्धान्त पर आधारित कवि-प्रयुक्त भाषिक अभिव्यक्ति, पर्यायवाची प्रयोग, अभिव्यक्तिपरक शब्द, अभिव्यंजक उक्तियाँ आदि, जो भाषा-शैली को सम्पृक्तार्थ से जोड़ती हैं अथवा उसके लिए भाषिक आधार बनाती हैं।

इस दृष्टि से देखें तो कबीर की कोशीय सम्पदा में संस्कृतनिष्ठ भाषिक तत्त्वों का सचेतन बहिष्कार पाते हैं और तुलसी के भाषाई कौशल में न केवल इस दिशा में सहेतुक समृद्धि पाते हैं, बल्कि उनका अकारण प्रयोग भी देखते हैं इसके विपरीत सूरदास की भाषिक सम्पदा पर जब हम ध्यान देते हैं तब वहाँ ऐसे तत्त्वों का प्रयोग कविता की स्वाभाविक प्रक्रिया में आए अंश के रूप में सिद्ध पाते हैं। वे सन्दर्भ की अपनी आवश्यकता के परिणाम है और मूलतः काव्यात्मक संवेदना से खिंचकर आए हुए प्रयोग हैं। और यही कारण है कि हमें सूर-साहित्य में ऐसे संकर-प्रयोग भी देखने को मिलते हैं–'फौजपति, भूषनसिया, सृकसीपज, प्रीतितरवारि, लोचन चुवति' आदि। एक ही पद में हम 'अति मलीन वृषभानु कुमारी' जैसी अभिव्यक्ति देखते हैं तो वहीं 'छूटे चिकुर बदन कुम्हिलाने' जैसी अभिव्यक्ति भी। वहाँ अगर हमें ऐसे समास मिलते हैं–'किसलय कुसुमावलि, अम्बुज पराग' तो हमें ऐसे बोलीगत प्रयोग भी दिखाई देते हैं–''रिझवति तिय सिगरी', 'आँख घूर सी रीन्हीं,' 'कहा ठगी सी ठाड़ी।'

कोई भी भाषा अपने व्यवहृत रूप में समरूपी नहीं होती। प्रयोगगत वैविध्य भाषा की अपनी नियति है। ब्रजभाषा में भी शब्द-संरचना या वाक्य-विन्यास स्तर पर हम बहुमुखी विविधता देख सकते हैं। वस्तुतः जिसे हम 'ब्रजभाषा' कहते हैं वह शब्द-संरचना और वाक्य-विन्यास की उपशैलियों का एक समुच्चय मात्र है। शब्द स्तर पर हम इसे तत्सम, अर्द्धतत्सम, तद्भव, विदेशी आदि भाषिक तत्त्वों के रूप में समृद्ध पाते हैं और वाक्य-विन्यास के स्तर पर कर्तृवाच्य, कर्मवाच्य, स्थैतिक-संक्रियात्मक आदि वाक्य-संरचना से अभिवृद्धि देखते हैं। इनमें से किसी एक का चुनाव या सांख्यिकी के सन्दर्भ में किसी एक के प्रचुर प्रयोग का कुछ न कुछ कारण होता है। सूरदास की काव्यशैली में हम देखते हैं कि जहाँ भी बिम्ब स्थैतिक है वहीं नाभिक शब्द अपनी प्रकृति में तत्सम, क्रिया अपने प्रयोजन में स्थिर और पदबन्ध अपनी संरचना में सामासिक हो उठे हैं। उदाहरण के लिए नीचे के पद में कृष्ण के स्थैतिक सौन्दर्य के वर्णन के लिए अपनाई गई भाषा पर ध्यान दें–

चारु कपोल, लोक्त लोचन, गोरोचन तिलक दिए।
लट लटकानि मन मत्त मधुप-गज, मादक मधुहिं पिए।
कठुला कंठ, व्रज केहरि-नख, राजत रुचिर हिए।
धन्य सूर एको पल इहिं सुख, का सत कल्प जिए।

तत्सम शब्द, स्थिर क्रिया और सामासिक अभिव्यक्ति की बहुलता हम निम्नलिखित पदांश में भी देखते हैं–

कछुक कुटिल कमनीय सघन सिर गो-रज मंडित केस।
सोभित मनु अंबुज-पराग-रुचि रंजित मधुप सुदेस।
कुंडल किरन कपोल-लोल छवि नैन कमल-दलमीन।
प्रति प्रति अंग अनंग-कोटि सुनि सखि परम प्रवीन।

इसके विपरीत जब सूरदास कृष्ण की बाललीला के संक्रियात्मक बिम्ब को व्यक्त

करते हैं अथवा गोपियों के भाव या विचार की गत्यात्मकता को प्रतिपाद्य बनाते हैं, वहाँ शब्दों की प्रकृति तद्भव हो जाती है, क्रिया अपने प्रयोजन में 'गतिमान' हो उठती है और भाषा-प्रयोग के दैनिक जीवन की शैली अपना लेता है। उदाहरण के लिए निम्नलिखित पद पंर ध्यान दें–

खेलन दूर जात कत कान्हा।
आज सुन्यो मैं हाऊ आयौ, तुम नहिं जानत कान्हा।
इक लरिका अबहिं भजि आयौ, रोवत देख्यौ ताहि।
कान तोरि वह लेत सबनि के, लरिका जानत जाहि।

भ्रमरगीत में दैनिक जीवन की भाषा-शैली के वैदग्ध्य प्रयोग का काव्यशैली के रूप में अत्यन्त सार्थक प्रतिफलन दिखलाई देता है। वस्तुतः यहाँ भाषा की लचीली संभावना का सबसे अधिक उपयोग हुआ है। सन्दर्भगत प्रयुक्तियों से बँधकर भाषा-शैली अपनी पूरी सार्थकता के साथ निखरकर उभरी है। किस तरह सामान्य भाषा के सामान्य प्रयोग सन्दर्भ की नूतन उद्भावना के सहारे काव्यात्मक उक्तियाँ बन गए हैं, उसके कुछ उदाहरण नीचे दिए जा रहे हैं–

'ऊधो मन नाहीं दस बीस', 'ऊधो कहा करैं ले पाती,'
'ऊधो जाहु तुमहिं हम जाने,' 'ब्याहो लाख धरो दस कुबरी,'
'अन्तहिं कान्ह हमारो,' 'हम दासी बिन मोल की ऊधो',
'क्यों गुड़िया बिन डोर,' 'सर पर सौति हमारे कुबिजा,'
'चाम के दाम चलावे,' ये बतियाँ छतियाँ लिखि राखी,
जे नन्दलाल कहीं' आदि।

सूरदास की भाषिक सम्पदा की जो बात हमारा सबसे अधिक ध्यान आकर्षित करती है वह है उनके द्वारा अपनाए गए विभिन्न शब्द-स्रोत। उनके भाषाई कोश में एक ओर हैं तत्सम और अर्द्धतत्सम शब्द-प्रयोग, यथा–'अम्बुज, कल, पिनाक, अहिपति' और 'परतीत, सूकर, गनिका, आरत, स्वान, पदुम' और दूसरी ओर तद्भव और आँचलिक शब्द-प्रयोग हैं, यथा–'अंचरा, कोख, सांवरो, जोति, अटारी' और 'औचक, चिरिया, बकोटति, लठबासी, मूड़।' फारसी-अरबी भाषा से आगत शब्दों की संख्या भी वहाँ कोई कम नहीं, यथा–'गरीबनि, दरबान, अबाज, बकसीस, गुमान, रुक्का, खसम।' मुहावरे और लोकोक्तियों ने सूर की भाषा को जीवन्त और गत्यात्मक बनाया है। वे भाषा की स्फूर्ति के रूप में उभरे हैं और शैली के सहेतुक पक्ष के दीप्ति-स्तम्भ-से बन गए हैं, यथा–'आँख बरति है मेरी, एकहु अंग न कांची, गाढ़े दिन के मीत; अपने स्वारथ के सब कोऊ, जीवन रूप दिवस दस ही के, प्रेम कथा का कहिबो मनो कोटिबो पास, जाके हाथ पेड़ फल ताको, जाहि लगे सोई पै जाने।'

कभी-कभी सूर-साहित्य में मुहावरों और लोकोक्तियों के बहुविध प्रयोग को देखकर ऐसा लगता है जैसे सूर ने सप्रयास उनको कविता में बाधा है। वे सूर के भाषा-सामर्थ्य को तो संकेतित करते हैं पर काव्यभाषा को बोझिल भी बना देते हैं। उदाहरण के लिए

उनके निम्नलिखित पद पर ध्यान दें--

आए जोग सिखावन पांडे
परमारथी पुराननि लादे ज्यों बनजारे रांड़े।
हमरे गति-पति कमल नयन की, जोग सिखें तें राड़े।
कहौ मधुप कैसे समाहिगें, एक म्यान दो खाड़े।
कहु षटपद कैसे खेचतु है, हाथनि के संग गाड़े।
काकी सूख गई बयारि भषि, बिन दूध-धृत माड़े।
काहे को झाला लै मिलवति, कौन चार तुम डांड़े।
सूरदास तीनौ नहिं उपजत, धनिया, धान, कुम्हाड़े।

सूरदास ने जिस भाषा-रूप और भाषिक शैली का प्रयोग किया है वह सहज ही समय का अतिक्रमण करती है और साथ ही 'कविता की भाषिक सम्पदा' और 'काव्य भाषा के सर्जनात्मक प्रयोग' के अन्तर के लिए चुनौती है। सच तो यह है कि उनके काव्य में यह अन्तर काव्यपरक भाषिक चयन को उतना उजागर नहीं करता है जितना कि काव्यात्मक सन्दर्भ की उद्भावना को संकेतित करता है। वस्तुतः सन्दर्भ की नूतन उद्भावना और जीवन और जगत् को देखने की नई दृष्टि ही सामान्य जीवन के उनके सामान्य भाषा-प्रयोग में काव्यात्मकता के गुण से युक्त कर देते हैं। सामान्य शब्दों में काव्य शक्ति का प्रस्फुटन इस बात को भी स्पष्ट कर देता है कि शब्द न तो अपने में 'अच्छे' या 'बुरे' होते हैं और न ही 'काव्यात्मक' और 'अकाव्यात्मक'। कला रूप में जो भी भाषा-शैली या शब्द चयन है उनका आधार उनका सार्थक और निरर्थक सन्दर्भ होता है। उदाहरण के लिए निम्नलिखित अभिव्यक्तियों की काव्यशक्ति पर ध्यान दें जहाँ भाषिक प्रयोग अपने में अतिसामान्य होने पर सन्दर्भ से जुड़कर काव्योत्कर्ष के उदाहरण बन गए हैं–

मधुबन ! तुम कत रहत हरे ?
बिरह बियोग श्याम सुन्दर के ठाढ़े क्यों न जरे ?

\+ + +

नन्द ! ब्रज लीजै ठोकि बजाय।
देहु बिदा मिलि जाहि मधुपुरी जहें गोकुल के राम

\+ + +

मेरे मन इतनी सूल रही।
बै बतिया छतियाँ लिखि राखी जे नन्दलाल कहीं।

निष्कर्ष रूप में यह कहा जा सकता है कि सूरदास की भाषिक सम्पदा अपनी प्रकृति में बहुआयामी है। वह काव्यात्मकता की व्यंजना कें लिए किसी भी भाषिक स्वर या किसी भी शैली रंग को नकारने के पक्ष में नहीं। यद्यपि अपनी अभिवृद्धि के लिए वह किसी भी भाषिक स्रोत का रास्ता बन्द नहीं करती, फिर भी उसकी मुख्य प्रवृत्ति लोक संस्कार और जन-जीवन के सामान्य पक्षों के भीतर से उभरती हुई उस संस्कृति

से प्रेरित है जो साहित्य को लोक-जीवन का पर्याय बनाती है। वस्तुतः वह सामान्य व्यक्ति की सामान्य भाषा का उस काव्यभाषा में रूपान्तरण है जो हमारी चेतना को गहराई देती है, हमारे प्रत्यक्षिक बोध के लिए नया रास्ता बनाती है और अनुभवों को व्यापकता प्रदान करती है। कविता की भाषा के क्षेत्र में सूर की भाषा एक क्रान्तिकारी प्रयोग माना जा सकता है जो इलियट की इस धारणा को पुष्ट करती है कि 'कविता के क्षेत्र में होनेवाली हर क्रान्ति सामान्य व्यक्तियों की सामान्य भाषा के प्रयोग की ओर मुड़ी होती है।'

भारतेन्दु युग की भाषाई चेतना*

भारतेन्दु युग की भाषाई चेतना पर विचार करने के पहले यह आवश्यक है कि हम उस युग की सामाजिक, सांस्कृतिक पृष्ठभूमि पर संक्षेप में विचार कर लें। वैसे इस युग को विद्वानों ने एक ओर हिन्दी साहित्य के आधुनिक काल के रूप में सम्बोधित किया है तो दूसरी ओर इसे गद्य काल की संज्ञा भी दी है; एक ओर इसे सामाजिक-सांस्कृतिक आन्दोलन का पुनर्जागरण काल कहा है तो दूसरी ओर इस युग को हिन्दुस्तानी-जाति के गठन और उसके सांस्कृतिक विन्यास का युग भी स्वीकार किया है। इसी प्रकार अगर विद्वानों के एक वर्ग ने इसे नाट्य विधा प्रधान साहित्य युग के रूप में देखा है तो दूसरी ओर कुछ आलोचकों ने इस युग की प्रतिभा को जनसम्पर्क के सशक्त माध्यम पत्र-पत्रिकाओं के आविर्भाव एवं प्रसार के रूप में भी देखा है। स्पष्ट है कि इस युग की जो भी सामाजिक, सांस्कृतिक एवं राजनीतिक पृष्ठभूमि रही है, उसने अगर हिन्दी साहित्य को नई अर्थवत्ता और युगानुरूप मूल्य दिया है तो उसी ने हिन्दी भाषा और उसके साहित्यिक रूप को भी नया अर्थ प्रदान किया है और उसे युगानुकूल प्रवृत्तियों से जोड़ा है।

एक बात और। भारतेन्दु काल को संक्रमण काल भी कहा गया है। इसे नई और पुरानी प्रवृत्तियों का सन्धिस्थल बतलाया गया है। यह वह युग है, जहाँ एक ओर सामन्तवाद ऊपर से ढहता पर मनोवृत्ति में अपना दबाव डालता है और दूसरी ओर पूँजीवाद का अंकुर फूटता है और औद्योगिक युग सम्बन्धी प्रवृत्तियाँ पनपती-सी दिखाई देती हैं। सामाजिक चेतना के स्तर पर इसमें राजभक्ति और देशभक्ति का विचित्र स्वर संयोग मिलता है। इसकी काव्यधारा में रीतिकालीन शृंगारिक प्रवृत्तियाँ भी मिलती हैं और आधुनिक युग की जनवादी मनोवृत्ति तथा सामन्तविरोधी राष्ट्रीय चेतना का भी स्वर गूँजता है। किसी भी अन्य युग में भाव और विवेक के धरातल पर सामूहिक द्वन्द्व तथा पुरानी और नई प्रवृत्तियों का संक्रमण साहित्य और भाषा के स्तर पर ऐसा खुलकर नहीं देखने में आया जितना कि भारतेन्दु काल में दिखलाई पड़ता है। सच तो यह है कि मात्र भारतेन्दु का अपना साहित्य या उनकी अपनी भाषाई चेतना स्वयं इस संक्रमण, द्वन्द्व और

---

*सर्वप्रथम 'भाषाई अस्मिता और हिन्दी' (लेखक : रवीन्द्रनाथ श्रीवास्तव) 1992 में प्रकाशित। प्रकाशक : वाणी प्रकाशन, दिल्ली।

तनाव का अप्रतिम उदाहरण है। आचार्य रामचन्द्र शुक्ल ने भारतेन्दु हरिश्चन्द्र पर लिखते हुए कहा है–'अपनी सर्वतोन्मुखी प्रतिभा के बल से एक ओर तो वे पद्माकर और द्विजदेव की परम्परा में दिखाई देते थे, दूसरी ओर बंगदेश के माइकेल और हेमचन्द की श्रेणी में। एक ओर तो राधाकृष्ण की भक्ति में झूमते हुए नई भक्तमाल गूँथते दिखाई देते थे, दूसरी ओर मन्दिरों के अधिकारियों और टीकाधारी भक्तों के चरित्र की हँसी उड़ाते और स्त्री-शिक्षा, समाज-सुधार आदि पर व्याख्यान देते पाए जाते थे। प्राचीन और नवीन का यही सुन्दर सामंजस्य भारतेन्दु की कला का विशेष माधुर्य है।'

प्राचीन और नवीन के इस सन्धिकाल में यह गुण अपनी अभिव्यक्ति-माध्यम के सन्दर्भ में भी भाषा के चुनाव और शैली के निर्माण में दुहरे द्वन्द्व से मुक्त न था। भारतेन्दु युग पूर्व काल की जो धारा अव्यवहित भाव से हिन्दी में बह रही थी उसका माध्यम ब्रजभाषा थी। ब्रजभाषा को एक ओर भक्ति परम्परा ने संस्कार दिया था तो दूसरी ओर रीतिकालीन काव्य-धारा ने अलंकृत और रसमंजित किया था। इस युग के सन्दर्भ में इसे परम्परा की संवाहिका भाषा कहा जा सकता है। इसके विपरीत सामन्तवाद के गर्भ में पनप रहे जिस विकासशील व्यापारी वर्ग ने हिन्दी जनपद का जातीय गठन किया उसका अभिव्यक्ति-माध्यम खड़ी बोली थी। गद्य के प्रसार का इतिहास भी इस बात का साक्षी है कि उसका सम्बन्ध मध्यवर्ग के व्यापारिक सम्बन्धों एवं प्रकार्य से जुड़ा होता है। समाज की जटिलता, बौद्धिकता, व्यक्तिगत समस्याओं आदि को सही ढंग से प्रस्तुत करने के हेतु गद्य का प्रादुर्भाव हुआ।

साहित्यिक विधा के रूप में भारतेन्दु युग की एक महत्त्वपूर्ण देन है–उपन्यास। हिन्दुस्तानी भाषाई समाज का गठन, खड़ीबोली गद्य का आविर्भाव एवं उपन्यास विधा का जन्म, उत्पत्ति की दृष्टि से अन्योन्याश्रित है। गद्य की माध्यम भाषा के रूप में खड़ीबोली का चुनाव आधुनिक चेतना के दबाव का परिणाम था। वस्तुतः यही आधुनिक चेतना साहित्यिक विधा के रूप में उपन्यास कला के आविर्भाव का भी कारण बनी। गद्य के जन्म के मूल में भी वे ही कारण मुख्य हैं जो उपन्यास विधा के आविर्भाव के कारण थे। इसी आधार पर सम्भवतः आचार्य नन्ददुलारे वाजपेयी ने संकेत दिया–'उपन्यास से आजकल गद्यात्मक वृत्ति का अर्थ लिया जाता है। पद्यबद्ध उपन्यास नहीं हुआ करते। उपन्यास के विकास से गद्य के विकास का भी सम्बन्ध है। प्रायः वही परिस्थितियाँ गद्य के विकास में सहायक हुई है जो उपन्यास के विकास में सहयोग दे रही थीं।'

भारतेन्दु युग में कविता में ब्रजभाषा और उपन्यास तथा निबन्ध में खड़ीबोली–इस तथ्य को इतिहासकारों ने बड़े सहज भाव से यह कहकर स्वीकार कर लिया कि साहित्यिक काव्यधारा की भाव-व्यंजना का प्रधान माध्यम ब्रजभाषा थी और तथ्य-निरूपण, बौद्धिक चिन्तन एवं सामाजिक विद्रोह की उपकरण भाषा खड़ीबोली थी। पर हम यह भूल जाते हैं कि भारतेन्दु काल में ही गद्य और पद्य की भिन्न-भिन्न भाषा होने की स्थिति का विरोध प्रारम्भ हो चुका था। इन दो भाषाओं के प्रयोग की

अस्वाभाविक स्थिति एवं भारतेन्दु के मन को उद्वेलित कर रही थी। उन्होंने खड़ीबोली में ही कविता रची और उसे 'भारत मित्र' में छपवाया। यह अवश्य है कि खड़ीबोली में रचित उनकी कविताओं को वह आदर नहीं मिल सका, जो परम्परा-प्राप्त माध्यम भाषा ब्रज में रची कविताओं को मिला था। पर भारतेन्दु ने भाषा माध्यम के क्षेत्र में जो नूतन प्रयोग का बीज डाला, वह न केवल अपने युग में वाद-विवाद का विषय बना अपितु आगे चलकर एक सशक्त धारा के रूप में विकसित भी हुआ। विवाद के रूप में हम पाते हैं कि श्रीधर पाठक और अयोध्याप्रसाद खत्री खड़ीबोली के समर्थक थे। इस दिशा में अम्बिकादत्त व्यास और प्रेमधन की रचनाएँ भावी पीढ़ी के लिए प्रेरणास्रोत हैं। दूसरी तरफ प्रतापनारायण मिश्र तथा राधाचरण गोस्वामी जैसे साहित्यकार ब्रजभाषा के समर्थक थे। इस सन्दर्भ में 'हिन्दोस्थान' पत्रिका के 1888 के एक अंक का सम्पादकीय लिखते हुए स्वयं भारतेन्दु ने यह लिखा—'गद्य और पद्य की भिन्न-भिन्न भाषा होना हमारे लिए उतना अहंकार का विषय नहीं है जितना लज्जा और उपहास का।'

यहाँ इस तथ्य की ओर संकेत देना अनुचित न होगा कि भारतीय समाज में दो भिन्न कालों में बड़े स्तर पर सामाजिक-सांस्कृतिक मूल्यों में परिवर्तन देखने को मिलता है जिन्हें इतिहासकारों ने पुनर्जागरण काल कहा है। पहले पुनर्जागरण का सम्बन्ध भक्तिकाल से है, जिसके मूल में सामन्तवाद के गर्भ में पनप रहा विकासशील व्यापारी वर्ग था। इसका प्रतिनिधित्व घरेलू उद्योग-धन्धों से सम्बद्ध कारीगरों के वर्ग ने किया। वस्तुतः सन्त साहित्य में जो सामाजिक विद्रोह का स्वर फूटा उसकी मूल प्रवृत्ति इसी चिन्तनधारा से जुड़ी थी। देववाणी संस्कृत के विरोध में जनपदीय बोलियों का आग्रह भाषा के धरातल पर इस विद्रोह का ही परिणाम माना जा सकता है। इन बोलियों में ब्रजभाषा को सर्वाधिक सामाजिक और साहित्यिक संस्कार मिला। यह भी ध्यान देने की बात है कि पूर्व पूँजीवादी मध्यवर्ग का प्रतीक साहित्यिक ब्रजभाषा अपने भौगोलिक क्षेत्र का अतिक्रमण कर देशव्यापी बनी। इसके विपरीत खड़ीबोली का सम्बन्ध पूँजीवादी व्यवस्था के माध्यम से जुड़ा है। जैसा रामविलास शर्मा ने संकेत दिया है—'पूँजीवादी व्यवस्था में महाजातियों का गठन होता है, किसी एक बोली के आधार पर जातीय भाषा का विकास होता है। अन्य लघु जातियों की भाषाएँ बोली मात्र रह जाती हैं। जैसे सामाजिक गठन के रूपों में हम लघु जाति से महाजाति की ओर बढ़ते हैं, वैसे ही भाषा का क्षेत्र भी लघु से वृहत्तर होता जाता है। खड़ीबोली इसी प्रक्रिया के प्रसार का परिणाम बन भाषा के रूप में विकसित हुई।' इस सन्दर्भ में कह सकते हैं कि ब्रजभाषा और खड़ीबोली के दुहेरे द्वन्द्व से भारतेन्दु युग इसलिए भी अपनी प्रवृत्ति में अछूता न रहा क्योंकि उस युग में दोनों प्रकार के मध्यवर्ग क्रियाशील थे।

ग्रियर्सन ने गद्य भाषा के रूप में खड़ीबोली के साहित्यिक संस्कार सम्बन्धी भाषा-क्रान्ति का श्रेय गिलक्राइस्ट और फोर्ट विलियम कॉलेज को दिया है। इसके विपरीत भारतेन्दु के एक लेख का हवाला देते हुए, शुक्लजी ने यह संकेत दिया है कि

'हिन्दी सन् 1873 ई. मे नई चाल में ढली।' उनके अनुसार हिन्दी गद्य का ठीक परिष्कृत रूप पहले-पहल 'हरिश्चन्द्र मैगजीन' में प्रगट हुआ जिसे भारतेन्दु हरिश्चंद्र ने 1873 ई. में निकाला। हिन्दी साहित्य के इतिहास में हरिश्चन्द्र मैगजीन के सम्बन्ध में उन्होंने लिखा–'हिन्दी गद्य का ठीक परिष्कृत रूप पहलें-पहल इसी चन्द्रिका में प्रगट हुआ। जिस प्यारी हिन्दी को देश ने अपनी विभूति समझा, जिसको जनता ने उत्कंठापूर्वक दौड़कर अपनाया, इसका दर्शन इसी पत्रिका में हुआ।' ध्यान देने की बात है कि गिलक्राइस्ट ने न केवल लल्लूलाल को भाषा-क्रान्ति का श्रेय दिया, बल्कि हिन्दी की खड़ीबोली के ढाँचे को उर्दू से लिया हुआ भी बतलाया। ये दोनों तथ्य भ्रामक हैं। पहली बात तो यह है कि लल्लूलाल की भाषा-शैली के आधार पर हिन्दी गद्य का आगे विकास नहीं हुआ क्योंकि जैसा कि शुक्लजी ने लिखा है उनकी भाषा 'कृष्णोपासक व्यासों की-सी ब्रज-रंजित खड़ीबोली है।' जिस गद्य को भारतेन्दु युग ने अपनाया और जिसको साहित्यिक संस्कार दिया, वह पत्रकारिता की सामाजिक सम्प्रेषणीयता के मूल्य से युक्त थी और चिन्तन की तर्क प्रणाली के अनुरूप भी।' 'लल्लूजी का काव्याभास गद्य भक्तों की कथावार्ता के काम का ही अधिकतर है, न नित्य-व्यवहार के अनुकूल है, न सम्बद्ध विचारधारा के योग्य।' (शुक्लजी) दूसरी बात यह है कि भाषा-नीति-निर्धारण में फोर्ट विलियम कॉलेज की गहरी साजिश थी, पर जिसे आगे की पीढ़ी ने पूरी तरह से नकार दिया। गिलक्राइस्ट ने 'हिन्दुस्तानी' के नाम पर उर्दू की तीन शैलियाँ बतलाईं–(1) हाइकोर्ट की अर्थात् फारसी शैली, (2) बीच की अर्थात् मुंशियों की शैली, और (3) गँवारू अर्थात् जन-समाज की हिन्दवी। मुंशी लोगों की जिस बीच की हिन्दुस्तानी को बढ़ावा देने की बात कही गई उसके लिए यह कहा जा सकता है कि मुंशी लोग दरबार या हाईकोर्ट से सम्बद्ध थे और उनकी सामाजिक अस्मिता का आधार दरबार की शैली ही थी। इसलिए हिन्दुस्तानी फारसी मिश्रित उर्दू में ढलती गई। यही कारण है कि डाडसन ने जब 1872 ई. में हिन्दुस्तानी भाषा का व्याकरण लिखा तब उसे उर्दू का पर्याय माना, रिचर्ड टेम्पल ने हिन्दुस्तानी और उर्दू में कोई फर्क नहीं रखा और जैसा कि मद्रास के गवर्नर विलियम्स ने 1869 ई. में लिखा–फोर्ट विलियम की देख-रेख में जो हिन्दुस्तानी पनपी, जिसे मुंशियों ने अपनाया और मुसलमानी मदरसे में वहाँ के लड़कों ने सीखा, वह हिन्दुस्तान के किसी भाग में नहीं बोली जाती थी। भारतेन्दु युग की भाषा की प्रकृति लोकोन्मुखी थी, वह नित्य व्यवहार के अनुकूल थी और सम्बद्ध विचारधारा के योग्य। वह एक खुली भाषा थी जिसमें किसी भी स्रोत से आए शब्द की सहज स्वीकृति थी बशर्ते वह बोधगम्य और सम्प्रेषणीय हो। अगर इस गद्य शैली पर किसी प्रवृत्ति का दबाव था तो वह दबाव साहित्यिक भाषा को बोलचाल की भाषा के नजदीक लाने का था, उसे जीवन्त बनाने और लोकधर्म से जोड़ने का था। यह तथ्य कम महत्त्वपूर्ण नहीं है कि भारतेन्दु काल के सभी साहित्यकार पत्रकार भी थे। अतः उनकी ललक भाषा और विचार के माध्यम से जन-साधारण के हृदय तक पहुँचने की थी। इस युग के अधिकांश साहित्यकार भाषा के दोनों साहित्यिक रूप हिन्दी और उर्दू पर समान अधिकार रखते

थे। न उन्होंने अंग्रेजी से आगत शब्दों को नकारा और न ही जनपदीय बोलियों के संस्कार को झुठलाया। यही कारण है कि बालकृष्ण भट्ट में हम पूर्वी प्रयोग पाते हैं, प्रतापनारायण मिश्र के गद्य में बैसवाड़े की महक पाते हैं और भारतेन्दु की भाषाशैली में बनारस के आंचलिक तत्त्वों का समावेश पाते हैं। यह तथ्य भी कम महत्त्वपूर्ण नहीं कि 'हरिश्चन्द्र-मैगजीन में अंग्रेजी में भी निबन्ध छपते थे। मानक भाषा के नाम पर आज जिस कोड मिश्रित शैली को मानकच्युत कहकर बहिष्कृत किया जाता है, उसे इस युग में भाषाई यथार्थ मानकर स्वीकार क़िया था। इस युग में रचित उपन्यासों में वर्णित संसार इस भाषागत शैली की विविधता से संयुक्त है। पं. श्रद्धाराम फिल्लौरी द्वारा रचित उपन्यास 'भाग्यवती' में क्षेत्रीय एवं सामाजिक दोनों ही प्रकार की भाषा-शैलियों का संयोग मिलता है। ठगी के एक वृतान्त के वर्णन में लेखक ने पंजाबी तीर्थयात्री से उसी की बोली प्रयुक्त कराई है। दूसरे ठग-वृत्तान्त-वर्णन में महन्तजी के मुख से उनकी बाँगरी बोली बुलवाया है। पूर्वी कहारों की बोली की स्वाभाविक छवि भी दिखलाई है, यथा– 'कौन लाला का, जानी कहाँ गए हमका हियन लो भाड़ा पर लिवाय लाये रहे।' पंडित उमादत्त से उन्होंने संस्कृत शब्दावली का पत्र में प्रयोग करवाया है, यथा–'स्वस्ति श्री मन्निखिलविद्याविशारद पंडितराज वासुदेव शास्त्री के प्रति नमस्कार प्रणाम के अनन्तर प्रार्थना है कि...' स्पष्ट है कि भारतेन्तु युग की भाषाई चेतना में भाषाई यथार्थता का महत्त्व सबसे ऊपर था और यह यथार्थता एक ओर लोकोन्मुख थी और दूसरी ओर प्रयोजनपरक।

यह प्रयोजनपरक दृष्टि ही थी कि व्यंग्य और पैरोडी के लिए अंग्रेजी कोड-मिश्रित हिन्दी का प्रयोग इस युग में कविता के क्षेत्र में भी हुआ। 'हरिश्चन्द्र मैगजीन' के सातवें अंक में नवशिक्षित बाबुओं की अंग्रेजी की खिल्ली उड़ाती हुई एक कविता इस दृष्टि से द्रष्टव्य है–

"When I go Sir—Molakat Ko, these chaprasis
    Trouble me much',
How can I give daily inam, ever they ask
    Me I say such.
Some time they give me gardaniya
    And tell bahar niklo tum;
Dena na lena muft Ke aye yaha hai
    Bare Darbari ki dum.

कहने का तात्पर्य यह कि भारतेन्दुयुगीन भाषाई चेतना की नींव का आधार उनकी लोकवादी प्रवृत्ति थी। उनका प्रयत्न हिन्दी के सहज और प्राकृतिक रूप का संरक्षण तथा उसका साहित्यिक संस्करण निर्मित करना था। इस सहज रूप के निर्माण में उन्होंने भाषा के हर वातायन को खुला रखा। साहित्यिक अभिव्यक्ति को विषयवस्तु से जोड़ते हुए उन्होंने प्रयोजनपरक भाषा-शैली का सर्जनात्मक निर्माण किया। उदाहरण के लिए

भारतेन्दु काल की भाषा-शैली के सम्बन्ध में शुक्लजी ने यह संकेत दिया है कि हम उनमें दो प्रकार की शैलियों का व्यवहार पाते हैं--भावावेश की भाषा-शैली, जिनमें 'प्रायः वाक्य बहुत छोटे-छोटे होते हैं और पदावली सरल बोलचाल की होती है, जिसमें बहुत प्रचलित साधारण अरबी-फारसी के शब्द भी कभी-कभी, पर बहुत कम आ पाते हैं।' दूसरी तथ्य-निरूपण की भाषा-शैली है जिसमें संस्कृत पदावली का कुछ अधिक समावेश होता है। वैयक्तिकता की छाप लिए हुए प्रयोजनवादी भाषा-शैली का संस्कार उस युग के प्रायः सभी प्रतिभाशाली लेखकों में देखने को मिलता है।

भारतेन्दु युग की खुली भाषा और प्रयोजनसिद्ध शैली की तुलना मुंशी इंशाअल्ला खाँ की भाषा-शैली से करें, जिन्होंने 'उदयभान रचित' या 'रानी केतकी की कहानी' लिखने का कारण बताते हुए यह लिखा है--'एक दिन बैठे-बैठे यह बात अपने ध्यान में चढ़ी कि कोई कहानी ऐसी कहिये कि जिसमें हिन्दवी छुट और किसी बोली का पुट न मिले, तब जा के मेरा जी फूल की कली के रूप में खिले। बाहर की बोली और गँवारी कुछ उसके बीच में न हो।' स्पष्ट है कि बाहर की बोली अर्थात् अरबी, फारसी, तुर्की गँवारी बोली अर्थात् जनपदीय बोलियाँ ब्रज, अवधी आदि से उन्होंने अपनी भाषा-शैली को मुक्त रखने का प्रयास किया। भारतेन्दु युग की भाषाई चेतना की लोकोन्मुख धारा की तुलना उस मनोवृत्ति से भी करें जिसकी पहल सैयद अहमद 'देहलवी' ने 'फरहंगे आसफिया' (जिल्द अव्वल) में की है--'हम अपनी जबान को मरहठी बाजों, लावनी बाजों की जबान, धोबियों के खंड, जाहिल खयालबन्दों के खयाल, टेसू की राग याने बेसरतोपा अल्फाज का मजमूआ बनाना कभी नहीं चाहते और न उस आज़दाना उर्दू को ही पसन्द करते हैं जो हिन्दुस्तान के ईसाइयों नौमुसलिम भाइयों, ताजा विलायत साहब लोगों, खानसामाओं, खिदमतगारों, पूरब के मनहियों, कैम्प ब्यायों और छावनियों के सतबझेड़े बाशिन्दों ने इख्तियार कर रखी है।'

भारतेन्दु युग ने जिस खड़ीबोली के ढाँचे पर अपनी साहित्यिक भाषा का निर्माण किया वह निश्चित रूप से न तो गिलक्राइस्ट की हिन्दुतानी थी और न फारसी-मिश्रित उर्दू। उसने न तो इंशाअल्ला खाँ के बिलगाव की प्रवृत्ति को अपनाया और न ही मुंशी सदासुखलाल की संस्कृत-मिश्रित हिन्दी को ही प्रश्रय दिया। उसकी मुख्य चेतना भाषा के प्रकृत साहित्य निर्माण की ओर प्रवृत्त थी।

निष्कर्ष रूप में हम कह सकते हैं कि भारतेन्दु युग की भाषा-क्रान्ति के निम्नलिखित लक्षण मुख्य थे--(1) गद्य और पद्य में प्रयुक्त माध्यम भाषा के बीच की दूरी के प्रति असन्तोष, (2) हिन्दी समाज के भाषाई कोष में उपलब्ध सभी भाषाओं, जनपदीय बोलियों और भाषा-शैलियों की स्वीकृति, (3) नित्य-व्यवहार में प्रयुक्त भाषा का साहित्यिक रूपान्तरण (न कि उसका मानकीकरण) और (4) विषयानुकूल प्रयोजनवती भाषा-शैली का निर्माण और संस्कार।

मैथिलीशरण गुप्त का भाषा-बोध*

1

किसी भी साहित्यकार की रचनाधर्मिता वस्तु-विन्यास में अपने युग के सामाजिक-सांस्कृतिक बोध का अतिक्रमण नहीं कर पाती। इसी प्रकार साहित्यकार की अभिव्यंजक शैली उसकी भाषाई चेतना का अतिक्रमण करना चाहकर भी उसके पार नहीं जा पाती। यह कथन अपने युग के सशक्त प्रवक्ता मैथिलीशरण गुप्त पर पूरी तरह लागू होता है। यह बात सही है कि गुप्तजी की रचनाएँ अपने युगधर्म की सीमा का अतिक्रमण नहीं करतीं, पर इसके साथ यह भी सच है कि युगधर्म के बदलते मूल्यों के साथ गुप्तजी की रचनासलिला भी सहज भाव से प्रवाहित होती रही। उनकी रचनाओं के विकास-क्रम में वह ठहराव के साथ बँधती दिखलाई नहीं देती। यही कारण है कि काव्य-रुचियों के बदलाव के साथ हम गुप्तजी के रचना-संसार को भी बदलते पाते हैं। भाषा-शैली के चुनाव तक युगानुरूप उसके संस्कार के तत्त्व उनके साहित्यिक विकास के प्रत्येक चरण पर हमें देखने को मिलते हैं। यही कारण है कि राष्ट्रकवि मैथिलीशरण गुप्त न केवल आधुनिक हिन्दी काव्य के निर्माताओं में से एक थे, अपितु एक ओर वे राष्ट्रीय/सांस्कृतिक चेतना के समर्थ युगधर्मी कवि थे और दूसरी तरफ वे खड़ी बोली की काव्यजन्य व्यंजना के सशक्त रचनाकार भी थे।

गुप्तजी की भाषाई चेतना की आधारभूत प्रकृति को समझने के लिए यह जरूरी है कि हम यह पहले देख लें कि जिस समय उन्होंने अपना लेखन-कार्य आरम्भ किया, उस समय हिन्दी साहित्य के क्षेत्र में काव्य भाषा किस द्वन्द्व के साथ अपना रूप ग्रहण कर रही थी। भारतेन्दु युग में खड़ीबोली गद्य के क्षेत्र में न केवल अपना स्थान बना चुकी थी बल्कि नए-नए विषयों की संवाहक भाषा बनने के कारण वह अभिव्यंजक शैली का संस्कार भी पा चुकी थी। पर जहाँ तक कविता के क्षेत्र का सवाल था, उसका प्रयोग अभी सीमित था। स्वयं भारतेन्दु ने खड़ी बोली में कुछ कविताएँ रचने का उत्साह दिखाया था, पर काव्य क्षेत्र में यह उनका प्रमुख स्वर न था। यहाँ एक-दो बातों पर ध्यान दे लेना आवश्यक है। भारतेन्दु युग ने परम्परा के दबाव को कविता के क्षेत्र में झेला पर कविता की माध्यम-भाषा प्रमुखतः ब्रज थी। इसके विपरीत बदलते सामाजिक मूल्यों और

* सर्वप्रथम 'हरिगन्धा' के 'मैथिलीशरण गुप्त विशेषांक' सितम्बर-दिसम्बर 1986 अंक में प्रकाशित। प्रकाशक : हरियाणा साहित्य अकादमी : चंडीगढ़।

नूतन सांस्कृतिक चेतना के दबाव को उसने गद्य की विविध अभिव्यक्ति प्रणालियों द्वारा व्यक्त किया और इस गद्य की अभिव्यक्ति भाषा प्रधानतः खड़ीबोली थी। भारतेन्दु के हाथों भाषा को जो नया संस्कार गद्य के क्षेत्र में मिला, उसका शतांश भी काव्य-क्षेत्र में नहीं मिला। आचार्य शुक्ल का इस सन्दर्भ में यह कथन सही ही है कि 'गद्य को जिस परिणाम में भारतेन्दु ने नए-नए विषयों और मार्गों की ओर लगाया, उस परिणाम में पद्य को नहीं।' इसमें सन्देह नहीं कि कविता के क्षेत्र में गुप्त-पूर्व युग एक तनाव भरे वातावरण में घिरा हुआ था। भक्ति और रीतिकाल की परम्परा का दबाव न केवल काव्य विषय को भक्ति और शृंगार की प्रवृत्ति से बाँधे हुए था बल्कि बरसों से मँजती-सँवरती ब्रजभाषा को काव्याभिव्यक्ति का आधार बनाए हुए था जबकि गद्य साहित्य के माध्यम से खड़ीबोली अपना नया साहित्यिक संस्कार ग्रहण कर रही थी। खड़ीबोली कब और कैसे कविता की प्रमुख अभिव्यक्ति भाषा बनी और इस बनने की प्रक्रिया में गुप्तजी का क्या योगदान रहा, इस प्रश्न पर अभी गहराई से विचार करना शेष है। वस्तुस्थिति को स्पष्ट करने के लिए यह आवश्यक है कि हम गुप्तजी के पूर्व काव्य रचना के क्षेत्र में अभिव्यक्ति-माध्यम के प्रश्न पर कम से कम दो दृष्टियों से विचार कर लें–(1) प्रयोग क्षेत्र (डोमेन) विश्लेषण और (2) अभिवृत्ति (एटीट्यूड) विश्लेषण।

प्रयोग क्षेत्र विश्लेषण : भारतेन्दु युग में गद्य-पद्य की माध्यम भाषा का भेद बना रहा यद्यपि भारतेन्दु और उनके कुछेक सहयोगी साहित्यकार पद्य के प्रयोग क्षेत्र में परम्परा से प्राप्त ब्रजभाषा में भी रचना करते थे और गद्य के व्यवहार क्षेत्र में प्रयुक्त खड़ीबोली में भी कविता करने की ओर उन्मुख हुए थे। द्विवेदी युग के प्रारम्भ में भी यही स्थिति बनी रही। यह बात अवश्य थी कि इसमें खड़ी बोली के प्रयोग को कुछ और गति और विषय क्षेत्र में कुछ और प्रसार मिला। सवाल यहाँ उठता है कि इस युग के साहित्यकार परम्परा से स्वीकृत और साहित्यिक संस्कारों से युक्त ब्रजभाषा में रचना करने के साथ-साथ खड़ी बोली में भी कविता करने की ओर क्यों प्रवृत्त हुए। इसका एक सहज उत्तर तो यही है कि इस युग के साहित्यकार गद्य और पद्य की माध्यम भाषा की दूरी मिटाना चाहते थे। वे चाहते थे कि जिस भाषा में वे गद्य लिखें, उसी भाषा में वे कविताओं को भी रचें। पर यहाँ यह भी तो प्रश्न उठाया जा सकता है कि इन साहित्यकारों ने यह क्यों न चाहा कि जिस माध्यम भाषा में वे कविताओं की रचना करते रहे हैं, और जिसके प्रयोग की एक दीर्घ परम्परा बनी हुई है, उसी में वे गद्य साहित्य का भी निर्माण करें। ब्रजभाषा में गद्य न लिखा गया हो, ऐसी बात तो थी नहीं, फिर भी गद्य के व्यवहार क्षेत्र में खड़ी बोली को ही प्रश्रय मिला। पर जितनी सुविधा और सहज भाव से खड़ीबोली को गद्य के क्षेत्र में स्वीकार किया गया, उतनी सहजता से वह कविता के प्रयोग क्षेत्र में स्वीकृत नहीं हुई।

प्रायः हम यह भूल जाते हैं कि भाषा, साहित्य के लिए मात्र साधन या माध्यम का ही कार्य नहीं करती। भाषा स्वयं में कथ्य और सम्प्रेष्य वस्तु भी है। कुछ स्थितियों में वह न केवल हमारे जातीय मूल्यों की संवाहिका है बल्कि स्वयं में मूल्य के रूप में

सामाजिक वस्तु बन जाती है। यही कारण है कि भाषा स्वयं में हमारे राग-द्वेष, हमारी सामाजिक मनोवृत्ति, हमारे जातीय मूल्य आदि का प्रतिमान बन जाती है। इतिहास जब भी करवट लेता है या बदलाव की संक्रान्ति के दौर से गुजरता है, भाषा-चयन का प्रश्न एक 'मूल्य' के रूप में साहित्यिक समाज के सामने उभरता है, जिसका समाधान युग को ढूँढ़ना ही पड़ता है। क्या भाषा-चयन के प्रश्न का सामना भक्तियुग के कवियों को नहीं करना पड़ा था ? क्यों कबीर, जायसी, तुलसी आदि ने अपरिमार्जित और अ-संस्कारित ब्रज, अवधी आदि 'भाखा' को अपनी कृतियों की माध्यम भाषा के रूप में स्वीकार किया जबकि साहित्यिक भाषा के रूप में 'संस्कृत' का मान था। स्पष्ट है, संस्कृत भाषा, आभिजात्य साहित्य की माध्यम भाषा थी, जबकि 'भाखा' को सांस्कृतिक पुनर्जागरण के साहित्य की माध्यम भाषा के रूप में जोड़कर देखा गया। कबीर ने संस्कृत को 'कूपजल' और भाखा को 'बहता नीर' कहा और तुलसी ने पहले को ऐश्वर्य-परिधान के रूप में 'कुमाच' कहा जबकि दूसरे को सामान्य पर व्यावहारिक काम-काज की वस्तु 'कामरी' के रूप में देखा। वस्तुतः संस्कृत उस समय न केवल परम्परा की संवाहिका भाषा थी, बल्कि स्वयं में एक ऐसा मूल्य थी जो आभिजात्य वर्ग और रूढ़िवादी प्रवृत्ति की प्रतीक थी। साहित्यिक चित्रफलक पर तथाकथित 'भाखा' के उदय की कहानी मात्र नई माध्यम भाषा के प्रयोग-व्यवहार की नहीं है, बल्कि उस ऐतिहासिक करवट की कहानी है जिसने इस युग को सांस्कृतिक पुनर्जागरण और भक्ति आन्दोलन के रूप में उभरा था।

हिन्दी साहित्य के सन्दर्भ में यह कहा जा सकता है कि यह दो सांस्कृतिक पुनर्जागरण काल से गुजरा है—मध्यकाल में भक्ति आन्दोलन के रूप में उसको पहली अभिव्यक्ति मिली थी और आधुनिक काल में गद्य आन्दोलन के रूप में दूसरी। पहली स्थिति में भाषा का तनाव 'संस्कृत-भाखा' में से किसी एक के चयन को लेकर था और दूसरी स्थिति में 'ब्रज-खड़ी बोली' में से किसी एक के चयन से सम्बद्ध था। जिस प्रकार क्रान्ति का मानस-परम्परा और आधुनिकता, पुराने और नए मूल्यों का सम्मिश्र योग होता है और जिस प्रकार व्यक्तित्व में ये दोनों प्रवृत्तियाँ एक साथ देखने को मिलती हैं उसी प्रकार प्रत्येक युग का अपना सामाजिक एवं मनोवैज्ञानिक व्यक्तित्व होता है जिसमें पारम्परिक और आधुनिक दोनों ही वृत्तियाँ काम करती हैं। संक्रमण-काल की स्थिति में प्रत्येक साहित्यकार अपनी रचनाओं में इन प्रवृत्तियों का दबाव अनुभव करता है। नई प्रवृत्तियाँ प्रयोग के कुछ ही क्षेत्रों में पहले देखने को मिलती हैं जो बाद में अपने व्यवहार क्षेत्र का प्रसार पाती हैं। इस दृष्टि से कविता के क्षेत्र में खड़ीबोली के प्रयोग पर ध्यान दें तो उसे भारतेन्दु की रचनाओं में कम से कम पहले-पहल नाटकों में यत्र-तत्र प्रयुक्त पाते हैं अथवा कुछ ऐसे सामाजिक विषयों में जिनका सम्बन्ध तत्कालीन समाज की राजनीतिक स्थिति से था। शुक्लजी के अनुसार देश-दशा-अतीत-गौरव आदि पर भारतेन्दु की कविताएँ या तो नाटकों में रखने के लिए लिखी गईं या प्रिंस ऑफ वेल्स के आगमन, मिस्र पर भारतीय सेना द्वारा ब्रिटिश सरकार की विजय आदि विशेष

अवसरों पर पढ़ने के लिए रची गई। स्पष्ट है कि खड़ीबोली में कविता की विषय-सामग्री कुछ सीमित सन्दर्भों से प्रारम्भ होती है तो बाद में जीवन और जगत् के अन्य विषयों तक अपना प्रसार पाकर पूर्ण रूप से काव्य-भाषा का रूप ग्रहण कर लेती है। यहाँ इस ओर भी संकेत दे देना अनुचित न होगा कि छिटपुट ढंग से कविता के क्षेत्र में खड़ी बोली के प्रयोग के प्रचलन के समय तीन अभिव्यक्ति प्रणालियाँ दिखलाई पड़ रही थीं--हिन्दी के कवित्त/सवैया की प्रणाली, उर्दू छन्दों की प्रणाली और लावनी का ढंग। भारतेन्दु ने देश सम्बन्धी गेय पदों की रचना 'लावनी' और 'ख़याल' में की थी जिनकी माध्यम भाषा खड़ीबोली थी। शुक्लजी ने पंडित श्रीधर पाठक की पुस्तक 'एकान्तवासी योगी' को खड़ीबोली पद्य की पहली पुस्तक माना है तथा इसकी अभिव्यक्ति-प्रणाली को लावनी और ख़याल के ढंग पर प्रस्तुत किया गया बतलाया है।

द्विवेदी युग में कविता के क्षेत्र में खड़ी बोली के प्रयोग की मात्रा में ही न केवल वृद्धि हुई अपितु उसके प्रयोग-सन्दर्भ में भी फैलाव आया। पर इसके साथ यह भी सच है कि इस युग के भी अधिकांश कवियों में ब्रज-भाषा और खड़ी बोली का प्रयोग दोहरे प्रयोग में चलता रहा। पंडित अयोध्यासिंह 'हरिऔध', राय देवी प्रसाद 'पूर्ण' पंडित नाथूराम शंकर शर्मा, पंडित गयाप्रसाद शुक्ल 'सनेही', लाला भगवानदीन आदि सभी कवि साहित्यिक दृष्टि से द्विभाषिक थे। इन सभी साहित्यकारों ने ब्रज-भाषा के साथ-साथ खड़ीबोली में कविताएँ लिखीं। महत्त्वपूर्ण बात यह है कि इनके मानस में ब्रज-भाषा बनाम खड़ीबोली का प्रयोग-क्षेत्र परम्परा बनाम सामयिक मूल्य से सम्बद्ध विषयों की अभिव्यक्ति की समस्या से जुड़ा रहा। इन रचनाकारों में से अधिकांश ने ब्रजभाषा का प्रयोग शृंगार, भक्ति, वीर आदि के परम्परागत विषयों के लिए अपनाया और उन्हें पुरानी परिपाटी के कवित्त/सवैया द्वारा अभिव्यक्त किया, जबकि खड़ीबोली का प्रयोग इन्होंने नई सामाजिक चेतना एवं मूल्यों से सम्बद्ध विषयों के लिए किया। बहुतों ने हिन्दी के कवित्त-सवैया की प्रणाली से अलग हटकर नए-नए ढंग की अभिव्यक्ति प्रणाली को भी ढूँढ़ने का प्रयत्न किया। कुछ ने तो ब्रजभाषा की अभिव्यक्ति प्रणाली की तुलना में अतीत गौरव से प्रेरित होकर संस्कृत की पदावली और वर्ण वृत्तों के प्रचलन को बढ़ावा दिया। परम्परा से चली आ रही ब्रजभाषा में प्रयुक्त छन्दों के स्थान पर संस्कृत के वर्ण वृत्तों का सहारा लेते हुए हरिऔध जी ने 'प्रियप्रवास' की पूरी रचना ही कर डाली।

अभिवृत्ति विश्लेषण :--गद्य के क्षेत्र में खड़ीबोली में रचित प्रचुर साहित्य के बाद भी कविता के लिए बहुत समय तक विद्वानों ने इसे उपयुक्त माध्यम नहीं स्वीकार किया। जिन विद्वानों ने खड़ीबोली को काव्यभाषा के रूप में स्वीकार नहीं किया, उनके अनुसार इस भाषा में वह शक्ति ही नहीं है जो उसे काव्यात्मक बना सके। ब्रजभाषा की तुलना में वे इसे एक प्रकार से गँवारू, संस्कार-शून्य और विभिन्न राग-रागिनियों के गाने के प्रतिकूल पाते थे। खड़ीबोली उन्हें 'कठोर' लगती थी और ब्रजभाषा 'मधुर', खड़ीबोली की आकारान्त प्रकृति उन्हें कर्णकटु प्रतीत होती थी क्योंकि उनके मत मे

भाषा की यह प्रकृति काव्य की परम्परा के अनुकूल नहीं बैठती थी। औरों की बात तो अलग, भाषा और साहित्य के प्रसिद्ध विद्वान ग्रियर्सन भी कविता के क्षेत्र में खड़ीबोली के प्रयोग के विरुद्ध थे।

अयोध्याप्रसाद खत्री ने दो खंडों में 'खड़ीबोली का पद्य' प्रकाशित करवाया। 1887 और 1889 में प्रकाशित इन पुस्तकों की भूमिका पिन्कांट ने लिखी। उनके अनुसार बोलचाल की सामान्य भाषा में अपने सभी विचार व्यक्त करने और उस ओर अपने देशवासियो को प्रवृत्त करने के कारण बाबू अयोध्याप्रसादजी ने इन पुस्तकों के द्वारा एक स्तुत्य प्रयास किया है। इस पुस्तक को ग्रियर्सन के पास उनके विचार जानने के लिए भेजा गया। ग्रियर्सन ब्रजभाषा और खड़ी बोली के द्वन्द्व में ब्रजभाषा के पक्ष में थे। बाबू अयोध्याप्रसाद को उन्होंने स्पष्ट शब्दों में अपना मत भेजते हुए लिखा—आपकी 'खड़ीबोली का पद्य' पुस्तक की प्रति मिली। इसका प्रकाशन बहुत सुन्दर हुआ है। लेकिन मुझे खेद है कि मैं आपके निष्कर्ष से सहमत नहीं हो सकता। मेरे मत में यह अत्यन्त खेद का विषय है कि 'खड़ीबोली का आन्दोलन' ऐसे असम्भव कार्य पर इतना श्रम और धन व्यय किया जा रहा है। ग्रियर्सन ने तो खड़ीबोली के काव्यभाषा बनने के रास्ते में आनेवाली कठिनाइयों पर भी अपना वक्तव्य दे डाला। उनके अनुसार खड़ीबोली के विरोध का आधार उसके प्रति अभिवृत्ति या कोई नकारात्मक मनोवृत्ति नहीं था। खड़ी बोली की भाषिक संरचना ही काव्यात्मक संस्कार और द्वन्द्वशास्त्रीय विधान के प्रतिकूल बैठती है। उनके अनुसार खड़ी बोली के क्रिया पद रचना का ध्वन्यात्मक आवेष्टन ही ऐसा है, जो नाद और लय के अनुकूल नहीं बैठता, अनेक क्रियाओं के रूपिमों में दीर्घ स्वरों का प्रयोग है, जो भाषा को असंगीतात्मक बना देता है।

स्पष्ट है, कविता के क्षेत्र में खड़ीबोली के प्रयोग के प्रश्न पर विद्वानों के न केवल विचार भिन्न थे, अपितु उनके संस्कार और मनोवृत्ति भी भिन्न थी। पिन्काट के अनुसार सामान्य व्यक्ति की भाषा में काव्याभिव्यक्ति एक स्तुत्य प्रयास था जबकि ग्रियर्सन के अनुसार श्रम और धन का अपव्यय। पहले के अनुसार अपने युग के कवि एक नई भाषा के भीतर काव्य-चेतना की एक सशक्त धारा का निर्माण कर रहे थे तो दूसरे के अनुसार वे उस भाषा (खड़ीबोली) का आन्दोलन चला रहे थे जिसकी भाषिक बुनावट अपनी आभ्यन्तर प्रकृति के आधार पर ही काव्यभाषा के विपरीत ठहरती थी। आगे चलकर ब्रजभाषा बनाम खड़ीबोली का विवाद अभिवृत्ति के अन्य सन्दर्भों से जुड़ा। पहले वर्ग के साहित्यकार गद्य और पद्य की दूरी को भाषा के स्तर पर कम करने की ओर प्रवृत्त हुए जबकि दूसरे वर्ग की मनोवृत्ति इसके ठीक विपरीत थी। वे काव्यभाषा को जनप्रयोग और व्यावहारिक क्षेत्र से अलग प्रयुक्ति क्षेत्र की वस्तु समझने के कारण इसे न केवल 'विशिष्ट' मानने के पक्ष में थे, अपितु अपने पाठकों में परम्परा अर्जित संस्कार की भी अपेक्षा रखते थे। वे यह मानते थे कि कविता की भाषा में ऐसा नाद तत्त्व भी होना अपेक्षित है जिसके सहारे वह संगीतात्मक बन सके, विभिन्न राग-रागिनियों के अनुरूप जिसमें काव्य-सर्जना की जा सके। स्वच्छन्दतावाद के प्रवर्तक पं. श्रीधर पाठक की

'एकान्तवासी योगी' जैसी रचनाओं की तीव्र आलोचना पं. माधवप्रसाद मिश्र ने की। पर श्रीधर पाठक और उन जैसे खड़ीबोली के पक्षधर साहित्यकार कविता में लय और नाद के प्रश्न को राग-रागिनियों के सवाल से अलग करना चाहते थे। उनके अनुसार विशिष्ट राग-रागिनियों को ध्यान में रखकर कविता लिखनी एक बात है और कविता मे लय और नाद का होना उससे भिन्न दूसरी बात। यही कारण है कि खड़ीबोली में रचना करनेवाले इन कवियों ने लय और छन्द के नए-नए ढाँचों का न केवल प्रयोग किया वरन् कविता को एक नए ढंग के नादात्मक सौन्दर्य से सँवारने का प्रयत्न भी किया।

2

जिस समय मैथिलीशरण गुप्त ने काव्य-रचना प्रारम्भ की, उस समय काव्य क्षेत्र में खड़ी बोली का प्रयोग एक अंकुर की भाँति फूट चुका था, पर साहित्यिक वातावरण में वटवृक्ष का काम अभी भी ब्रजभाषा ही कर रही थी। आचार्य महावीरप्रसाद द्विवेदी नए पौधे के रूप में 'सरस्वती' के माध्यम से खड़ी बोली के मानक रूप को सींचने का प्रयत्न कर रहे थे, पर अभी भी अनेक साहित्यकारों के मन में खड़ीबोली को लेकर संशय भाव बना हुआ था। वे इसे मूलतः नए प्रयोग और नई चुनौती का क्षेत्र मानने के पक्ष में थे अन्यथा साहित्यिक जगत् में मान-प्रतिष्ठा के लिए ब्रजभाषा को ही उपयुक्त माध्यम मानने के पक्ष में थे। स्वयं मैथिलीशरण गुप्त का बाल्यकाल जिस साहित्यिक वातावरण में गुजरा, उसका रूप-रंग ब्रजभाषा-रंजित था। उनके पिता रामचरण कनक ब्रजभाषा में ही कविता करते थे। गुप्त जी ने लगभग बारह वर्ष की उम्र से ही कविता करनी शुरू कर दी थी और लगभग पाँच-छह वर्ष तक 'वेश्योपकारक' पत्र में कभी-कभी छपते भी रहे। 'छप्पय' और ब्रजभाषा में परम्परा से चले आ रहे अन्य छन्दों में इनकी कविताएँ तब तक ब्रज में छपती रहीं जब तक कि वे आचार्य द्विवेदी के सम्पर्क में नहीं आए। उन्होंने अपने उपनाम 'रसिकेन्द्र' के साथ ब्रज भाषा में लिखी अपनी एक कविता को 'सरस्वती' में छपने के लिए आचार्य द्विवेदी के पास भेजा। आचार्य जी का स्पष्ट मत था—कविता इसलिए प्रकाशित नहीं हो सकती क्योंकि वह ब्रजभाषा में है और 'सरस्वती' की नीति के अनुसार कविता उसी भाषा में छप सकती है जो जनसामान्य की अभिव्यक्ति-माध्यम हो। 'रसिकेन्द्र' उपनाम पर टिप्पणी करते हुए उन्होंने यह संकेत किया कि रसिकेन्द्र बनने का युग अब बीत चुका है। यह उत्तर गुप्त जी के लिए न केवल चुनौती बनकर आया, बल्कि उसने उनकी काव्यधारा को एक मोड़ ही दे डाला। खड़ीबोली के प्रति प्रारम्भ में पूर्ण विश्वस्त न होने पर भी उन्होंने आचार्य द्विवेदी के उत्तर को चुनौती मानकर खड़ीबोली में अपनी कविता भेजी जो संशोधित होकर 'सरस्वती' में प्रकाशित हुई। यह कहा जा सकता है कि बाल्यकाल की ब्रजभाषा में रचित कविताओं ('वेश्योपकारक' में प्रकाशित) से लेकर खड़ीबोली में लिखी रचना 'हेमन्त' ('सरस्वती' में प्रकाशित) तक के समय को गुप्तजी की खड़ीबोली में उनकी मातृ बोली बुन्देली का

पुट, व्याकरण-च्युत प्रयोग और भाषा की असंस्कारजन्य अभिव्यक्तियाँ अनुपात में काफी मात्रा में मिलती हैं।

खड़ीबोली के भाषा-संस्कार की दृष्टि से गुप्तजी की रचनाओं के कुछ निश्चित चरण निर्धारित किए जा सकते हैं।

(i) **काव्यप्रणयन का आरम्भिक काल** (1900 से 1909) : यह चरण कविता से परिचय का काल था। रचनाएँ प्रमुखतः ब्रजभाषा में छिटपुट ढंग से लिखी गई।

(ii) **खड़ीबोली की सम्भावना से साक्षात्कार** (1910 से 1929) : रंग में भंग (1909) से झंकार (1929) तक की यात्रा के दौरान गुप्तजी खड़ीबोली की काव्य-भाषा से साक्षात्कार करते रहे, इस काल की प्रमुख रचनाओं में 'जयद्रथ वध' (1910), भारत भारती (1912), किसान (1917), शकुन्तला (1923), पंचवटी (1925), झंकार (1929) आदि हैं।

(iii) **शैली संस्कार और साहित्यिक उपलब्धि** (1930-1940) : इस चरण में गुप्तजी की भाषा-शैली में न केवल गद्यात्मक स्थिरता आई अपितु उनकी रचनाओं में काव्योचित व्यंजना और नादात्मक सौन्दर्य की भी वृद्धि हुई। इस चरण की रचनाओं में प्रमुख हैं—साकेत (1932), यशोधरा (1932), द्वापर (1936), नहुष (1940)

(iv) **शैली तटस्थ और साहित्यिक व्यामोह** : (1940 से अन्त तक) : इस चरण में गुप्तजी की रचनाएँ या तो गीतात्मक कथा की ओर मुड़ीं; यथा—'कुणाल गीत' (1941) या छोटे-छोटे खंड काव्य की ओर; यथा—'अर्जन और विसर्जन' (1942)। गांधीजी की हत्या से अभिभूत शोक-गाथा 'अंजलि और अर्घ्य' (1950), सैंतालीस खंडों में रचित 'जय भारत' (1952) और अन्तिम रचना 'स्वस्ति और संकेत' (1953) भी इसी धारा की रचनाएँ कही जा सकती हैं। भाषा की दृष्टि से एक परिपक्व कवि की ठहरी हुई दृष्टि की ये रचनाएँ उदाहरण मानी जा सकती हैं।

अपने विकास के पहले चरण में गुप्तजी भाषा-चयन के प्रश्न से सम्बद्ध थे। ब्रज और खड़ीबोली के दुहरे प्रयोग से वे आचार्य द्विवेदी के सम्पर्क में आकर उभरे। ध्यान देने की बात है कि गुप्तजी जिस समय खड़ी बोली में कविता करने की ओर प्रवृत्त हुए, उस समय उसमें तीन प्रकार की काव्य शैली भाषा की दृष्टि से प्रचलित थी। राय देवीप्रसाद पूर्ण की खड़ी बोली में ब्रजभाषा का पुट था जिसे वे माधुर्य और कोमल संवेदना की अभिव्यक्ति के लिए आवश्यक समझते थे। दूसरी ओर हरिऔध जी थे, जो खड़ी बोली का निर्माण संस्कृत तत्त्वों के आधार पर करने के पक्ष में थे। यह तथ्य कम महत्त्वपूर्ण नहीं है कि विकास के प्रारम्भिक चरण में हरिऔध जी ने खड़ी बोली में रचना उर्दू के छन्दों में की थी और अपनी काव्यभाषा को ठेठ प्रयोगों के अनुकूल बनाने के पक्षधर थे। आचार्य महावीरप्रसाद द्विवेदी के प्रभाव में आकर ही वे संस्कृत की पदावली का सहारा लेते हुए संस्कृत छन्दों में खड़ी बोली को संस्कारित करने की ओर प्रवृत्त हुए।

द्विवेजीजी ने ब्रजभाषा की भक्ति और रीति की परम्परा से खड़ी बोली को मुक्त करने की प्रेरणा दी और इसके लिए संस्कृत के वृत्तों को उन्होंने बढ़ावा भी दिया। पर जहाँ तक भाषा का प्रश्न है, वे बोलचाल की भाषा के साफ-सुथरे रूप के ही पक्षधर थे। सामाजिक विषयों पर बोलचाल की सामान्य भाषा के प्रयोग पर बल देने की मनोवृत्ति ने ही खड़ी बोली में इतिवृत्तात्मक साहित्य को प्रश्रय दिया।

गुप्तजी की काव्यभाषा के विकास के द्वितीय चरण के प्रारम्भ में खड़ी बोली में संस्कृत के तत्त्व इतने अधिक थे कि काव्य-भाषा संस्कृतनिष्ठ उच्च हिन्दी की शैली का रूप ग्रहण करती दिखलाई पड़ती है; यथा–

राम नाम ललाम जिसका सर्व-मंगल-धाम है
प्रथम उस सर्वेष को श्रद्धा समेत प्रणाम है।

(रंग में भंग : 1909)

यहाँ भाषा के स्तर पर शब्द तत्सम प्रकृति के साथ-साथ सन्धि और समाज की दृष्टि से भी संस्कृतनिष्ठ हो गए हैं, जैसे 'सर्वेष', 'सर्व-मंगल-धाम।'

स्वदेश-प्रेम की भावना से अनुप्राणित उनकी कविताओं का एक नया रंग 'भारत भारती' में मिलता है। इस प्रकार की रचनाओं में सम्बोधन शैली के साथ-साथ शिष्ट भाषा का इतिवृत्तात्मक प्रयोग भी दिखलाई पड़ता है। काव्यभाषा को गद्य के संस्कार के साथ जोड़ने की प्रवृत्ति भी इसमें दिखलाई पड़ती है।

क्षत्रिय ! सुनो अब तो कुयश की कालिमा को भेंट दो।
जिस देश को जीवन सहित तन-मन तथा धन भेंट दो।
वैश्यो ! सुनो व्यापार सारा मिट चुका है देश का।
सब धन विदेशी हर रहे हैं, पार है क्या क्लेश का ?

(भारत भारती : 1912)

द्विवेदी युग के प्रायः सभी कवि अगर एक ओर ब्रजभाषा के साथ खड़ीबोली में कविताएँ रच रहे थे तो दूसरी ओर खड़ीबोली के साथ-साथ उर्दू कविता करने की ओर भी प्रवृत्त थे। हरिऔध जी ने खड़ीबोली के लिए जिन छन्दों का विधान अपने सामने रखा, वह उर्दू साहित्य की परम्परा से लिया गया था। पंडित गयाप्रसाद शुक्ल 'सनेही' ने उर्दू में भी कविताएँ की थीं। लाला भगवानदीनजी ने खड़ीबोली की रचनाओं में उर्दू के छन्द विधान को तो लिया ही, अरबी-फारसी के शब्दों का भी मुक्त ढंग से प्रयोग किया है। खड़ीबोली की सम्भावना का साक्षात्कार करते हुए एक ओर गुप्तजी ने अपने विकास के इस चरण में ठेठ प्रयोगों और क्षेत्रीय अभिव्यंजन भाषा को स्वीकारा, यथा–

'मानो अचानक सुखद, जीवन-सार सर्व बिला गया'

(जयद्रथ वधः 1910)

और दूसरी तरफ उर्दू की अभिव्यक्ति-शक्ति को भी आत्मसात करने का प्रयत्न किया।

हुकुम हुआ फिर मगर कबूलता होगी फिर बेकारा।

इन्दलतलब नाम का रुक्का लिखा गया लचारा।

(किसान : 1917)

गुप्तजी के काव्य-संसार और काव्यभाषा के निर्माण और संस्कार में उनकी अनूदित रचनाओं का भी काफी दूर तक हाथ है। अनूदित रचनाओं में विरहिणी ब्रजांगना (1914), प्लासी का युद्ध (1920), वीरांगना (1927), मेघनाद वध (1927), स्वप्नवासवदत्ता (1929) और रुबाइयात उमर खय्याम (1931) प्रसिद्ध हैं जो गुप्त जी की काव्यभाषा-यात्रा के इसी दूसरे चरण में लिखी और प्रकाशित हुई हैं।

काव्य-यात्रा के तीसरे चरण में गुप्त जी भाषा-शैली के एक प्रबुद्ध एवं समर्थ कवि के रूप में उभरते हैं। सन् 1932 में प्रकाशित 'साकेत' और 'यशोधरा' इस दृष्टि से उनकी अन्यतम रचनाएँ हैं। 'साकेत' का प्रकृति-वर्णन अपना विविध आयाम खोलता है--प्रकृति के विवरणात्मक रूप के साथ-साथ हम उसके मनोभाव, अनुरंजित छवि और चित्रोपम वर्णन के भी दर्शन करते हैं। जहाँ तक गीतों के प्रयोजन का सन्दर्भ है, क्या भाव और क्या भाषा, दोनों ही दृष्टियों से सर्वथा योग्य पाते हैं। इन गीतों में कवि की आत्माभिव्यक्ति भी देखने को मिलती है और काव्य भाषा की आन्तरिक संगीतात्मकता भी। 'साकेत' में एक ओर यमक और अनुप्रास का स्वाभाविक प्रयोग है--'निर्झर झर-झर नाद सुनाकर झर तू' तो दूसरी तरफ 'मानवीकरण' और 'विश्लेषण विपर्यय' जैसे अलंकारों का सार्थक संयोजन भी है--'गाने का मचलता रोदन' तथा 'कैसी हिलती-डुलती अभिलाषा है कली, तुझे खिलने की।' छन्द की दृष्टि से भी 'साकेत' एक वैविध्यपूर्ण कोष है जिसमें 'बरवै' से लेकर 'घनाक्षरी' मिल जाता है और आठ सगुण का सवैया भी। यह ठीक है कि गुप्तजी की कविता में अन्त्यानुप्रास की प्रचुरता उसे झुँझलाहट तक बोझिल बना देती है, पर यह भी सही है कि छन्दों के वैविध्य के पीछे एक सार्थकता भी है। प्रत्येक छन्द स्वयं एक प्रसंग की उद्भावना करता है। यह ध्यान में रखने की बात है कि जिस युग में गुप्तजी रचना कर रहे थे, वह खड़ीबोली के परिमार्जन और मानकीकरण का काल था। यद्यपि गुप्तजी ने 'छायावाद' काल में भी रचना की जिसमें प्रगीत, मुक्तक अपने लाक्षणिक वाक्-वैचित्र्य के साथ उभरकर आए, पर इसकी ओर झुककर भी गुप्तजी भाषा के प्रयोग-सन्दर्भ में अपनी ही बनाई भूमि पर खड़े रहे।

इस पूरे प्रसंग में हम यह भी कह सकते हैं कि काव्य भाषा के प्रयोग में आज भी हम छायावादी कविता के तत्त्व प्रचुर मात्रा में पाते हैं, आज भी कई कवि छायावादी मनोवृत्ति और उसकी भावभूमि का विरोध तो करते हैं पर लाक्षणिक प्रयोगों की वक्रता, अभिव्यक्ति के आभिजात्य संस्कार, सामान्य भाषा से इतर काव्यशैली के संस्कार, ठेठ और यथार्थ अभिव्यक्ति के अभिव्यंजक भाषिक तत्त्वों के स्थान पर कल्पनालोक के लाक्षणिक तन्तु-जाल में उलझे दिखलाई पड़ते हैं। आधुनिक काल में गुप्तजी की भाषा-शैली की प्रासंगिकता इसी बात में है कि वे शब्द-शक्तियों में न केवल अभिधा से व्यंजना तक की सहज यात्रा करने में सहज समर्थ लगते हैं वरन् छायावादी तन्तुजाल

से हमारी भाषा को मुक्ति दिलाने के अन्य अनेक रास्ते खोलने में भी सहायक लगते हैं। 'गद्य' और 'पद्य' की भाषिक संवेदना का वे अन्तर भी रखते हैं और साथ ही उसकी ऊपरी दूरी भी मिटाते हैं। 'साकेत' का यह उदाहरण देखें—

बेदने ! तू भी भली बनी।
पाई मैंने आज तुझी में अपनी चाह घनी।
अरी वियोग-समाधि अनोखी, तू क्या ठीक ठनी।
अपने को, प्रिय को, जगती को देखूँ खिंची तनी।

(साकेत : 1932)

निष्कर्षतः हम यह कह सकते हैं कि मैथिलीशरण गुप्त की काव्यभाषा की यात्रा ब्रजभाषा से शुरू होकर खड़ीबोली तक ही नहीं पहुँची बल्कि अनेक पगडंडियों से गुजरती और अपने लिए नए-नए रास्ते बनाती हुई जिस प्रशस्त पथ पर जाकर ठहरी, उसकी सार्थकता आज प्रासंगिक हो उठी है। छायावादी और प्रयोगवादी कार्यकताओं की काव्यभाषा एक बार अलग छिटककर जिस पगडंडी पर चल पड़ी थी, उसने अभिव्यंजना की दृष्टि से हमें चमत्कृत किया, हमारे हृदय को गुदगुदाया, भ्रमित मन को कुछ और भरमाया पर यथार्थ के अनेक प्रसंगों के साक्षात्कार से समाज के बहुलांश को काटकर रखा। काव्यभाषा के आभिजात्य संस्कार के व्यामोह से अगर आज हमें उभरना है तब इसके लिए यह आवश्यक है कि गुणात्मक भेद के साथ हम गुप्तजी के बनाए उस रास्ते पर चलें जो गद्य और पद्य के बाह्य परिधान की दूरी को मिटाते हुए काव्यभाषा को अभिव्यंजकता और सम्प्रेषणीयता दोनों ही गुणों से परिपूर्ण बनाती है।

छायावाद का लोकमंगलवादी पक्ष*

सामाजिक विषमताओं एवं कुरीतियों के परिहार के प्रति जिस जागृति का प्रसार भारतेन्दु-काल में हुआ था; उसको द्विवेदी-युग में तीव्र करने का प्रयास तो हुआ पर नैतिकता एवं इतिवृत्तात्मकता का आवरण पड़ा होने के कारण वह प्रभावोत्पादकता से दूर ही रहा है। साथ ही द्विवेदी-युग ने सामाजिक यथार्थ का अनुभव तो अवश्य किया पर असंगतियों के मूल कारणों के विश्लेषण के प्रति वह क्रियाशील न हो सका। परिणाम यह हुआ कि समाज के ऊपरी सतह पर हो रही हलचल को तो साहित्य में अभिव्यक्ति दे सकने में वह सफल हो सका पर जो आन्तरिक शक्तियाँ समाज को एक निश्चित दिशा की ओर बढ़ने के लिए प्रेरित कर रही थीं, वे उसकी लेखनी की पहुँच के बाहर ही रहीं। इधर शीघ्रता से बदलते हुए सामाजिक मूल्यों ने साहित्य को एक नई दिशा दी, वस्तु-संचय और उसकी अभिव्यक्ति पद्धति दोनों को प्रभावित कर एक नया रूप दिया। द्विवेदी-युग के आसपास से मोड़ लेती हुई इसी नूतन साहित्यिक-धारा को आलोचकों ने 'छायावाद' के नाम से पुकारा।

यह हम सभी जानते हैं कि व्यक्ति समाज का अंग होता है, सामाजिक वातावरण में अपना जीवन-यापन करता है और परम्परित सामाजिक मूल्यों के समर्थन अथवा विरोध में निजी नैतिक मूल्यों का निर्धारण करता है। साहित्यकार भी सामाजिक व्यक्ति होता है अतः उसकी नीति-वादी बुद्धि भी तत्कालीन सामाजिक सम्बन्धों से प्रभावित हुए बिना नहीं रहती। स्पष्ट है, समाज की सतत् विकासशील प्रवृत्तियों के कारण सामाजिक-सम्बन्धों में जो परिवर्तन होता रहता है, उसकी चेतना उससे प्रभावित हुए बिना नहीं रह सकती। इस तरह उसकी चेतना के परिवर्तन का भी एक निश्चित कारण है। अतः जिस प्रकार समाज के विकास का एक निश्चित इतिहास होता है, उसी प्रकार सामाजिक चेतना की भाषाबद्ध रसात्मक अनुभूति (साहित्य) के विकास में भी एक सुसम्बद्धता मिलती है। जो आलोचक इस तथ्य को भली-भाँति हृदयंगम नहीं कर पाते वे समसामयिक आवश्यकताओं के गर्भ से अनुस्यूत किसी भी नए वाद (या प्रवृत्ति) को साहित्य की एक धारा विशेष के रूप में स्वीकार करने में अपने को पूर्णतया असमर्थ पाते हैं। और यह इसी का परिणाम था कि आलोचकों की अपनी सीमाएँ 'छायावाद'

*सर्वप्रथम 'समालोचक' (सं. रामविलास शर्मा) के जनवरी 1959 अंक में प्रकाशित।

की सीमाएँ बन बैठीं और शुक्लजी जैसे वरिष्ठ आलोचक ने भी 'छायावाद को साहित्य की केवल शैलीगत विशिष्टता' माना (हिन्दी साहित्य का इतिहास), डॉ. नगेन्द्र ने उसे "स्थूल के प्रति सूक्ष्म के विरोध" का परिणाम बताया (सुमित्रानन्दन पन्त–पृ. 3) और नन्ददुलारे वाजपेयी ने उसे द्विवेदी युग की प्रतिक्रिया की देन के रूप में स्वीकार करते हुए कहा–द्विवेदी-युग की बौद्धिकता, नीतिमत्ता और उपदेशात्मकता की प्रतिक्रिया (छायावाद की) एक अपूर्व प्रगल्भता, वैयक्तिक वेदना तथा सौन्दर्य दृश्यों के रूप में हुई।" (आधुनिक-साहित्य)

वस्तुतः 'छायावाद' हिन्दी-साहित्य की एक धारा है जिसकी मूलभूत प्रवृत्ति का आभास हमें भारतेन्दुकालीन सामन्त-विरोधी साहित्य में ही मिलने लगता है। द्विवेदी-युग की कविताओं पर पड़े नीतिवादी एवं इतिवृत्तात्मक आवरण के भीतर से झाँकती हुई जो रीतिकालीन-साहित्य से चली आती वर्ण्य विषय के प्रति विद्रोह की भावना दिखलाई पड़ती है, वह आगे आनेवाली क्रान्ति की ही स्फुलिंग समझा जा सकता है। सच तो यह है कि छायावादी प्रवृत्तियों की नियोजना इसी युग के लब्ध प्रतिष्ठित साहित्यकार श्री मुकुटधर पांडेय की लेखनी द्वारा हुई, और जान-अनजान में उस युग के अन्य कवियों–श्रीधर पाठक, मैथिलीशरण गुप्त, माखनलाल चतुर्वेदी की रचनाओं में भी छायावादी विशिष्टता यत्र-तत्र मिलने लगीं लेकिन ये साहित्यकार फिर भी परम्परा के कायल थे। सामाजिक परिस्थितियाँ उन्हें जब एक छोर पर खींच कर ले जाने का उपक्रम कर रही थीं, तो परम्परागत रूढ़ियाँ उन्हें दूसरे छोर की ओर आकृष्ट करने लगतीं थीं। तनाव की इस स्थिति को वे अपने समझौते के बीच-बिचौवल राह द्वारा ही सुलझाने का प्रयत्न करते थे। अतः उनके साहित्य में नए युग का नया स्वर पूरी तरह से नहीं उभर पाया, रूढ़िगत संस्कारों के प्रति नई चुनौती को वे पूरी तरह आत्मसात नहीं कर पाए और न तो टूटती सामन्तवादी प्रवृत्तियों का खुलकर विरोध ही कर सके। आनेवाली पीढ़ी (छायावादी साहित्यकार) ने इस कार्य को अपने कन्धों पर लेकर असीम साहस एवं निर्भीकता का परिचय दिया।

जिस तरह आलोचकों ने 'छायावाद' को द्विवेदी युग के साहित्य की प्रतिक्रिया के रूप में स्वीकार किया, उसी तरह आलोचकों के एक वर्ग का यह भी आक्षेप रहा कि 'छायावाद' हिन्दी साहित्य की अपनी स्वाभाविक धारा नहीं, वह तो पाश्चात्य-साहित्य के 'रोमैंटिक काव्य' का भारतीय संस्करण है, शैली, कीट्स की कविताओं का हिन्दी में किया गया भावानुवाद है। न इसकी आत्मा भारतीय है और न अभिव्यक्ति पद्धति ही अपनी परम्परा के अनुकूल है। इसमें जो कुछ भी है वह विदेशी एवं त्याज्य है। भारतीय परम्परा की मर्यादावादी दृष्टि, उसके समदर्शी सिद्धान्त, अपनी सामाजिक मान्यताएँ, युगों से सीधी लीक पर चलीं आती उसकी सांस्कृतिक रेखाएँ, सभी का त्याग कर वैयिक्तक क्रान्तिकारी सिद्धान्तों को अपनाना, विदेशी दर्शन एवं संस्कृति की गुलामी नहीं तो और क्या है ?

यह ठीक है कि 'छायावाद' की रूप और प्रकृति यूरोप की उन स्वच्छन्द (Romantic) कविताओं से बहुत कुछ मिलती-जुलती है जो फ्रेंच क्रान्ति का ऐतिहासिक

परिणाम कहा जा सकता है। और यह भी ठीक है कि छायावादी कवियों ने पाश्चात्य साहित्यकारों से अपनी कविताओं के लिए प्रेरणा भी ग्रहण की, (जैसा 'पन्त' जी स्वयं स्वीकार करते हैं--'आधुनिक कवि (2)--पृ. 16)। पर भारतीय समाज की तत्कालीन सामाजिक स्थिति एवं उभरते नए दर्शन-सिद्धान्तों की उपेक्षा कर यह कहना कि 'छायावाद' की धरती भारतीय नहीं, उसकी आत्मा अपनी नहीं, ऐतिहासिक आलोचना पद्धति से मुख मोड़ना है।

उन्नीसवीं शताब्दी के अन्तिम दशक तक आते-आते भारत में भी 'पूँजीवाद' का स्पष्ट प्रभाव लक्षित होने लगा था। रेल, मोटर, सड़क आदि यातायात के साधनों के निर्माण एवं विकास के कारण औद्योगिक-व्यापार यहाँ भी पनप चुका था। फलस्वरूप सामन्तवादी मान्यताओं के विरोध में विदेशों की भाँति भारत में भी एक नई शक्ति का आविर्भाव हुआ था और वह है--व्यक्ति और व्यक्तिवाद। उभरते पूँजीवाद की आवश्यकता एवं दर्शन से निःसृत इस 'व्यक्तिवाद' की गूँज से भारतीय दर्शन एवं साहित्य कहाँ तक निर्लिप्त रह सकता था? छायावादी साहित्य में इसी 'व्यक्तिवादी' दर्शन का प्रभाव हम पाते हैं।

साथ ही औद्योगिक क्रान्ति एवं साम्राज्यविरोधी मान्यताओं के प्रसार के साथ समाज की अपनी ही धरती से एक नया वर्ग भी उभरता आ रहा था जिसे आज हम 'मध्यवर्ग' के नाम से बोधित करते हैं। जागरूक एवं सचेत होने के कारण इसका सम्बन्ध केवल भारतीय परम्परा से ही नहीं रहा, अपितु पाश्चात्य दर्शन एवं साहित्य भी इसके अध्ययन की वस्तु बने। इसी बीच अंग्रेजी सरकार की रीति-नीति द्वारा एक दूसरे उपवर्ग--नौकरशाही का जन्म हुआ जिसकी शिक्षा-दीक्षा पूर्ण रूप से पाश्चात्य-पद्धति पर की जाती थी। अतः पाश्चात्य दर्शन एवं साहित्य के सम्पर्क में वे स्वयमेव खिंचकर चले आए। सामन्तवादी असंगतियों के बीच जिस पूँजीवाद का जन्म हुआ उसी के गर्भ से निःसृत 'लिबरल' विचारधारा ने इनकी दृष्टि को बरबस अपनी ओर खींचा। इसलिए नहीं कि वह देखने में मोहक थी, उसका आवरण आकर्षक था अथवा वह विजेता जाति के साहित्य में अभिव्यक्ति पा चुकी थी। बल्कि उसका कारण तो यह था कि स्वयं भारत की तत्कालीन स्थिति उसके अनुकूल थी। उस समय यहाँ की सामाजिक धरती ही ऐसी थी जिसके बीच केवल इसी विचारधारा का अंकुर पनप सकता था। वह 'पूँजीवाद' के उठान का युग था।

मेरे कथन की सच्चाई इस तथ्य से भी आँकी जा सकती है कि जिस समय छायावादी साहित्य रचा जा रहा था, उस समय वर्ड्सवर्थ, शेली, कीट्स का युग न था। 'लिबरल विचारधारा' सामन्तवाद का विरोध कर पूँजीवाद की स्थापना का ऐतिहासिक कार्य कब का कर चुकी थी। वह काल पूँजीवाद के ह्रास के साथ समाजवाद के उदय का था। उस समय स्वच्छन्दतावादी कवियों की नहीं वरन् ऑडेन, लेविस और स्पेंडर की कविताओं का बोलबाला था। फिर क्यों नहीं छायावादी साहित्यकारों ने इनके साहित्य का अनुकरण किया? क्यों नहीं सामाजिक यथार्थवाद का नारा बुलन्द किया

गया ? क्या कारण है कि अधिक प्रगतिशील वृत्तियों से अपना कुछ भी लगाव न रखकर अपदस्थ प्रवृत्तियों एवं बीते युग के साहित्य को विचारोद्रेक का केन्द्र चुना गया ? इन सभी प्रश्नों का केवल एक उत्तर है और वह यह कि किसी भी विचारधारा का मान्य होना या न होना तत्कालीन सामाजिक स्थिति के ऊपर निर्भर करता है। मुझे विश्वास है कि अगर महात्मा गांधी भी अपने अहिंसा एवं सत्याग्रह के सिद्धान्त को लेकर 1857 ई. के आसपास कहीं पैदा हुए होते, तो वे एक साधक या दार्शनिक के रूप में भले ही मान्य हो जाते, सामाजिक नेता के रूप में वे कभी भी गृहीत नहीं हो पाते। अतः 'छायावाद' पर जो विदेशी प्रभाव लक्षित होते हैं वे उसकी अपनी आवश्यकता के परिणाम थे। सामन्तवाद बनाम पूँजीवाद के संघर्ष में प्रगतिशील पूँजीवाद की ऐतिहासिक विजय में जिन प्रवृत्तियों एवं दर्शन-सिद्धान्तों के अस्त्र का पाश्चात्य समाज एवं साहित्य में एक बार प्रयोग हुआ था, वे ही भारत में भी अपनाए गए। साहित्य के क्षेत्र में छायावाद उसी की देन है। यही 'छायावाद' का ऐतिहासिक पक्ष है, साथ ही इतिहास को आगे बढ़ाने के कारण प्रगतिशील भी।

यही कारण है कि जिस प्रकार पाश्चात्य देशों में रूसो का 'स्वतन्त्रता, समानता एव बन्धुत्व' का नारा आदर्श रूप में गृहीत हुआ था, उसी प्रकार भारत में भी वह स्वर सुनाई पड़ने लगा। मनुष्य प्राकृतिक अवस्था में अधिक सुखी एवं सम्पन्न था, तदनन्तर सांस्कृतिक विकास की प्रक्रिया में वह विभिन्न बन्धनों में उलझता चला गया। इस बन्धन से मुक्त होना ही हमारा प्रथम कर्त्तव्य है। 'रूसो' की इस मान्यता को यहाँ के साहित्यकारों ने भी स्पष्ट स्वर में स्वीकार किया है; साथ ही विज्ञान की उन्नति के साथ व्यक्ति की सहजबुद्धि भी चैतन्य हो गई थी। समाज में परम्परागत चली आती समस्याओं एवं आदर्शों की बौद्धिक आलोचना जिस प्रकार 'मिल' ने की थी, वही प्रवृत्ति यहाँ भी अंकुरित होने लगी। 'मिल' ने पुरुष द्वारा नारी के शोषण का एक लम्बा चौड़ा विवरण देकर नारी को मुक्त करने की माँग की थी। समयानुकूल परिस्थितियों के आगमन के पश्चात् यूरोप के अनुकरण पर भारत में भी यह स्वर मुखरित होने लगा।

छायावाद का सिद्धान्त पक्ष भारतीय चिन्तन की देन था, यह इस तथ्य से भी प्रतिपादित होता है कि पाश्चात्य दर्शन की इस लिबरलवादी मान्यता ने छायावाद के आविर्भाव के बहुत पहले ही भारतीय दर्शन को एक नई दिशा अपनाने के लिए विवश कर दिया था। यह उसी का परिणाम था कि राममोहन राय ने 'ब्रह्म-समाज' की स्थापना की, परमहंस रामकृष्ण के योग्य शिष्य स्वामी विवेकानन्द ने 'रामकृष्ण मिशन' की नींव डाली, कुमारी ब्लावेट्स्की द्वारा चलाए 'थियोसोफिकल सोसायटी' की एनीबेसेंट ने यहाँ भी रूप दिया और श्री केशवचन्द्र सेन ने 'प्रार्थना समाज' की भित्ति खड़ी की। समसामयिक 'व्यक्तिवादी' आवश्यकताओं के अनुरूप धर्म की व्याख्या करते हुए स्वामी विवेकानन्द, अरविन्द, रामतीर्थ आदि ने 'अद्वैतवाद' का सहारा लेकर आत्मा को मुक्त करने का आग्रह किया। सामाजिक बन्धनों एवं तत्कालीन विकृतियों के विरोध में व्यक्ति के स्थूल शरीर को ही नहीं अपितु उसकी आत्मा को भी मुक्त करने के इस प्रयास का

व्यापक प्रभाव हिन्दी-साहित्य पर पड़ा। रहस्यवादी कवियों पर तो इसका स्पष्ट प्रभाव परिलक्षित किया जा सकता है।

एक और तथ्य का स्पष्टीकरण यहाँ आवश्यक जान पड़ता है। कुछ आलोचक छायावाद, स्वच्छन्दतावाद एवं रहस्यवाद में तात्विक दृष्टि से भेद की सृष्टि करते हैं। पर यह दृष्टि-भेद भ्रामक है। द्विवेदी युग की नैतिकता, बौद्धिकता, उपदेशात्मकता या इतिवृत्तात्मक प्रणाली से हटकर जिस छायावादी साहित्य का प्रसार हुआ, वहीं कुछ रूप बदलकर 'रहस्यपन' एवं 'स्वच्छन्दतावाद के नाम से बोधित हुआ। व्यापक रूप में छायावाद की परिधि में स्वच्छन्दतावाद और रहस्यवाद दोनों का समावेश हो जाता है। जैसा ऊपर विवेचित है मूलतः काव्य की प्रेरणा एक थी पर जब स्थूल के प्रति सूक्ष्म का विद्रोह परिलक्षित हुआ तो 'छायावाद', जब जीव, जीवन और जगत के रहस्यों के प्रति वह उत्कंठित हुई तो 'रहस्यवाद' तथा जब सामाजिक एवं काव्य-सम्बन्धी रूढ़ियों के विरुद्ध उसने उन्मुक्त अभियान किया तो 'स्वच्छन्दतावाद' के नाम से पुकारी गई। मूल में प्रेरणा एक होने के कारण एक ही कवि अपने समय में एक दृष्टि से छायावादी था तो दूसरे दृष्टिकोण से देखने पर रहस्यवादी अथवा स्वच्छन्दतावादी।

'रहस्यवाद' के सम्बन्ध में भी थोड़ा विचार कर लेना आवश्यक है। सिद्ध कवि अथवा निर्गुणिया सन्त आदि की रचनाएँ भी 'रहस्यवाद' की संज्ञा से अभिहित होती हैं। लेकिन मध्यकालीन सन्तों की कृतियों का अध्ययन करने पर यह स्पष्ट हो जाता है कि उनका स्वर अध्यात्मवादी था तथा वे किसी निश्चित साम्प्रदायिक मान्यताओं की पुष्टि के निमित्त ही साहित्य रचा करते थे। एक और विशेषता भी थी जो उन्हें आधुनिक 'रहस्यवाद' से अलग कर देती हैं और वह थी उनकी रचनाओं की निर्वैयक्तिक अभिव्यक्ति। पर आधुनिक 'रहस्यवाद' का सामाजिक स्रोत ही 'व्यक्तिवाद' रहा है। अतः अपनी इस विशिष्टता से तो वह अलग हो ही नहीं सकता था। मध्यकालीन सन्तों की धर्म-साधना विद्रोहात्मक होते हुए भी मानवीय स्पन्दन एवं सांस्कृतिक संवेदनाओं से परे थी अतः उनका रहस्यवाद चिन्तन-मनन का परिणाम था, अथवा गुह्य-रहस्यों को 'सन्ध्या' भाषा में अभिव्यक्ति देने का प्रयास। आधुनिक रहस्यवाद की भाँति उनमें भावजन्य अनुभूतियों की विकृति का न तो प्रयत्न ही लक्षित होता है और न उनमें बन्धनों को विश्रृंखलित कर आत्मा की मुक्ति के अभियान का मानवी जयघोष ही सुनने को मिलता है। आधुनिक रहस्यवाद अपने विषय-विस्तार में भले ही अधिक व्यापक न हो पर अनुभूति में गहरा और संवेदना में अधिक मानवी जरूर है।

आधुनिक रहस्यवाद का एक और पहलू है जिसे हम प्रतिक्रियावादी कह सकते हैं। 'पूँजीवाद' के साथ जिस लिबरल विचारधारा का प्रवेश हिन्दी-साहित्य में हुआ वह अपनी मूल-प्रकृति में विद्रोही, उच्छृखंल एवं स्वच्छन्दतावादी थी। वह समाज की रूढ़िगत सभी परम्पराओं को छिन्न-भिन्न कर देना चाहती थी, सामन्तवादी नीति-नियमों के सभी आचार-विचार को जड़ से उखाड़ फेंकने की आकांक्षी थी। पर इसके लिए जिस प्रबल एवं दृढ़ व्यक्तित्व की आवश्यकता थी, वह छायावाद के प्रारम्भिक युग में मिलना दुर्लभ

था। एक तो हजारों वर्षों से चली आती सामन्तवादी प्रवृत्ति स्वयं एक जबर्दस्त भौतिकवादी शक्ति बन गई थी और दूसरी बात यह थी कि भारत में औद्योगिक क्रान्ति को हुए केवल दस-एक वर्ष ही हुए थे। अतः छायावादी कवियों के हृदय में स्वच्छन्दतावादी प्रवृत्ति की प्रेरणा रहते हुए भी अपनी अनुभूति को स्वच्छन्द रूप में अभिव्यक्त करने में वे असमर्थ रहे। रीतिकाल की स्वच्छन्दतावादी धारा में भी जब उन्मुक्त प्रेम एवं वासना की अभिव्यक्ति का एक बार अवसर आया था तब कवियों ने राधाकृष्ण के नाम पर धार्मिक आवरण चढ़ाकर ही उसे जनता के समक्ष पेश किया था। लेकिन आधुनिक युग में परिस्थितियाँ बदल चुकी थीं, सामन्तवादी मनोवृत्ति का ह्रास हो रहा था अतः सामन्ती विचारधारा के प्रतीक के रूप में मान्य देवी-देवता (राधाकृष्ण) का प्रश्रय तो नहीं लिया गया, फिर भी अपनी स्वच्छन्दतावादी मनोवृत्ति एवं उच्छृंखल प्रेम की अभिव्यक्ति के लिए उन्हें 'रहस्यवाद' का आवरण लेना ही पड़ा।

उदाहरण के लिए यह देखा जा सकता है, कि 'प्रसाद' के 'आँसू' के प्रथम संस्करण में उन्मुक्त प्रेम की जो सरल अभिव्यक्ति थी, वह रूढ़िवादी समाज के लिए एक उठता प्रश्न-चिह्न था। अतः जब उनके व्यक्तित्व पर छींटाकशी की जाने लगी तो उन्होंने दूसरे संस्करण में उस पर अव्यक्त ईश्वर प्रेम का एक मोहाच्छन्न झीना आवरण (रहस्यवाद) डालकर अपना छुटकारा पाया। ध्यान देने की बात है कि जिस कवि के व्यक्तित्व में जितनी ही दृढ़ता एवं पौरुष की अदम्य भावना रही है, वह रहस्यवाद के इस प्रतिक्रियावादी प्रयोग से उसी अनुपात में अप्रभावित रहा है।

भारत की नारी जाति को सबसे अधिक गुलामी की जिन्दगी बसर करनी पड़ी है, उसे कठोर नीति-नियमों की परिधि के भीतर साँस लेने को विवश किया गया है। अतः सामन्तवादी मर्यादाओं के पालन का भार भी इसी वर्ग-विशेष पर विशेष रूप से रहा है। और यही कारण है कि सामन्तविरोधी मान्यताओं को मुखरित करने के प्रयास में 'रहस्यवादी' आवरण का सबसे अधिक सहारा भी इन्हीं को लेना पड़ा है। कवयित्री महादेवी की रचनाओं में अभिव्यंजित रहस्यवादी स्वर इसका प्रत्यक्ष प्रमाण है। 'महादेवी' का भी हृदय 'प्रिय' से जिमने के लिए आतुर है, वह भी अपने प्राणों की बाती जलाकर अपने प्रियतम का मार्ग आलोकित करने को इच्छुक है।[1] कोई उनकी भी स्मृति को आकर कसक और टीस दे जाता है।[2] जाग्रत जीवन का अभाव प्रायः स्वप्न के क्षणों में साकार हो उठता है अतः नींद में उनका प्रियतम उनके पास आता है[3] और जब वह जगकर उसे अपने पार्श्व में नहीं देखतीं तो उनका भी हृदय चीत्कार कर उठता है।[4] पर समाज का भय इतना है कि जब कभी भी उनका प्रियतम उनके पास आता है, तो अपने चारों ओर काला आवरण डालकर ही आता है (जिससे कोई उसे पहचान न सके।)[5] स्वयं उनका हृदय अपने 'प्राणेश' से मिलने के लिए उत्सुक रहता है और एक अभिसारिका की भाँति वह भी अपना शृंगार करती हैं[6] पर सामाजिक नीति-नियमों का डर हृदय में इस भाँति समाया रहता है कि वह चाँद से ही नहीं ताराओं की मद्धिम ज्योति से भी संकुचित हो उठती हैं।[7] उनका मन इतना आशंकित रहता है कि चातक और कोकिल की आवाज

भी उनके हृदय में खटका पैदा कर देती है, इसलिए वे उसे सुलाकर चुप कर देती है।[8] लेकिन जब उनसे समाज उनके 'प्राणेश' का परिचय पूछता है तो वे घबरा उठती है और बचाव का कोई अन्य रास्ता न पाकर आत्मा-परमात्मा का आवरण डालकर उन्हें समाज के सामने पेश कर देती हैं।[9] 'प्रसाद' ने भी तो सामाजिक लाँछना के भय से अपनी प्रेयसी को अपने शशि-मुख पर आवरण डाले रहने के लिए बिवश किया था जिससे कोई उसका परिचय जानना चाहे तो उसे बहलाया जा सके।[10] अन्तर केवल इतना है कि 'प्रसाद' का आवरण झीना है, तीक्ष्ण दृष्टिवाले कुछ ही क्षण में उनकी प्रेयसी को पहचान लेते हैं पर महादेवी का नारी-हृदय अधिक सशंकित होने के कारण अपने प्रिय के पूरे शरीर पर ही अपारदर्शक आवरण डालने की कोशिश करता है।

इसके ठीक विपरीत लौह पुरुष एवं कर्मठ व्यक्तित्व सम्पन्न महाकवि 'निराला' की कविताओं पर 'रहस्यवाद' के इस प्रतिगामी पक्ष का बहुत हल्का प्रभाव पड़ा है, एक प्रकार से देखा जाए तो वह भी नहीं के बराबर है। 'जूही की कली' कविता प्रतीकवादी शैली पर आधारित होने पर भी अपनी रूपाभिव्यक्ति में अधिक मांसल और सुष्ठु है। पर 'रहस्यवाद' का यह प्रतिक्रियावादी रूप अन्य कवियों की रचनाओं में भी बहुत समय तक नहीं रहा। समय के साथ जैसे-जैसे छायावादी कविगण अपने भीतर आत्म-विश्वास का अनुभव करते गए, स्वर भी स्पष्ट और सटीक होता गया। और 'छायावाद' की विजय का ही परिणाम था कि अन्त में स्वच्छन्दतावादी प्रवृत्ति की स्पष्ट अभिव्यंजना साहित्य में उपलब्ध होने लगी। कवियों ने तो यहाँ तक गाया–

'यों भुजकर हिये लगाना है क्या कोई पाप
ललचाते अधरों का चुम्बन क्यों हैं पाप कलाप ?'

और नारी सम्पर्क से भयभीत होकर प्रकृति की गोद में खेलकर[11] ही सन्तोष पाने का उपक्रम करनेवाले पन्तजी ने भी 'युगान्त' तक आते-आते यह लिखा–

"तुमने अधरों पर धरे अधर
मैंने कोमलवपु धरा गोल।"

'स्वच्छन्दतावाद' की जिस लहर ने छायावादी कविता को वायवी सौन्दर्य के स्थान पर मांसल एवं रूपजन्य सौन्दर्य की विशिष्टता अपनाने के लिए प्रेरित किया, उसका चरम विकास एकमात्र उच्छृंखल एवं वासनापरक साहित्य में हुआ ऐसा सोचना भ्रान्तिपरक है। सौष्ठववादी आलोचना, काव्य में न केवल सूक्ष्म सौन्दर्यानुभूति की अभिव्यंजना की कायल रही वरन् उसने सौन्दर्य को लोकमंगलवाद के स्तर पर खड़ा किया। पर कुछ साहित्यकारों की दृष्टि सौन्दर्य के इस वास्तविक एवं अभीप्सित रूप को ग्रहण नहीं कर पाने के कारण उसके कुत्सित पक्ष पर ही सिमट कर रह गई। लगता है 'सत्यम् शिवम् सुन्दरम्' के जिस सुन्दरम् तत्त्व को छायावादी काव्य-दृष्टि ने अपनाया उसके उचित रूप का सही विश्लेषण नहीं कर पाने के कारण ही शुक्लजी जैसे मार्मिक आलोचक ने भी उसकी कटु आलोचना की। वे ब्रैडले के 'कलावाद' एवं क्रोचे के 'अभिव्यंजनवाद' में वर्णित सौन्दर्य शब्द एवं छायावादी काव्यदृष्टि में अभिव्यंजित

सौन्दर्य-भावना उनके अनुसार नहीं देख सके। छायावादी सौन्दर्य-भावना उनके अनुसार बेल बूटे एवं नक्काशी की दिखावटी सौन्दर्यवृत्ति से कुछ अधिक महत्त्व नहीं रखती थी। शुक्लजी की दृष्टि में 'छायावाद' में अभिव्यंजित सौन्दर्य का सम्बन्ध स्वप्न और कामवासना से था। (इतिहास पृ. 653)

लेकिन सौन्दर्य के जिस व्यापक धरातल को छायावादी काव्यदृष्टि ने आत्मसात् किया था उसका सम्बन्ध फ्रायड के 'भोगवाद' या सार्त्र के 'अस्तित्ववाद' से न था, और न ही वह क्रोचे के 'अभिव्यंजनावाद' से ही अपना कुछ लगाव रखता था। वह तो कालिदास की इस उक्ति की समर्थिका थीं कि 'सौन्दर्यानुभूति की अपनी प्रवृत्ति कभी पाप की ओर उन्मुख नहीं होती।'' (यदुच्यते पार्वति पापवृत्तये न रूपमित्य व्यभिचारि तद्वचः''— कुमार सम्भव) यह ठीक है कि सौन्दर्य का अनुभव प्रायः प्रत्येक व्यक्ति करता है पर उसकी व्याप्ति को जन-जीवन में उतार देने की क्षमता सक्षम लेखनी तक ही सीमित रहती है। जब तक वह जन-जीवन के स्तर पर नहीं उतरती, वह कला का विषय नहीं बन सकती। काव्य के क्षेत्र में आने के लिए उसे सामाजिक धरातल पर उतरना ही पड़ता है। सामाजिक धरातल पर उतरने का अर्थ ही है—उसमें लोकमंगल की भावना का समावेश। जिस सौन्दर्य को 'कान्ट' आत्म-प्रधान मानता है, जिसे 'टाल्सटाय' प्रभृति विचारक एवं लेखक शिवत्व विरोधी समझते हैं तथा 'हचेन्सन', 'रोम्यांरोला' तथा 'रेनन' तुल्य महान कलाकार एवं दार्शनिक नैतिकता से परे मानते हैं, उसी की विवेचना विश्वकवि रवीन्द्रनाथ ठाकुर ने निम्नलिखित शब्दों में कर, समस्त असंगतियों का समाधान कर दिया—''वास्तव में मंगल मनुष्य के पास रहनेवाला आन्तरिक सौन्दर्य है, इसी कारण हम बहुधा सुगमता से सुन्दर रूप को नहीं समझ सकते, किन्तु जब समझते हैं तो हमारे प्राण एक वर्षा की नदी के समान भर उठते हैं, उस समय हमें उसकी अपेक्षा कोई भी वस्तु सुन्दर नहीं प्रतीत होती।'' (साहित्य)

छायावादी काव्य-दृष्टि अपने स्वस्थ निर्देशन एवं प्रवृत्ति निर्वाचन में विश्वकवि रवीन्द्रनाथ ठाकुर एवं कीट्स की अधिक ऋणी है न कि तोल्सताय, कान्ट, हचेन्सन, रोम्यांलोरा तथा रेनन की। यही कारण है कि छायावादी साहित्यिक एवं सौष्ठववादी आलोचकों ने 'सौन्दर्य' भावना को 'कवित्व' के परिप्रेक्षण में ही देखने का प्रयास किया। पन्त के अनुसार जो सुन्दर है, वही सत्य है और जो सत्य है वही मंगलदायक।'' अपनी कविताओं का पर्यावलोचन करते हुए उन्होंने लिखा- सत्य शिव में स्वयं निहित होता है। जिस प्रकार फूल में रंग है, फल में जीवनोपयोगी रस और फूल की परिणति शिव में सत्य के नियमों द्वारा होती है उसी प्रकार सुन्दरता की परिणति शिव में सत्य द्वारा होती है।'' (आधुनिक कवि, पृ. 12)

हम ऊपर लिख चुके हैं कि छायावाद का स्वर व्यक्तिवादी था। ''काव्य आत्माभिव्यक्ति का साधन है'' (Expression of Personality) विश्वकवि रवीन्द्रनाथ ठाकुर की इस उक्ति का प्रायः प्रत्येक छायावादी कवि समर्थन करता पाया जाता है। 'प्रसाद' ने काव्य की प्रकृति पर विचार करते हुए लिखा—''काव्य आत्मा की कल्पनात्मक

अनुभूति है।" (काव्य और कला तथा अन्य निबन्ध, पृ. 123) निराला ने भी गाया– "मैंने 'मैं' शैली अपनाई।" ओर पंन्त ने लिखा–'इसी प्रकार अनुभूति की तीव्रता भी सापेक्ष है, और मेरी रचनाओं में उसका सम्बन्ध मेरे स्वभाव से है।" (आधुनिक कवि, पृ. 12) कवयित्री महादेवी कवि की आत्माभिव्यक्ति को ही काव्य का चरम साध्य समझती हैं। उनके अनुसार "कवि जीवन के निम्नस्तर से ही काव्य के उपादान ला सकता है, परन्तु वे उसी के होकर सफल अभिव्यक्ति करेंगे और उसके रागात्मक दृष्टिकोण से ही सजीवता पा सकेंगे।" (आधुनिक कवि (1), पृ. 23) अतः टैगोर की भाँति इस काल का प्रत्येक साहित्यकार आत्माभिव्यक्ति को ही अपनी काव्य साधना का चरम लक्ष्य स्वीकार करता है।

काव्यात्मक अभिव्यक्ति की व्यक्तिवाद के स्तर पर उतर आने की जो प्रवृत्ति छायावादी साहित्य में अंकुरित एवं पल्लवित हुई, उसका वास्तविक एवं प्रगतिवादी पक्ष न समझ पाने के कारण अधिकांश आलोचकों ने इस काल के पूरे साहित्य को ही 'असामाजिक' एवं 'पलायनवादी' कहकर आक्षेप करना शुरू कर दिया। उनमें से बहुतेरे तो आज भी इस तथ्य को दुहराते देखे जा सकते हैं। आलोचकों ने घोषणा की कि छायावाद के गीतों में लोकरंजन एवं लोकसंवेदना का पूर्णतया अभाव है। वह 'व्यक्ति' के 'अहम्' में सिमटा-सिकुड़ा समाज की समसामयिक आवश्यकताओं से दूर और तत्कालीन राजनीतिक प्रवृत्तियों से अछूता, केवल वैयक्तिक वेदना की एक मधुर तान है। लेकिन ध्यान में रखना चाहिए कि इस काल में कवि की आत्माभिव्यक्ति को काव्य के चरम साध्य के रूप में अवश्य ग्रहण किया गया पर यह आत्माभिव्यक्ति व्यष्टि की संकुचित सीमा में आबद्ध होकर ही नहीं रह गई थी। व्यक्तिवाद की समर्थिका महादेवी ने अपने विचार व्यक्त करते हुए लिखा है–उस (कवि) के अन्तर्जगत का विकास ऐसा होना आवश्यक है जो उसके व्यक्तिगत जीवन का विकास और परिष्कार करता हुआ समष्टिगत जीवन के साथ उसका सामंजस्य स्थापित कर दे।"

काव्य का समाज से सदा का सम्बन्ध रहा है पर 'छायावाद' में जिस काव्य का परिचय मिलता है वह समाज का यथातथ्य अनुवाद नहीं था। उसका सम्बन्ध समाज के स्थूल विषयक वस्तु-चित्रण से न होकर उसके कार्य कलापों में निहित प्रेरणा से है। क्योंकि सम्पूर्ण छायावादी साहित्य ही स्थूल के प्रति सूक्ष्म के विरोध से अनुप्राणित है। पहले के तथ्यपरक (Factual) कविता के स्थान पर इसमें भावपरक शैली ने अपना स्थान ग्रहण किया था। क्या हुआ जो गुप्तजी की तरह देश-भक्ति से प्रेरित कवियों ने भारतवर्ष की सीमाएँ निर्धारित नहीं की। 'प्रसाद' का स्वर–

"हिमालय के आँगन में उसे
प्रथम किरणों का दे उपहार...।"

या "हिमाद्रि तुंग-शृंग से प्रबुद्ध शुद्ध भारती..." तथा माखनलाल की वाणी–

"मुझे तोड़ लेना वनमाली, उस पथ पर देना तुम फेंक
मातृभूमि पर शीष चढ़ाने, जिस पथ जावें वीर अनेक ॥"

क्या उच्च देश-भक्ति एवं राष्ट्रीय नवजागरण से अनुरंजित नहीं?

'छायावाद' जिस समाज की भावभूमि में पनप रहा था, उसको न केवल सामन्तवादी मनोवृत्तियों के झंझावात का सामना करना रहा, अपितु साम्राज्यवादी कवियों से भी उसे कठोर संघर्ष लेना था। राष्ट्रीयता का जो अंकुर 'भारतेन्दुकाल' में फूटा और जिसे द्विवेदी युग के साहित्यकारों ने गौरव के साथ अपनी लेखनी की छाया में विकसित होने का अवसर दिया, उसे भली-भाँति पुष्पित फलित होने का अवसर तो छायावादी वातावरण में ही मिला। छायावादी कवियों की दृष्टि के अनुसार हमें अंग्रेजी शासन की दासता से छुटकारा तो पाना ही था, पर साथ ही विजेता होने के दम्भ में जिस रीति-नीति द्वारा अंग्रेज हमारी सभ्यता एवं संस्कृति का विनाश कर रहे थे, उससे भी सचेत होना और जनसमुदाय को अपने अतीत के गौरवशील पृष्ठों के माध्यम द्वारा अपनी संस्कृति की महत्ता का भी दिग्दर्शन कराना अभीप्सित था। अतः इन कवियों ने धर्मान्धता का बहिष्कार तो किया, पर 'पुरातन' एवं राष्ट्रीय गौरव के अतीत पृष्ठों के प्रति इनके हृदय में सदा सम्मान एवं श्रद्धा का स्रोत प्रवाहित होता रहा। 'प्रसाद' के रचना क्षेत्र से इसका निश्चित प्रमाण प्राप्त किया जा सकता है। क्या काव्य और क्या नाटक सभी के कल्पना का क्षेत्र अतीत के गौरव से ही अनुप्राणित है। कविवर पन्त आज के अनैतिक वातावरण से क्षुब्ध होकर तो यहाँ तक लिख देते हैं–

"कहाँ आज वह पूर्ण-पुरातन वह सुवर्ण का काल।"

स्पष्ट है, राष्ट्रीय जागरण के इस उषःकाल में राजनीतिक परतन्त्रता की तो अभिव्यक्ति मिली ही, पर समाज की आत्मा की गहराई में उतरकर उसकी सांस्कृतिक चेतना को भी अपनी काव्य-वस्तु बनाने का गुरुतर प्रयास छायावाद की अपनी विशिष्टता है।

पूँजीवादी व्यवस्था ने जिस नई राष्ट्रीयता एवं नूतन मानवतावाद को जन्म दिया था, उसका व्यापक प्रभाव छायावाद की जीवन-दृष्टि पर पड़ा। साथ ही छायावाद ने अन्य सामाजिक समस्याओं का भी सूक्ष्म निरीक्षण किया। 'व्यक्तिवाद' स्वयं सामाजिक रूढ़ियों की प्रतिक्रिया की देन है। युग-युग से उपेक्षित नारी, जो भोग की वस्तु समझी जाती थी, माया, मोह ओर अन्धकार की जीवित प्रतिमा के रूप में साहित्य में अंकित होती आई थी, वह छायावाद के दृष्टि-ताप से पिघलकर पवित्र बन चमक उठी। 'प्रसाद' की 'कामायनी' में कामगोत्रजा श्रद्धा, नारी-भावना की पूर्णता की द्योतिका है। 'तुलसी' ने जहाँ नारी को 'सहज अपावन नारी' कहा है, वहाँ 'पन्त' की दृष्टि उसके पवित्र रागमय चित्र से हटकर कहीं भटकी नहीं। उनकी लेखनी से फूटकर निकल पड़ा–'तापस बाला गंगा निर्मल।' चिर उपेक्षित एवं प्रताड़ित विधवा 'निराला' की दृष्टि में किसी देवी से कम नहीं। तभी तो उन्होंने 'इष्टदेव के मन्दिर की पूजा सी' कहकर उसकी मर्यादा की महत्ता को स्वीकार किया है।

लौहपुरुष 'निराला' की तो बात छोड़िए जिनकी कविताओं में सामन्त विरोधी भावनाओं को तीव्रतम अनुभूति के साथ व्यक्त किया गया है,[13] जिसमें एक नई आस्था,

नया सन्देश और नूतन शक्ति को मूर्तता दी गई है। अपनी ही वेदना में डूबी और पलायनवादी घोषित की जानेवाली कवयित्री महादेवी की कविताओं में भी नारी हृदय की कोमलता के साथ कितनी ओजस्विता, कितनी दीप्ति और कर्म-क्षेत्र में युद्ध करने की कितनी अदम्य प्रेरणा भरी है, वह केवल निम्नलिखित पद्यांश से स्पष्ट हो जाता है—

"बाँध लेंगे क्या तुझे यह मोम के बन्धन सजीले ?
पन्थ की बाधा बनेंगे तितलियों के पर रंगीले ?
विश्व का क्रन्दन भुला देगी मधुप की मधुर गुनगुन,
क्या डूबा देंगे तुझे यह फूल के दल ओस गीले ?
तू न अपनी छाँह को अपने लिए कारा बनाना !
जाग तुझको दूर जाना !"

निष्कर्ष रूप में यह कहा जा सकता है कि 'छायावाद' न तो 'द्विवेदी-युग' की प्रतिक्रिया की देन है और न पाश्चात्य 'रोमैंटिक' साहित्य का भावानुवाद ही। वह हिन्दी-साहित्य की विकासशील वह धारा है जिसका उत्स भारत की पूँजीवादी व्यक्तिपरक मान्यताओं एवं तज्जनित आवश्यकता द्वारा आविर्भूत लिबरल विचारधारा में ढूँढा जा सकता है। वह हिन्दी-साहित्य के विकास का एक ऐतिहासिक कदम था जो समाज की विकृतियों का वैज्ञानिक विश्लेषण कर उनके उन्मूलन की ओर तो प्रवृत्त हुआ ही, 'सामन्तवाद' एवं 'साम्राज्यवाद' की प्रगति विरोधी एवं अमानुषिक शक्तियों से जूझने और उसे परास्त करने की भी उसने प्रेरणा दी। उसका स्वर 'व्यक्तिवादी' था पर उसके 'व्यक्तिवाद' का स्वर 'व्यष्टि' का 'समष्टि' के साथ तादात्म्य स्थापित करने का माध्यम था, साहित्यकार के 'स्व' को लोकमंगलकारी 'पर' से संयुक्त कराने का साधन था।

सन्दर्भ

1. 'मधुर मधुर मेरे दीपक जल
   प्रियतम का पथ आलोकित कर।'
2. 'वे स्मृति बनकर मानस में
   खटका करते हैं निशि दिन।'
3. 'नींद में वह पास आया
   स्वप्न सा हँस पास आया।'
4. 'तुम्हें बाँध पाती सपनों में,
   तो चिर जीवन प्यास बुझा—
   लेती उस छोटे क्षण अपने में,
5. 'करुणामय को भाता है—
   तम के परदे में आना।'
6. शशि के दर्पण में देख देख
   मैंने सुलझाए तिमिर केश

गूँथे चुन तारक पारिजात
अवगुंठन कर किरणें अवशेष।'

7. हे नभ के तारावलियों
   तुम पल भर को बुझ जाना
8. मैं आज चुपा आई चातक
   मैं आज सुला आई कोकिल।'
9. 'सिन्धु का क्या परिचय देव
   बनते बिगड़ते बीचि विलास
   क्षुद्र हैं मेरे बुद बुद प्राण।'
   तुम्हीं में सृष्टि तुम्हीं में प्राण।'
10. शशि मुख पर घूँघट डाले
    आँचल में दीप छिपाए।
    गोधूली की इस बेला में
    कौतूहल से तुम आए।
11. छोड़ द्रुमों की मृदु छाया
    तोड़ प्रकृति से भी माया,
    बाले तेरे बाल जाल में कैसे उलझा दूँ लोचन।
12. वही प्रज्ञा का सत्य स्वरूप
    हृदय में बनता प्रणय अपार
    लोचनों में लावण्य अनूप
    लोक-सेवा में शिवि अविकार।
13. 'रुद्ध कोष, है क्षुब्ध तोष
    अँगना-अंग से लिपटे भी
    आतंक-अंक पर काँप रहे हैं
    घनी, वज्र-गर्जन से बादल
    त्रस्त नयन मुख ढाँप रहे है
    जीर्ण बाहु, है शीर्ण शरीर,
    तुझे बुलाता कृषक अधीर,
    हे विप्लव के वीर !'

'गोदान' का कथा-शिल्प : संरचना के सन्दर्भ में*

प्रेमचन्द कृत 'गोदान' हिन्दी साहित्य की एक महत्त्वपूर्ण उपलब्धि है। खेद की बात है कि ऐसी असामान्य रचना का तदनुरूप वैज्ञानिक एवं सन्तुलित मूल्यांकन प्रस्तुत नहीं किया जा सका है। 'गोदान' आज भी हिन्दी समीक्षकों के लिए एक चुनौती है। यह बात नहीं कि इस महत्त्वपूर्ण कृति को लेकर समीक्षकों ने लिखा कम है। देखना चाहें तो इस पर मान्य आलोचकों द्वारा लिखे विभिन्न लेख प्राप्य हैं और विद्वानों द्वारा प्रस्तुत अनेक शोध-प्रबन्ध भी उपलब्ध हैं। पर इन आलोचनाओं का स्वर मूलतः विवरणात्मक है और समीक्षा-दृष्टि, कथा-सामग्री के विविध पक्षों के बाह्यरूप-चित्रण पर ही अटक कर सीमित रह गई है। इन आलोचकों के पढ़ने के उपरान्त यह स्पष्ट नहीं हो पाता कि बीस वर्ष की अपनी साहित्यिक साधना के अन्तिम चरण में आकर कथा-शिल्प के रूप में प्रेमचन्द ने कहाँ तक प्रगति की, उपन्यास को लेकर उनकी मान्यताओं में कहाँ तक परिवर्तन हुआ, विचार एवं वस्तुचयन के रूप में उन्होंने पुराने को छोड़कर किन नए प्रतिमानों को स्वीकार किया। संक्षेप में कहें तो 'गोदान' की अपनी विशिष्टता का उद्घाटन, साहित्यिक उपलब्धि के रूप में अभी तक नहीं हो पाया है।

इस महान कृति का सर्वाधिक विवादास्पद पक्ष रहा है उसका कथा-शिल्प, जिसको लेकर आज भी हिन्दी समीक्षक एकमत नहीं। आचार्य नन्ददुलारे वाजपेयी के अनुसार आधिकारिक ग्रामीण कथा के साथ प्रासंगिक नागरिक कथा को दो उद्देश्यों की सिद्धि के लिए इस उपन्यास में जोड़ा गया है—तुलना द्वारा ग्रामीण परिस्थिति की विषमता को स्पष्ट करके प्रभाव को तीव्र बनाने के लिए और नागरिक पात्रों द्वारा ग्रामीण जीवन में सुधार लाने के लिए। कथा-शिल्प के इस नियोजन को लेकर उनका आक्षेप है कि "अगर इन दोनों को अलग-अलग दो कृतियों में न रखकर एक में मिलाने की आवश्यकता समझी गई तो यह मिलाप कार्य अधिक समन्वित रूप में तथा अधिक कलापूर्ण रीति से करना चाहिए था।" उनके मत में प्रेमचन्द अपने इस कृत-कार्य में सफल नहीं हो सकें हैं। 'गोदान' की संरचना में संगठन के अभाव एवं कथावस्तु में दीख पड़नेवाली असम्बद्धता को लक्ष्य कर ही रामविलास शर्मा ने सरल भाव से अपना निर्णय दे दिया,

*सर्वप्रथम 'गोदान' पुस्तक (सम्पादक राजेश्वर गुरु) में 1976 में प्रकाशित। प्रकाशक : राधाकृष्ण प्रकाशन, दिल्ली।

"केवल निर्माण की दृष्टि से स्वयं प्रेमचन्द 'सेवासदन' को फिर न पा सके।" इसके विपरीत नलिनविलोचन शर्मा कथा-वस्तु की इस असम्बद्धता को ही 'गोदान' के स्थापत्य की विशेषता मानते हैं। इनके अनुसार यही वह विशेषता है जिसके कारण उसमें महाकाव्यात्मक गरिमा आ जाती है।

यह निर्विवाद सत्य है कि कथा-वस्तु अपने अनुरूप शैलीविधान की माँग करती है और कथा-शिल्प का अपना प्रयोग कथा-वस्तु के चयन-निर्माण को बहुत दूर तक प्रभावित करता है। 'गोदान' के कथा-शिल्प एवं उसके वस्तु-पक्ष के आन्तरिक सम्बन्धों के विश्लेषण के उपरान्त ही हम यह निर्णय देने की स्थिति में होंगे कि 'गोदान' के कथा-शिल्प का रूप कैसा है और कथा-वस्तु के सन्दर्भ में उसकी सार्थकता क्या और क्यों है। अतः यह देखना अनुचित न होगा कि 'गोदान' का मूल स्वर है क्या ? उपन्यासकार का प्रतिपाद्य क्या है ? आलोचकों का एक दल यह मानता है कि 'गोदान' का प्रतिपाद्य ग्राम जीवन एवं कृषि-संस्कृति है, अतः नागरिक जीवन की सार्थकता ग्रामीण परिस्थिति की विषमता के प्रभाव को तीव्र करने मात्र तक सीमित है। दूसरे दल की यह मान्यता है कि वस्तुतः 'गोदान' के प्रणयन में उपन्यासकार का लक्ष्य सम्पूर्ण भारतीय जन-जीवन का मार्मिक चित्रंण रहा है। अतः गोदान की 'असम्बद्ध-सी दीख पड़नेवाली दोनों कहानियों के बीच से भारतीय जीवन की विशाल धारा बहती चली आती है।"

मेरी अपनी धारणा है कि 'गोदान' के मूलस्वर को आलोचकों ने ठीक से पहचाना ही नहीं। वस्तुतः इस असामान्य कृति द्वारा प्रेमचन्द भारतीय जन-जीवन का कोई स्थिर (Static) चित्र प्रस्तुत नहीं करना चाहते थे--भले ही वह ग्राम-जीवन का विशद, हृदयस्पर्शी चित्र हो अथवा भारतीय समाज का महाकाव्यात्मक विवरण ही क्यों न हो। उनका कलाकार पक्ष तत्कालिक समाज की गत्यात्मक शक्तियों (dynamic forces) के दबाव को अनुभव कर चुका था और अपनी लम्बी साहित्यिक साधना की उपलब्धि के फलस्वरूप वे ऐतिहासिक विकसनशील प्रवृत्तियों के सन्दर्भ में भारतीय समाज के एक व्यापक सत्य का 'गोदान' में प्रतिपादन करना चाहते थे।

'गोदान' का मूल स्वर

अपने समय की बदलती हुई सामाजिक स्थिति का जितना सफल और सार्थक चित्रण प्रेमचन्द ने 'गोदान' में किया है वह उनके कलाकार पक्ष की सबलता का परिचायक है। उनके द्रष्टा-पक्ष ने यह भली-भाँति देखा कि भारत की सामन्ती प्रथा अब पूरी तरह खोखली हो चुकी है। यह अब तेजी से टूट रही है। इतिहास की गतिशील शक्तियाँ एवं विकसनशील आन्तरिक प्रवृत्तियाँ इस टूटती हुई सामन्तवादी प्रथा के बीच से भारतीय समाज को 'समाजवाद' की ओर खींचे लिए जा रही है। 'सामूहिक सम्पत्ति' एवं 'सामूहिक-श्रम' ही वे आधारभूत मान्यताएँ हैं जिन पर 'समाजवाद' का भवन खड़ा होता

है। इस सामूहिक-सम्पत्ति और सामूहिक श्रम के लिए यह आवश्यक हो जाता है कि पहले समाज से 'व्यक्तिगत सम्पत्ति' एवं 'व्यक्तिगत-श्रम' की प्रथा का नाश हो जाए। क्योंकि व्यक्तिगत-सम्पत्ति का अन्त हो जाने के बाद ही वह अपने वैयक्तिक-बन्धनों से मुक्त हो पाएगा और सामाजिक सह-अस्तित्व के उस धरातल पर खड़ा होने की स्थिति में होगा जिसमें 'सामूहिक-श्रम' एवं 'सामूहिक-सम्पत्ति' ही एकमात्र लक्ष्य बन सकती है। इतिहास की सतत विकासशील शक्तियाँ यह कार्य स्वयं कर रही हैं--इस तथ्य से प्रेमचन्द भली-भाँति अवगत हो चुके थे। एक ओर जमीन्दारों के लिए लगान एवं बेगार के लिए किसान रुपया जुटाने में असमर्थ था, दूसरी तरफ महाजन कर्ज में एक के बदले उससे दस वसूल करता था। तनाव की इस स्थिति को कृषक समाज कुछ समय के लिए तो अवश्य सह लेता है, पर विषमताओं की लगातार जो कटु मार उस पर पड़ती है वह अन्त में उसे विवश कर देती है कि वह जमीन का मोह छोड़ दे।[1] इस तथ्य को प्रेमचन्द ने अपनी कहानी 'पूस की रात' में बड़े ही कलात्मक ढंग से चित्रित किया है।

'हलकू' किसान है। खेत पर किए गए अपने अथक परिश्रम के पश्चात् भी जमींदार का लगान देने के लिए उसके पास तीन रुपए तक नहीं बच पाते। फिर भी जमीन का मोह उसे गाँव से बाँधे है, सामन्तवादी मनोवृत्ति उसे बन्धन तोड़कर मुक्त होने की छूट नहीं देती। पर परिस्थितियों की विषमता एवं सत्य की कटुता का जो अनुभव उसे होता है, वह उसे बाध्य करता है कि वह मजदूरी करे। अन्त में वह मजदूरी करने के लिए तैयार हो जाता है। उसको इस तथ्य का भी बोध हो जाता है कि उसके सभी कष्ट एवं प्रतारणाओं का मूल-स्रोत सामन्ती प्रथा है, जमीन का उसका मोह है। इस कहानी के छोटे से पट पर तत्कालीन समाज का जो बड़ा सत्य दिखलाया गया है, उसी को प्रेमचन्द ने 'गोदान' उपन्यास के वृहद कैनवास पर सविस्तार चित्रित करने का सफल एवं प्रशंसनीय प्रयास किया है।

होरी का अन्तरंग एवं बहिरंग--दोनों सामन्ती विचारधारा से आप्लावित है। पर यह कहना कि कृषक-वर्ग तो सामन्तवाद का कृष्णपक्ष है, वह उसका साधन होकर सदा सामन्तवादी शासकों (feudal lords) की संस्कृति का विरोधी होता है--पूरी तरह न्यायसंगत नहीं। फिल्ट्रेशन के सिद्धान्त के अनुसार सामन्ती मनोवृत्ति समय के साथ किसानों की रगों में धीरे-धीरे उतरती जाती है। और एक समय यह सामन्ती संस्कृति प्रसार पाकर किसानों की अपनी जीवन-दृष्टि में पूरी तरह घुल-मिल जाती है। ऐसी अवस्था में सामन्ती और किसानों की संस्कृति में कोई अन्तर नहीं रह जाता। होरी भी उसी किसान वर्ग का एक व्यक्ति है जिसकी रग-रग में, रक्त के एक-एक कतरे में, वर्षों से चली आती सामन्ती संस्कृति बुरी तरह अपना घर बना चुकी है।

सामन्ती-संस्कृति का आधार धरती है। धरती ही सामन्ती युग की उत्पादन-प्रणाली का वह मूलबिन्दु है जिसके आधार पर जमीन्दार अथवा सामन्ती राजे-महाराजे किसानों का शोषण करते हैं। ऐसी धरती से जब एक ओर किसान अपना अभिन्न सम्बन्ध स्वीकार कर बैठता है और दूसरी ओर जमीन्दारों की धरती का स्वामी और अपने को

उसका दास समझने लगता है, तब वह जान-अनजान में शोषणकारी सामन्ती संस्कृति को ही और पुष्ट करता है। होरी भी स्वयं अपने को धरती का स्वामी नहीं मानता। जो दस रुपए महीने का नौकर है वह भी उससे अच्छा खाता-पीता है, इस ज्ञान के बावजूद उससे खेतों को छोड़ा नहीं जाता, क्योंकि सामन्ती मूल्यों को जीवन की गहराई तक अपना लेने के कारण वह यह मानने लगता है कि "खेती में जो मरजाद है, वह नौकरी में तो नहीं।" दूसरी ओर अपने तमाम शोषण के बावजूद वह 'रायसाहब' (जमीन्दार) को सदा अपना स्वामी घोषित करता रहता है।

जिस समय प्रेमचन्द ने 'गोदान' की रचना की, उस समय सामन्ती-प्रथा टूट रही थी। सामन्तवादी प्रथा के टूटने एवं बिखरने का अर्थ ही होता है जमीन के प्रति किसान के मोह का टूटना। जमीन के मोह के टूटने का दूसरा अर्थ होता है—मजदूर बनना। यही मजदूर-वर्ग आगामी 'समाजवादी' प्रथा का आधार-स्तम्भ बनता है। वस्तुतः 'गोदान' की सम्पूर्ण कहानी सामन्ती आस्था के टूटने की कहानी है। पर इसका टूटना आसान न था। हजारों वर्षों से हमारे रक्त में प्रवाहित होने के कारण जो संस्कृति आत्मा में बहुत गहराई तक उतर चुकी थी, वह स्वयं में कितनी बड़ी शक्ति होगी—इसका सहज में अनुमान लगाया जा सकता है। होरी का जीवन दो पाटों—सामन्ती एवं समाजवादी—के तनाव के बीच से गुजरता है। वह एक ओर सामन्ती मान्यताओं से लड़ता है तो दूसरी ओर मजदूर-वर्ग की सत्ता पर आधारित समाजवादी प्रथा अपनाने से इनकार भी करता है। पर इतिहास की गतिशील शक्तियाँ समाज को प्रगति के किस पथ पर ले जा रही थीं, यह 'गोदान' के रचयिता ने भली-भाँति अनुभव कर लिया था। अतः अन्तर्द्वन्द्व की इस स्थिति का अन्त 'गोदान' में इतिहास की गतिशील प्रवृत्तियों की विजय में ही पर्यवसित होता है।

होरी अपने जीवन का सम्पूर्ण श्रम और अपनी आस्था की पूरी शक्ति लगाकर जमीन से चिपटा रहना चाहता है। पर जमीन्दार के अत्याचार, महाजन के कर्ज आदि अन्यान्य ऐतिहासिक कारणों के फलस्वरूप उसे जमीन का मोह अन्त में त्याग देना पड़ता है। सामन्तवादी विकृतियों से लड़ता-लड़ता वह टूट जाता है। पर उसके दम तोड़ने का अर्थ ही है—पुरानी सामन्तवादी प्रथा पर निहित आस्था का चूर-चूर होना। एक पीढ़ी (होरी) सामन्तवादी प्रथा से लड़ते-लड़ते अन्त में टूट जाती है और टूटकर भावी जीवन (समाजवाद) की आस्था की ओर संकेत देती है और दूसरी पीढ़ी (गोबर) उस आस्था को जीवन में उतारकर, उसे कर्मक्षेत्र (समाज) में स्थापित करने की ओर सचेष्ट हो उठती है।

गोदान का यही मूल स्वर है।

प्रतिपाद्य विषय : युग का महान सत्य

'गोदान' का प्रतिपाद्य-विषय, युग के एक महान सत्य का उद्घाटन है। वह सामन्ती प्रथा

के टूटने की कहानी है जिसे महान् उपन्यासकार ने भारतीय जन-समाज की सभी आन्तरिक विषमताओं एवं सामाजिक अन्तर्विरोधों के सन्दर्भ में चित्रित करने का स्तुत्य प्रयास किया है। इसमें केवल ग्रामदशा का विषद् एवं मार्मिक चित्रण नहीं, वरन् उन सामाजिक गत्यात्मक शक्तियों के सन्दर्भ में सम्पूर्ण भारतीय जीवन की अभिव्यक्ति का प्रयास है जो भारतीय समाज को उस समय उद्वेलित कर रही थी, उसे विकास का ऐतिहासिक संकेत दे रही थी। 'गोदान' का हृतकम्पन सामन्ती प्रथा के गर्भ को फाड़कर निकलनेवाली संस्कृति के जन्म की कहानी को स्पष्ट संकेत देता प्रतीत होता है। इसे बड़ी ही खूबी के साथ उपन्यासकार ने 'होरी' और 'गोबर' के चारित्रिक द्वन्द्व एवं स्वभावगत अन्तर्विरोधों के माध्यम द्वारा चित्रित किया है और कैनवास के रूप में भारतीय समाज का वृहत् अंश उनके सामने रहा है।

महान कलाकृति में चरित्र का टाइप और व्यक्ति रूप इस तरह आपस में घुलमिल जाता है कि उसे अलग करना असम्भव होता है। 'गोदान' भी साहित्यिक वैभव का अन्यतम रूप है। उसमें भी व्यक्तित्व का सामाजिक तत्त्व एवं उसका निजी अंश आपस में इस प्रकार समन्वित हो उठे हैं कि उनके व्यावहारिक रेशों को अलग करना असम्भव है। होरी तो सामन्ती संस्कृति का सघनतम जीवित रूप है। वह धरती से इसलिए चिपटा रहता है कि वह सामन्ती मर्यादा का प्रश्न है। चतुर्दिक शोषण द्वारा पिसकर भी वह सामन्ती प्रथा को इसलिए मूकभाव से वहन करता जाता है क्योंकि सामन्ती संस्कृति के अनुरूप वह नियति और कर्मफल में पूर्ण आस्था रखता है। वह यह मानता है कि 'हमारा जन्म इसीलिए हुआ है कि अपना रक्त बहावें और बड़ों का घर भरें,' पर असन्तोष की इस स्थिति को वह अपना कर्मफल मानकर सन्तोष कर लेता है। वह कर्मफल पर आधारित जाति-प्रथा का उल्लंघन नहीं कर पाता और अन्य कई प्रकार की बेईमानी करने के बावजूद ब्राह्मण का रुपया दबा लेने और उसका अनिष्ट करने में भारी पाप समझता है। सामन्ती संस्कृति की प्रमुख कड़ी है सम्मिलित कुटुम्ब के प्रति आस्था और बिरादरी में रहने का मोह। होरी इस मोह को तोड़ नहीं पाता। स्वाभाविक स्नेहवश जब वह अपने पुत्र की गर्भवती प्रेमिका झुनिया को अपने कुटुम्ब में शरण दे देता है तब अन्तर्जातीय विवाह को लेकर पंचायत उस पर सौ रुपए नकद और तीस मन अनाज देने के दंड का निर्णय करती है। बिरादरी में रहने के इस मोह के कारण ही अपनी तमाम मुसीबतों एवं गरीबी के भयंकर परिणाम को एक ओर रखकर वह दंड को स्वीकार कर लेता है क्योंकि बिरादरी उसके जीवन में वृक्ष की भाँति जड़ जमाए हुए थी और उसकी नसें उसके रोम-रोम में बिंधी थीं। बिरादरी से निकलकर उसका जीवन विशृंखल हो जाएगा, तार-तार हो जाएगा।

इसमें सन्देह नहीं कि होरी का चरित्र सामन्ती संस्कृति के ताने-बाने से बुना गया है और बेलारी गाँव की यथार्थ स्थिति के सन्दर्भ में उसका इस प्रकार विकास दिखलाया गया है कि जीवन्त व्यक्ति के रूप में वह टाइप बन गया है।

गोबर का व्यक्तित्व ठीक इसके विरोधी है। सामन्ती संस्कृति के जिन आधारभूत

मूल्यों को होरी अपनाता है, उन सभी मूल्यों के प्रति न केवल वह असन्तोष व्यक्त करता है वरन् उसके प्रति वह सक्रिय विरोध भी प्रकट करता है। वह जमीन का मोह छोड़कर शहरी मिल की मजदूरी करने में मर्यादा का कोई स्खलन नहीं समझता। वह न तो पुनर्जन्म में विश्वास रखता है और न कर्मफलवाद को ही स्वीकार करता है। उसके अनुसार पुनर्जन्मवाद एवं कर्मफल का सिद्धान्त तो केवल "मन को समझाने की बातें हैं। भगवान सबको बराबर बनाते हैं। यहाँ जिनके हाथ में लाठी है, वह गरीबों को कुचलकर बड़ा आदमी बन जाता है।" परम्परा से चले आते धार्मिक अनुष्ठानों एवं पूजा-पाठ को वह स्वीकार नहीं कर पाता क्योंकि वे भी उसके लिए शोषण-चक्र के आधार पर ही टिके हैं। किसके बल पर यह भजन-भाव और दान-धर्म होता है ? इस प्रश्न का स्पष्ट उत्तर है–"किसानों के बल पर और मजदूरों के बल पर। यह पाप का धन पचे कैसे ? इसीलिए दान-धर्म करना पड़ता है। भगवान का भजन इसीलिए होता है। भूखे-नंगे रहकर भगवान का भजन करें तो हम भी देखें।" झुनिया से अन्तर्जातीय विवाह करके वह स्वच्छन्द प्रेम में अपनी आस्था ही नहीं प्रकट करता है अपितु सीधे रूढ़िगत नैतिक मूल्यों पर प्रहार करता है। वह सम्मिलित कुटुम्ब की प्रथा पर न केवल अविश्वास रखता है वरन् ठीक होरी के चरित्र के प्रतिकूल बिरादरी की भी कोई चिन्ता नहीं करता। वह पैसे के मूल्य को अच्छी तरह पहचान गया था अतः स्पष्ट स्वरों में अपनी माँ का प्रतिवाद करते हुए कहता है–"रुपए हों तो न हुक्का-पानी का काम है, न जात बिरादरी का। दुनिया पैसे की है, हुक्का-पानी कोई नहीं पूछता।"

अगर होरी सामन्ती-संस्कृति का प्रतिनिधि पात्र है तो उसका पुत्र गोबर पूँजीवाद की उभरती शक्ति से उद्भूत उस मजदूर समुदाय का प्रतिनिधित्व करता है जो न केवल सामन्ती संस्कृति के विरोध में खड़ा अपनी शक्ति का परिचय देता है वरन् अपने अन्तर में छिपे समाजवादी उन सम्भावनाओं का भी संकेत देता है जिसे हम इतिहास के प्रगतिशील तत्त्वों का दिशा-संकेत कह सकते हैं।

'गोदान' के रचयिता ने अपने युग के इस महान सत्य–(होरी की) सामन्तवादी आस्था के टूटकर (गोबर की) सम्भावित समाजवादी मान्यताओं में परिणति–को ही अपना प्रतिपाद्य विषय बनाया है।

नागरिक जीवन की सार्थकता

प्राय : सभी आलोचकों ने यह माना है कि 'गोदान' में अगर गाँव के चित्र अधिकाधिक रूप में आए हैं तो नागरिक जीवन के चित्र मात्र प्रासंगिक है। कुछ समीक्षक तो उसकी कोई भी सार्थकता नहीं ढूँढ़ पाते क्योंकि इस उपन्यास का वृहत् शरीर जिस देहाती जीवन के मेरुदंड पर खड़ा है उसकी प्रचुरता और विदग्धता को देखते हुए इतर प्रसंग 'क्षेपक'–से लगते हैं; इन क्षेपकों के कारण ही उपन्यास स्थूलकाय हो गया है। आलोचकों का दूसरा समुदाय, जो नागरिक जीवन के चित्रण में शिल्प का थोड़ा-बहुत औचित्य

देखता है, यह मानता है कि इस कृति द्वारा प्रेमचन्द भारतीय जीवन को उसकी समग्रता में चित्रित करना चाहते थे और उसके लिए वे प्रचलित स्थापत्य शैलियों के माध्यम से प्रयत्न कर भी चुके थे, जैसे 'प्रेमाश्रम', 'रंगभूमि' आदि में, किन्तु 'गोदान' के इन पूर्व प्रारूपों की अपूर्णता को देखकर मानो कई बार प्रयोग करने के बाद, वह उसे पा लेते हैं, जिसके लिए वे भटक रहे थे।

सामन्ती प्रणाली का आधार ग्राम-समाज है तो पूँजीवाद सभ्यता का केन्द्र शहर है। किसान को टूटकर मजदूर बनना है तो उसे किसी औद्योगिक समाज में ही जाना होगा और अगर उस समय समाज का प्रतिनिधित्व करनेवाला नागरिक समाज चित्रित न होता, तो अपनी आस्था को कर्मभूमि में स्थापित करने का गोबर को अवसर ही कहाँ मिलता ?

'गोदान' का अध्ययन करनेवाले किसी भी सुधी पाठक से यह छिपा नहीं रहता कि ग्राम-कथा और नागरिक जीवन-खंडों को जोड़नेवाली घटनाओं के केन्द्र में ज्यादा स्पष्ट रूप से दो ही पात्र आते हैं—गोबर और जमींदार रायसाहब। जहाँ तक रायसाहब का प्रश्न है--उसका ग्रामकथा से अविच्छेद्यतः सम्बन्ध तो है ही, नागरिक समाज भी उनके व्यक्तित्व से पूरी तरह जुड़ा हुआ है। वे एक ओर सामन्तवादी प्रथा का प्रतिनिधित्व करते हैं और उस समय वे 'शोषक' के रूप में आते हैं। दूसरी ओर वे पूँजीवादी प्रणाली के चक्र के शिकार हैं अर्थात् 'शोषित भी हैं। उसकी सामन्ती प्रथा पूर्ण रूप से खोखली हो उठी है जिसे रायसाहब आडम्बर और ऊपरी आवरण से छिपाना चाहते हैं, पर मूलतः उनकी भी स्थिति वैसी ही है जैसी उनके अन्य किसानों की। 'होरी' की ही भाँति वे भी कर्ज में आकंठ डूबे हुए हैं। वे भी वैसे ही गिड़गिड़ाते और हाथ पसारते हैं जैसे होरी दातादीन, झिंगुरी सिंह और दुलारी सहुआइन के सामने गिड़गिड़ाता है। अन्तर है तो बस इतना कि होरी के ये शोषक 'छोटे स्तर पर शोषण करते हैं और रायसाहब का शोषण करनेवाले खन्ना जैसे कुछ बड़े पूँजीपति हैं। होरी और रायसाहब एक ही प्रणाली के दो छोर पर स्थित हैं पर जब प्रणाली के मूल पर ही आघात होगा, तो निश्चय ही दोनों नीचे गिरेंगे। अतः जिन झूठी मान-मर्यादाओं एवं खोखली सामाजिक रूढ़ियों से होरी का जीवन ग्रस्त है उससे किसी प्रकार रायसाहब मुक्त नहीं, अन्तर है तो केवल वातावरण का, बाहरी आवरण का, अभिव्यक्ति एवं आचरण के माध्यम का। यह ठीक है कि होरी की तरह उपन्यासकार ने उनकी मृत्यु को अनिवार्य नहीं समझा, पर इसमें सन्देह नहीं कि उनका अन्त अत्यन्त कुशलता के साथ उपन्यासकार ने अंकित किया है। वे जीवन के सभी आयामों पर पराजित लगते हैं, उनके जीवन का मेरुदंड ही टूट गया है, अतः वे अवश और जीवन से सम्पूर्ण रूप से विरक्त लगते हैं। उनकी स्थिति वस्तुतः 'जीवित मृत्यु' का ही बोध कराती है।

स्पष्ट है—गोबर, रायसाहब और खन्ना के चरित्र और उनके व्यक्तित्व की आवश्यक परिणति ने नागरिक जीवन के चित्रण को अनिवार्य बना दिया। पर प्रश्न उठाया जा सकता है--इस मूल कथा के साथ मालती-मेहता-खन्ना, गोविन्दी की उपकथा को जोड़ने में उपन्यासकार का क्या लक्ष्य रहा होगा ? क्या यह अंश सचमुच नागरिक पाठकों की

अभिरुचि को ध्यान में रखकर लिखा गया है ?

प्रेमचन्द तो अन्त तक साहित्य को सोद्देश्य बनाने के पक्ष में रहें। कोरे मनोरंजन और रुचि-वृत्ति के लिए किसी अंश को 'गोदान' जैसे उपन्यास में स्थान देने की बात उनकी कला और साहित्य-साधना के सर्वथा प्रतिकूल है। लगता है, मालती- मेहता, खन्ना-गोविन्दी के चरित्रों के माध्यम से वह प्राचीन और नई संस्कृति के मान-मूल्यों को उद्घाटित करना चाहते थे। सामन्ती प्रथा का विघटन और पूँजीवादी प्रणाली के प्रभुत्व का प्रभाव केवल आर्थिक व्यवस्था पर ही नहीं पड़ता। यह परिवर्तन तो समाज की सम्पूर्ण व्यवहार-प्रणाली पर ही अपना दबाव डालता है। बदली परिस्थिति, नए मान-मूल्यों की माँग करती है और मेहता-मालती का प्रसंग इस सन्दर्भ का ही उदाहरण है।

सामन्तवाद से पूँजीवाद की यात्रा एक नए वर्ग--मध्यवर्ग, को जन्म देती है जिसका आधार एवं सामाजिक सम्बन्ध पहले के मध्यवर्गीय समाज की स्थिति से पूर्णतया भिन्न होता है। नए समाज में स्त्रियों का जीवन दूसरे स्तर पर अपनी सार्थकता ढूँढ़ता है। वह प्रेम, विवाह और पारिवारिक मान्यताओं को दूसरे दृष्टिकोण से देखने लगती है। मालती के जीवन को वस्तुतः इस बदले मूल्यों के सन्दर्भ में ही देखना उचित होगा। उसका व्यवहार उन्मुक्त है पर उच्छृंखल नहीं, वह अपने पैरों पर खड़े रहने की सामर्थ्य रखती है पर जीवन के साथ वह कोई गम्भीर खिलवाड़ नहीं करती, वह वैभव के बीच आमोद-प्रमोद ढूँढ़ती है पर खन्ना के धन पर फिसलती नहीं, वह विवाह को प्रेम का आधार नहीं बनाती। 'पर प्रेम के आधार पर विवाह का भवन खड़ा करना चाहती है। वह परिवार के बीच अपनी सत्ता, अपने व्यक्तित्व को खो देने की मान्यता को स्वीकार नहीं करती, अपितु अपने व्यक्तित्व के प्रति पूर्ण सचेत रहती है। संक्षेप में कहें तो "वह बाहर से तितली है, भीतर से मधुमक्खी।"

यह बात दूसरी है कि उपन्यासकार, नागरिक-कथा को पूर्ण सहानुभूति के साथ अंकित नहीं कर पाया है और रह-रहकर उसकी आदर्शवादी मान्यताएँ नए मूल्यों के साथ टकरा जाती हैं। अपनी मान्यताओं के प्रति कठोर आग्रह रखने के कारण इन चरित्रों को ऐसे मोड़ दिया है कि घटना-प्रसंग कई स्थलों पर अविश्वसनीय हो उठता है। अविश्वसनीय होने का एक और कारण भी है। उपन्यासकार ने कुछ ही नए मूल्यों को अपनी दृष्टि में रखा, उसे वह व्यापकता न दे पाया जिसे देना अपेक्षित था। अतः वातावरण के अधूरे सन्दर्भ में, नए मूल्यों को आदर्शवादी मोड़ देने के कारण असंगतियाँ स्वयमेव उद्भूत हो उठी हैं।

कथा-शिल्प : संरचना के सन्दर्भ में

साहित्यिक प्रक्रिया एक जटिल व्यापार है। इस जटिल प्रश्न को स्पष्ट करने के लिए साहित्यकार के व्यक्तित्व का विश्लेषण व्यक्ति के रूप में करना होगा। साहित्यकार का

व्यक्तित्व, अपने स्रष्टा एवं द्रष्टा, दोनों पक्षों के समुचित योग का परिणाम होता है। स्रष्टा के रूप में साहित्यकार अपने चारों ओर फैले वातावरण में व्याप्त सुख-दुख, आशा-निराशा, भाव-अभाव, जीवन-मरण आदि का सफल चित्रण करने में समर्थ होता है। इसी शक्ति के आधार पर उसकी समर्थ लेखनी देश और काल के चेहरे पर खड़ी हल्की से हल्की शिकन को भी साहित्य में अभिव्यंजित करने में समर्थ होती है। साथ ही समाज किस गति से किस दिशा में आगे बढ़ रहा है, उसकी प्रगति में कौन-से तत्त्व सहायक हैं और कौन-से विरोधी, विकास का क्रम उसे किस ओर खींचे लिए जा रहा है—आदि समस्याओं का ज्ञान कलाकार का द्रष्टा-पक्ष ही करता है। स्पष्ट है आदर्श रूप में कलाकार का द्रष्टा-पक्ष इतिहास की गतिशील वृत्तियों का उचित आकलन करता हे और उसी आकलन के सन्दर्भ में उसका स्रष्टा-पक्ष वस्तुगत यथार्थ को और भी सटीक बनाकर कलात्मक आवरण प्रदान करता हैं। जब तक स्रष्टा एवं द्रष्टा पक्ष की प्रकृति में सामंजस्य रहता है, कलाकृति निर्दोष और अखंड रहती है। तदनन्तर असंगतियाँ स्वयमेव रचनाओं से अनुस्यूत होने लगती हैं।

असंगतियों के अनुस्यूत होने का भी कारण है। स्रष्टा के रूप में कलाकार अपनी रचनाओं में जिस सामाजिक यथार्थ की अभिव्यंजना करता है, वह भविष्यत् की ओर एक निश्चित संकेत देता है। अगर कलाकार का द्रष्टा-पक्ष सबल और दोषरहित रहा तब वह इतिहास की गतिशील शक्तियों का उचित मूल्यांकन करने में समर्थ होगा और उसके इस द्रष्टा-पक्ष द्वारा वर्णित भविष्यत् का संकेत स्रष्टा-पक्ष द्वारा अभिव्यंजित यथार्थ द्वारा निर्देशित संकेत के साथ अभिन्नता स्थापित करता रहेगा। पर स्रष्टा एवं द्रष्टा दोनों पक्षों में किसी के निर्बल हो जाने से रचना में विरोधाभास का आ जाना स्वाभाविक है। जब कथाकार का द्रष्टा-पक्ष समाज की ऐतिहासिक शक्तियों का उचित आकलन न कर, अपने चित्त की मनमानी लहर के अनुसार भविष्य की कल्पना करने लगता है उस समय द्रष्टा-पक्ष द्वारा अभिप्सित काल्पनिक आदर्श कुछ संकेत देता पाया जाता है, और स्रष्टा के रूप में चित्रित सामाजिक यथार्थ एवं उससें ध्वनित इतिहास की गतिवर्धक शक्तियाँ, भविष्यत् के लिए कुछ और ही संकेत देती जाती हैं। इस प्रकार रचनाओं में अन्तर्विरोधी स्वर स्वयमेव मुखरित हो जाता है।

प्रेमचन्द के पूर्ववर्ती उपन्यासों में इस अन्तर्विरोधी स्वर को तीव्रता के साथ अनुभव किया जा सकता है। उनका औपन्यासिक दृष्टिकोण—'आदर्शोन्मुख यथार्थवाद' सृजनात्मक प्रक्रिया से उत्पन्न होनेवाले विरोधाभास को ही सिद्धान्त के आवरण में प्रस्तुत करने का प्रयास है। उनके स्रष्टा-पक्ष ने अपने समाज के अनेक जीवन्त प्रश्नों को यथार्थ-चित्रण के साथ बहुत खूबी के साथ उभारा, पर द्रष्टा-पक्ष, आदर्शवादी होने के कारण, एक ओर न तो इतिहास की गतिशील वृत्तियों से मेल खा सका और न दूसरी ओर सुधार की अपनी हठवादितों को ही छोड़ सका। अतः उनके प्रारम्भिक प्रायः सभी उपन्यास क्रान्ति की पृष्ठभूमि में सुधारवादी एवं सामंजस्यवादी समाधान के साथ लिखे गए हैं। जहाँ कहीं भी चरित्रों के विकास में स्रष्टा एवं द्रष्टा-पक्ष की टकराहट को

उपन्यासकार ने तीव्रता के साथ अनुभव किया, वहाँ या तो घटनाओं को एक झटके के साथ मोड़कर पात्रों के चरित्र-चित्रण को विकृत कर दिया, अथवा इस मार्ग से अवरुद्ध होने पर हत्याओं एवं आत्मघातों के द्वारा अस्वाभाविक समाधान रख दिया गया।

स्रष्टा एवं द्रष्टा-पक्ष के इस तनाव और अन्तर्विरोधी स्वर से 'गोदान' बहुत-कुछ मुक्त है। इस अन्तिम उपन्यास में आकर जैसे उनकी कल्पना का आदर्शवादी रूप सामाजिक यथार्थ की वास्तविकता से टकराकर खंडित हो गया है। यहीं पर उनके आदर्शोन्मुख यथार्थ को हम समाजवादी यथार्थ की तरफ मुड़ते हुए अनुभव करते हैं। 'गोदान' में उपन्यासकार का स्रष्टा-पक्ष सापेक्षतया अधिक सबल है और द्रष्टा-पक्ष बहुत दूर तक दबा-दबा है। लेकिन जहाँ कहीं भी द्रष्टा-पक्ष ने, उनके कलाकार पक्ष पर हावी होने का प्रयास किया, अन्तर्विरोधी स्वर उभर उठे हैं। प्रेमचन्द, नवयुग की प्रतिमा, 'मालती' के सहज रूप को स्वीकार न कर सके, नारी विषयक उनका भारतीय आदर्श, उस चरित्र के स्वाभाविक विकास के बीच एक चट्टान की भाँति आ अड़ा। फलतः मेहता के आदर्शोन्मुख व्याख्यानों के सन्दर्भ में एक अस्वाभाविक मोड़ के साथ उस चरित्र की गति को तोड़ डाला गया। गोबर का व्यक्तित्व जिस क्रान्ति-परक मूल्यों के योग से गठित हुआ, उसे भी अनावश्यक रूप से सुधारवादी एवं सामंजस्यवादी मनोवृत्ति के माध्यम द्वारा कुंठित कर दिया गया। पर इसमें सन्देह नहीं कि 'गोदान' में ऐसे स्थल बहुत ही कम हैं और मूलरूप में वह कलाकार के स्रष्टा-पक्ष की सफलता और दृष्टिकोण की सार्थकता को ही हमारे सामने रखता है।

स्रष्टा-पक्ष की सबलता ने 'गोदान' के कथा-शिल्प को पूर्ववर्ती उपन्यासों की तुलना में कहीं अधिक कलात्मक और सशक्त बना दिया है। इस उपन्यास में प्रेमचन्द ने मनोरंजन-तत्त्व को अपने औपन्यासिक उपादानों से अलग रख दिया है। न तो यहाँ कौतूहलवर्द्धक विशिष्ट कथा-सामग्री पर बल है, न घटना-प्रधान, और कालक्रम में सुनियोजित सुसम्बद्ध कथानक का ही आग्रह है। जीवन को व्यापक सन्दर्भ में सरल भाव से रखने के कारण वे यथार्थ को अधिक गहराई के साथ यहाँ पकड़ने में सफल हुए हैं और यही कारण है कि इस उपन्यास के सामान्य पात्र भी जीवन और सामाजिक विशेषताओं में रंग कर कहीं अधिक सजीव और विश्वसनीय बन बैठे हैं। आदर्शवादी मनोवृत्ति का 'चाहिए' पक्ष, जो उनके अन्य उपन्यासों की प्रमुख विशेषता थी, यथार्थ की वास्तविकता से टकराकर चूर हो गया है। उद्देश्यवाद, अब भी उनकी उपन्यास-कला का प्रेरक तत्त्व है पर उसकी धारा प्रच्छन्न है और कथानक एवं चारित्रिक विकास के बहुत नीचे, गहराई में प्रवाहित होने के कारण 'उपदेशवाद' के रूप में सामने नहीं आती वरन् चरित्र को 'टाइप' और कथानक को 'प्रतीकात्मक' बनाकर, सम्पूर्ण रचना को ही विशिष्ट बना देता है।

उपन्यास के नाम 'गोदान' को ही लें। जमीन की तरह 'गाय' भी सामन्ती संस्कृति का एक अभिन अंग है। यह कृषक-संस्कृति की शोभा और गौरव है। होरी का सम्पूर्ण

व्यक्तित्व इस सामन्ती-संस्कृति के ताने-बाने से बुना हुआ है, अतः हर एक कृषक-गृहस्थ की भाँति होरी के मन में भी गऊ की लालसा चिरकाल से संचित चली आती थी। इसको पाने और मर्यादा की रक्षा के लिए वह कर्ज लेता है, छल-कपट करने में भी संकोच नहीं करता। और जब घर में गाय आ जाती है तब अपनी समस्त विशेषताओं एवं गरीबी के बावजूद वह खिल उठता है। परिस्थितियाँ और इतिहास की गतिवर्द्धक शक्तियाँ सामन्तवादी आदर्श को तोड़ती रहती हैं। गाय भी मर जाती है, पर सहस्रों वर्षों की संचित परम्परा, युगों से चले आते सामन्तवादी आदर्श इतनी जल्दी खत्म नहीं हो सकते। वे गाय की लालसा की तरह होरी के उपचेतन मन में दबी रह जाती है। और इसका अन्त जब जीवन की सान्ध्यबेला में टूटा शरीर और उल्लसित मन से गाय लेने के लिए वह कटिबद्ध होता है, उसी समय उसके जीवन की गति रुक जाती है। उसके उपचेतन मन में गाय की दबी लालसा 'स्वप्न-चित्र' की भाँति उभरती है–''फिर एक गाय का चित्र सामने आया, बिल्कुल कामधेनु-सी। उसने उसका दूध दूहा और मंगल को पिला रहा था कि गाय एक देवी बन गई और...।'' पर वह सामन्ती जीवन का यह मोह लिए ही मर जाता है। मृत्यु-काल में उसकी आँखों में पराजय के आँसू हैं, उसके चेहरे पर आस्था के टूटने की कहानी है और उस पराजय और टूटी कहानी को उद्घाटित करनेवाले पंडित दातादीन और अन्य शोषक वर्गों के प्रतिनिधि व्यक्तियों की लोलुप दृष्टि और नोच-खसोट कर खानेवाले खुले हाथ हैं। प्रेमचन्द ने अपनी तरफ से कुछ नहीं कहा, पर पूरा वातावरण, प्रतीकों के मुख से सामन्ती प्रथा के टूटने की कहानी कह उठता है। 'गोदान' के कथा-शिल्प की यही विशेषता है।

(डॉ. बीना श्रीवास्तव के सहयोग से)

सन्दर्भ

1. 'पूस की एक रात' कहानी का अन्त इन शब्दों से होता है–'दोनों खेतों की दशा देख रहे थे। मुन्नी के मुख पर उदासी छाई हुई थी; पर हल्कू प्रसन्न था।
मुन्नी ने चिन्तित होकर कहा–अब मजूरी करके मालगुजारी भरनी पड़ेगी।
हल्कू ने प्रसन्न मुख से कहा–रात की ठंड में यहाँ सोना तो न पड़ेगा। 'हिन्दी कहानियाँ'–संकलनकर्त्ता, डॉ. श्रीकृष्णलाल, पृ, 158।

इतिहास-लेखन और आचार्य द्विवेदी*

इतिहास-लेखन : सिद्धान्त और स्वरूप

साहित्य का इतिहास-लेखक ज्ञान-विज्ञान के अन्य क्षेत्रों में लिखनेवाले इतिहासकारों की भाँति ही एक इतिहासकार होता है। अन्तर है तो केवल इतना कि साहित्य का इतिहास-लेखक साहित्यिक कृतियों के माध्यम से उपलब्ध मानव-जीवन के इतिहास को अपना मूलभूत लक्ष्य मानता है जबकि अन्य क्षेत्रों के इतिहासकार, अपनी विशिष्ट विषय-परिधि–चित्रकला, मूर्तिकला, वाणिज्य, अर्थशास्त्र, समाजशास्त्र, राजनीतिशास्त्र इत्यादि में–अभिव्यक्त मानवजीवन के विकास को अपना आधार बनाते हैं। यही कारण है कि साहित्य का इतिहास-लेखक भी अन्य इतिहासकारों की भाँति पहले इतिहासकार है और बाद में साहित्य का आलोचक, भाषा-विद् अथवा पाठालोचक। ध्यान देने की बात है कि साहित्य का इतिहास, साहित्य का आलोचना-सिद्धान्त नहीं; न वह पाठालोचन (Textual criticism) है और न ही वह भाषा का इतिहास ही है। साहित्य का इतिहास-लेखक अपने लेखन के समय इनकी सहायता लेता है और एक तरह से देखें तो बिना इस मदद के वह अपने दायित्व का सही अर्थों में निर्वाह करने में असमर्थ तक है। जब तक कृतियों का सही मूल्यांकन न हो जाए, उसमें अभिव्यक्त मानव-जीवन का सही विश्लेषण सामने न आ जाए और उसकी साहित्यिक विशिष्टताओं पर समुचित प्रकाश न पड़ जाए, साहित्य का इतिहास लिखना ही सम्भव नहीं। इसी प्रकार रचनाओं के पाठों की प्रामाणिकता जब तक सिद्ध न हो जाए, अथवा कृतियों में प्राप्त दो खंडो के सम्बन्धों का समुचित विश्लेषण सामने न आ जाएँ, प्रामाणिक और निर्विवाद इतिहास लिखा ही नहीं जा सकता। जिस भाषा के माध्यम से साहित्यिक कृतियाँ अपनी अभिव्यक्ति पाती हैं, उस भाषा का स्वयं अपना इतिहास, साहित्य के इतिहास के साथ जुड़ा होता है, अतः जब तक भाषा और उसके इतिहास का ज्ञान न मिल जाए, साहित्य का इतिहास-लेखन अपना ठोस आधार बना ही नहीं सकता।

अतः साहित्य के इतिहास-लेखन की दो आवश्यक शर्तें-सी हैं। जब तक ये शर्तें पूरी नहीं हो जातीं, इतिहास का सही रूप सामने नहीं आ सकता। पहली शर्त है कि

*. सर्वप्रथम 'शान्तिनिकेतन से शिवालिक' (सं.-डॉ. शिवप्रसाद सिंह) में 1967 में प्रकाशित।

इसके पूर्व के किसी साहित्य-विशेष का इतिहास लिखा जाए—उस साहित्य में उपलब्ध कृतियों का विश्लेषण, उसके पाठों का वैज्ञानिक परीक्षण और उस भाषा का, जिसमें साहित्य लिखा गया है, भाषा-वैज्ञानिक अध्ययन सम्पन्न हो चुका हो। अगर यह कार्य पहले ही सम्पादित नहीं हो चुका है तो निश्चित ही इतिहासकार गलत स्थान पर, गलत ढंग से, गलत विषय पर बल देगा और तब इस गलती के लिए इतिहासकार को दोषी ठहराना या उसके इतिहास में अविच्छिन्न धारा प्रवाह के अभाव के लिए उसकी आलोचना करना सर्वथा अनुचित होगा। (आचार्य शुक्ल के इतिहास की समीक्षा करते समय आलोचक प्रायः इस तथ्य को भूल जाते हैं।) दूसरी शर्त है कि स्वयं इतिहासकार को साहित्य-शास्त्र, पाठालोचन और भाषा-विज्ञान का समुचित ज्ञान होना चाहिए। अगर वह इनमें दीक्षित, नहीं तो अपनी निर्णय लेने में वह न तो स्वतन्त्र रह पाएगा और न कृतियों को उचित सन्दर्भों में समझने में सफल ही हो पाएगा।

स्पष्ट है साहित्य का इतिहासकार, अन्य इतिहासकारों की भाँति एक विशिष्ट कार्य-क्षेत्र (इतिहास) का सदस्य होने के बावजूद साहित्य-शास्त्र, पाठालोचन और भाषा-विज्ञान से अपने को असम्बद्ध रखकर अपने दायित्व का निर्वाह नहीं कर सकता। और यहीं पर उसे एक बहुत बड़े खतरे से अपने को बचाने की आवश्यकता पड़ती है। अपने कार्य-क्षेत्र की सीमा को निर्धारित करते समय बहुत सम्भव है कि वह साहित्य और सामान्य संस्कृति, पाठालोचन और काल विभाजन, वैज्ञानिक आलोचक और सृजनात्मक साहित्यकार आदि की विभाजक-रेखा को अन्त तक पकड़ने में सफल न हो पाए। यह ठीक है कि यह विभाजक-रेखा स्वयं में पूर्ण रूप से पूर्ण-निर्धारित नहीं रहती और कहीं-कहीं तो वे एक-दूसरे को इस प्रकार काटती आगे बढ़ती हैं कि उनकी अलग प्रकृति पहचान तक में नहीं आती। फिर भी जब इतिहास-लेखक एक बार अपनी गति को पहचानकर कार्य-क्षेत्र की सीमा का निर्धारण कर लेता है, यह विभाजन-रेखा भी स्पष्ट से स्पष्टतर होती चलती है। भय रहता है तो केवल इस बात का कि कहीं साहित्य-सिद्धान्त, पाठालोचन अथवा भाषा-विज्ञान का उसका पक्ष, पांडित्य का रूप न ले ले। सच तो यह कि उनका यह पांडित्य पक्ष सबल होने के बावजूद इतिहास-लेखन के समय मूल-प्रवृत्ति के सन्दर्भ में जितना ही दबा रहे, उतना ही सफल इतिहास की सृष्टि सम्भव है।

मूल प्रश्न यह है कि इतिहास का अपना कार्य-क्षेत्र क्या है ? इतिहास-लेखन की कार्य-सिद्धि कौन-सी है ? क्या इतिहासकार तथ्यों का कालक्रमानुार मात्र संकलन करता है अथवा उसका लक्ष्य इन तथ्यों के विवरण के साथ उसकी व्याख्या भी है ? और अगर व्याख्या उसकी कार्य-सिद्धि की सीमा के भीतर है तब उसका आधार क्या है ? क्या यह आधार व्यक्तिपरक है अथवा वह वस्तुपरक भी हो सकता है ? क्या इतिहास-लेखन स्वयं में एक कार्य-पद्धति (method) की माँग करता है अथवा भावपरक होने के कारण वह केवल कल्पना-रंजित कथा-संकलन है ? साहित्य के इतिहास के कार्य-क्षेत्र को उचित सन्दर्भ में समझने के लिए इन प्रश्नों का पहले उत्तर पाना आवश्यक है।

इसमें सन्देह नहीं कि सम्प्रति विचारधारा से मनुष्य सदा प्रभावित होता रहा है। यही कारण है कि जब कभी भी मनुष्य ने काल का परदा उठाकर विगत जीवन की झाँकी लेने का प्रयास किया, वह निष्पक्षता एवं तटस्थता को निभा नहीं पाया, पिछली घटनाओं की जब कभी आलोचना-प्रत्यालोचना में वह प्रयत्नरत हुआ, उस समय उसने अपने ही युग की मानतुला के उपयोग को उचित समझा। इसीलिए क्रोचे का मत है कि प्रत्येक इतिहास वस्तुतः समसामयिक इतिहास होता है और लेसिंग के अनुसार इतिहासकार अपने युग के इतिहास को छोड़कर अन्य किसी युग का इतिहास लिखता ही नहीं। कॉलिंगउड का कथन है कि इतिहास का अध्येता स्वयं इतिहासकार होता है, अतः इतिहास, इतिहासकार के स्वयं के दृष्टि विशेष द्वारा मनन की गई विगत घटनाओं की अभिव्यक्ति के अतिरिक्त और कुछ नहीं है (Speculum Mentis, p. 236)।

यह सत्य है कि इतिहास किसी आँखों-देखी घटना का वर्णन नहीं होता। इतिहासकार को तो संकेत-मात्र देते हुए भग्नावेश, कतिपय तत्सम्बन्धी लिखित-वृत्तान्त एवं छुटपुट आलेखों का ही सहारा मिलता है। इन सूच्यार्थ पदार्थों से 'क्या हुआ' का तो ज्ञान प्राप्त हो जाता है पर वह घटना 'क्यों हुई', इसका उत्तर उसे नहीं मिलता। अतः इतिहासकार का कार्य केवल वस्तुओं को देखना मात्र ही नहीं है अपितु उसके लिए वस्तुओं के 'पार जाना' भी आवश्यक है, जो कॉलिंगउड के मतानुसार पूर्वकल्पित कल्पना के अभाव में सम्भव नहीं (idea of history p. 214)। साहित्य के इतिहास में इस कल्पना का योगदान और भी महत्त्वपूर्ण हो उठता है। इतिहास-लेखन को एक कार्य-प्रणाली (method) के रूप में स्वीकार करने के बाद, अविच्छिन्न धारा-प्रवाह और बोधगम्यता के अतिरिक्त, जिस तत्त्व पर विलियम के. विम्सैट और क्लीन्थ ब्रुक्स अधिक बल देते हैं वह है इतिहासकार का दृष्टि-विशेष। साहित्य का इतिहास उनके अनुसार बिना किसी दृष्टिकोण-विशेष के लिखा ही नहीं जा सकता। तटस्थ और वैज्ञानिक दृष्टिकोण के आधार पर लिखा गया इतिहास, इतिहास के धर्म का सही अर्थों में निर्वाह ही नहीं कर पाता (Literary criticism—A short history of India Ed p.vii)

ध्यान देने की बात है कि घटनाओं के 'पार जाने' की प्रक्रिया में कल्पना-तत्त्व की महत्ता को तो स्वीकार किया गया पर उस कल्पना के स्वरूप की कोई निश्चित आधारभूमि ढूँढ़ने का इतिहासकारों ने कोई प्रयत्न नहीं किया। परिणाम भी स्पष्ट है। प्रत्येक इतिहासकार घटनाओं को मनोवांछित दृष्टि से देखने का प्रयास करने लगा। फल यह हुआ कि एक ही घटना विभिन्न एकांगी दृष्टिकोणों से देखने के कारण एक उलझन-सी बनकर रह गई। वैज्ञानिक दृष्टि के अभाव में घटनाओं का सम्यक् विवेचन नहीं हो सका। सबसे पहले द्वन्द्वात्मक प्रणाली के आधार पर ऐतिहासिक आलोचना पद्धति ने इन भ्रान्तियों का निराकरण करते हुए कल्पना का वास्तविक आधार ढूँढ़कर इतिहास को उसकी वास्तविकता में देखने का प्रयास किया। इसने भी इतिहास को 'व्याख्या' (Interpretation) के रूप में स्वीकार किया और व्याख्या के लिए 'कल्पना-तत्त्व' को उसका आवश्यक अंग माना पर कल्पना के आधार को आज की

मान्य विचारधारा में न ढूँढ़कर, तत्कालीन सामाजिक असंगतियों में खोजने का उसने प्रयास किया। इस प्रकार उसने इतिहास-लेखन को एक 'मेथड' के रूप में अपनाया और उस 'मेथड' को वैज्ञानिकता के स्तर पर प्रतिपादित किया।[1]

डॉ. नन्दलाल चटर्जी ने अपने लेख—"इतिहास की व्याख्या कैसे हो : मार्क्स और ट्यान्वी के दृष्टिकोण" (अमृत बाजार पत्रिका : 20 मई, 1956) में यह दिखाने का प्रयास किया है कि सर चार्ल्स फर्थ आदि इतिहास-लेखकों ने ऐतिहासिक आलोचना-पद्धति के पहले ही इस सिद्धान्त का प्रतिपादन किया था कि इतिहास का उचित अध्ययन सामाजिक दृष्टिकोण से ही होना सम्भव है क्योंकि इतिहास मूलरूप में मानव-समाज के प्रवाह की कथा के अतिरिक्त और कुछ नहीं है। पर सच तो यह कि मानव-समाज के प्रवाह की शक्ति का, वह स्रोत कहाँ है जो समाज की कथा को निरन्तर प्रवहमान बनाने में समर्थ है—इसका फर्थ आदि विद्वान अनुसन्धान नहीं कर सके। ऐतिहासिक आलोचना-पद्धति ने आज तक के इतिहास लेखन में आनेवाली दो प्रमुख कमजोरियों का निराकरण किया। पूर्ववर्ती इतिहासकारों की भाँति मनुष्य की सामान्य प्रवृत्तियों एवं उद्देश्यों को ही किसी घटना का मूल कारण न समझने के कारण, उसने इन प्रवृत्तियों एवं उद्देश्यों के पीछे कार्य करनेवाले मूलस्रोत की व्याख्या को अपना लक्ष्य बनाया। साथ ही, इतिहास के निर्माण का श्रेय कुछेक व्यक्तियों को उसने नहीं दिया वरन् उसने सामाजिक व्यवस्था एवं तत्कालीन असंगतियों को परिवर्तन के मूल कारण के रूप में स्वीकार किया।

द्वन्द्वात्मक भौतिकवाद यह बतलाता है कि विकास के प्रवाह में एक समय ऐसा आता है जब वस्तु, भाव आदि विभिन्न सत्ताओं में साम्यावस्था रहती है। यह वाद (थीसिस) की अवस्था है। कालान्तर में इसके गर्भ से स्वयमेव आन्तरिक असंगतियाँ उद्भुत हो उठती हैं जो अपनी पूर्वस्थिति के विरोध में फलती-फूलती जाती है। असंगतियों के इस विकास की चरम-परिणति को प्रतिवाद (एंटीथिसिस) की संज्ञा से बोधित किया जाता है। जिस प्रकार अपने उत्स से निकली सरिता पहले एक पतली रेखा के समान रहती है, पर आगे चलकर नदी के विस्तृत पाट का निर्माण कर लेती है, उसी प्रकार ये असंगतियाँ भी समय के प्रवाह में विकसित एवं विस्तृत होती रहती हैं। मात्रा में निरन्तर वृद्धि होते रहने के कारण एक स्थिति ऐसी भी आती है जब वस्तु में अचानक (By leaps, catastrophe revolution) गुणात्मक परिवर्तन होने लगता है, उसी प्रकार जैसे जल के तापक्रम के बढ़ाने या घटाने से वह वाष्प अथवा हिमखंड के रूप में अचानक परिवर्तित हो उठता है। वाद-प्रतिवाद के संघर्ष से आविर्भूत इस नूतन साम्यावस्था को ही समन्वयवाद (सिन्थीसिस) कहते हैं। इस सद्यःनिर्मित साम्यावस्था के गर्भ से भी कालान्तर में नवीन असंगतियाँ उत्पन्न होने लगती है और इस क्रम की निरन्तर आवृत्ति होती है।

इस विकास की रेखा का स्वरूप वृत्ताकार परिक्रमा के रूप में न होकर घुमावदार सीढ़ियों (spiral) की भाँति होता है। जब कोई वस्तु अपने विकास-क्रम में पुनः

पूर्वस्थिति पर पहुँचती है तो सम प्रतीत होनेवाली इन दो अवस्थाओं की गत्यात्मक शक्ति (frequency) में अन्तर होता है। बाद की आवृत्ति पूर्वावृत्ति की तुलना में अधिक शक्तिमान एवं ऊर्ध्वगामी होती है तथा विकासगत स्तर में एक सीढ़ी ऊपर होती है। संस्कृति एवं सभ्यता के विकास में भी इस प्रक्रिया को अच्छी तरह से देखा जा सकता है।

यह बात ध्यान देने की है कि उत्तराधिकार के रूप में प्राप्त सामाजिक व्यवस्था अपने पूर्व की स्थिति से भिन्न होते हुए भी उसकी ऋणी रहती है। अपने पूर्व की व्यवस्था को अपने बृहत्तर रूप में अन्तर्भुक्त कर ही वह विकास की अगली सीढ़ी पर अपना पग रखती है। पूर्व की व्यवस्था को तिलांजलि देकर नहीं, अपितु उसे अपने नवीन रूप में समाहित कर ही आनेवाली व्यवस्था अपने को सम्यक् बनाती है। इसीलिए इतिहास में एक सुसम्बद्धता दिखलाई पड़ती है, साहित्य, संस्कृति, सभ्यता एवं अन्यान्य विचारों के विकास में एकसूत्रता मिलती है। साहित्य के इतिहास के अध्ययन में एकसूत्रता का निर्वाह एवं निर्देशन इसी रूप में करना समीचीन होगा। काल का प्रत्येक वर्तमान-बिन्दु अपने ऊपर भूत और भविष्य दोनों का आन्तरिक दबाव महसूस करता है और आलोचक के लिए जितना आवश्यक वर्तमान-बिन्दु को पकड़ना है उतना ही इतिहासकार के लिए भूत और भविष्य के इस दबाव को महसूस करना है। इसीलिए ट्रेवल्यन ने अपनी पुस्तक 'इंग्लैंड का सामाजिक इतिहास' की भूमिका में स्पष्ट शब्दों में लिखा है कि किसी युग की सच्ची तस्वीर पाने के लिए आवश्यक है कि पुराने और नए– दोनों ही प्रकार के तत्त्वों को अपने मस्तिष्क के सामने रखा जाए। अन्यथा होता यह है कि इतिहासकार नए तत्त्वों को तो इतिहास-लेखन के समय अपने सामने रखता है पर चले आते पुराने तत्त्वों एवं उसके दबाव को भुला बैठता है (see, Ed, 1946. p. xi)।

समाज का इतिहास चाहे उसका रूप राजनीतिक, आर्थिक, सामाजिक अथवा सांस्कृतिक हो, साहित्य के इतिहास-लेखन के लिए साधन रूप में ही अपनाया जा सकता है। उस पर अधिक बल देना अथवा साहित्य के इतिहास के समानान्तर रखकर अपनी विवेचना प्रस्तुत करना वस्तुतः साहित्य के इतिहास-लेखन की स्वस्थ दृष्टि से अलग हटना है। यह पहले संकेत दिया जा चुका है कि साहित्य का इतिहास-लेखक उस मनुष्य का इतिहास प्रस्तुत करता है जो साहित्यिक कृतियों में अपनी अभिव्यक्ति पा चुका रहता है। सामाजिक, राजनीतिक, आर्थिक अथवा सांस्कृतिक इतिहास का ज्ञान, वस्तुतः साहित्य में अभिव्यक्त इसी मनुष्य को उसके सही रूप में समझने के लिए आवश्यक है। साहित्य का इतिहास-लेखक भी मनुष्य का ही इतिहास प्रस्तुत करता है पर वह उस मनुष्य को अपने लेखन का केन्द्र बनाता है जो साहित्य के द्वारा समाज के सामने अपना रूप प्रकट करता है और अगर इतिहासकार साहित्येतर विषयों की ओर मुड़ता है तो मात्र इसलिए कि वह उस मनुष्य को उसकी पूर्णता में समझ सके जिसके जटिल एवं संश्लिष्ट रूप को मात्र साहित्यिक रचनाओं द्वारा समझना प्रायः उसे असम्भव-सा प्रतीत होता है।

प्रायः इतिहास-लेखक यह भूल जाता है कि इतिहास स्वयं में एक प्रक्रिया है, मात्र तथ्यों का काल-क्रमानुसार संयोजन नहीं। इतिहास को प्रक्रिया के रूप में स्वीकार करने का अर्थ ही है कि तथ्यों को 'घटना' के रूप में मानना, जो कभी घटित हुआ था न कि जो कभी 'था'। अतः इतिहास का सम्बन्ध वस्तुओं अथवा तथ्यों के काल-बोध अथवा क्रमानुसार सूची-अंकन से उतना नहीं रहता जितना मानव-समाज की उस विकासधारा से होता है जिससे सम्बद्ध होकर तथ्य अथवा वस्तु, अपने में एक 'घटना (Event) बन जाती है। अतः प्रत्येक साहित्यिक कृति साहित्य के इतिहास-लेखक के सामने एक जीवन्त संघटना (Living Structure) के रूप में आती है जिसका उसके रचयिता ने एक निश्चित समय और एक निश्चित स्थान पर अपने अनुभवों के आधार पर सृजन किया और जिसके रूप एवं वस्तु-पक्ष को निर्धारित करने में वह वातावरण निर्यायक-शक्ति के रूप में कार्य करता रहा है जिसमें रचयिता ने साँस ली थी। और जैसा रॉबर्ट इ. स्पिलर ने संकेत किया है कि प्रत्येक साहित्यिक कृति, एक जीवित संघटना इसलिए है कि उसमें कृतिकार के व्यक्तित्व और उसके युग के वातावरण का क्रियात्मक योग तो है ही, पर इस व्यक्तित्व एवं वातावरण के बावजूद स्वयं कृति का भी अपना व्यक्तित्व एवं वातावरण होता है। साहित्य के इतिहास-लेखक की मूल-दृष्टि कृति के व्यक्तित्व एवं वातावरण पर केन्द्रित रहती है, पर इसको समझने के लिए उस ताने-बाने को समझना आवश्यक होता है जिससे वह निर्मित होता है और निश्चय ही यह ताना-बाना कृतिकार का व्यक्तित्व और उसके युग का वातावरण होता है।[1]

स्पष्ट है इतिहास, अगर स्वयं में एक प्रक्रिया है, और इतिहासकार तथ्यों को यथातथ्य रूप में न देखकर उसे एक घटना (Event) के रूप में स्वीकार करता है, तब यह भी निश्चित है कि इतिहास-लेखन के समय इतिहासकार इन घटनाओं को एक उचित सन्दर्भ (perspective) देने के लिए भी बाध्य रहता है। इतिहासकार द्वारा दिए जानेवाले सन्दर्भ (perspective) और इतिहास की वस्तु-सामग्री के रूप में प्राप्त घटनाओं (Events) के बीच के सम्बन्ध पर पहले संकेत दिया जा चुका है। यहाँ केवल यह जोड़ देना पर्याप्त होगा कि सन्दर्भ देने के लिए इतिहासकार को अपनी कल्पना को मर्यादित करना पड़ता है क्योंकि उसके भावपरक, व्यक्तिवादी कल्पना तत्त्व का, घटनाओं के सन्दर्भ में वस्तुवादी (Objective) वैज्ञानिक विश्लेषण सम्भव है।

यहीं पर इस ओर भी संकेत दे देना उचित होगा कि साहित्य के इतिहासकार के दो पक्ष हैं जो आपस में सम्बद्ध होकर भी अपनी कार्य-प्रणाली में एक-दूसरे से सर्वथा अलग रहते हैं। साहित्य का इतिहासकार जब इतिहास के शोधकर्ता के रूप में कार्य करता है उसका लक्ष्य 'तथ्यों' का संकलन और उनका परीक्षण-मात्र होता है। जब तक उसका कार्य-क्षेत्र एक शोधकर्ता की हैसियत से इतिहास की सामग्री के अनुसन्धान तक सीमित रहता है उसकी कार्य प्रणाली 'वैज्ञानिक' रहती है और वह एक निश्चित 'मेथड' को अपनाता दिखलाई पड़ता है। उसका दूसरा पक्ष है 'घटना' के रूप में तथ्यों की व्याख्या करना और घटनाओं को उचित सन्दर्भ प्रदान करना। इतिहास-लेखक को इस

रूप में वह साहित्यकार का धर्म धारण करता है और इस अर्थ में साहित्य का इतिहास-लेखक साहित्यकार की कोटि में आ पहुँचता है।

इतिहास-लेखन की सिद्धान्त-चर्चा के सन्दर्भ में आचार्य हजारीप्रसाद द्विवेदी के इतिहास-विषयक दृष्टिकोण एवं हिन्दी साहित्य के इतिहास-लेखन की परम्परा में उनके अपने योगदान का अभी तक सही आकलन नहीं हो पाया है। उनके इस ऐतिहासिक योगदान को ठीक से समझने के लिए यह जरूरी है कि हम संक्षेप में उस परम्परा पर विचार कर लें जो उनकी 'हिन्दी साहित्य की भूमिका' के पूर्व हिन्दी साहित्य के इतिहास-लेखन के रूप में देखने को मिलती है।

द्विवेदी-पूर्व हिन्दी साहित्य का इतिहास

हिन्दी साहित्य के इतिहास के नाम पर उपलब्ध ग्रन्थों की रचना-पद्धति के क्रमिक विकास के अनुशीलन से स्पष्ट हो जाता है कि 1940 तक आते-आते हिन्दी साहित्य का इतिहास उस पृष्ठभूमि का निर्माण कर चुका था जिसके आधार पर साहित्य का इतिहासपरक दृष्टिकोण अपने स्वरूप को स्थिर करने में सफल हो सका।

कहने के लिए तो रामचन्द्र शुक्ल के 'हिन्दी-साहित्य का इतिहास' के पूर्व भी इतिहास-ग्रन्थ* लिखे गए थे, पर सच्चे अर्थों में उन्हें इतिहास की संज्ञा नहीं दी जा सकती। काल-क्रमानुसार कवियों के नामों को एक स्थान पर रख देने अथवा उनकी रचनाओं पर चलते ढंग से टिप्पणियाँ लिख देने मात्र से इतिहास के धर्म का निर्वाह नहीं हो जाता। स्वयं शुक्लजी ने 'हिन्दी साहित्य का इतिहास' के प्रथम संस्करण के वक्तव्य में लिखा है—"भिन्न-भिन्न शाखाओं के हजारों कवियों की केवल कालक्रम से गुँथी उपर्युक्त वृत्तमालाएँ साहित्य के इतिहास के अध्ययन में कहाँ तक सहायता पहुँचा सकती थीं ?" पर इस तथ्य की भी अवहेलना नहीं की जा सकती कि इन्हीं वृत्तमालाओं के कथ्य को आधार बनाकर आगे इतिहास ग्रन्थ लिखे गए। कवियों की जीवनी एवं उनकी कृतियों के इस परिचय के अभाव में इतिहास लिखने की प्रवृत्ति दबी ही रह जाती, इसमें सन्देह नहीं। इतिहास ग्रन्थ के निर्माण में कवियों एवं उनकी कृतियों के फुटकल-संग्रहों का भी विशिष्ट महत्त्व है।

कवियों एवं उनकी कृतियों का फुटकल संग्रह

नाभादास कृत 'भक्तमाल' और गोकुलनाथ रचित 'चौरासी वैष्णवन की वार्ता' चरित-सम्बन्धी हिन्दी साहित्य के सर्वप्रथम ग्रन्थ हैं जिनमें कवियों की जीवनी एवं उनकी रचनाओं का फुटकल संग्रह मिलता है। इनमें साधु-सन्तों के चरित्र की असाधारण सामर्थ्य-शक्ति का परिचय देते हुए उनकी रचनाओं की प्रशंसा की गई है। नाभादास

कृत 'भक्तमाल' की ही शैली एवं पद्धति के अनुकरण पर रघुराज सिंहजी देव ने 'रामरसिकावली' (1857) नामक ग्रन्थ की रचना की। चरित एवं कृतियों का प्रशंसात्मक विवरण, चार मुख्य काल–सत्ययुग, त्रेता, द्वापर और कलियुग, के अनुसार विभाजित है। पहली बार कवियों का वर्गीकरण 'काल-विभाजन' के आधार पर यहाँ किया गया मिलता है। यद्यपि काल-विभाजन की यह पद्धति-वैज्ञानिक पद्धति के अनुरूप नहीं है।

इसके अतिरिक्त युगलदास रचित 'बघेल वंशागमविदेश' (1863), हरिश्चन्द्र लिखित 'उत्तरार्द्ध भक्तमाल' (1877), राधाचरण गोस्वामी कृत 'जय भक्तमाल' (1886) भक्त-कवियों के चरित एवं उनकी कृतियों पर प्रकाश डालते हैं। 'भक्तमाल', 'चौरासी वैष्णवन की वार्ता' आदि पूर्व ग्रन्थों की वर्णित अधिकांश घटनाएँ साधु-सन्तों की पारलौकिक एवं अद्भुत दिव्य-शक्ति के ही परिचायक हैं। पर भारतेन्दु एवं उनके बाद के अन्य लेखकों में अपार्थिव एवं लोकोत्तर चरित्र लिखने की प्रवृत्ति कम पाई जाती है।

फ्रेंच में लिखा गया गार्सा-द-तासी का 'इस्त्वार द ला लितरात्यूर एंदुई ऐं हिन्दुस्तानी' (1839) इतिहास-सम्बन्धी हिन्दी साहित्य की प्रथम रचना मानी जाती है। प्रस्तुत ग्रन्थ में हिन्दी एवं उर्दू के सत्तर कवियों की जीवनी उनके द्वारा रचित ग्रन्थों के परिचय के साथ संकलित मिलती है। ध्यान देने की बात है कि कवियों का वर्णन कालक्रम के अनुसार नहीं अपितु अंग्रेजी के वर्णानुक्रम का सहारा लेकर किया गया है।

गार्सा-द-तासी के इतिहास ग्रन्थ-संग्रह में अगर 70 कवियों का संग्रह है तो शिवसिंह सेंगर रचित 'शिवसिंह सरोज़' (1883) में कवियों की संख्या एक सहस्र के ऊपर पहुँच गई है। कवियों के जीवन-चरित, उनका कविता-काल तथा कृतियों के नाम के साथ इसमें उत्कृष्ट पद्यों के उद्धरण भी प्राप्य हैं। कृतियों की साहित्यिक विवेचना की दृष्टि से प्रस्तुत ग्रन्थ काफी महत्त्वपूर्ण है। सच तो यह कि इसी ग्रन्थ को अपना आधार बनाकर संवत् 1946 में ग्रियर्सन ने 'मॉडर्न वर्नाक्यूलर लिटरेचर ऑव हिन्दुस्तान' लिखा। मिश्रबन्धुओं के शब्दों में 'इनके पहले हिन्दी इतिहास का कहीं पता न था।' (मिश्रबन्धु-विनोद, पृ. 167) तथा "डॉ. ग्रियर्सन ने अपने मॉर्डन वर्नाक्यूलर लिटरेचर ऑव हिन्दुस्तान में इन्हीं का अनुवाद सा कर दिया है अथवा इनके आधार पर अधिकांश लिखा।" (मिश्रबन्धु-विनोद, पृ. 167))।

ऐतिहासिक विकास का पुट

इतिहास-लेखन के इस काल तक साहित्यिक कृतियों की आलाचेना सुसम्बद्ध एवं सुविवेचित स्तर पर नहीं मिलती। इस कार्य का शुभारम्भ मिश्रबन्धुओं ने 'मिश्रबन्धु-विनोद' (1913) के माध्यम से किया। साहित्यिक महत्ता एवं काव्य की उत्कृष्टता के आधार पर इस कृति में कवियों की भिन्न श्रेणियाँ बनाई गईं। प्रस्तुत कृति में साहित्य को शुद्ध साहित्य के रूप में स्वीकार कर इतिहास लिखने का प्रयास लक्षित होता है। साहित्य के मूल-स्रोत को न तो ढूँढ़ने का यहाँ प्रयास है और न उसे समाज के परिप्रेक्ष्य में देखने

की ही कोशिश की गई है। हिन्दी साहित्य का काल-विभाजन भी शुद्ध साहित्यिक दृष्टि से ही किया गया है।

इस रचना में लगभग 3800 साहित्यकारों के परिचय के साथ उनकी कृतियों का साहित्यिक विवेचन है। कुछ निश्चित साहित्यिक विशेषता के आधार पर हिन्दी-साहित्य को आठ कालों में वर्गीकृत किया गया है पर इतिहास-लेखन के लिए जो शैली अपेक्षित थी वह इस कृति में उपलब्ध नहीं। इसके रचयिता स्वयं इसे इतिहास-ग्रन्थ के रूप में स्वीकार नहीं करते। मिश्रबन्धुओं के अपने शब्दों में "पहले हम इस ग्रन्थ का नाम 'हिन्दी साहित्य का इतिहास' रखनेवाले थे परन्तु इतिहास की गम्भीरता पर विचार करने से ज्ञात हुआ कि इसमें साहित्य-इतिहास लिखने की क्षमता नहीं है।" (मिश्रबन्धु-विनोद, पृ. 4)

लेकिन इतिहास न होते हुए भी इसमें इतिहास का पुट अवश्य है। इस विषय पर स्वयं मिश्रबन्धुओं के वचन उद्धरणीय है—"परन्तु इसमें इतिहास का क्रम रखने एवं इतिहास सम्बन्धी सामग्री सन्निविष्ट करने के कारण हमने इसका उपनाम 'हिन्दी साहित्य का इतिहास तथा कवि कीर्तन' रखा है।" (मिश्रबन्धु-विनोद, पृ. 6) रचयिता का प्रधान लक्ष्य इतिहास-लेखन नहीं था। प्रमुख साहित्यकार एवं उनकी कृतियों का आलोचनात्मक परीक्षण एवं अज्ञात कवियों को क्रमशः प्रकाश में लाकर उनका संक्षिप्त परिचय देना ही उनका साध्य था।" साधारण कवियों एवं ग्रन्थों के नाम छोड़कर इतिहास का शुद्ध स्वरूप स्थिर रखना हमें अनावश्यक समझ पड़ा" (वही, पृ. 5) साहित्यिक विकास की धारा में कवियों के योग का आकलन न कर तथा इतिहास के शुद्ध स्वरूप को स्वीकार न करते हुए भी ये इतिहास-लेखन की पद्धति के अनुसरण की ओर यदा-कदा प्रवृत्त अवश्य हुए हैं।

जो कुछ भी हो, इस कृति का अपना विशेष महत्त्व है, क्योंकि इतिहास का इतिवृत्तात्मक लेखन सबसे पहले इसी ग्रन्थ में देखने को मिलता है। आचार्य हजारीप्रसाद द्विवेदी के अनुसार आगे चलकर जो कुछ भी इस दिशा में कार्य हुआ उसके प्रथम मार्गदर्शक और पुरस्कर्ता मिश्रबन्धु ही थे (हिन्दी-साहित्य, पृ. 439)। 'मिश्रबन्धु-विनोद' का ही पूरक 'नवरत्न' (1910) माना जा सकता है जिसमें नौ कवियों की विस्तृत आलोचना प्रस्तुत करने का मिश्रबन्धुओं का स्तुत्य प्रयास द्रष्टव्य है।

एडविन ग्रीव्स के 'ए स्केच ऑव हिन्दी लिटरेचर' (1917) एवं एफ.इ.के. के 'ए हिस्ट्री ऑव हिन्दी लिटरेचर' (1923) में साहित्यकारों की जीवनी एवं कृतियों की अपेक्षा साहित्यिक प्रवृत्तियों पर अधिक ध्यान दिया गया है। पन्नालाल बख्शी की लेखनी-द्वारा प्रसूत 'हिन्दी साहित्य विमर्श' (1923) निबन्ध-संग्रह के रूप में है पर इस कृति में साहित्यिक प्रवृत्तियों के विकास का जो निर्देशन हमें प्राप्त होता है वह अपने पूर्व की रचनाओं से अधिक वैज्ञानिक एवं सन्तुलित है। एक-सौ छियानबे पृष्ठों की इस कृति में साहित्यिक धाराओं के विकास का प्रदर्शन सफलतापूर्वक किया गया मिलता है।

पर हिन्दी-साहित्य की विभिन्न प्रवृत्तियों के साथ सामाजिक परिस्थितियों के

विवेचन की प्रवृत्ति ग्रियर्सन की रचना 'मॉडर्न वर्नाक्यूलर लिटरेचर ऑव नॉर्दर्न हिन्दुस्तान' (1889) में सर्वप्रथम मिलती है। साहित्य एवं समाज, दोनों को अपनी दृष्टि में रखकर 'शिवसिंह सरोज' की सामग्री के आधार पर हिन्दी साहित्य के इतिहास को लिखने का ग्रियर्सन का प्रयास स्तुत्य है। एक काल की निश्चित साहित्यिक विशेषताओं एवं सामाजिक परिस्थितियों को ध्यान में रखकर हिन्दी-साहित्य का वैज्ञानिक स्तर पर काल-विभाजन का सर्वप्रथम प्रयत्न ग्रियर्सन ने ही किया है।

इतिहास

इतिहास के रूप में अब तक जितनी रचनाएँ मिलती हैं उनमें साहित्य एवं समाज के आन्तरिक सम्बन्धों की विकास-गाथा को ढूँढ़ने का प्रयास नहीं के बराबर देखने को मिलता है। साहित्य के मूलस्रोत क्या हैं और हिन्दी साहित्य के विकास में उनका योगदान क्या रहा है—इसका विवेचन यदा-कदा भूले-भटके ही किया गया है। साहित्य को अपने में पूर्ण मानने की प्रवृत्ति ने अब तक साहित्य को समाज सापेक्ष्य रूप में ग्रहण करने के लिए प्रेरित ही नहीं किया। अतः साहित्य के इतिहास को जो कुछ सामाजिक प्रवाह के परिदृश्य में देखने का प्रयास हुआ उसमें समाज और साहित्य का कार्य-कारण सम्बन्ध बहुत ही कम देखने को मिलता है।

सच तो यह कि इतिहास के रूप में हिन्दी साहित्य की प्रवृत्तियों का विश्लेषण शुक्ल जी के पूर्व हुआ ही नहीं था। लगता है उस समय तक 'साहित्य का इतिहास' का अर्थ ही स्पष्ट नहीं था। शुक्लजी की सूक्ष्म एवं मार्मिक दृष्टि से यह बात छिपी नहीं रही। अतः इतिहास लिखने के पूर्व साहित्य का इतिहास होता क्या है, उसी तथ्य पर उन्होंने प्रकाश डाला—"जबकि प्रत्येक देश का साहित्य वहाँ की जनता की चित्तवृत्ति का संचित प्रतिबिम्ब होता है, तब यह निश्चित है कि जनता की चित्तवृत्ति का परिवर्तन के साथ-साथ साहित्य के स्वरूप में भी परिवर्तन होता चलता है। आदि से अन्त तक इन्हीं चित्तवृत्तियों की परम्परा को परखते हुए साहित्य परम्परा के साथ उनका सामंजस्य दिखाना ही 'साहित्य का इतिहास' कहलाता है।" (हिन्दी साहित्य का इतिहास, पृ. 1)

समाज के अन्तस्तल में प्रवाहित होनेवाली विकासधारा की पृष्ठभूमि पर ही साहित्यिक विकास का मूल रहस्य समझा जा सकता है। इतिहास के क्षेत्र में साहित्य एवं समाज का सम्बन्ध सुविवेचित ढंग से सर्वप्रथम शुक्लजी के 'हिन्दी साहित्य का इतिहास' में ही मिलता है।

शुक्लजी के इतिहास के अनुकरण पर अनेक इतिहास लिखे गए। डॉ. रामविलास शर्मा के शब्दों में "शुक्लजी के बाद संक्षिप्त और सुबोध इतिहासों की बाढ़ आ गई। कुछ वृहत्काय इतिहास भी लिखे गए। इनमें ज्यादातर चोरी का माल है, शुक्लजी की निधि से माल लेकर टके सीधे करने का व्यापार है, बहुत कम लोगों ने नए सिरे से अध्ययन करके हिन्दी साहित्य के इतिहास में कुछ नया जोड़ने की कोशिश की है।"

(आचार्य रामचन्द्र शुक्ल और हिन्दी आलोचना, पृ. 30) यह कहना तो सर्वथा असत्य होगा कि इतिहास में कुछ नवीन सामग्री जोड़ने का प्रयास भी नहीं हुआ। इसमें सन्देह नहीं कि शुक्लजी की इस महत्त्वपूर्ण रचना के पश्चात् पुराने साहित्यकारों की नई-पुरानी अनेक कृतियाँ प्रकाश में आईं, प्रामाणिक समझे जानेवाले अनेक ग्रन्थ जाली सिद्ध हुए और साहित्य के इतिहास के क्षेत्र में कुछ नए अन्वेषण भी हुए पर इतिहास-लेखन के दृष्टिकोण और शैली में कोई नूतन उत्क्रान्ति हुई हो (जैसा डॉ. रामकुमार वर्मा अपने 'हिन्दी साहित्य का आलोचनात्मक इतिहास' के निवेदन में संकेत देते हैं)–ऐसी बात सामने नहीं आती। साहित्य के इतिहास को जो सन्दर्भ (perspective) शुक्लजी ने दिया है वह अधूरा एवं त्रुटिपूर्ण होते हुए भी मौलिक था, और बाद के इतिहास-लेखकों ने उनके कथनों की आवृत्ति एवं पुनरावृत्ति ही की, कुछ विस्तार देकर उनके सन्दर्भ को दोहराया ही। सन्दर्भ की दिशा में नया कुछ सामने नहीं आया।

शुक्लजी के इतिहास के पश्चात् जो इतिहास-ग्रन्थ सबसे अधिक हमारा ध्यान आकर्षित करता है वह है बाबू श्यामसुन्दर दास कृत 'हिन्दी-साहित्य'। इस कृति में मिश्रबन्धुओं की भाँति श्रेष्ठ समझे जानेवाले कवियों एवं उनकी कृतियों की विशद विवेचना, अल्प ज्ञात कवियों की साहित्यिक विशेषताओं की संक्षिप्त आलोचना तथा अज्ञात कवियों को परिचय के साथ प्रकाश में लाने का प्रयास नहीं है, न शुक्लजी के इतिहास के अनुकरण पर प्रत्येक साहित्यकार पर कुछ न कुछ लिखने की प्रवृत्ति ही पाई जाती है। पुस्तक के निवेदन में श्यामसुन्दर दास ने अपने दृष्टिकोण पर प्रकाश डालते हुए लिखा–"जिस काल में जैसी राजनीतिक, धार्मिक, सामाजिक परिस्थिति थी, उसके वर्णन के साथ उस काल के मुख्य प्रवर्तक कवियों का वर्णन भी रहे।" (हिन्दी-साहित्य-निवेदन) अर्थात् कवियों की अपेक्षा विभिन्न कालों की साहित्यिक प्रवृत्तियों के स्पष्टीकरण के लिए राजनीतिक, धार्मिक और सामाजिक परिस्थितियों का चित्रण ही विशेष रूप से हो। साहित्यिक विचारधारा का जनता की चित्तवृत्ति के साथ सामंजस्य दिखलाते हुए, समसामयिक सामाजिक स्थिति का साहित्य पर पड़े प्रभाव एवं साहित्यिक धारा के प्रभाव को तीव्र एवं कुंठित करने में साहित्यकार के योग के आकलन आदि पर शुक्लजी की अपेक्षा श्यामसुन्दर दास की दृष्टि अधिक रही है। पर जैसा रूसी विद्वान अका. वारान्निकोव का कथन है, इतिहास-लेखन में वस्तु एवं रूप (आइडिया एवं फार्म) के आन्तरिक सम्बन्धों पर अपनी दृष्टि रखने के उपरान्त भी श्यामसुन्दर दास, साहित्य की विकासधारा के मूलस्रोतों को ठीक से पकड़ नहीं पाए हैं, साहित्य के विकास को वास्तुकला, चित्रकला, संगीत आदि अन्य कला-विधाओं के विकास के सन्दर्भ में देखने के बावजूद भी (और यह इतिहास लेखन में सबसे पहला प्रयत्न था) उनमें अन्विति स्थापित करने में वे असमर्थ रहे हैं। (इंडियन फाइलॉलॉजी (रूसी में) मास्को, 1959, पृ. 276-78) बाबू साहब ने मौलिकता तो इसमें भी दिखलाई थी कि हिन्दी-साहित्य के विकास के साथ उन्होंने हिन्दी-भाषा का भी इतिहास दिया पर साहित्य की नई चेतना के साथ भाषा का रूप किस प्रकार बदलता है और बदली हुई भाषा-संवेदना के आधार पर साहित्य के

विकसित मान-मूल्यों को किस प्रकार समझा परखा जाए, यह उन्हें स्पष्ट नहीं था।

जहाँ तक शुक्लजी के इतिहास का प्रश्न है उसमें श्यामसुन्दर दास की भाँति इन नई पर अधूरी दृष्टियों को अपनाने का प्रयास नहीं है। शुक्लजी के इतिहास की सबसे बड़ी विशेषता है—उसका सुगठित रूप, इतिहासकार के रूप में घटनाओं को उचित सन्दर्भ (perspective) देने की कोशिश। हिन्दी-साहित्य की विकासधारा को उचित सन्दर्भ में बाँधकर भी उसके परिप्रेक्ष्य में कृतियों की आलोचना प्रस्तुत करने की दिशा में शुक्लजी अपने पूर्ववर्ती सभी इतिहास-लेखकों से आगे निकल गए हैं। पर जो शुक्लजी की अपनी उपलब्धियाँ हैं वे ही उनकी सीमाएँ भी बन जाती है।

शुक्लजी ने साहित्य को उस देश की जनता की चित्त-वृत्ति का संचित प्रतिबिम्ब तो माना पर उनके इतिहास-लेखन में जनता का अर्ध-शिक्षित जनसमूह तक ही सीमित रह गया है। अपने इतिहास के प्रथम संस्करण के 'वक्तव्य' में शुक्लजी ने अत्यन्त स्पष्ट स्वरों में कहा है : परिस्थितियों के अनुसार शिक्षित जनसमूह की बदलती हुई प्रवृत्तियों को लक्ष्य करके उन्होंने हिन्दी साहित्य का इतिहास लिखा है। लोक-मानस की सबल शक्ति का ठीक से आकलन न करने के कारण ही शुक्लजी पूर्व-मध्यकाल का सही मूल्यांकन प्रस्तुत करने में असमर्थ सिद्ध हुए हैं उनकी दूसरी सीमा थी—उसका व्यक्तिवादी दृष्टिकोण। इतिहास का उन्होंने सन्दर्भ तो दिया पर वह मूलतः भाववादी था। तीसरी सीमा, साहित्य के इतिहास और साहित्य की समीक्षा के अन्तर को ठीक से न समझना था। स्काट जेम्स ने इन दोनों के बीच जिस मूलभूत भेद की ओर संकेत दिया है (द मेकिंग ऑव लिटरेचर, पृ. 24), लगता है उससे परिचित होने के बावजूद अपने इतिहास-लेखन में उसका उचित रूप में निर्वाह नहीं कर सके हैं। इसमें सन्देह नहीं कि उनके इतिहास तत्त्व की अपेक्षा साहित्यिक समीक्षा के तत्व कहीं अधिक हैं। चौथी सीमा है साहित्य के मूल स्रोत को उचित सन्दर्भ में देखकर, फिर साहित्य के साथ उसके ठीक सम्बन्धों की जाँच-परख की उपेक्षा। कहने का अर्थ यह है कि उनके इतिहास में साहित्य व समाज का विशद वर्णन तो मिलता है पर साहित्य एवं समाज के कार्यकारण का पूर्णता के साथ आकलन नहीं मिलता और यही कारण है कि सामाजिक परिस्थितियाँ और साहित्यिक कृतियाँ एक साथ रखी जाने के बाद भी उनके इतिहास में उनके बीच एक गहरी खाई का अनुभव होता है। उनके इतिहास-लेखन की पाँचवीं प्रमुख सीमा है इतिहास को अविरल और अविच्छिन्न धाराप्रवाह के रूप में न देखना। शुक्लजी यह भूल जाते हैं कि साहित्य का इतिहास लेखक भी मनुष्य का ही इतिहास प्रस्तुत करता है और हर व्यक्ति का वर्तमान एक ऐसा स्थिति-विशेष होता है जहाँ भूत और भविष्य का अपना दबाव महसूस किया जा सकता है। इस दबाव को उचित सन्दर्भ वे प्रदान नहीं कर सके इसीलिए युग की प्रमुख प्रवृत्तियों के प्रतिनिधि कवियों की चर्चा करने के बाद उन्हें हर खंड के बाद एक फुटकल खाता भी खोलने की आवश्यकता पड़ी।

इतिहास-लेखन और आचार्य द्विवेदी

ऐसा लगता है कि शुक्लजी के इतिहास-लेखन की इन सीमाओं को आचार्य हजारीप्रसाद द्विवेदी ने भली-भाँति अनुभव कर लिया था और उनसे मुक्त होकर ही उन्होंने 'हिन्दी-साहित्य की भूमिका' (1940) की रचना की। ध्यान देने की बात है कि हिन्दी-साहित्य के इतिहास की यह 'भूमिका' है स्वयं में पूर्ण इतिहास नहीं अतः इतिहास-लेखकों का एक आदर्श रूप में सामने रखने की कोशिश यहाँ अधिक है, उसकी सामग्री जुटाने का कम। उन्होंने इसमें हिन्दी साहित्य की विकास-गाथा को भारतीय चिन्तन-धारा के परिप्रेक्ष्य में उचित सन्दर्भ (perspective) देने की कोशिश की है और शुक्लजी की 'शिक्षित' अथवा 'अर्द्ध-शिक्षित' जनता के स्थान पर 'लोक-मानस' को प्रतिष्ठित करने का प्रयास। उन्होंने वर्तमान को विकास-धारा का सहज बिन्दु माना है और किसी युग की प्रवृत्तियों के आकलन के लिए उस तनाव को भी अनुभव करने की कोशिश की है जो उसके भूत और भविष्य से सम्बद्ध होने के कारण उद्भूत होता है। वे भली-भाँति समझ गए थे कि साहित्य का इतिहास लेखक भी कोरे साहित्य का नहीं वरन उस मनुष्य का इतिहास प्रस्तुत करता है जो साहित्य में अपनी अभिव्यक्ति पाता है। साथ ही उनका आलोचक रूप, सजग और सचेत रहकर भी इतिहास-लेखन के समय दबा रहता है अतः व्यक्ति अथवा कृति-विशेष की महत्ता 'भूमिका' में सामने उभरकर नहीं आती जितना साहित्य के विकास की सहज धारा की अविच्छिन्न गति !

इतिहास को अविरल एवं अविच्छिन्न धारा-प्रवाह के रूप में देखने की दृष्टि सबसे पहले 'भूमिका' में ही देखने को मिलती है। ऐतिहासिक समीक्षा की जिस अन्तर्दृष्टि का उपयोग इसमें किया गया है वह इसके पूर्ववर्ती इतिहास-कृतियों में देखने को नहीं मिलती। अब तक इतिहास को इतिहासकार की दृष्टि से न देखकर मूलतः मूलवादी आलोचक की दृष्टि से ही देखने का प्रयास हुआ था। पर इतिहास और आलोचना का क्षेत्र स्पष्ट रूप से भिन्न है, इनके गुण-धर्म, शिल्प-कौशल, प्रत्येक विधान में अन्तर होता है। द्विवेदीजी ने आलोचक की दृष्टि से नहीं अपितु इतिहासकार की दृष्टि से हिन्दी साहित्य के इतिहास का आकलन किया है। इसीलिए उनकी पुस्तक 'हिन्दी साहित्य की भूमिका' में एक ही युग की अनेक विचारधाराओं का परिचय, विभिन्न असंगतियों एवं अन्तर्विरोधी प्रवृत्तियों का विश्लेषण, लोकवादी और समाज-विरोधी मान्यताओं का विशद पर्यवेक्षण उपलब्ध है।

कृति को मानकर जिन परिधि की आलोचना आज के गणमान्य आलोचकों को मान्य है उसके तीन मुख्य आधार-स्तम्भों की ओर प्रसिद्ध इतिहासकार 'टेन' ने संकेत किया है। उनके अनुसार जाति (Race) परिवृत्त (Surrounding) और युग (Milieu) की विवेचना के माध्यम से ही किसी कृत्ति या साहित्य के इतिहास पर पूर्ण प्रकाश डालना सम्भव है। (हिस्ट्री ऑव लिट्रेचर) किसी भी जाति के इतिहास के अध्ययन से यह स्पष्ट हो जाता है कि वह अपने विकास के विभिन्न सोपान पर विभिन्न प्रवृत्तियों-द्वारा

परिचालित हुआ है। साहित्यकार के लिए इस प्रवृत्ति का अतिक्रमण कर सकना एक प्रकार से असम्भव है। साहित्यकार के विचार एवं भावना की कलात्मक अभिव्यक्ति के रूप में मान्य साहित्य का अध्ययन भी युग में व्याप्त इन्हीं प्रवृत्तियों की पृष्ठभूमि में करना श्रेयस्कर होगा। क्योंकि जिस समाज से वह रस-संचय करता है वह तो इन प्रवृत्तियों के दायरे में बँधा होता ही है स्वयं साहित्यकार, अपनी तमाम कल्पना-शक्ति के बावजूद उससे मुक्त नहीं हो पाता।

यह तो नहीं कहा जा सकता कि द्विवेदीजी की इतिहास-सम्बन्धी मान्यताएँ 'टेन' द्वारा निर्देशित जाति, परिवृत्त और युग सम्बन्धी नियमों की अनुकृति हैं अथवा द्विवेदीजी 'टेन' के विचारों से प्रभावित हैं पर दोनों विद्वानों द्वारा व्यवहृत ऐतिहासिक विवेचना की समता के आधार पर उनमें एकरूपता अवश्य देखी जा सकती है। द्विवेदीजी की आलोचना-परक यह वृत्ति उनकी पुस्तक कबीर में विशेष रूप से उभरी है। जातिगत विशिष्टता का विश्लेषण करते हुए उन्होंने कबीर की वंशानुगत मान्यताओं की ओर संकेत किया है, (कबीर, पृ. 14), सहजयान, वज्रयान, नाथपन्थ, साधुसन्त आदि अनेक व्यक्तियों के सम्पर्क से निर्मित परिवृत्त का उनके साहित्य पर क्या प्रभाव पड़ा है, इसकी भी विशुद्ध विवेचना उन्होंने प्रस्तुत की है (वही, पृ. 152), साथ ही युग की लोकमंगलकारी एवं समाज-विरोधी प्रवृत्तियों की पृष्ठभूमि में कबीर साहित्य को भी परखने का उन्होंने प्रयास किया है। (वही, पृ. 184)

शुक्लजी के इतिहास की समीक्षा करते हुए अका. वारान्निकोव ने 'भूमिका' से पहले (सन् 1939 में) यह जोर देकर कहा था कि शुक्लजी के इतिहास का सबसे कमजोर अंश है उनका 'पूर्व मध्यकाल'। उनके अनुसार शुक्लजी, कबीर, नानक आदि सन्त-कवियों के साथ उचित न्याय नहीं कर सके हैं। वे यह बताने में अक्षम है कि क्यों निर्गुण भक्तों का आन्दोलन निम्न-वर्ग के लोगों द्वारा उठाया गया और क्यों व्यापक रूप से वह उन्हीं तक सीमित रह गया? क्यों शिक्षित वर्ग के व्यक्तियों का सहयोग उन्हें नहीं मिला और बाद में चलकर इस आन्दोलन ने क्यों सम्प्रदाय (sect) का रूप ग्रहण कर लिया। (द्विवेदी-साहित्य में इन प्रश्नों का समुचित समाधान मिल जाता है और यह निश्चित ही उनकी ऐतिहासिक दृष्टि की सबलता का ही परिणाम है जिसने हिन्दी की साहित्यिक धारा को भारत की मूल चिन्तनधारा से जोड़कर देखने का सर्व-प्रथम सफल प्रयोग इतिहास-लेखन के क्षेत्र में रखा।

द्विवेदीजी ने भारत की मूल चिन्तनधारा को समझने में भूल नहीं की और न उन्होंने साहित्य के इतिहास को निस्संग रूप के आधार पर ही लिखने की गलत पद्धति अपनाई। समाज और साहित्य के कृत्रिम सम्बन्धों की पूर्व-प्रचलित रीति को छोड़कर उन्होंने साहित्य की धारा को सांस्कृतिक विरासत के सन्दर्भ में देखने की कोशिश की। साहित्य के मूल-स्रोत के रूप में जिस भारतीय चिन्तन-पद्धति पर उन्होंने बल दिया, वह उनकी दृष्टि में किसी एक या दो उद्‌भट विद्वानों के मस्तिष्क की करामात नहीं है और न भारतीय दर्शन को मनु, याज्ञवलक्य, नारद, वशिष्ट, जीमूतवाहन विज्ञानेश्वर आदि

स्मृतिकारों एवं निबन्धकारों के अपने वैयक्तिक मानदंड से ही नापा जा सकता है। सच तो यह है कि युग की परिस्थितियों एवं मानब की समसामयिक आवश्यकताओं ने समय-समय पर स्वयं तत्कालीन समाज में प्रचलित असामयिक, नीति-नियम, आचार-व्यबहार आदि में परिवर्तन की ओर समस्त समाज को समयानुकूल बनाने का आग्रह किया। प्रसिद्ध विद्वान काशीप्रसाद जायसवाल के अनुसार विभिन्न धर्मशास्त्र, ब्राह्मणों के मस्तिष्क की उपज नहीं है अपितु वे अपने समय के गर्भ से उद्भुत हुए हैं (Manu and Yajnavalkya pxx) स्मृतिकार एवं निबन्धकारों की कृतियों को इस कार्य की पूर्ति के साधन के रूप में ही समझना चाहिए। द्विवेदीजी के अपने शब्दों में 'मतों, आचार्यों, सम्प्रदायों और दार्शनिक चिन्ताओं के मानदंड से लोकचिन्ता को नहीं मापना चाहता, बल्कि लोक-चिन्ता की सापेक्ष में उन्हें देखने की सिफारिश कर रहा हूँ। (हिन्दी-साहित्य की भूमिका, पृ. 8)

इतिहासकार ने अगर लोकचिन्ता की इस स्वाभाविक विकासधारा का समुचित परिचय प्राप्त नहीं किया अथवा उसके परिप्रेक्ष्य में साहित्य की विकास रेखा का आकलन नहीं किया तो निश्चय ही उसकी कृति में कार्य-कारण की परम्परा का उचित निर्वाह नहीं मिल सकता। द्विवेदीजी की सूक्ष्म दृष्टि ने भारतीय लोक-चिन्तन के स्वाभाविक प्रवाह को अच्छी तरह परखा। यह उसी का परिणाम है कि प्रो. हेवेल के इस मत-- "मुसलमानी सत्ता के प्रतिष्ठित होते ही हिन्दू राज-काज से अलग कर दिए गए। इसलिए दुनिया की झंझटों से छुट्टी मिलते ही उनके धर्म की ओर जो उनके लिए एकमात्र आश्रय स्थल रह गया था, स्वाभाविक आकर्षण पैदा हुआ"--का तीव्र विरोध किया। उनके अनुसार, भक्ति-काव्य अपने स्वाभाविक विकास का परिणाम था। यदि अगली शताब्दियों में भारतीय इतिहास की अत्यधिक महत्त्वपूर्ण घटना, अर्थात् इस्लाम का प्रमुख विस्तार, न भी घटी होती तो भी वह इसी रास्ते जाता। उसके भीतर की शक्ति उसे इसी स्वाभाविक विकास की ओर ठेले लिए जाती।" (हिन्दी साहित्य की भूमिका, पृ. 15)

लोक-चिन्ता की मजबूत पकड़ ने ही द्विवेदीजी को इतिहास को एक अविच्छिन्न धारा प्रवाह के रूप में देखने की शक्ति प्रदान की है और इस सतत प्रवाहमान धारा ने उनकी मानवतावादी दृष्टि को ठोस आधार प्रदान किया है जिसके आधार पर साहित्यिक कृतियों में अभिव्यक्त, मानव एवं उसकी चेतना के विकास को सही सन्दर्भ में देखने-दिखलाने में वह सक्षम सिद्ध हुए हैं। द्विवेदीजी के अनुसार "सृष्टि-परम्परा में मनुष्य का विकास एक अद्भुत घटना है। वह इस सृष्टि-प्रक्रिया की सबसे उत्तम, सबसे सुकुमार और सबसे शक्तिशाली और इसीलिए सबसे आदरास्पद और सबसे महत्त्वपूर्ण देन है। इसी विचार-पद्धति को ऐतिहासिक दृष्टि नाम दिया गया है।" (विचार और वितर्क, पृ. 39) लेकिन द्विवेदीजी की ऐतिहासिक-दृष्टि एवं विकासवाद की मान्यता

डार्विन के विकासवाद (Theory of Evolution) के सिद्धान्त से भिन्न है। जहाँ डार्विन, 'आत्मरक्षा के सिद्धान्त' और 'योग्यता के विकास' के न्याय का सहारा लेकर मानव के व्यक्ति रूप से विकास का सिद्धान्त सामने रखता है वहाँ द्विवेदीजी की दृष्टि सदा मानव के समष्टि-रूप की ही अनुपक्षी रही है।

"मनुष्य को खंड-विच्छिन्न समझना खतरनाक है। सारा मनुष्य समाज एक है।" अपनी ऐतिहासिक समीक्षा के आधार पर निष्कर्ष निकालते हुए वे कहते हैं–"अगली मानवीय संस्कृति, मनुष्य की समता और सामूहिक मुक्ति की भूमिका पर खड़ी होगी। इतिहास के अनुभव इसी की सिद्धि के साधन बनकर कल्याणकर और जीवनप्रद हो सकते हैं। इस प्रकार हमारी चित्तगत उन्मुक्तता पर एक नया अंकुश बैठ रहा है–व्यक्ति मानव के स्थान पर समष्टि-मानव का प्राधान्य" (विचार और वितर्क, पृ. 93) "इसमें सन्देह नहीं कि मनुष्य और उसकी मनुष्यता ही एकमात्र शाश्वत सत्य है। मनुष्य-निरपेक्ष सभ्यता अथवा संस्कृति हवाई कल्पना मात्र है। देश और जाति की विशुद्ध संस्कृति केवल बात की बात है। शुद्ध है केवल मनुष्य की दुर्दम जिजीविषा। वह गंगा की अबाधित-अनाहत धारा के समान सब कुछ हजम करने के बाद भी पवित्र है।" (अशोक के फूल, पृ. 8)

साहित्य के इतिहास-लेखन में सिद्धान्त रूप में शुक्लजी ने संकेत दे दिया कि साहित्य का इतिहास काल-स्रोत से बहे आते हुए जीवन्त समाज की विकास-गाथा के अतिरिक्त और कुछ नहीं है पर उसे व्यावहारिक रूप सर्वप्रथम द्विवेदी जी ने ही दिया। ग्रन्थकार और ग्रन्थ उस प्राणधारा की ओर इशारा ही करते हैं, वे ही मुख्य नहीं है। मुख्य है वह प्राणधारा, जो नाना परिस्थितियों से गुजरती हुई आज हमारे भीतर अपने-आपको प्रकाशित कर रही है। साहित्य के इतिहास में हम अपने-आपको ही पाने का सूत्र पाते हैं। इसमें सन्देह नहीं कि द्विवेदीजी ने न केवल साहित्य के इतिहास-लेखन के क्षेत्र में नई प्रणाली को अपनाया है वरन् हिन्दी-साहित्य के इतिहास को नया और उचित सन्दर्भ भी दिया है।

सन्दर्भ

1. Literary History in the Aims and Methods of scholarship in modern languages & literatures. Ed by. James Thorpe, New York—1963, p. 43-55.

*. गार्सां द तासी : इस्त्वार द ला लितरात्यूर ऐंदुई ऐं हिन्दुस्तानी (1839)।

भाषा-शैली और आचार्य द्विवेदी*

आचार्य हजारीप्रसाद द्विवेदी के कृतित्व पर विचार करते हुए विद्वानों ने उन्हें या तो इतिहासचेता आलोचक और मध्यकालीन बोध के सर्वाश्लेषी विवेचक के रूप में देखा है अथवा कालजयी परम्परा कथा-शिल्पी प्रवक्ता और शैली के धनी निबन्धकार के रूप में। परम्परा और इतिहास-बोध के आधार पर ही आचार्य द्विवेदी ने भारतीय समाज की बहुआयामी चेतना की अन्तःसलिला को पहचाना और परखा। इसमें सन्देह नहीं कि भारतीय परम्परा की नैरन्तर्य धारा के सहारे उन्होंने अपने कथा-साहित्य और निबन्ध साहित्य का सृजन किया। कालजयी परम्परा और संश्लिष्ट इतिहास-बोध के सृजक साहित्यकार के रूप में आचार्य द्विवेदी पर काफी कुछ लिखा जा चुका है। पर बहुत-कुछ लिखे जाने के बावजूद उनके भाषाचेता और शैलीचिन्तक पक्ष पर अभी तक समुचित प्रकाश नहीं पड़ पाया है। परम्परा और इतिहास-बोध ने समसामयिक भाषा-समस्या को सुलझाने में उन्हें किस प्रकार सहायता दी है—इस पर अभी विचार करना शेष है। अपने इस लघु निबन्ध में मैं भाषा-सम्बन्धी कतिपय उन प्रश्नों को उठाना चाहूँगा जिन पर आचार्य द्विवेदी ने एक भाषाचेता चिन्तक और साहित्येतिहासकार के नाते विचार किया है।

पहले भाषा की अपनी प्रकृति के प्रश्न को ही लें। आधुनिक भाषा-विज्ञान के जनक के रूप में मान्य सस्यूर के अनुसार भाषा की सही प्रकृति को समझने के लिए यह आवश्यक है कि हम उसे द्विचर-प्रतियोग के रूप में देखें। इसके लिए उन्होंने 'लांग' (भाषा-व्यवस्था) और 'परोल' (भाषा-व्यवहार) की संकल्पना को सामने रखा। 'परोल' अर्थात् 'भाषा-व्यवहार', अपने व्यक्त रूप में मानव-सम्बन्धों की तरह बहुरूपी और जीवन-जगत की व्यक्तिगत आश्यकताओं की तरह वैविध्यपूर्ण होता है। इसे भाषा का तथ्य पक्ष कहा जा सकता है। इसके विपरीत 'लांग' अर्थात् 'भाषा-व्यवस्था', सामाजिक संस्थान के समान एक अमूर्त वास्तविकता है। यह स्वयं में एक प्रतीक सिद्ध सामाजिक वस्तु है जो व्यक्ति की अपनी सीमाओं से मुक्त और सामाजिक अभिलक्षणों से युक्त होती है। व्यष्टिपरक सीमाओं का अतिक्रमण करने के कारण इसकी प्रकृति

---

* सर्वप्रथम हिंदी अकादमी, दिल्ली की संगोष्ठी के संकलन (सम्पादक डॉ. कृष्णदत्त पालीवाल) में 1985 प्रकाशित।

अन्तर्वैयक्तिक होती है। भाषा के सन्दर्भ में आचार्य हजारीप्रसाद द्विवेदी भी ज्ञान को दो-मुँहा पदार्थ मानते हैं। उनके अनुसार एक ओर वैयक्तिक तथ्य जगत रहता है, जिसे हम सस्यूर के 'परोल' के रूप में स्वीकार करते हैं दूसरी तरफ उसका यह वैयक्तिक तथ्य-जगत निरन्तर दूसरे लोगों के उपलब्ध तथ्य-जगत से टकराते रहने के कारण 'अन्तर्वैयक्तिक तथ्य-जगत' के रूप में परिवर्तित होता रहता है। यह संसार दूसरों की उपलब्धि और स्मृति से बनी तथ्यात्मक ज्ञान-राशि से टकरा-टकराकर बना हुआ पदार्थ है। द्विवेदीजी के मतानुसार "यह अन्तर्वैयक्तिक तथ्य-जगत निरन्तर परिवर्धमान और परिवर्तमान पदार्थ है—वह गतिशील है। वह नाना वैयक्तिक तथ्य-जगतों के संघर्ष से स्थिरीकृत 'सामान्य जगत' है।" 'भाषा' के इस स्थिरीकृत सामान्य जगत को हम 'लांग' के रूप में स्वीकार कर सकते हैं। द्विवेदीजी ने सस्यूर द्वारा ग्रहीत द्विचर प्रतियोग की संकल्पना के समानान्तर अपनी अवधारणा को प्रस्तुत करने के साथ-साथ उससे एक कदम आगे बढ़कर भाषा की गत्यात्मक शक्ति पर भी प्रकाश डालने का प्रयास किया है।

द्विवेदीजी यह मानते हैं कि "हमारी भाषा इस सामान्य तथ्यात्मक अनुभूतियों को एक व्यक्ति के चित्त से दूसरे के चित्त तक ढोने का साधन भी है। और दीर्घकाल से अनेक अन्तर्वैयक्तिक तथ्य-जगत के संघर्ष से विकसित होनेवाली और संचित होती रहनेवाली ज्ञान-राशि का वाहन भी है। यह भी गतिशील है।" सामाजिक और गतिशील होने के कारण ही द्विवेदीजी यह मानते हैं कि "भाषा हमारी सामान्य अन्तर्वैयक्तिक उपलब्धियों के गाम्भीर्य और प्रसार का पता बताती है।" भाषा के इस परिवर्धमान और परिवर्तमान के साथ साहित्य की संकल्पना को जोड़ते हुए वह बताना चाहते हैं कि 'भाषा', तथ्यात्मक अनुभूतियों के सम्प्रेषण के साधन होने के साथ-साथ साहित्य का वाहन भी है। उनके ही शब्दों में "निरन्तर परिवर्तन और परिवर्धमान इन उपलब्धियों के लिखित रूप को ही सामान्य रूप से 'साहित्य' कहते हैं।

द्विवेदीजी भाषा के दो प्रभावी प्रकार्यात्मक पक्ष को स्वीकार करते हैं। एक तरफ शब्दों द्वारा व्यक्त भाषा को मनुष्य के सामाजिक सम्बन्धों के प्रतीक के रूप में देखते है। शब्द की न केवल प्रकृति सामाजिक है बल्कि उसका प्रयोजन भी सामाजिक है। प्रयोजन के रूप में वह सम्प्रेषण का उपकरण है, मनुष्य की सामाजिकता का साधन है उसकी परिपूर्णता का एक महत्त्वपूर्ण माध्यम है। द्विवेदीजी के अनुसार शब्द "इस उद्देश्य से बनाए गए हैं कि व्यक्ति की भावना दूसरे के चित्त में आसानी से उतार दी जा सके। व्यक्ति अपने आप में ही परिपूर्ण होता, तो शब्द द्वारा अर्थ को प्रकट करनेवाली भाषा की आवश्यकता नहीं होती। यह अत्यन्त महत्त्वपूर्ण बात है।" स्पष्ट है, व्यक्ति सामाजिक सम्बन्धों के आधार पर ही परिपूर्ण बनता है, और द्विवेदीजी के अनुसार सामाजिक बनने की प्रक्रिया का रास्ता भाषा का रास्ता है। द्विवेदीजी शब्द और उसके अर्थ के सम्बन्धों की प्रकृति को समझाने के लिए कागजी नोट का उदाहरण सामने लाते हैं। उनके ही शब्दों में—"रुपए का यह कागजी नोट हमारी उलझी हुई सामाजिक

व्यवस्था को प्रतीक-रूप में उपस्थित करता है। अति परिचयवश उसके इस रूप की हम उपेक्षा करते हैं। जिस प्रकार बाजार में हमारे श्रम और उत्पादन के जटिल सम्बन्धों को रुपए का नोट प्रतीक-रूप में सामने ला देता है, ठीक उसी प्रकार शब्द हमारी सामाजिक भावनाओं का प्रतिनिधित्व करते हैं।" ध्यान देने की बात है कि 'नोट' और 'शब्द' के समानधर्मी लक्षणों की बात द्विवेदीजी ने 1954 में की है, पर आज के प्रमुख अर्थशास्त्री टाल्कट पार्सन्स के अनुसार कागजी नोट एक विशिष्ट भाषा रूप है, आर्थिक व्यापार एक विशेष प्रकार का वार्तालाप एवं संचार है, पैसे का वितरण विशिष्ट कोटि का सम्प्रेषण है और सम्पूर्ण अर्थतन्त्र भाषा की व्याकरणिक व्यवस्था के समरूप है। पार्सन्स यह मानते हैं कि रुपए के नोट तथा भाषा में समानता का आधार उसके व्यवहारकर्ता के अन्तर्वैयक्तिक सम्बन्धों की समानधर्मी प्रकृति है जिस तथ्य की ओर द्विवेदीजी बार-बार संकेत करते हैं।

शब्द और अर्थ के सम्बन्धों का एक दूसरा आयाम भी है, जिसका सम्बन्ध साहित्य जगत से है। यह सही है कि द्विवेदीजी भाषा को वक्तव्य वस्तु का वाहन मानते हैं। पर इसके साथ भाषा की उस अगाध शक्ति से भी वे अपरिचित नहीं जान पड़ते जो भावावेग द्वारा कम्पित और आन्दोलित शब्दार्थ को अपने सीमित अर्थ से अधिक को प्रकाशित करने में सक्षम बनाती है। काव्य में प्रयुक्त अर्थ प्रकाशक शब्दों के आचार्य द्विवेदी दो आयाम मानते हैं, जिसके लक्षणों को वे गणित और संगीत के द्विचर प्रतियोग के आधार पर निरूपित करते हैं। काव्यार्थ के पहले आयाम का सम्बन्ध मानव-जीवन की आन्तर-सत्ता से सम्बद्ध रहता है। इसी आन्तर-सत्ता से जुड़कर शब्द, भावावेगजन्य कम्पन से आन्दोलित होता है। वस्तुतः यही कम्पन छन्द का प्राण बनता है। आचार्य द्विवेदी के शब्दों में छन्द, इस आवेग का वाहन हैं, वह एक प्रकार की "वक्र कम्पनशील नृत्य भंगिमा है।"

काव्यभाषा में इसीलिए कमोबेश सर्वत्र आन्तर-सत्ता की झंकार सुनाई पड़ती है, संरचना का लोच और अर्थ की वक्रता दिखलाई पड़ती है। कविता में इसकी स्पष्ट छाप मिलती है पर उपन्यास में यह आवेग कम होता है, 'परन्तु जहाँ कहीं भी उसमें आवेग का कम्पन आता है, वही प्रच्छन्न छन्द भी रहता है।'

गणित, अर्थ की इसी आन्तर-सत्ता के आधार पर काव्य से भिन्न है, क्योंकि उसमें 'उस आन्तर-सत्ता से जो आवेग-कम्पित स्वर से प्रकाशित होता हे, कम से कम योग होता है।' गणित बाह्य-जीवन के व्यापार की अमूर्त संकल्पना है, न कि मानव-जीवन की आन्तर-सत्ता का प्रकाशक। मानव-जीवन का यथार्थ मनुष्य के आन्तर और बाह्य-सत्ता के सही संयोग के आधार पर खड़ा होता है। मात्र बाह्य-सत्ता के महत्त्व के सन्दर्भ में ही द्विवेदीजी को नहीं समझा जा सकता। आन्तर-सत्ता के महत्त्व के सन्दर्भ में ही द्विवेदीजी लिखते हैं—"मनुष्य का जीवन स्लेट पर लगाया जानेवाला हिसाब नहीं है कि गलती हुई, तो मिटाकर फिर से ठीक-ठाक हिसाब लगा लिया गया। यहाँ तो जो गलती एक बार हुई, वह निश्चित रूप से जीवन को मोड़ने की क्रिया में अपना प्रभाव

छोड़ जाया करती है।''

काव्य की तुलना में अगर गणित में आन्तर-सत्ता का अभाव होता है तो ठीक इसके विपरीत संगीत में बाह्य-सत्ता का। संगीत शुरू से अन्त तक शुद्ध आवेग का कम्पन है, वह सुरों की कम्पनशील नृत्य भंगिमा है। संगीत, काव्य से इस अर्थ में भिन्न है कि उसमें बाह्य-जीवन से जोड़नेवाले अर्थ प्रकाशक शब्दों का योग नहीं रहता। संगीत और काव्य दोनों में ही आन्तर-सत्ता का आवेग और स्पन्दन रहता है, परन्तु ''काव्य जिस प्रकार शब्द प्रकाश्य अर्थ द्वारा बाह्य 'विषय-सत्ता से बँधा रहता है, उस प्रकार संगीत नहीं बँधा रहता।...(इसीलिए) काव्य द्वारा और संगीत द्वारा स्पन्दित मानव-चित्र के आवेगों में थोड़ा अन्तर होता है। काव्य में आवेग द्वारा जो स्पन्दन उत्पन्न होता है, वह बाह्य-सत्ता से पूर्णतया सम्बद्ध होता है, हम बाह्य-घटनाओं की अनुभूति से चालित होते रहते हैं। काव्य पाठक के सुख-दुख का आवेग उत्पन्न करता है।'

अगर प्रभेदक अभिलक्षणों के गुच्छ के रूप में गणित, संगीत और काव्य के अन्तर को द्विवेदीजी की विचारधारा के सन्दर्भ में समझना है तो उसे शब्दों की अर्थप्रकाशक प्रकृति के आधार पर समझा जा सकता है। अर्थ प्रकाशन के एक छोर पर गणित है (जो बाह्य-जगत के सन्दर्भ में धनात्मक (+) और आन्तर-जगत के सन्दर्भ में ऋणात्मक (—) है जबकि संगीत का संसार अपनी अर्थप्रकृति में बाह्य-जगत के सन्दर्भ में ऋणात्मक (—) और आन्तर-जगत के सन्दर्भ में धनात्मक (+) है। ये दोनों विषय क्षेत्र अपने प्रयोजन में एक दूसरे के ठीक विपरीत मूल्यों के संवाहक हैं। द्विवेदीजी के अनुसार, ''चेतना के एक प्रान्त पर संगीत है, दूसरे पर गणित।'' काव्य इन दोनों में से इस आधार पर भिन्न है कि अर्थ-प्रकाशक शब्दों के सन्दर्भ में वह बाह्य-जगत से भी सम्बद्ध रहता है और अन्तर-जगत से भी। अतः वह एक ओर गणित के समान बाह्य-जगत के सन्दर्भ में भी धनात्मक है और संगीत की तरह अन्तर-जगत के सन्दर्भ में भी वह धनात्मक है।

इधर विद्वानों ने काव्य और गणित, तथा काव्य और संगीत की अभ्यान्तर समरूपता को लेकर नए ढंग से विचार करने का प्रयास किया है। उदाहरण के लिए स्काट बूचनन ने अपनी प्रसिद्ध पुस्तक ''पोयट्री एंड मैथेमेटिक्स'' में काव्य और गणित के क्षेत्र में कई समानान्तर प्रतिरूपों की स्थापना की है यथा, शब्द-रूपों से गढ़े हुए काव्य-रूप (फार्म) और संख्या एवं समीकरणों से बने गणितीय-रूप (फार्म), कथा-साहित्य में घटनाओं का पुनरावृत्ति क्रम और गणना में संख्याओं का विनियोजित क्रम, ज्यामिति में चित्र-रेखाओं का रूपान्तरण और उपन्यासों में चरित्रों का विकास, संख्याओं के आपसी सम्बन्ध एवं आनुपातिक सम्बन्ध और कविता में शब्द प्रयोगों के आलंकारिक लक्षण। मानसिक व्यापार के इन समानान्तर लक्षणों के आधार पर बूचनन यह सिद्ध करना चाहते हैं कि गणित और काव्य, दोनों न केवल अपने 'रूप' (फार्म) में समानान्तर हैं, बल्कि मानवता की सृजनात्मक प्रतिभा के सन्दर्भ में भी वे समरूप हैं। अगर यह बात हम स्वीकार कर भी लें कि गणित और काव्य में सौन्दर्य का बाह्य प्रतिफलन

समानधर्मी है, तब भी यह प्रश्न तो अनुत्तरित रह ही जाता है कि ये दोनों किस आधार पर एक दूसरे से भिन्न है। बूचनन के अनुसार इसकी भिन्नता सतही है। क्योंकि इस भिन्नता का आधार, माध्यम का आधार है जबकि आचार्य हजारीप्रसाद द्विवेदी के अनुसार गणित और कविता की भिन्नता का आधार भीतरी है क्योंकि उसका सम्बन्ध जीवन की अभ्यान्तर-सत्ता से कटने और जुड़ने के साथ है। यही कारण है कि मात्र गणितीय सौन्दर्य से चालित-शब्दालंकार का आवेग सहज होकर नहीं आते। वे रूप का निर्माण करने में तो समर्थ है, पर अन्तर संसार से कटे होने के कारण "न तो काव्य की प्रगाढ़ अनुभूति ही पैदा करते हैं और न ही संगीत का प्रवाह ही।"

इसी प्रकार विद्वानों के एक वर्ग ने काव्य में निहित शब्द-लालित्य के सन्दर्भ में उसके ध्वनि-टेक्स्चर, छन्द-शैली, नाद संयोजन और संगीतात्मक अभिरचना की ओर संकेत देते हुए यह दिखलाने का प्रयत्न किया है कि मात्र रूप (फार्म) के ही नहीं, बल्कि आवेग और कम्पन के धरातल पर भी काव्य और संगीत समरूपी हैं, क्योंकि दोनों का ही सम्बन्ध मानव-जीवन के आन्तर-संसार से है। इस मत के समर्थकों में जान हैलेंडर, सेमुअर चेटमैन, रोजर फाउलर आदि का नाम लिया जा सकता है। द्विवेदीजी को भी इसी मत का समर्थक माना जा सकता है, पर केवल एक सीमा तक। वे इस मान्यता से आगे बढ़कर काव्य और संगीत के भेद के सन्दर्भ में यह भी कहना चाहते हैं कि संगीत में आवेग के धरातल पर अनुभूति सहेतुक है पर बाह्य-जगत के कार्य-कारण सम्बन्धों के धरातल पर वह नितान्त अहेतुक है। आचार्य द्विवेदी के शब्दों में, "संगीत की अनुभूति अहेतुक होती है। मनुष्य का चित्त सर्वत्र कार्य-कारण की शृंखला खोजता रहता है–अनुभूति और वेदना के क्षेत्र में भी।" उनके अनुसार "काव्य में अनुभूति में एक प्रकार की सान्द्रता बनी रहती है। काव्य विश्वजनीन होने पर भी सहेतुक होने के कारण ठोस और सान्द्र होता है।" टोड़ी के आलाप से जो एक प्रकार की उदास और विरह-व्याकुल वेदना चित्त में घुमड़ आती है, वह विश्वजनीन तो होती है, पर अविच्छिन्न या "एब्स्ट्रैक्ट" होने के कारण अनुभूति में वह सान्द्रता नहीं ले आ पाती, जो काव्य के कारण रस से उत्पन्न होती है।"

कहने की आवश्यकता नहीं कि द्विवेदीजी की भाषा विषयक-चिन्तन-दृष्टि समकालीन अन्य विचारकों की तुलना में कहीं अधिक व्यापक और अपने विश्लेषण में दूसरों से कहीं अधिक पैनी और सन्तुलित है।

आचार्य द्विवेदी ने भाषा की सामान्य प्रकृति पर विचार करने के साथ-साथ हिन्दी भाषा की अपनी समस्याओं पर भी गहराई से विचार किया है। 'हिन्दी तथा अन्य भाषाएँ नामक निबन्ध में उन्होंने हिन्दी के साथ-साथ अन्य भाषाओं के सम्बन्धों की चर्चा को निम्नलिखित भागों में विभाजित किया है–

1. हिन्दी का संस्कृत आदि प्राचीन भाषाओं से सम्बन्ध।

2. हिन्दी का हिन्दीतर प्रदेशों की आधुनिक भाषाओं के साथ सम्बन्ध।

3. हिन्दी का उसकी जनपदीय बोलियों के साथ सम्बन्ध।

4. हिन्दी का उर्दू के साथ सम्बन्ध, और

5. हिन्दी और अंग्रेजी का सम्बन्ध।

इन सम्बन्धों के अतिरिक्त अपने एक दूसरे निबन्ध 'सहज भाषा का प्रश्न' में भाषा की सहज प्रकृति के सन्दर्भ में हिन्दी पर उन्होंने प्रकाश डाला है। सन् 1945 में 'विश्वभारती पत्रिका' में लिखे गए अपने निबन्ध 'नई समस्याएँ' में उन्होंने न केवल संस्कृत और हिन्दी भाषा के परस्पर सम्बन्धों के सांस्कृतिक एवं जातीय आधार पर प्रकाश डाला है बल्कि प्रौढ़ शिक्षा की माध्यम भाषा की प्रकृति पर भी गहराई से विचार किया है। इन सभी समस्याओं पर इस छोटे से लेख में संक्षेप में भी चर्चा सम्भव नहीं जान पड़ती। अतः मैं अपनी बात को एक-दो भाषा सम्बन्धी समस्याओं तक ही सीमित कर सन्तोष करना चाहूँगा।

जिन दो समस्याओं पर मैं आचार्य द्विवेदी के सुचिन्तित विचार को सामने रखना चाहता हूँ—उनमें पहला है, हिन्दी और उसकी जनपदीय बोलियों का सम्बन्ध, और दूसरा है—हिन्दी और उर्दू का सम्बन्ध। इन दो समस्याओं का एक साथ चुनाव अकारण ही नहीं है। ये दोनों समस्याएँ आज अपना सर उठाकर भाषा-नियोजन और भाषा-नीति के लिए चुनौती बनती जा रही है। दूसरा, इन दोनों समस्याओं के मूल में कोई भाषाई या व्याकरणिक विवाद नहीं। विवाद है तो हमारी सामाजिक अस्मिता का। इन समस्याओं पर अगर हमने तत्काल ध्यान नहीं दिया तो "नाना प्रकार की जातियों-उपजातियों में विभक्त सम्प्रदायों और पन्थों में उद्भ्रान्त और शतछिद्र हमारे देश के कलश" को ये और भी क्षत-विक्षत कर देगी।

इन दोनों समस्याओं पर विचार करने से पहले यह आवश्यक है कि भाषा-नियोजन सम्बन्धी द्विवेदीजी की दृष्टि से हम अपना साक्षात्कार कर लें। नियोजन सम्बन्धी नीति के सम्बन्ध में द्विवेदीजी की दो स्पष्ट मान्यताएँ हैं :–

1. "अपने देश की भाषा और साहित्य-विषयक नीति स्थिर करते समय हमें अपने देश के विशाल इतिहास को याद रखना होगा।"

2. "मनुष्य को चरम लक्ष्य मानकर तथा उनके सुख-दुख का विचार करके हमें अपनी भाषा विषयक नीति स्थिर करनी चाहिए।"

हिन्दी भाषा के सन्दर्भ में भी उनके दो मुख्य वक्तव्य हैं :–

1. "हिन्दी केन्द्रीय भाषा है। बड़े परिश्रम से और बड़ी कठिनाइयों के भीतर से इसके उपासकों ने इसे सार्वदेशिक भाषा का रूप दिया है।"

2. "हिन्दी को किसी केन्द्रीय राजशक्ति की अंगुली पकड़ाकर आगे नहीं बढ़ाया गया है। विरोधों, आघात-प्रतिघातों के भीतर से ही इसकी शानदार सवारी निकली है।"

हिन्दी भाषा के साथ इसकी मैथिली, राजस्थानी आदि जनपदीय बोलियों तथा उर्दू जैसी भाषा शैली के झगड़े एवं संघर्ष की चर्चा करने से पहले यह जान लेना आवश्यक

है कि भाषा किसी भी सामाजिक समुदाय के सदस्यों को अन्दरूनी तौर पर जोड़ने और बाँधनेवाली एक जबरदस्त ताकत के रूप में अपनाई जा सकती है। दूसरी तरफ किसी एक संगठित समुदाय में अलगाव और बिखराव पैदा करनेवाले एक हथियार के रूप में भी भाषा का इस्तेमाल किया जा सकता है। भाषा में जोड़ने या तोड़नेवाली ताकत एक ही चीज के दो पहलू हैं, या एक ही समस्या को देखने की दो दृष्टियाँ हैं, और वह चीज या समस्या है सामाजिक अस्मिता (आइडेंटिटी)।

हिन्दी की अपनी कई क्षेत्रीय बोलियाँ हैं, यथा-ब्रज, अवधी भोजपुरी, मैथिली आदि। शुद्ध भाषिक रचना की दृष्टि से जिस प्रकार खड़ीबोली के संस्कारित रूप में मान्य हिन्दी, एक भाषा है, और उसका एक विशिष्ट व्याकरण है, उसी प्रकार ये बोलियाँ भी 'भाषा' हैं क्योकि इनकी भी अपनी विशिष्ट भाषिक रचना या व्यवस्था है, इनका भी अपना एक विशिष्ट व्याकरण है। पर भारत जैसे बहुभाषिक देश में भाषा-बोली का आधार वह भाषाई चेतना है जिसकी प्रकृति संस्थागत होती है। प्रायः यह देखा गया है कि जातीय पुनर्गठन की सामाजिक प्रक्रिया के दौरान कोई बोली, व्यापार, राजनीति या संस्कृति के कारण अन्य जनपदीय बोलियों के बीच सम्पर्क साधन का काम करने लगती है। बाद में चलकर बोलियों को प्रयोग करनेवाले भी इस सम्पर्क साधन में प्रयुक्त बोली के साथ अपनी सामाजिक अस्मिता जोड़ने लगते हैं। आज की स्थिति में खड़ी बोली के पर्याय के रूप में मान्य 'हिन्दी' तो भाषा है, पर ब्रज, अवधी, भोजपुरी, मैथिली आदि मात्र उसकी बोलियाँ।"

भाषा और बोली के इस प्रकार्यात्मक सम्बन्धों की बात को भुलाकर आज कई बोलियों को बोलनेवाले अपनी विशेष बोली को स्वतन्त्र भाषा के रूप में विकसित करना चाहते हैं। द्विवेदीजी इस तथ्य से परिचित थे। पूर्व में मैथिली और पश्चिम में राजस्थानी की ओर से यह दावा किया गया है कि वे हिन्दी की उपभाषा नहीं है। अतः उन्हें अपने को स्वतन्त्र भाषा के रूप में विकसित करने का अवसर मिलना चाहिए। द्विवेदीजी यह मानते हैं कि प्रत्येक मातृभाषी को अपनी भाषा को विकसित करने का अधिकार है, पर इसके साथ हमें यह भी ध्यान में रखना चाहिए कि भाषा हमारे "भावी महालक्ष्य की पूर्ति का साधन हैं। हमें ऐसी भाषा बनानी चाहिए जिसके द्वारा हम अधिक से अधिक व्यक्तियों को शारीरिक, मानसिक और आध्यात्मिक क्षुधा निवृति का सन्देश दे सकें।" इसके लिए यह आवश्यक है कि हम ऐसी भाषा सीखें जिसे अधिक से अधिक लोग समझते हैं। जीवन व्यापार के वृहत्तर आयाम पर बोलियों का सहारा व्यक्ति के सामाजिक विकास में बाधक सिद्ध होगा। घरेलू व्यवहार, आत्मीय परिवेश, अनौपचारिक सन्दर्भ में बोलियों का प्रयोग सहज माना जाएगा, पर जहाँ तक उच्च शिक्षा, अन्तर्क्षेत्रीय व्यापार और औपचारिक सन्दर्भ का सवाल है, द्विवेदी जी के मत में सार्वदेशिक भाषा के रूप में विकसित हिन्दी का प्रयोग ही उचित है। अन्यथा भाषा और बोली का विवाद वहीं तक नहीं रुकेगा, उसकी अपनी परिणति बोली-बोली के झगड़े में भी ढल सकती है। द्विवेदीजी के शब्दों में "आखिर इस गरीब देश में आप कितने विश्वविद्यालय और

कितने हाइकोर्ट चलाएँगे ? एक-एक जिले का दावा अलग-अलग हो सकता है।'' ग्रियर्सन ने जिन लोगों की भाषा को 'स्टैंडर्ड' भोजपुरी कहा है, वे लोग बनारसवाले हाइकोर्ट की भाषा क्यों मानेंगे। और बनारसवाले ही अपनी सम्पूर्ण ऐतिहासिक परम्परा के बावजूद बलिया-आरा की बोली को क्यों स्टैंडर्ड मानेंगे। झगड़ा तो वहाँ भी खड़ा होगा।

द्विवेदीजी के अनुसार भाषा-शैली के विवाद में व्यक्ति को अपनी संकुचित दृष्टि वृहत्तर लक्ष्य प्राप्ति के सन्दर्भ में छोड़नी होगी। भाषा का गहरा सम्बन्ध व्यक्ति की अपनी रुचि और संस्कार के साथ रहता है। अपनी इसी रुचि और संस्कार से अभिभुत होकर बोली--भाषा के बीच बोली को वह भाषा से बड़ा मानकर अलगाव का रास्ता अपना लेता है। मनुष्य तर्कशील प्राणी है। अतः वह इस अलगाव के रास्ते पर चलकर बोली को शक्तिशाली भाषा सिद्ध करना चाहता है। द्विवेदीजी व्यंग्य का सहारा लेते हुए यह कहना चाहते हैं कि मैथिली मातृभाषियों की तरह वह भी अपनी मातृबोली भोजपुरी को देश की सर्वाधिक शक्तिशाली भाषा सिद्ध कर सकते हैं। उनके ही अपने शब्दों में ''मैं इतिहास से गवाही ढूँढ़ सकता हूँ। भारतवर्ष का ज्ञात इतिहास भोजपुरियों से प्रारम्भ होता है। जिन सैनिकों के नाम मात्र से सम्राट सिकन्दर काँप उठे थे, वे भोजपुरी थे। जिन भिक्षुओं ने पर्वत और समुद्र लाँघकर चीन से जापान तक भारतीय संस्कृति की पताका फहराई थी, वे अधिकांश भोजपुरी थे। चन्द्रगुप्त और कुमारजीव भोजपुर की सन्तान थे और मध्ययुग का सबसे बड़ा प्राणवान पुरुष भोजपुरी था :—मेरा मतलब कबीर से है, आदि।'' राजस्थानी या मैथिली के पक्षपाती भी ऐसा ही तर्क उपस्थित करते हुए यह सिद्ध कर सकते हैं कि हिन्दी की एक भी उपभाषा, उनकी भाषा जितनी शानदार और जानदार नहीं है। द्विवेदीजी के अनुसार ऐसा करने से उनका या उनके गाँव-जवारवालों को सीमित लाभ तो होगा, पर व्यक्ति की दुनिया यहीं तक समाप्त नहीं हो जाती। अतः हमें इस प्रश्न को जरा दूर तक सोचना होगा। उनके अपने शब्दों में– ''यदि हमारे तर्कों और युक्तियों के मूल में कोई संकीर्ण स्वार्थ है या व्यक्तिगत रुचि-अरुचि का प्राबल्य है तो निष्कर्ष दोषयुक्त होगा।'' द्विवेदीजी के अनुसार बोलियों के पक्ष में लिया गया निर्णय संकीर्ण स्वार्थ पर आधारित है। इस देश में शताधिक भाषाओं के प्रचलन से हमारे अनेक प्रयत्न विच्छिन्न और अकारथ हो जाएँगे। ''हमें ऐसी भाषा का सहारा लेना है जो इन बोलियों से समता रखती हो।'' कहने की आवश्यकता नहीं कि बोली क्षेत्रों को एक वृहत्तर जनपद में बाँधनेवाली ऐसी भाषा हिन्दी ही है। पर द्विवेदीजी एक सतर्क भाषा नियोजक थे। अतः उनका स्पष्ट निर्देश है कि केन्द्रीय भाषा के रूप में हिन्दी के प्रति श्रद्धा-भाव और अपनी-अपनी बोलियों के प्रति अनुराग दोनों बातें आवश्यक हैं। यह आवश्यक है कि केन्द्रीय भाषा हिन्दी इन बोलियों के नजदीक आए।

भाषा और बोली के विभेद को लेकर भाषा वैज्ञानिक चाहे जिन भी लक्षणों की ओर संकेत क्यों न दें, समाजभाषा-वैज्ञानिक अब यह स्वीकार करने लगे हैं कि इनके

अन्तर का आधार मात्र भाषावैज्ञानिक नहीं। भाषा अपनी सत्ता में स्वायत्त और विकास में अपकेन्द्री (सेन्ट्रीफ्युगल) होती है जबकि बोलियाँ अपनी प्रकृति में भाषोन्मुखी और प्रसार में अभिकेन्द्री (सेन्ट्रीपीटल)। हिन्दी का दूसरा पक्ष भी है। वह उन सभी अभिकेन्द्री बोलियों का समुच्चय है। अपनी सामाजिक अस्मिता के लिए ये बोलियाँ अपने 'स्व' के साथ-साथ हिन्दी की वृहत्तर जातीय परम्परा से भी अपनी अस्मिता को जोड़ती है। हमें यह ध्यान रखना चाहिए कि हिन्दी मात्र व्याकरण नहीं और न ही वह केवल खड़ीबोली के रूप में एक विशिष्ट भाषिक संरचना है। भाषा के रूप में वह एक सामाजिक संस्था है, संस्कृति के रूप में भाषाई प्रतीक भी है, और साहित्य के रूप में वह एक जातीय परम्परा भी है।

सामाजिक संस्था के रूप में स्वीकार करते हुए द्विवेदीजी ने हिन्दी को मनोवृत्ति प्रधान भाषा कहा है। उनके अनुसार इसी मनोवृत्ति के आधार पर सभी हिन्दी भाषी के अन्तस में यह बात जमी हुई है कि हिन्दी वह भाषा है जिसमें कबीर, तुलसी, मीरा आदि ने कविता लिखी थी। उनके शब्दों में–"वे सब बोलियाँ जिनका मुख केन्द्राभिमुख है, अर्थात् जिनके बोलनेवाले की नाड़ियों में मूल केन्द्रीय भाषा से सम्बद्ध बने रहने के संस्कार दृढ़ निबद्ध हैं–हिन्दी हैं। जो बोलियाँ केन्द्राभिमुख न होकर अपने आप में ही केन्द्रित हो जाती हैं, और तुलसी और सूर को अपना कवि नहीं मानना चाहतीं, वे टूटकर अलग हो जाती हैं।"

हिन्दी-उर्दू के विवाद के प्रश्न के मूल में भी इसी सामाजिक अस्मिता का प्रश्न दिखलाई पड़ता है क्योंकि हिन्दी और उर्दू की लड़ाई भाषा की लड़ाई कम, भाषाई अस्मिता की लड़ाई अधिक है। मैंने अन्यत्र यह दिखलाने की कोशिश की है कि सामाजिक अस्मिता का सवाल हिन्दी-उर्दू के प्रश्न तक ही सीमित नहीं। यह सवाल पूरे भारतवर्ष को लेकर उठाया जा सकता है। क्या पंजाबी-हिन्दी की समस्या इससे अलग है ? या बांग्ला-उड़िया का सवाल इससे भिन्न ?

"वे सिक्ख जो हिन्दी को मादरी जबान की तरह अपनाए हुए हैं, मर्दुमशुमारी के समय क्या उन्होंने अपनी मातृभाषा पंजाबी नहीं लिखाई ? पंजाब के वे हिन्दू जो हिन्दी भाषा जानते भी नहीं, उन्होंने क्या हिन्दी को अपनी मातृभाषा नहीं बताया ? यह सामाजिक अस्मिता 'यथार्थ' है, भारतीय समाज की सच्चाई है, भले ही जिस आधार पर वह टिकी है वह अवैज्ञानिक हो, उसकी भित्ति अन्धविश्वास और अज्ञान की नींव पर बनी हो।"

द्विवेदीजी भी हिन्दी-उर्दू के विवाद को सामाजिक और जातीय अस्मिता के प्रश्न के रूप में देखने के पक्ष में हैं। वे अन्य भाषाविदों की तरह स्पष्ट शब्दों में घोषित करते हैं कि "उर्दू का भाषाशास्त्रीय ढाँचा हिन्दी के भाषाशास्त्रीय ढाँचे से अलग नहीं हैं।" वे पंडित चक्रधर शर्मा गुलेरी की इस मान्यता के भी समर्थक हैं कि "जिसे हिन्दी को आजकल हम साहित्यिक हिन्दी कहते हैं, वह उर्दू के पर से बनाई गई है।" अतः अपने जन्म रूप में "हिन्दी, मुसलमानी भाषा है क्योंकि शुरू-शुरू में खड़ी बोली मुसलमानों

की भाषा मानी जाती थी।" "पुराने हिन्दू कवियों ने जब मुसलमान पात्रों से कोई कविनिषिद्ध प्रौढ़ोक्ति कहलाई है तो खड़ीबोली में बुलवाया है। जिस भाषा को हम साहित्यिक हिन्दी कहते हैं उसकी प्रथम भित्ति-प्रतिष्ठा मुसलमान भाइयों के हाथों हुई है। यह नहीं कि वो भाषा ही कोई नई बनाई गई है बल्कि यह कि इसे साहित्यिक, सामाजिक और सांस्कृतिक आदान-प्रदान का वाहन मुसलमानों ने बनाया।"

खड़ीबोली और उर्दू अपने जन्म-सन्दर्भ में एक हैं। भाषा-शास्त्रीय ढाँचे में हिन्दी और उर्दू एक हैं–फिर भी वे आज दो भाषाओं के रूप में क्यों मान्य हैं ? द्विवेदीजी की स्पष्ट धारणा है कि हिन्दी को हम एक जातीय परम्परा के रूप में भी ग्रहण करते हैं। वह एक मनोवृत्ति प्रधान भाषा भी है। भाषाशास्त्री, व्याकरणशास्त्र के आधार पर हिन्दी को उर्दू की और उर्दू को हिन्दी की विशिष्ट भाषा-शैली के रूप में देखने का आग्रह क्यों न करें, पर अपनी परम्परा में वे दो 'यथार्थ' हैं, सामाजिक-सांस्कृतिक अस्मिता के धरातल पर वे दो भिन्न मनोवृतियों के संस्कारित रूप हैं। अपने समर्थन में द्विवेदीजी निम्नलिखित तर्क उपस्थित करते हैं–

यदि उर्दू, हिन्दी की एक विशिष्ट शैली है, तो हिन्दी साहित्य के इतिहास में तथा पाठ्यक्रम में उसे पूर्ण स्थान क्यों नहीं मिला ? इसके दो कारण सम्भव हैं–

(क) उर्दू एक सम्पूर्ण साहित्य है,

(ख) हिन्दी के अब तक के स्वीकृत साहित्य के इतिहास से उसका कोई सम्बन्ध नहीं रहा है और दोनों अपने-अपने रास्ते बिना एक दूसरे को प्रभावित किए विकसित होते रहे हैं। आचार्य द्विवेदी के अनुसार "हिन्दी साहित्य के इतिहास पढ़ने से दोनों धारणाएँ पुष्ट होती हैं।" उनका तो यहाँ तक कहना है कि अन्य प्रदेशों में जहाँ कहीं भी सामाजिक एवं सांस्कृतिक आन्दोलन हुए हैं, वहीं से हिन्दी ने प्रेरणा ग्रहण की है, परन्तु अपने ही प्रदेश में पड़ोस में ही बसनेवाले उर्दू साहित्यकारों से उसे प्राणदायिनी प्रेरणा कम प्राप्त हुई है। "कदाचित केवल बाहरी रूप और बनाव सिंगार की प्रवृत्ति की प्रेरणा इस भाषा से अवश्य मिली है, परन्तु वह क्षणिक और अस्थायी ही बनी रही है।"

आचार्य द्विवेदीजी की इस व्याख्या को कुछ प्रगतिवादी आलोचकों ने उनके ब्राह्मणवादी मनोवृत्ति का परिणाम माना है। पर जो ऐसा कहकर उनके द्वारा उठाए गए सामाजिक अस्मिता के प्रश्न को झुठलाना चाहते हैं, उन्हें एक-दो प्रश्नों का उत्तर देना अनिवार्य है। यह क्या कारण है कि हिन्दी साहित्य के इतिहास के नामधारी ग्रन्थों में राजस्थानी भाषा का साहित्य है, ब्रजभाषा का साहित्य है, अवधी का साहित्य है, बुन्देलखंडी और बघेलखंडी का साहित्य है, भोजपुरी और मैथिली का साहित्य है। इन सभी साहित्यों का भाषाई आधार भिन्न है पर क्यों वे एक ही साहित्यिक धारा के भीतर समाहित हैं जबकि एक ही भाषा के भिन्न शैली रूप में स्वीकृत उर्दू के साहित्य का उसमें समावेश नहीं ? द्विवेदीजी के अनुसार उर्दू अभी तक आत्मकेन्द्रित भाषा बनी रही है क्योंकि केन्द्राभिमुखी-भाषा होने में वह हिन्दी के समान है, न कि उसकी जनपदीय बोलियों के। इसीलिए वह सूर, तुलसी, कबीर की परम्परा को अपनी परम्परा नहीं मानती

और अन्य सन्तों और भक्तों के सात्विक साहित्य को अपना साहित्य मानने में कुंठा अनुभव करती रही। साथ ही उसने इस देश की पुरानी परम्परा से अपभ्रंश, प्राकृत और संस्कृत के साहित्य से घनिष्ठ और अविच्छेद्य सम्बन्ध स्थापित करने का प्रयत्न कभी नहीं किया।

हमारी बात अधूरी ही रह जाएगी, अगर भाषा नियोजन के सन्दर्भ में हम हिन्दी-उर्दू की समस्या पर विचार न कर लें। आचार्य द्विवेदी ने जिस उर्दू की बात उठाई है, उसका सम्बन्ध मुख्यतः मध्यकालीन काव्य परम्परा से रहा है, उस साहित्य से रहा है जिसे राजशक्ति का संबल मोहग्रस्त करता रहा है, उस काव्य चेतना से रहा है जो अपने प्रेरणा-स्रोत में जनमानस और बोलियों के संयोग को नकारता रहा है। अन्यथा आज लिखे जा रहे उर्दू साहित्य की भाषा मनोवृत्ति उसे हिन्दी के नजदीक ही ला रही है। इसी सम्भावना को देखते हुए उन्होंने उर्दू-हिन्दी के सहज संयोग पर आधारित महाजाति की साहित्य चेतना का पक्ष लेते हुए यह भी कहा है कि ''उर्दू को हमें सम्पूर्ण रूप से स्वीकार करना ही होगा।''

इस सन्दर्भ में मैं एक दो तथ्य आपके सामने रखना चाहूँगा। पहले उर्दू की एक ऐसी धारा भी थी जिसके समर्थक जनता की भाषा में बोलने के कायल न थे, जो अपनी शिक्षा-दीक्षा के पद-प्रतीक के लिए फ़ारसी जबान के इस्तेमाल के हिमायती थे। इस वर्ग का परिवेश पहले सामन्ती और दरबारी रहा और अंग्रेजों के काल में राजतन्त्र पर इससे कोई फर्क नहीं पड़ा। इस लोक तटस्थ धारा की पहल सैयद अहमद देहलवी ने ''फ़रहंगे असफ़िया'' (जिल्द अव्वल) में की है : ''हम अपनी जबान को मरहठीबाजों, लवनीबाजों की जबान, धोबियों के खंड, जाहिल ख्यालबन्दों के ख़्याल, टेसू के राग यानी बेसरतोपा अल्फाज का मज़बूआ बनाना कभी नहीं चाहते...।'' इस धारा की तुलना आज के उर्दू की लोकवादी धारा से करें जिसमें एक ओर समाज की आम जनता के दुख-दर्द की आवाज है और जिसमें बोलियों की गमक है। आज वह 'आलमशाह' ख़ान द्वारा राजस्थान की बोलियों, 'राही' के अनुसार अवधी, मेहरून्निसा परवेज और 'शानी' द्वारा बस्तर की बोलियों और जहीर नियासी द्वारा भोजपुरी, असगर वजाहत द्वारा ब्रज और कन्नौजी तथा हबीब तनवीर द्वारा छत्तीसगढ़ी आदि से अपनी साहित्यिक शक्ति और शब्दावली लेने लगी है। इसमें सन्देह नहीं कि हिन्दी और उर्दू की एक महाजाति के साहित्य में बाँधनेवाली अगर कोई शक्ति काम कर सकती है तो उसका आधार बनेगी—जनशक्ति, जनपदीय बोलियाँ और इस महाज़ाति की अपनी सह-अनुभूति। आचार्य द्विवेदी के शब्दों में ''हिन्दी और उर्दू का प्रश्न बहुत दिनों से हमारे देशवासियों के लिए टेढ़ा प्रश्न रहा है। मैं नहीं मानता कि यह प्रश्न अब उतना ढेढ़ा रह गया है। परन्तु फिर भी कभी-कभी पुराने इतिहास का भूत डराता ही रहता है।''

आचार्य द्विवेदी का भाषा-विषयक चिन्तन*

कालजयी साहित्यिक परम्परा और संश्लिष्ट इतिहास बोध के सर्जक साहित्यकार के रूप में आचार्य हजारीप्रसाद द्विवेदी पर काफी कुछ लिखा जा चुका है। पर जहाँ तक उनके भाषा विषयक चिन्तन का प्रश्न है, उस पर अभी तक समुचित प्रकाश नहीं पड़ पाया है। अपने इस लघु निबन्ध में इस प्रश्न के साथ सम्बद्ध केवल तीन प्रश्नों पर विचार करना चाहूँगा और वे हैं–1. भाषा की सामान्य प्रकृति, 2. काव्य भाषा का प्रकार्यात्मक पक्ष, 3. हिन्दी का उसकी जनपदीय बोलियों तथा उर्दू के साथ सम्बन्ध।

द्विवेदीजी शब्दों द्वारा व्यक्त भाषा को मनुष्य के सामाजिक सम्बन्धों के प्रतीक के रूप में देखते हैं। शब्द की न केवल प्रकृति समाज-परक है, वरन् उसका प्रयोजन भी सामाजिक है। प्रयोजन के रूप में वह सम्प्रेषण का उपकरण है, मनुष्य की सामाजिकता का साधन है और व्यक्ति की परिपूर्णता का माध्यम है। द्विवेदीजी के अनुसार शब्द इस उद्देश्य से बनाए गए हैं कि व्यक्ति की भावना दूसरे के चित्त में आसानी से उतार दी जा सके। व्यक्ति यदि अपने आप में ही परिपूर्ण होता, तो शब्द द्वारा अर्थ को प्रकट करनेवाली भाषा की आवश्यकता नहीं होती। यह अत्यन्त महत्त्वपूर्ण बात है। स्पष्ट है, व्यक्ति सामाजिक सम्बन्धों के आधार पर ही परिपूर्ण बनता है, और द्विवेदीजी के अनुसार सामाजिक बनने की प्रक्रिया का रास्ता भाषा का रास्ता है। द्विवेदीजी शब्द और उसके अर्थ के सम्बन्धों की प्रकृति को समझाने के लिए कागजी नोट का उदाहरण सामने लाते हैं। उनके ही शब्दों में–"रुपए का यह कागजी नोट हमारी उलझी हुई सामाजिक व्यवस्था का प्रतीक रूप में उपस्थित करता है। अति परिचयवश उसके इस रूप की हम उपेक्षा करते हैं। जिस प्रकार बाजार में हमारे श्रम और उत्पादन के जटिल सम्बन्धों को रुपए का नोट प्रतीक-रूप में सामने ला देता है, ठीक उसी प्रकार शब्द हमारी सामाजिक भावनाओं का प्रतिनिधित्व करते हैं।" ध्यान देने की बात है कि 'नोट' और 'शब्द' के समानधर्मी लक्षणों की बात द्विवेदीजी ने 1954 में की, जब कि आज के प्रमुख अर्थशास्त्री

---

* सर्वप्रथम 'बलिया का बिरवा काशी की माटी' (सं. डा. राजमणि शर्मा) पुस्तक में 1991 में प्रकाशित। प्रकाशक : संजय बुक सेंटर।

टाल्कट पार्सन्स ने कागजी नोट को एक विशिष्ट भाषा के रूप में 1967 में प्रतिपादित किया। पार्सन्स के अनुसार न केवल कागजी नोट विशिष्ट भाषा रूप है बल्कि आर्थिक व्यापार एक विशेष प्रकार का वार्तालाप है, पैसे का वितरण विशिष्ट कोटि का सम्प्रेषण है और सम्पूर्ण अर्थतन्त्र भाषा के व्याकरणिक व्यवस्था के संमरूप है। पार्सन्स यह मानते हैं कि रुपए का नोट तथा भाषा में समानता का आधार उसके व्यवहार-कर्ताओं के अन्तर्वैयक्तिक सम्बन्धों में निहित है, इस तथ्य की ओर द्विवेदी जी बार-बार संकेत देते हैं।

भाषा के सन्दर्भ में आचार्य द्विवेदी ज्ञान को दो-मुँहा पदार्थ मानते हैं। इनके अनुसार एक ओर वैयक्तिक तथ्य जगत है, जो व्यक्ति-सापेक्ष होता है, दूसरी तरफ अन्तर्वैयक्तिक तथ्य जगत है जो समाज सापेक्ष होता है। इन दोनों के सम्बन्धों की प्रकृति पर विचार करते हुए उनका यह मत है कि वैयक्तिक तथ्य जगत निरन्तर दूसरे लोगों के उपलब्ध तथ्य जगत से टकराते रहने के कारण अन्तर्वैयक्तिक तथ्य जगत के रूप में परिवर्तित होता रहता है। यह संसार दूसरों की उपलब्धि और स्मृति से बनी तथ्यात्मक ज्ञान राशि से टकरा-टकरा कर बना हुआ पदार्थ है। द्विवेदी जी के अनुसार, "यह अन्तर्वैयक्तिक तथ्य जगत निरन्तर परिवर्धमान और परिवर्तमान पदार्थ है--वह गतिशील है। वह नाना वैयक्तिक तथ्य जगतों के संवर्ष से स्थिरीकृत 'सामान्यजगत' है।" ध्यान देने की बात है कि आचार्य द्विवेदी ने भाषा के स्थितीकृत सामान्य प्रकृति के साथ उसकी गत्यात्मक शक्ति पर भी प्रकाश डाला है। सामाजिक और गतिशील होने के कारण ही द्विवेदीजी यह मानते हैं कि भाषा हमारी सामान्य अन्तर्वैयक्तिक उपलब्धियों के गाम्भीर्य और प्रसार का पता बतलाती है। "भाषा के इस गतिशील प्रकृति के साथ साहित्य की संकल्पना को जोड़ते हुए वह यह भी कहते हैं कि भाषा तथ्यात्मक अनुभूतियों के सम्प्रेषण के साधन होने के साथ-साथ साहित्य का वाहक भी है। उनके ही शब्दों में निरन्तर परिवर्तमान और परिवर्धमान इन उपलब्धियों के लिखित रूप को ही सामान्य रूप से 'साहित्य' कहते हैं।

काव्य में प्रयुक्त अर्थ प्रकाशक शब्दों के आचार्य द्विवेदी दो आयाम मानते हैं। इन दो आयामों को वे गणित और संगीत के आधार पर निरूपित करते हैं। संगीत आयाम का सम्बन्ध मानव जीवन की आन्तर सत्ता से है, इसी आन्तर-सत्ता से जुड़कर शब्द भावावेगजन्य कम्पन से आन्दोलित होता है। वस्तुतः यही कम्पन छन्द का प्राण बनता है। आचार्य द्विवेदी के शब्दों में छन्द इस आवेग का वाहन है। वह एक प्रकार की "वक्र कम्पनशील नृत्य भंगिमा है।" काव्यभाषा में कमोवेश सर्वत्र आन्तर सत्ता की झंकार सुनाई पड़ती है, संरचना का लोच और अर्थ की वक्रता दिखलाई पड़ती है। कविता में इसकी स्पष्ट छाप दिखलाई पड़ती है, पर उपन्यास में यह आवेग कम होता है। पर जहाँ कहीं भी उसमें आवेग का कम्पन आता है, वहीं प्रच्छन्न छन्द भी रहता है।

अर्थ की इसी आन्तर-सत्ता के आधार पर गणित, काव्य से भिन्न है। गणित बाह्य जीवन के व्यापार की अमूर्त संकल्पना है, न कि मानव-जीवन की आन्तर सत्ता का प्रकाशन। मानव-जीवन का यथार्थ मनुष्य के आन्तर और बाह्य सत्ता के सही सहयोग के आधार पर खड़ा होता है। मात्र बाह्य सत्ता अथवा आन्तर-सत्ता के आधार पर मानव-जीवन को नहीं समझा जा सकता। बाह्य सत्ता का कितना भी गणितीय अमूर्तन क्यों न कर दिया जाए वह हमारे जीवन की सामान्य जटिलता पर कुछ भी प्रकाश नहीं डाल पाता क्योंकि द्विवेदीजी के अनुसार "मनुष्य का जीवन स्लेट पर लगाए जानेवाला हिसाब नहीं है कि गलती हुई तो मिटाकर फिर से ठीक-ठीक हिसाब लगा लिया गया। यहाँ तो जो गलती एक बार हुई, वह निश्चित रूप से जीवन को मोड़ने की क्रिया में अपना प्रभाव छोड़ जाया करती है।"

काव्य की तुलना में अगर गणित में आन्तर-सत्ता का अभाव होता है तो ठीक इसके विपरीत संगीत में बाह्य-सत्ता का। संगीत शुरू से अन्त तक शुद्ध आवेग का कम्पन है। द्विवेदी जी के अनुसार "काव्य जिस प्रकार शब्द प्रकाश्य अर्थ द्वारा बाह्य विषय सत्ता से बँधा रहता है उस प्रकार संगीत नहीं बँधा रहता...काव्य में आवेग द्वारा जो स्पन्दन उत्पन्न होता है, वह बाह्य सत्ता से पूर्णतया सम्बद्ध होता है। हम बाह्य घटनाओं की अनुभूति से चकित होते रहते हैं। काव्य, पाठक के सुख-दुख का आवेग उत्पन्न करता है।" इसके विपरीत संगीत की अनुभूति को आचार्य द्विवेदी ने अहेतुक माना है। उनके अनुसार "मनुष्य का चित्त सर्वत्र कार्य-कारण की शृंखला खोजता रहता है, अनुभूति और वेदना के क्षेत्र में भी।" यही कारण है कि काव्य की अनुभूति में एक प्रकार की सान्द्रता बनी रहती है। द्विवेदीजी के शब्दों में "काव्य विश्वजनीन होने पर भी सहेतुक होने के कारण ठोस और सान्द्र होता है।" इसके विपरीत "टोड़ी के आलाप से जो एक प्रकार की उदास और विरह व्याकुल वेदना चित्त में घुमड़ आती है, वह विश्वजनीन तो होती है, पर अविच्छिन्न या एक्सट्रैक्ट होने के कारण अनुभूति में वह सान्द्रता नहीं आ पाती जो काव्य के कारण रस से उत्पन्न होती है।" आचार्य द्विवेदी ने यह संकेत दिया है कि चेतना के एक प्रान्त पर संगीत है और दूसरे पर गणित। काव्य इन दोनों से इस आधार पर भिन्न है कि एक ओर तो उसमें गणित के समान बाह्य जगत का संयोग रहता है और दूसरी तरफ संगीत की तरह आन्तर-जगत का स्पन्दन। कहने की आवश्यकता नहीं कि सामान्य एवं काव्य भाषा विषयक आचार्य द्विवेदी की चिन्तन दृष्टि समकालीन अन्य विचारकों की तुलना में कहीं अधिक पैनी और सन्तुलित है।

जिन दो भाषिक समस्याओं पर मैं आचार्य द्विवेदी के विचार को सामने रखना चाहता हूँ, उनमें पहला है–हिन्दी और उसकी जनपदीय बोलियों का सम्बन्ध, और दूसरा है हिन्दी और उर्दू का सम्बन्ध। इन दोनों समस्याओं के मूल में कोई भाषाई तथा व्याकरणिक विवाद नहीं है। विवाद है तो हमारी सामाजिक अस्थिरता का। इन

समस्याओं पर यदि हमने तत्काल ध्यान नहीं दिया तो 'नाना प्रकार की जातियों-उपजातियों में विभक्त सम्प्रदायों और पन्थों में उद्भ्रान्त और शतछिद्र हमारे देश के कलश' को ये और भी क्षत-विक्षत कर देंगी।

हिन्दी भाषा के साथ इसकी मैथिली, राजस्थानी आदि जनपदीय बोलियाँ तथा उर्दू जैसी भाषा शैली के झगड़े एवं संघर्ष की चर्चा करने से पहले यह जान लेना आवश्यक है कि भाषा किसी भी सामाजिक समुदाय के सदस्यों को अन्दरूनी तौर पर जोड़ने और बाँधनेवाली एक जबर्दस्त ताकत के रूप में अपनाई जा सकती है। भाषा में जोड़ने या तोड़नेवाली ताकत एक ही चीज के दो पहलू हैं, एक ही समस्या को देखने की दो दृष्टियाँ हैं, और वह चीज या समस्या है सामाजिक अस्मिता (आइडेंटिटी)।

हिन्दी की अपनी कई क्षेत्रीय बोलियाँ हैं, यथा-ब्रज, अवधी, भोजपुरी, मैथिली आदि। शुद्ध भाषिक रचना की दृष्टि से जिस प्रकार खड़ी बोली के संस्कारित रूप में मान्य हिन्दी, एक भाषा है, और उसका एक विशिष्ट व्याकरण है, उसी प्रकार ये बोलियाँ भी 'भाषा' है क्योंकि इनकी भी अपनी विशिष्ट भाषिक रचना या व्यवस्था है, इनका भी अपना एक विशिष्ट व्याकरण है। पर भारत जैसे बहुभाषिक देश में भाषा-बोली का आधार वह भाषाई चेतना है जिसकी प्रकृति संस्थागत होती है। प्रायः यह देखा गया है कि जातीय पुनर्गठन की सामाजिक प्रक्रिया के दौरान कोई बोली, व्यापार, राजनीति या संस्कृति के कारण अन्य जनपदीय बोलियों के बीच सम्पर्क साधन का काम करने लगती है। बाद में चलकर अन्य बोलियों का प्रयोग करनेवाले भी इन सम्पर्क साधन में प्रयुक्त बोली के साथ अपनी सामाजिक अस्मिता जोड़ने लगते हैं। आज की स्थिति में खड़ी बोली के पर्याय के रूप में मान्य 'हिन्दी' तो भाषा है, पर ब्रज, अवधी, भोजपुरी, मैथिली आदि मात्र उसकी बोलियाँ।

भाषा और बोली के इस प्रकार्यात्मक सम्बन्धों की बात को भुलाकर आज कई बोलियों को बोलनेवाले अपनी विशेष बोली को स्वतन्त्र भाषा के रूप में विकसित करना चाहते हैं। द्विवेदीजी इस तथ्य से परिचित थे। पूर्व में मैथिली और पश्चिम में राजस्थानी की ओर से यह दावा किया गया है कि वे हिन्दी की उपभाषा नहीं है। अतः उन्हें अपने को स्वतन्त्र भाषा के रूप में विकसित करने का अवसर मिलना चाहिए। द्विवदीजी यह मानते हैं कि प्रत्येक मातृभाषी का अपनी भाषा को विकसित करने का अधिकार है, पर इसके साथ हमें यह भी ध्यान रखना चाहिए कि भाषा हमारे "भावी महालक्ष्य की पूर्ति का साधन है। हमें ऐसी भाषा बनानी चाहिए जिसके द्वारा हम अधिक से अधिक व्यक्तियों को शारीरिक, मानसिक और आध्यात्मिक क्षुधा निवृत्ति का सन्देश दे सकें।" इसके लिए यह आवश्यक है कि हम ऐसी भाषा सीखें जिसे अधिक से अधिक लोग समझते हैं। जीवन व्यापार के वृहत्तर आयाम पर बोलियों का सहारा व्यक्ति के सामाजिक विकास में बाधक सिद्ध होगा। घरेलू व्यवहार, आत्मीय परिवेश, अनौपचारिक सन्दर्भ में बोलियों का प्रयोग सहज माना जाएगा, पर जहाँ तक उच्च शिक्षा, अन्तर्क्षेत्रीय व्यापार और औपचारिक सन्दर्भ का सवाल है, द्विवेदीजी के मत में सार्वदेशिक भाषा के

रूप में विकसित हिन्दी का प्रयोग ही उचित है। अन्यथा भाषा और बोली का विवाद वहीं तक नहीं रुकेगा, उसकी अपनी परिणति बोली-बोली के झगड़े में भी ढल सकती है। द्विवेदीजी के शब्दों में "आखिर इस गरीब देश में आप कितने विश्वविद्यालय और कितने हाईकोर्ट चलाएँगे ? एक-एक जिले का दावा अलग-अलग हो सकता है।" 'ग्रियर्सन ने जिन लोगों की भाषा को 'स्टैंडर्ड' भोजपुरी कहा है, वे लोग बनारसवाले हाईकोर्ट की भाषा क्यों मानेंगे ? और बनारसवाले ही अपनी सम्पूर्ण ऐतिह सिक परम्परा के बावजूद बलिया, आरा की बोली को क्यों स्टैंडर्ड मानेंगे ? झगड़ा तो वहाँ भी खड़ा होगा।

द्विवेदीजी के अनुसार भाषा-शैली के विवाद में व्यक्ति को अपनी संकुचित दृष्टि वृहत्तर लक्ष्य प्राप्ति के सन्दर्भ में छोड़नी होगी। भाषा का गहरा सम्बन्ध व्यक्ति की अपनी रुचि और संस्कार के साथ रहता है। अपनी इसी रुचि और संस्कार से अभिभूत होकर बोली–भाषा के बीच बोली को वह भाषा से बड़ा मानकर अलगाव का रास्ता अपना लेता है। मनुष्य तर्कशील प्राणी है। अतः वह इस अलगाव के रास्ते पर चलकर बोली को शक्तिशाली भाषा सिद्ध करना चाहता है। द्विवेदीजी व्यंग्य का सहारा लेते हुए यह कहना चाहते हैं कि मैथिली मातृभाषियों की तरह वह भी अपनी मातृबोली भोजपुरी को देश की सर्वाधिक शक्तिशाली भाषा सिद्ध कर सकते हैं। उनके ही अपने शब्दों में "मैं इतिहास से गवाही ढूँढ़ सकता हूँ। भारतवर्ष का ज्ञात इतिहास भोजपुरियों से प्रारम्भ होता है। जिन सैनिकों के नाम मात्र से सम्राट सिकन्दर काँप उठे थे, वे भोजपुरी थे। जिन भिक्षुओं ने पर्वत और समुद्र लाँघकर चीन से जापान तक भारतीय संस्कृति की पताका फहराई थी, वे अधिकांश भोजपुरी थे। चन्द्रगुप्त और कुमारजीव भोजपुर की सन्तान थे और मध्ययुग का सबसे बड़ा प्राणवान पुरुष भोजपुरी था :—मेरा मतलब कबीर से है, आदि।" राजस्थानी या मैथिली के पक्षपाती भी ऐसा ही तर्क उपस्थित करते हुए यह सिद्ध कर सकते हैं कि हिन्दी की भी एक उपभाषा, उनकी भाषा जितनी शानदार और जानदार नहीं है। द्विवेदीजी के अनुसार ऐसा करने से उनका या उनके गाँव-जवारवालों को सीमित लाभ तो होगा, पर व्यक्ति की दुनिया यहीं तक समाप्त नहीं हो जाती। अतः हमें इस प्रश्न को जरा दूर तक सोचना होगा। उनके अपने शब्दों में– "यदि हमारे तर्कों और युक्तियों के मूल में कोई संकीर्ण स्वार्थ है या व्यक्तिगत रुचि-अरुचि का प्राबल्य है तो निष्कर्ष दोषयुक्त होगा।" द्विवेदीजी के अनुसार बोलियों के पक्ष में लिया गया निर्णय संकीर्ण स्वार्थ पर आधारित है। इस देश में शताधिक भाषाओं के प्रचलन से हमारे अनेक प्रयत्न विच्छिन्न और अकारथ हो जाएँगे। "हमें ऐसी भाषा का सहारा लेना है जो इन बोलियों से समता रखती हो।" कहने की आवश्यकता नहीं कि बोली क्षेत्रों को एक वृहत्तर जनपद में बाँधनेवाली ऐसी भाषा हिन्दी ही है। पर द्विवेदीजी एक सतर्क भाषा नियोजक थे। अतः उनका स्पष्ट निर्देश है कि केन्द्रीय भाषा के रूप में हिन्दी के प्रति श्रद्धा-भाव और अपनी-अपनी बोलियों के प्रति अनुराग दोनों बातें आवश्यक हैं। यह आवश्यक है कि केन्द्रीय भाषा हिन्दी इन बोलियों के नजदीक आए।

भाषा और बोली के विभेद को लेकर भाषा वैज्ञानिक चाहे जिन भी लक्षणों की

ओर संकेत क्यों न दें, समाजभाषा-वैज्ञानिक अब यह स्वीकार करने लगे हैं कि इनके अन्तर का आधार मात्र भाषावैज्ञानिक नहीं। भाषा अपनी सत्ता में स्वायत्त और विकास में अपकेन्द्री (सेन्ट्रीफ्युगल) होती है जबकि बोलियाँ अपनी प्रकृति में भाषोन्मुखी और प्रसार में अभिकेन्द्री (सेन्ट्रीपीटल)। हिन्दी का दूसरा पक्ष भी है। वह उन सभी अभिकेन्द्री बोलियों का समुच्चय है। अपनी सामाजिक अस्मिता के लिए ये बोलियाँ अपने 'स्व' के साथ-साथ हिन्दी की वृहत्तर जातीय परम्परा से भी अपनी अस्मिता को जोड़ती है। हमें यह ध्यान रखना चाहिए कि हिन्दी मात्र व्याकरण नहीं और न ही वह केवल खड़ीबोली के रूप में एक विशिष्ट भाषिक संरचना है। भाषा के रूप में वह एक सामाजिक संस्था है, संस्कृति के रूप में भाषाई प्रतीक भी है, और साहित्य के रूप में वह एक जातीय परम्परा भी है।

सामाजिक संस्था के रूप में स्वीकार करते हुए द्विवेदीजी ने हिन्दी को मनोवृत्ति प्रधान भाषा कहा है। उनके अनुसार इसी मनोवृत्ति के आधार पर सभी के अन्तस में यह बात जमी हुई है कि हिन्दी वह भाषा है जिसमें कबीर, तुलसी, मीरा आदि ने कविता लिखी थी। उनके शब्दों में—"वे सब बोलियाँ जिनका मुख केन्द्राभिमुख है, अर्थात् जिनके बोलनेवाले की नाड़ियों में मूल केन्द्रीय भाषा से सम्बद्ध बने रहने के संस्कार दृढ़ निबद्ध हैं--हिन्दी है। जो बोलियाँ केन्द्राभिमुख न होकर अपने आप में ही केन्द्रित हो जाती हैं, और तुलसी और सूर को अपना कवि नहीं मानना चाहतीं, वे टूटकर अलग हो जाती हैं।"

हिन्दी-उर्दू के विवाद के प्रश्न के मूल में भी इसी सामाजिक अस्मिता का प्रश्न दिखलाई पड़ता है क्योंकि हिन्दी और उर्दू की लड़ाई भाषा की लड़ाई कम, भाषाई अस्मिता की लड़ाई अधिक है। मैंने अन्यत्र यह दिखलाने की कोशिश की है कि सामाजिक अस्मिता का सवाल हिन्दी-उर्दू के प्रश्न तक ही सीमित नहीं। यह सवाल पूरे भारतवर्ष को लेकर उठाया जा सकता है। क्या पंजाबी-हिन्दी की समस्या इससे अलग है ? या बांग्ला-उड़िया का सवाल इससे भिन्न है ?

"वे सिक्ख जो हिन्दी को मादरी जबान की तरह अपनाए हुए हैं, मर्दुमशुमारी के समय क्या उन्होंने अपनी मातृभाषा पंजाबी नहीं लिखाई ? पंजाब के वे हिन्दू जो हिन्दी भाषा जानते भी नहीं, उन्होंने क्या हिन्दी को अपनी मातृभाषा नहीं बताया ? यह सामाजिक अस्मिता 'यथार्थ' है, भारतीय समाज की सच्चाई है, भले ही जिस आधार पर वह टिकी है वह अवैज्ञानिक हो, उसकी भित्ति अन्धविश्वास और अज्ञान की नींव पर बनी हो।"

द्विवेदीजी भी हिन्दी-उर्दू के विवाद को सामाजिक और जातीय अस्मिता के प्रश्न के रूप में देखने के पक्ष में हैं। वे अन्य भाषाविदों की तरह स्पष्ट शब्दों में घोषित करते हैं कि "उर्दू का भाषाशास्त्रीय ढाँचा हिन्दी के भाषाशास्त्रीय ढाँचे से अलग नहीं है।" वे पंडित चक्रधर शर्मा गुलेरी की इस मान्यता के भी समर्थक हैं कि "जिस हिन्दी को आजकल हम साहित्यिक हिन्दी कहते हैं, वह उर्दू के पर से बनाई गई है।" अतः अपने

जन्म रूप में "हिन्दी, मुसलमानी भाषा है क्योंकि शुरू-शुरू में खड़ी बोली मुसलमानों की भाषा मानी जाती थी।" "पुराने हिन्दू कवियों ने जब मुसलमान पात्रों से कोई कविनिषिद्ध प्रौढ़ोक्ति कहलाई है तो खड़ीबोली में बुलवाया है। जिस भाषा को हम साहित्यिक हिन्दी कहते हैं उसकी प्रथम भित्ति-प्रतिष्ठा मुसलमान भाइयों के हाथों हुई है। यह नहीं कि वो भाषा ही कोई नई बनाई गई है बल्कि यह कि इसे साहित्यिक, सामाजिक और सांस्कृतिक आदान-प्रदान का वाहन मुसलमानों ने बनाया।"

खड़ीबोली और उर्दू अपने जन्म-सन्दर्भ में एक हैं। भाषा-शास्त्रीय ढाँचे में हिन्दी और उर्दू एक हैं--फिर भी वे आज दो भाषाओं के रूप में क्यों मान्य हैं ? द्विवेदीजी की स्पष्ट धारणा है कि हिन्दी को हम एक जातीय परम्परा के रूप में भी ग्रहण करते हैं। वह एक मनोवृत्ति प्रधान भाषा भी है। भाषाशास्त्री, व्याकरणशास्त्र के आधार पर हिन्दी को उर्दू की और उर्दू को हिन्दी की विशिष्ट भाषा-शैली के रूप में देखने का आग्रह क्यों न करें, पर अपनी परम्परा में वे दो 'यथार्थ' हैं, सामाजिक-सांस्कृतिक अस्मिता के धरातल पर वे दो भिन्न मनोवृतियों के संस्कारित रूप हैं। अपने समर्थन में द्विवेदीजी निम्नलिखित तर्क उपस्थित करते हैं–

यदि उर्दू, हिन्दी की एक विशिष्ट शैली है, तो हिन्दी साहित्य के इतिहास में तथा पाठ्यक्रम में उसे पूर्ण स्थान क्यों नहीं मिला ? इसके दो कारण सम्भव हैं–

(क) उर्दू एक सम्पूर्ण साहित्य है,

(ख) हिन्दी के अब तक के स्वीकृत साहित्य के इतिहास से उसका कोई सम्बन्ध नहीं रहा है और दोनों अपने-अपने रास्ते बिना एक दूसरे को प्रभावित किए विकसित होते रहे हैं। आचार्य द्विवेदी के अनुसार "हिन्दी साहित्य के इतिहास पढ़ने से दोनों धारणाएँ पुष्ट होती हैं।" उनका तो यहाँ तक कहना है कि अन्य प्रदेशों में जहाँ कहीं भी सामाजिक एवं सांस्कृतिक आन्दोलन हुए हैं, वहीं से हिन्दी ने प्रेरणा ग्रहण की है, परन्तु अपने ही प्रदेश में पड़ोस में ही बसनेवाले उर्दू साहित्यकारों से उसे प्राणदायिनी प्रेरणा कम प्राप्त हुई है। "कदाचित केवल बाहरी रूप और बनाव सिंगार की प्रवृत्ति की प्रेरणा इस भाषा से अवश्य मिली है, परन्तु वह क्षणिक और अस्थायी ही बनी रही है।"

आचार्य द्विवेदीजी की इस व्याख्या को कुछ प्रगतिवादी आलोचकों ने उनके ब्राह्मणवादी मनोवृत्ति का परिणाम माना है। पर जो ऐसा कहकर उनके द्वारा उठाए गए सामाजिक अस्मिता के प्रश्न को भुलाना चाहते हैं, उन्हें एक-दो प्रश्नों का उत्तर देना अनिवार्य है। यह क्या कारण है कि हिन्दी साहित्य के इतिहास के नामधारी ग्रन्थों में राजस्थानी भाषा का साहित्य है, ब्रजभाषा का साहित्य है, अवधी का साहित्य है, बुन्देलखंडी और बघेलखंडी का साहित्य है, भोजपुरी और मैथिली का साहित्य है। इन सभी साहित्यों का भाषाई आधार भिन्न है पर क्यों वे एक ही साहित्यिक धारा के भीतर समाहित हैं जबकि एक ही भाषा के भिन्न शैली रूप में स्वीकृत उर्दू के साहित्य का उसमें समावेश नहीं ? द्विवेदीजी के अनुसार उर्दू अभी तक आत्मकेन्द्रित भाषा बनी रही है

क्योंकि केन्द्राभिमुखी-भाषा होने में वह हिन्दी के समान है; न कि उसकी जनपदीय बोलियों के। इसीलिए वह सूर, तुलसी, कबीर की परम्परा को अपनी परम्परा नहीं मानती और अन्य सन्तों और भक्तों के सात्विक साहित्य को अपना साहित्य मानने में कुंठा अनुभव करती रही। साथ ही उसने इस देश की पुरानी परम्परा से अपभ्रंश प्राकृत और संस्कृत के साहित्य से घनिष्ठ और अविच्छेद्य सम्बन्ध स्थापित करने का प्रयत्न कभी नहीं किया।

हमारी बात अधूरी ही रह जाएगी, अगर भाषा नियोजन के सन्दर्भ में हम हिन्दी-उर्दू की समस्या पर विचार न कर लें। आचार्य द्विवेदी ने जिस उर्दू की बात उठाई है, उसका सम्बन्ध मुख्यतः मध्यकालीन काव्य परम्परा से रहा है, उस साहित्य से रहा है जिसे राजशक्ति का संबल मोहग्रस्त करता रहा है, उस काव्य चेतना से रहा है जो अपने प्रेरणा-स्रोत में जनमानस और बोलियों के संयोग को नकारता रहा है। अन्यथा आज लिखे जा रहे उर्दू साहित्य की भाषा मनोवृत्ति उसे हिन्दी के नजदीक ही ला रही है। इसी सम्भावना को देखते हुए उन्होंने उर्दू-हिन्दी के सहज संयोग पर आधारित महाजाति की साहित्य चेतना का पक्ष लेते हुए यह भी कहा है कि "उर्दू को हमें सम्पूर्ण रूप से स्वीकार करना ही होगा।"

इस सन्दर्भ में मैं एक-दो तथ्य आपके सामने रखना चाहूँगा। पहले उर्दू की एक ऐसी धारा भी थी जिसके समर्थक जनता की भाषा में बोलने के कायल न थे, जो अपनी शिक्षा-दीक्षा के पद-प्रतीक के लिए फ़ारसी जबान के इस्तेमाल के हिमायती थे। इस वर्ग का परिवेश पहले सामन्ती और दरबारी रहा और अंग्रेजों के काल में राजतन्त्र पर इससे कोई फर्क नहीं पड़ा। इस लोक तटस्थ धारा की पहल सैयद अहमद देहलवी ने "फ़रहंगे असफ़िया" (जिल्द अव्वल) में की है : "हम अपनी जबान को भरहठीबाजों, लवनीबाजों की जबान, धोबियों के खंड, जाहिल ख्यालबन्दों के ख़्याल, टेंसू के राग यानी बेसरतोपा अल्फ़ाज का मजबूआ बनाना कभी नहीं चाहते...।" इस धारा की तुलना आज के उर्दू की लोकवादी धारा से करें जिसमें एक ओर समाज की आम जनता के दुख-दर्द की आवाज़ है और जिसमें बोलियों की गमक है। आज वह 'आलमशाह' खान द्वारा राजस्थान की बोलियों, 'राही' के द्वारा अवधी, मेहरुन्निसा परवेज और 'शानी' द्वारा बस्तर की बोलियों और जहीर नियासी द्वारा भोजपुरी, असगर वजाहत द्वारा ब्रज और कन्नौजी तथा हबीब तनवीर द्वारा छत्तीसगढ़ी आदि से अपनी साहित्यिक शक्ति और शब्दावली लेने लगी है।" इसमें सन्देह नहीं कि हिन्दी और उर्दू को एक महाजाति के साहित्य में बाँधनेवाली अगर कोई शक्ति काम कर सकती है तो उसका आधार बनेगी— जनशक्ति, जनपदीय बोलियाँ और इस महाजाति की अपनी सह-अनुभूति। आचार्य द्विवेदी के शब्दों में "हिन्दी और उर्दू का प्रश्न बहुत दिनों से हमारे देशवासियों के लिए टेढ़ा प्रश्न रहा है। मैं नहीं मानता कि यह प्रश्न अब उतना ढेढ़ा रह गया है। परन्तु फिर भी कभी-कभी पुराने इतिहास का भूत डराता ही रहता है।"

खंड : III

भारतीय सौन्दर्य शास्त्र की भूमिका*

सौन्दर्य विषयक धारणाएँ और कलादर्शन सम्बन्धी संकल्पनाएँ तो आनुवंशिक रूप में किसी भी सभ्य देश के साहित्य और दर्शन में मिल जाते हैं पर स्वतन्त्र अनुशासन के रूप में सौन्दर्यशास्त्र या कला दर्शन का इतिहास दो-तीन सौ वर्षों से अधिक का नहीं है। स्वतन्त्र विधा के रूप में सौन्दर्यशास्त्र (एस्थेटिक्स) पर जैसे-जैसे चिन्तन आगे बढ़ा, तत्सम्बन्धी धारणाओं की जटिलता भी सामने आती गई। एक निश्चित प्रारूप में जब इस विधा को बाँधने का प्रयास किया गया तब ऐसी अनेक समस्याएँ उभरकर आने लगीं जिनके समाधान के लिए अपनाई गई अवधारणाएँ एक-दूसरे के विरोध में आ खड़ी हुई। उदाहरण के लिए यद्यपि हीगेल ने स्वीकार किया कि सौन्दर्यशास्त्र, वस्तुतः ललित कलाओं का दर्शन है, बिअर्ड्स्ले ने माना कि इसका सम्बन्ध तत्त्वालोचन (आलोचना का दर्शन) से है और स्पारशाट ने इसे दर्शन सन्दर्भित अवधारणामूलक परिपृच्छा कहा, पर आज ऐसे विद्वानों की भी संख्या कम नहीं जो इसे कला-दर्शन की संज्ञा देने में संकोच का अनुभव करते हैं।

इसमें सन्देह नहीं कि कई विचारक (और सचेत कलाकार भी) कला-दर्शन सम्बन्धी आधारभूत प्रत्यय—कला (आर्ट), अभिव्यक्ति (एक्सप्रेशन), कलात्मक सत्य (आर्टिस्टिक ट्रुथ), फार्म (रूप) यथार्थ (रियलिटी), आदि के विवेचन में लगे हैं और उन्हें परिभाषित करने का प्रयत्न भी कर रहे हैं। पर जैसा लैंगर का कहना है आज का प्रबुद्ध दार्शनिक और सचेत कलाकार यह देखकर आश्चर्य में हैं कि एक गहरे चिन्तन के बावजूद भी कला सम्बन्धी ये आधारभूत प्रत्यय किसी एक निश्चित, सुसंगत सिद्धान्त में बँधकर अपना अर्थ नहीं खोल पा रहे हैं। जब तक कला सम्बन्धी ये आधारभूत प्रत्यय सिद्धान्त के एक निश्चित, तर्कसंगत चिन्तन प्रणाली में बँधकर अपना अर्थ निरूपित नहीं करते, इन्हें कला-दर्शन की संज्ञा से बोधित करना न्यायसंगत नहीं माना जा सकता। लैंगर के ही शब्दों में 'कला, किसी भी रूप में दार्शनिक नहीं; कला और दर्शन दो भिन्न क्षेत्र हैं। लेकिन यह भी सच है कि कोई भी ऐसी वस्तु नहीं जिसके बारे में दार्शनिक उक्तियाँ न दी जा सकें।'

जहाँ एक ओर विद्वानों का एक ऐसा वर्ग हे जो सौन्दर्यशास्त्र को दर्शन के क्षेत्र

---

* लेखक : डॉ. नगेन्द्र, नेशनल पब्लिशिंग हाउस, नई दिल्ली, पृ. 112, मूल्य : 20 रु.।

से बाहर की वस्तु मानता है वहीं वैज्ञानिकों का एक ऐसा समुदाय भी है जो सौन्दर्य की परिकल्पना से विज्ञान को जोड़ना भी चाहता है। वैज्ञानिक प्रक्रिया किसी भी दृष्टि से कलात्मक प्रक्रिया से भिन्न नहीं, और सर्जनात्मक स्तर पर जिस 'सौन्दर्य' की सृष्टि एक कलाकार करता है और ऐन्द्रिय सम्वेदना की जिस आन्तरिक अनुभूति को सहृदय ग्रहण करता है एक वैज्ञानिक भी उसी 'सौन्दर्य' की सृष्टि को अपना लक्ष्य मानता है और उसी आन्तरिक संवेदना से अभिभूत होता है। प्रो. हार्डी जैसे वैज्ञानिक गतिगतज्ञ भी हैं जो विज्ञान को कला की परिधि में लाने के पक्ष में हैं। उनके अनुसार गणित के फार्मूले का सृजन, कला-सृजन का एक उच्चतम उदाहरण है। एक चित्रकार या कवि की ही तरह एक गणितज्ञ भी अभिरचना (पैटर्न) का रचयिता है।...चित्रकार और कवि की ही तरह गणितज्ञ की अभिरचना का सौन्दर्यपरक होना आवश्यक है; रंग और शब्दों की तरह (वैज्ञानिक) विचार भी सममिति और समन्वित रीति से बद्ध होकर ही आते हैं। सौन्दर्य उस (फार्मूले) की पहली परीक्षा शर्त है : एक कुरूप गणितशास्त्र का वैज्ञानिक जगत में कोई स्थायी स्थान नहीं होता।

सौन्दर्यशास्त्र सम्बन्धी इन विभिन्न विचार-सरणियों, अन्तर्विरोधी दृष्टियों तथा अस्थिर स्थापनाओं को ध्यान में रखकर ही सम्भवतः स्पारशाट ने लिखा है-"यहाँ (सौन्दर्यशास्त्र के क्षेत्र में) कोई मतैक्य नहीं है कि समस्याएँ क्या हैं और उनमें आपस में क्या सम्बन्ध हैं, समाधान क्या हैं और उनके लाभ क्या हैं और सामान्यतः क्या पढ़ना चाहिए और (इससे अधिक महत्त्वपूर्ण यह है कि) क्या आसानी से छोड़ देना चाहिए। इस भेद के कारण इन दोनों शास्त्रों में (नीतिशास्त्र और सौन्दर्यशास्त्र) एक और अन्तर आ जाता है। नीतिशास्त्र तथा दर्शन के अन्य स्वीकृत विभागों में विवेचन तथा चिन्तन का स्तर ऊँचा है और लेखक आत्मालोचन करते हुए जिम्मेदारी के साथ लिखते हैं। लेकिन, सौन्दर्यशास्त्र में तो जैसे सब कुछ चलता है। मूल समस्याओं और दृष्टिबिन्दुओं का कोई निश्चित आधार न होने से कुछ लेखक बिना संकोच या लज्जा के जो मन में आया लिखते रहते हैं। परिणामतः इनके लेखों में गलत दृष्टान्त, उल्टी-सीधी सिद्धान्त-निरूपण और तर्कों के छद्मवेश में रूपक भरे पड़े हैं।"

सौन्दर्यशास्त्र सम्बन्धी चिन्तन एवं परिज्ञान के इस वातावरण में प्रकाशित डॉ. नगेन्द्र की पुस्तक-'भारतीय सौन्दर्यशास्त्र की भूमिका' की सार्थकता स्वयंसिद्ध है। डॉक्टर नगेन्द्र इस तथ्य से भलीभाँति परिचित हैं कि 'एक स्वतन्त्र विधा या अनुशासन के रूप में सौन्दर्यशास्त्र का इतिहास बहुत पुराना नहीं है। पाश्चात्य वाङ्मय में भी जहाँ लगभग दो सौ वर्षों से इस विषय का विधिवत् अनुसन्धान हो रहा है, सौन्दर्यशास्त्र सम्बन्धी धारणाएँ आज तक स्पष्ट और निश्चित नहीं हो सकी हैं। अधिकांश ग्रन्थों में अब भी पहले इसी प्रश्न पर विचार किया जाता है कि सौन्दर्यशास्त्र-जैसा कोई स्वतन्त्र शास्त्र है भी कि नहीं। (निवेदन) इस पुस्तक की यह विशेषता है कि इसमें कला-दर्शन को एक सिद्धान्त के सन्दर्भ में प्रस्तुत किया गया है; साथ में सौन्दर्य विषयक चिन्तन को एक शास्त्र के रूप में विकसित करने का प्रयास भी कम महत्त्वपूर्ण नहीं है। पाश्चात्य

और भारतीय चिन्तनधारा की विभिन्न प्रवृत्तियों से बिना कतराए एक ऐसी दृष्टि के प्रतिस्थापन का इसमें प्रत्यय हुआ है जो अपनी प्रकृति में व्यापक, तर्कपरक और निर्भ्रान्त है।

इसके लिए यह आवश्यक था कि पहले उन आधारभूत प्रश्नों के सन्दर्भ में विवेच्य विषय और उसकी मूल समस्याओं को जान लिया जाए जो एक समन्वित दृष्टिकोण के निर्माण एवं व्यवहार में बाधा डालते हों। अतः पुस्तक के प्रारम्भ में ही ऐसे प्रश्न उठाए गए हैं–

(अ) सौन्दर्यशास्त्र दर्शन है या विज्ञान।

(आ) सौन्दर्यशास्त्र का विषय प्रकृति और कला दोनों का सौन्दर्य है या केवल कला का।

(इ) सौन्दर्यशास्त्र का सम्बन्ध केवल सैद्धान्तिक विवेचन से है या यह अवधारणामूलक भी है।

अपने दृष्टिकोण को अधिक स्पष्ट करने के लिए कुछ ऐसे प्रश्नों का भी संक्षिप्त विवेचन किया गया है जिस पर आदिकाल से ही चिन्तन चलता आ रहा है–

(ई) सौन्दर्य : वस्तुनिष्ठ है या भावनिष्ठ ?

(उ) सौन्दर्यमूल्य और जीवनमूल्य के आपसी सम्बन्ध क्या हैं ?

कला के सन्दर्भ में उठाए गए इन सभी आधारभूत प्रश्नों के ऊपर में डॉ. नगेन्द्र की वही अन्तर्दृष्टि काम करती रही है जो उनके अन्य विवेचनात्मक ग्रन्थों में पढ़ने पर भी मिल सकती है। पर इस पुस्तक में वह कहीं अधिक सघन, निर्भ्रान्त और स्पष्ट रूप में व्यक्त होकर आई है। लेखक प्रारम्भ से ही समन्वयवादी प्रवृत्ति से परिचालित सिद्धान्तों का निरूपण करता रहा है पर पूर्ववर्ती कृतियों में जहाँ पारस्परिक मूल्यों की एक अडिग आधारशिला पर स्थापित करते हुए उसे एक सांस्कृतिक आवरण के साथ सामने रखा है वहाँ इस पुस्तक में उसे अपने चिन्तन और अनुभव पोषित मान्यता के सहारे बेलाग ढंग से रखने से दृष्टिकोण अधिक स्पष्ट शब्दों में उभरा है।

उदाहरण के लिए अगर हम यही एक प्रश्न लें–कि सौन्दर्य वस्तुनिष्ठ है या व्यक्तिनिष्ठ–अर्थात् सौन्दर्य वस्तु का गुण है अथवा द्रष्टा या भावक की प्रतीति, तो लेखक की पूर्ववर्ती कृतियों से परिचित पाठकों को उसके दृष्टिकोण का अनुमान पहले से ही हो जाना असम्भव नहीं। लेकिन जिन स्पष्ट शब्दों में उनकी समन्वयवादी दृष्टि इस पुस्तक में उभरी है, वह अन्यत्र पढ़ने को नहीं मिल सकती। पहले रूपवादी और आत्मवादी दृष्टिकोणों का अन्तर स्पष्ट किया गया है। 'रूपवादी सौन्दर्य-चिन्तकों का मत है कि संरचना के तत्त्वों की समन्विति में ही सौन्दर्य निहित है...इसके विपरीत आत्मवादियों का विचार है कि सौन्दर्य वास्तव में चेतना या प्रतीति-रूप है, वस्तु रूप नहीं।' (पृ. 25) तदनन्तर, आत्मवादी और भाववादी दृष्टियों के अन्तर को पकड़ने का प्रयास किया है। आत्मवादी जहाँ सौन्दर्य को एन्द्रिय-आत्मिक अनुभूति मानता है, वहाँ भाववादी इसे एन्द्रिय-मानसिक प्रतीति मानता है। इनके अतिरिक्त एक

समन्वयवादी दृष्टिकोण भी है जो सौन्दर्य को उभयनिष्ठ मानता है। इस मत के अनुसार सौन्दर्य पदार्थ का गुण है, किन्तु पदार्थ में इसका सन्निवेश प्रभात की भावना द्वारा होता है। अर्थात् सौन्दर्य है तो पदार्थ का तत्त्व परन्तु वह भौतिक तत्त्व न होकर प्रतीयमान तत्त्व है।' (पृ. 26) निष्कर्ष के रूप में यह बताया गया है कि "सौन्दर्य के सामान्यतः दो पक्ष माने जा सकते हैं; रूप और प्रतीति। ये सौन्दर्य के तत्त्व या अंग नहीं है क्योंकि तत्त्वों और अंगों की तो पृथक् सत्ता होती है, जबकि रूप और प्रतीति में केवल व्यवहार-दृष्टि से ही भेद माना जा सकता है, तत्त्व दृष्टि से नहीं--ये एक ही तथ्य के दो पक्ष हैं।" (पृ. 27)

व्यवहार-दृष्टि से हम समन्वयवादी दृष्टिकोण को अपनी सुविधा के लिए भले ही स्वीकार कर लें पर अन्तर्विरोधी प्रकृति से बाधित होने के कारण दो विपरीत मान्यताओं पर आधारित दृष्टियों में सामंजस्य का प्रश्न, समझौतावादी उस प्रवृत्ति को ही बल दे सकता है जो अपने दृष्टिकोण को निर्भ्रान्त बनाने के लिए आधारभूत अन्तर्विरोधों पर या तो पर्दा डालने के लिए बाध्य हैं अथवा उनकी उपेक्षा कर विवेच्य सामग्री से उन्हें विलग करने के लिए विवश हैं। इस पुस्तक के विद्वान लेखक ने एक दूसरा ही रास्ता अपनाया है। उसने व्यवहार-दृष्टि के विलोम के रूप में एक और दृष्टि सामने रखी है--सौन्दर्य-दृष्टि। उनके मतानुसार सौन्दर्य-दृष्टि, व्यवहार-दृष्टि से सर्वथा भिन्न होती है। वह अपनी प्रकृति में व्यक्ति-संसर्गों से असम्पृक्त और सार्वभौम तथा अपने प्रयोगों में निष्काम और तटस्थ होती है। (वह) बाह्य सम्बन्ध-विधान से मुक्त, कलाकृति के अन्तःस्वरूप पर केन्द्रित रहती है--अर्थात् कला को उसके अन्तरंग रूप में ही देखती है, प्रभाता के अपने सन्दर्भ में, कलाकार के सन्दर्भ में या समाज के सन्दर्भ में नहीं देखती।' (पृ. 28) स्पष्ट है, सौन्दर्य-दृष्टि और कुछ नहीं वरन् कला-संरचना को समझने की वह वैज्ञानिक दृष्टि है जो कला-कृति को अपनी विवेचना का केन्द्र मानती है। भारतीय साहित्य-शास्त्र की अपनी परम्परा भी उसी दृष्टिकोण को मानने के पक्ष में है और आलोचना की शैली वैज्ञानिक धारा भी उसी का अनुमोदक है।

यह कहा जा सकता है कि जिसे डॉ. नगेन्द्र ने कलाकृति को देखने-परखने की सौन्दर्यवादी दृष्टि कहा है वह वस्तुतः कला विवेचन की आभ्यान्तर (इन्ट्रिन्सिक) दृष्टि है और जिसे वे व्यवहारवादी दृष्टि बताते है बाह्य (एविस्ट्रन्सिक) दृष्टि। बाह्य-दृष्टि, कलाकार के अतिरिक्त कला-व्यापार के उन प्रश्नों को भी सहज ही बाधित होती है जो कलाकृति को अपनी परिधि से बाहर पर परिवृत्त पर रहते हैं--यथा कलाकार, भावक, बाह्य-वस्तु या परिवेश आदि।

अगर सौन्दर्य-दृष्टि कला-विवेचन की आभ्यान्तर दृष्टि है तब इसके साथ ही प्रश्न यह भी उठता है कि सौन्दर्य (शास्त्र) या कला (शास्त्र) स्वयं क्या है ? कला की संकल्पना की प्रकृति साधारणीकृत होती है, वह अपनी अभिव्यक्ति-माध्यम से मुक्त और व्यक्ति-संसर्गी से तटस्थ होने के कारण सार्वभौम होती है। जिस प्रकार साहित्य की अवधारणा उसकी अपनी विधाओं...कविता, नाटक, उपन्यास, निबन्ध की सीमाओं में

बँधकर भी उससे स्वतन्त्र होती है उसी प्रकार कला की संकल्पना काव्य, संगीत, चित्र, मूर्ति, वस्तु आदि में प्रतिफलित होते हुए भी उससे मुक्त रहती है। लेकिन जहाँ कविता, नाटक, उपन्यास, निबन्ध आदि विधाओं के विवेचन के सिद्धान्तों के अतिरिक्त उन सभी को व्यापक सिद्धान्त से बाँधनेवाला एक साहित्य या काव्यशास्त्र भी है उसी प्रकार सौन्दर्य या कलाशास्त्र वस्तुतः ललित कलाओं के विभिन्न क्षेत्रों–काव्य, संगीत, चित्र आदि, को बाँधनेवाले सिद्धान्तों का शास्त्र माना जा सकता है। यह बात दूसरी है कि इन विभिन्न क्षेत्रों के अपने शास्त्र यथा, काव्यशास्त्र, संगीतशास्त्र आदि अपने चिन्तन या विश्लेषण में जितने उन्नत हैं कुछ अपने आन्तरिक कारणों के फलस्वरूप सौन्दर्यशास्त्र...समुन्नत नहीं हो पाया है।

एक कठिनाई यह भी है कि काव्यशास्त्र, संगीतशास्त्र, वास्तुशास्त्र, आदि विभिन्न ललित कला के क्षेत्रों का सम्बन्ध अपने अभिव्यक्ति माध्यम की विशिष्टताओं द्वारा सीमित और परिभाषित होते हैं यद्यपि उनके मूल में निहित सौन्दर्य की परिकल्पना उन विशिष्ट माध्यमों का अतिक्रमण करने के लिए विवश है। डॉ. नगेन्द्र इन समस्याओं से भली भाँति परिचित हैं। उनके अनुसार–"वस्तुस्थिति तो यह है कि ऐसा कोई स्वतन्त्र शास्त्र नहीं है जिसमें सभी का संयुक्त विवेचन हो; काव्यशास्त्र है, संगीतशास्त्र है, चित्रकला का अपना पृथक शास्त्र है और उधर वास्तुशास्त्र है परन्तु इन सभी के मूल सिद्धान्तों का संयुक्त विवेचन करनेवाला कोई शास्त्र नहीं है। इसी अभाव की पूर्ति के लिए भी सौन्दर्यशास्त्र की परिकल्पना की है। कलाशास्त्र में, काव्यशास्त्र, संगीतशास्त्र और वास्तुशास्त्र की भाँति कलाओं के रीतिपक्ष का निरूपण भी हो सकता है किन्तु सौन्दर्यशास्त्र में उसके लिए स्थान नहीं है–उसका विषय तो विभिन्न ललित कलाओं में निहित मूल सौन्दर्य के स्वरूप और उससे सम्बद्ध तात्विक समस्याओं का विवेचन ही हो सकता है।" (पृ० 14) इस दृष्टि से कला और सौन्दर्य में एक सूक्ष्म अन्तर माना जा सकता है। कला अमूत रहकर भी मूर्त वस्तु का वाचक है, वह सौन्दर्य की प्रकल्पना से सम्बद्ध होकर भी अपने माध्यम की विशिष्टता में आबद्ध है। इसके विपरीत सौन्दर्य साधारणीकृत अमूर्त प्रकल्पना मात्र है जो माध्यम की विशिष्टता में व्यक्त होकर भी उससे मुक्त होता है। माध्यम से मुक्त रहने के कारण ही सौन्दर्यशास्त्र विभिन्न ललित कलाओं का संयुक्त विवेचन करनेवाला एक पृथक स्वतन्त्र शास्त्र है।

भारतीय वाङ्मय में सौन्दर्य मीमांसा की क्या प्रकृति, प्रवृत्ति या स्तर रहा है इसके परिप्रेक्ष्य में बिखरे हुए सूत्रों को जोड़कर एक तर्कजन्य ग्रन्थ इतिहास धारा के रूप में चिन्तन को पुस्तक में बाँधने का प्रयास कम स्तुतिजन्य नहीं। भारतीय सौन्दर्यशास्त्र पर कई अन्य वरिष्ठ विद्वानों ने अपनी सूक्ष्म मीमांसा प्रस्तुत की है...जैसे आनन्द कुमार स्वामी; सुरेन्द्रनाथ दासगुप्त, प्रवासजीवन चौधरी, कान्तिचन्द्र पांडेय तथा मर्डेकर आदि। परन्तु उनके द्वारा प्रस्तुत गहन मीमांसा बिखरे हुए सूत्रों में ही उपलब्ध हैं। और वे उस व्यापक सन्दर्भ में प्रस्तुत नहीं मिलते जो कला सम्बन्धी अवधारणा के क्रमिक विकास तथा ललित कला के विभिन्न विधाओं के अन्तर सम्बन्धों को सार्थक ढंग से

स्पष्ट करते हों।

इस पुस्तक के विद्वान लेखक ने भारतीय सौन्दर्य शास्त्र के विकासक्रम का निरूपण करते हुए बिखरे हुए सूत्रों को जोड़ने का प्रयास किया है। लेखक की यह मान्यता है कि भारतीय वाङ्मय में सौन्दर्य-शास्त्र का स्वतन्त्र अनुशासन के रूप में विकास नहीं हुआ। लेकिन उसके साथ उसका यह भी कथन है कि सौन्दर्य चिन्तन की प्रौढ़ परम्परा यहाँ पर रही है (पृ. 193) भारतीय सौन्दर्यशास्त्र की विकास रेखा प्रस्तुत करने के निमित इस पुस्तक में बिखरे हुए अनेक संकेत सूत्रों का संयोजन किया गया है। वेदों में प्राप्त कला--प्रतीकों (पूर्ण कुम्भ, कल्पवृक्ष, देवासुर आदि) रामायण और महाभारत में उपलब्ध कला सम्बन्धी प्रसंग, संस्कृत के अभिजात साहित्य (कालिदास, बाण, भवभूति, श्रीहर्ष, सुबन्धु) की रचनाओं में कला सम्बन्धी पारदर्शी वक्तव्य, भक्ति साहित्य में 'दिव्य सौन्दर्य' से सम्बद्ध धार्मिक सौन्दर्यशास्त्र की परिकल्पना आदि को इस पुस्तक में सप्रमाण उक्तियों द्वारा पुष्ट तो किया ही गया है साथ ही भारतीय दर्शन की विभिन्न धाराओं में उपलब्ध सौन्दर्य तत्त्व की मीमांसा को भी क्रमबद्ध रूप में प्रस्तुत करने का इसमें प्रयास मिलता है।

भारतीय सौन्दर्य शास्त्र से डॉ. नगेन्द्र का अभिप्राय संस्कृत वाङ्मय से ही है जिसे वह समस्त भारतीय भाषाओं का मूल आधार मानते हैं। सौन्दर्य विषयक भारतीय चिन्तन का निष्कर्ष उनके अनुसार निम्नलिखित है--

1. भारतीय दर्शन में सौन्दर्य का प्रत्यक्ष तत्त्व चिन्तन ही है।
2. (i) भारतीय सौन्दर्य शास्त्र का मूलाधार...काव्यशास्त्र।
   (ii) रस, अलंकार, रीति, ध्वनि, वक्रोक्ति आदि सिद्धान्तों का विकास सौन्दर्य तत्त्व की ही अनवरत खोज का परिणाम है।
   (iii) भारतीय सौन्दर्य शास्त्र की रूपरेखा का निर्माण काव्यशास्त्र को ही केन्द्र में रखकर किया जा सकता है।
3. रूपवादी व्याख्या का प्रमाण सामुद्रिकशास्त्र या शिल्पशास्त्र में मिलता है।
4. भारतीय सौन्दर्य दर्शन का मौलिक सम्बन्ध आनन्दवाद है।

पुस्तक की अन्तिम पंक्ति कला की उनकी इसी आनन्दवादी धारणा को ध्वनित करती है--"भारतीय सौन्दर्य दर्शन अद्वन्द्व और सामंजस्य का दर्शन है : अभिव्यक्ति के स्तर पर यह सौन्दर्य है और अनुभूति के स्तर पर आनन्द।" (पृ. 206)

प्रस्तुत पुस्तक भारतीय सौन्दर्य शास्त्र की मात्र भूमिका है अतः कई ऐसे प्रश्न इसकी परिधि में आ नहीं पाए हैं जो सौन्दर्य और कला को समझने के लिए अधिक सहायक हो सकते थे। उदाहरण के लिए कला, कला प्रतीक, कला में प्रतीक और कलात्मक उपलक्षण के भेद स्पष्ट नहीं हो पाए हैं। यह भी स्पष्ट नहीं हो पाया है कि भारतीय सौन्दर्य शास्त्र की मूलधारा क्यों काव्यशास्त्र ही रही है। कलात्मकता और काव्यात्मकता के भीतर के आन्तरिक सम्बन्धों की प्रकृति है क्या...इस पर भी समुचित प्रकाश नहीं डाला गया है। उदाहरण के लिए जब कॉलरिज, पोयज़ी (poesy) की

अवधारणा का प्रयोग करते हैं तो उसकी परिधि के भीतर उनके मतानुसार ललित कला के लिए सभी अंग समाहित हो जाते हैं। इस सन्दर्भ में 'पोयज़ी' काव्यात्मकता का पर्याय बन जाता है। काव्यात्मकता वास्तव में वस्तुओं और मनुष्यों की आन्तरिक सत्ता के बीच संवादिता एवं सम्प्रेषणीयता है। कलात्मकता का सम्बन्ध मानव मन की सृजनात्मकता और वस्तु सृजन की शक्ति से हैं। यह भी कहा जा सकता है कि कलात्मकता जहाँ सौन्दर्य प्रेरित कल्पना की कारयित्री प्रतिभा से सम्बन्ध रखती है, वहाँ व्याख्यात्मकता उसी सन्दर्भ में भावयित्री प्रतिभा से जुड़ी होती है। सौन्दर्यशास्त्र के सम्बन्ध में व्याख्यात्मकता और कलात्मकता के अन्तर्सम्बन्धों की चर्चा पुस्तक में प्रकीर्ण रूप में ही मिलती है।

सौन्दर्यशास्त्र वस्तुतः अपने माध्यम से ही मुक्त होकर सार्वभौमिक स्तर पर निरूपित होता है लेकिन कला दर्शन के रूप में माध्यम की प्रकृति का अपना महत्त्व है क्योंकि इसी माध्यम में बद्ध होकर कला-कृति प्रतिफलित होती है। इसी के आधार पर वास्तुकला, मूर्तिकला, चित्रकला, नृत्यकला, वाद्यकला, गीतिकला और काव्यकला आदि उपभेद बनते हैं। यह सही है कि समस्त कलाओं में एक मूलभूत अन्तर्सम्बन्ध रहता है, पर कला-दर्शन के व्यापक सन्दर्भ में इन्हें अनुस्तरित करना भी सम्भव है। विष्णु धर्मोत्तर पुराण (खंड-3, अभ्यास 2) में इन उपभेदों के अन्तरसम्बन्धों की चर्चा मिलती है जिसकी ओर डॉ. नगेन्द्र ने अपनी पुस्तक में संकेत दिया भी है। इस दृष्टि से मूर्तिकला को जानने के लिए चित्रकला के नियम, चित्रकला के नियम को जानने के लिए नृत्य-विधा का ज्ञान, नृत्य शास्त्र के लिए वाद्य संगीत का परिचय, वाद्य संगीत विधा के लिए गीति विधा की विधिवत् जानकारी, और गीतिशास्त्र की विधिवत् व्याख्या के लिए काव्य शास्त्र का परिज्ञान आवश्यक माना गया है। इससे यह स्पष्ट हो जाता है कि ललित कलाओं के उपविधाओं का अनुस्तरण क्या है और काव्यशास्त्र को क्यों सौन्दर्यशास्त्र की रूपरेखा के निर्माण में केन्द्रवत् स्वीकार किया गया है। परन्तु इसके बावजूद क्षेत्रीय आयाम (स्पेस) और काल-सीमा (टेम्पोरल) का अतिक्रमण करनेवाली काव्यकृति भी अपने माध्यम की सीमा में बद्ध होकर ही प्रतिफलित होती है इसीलिए काव्य को शाब्दिक कला कहा भी गया है। पर सौन्दर्य की संकल्पना माध्यम से मुक्त होकर ही सिद्ध रह सकती है। भले ही वह माध्यम स्थान और समय का अतिक्रमण करनेवाली भाषा ही क्यों न हो। डॉ. नगेन्द्र की सौन्दर्य सम्बन्धी परिकल्पना की सीमा भी वहीं है जो काव्य तक आकर ठहर जाती है और उससे ऊपर उठकर सार्वभौम नहीं बन पाती।

इसमें सन्देह नहीं कि सौन्दर्यशास्त्र का शास्त्रीय रीति से विश्लेषित और प्रतिपादित करने का पुस्तक में प्रयास मिलता है। दृढ़ आस्था, स्थिर मत, निर्दिष्ट चिन्तन और पारिभाषिक विषय-क्षेत्र के आधार पर ही सौन्दर्य सम्बन्धी संकल्पना और कला सम्बन्धी अवधारणा की इसमें पुष्टि की गई है। आधुनिक युग की तरल संवेदना अथवा आज के सौन्दर्यपरक जटिल अनुभूतियों की विवेचना से यह पुस्तक प्रायः तटस्थ-सी है।

मशीनी यान्त्रिकता के भीतर की लयात्मक गति को लेकर देश-विदेश में कई महत्त्वपूर्ण कलाकृतियों का सृजन हुआ है। न्यूयार्क या कलकत्ता जैसे शहरों के अपरूप जीवन के सौन्दर्य बोध के ऊपर भी आज प्रचुर मात्रा में चिन्तन किया जा रहा है लेकिन इस पुस्तक के पढ़ने के पश्चात् हमें वह मानदंड नहीं मिल पाता, जिसके आधार पर इनका विवेचन सम्भव हो सके।

यह पुस्तक भारतीय सौन्दर्य शास्त्र की मात्र भूमिका है। अतः उसके विद्वान लेखक से सभी पक्षों पर विस्तार से चिन्तन की अपेक्षा भी नहीं की जा सकती। पुस्तक प्रणयन का मुख्य उद्देश्य वस्तुतः एक ऐसे स्वतन्त्र ग्रन्थ के निर्माण का रहा है जिसमें सौन्दर्य शास्त्र सम्बन्धी धारणाएँ एक स्वतन्त्र शास्त्र के रूप में सामने आ सकें तथा जिसमें भारतीय सौन्दर्य शास्त्र के इतिहासक्रम को एक निश्चित सन्दर्भ और एक निश्चित अन्तर्दृष्टि के साथ प्रस्तुत किया जा सके। इसमें सन्देह नहीं कि अपनी सीमाओं के बावजूद भी डॉ. नगेन्द्र अपनी इस लक्ष्य पूर्ति में सफल रहे है। सौन्दर्य शास्त्र पर शोध करनेवाले विद्धानों के लिए यह पुस्तक उपादेय होगी।

मिथक अर्थात् साहित्य को नई दृष्टि से देखने का प्रयास*

मिथक की संकल्पना, साहित्य में उसके प्रयोग और साहित्य तथा मिथक के सह-सम्बन्ध पर आधारित मिथकीय समीक्षा को लेकर जो भी सामग्री आज हमें उपलब्ध है, उसे चिन्तन की दृष्टि से निर्भ्रान्त नहीं कहा जा सकता। यह ठीक है कि मिथक कोई वाष्पमय अमूर्त अथवा अवास्तविक कल्पना नहीं, पर इसके साथ यह भी सही है कि आज मिथक की संकल्पना, सार्वजनिक भ्रान्ति, रहस्यवादी स्वप्नगाथा आदिम-विधा, ऐतिहासिक तथ्य का आलेख, दार्शनिक सत्य का प्रतीक, अचेतन अभिप्रेरणाओं का प्रतिबिम्ब आदि बनकर कम से कम साहित्यिक समीक्षा के क्षेत्र में उलझाव, अस्पष्टता और जटिलता का कारण बन गई है।[1]

हिन्दी-आलोचना के क्षेत्र में मिथकीय समीक्षा का उपयोग एक प्रकार से नहीं के बराबर हुआ है। जो भी सामग्री उपलब्ध है वह कुछ छुटपुट लेखों के रूप में ही हैं। इस सन्दर्भ में डॉ. नगेन्द्र की प्रस्तुत पुस्तक को एक तरह से पहला प्रयास माना जा सकता है, जिसमें मिथक के मूलभूत तत्त्व, साहित्य और मिथक के सह-सम्बन्ध और मिथकीय साहित्यिक समीक्षा पर एक विशिष्ट दृष्टिकोण के साथ विवेचन है। डॉ. नगेन्द्र अपनी प्रवृत्ति में परम्परा सचेत आलोचक हैं जो आधुनिक संकल्पना के साथ अपनी ही नहीं बल्कि संस्कृत साहित्य की चिन्तन परम्परा के टकराव का अवसर कभी नहीं छोड़ते। अतः 'नई खोज' या 'आधुनिक दृष्टि' के नाम पर जो भी प्रचलित होता है उसका एक परम्परागत सन्दर्भ खोजने का प्रयास उनके आलोचना साहित्य में अवश्य मिलता है। 'नई समीक्षा' हो या 'शैली विज्ञान' या फिर 'मिथकीय समीक्षा' इन सभी के उनके आलोचना साहित्य में दो निश्चित सन्दर्भ मिलते हैं--आधुनिक या समसामयिक सन्दर्भ और परम्परागत सन्दर्भ।

प्रस्तुत पुस्तक में तीन खंड हैं--पहला खंड पाश्चात्य समीक्षा में मिथक और उसके विविध सन्दर्भों के प्रचार-प्रसार से सम्बन्धित है। इसमें साहित्य के क्षेत्र में मिथकीय

---

*सर्वप्रथम 'नवभारत टाइम्स' दैनिक के 3 फरवरी 1980 संस्करण में प्रकाशित।

1. मिथक और साहित्य (लेखक : डॉ. नगेन्द्र) : नेशनल पब्लिशिंग हाउस, नई दिल्ली, मूल्य 15/00 रुपए।

समीक्षा के वर्तमान प्रभाव के कारणों पर विचार किया गया है। इसके साथ फ्रेजर, कौसिरर, मार्कसिरर, डेविड विडने, फिलिप व्हीलराइट, ब्लैकमर, कार्लहर, चेज आदि विद्वानों के मतों का उल्लेख करते हुए मिथक की परिभाषा और स्वरूप का विवेचन है। इस खंड में देव विद्या, मनोविज्ञान, नृ विज्ञान, भाषा विज्ञान, दर्शन शास्त्र आदि के साथ मिथक के सम्बन्ध की चर्चा है। और साथ ही मिथक के भेद और प्रकार, उसके प्रयोजन और महत्त्व पर भी प्रकाश डाला गया है।

दूसरे खंड में मिथक और साहित्य की तात्विक एवं स्वरूपगत समानताओं एवं विभिन्नताओं की चर्चा के सन्दर्भ में मिथक के प्रयोग की विवेचना की गई है। इसी खंड में भारतीय काव्यशास्त्र में मिथक विवेचन प्रकरण भी है। यद्यपि डॉ. नगेन्द्र का यह स्पष्ट मत है कि 'भारतीय काव्यशास्त्र में मिथक' अथवा काव्य के मिथकीय आधार का प्रत्यक्ष विवेचन नहीं मिलता। फिर भी उनके अनुसार चूँकि काव्य की निर्मिति-प्रकिया में मिथक की रचना भी निहित रहती है। अतः काव्य शास्त्र में 'काव्यक्रियाकल्प' का जो प्रारम्भिक उल्लेख मिलता है बह प्रकारान्तर से मिथक विषयक संकेत ही है।

तीसरे खंड में मिथकीय समीक्षा के प्रेरक प्रभाव, उसकी विकास-रेखा, सामान्य सिद्धान्त, प्रक्रिया, शक्ति और सीमा की संक्षेप में सोदाहरण व्याख्या है। भारतीय पुराण ग्रन्थों से लिए गए आकाश और पृथ्वी के प्रणय प्रसंग का विश्लेषण जो पात्र विपयर्य के साथ पुरुरवा-उर्वशी के रूप में ढला और जो सूक्ष्म तार की तरह एक ओर कालिदास के *विक्रर्मोवर्शीय* नाटक और दूसरी ओर दिनकर की *उर्वशी* में खिंचता चला गया। साहित्य के पाठक को न केवल परम्परा को एक नई दृष्टि से देखने के लिए प्रेरित करता है वरन् कुछेक आधुनिक कृतियों को ऐतिहासिक एवं मिथकीय सन्दर्भ में देखने के लिए भी उत्साहित करता है।

नब्बे पृष्ठों की लघु पुस्तिका में विद्वान लेखक ने मिथक सम्बन्धी संकल्पना और मिथकीय समीक्षा की प्रवृत्तियों का स्पष्ट विवेचन प्रस्तुत किया है। पर संकल्पना के सन्दर्भ में लेवी स्ट्रॉस, रोलां बार्थ आदि विद्वानों के विचारों का उल्लेख न होना कुछ खटकता है। कुछ ऐसे प्रसंग और प्रश्न भी छोड़ दिए गए हैं जो मिथक की अवधारणा के लिए ही नहीं, अपितु मिथकीय समीक्षा के लिए अत्यावश्यक हैं। सवाल उठाया जा सकता है कि क्या मिथक सम्प्रेषण का एक साधन नहीं ? अगर इसका उत्तर 'हाँ' है (जो 'ना' हो भी नहीं सकता) तब एक दूसरा सवाल उभरता है–उसे वस्तु या सम्प्रेष्य की आन्तरिक प्रस्तुति का परिणाम माना जाए अथवा उसकी अभिव्यक्ति प्रणाली का एक प्रकार ? यह प्रश्न मिथकीय विवेचना की प्रतीक विज्ञान के एक उपक्षेत्र में ले जाने का आग्रह करता है–जिसकी ओर पुस्तक में कहीं संकेत नहीं है। यह ध्यान देने की बात है कि मिथक कथ्य के किसी पक्ष को छिपाता नहीं, केवल उसके बाहरी रूप को विसंगतिपूर्ण बना देता है, जो सम्प्रेष्य अथवा कथ्य की विसंगति न होकर रूप का अतिक्रमण मात्र होता है। मिथक भी सम्प्रेषण को साधनेवाली एक प्रकार की भाषा ही है जिसका सम्प्रेष्य मात्र कथ्य नहीं वरन् अभिप्रेत होता है। और जिसकी अभिव्यक्ति

भाषा की बाहरी प्रतीकीकरण की प्रक्रिया का परिणाम है।

पाश्चात्य तथा भारतीय सन्दर्भ में मिथक और मिथकीय समीक्षा पर लिखी यह पुस्तक न केवल साहित्य और मिथक के सह-सम्बन्धों के सैद्धान्तिक आधार को निश्चित दृष्टि द्वारा स्पष्ट करती है अपितु कुछ एक मिथक रचनाओं की समीक्षा प्रस्तुत करते हुए इस आलोचना धारा की शक्ति और सीमा पर एक साथ प्रकाश डालती है।

आलोचना में नया स्वर किन्तु सीमाओं की विकृति*

प्रतिक्रियाएँ* 'विवेकवान विचारक और सम्मानित समीक्षक' डॉ. देवराज द्वारा पिछले तीन दशकों में लिखे गए आलोचनात्मक लेखों का संग्रह है। यद्यपि इन लेखों का विषय-वस्तु 'आदिकाव्य' 'रामचरितमानस' से लेकर प्रयोगवाद, नई कविता और विशिष्ट उपन्यासों की व्यावहारिक समीक्षा से लेकर आलोचना साहित्य के सैद्धान्तिक विवेचन तक फैला हुआ है पर विवेचन का प्रमुख स्वर 'एक' है, आलोचना का मानदंड 'स्थिर' है और समीक्षात्मक शैली में 'एकरूपता' है। डॉ. देवराज की आलोचना-प्रक्रिया एक सैद्धान्तिक चिन्तन की प्रणाली उनकी मानसिक रुझान को स्पष्ट स्वरों में ध्वनित कर देती है और ऐसा लगता है अपनी इसी मानसिक रुझान के सन्दर्भ में उन्होंने हिन्दी साहित्य के विविध पक्षों पर अपनी प्रक्रिया व्यक्त की है। यही कारण है कि इलियट से उनका मतभेद है और उनकी तटस्थतावादी आलोचना पद्धति की तुलना में रिचर्ड्स के मूल्यवादी सिद्धान्त के अधिक निकट जान पड़ते हैं। यह बात दूसरी है कि रिचर्ड्स अपनी समीक्षा मूल्यों में अनुरत विरत को मापदंड मानकर अपनी विवेचना को मनोविज्ञान पुष्ट भी बनाने का प्रयत्न करते हैं और इसी आधार पर आलोचना प्रणाली की सामाजिक एवं साहित्यिक उपादेयता भी सिद्ध करते हैं। पर डॉ. देवराज, रचना प्रक्रिया के मनोवैज्ञानिक पक्ष पर अधिक बल देते नहीं प्रतीत पड़ते और साहित्य-समीक्षा को सांस्कृतिक प्रत्यय मानकर 'संस्कृति' मात्र को ही अपना साध्य स्वीकार करते हैं। इसमें भी संस्कृति के प्रति धारणा उनकी निजी है, वस्तुनिष्ठ न होकर व्यक्तिनिष्ठ है।

लेखन का चिन्तन-पक्ष

इन लेखों की विशेषता यही है कि कृतियों की रचना-प्रक्रिया से कहीं अधिक वे लेखक के चिन्तन पक्ष को मुखर करते हैं और उनके व्यावहारिक मूल्यांकन की तुलना में कहीं ज्यादा स्वयं आलोचक के संस्कृति बोध का स्पष्टीकरण करते हैं। यही कारण है कि डॉ. देवराज के 'चिन्तन पक्ष' एवं 'सांस्कृतिक बोध' जितने सबल एवं दुर्बल हैं उसी के अनुपात में समीक्षात्मक निबन्धों की उपलब्धि भी कम या अधिक हो उठी हैं।

---

* सर्वप्रथम 'जनयुग' दैनिक के 21 दिसम्बर, 1966 संस्करण में प्रकाशित।

* प्रतिक्रियाएँ–डॉ. देवराज, प्रकाशक–राजकमल प्रकाशन, दिल्ली-8, मूल्य–8.00 रुपए।

सम्पन्न समीक्षक का अभाव

हिन्दी समीक्षा के क्षेत्र में अब तक सच्चा मन लेकर इतने आग्रहपूर्ण भाव से भारतीय संस्कृति की चर्चा कोई और समीक्षक नहीं उठा पाया है। 'प्रतिक्रियाएँ' में संकलित निबन्धों को पढ़कर तो विश्वास हो ही जाता है कि हिन्दी-समीक्षा के क्षेत्र में डॉ. देवराज एक नया स्वर उठाना चाहते हैं। उनका कथन है कि "वर्तमान हिन्दी साहित्य ने अभी तक उक्त श्रेणी का सर्वशक्ति सम्पन्न समीक्षक एक भी उत्पन्न नहीं किया" (पृ. 49) और इसका कारण ? उन्हीं के शब्दों में "हमारे सर्वश्रेष्ठ समीक्षक शुक्ल हैं, किन्तु उनमें भी कमियाँ हैं। शुक्लजी के व्यक्तित्व की सबसे बड़ी कमी सांस्कृतिक है" (पृ. 50) आधुनिक हिन्दी के शुक्लोत्तर समीक्षकों में वाजपेयी जी का स्थान ऊँचा है पर लेखक के मतानुसार उन्होंने "किसी सुचिन्तित मन्तव्य के वक्तव्य पर कहीं यह निर्देश देने का प्रयत्न नहीं किया कि विशाल प्राचीन भारतीय संस्कृति का कौन-सा अंग रक्षणीय है और कौन नहीं..." (पृ. 53)। डॉ. नगेन्द्र की शैली परिमार्जित एक ओजस्वनी है "किन्तु नगेन्द्र में रसानुभूति के अनुरूप मौलिक एवं परिपक्व सांस्कृतिक दृष्टिकोण दिखाई नहीं देता" (पृ. 55) ह.प्र. द्विवेदी "एक महापंडित या स्कॉलर हैं जिनका प्रमुख क्षेत्र सांस्कृतिक इतिहास है" पर वे उन आलोचकों में नहीं हैं जो समसामयिक साहित्य की दिशा अथवा उनके सांस्कृतिक मूल्यों का मूल्यांकन करें, अतः "जीवनेच्छा के स्रोता होते हुए भी वे वर्तमान जीवन या साहित्य की समस्याओं से तटस्थ दिखाई देते हैं।" (पृ. 57)

सांस्कृतिक बोध

जिस सांस्कृतिक बोध के अभाव को लेखक हिन्दी के प्रायः सभी मान्य समीक्षकों की सबसे बड़ी सीमा मानता है उसे केवल सैद्धान्तिक स्तर पर ही विवेचित कर सन्तोष नहीं कर लेता। वह उसे मानदंड मानकर व्यावहारिक आलोचना का आदर्श भी प्रस्तुत करना चाहता है। उसकी दृष्टि में आधुनिक हिन्दी का प्रायः सम्पूर्ण क्षेत्र मानो सांस्कृतिक भाव-बोध से शून्य है। कविता की बात है तो कुल मिलाकर उन्हें लगता है कि "इधर की अधिकांश कविता में संस्कृति बोध की क्षमता अथवा सांस्कृतिक दरिद्रता है।" अतः तथाकथित नई कविता और साथ ही कथा-साहित्य भी उन्हें मध्यश्रेणी की चीजें लगती हैं। (पृ. 6) तुर्गनेव और तात्स्ताय, यशपाल से इसलिए नहीं बड़े हैं कि सामाजिक पर्यवेक्षण की शक्ति उनमें अधिक हैं अथवा जीवन को सही परिप्रेक्ष्य में समझने की दक्षता उनमें अधिक है बरन् उक्त लेखकों की सांस्कृतिक दृष्टियाँ अधिक विकसित हैं। (पृ. 8)

मानव का 'नयापन'

प्रश्न उठाना यहाँ असंगत न होगा कि जिस 'विशिष्ट' सांस्कृतिक बोध की बात डॉ. देवराज करना चाहते हैं वह कहाँ तक चेखव अथवा गोर्की की कृतियों में उपलब्ध

है ? पर क्या उसके अभाव में वे तुर्गनेव से कम महत्त्वपूर्ण एवं महान साहित्यकार हैं ! क्या ताल्स्ताय की महत्ता उनके चिन्तन पक्ष अथवा सांस्कृतिक बोध में निहित है ? कलाकार के रूप में महान मानते हुए रूसी आलोचकों ने क्या ताल्स्ताय के दर्शन एवं सांस्कृतिक बोध की कटु आलोचना नहीं की है ? 'गोगोल' की कृतियों को उचित सम्मान देते हुए भी क्या महान समीक्षक बेलेंस्की ने उनके चिन्तन पक्ष की कड़ी आलोचना नहीं की थी ? क्या चिन्तन-पक्ष में प्रतिक्रियावादी होने के बावजूद भी बाल्जाक साहित्य के क्षेत्र में अमर नहीं ? इससे भिन्न एक प्रश्न और डॉ. देवराज से किया जा सकता है। क्या 'संस्कृति' सर्वदा 'अतीत' का ही मुखापेक्षी होती है ? क्या सांस्कृतिक इतिहास इस बात का साक्षी नहीं कि संस्कृति का वर्तमान रूप अपने भीतर प्राचीन परम्परा को अन्तर्भुक्त करने के उपरान्त भी भविष्योन्मुखी है ! 'नया मानव' होने के उपरान्त भी क्या 'नया' नहीं ?

इसमें सन्देह नहीं कि डॉ. देवराज जिन आलोचनात्मक मान्यताओं का सूत्रपात करना चाहते हैं—उसे खींचकर दूर तक ले जाने का प्रयत्न करते हैं भले ही उन मान्यताओं की सीमा रेखा में उस तनाव को वहन करने की क्षमता न हो। आलोचना के क्षेत्र में कुछ नया देने का आग्रह उनकी पद्धति को 'विशिष्ट' तो अवश्य बना देता है पर धार्मिक कट्टरता का रूप देकर उसके व्यावहारिक पक्ष को कुछ सीमा तक शिथिल भी कर देता है।

विदेशी आलोचना पद्धति से अल्प परिचय

यह ठीक है कि साहित्य-सृष्टि एव समीक्षा दोनों सांस्कृतिक प्रत्यय हैं पर सांस्कृतिक प्रत्यय से लेखक का क्या तात्पर्य है इसे कहीं एक स्थल पर उसने स्पष्ट नहीं किया है। पर जो कुछ इस संकलन में है उससे साफ जाहिर है कि डॉ. देवराज 'संस्कृति' के ऐतिहासिक पक्ष एवं विकासशील रूप को स्वीकार न कर देशकाल निरपेक्ष मानव मूल्य के रूप में मानते हैं। 'रामचरितमानस—पुनर्मूल्यांकन' में उनकी यह धारणा अतिरिक्त स्वर के साथ व्यंजित हुई है। यही कारण है कि सांस्कृतिक उपलब्धि के रूप में विकसित साहित्य को वे एक अविच्छिन्न धारा के रूप में नहीं देख पाते, अतः 'छायावाद, प्रगतिवाद, नई कविता आदि को भी साहित्यिक प्रवृत्तियों के रूप में ग्रहण करने में अपने को असमर्थ पाते हैं और आज भी प्रगतिवाद को हिन्दी साहित्य के विकास की एक धारा न मानकर वह उसे मार्क्सवाद का अनुवाद मात्र एवं बाह्य-आरोपित सिद्धान्त-चेतना मानते हैं। आश्चर्य है कि ऐसे सुधी चिन्तक का मार्क्सवाद का ज्ञान इतना छिछला है। यदि आज के कुछ दशक पूर्व तक ल्यूकाच, दास्ताएव्स्की के उपन्यासों के उन स्थलों की समीक्षा प्रस्तुत नहीं कर सके जिसका सम्बन्ध आर्थिक से अधिक मनोविज्ञान था, तो क्या सम्पूर्ण प्रगतिवादी समीक्षा ही अपूर्ण एवं सिद्धिहीन प्रमाणित हो जाएगी ? काश ! डॉ. देवराज विदेशी आलोचना पद्धति से कुछ अधिक परिचित होते और रूसी

भाषा में प्रकाशित फिल्डनेर की पुस्तक ''दास्ताएव्स्की का यथार्थवाद'' (मास्को, 1964) और चिर्कोव की रचना 'दास्ताएव्स्की की रचना-शैली' (मास्को, 1964) को देखा होता। यहाँ स्पष्ट कर देना समीचीन होगा कि प्रगतिवादी आलोचना का एकमात्र काम साहित्यिक कृतियों में युगजीवन का परिचय ढूँढ़ना नहीं है (जैसा वे मानते हैं, पृ. 20)। सच तो यह है कि प्रगतिवादी आलोचना 'मानव' को अपना केन्द्र-बिन्दु मानकर आगे बढ़ता है और युग-जीवन के सन्दर्भ में उसका सही आकलन करता है और इसीलिए बदलती परिस्थितियों के सन्दर्भ में नए मानव-मूल्यों को स्थापित करना चाहता है।

असमर्थ होने की असहमति

रचना-प्रक्रिया के सन्दर्भ से शब्द प्रयोग और समर्थ साहित्यकार द्वारा परिमार्जित भाषा की उपलब्धि को ठीक न समझने के कारण ही डॉ. देवराज, इलियट और अज्ञेय के मत से सहमत नहीं हो पाए हैं। उनका कहना है कि शब्द नहीं चुकते ''जो चीज चुक जाती है वह पुराना सन्दर्भ होता है,'' ''जो चीज बासी पड़ जाती है वह होती हैं विश्वासों या आस्थाओं की शृंखला'', (पृ. 181) बिहारी सतसई में प्रमुख कोई भी शब्द या अलंकार, अपने तद्‌गत सन्दर्भ में, चुका हुआ या उबानेवाला नहीं जान पड़ता (वहीं)। उनकी यह धारणा स्पष्ट संकेत देती है कि वे प्रत्यय और मौलिक ध्वनि बिम्ब के अन्तर्सम्बन्ध को ठीक-ठीक नहीं समझ पाए हैं जब भी बदली परिस्थिति नए सन्दर्भ की माँग करती है तब सजग एवं सचेत कलाकार शब्दों को नए सन्दर्भ से संयुक्त करने के दायित्व से अपने को मुक्त कैसे कर सकता है। पर शब्द के स्तर पर नया गढ़ने की क्षमता उसकी सीमित होती है वह तो केवल प्रत्यय और ध्वनि बिम्बों के लचीले सम्बन्धों के आधार पर ही उसमें नवीनता लाने का प्रयत्न करता है, और जब पाठक इस नए सन्दर्भ के साथ पुराने परिचित शब्दों को पढ़ता-सुनता है तो उसे नई अर्थ प्रतीति का अनुभव होता है। जिस दौर से आधुनिक भारत आज गुजर रहा है क्या उसकी परिस्थितियाँ वहीं हैं जो कालिदास के समय थी ? क्या कालिदास की 'कोमलकान्त पदावली' एवं भाव प्रतीकों को आज के समसामयिक जीवन के संघर्ष, विषमताओं और वैज्ञानिक उपलब्धियों के सन्दर्भ में प्रयुक्त कर अपनी रचना को हम हास्यास्पद भी बना लेंगे ?

डॉ. देवराज यह भूल जाते हैं कि जब आधुनिक कवि कालिदास द्वारा प्रयुक्त एकाध दृश्य बिम्बों को अपनी रचना में स्थान देता है तो उसे सीधे आज की समस्या या अनुभूति संवेदना के रूप में नहीं, अपितु उस तुलनात्मक अध्ययन के रूप में जिसका सहारा लेकर आज के युग की विषमता एवं विविधता को वह और 'तीव्र' बनाता है अथवा प्रतीकों के रूप में, जो परम्परा अनुमोदित एवं संस्कृति-मान्य तथ्यों को संकेतित करता है। इससे भला किसे इनकार हो सकता है कि अपनी संस्कृति का ज्ञान काव्य-भाषा की व्यापक सन्दर्भों से संयुक्त करता है लेकिन क्या यह सत्य नहीं कि आज के युग में मेघदूत और शाकुन्तल का रसास्वादन लेना एक बात है। क्योंकि वह भारतीय

संस्कृति का एक पृष्ठ है। पर सम्प्रति सम्भाविक परिप्रेक्ष्य में उसका अनुकरण एक दम दूसरी बात है !

सटीक और तर्क पूर्ण विवेचना

अन्त में इसे स्पष्ट कर देना अनुचित न होगा कि डॉ. देवराज की कुछ मान्यताओं की आलोचना और कुछ धारणाओं पर उठाई गई शंका किसी तरह उनकी सुसंगत समीक्षा दृष्टि के मूल्य को नीचे नहीं गिराती। निस्सन्देह संकलित लेखों का स्तर काफी ऊँचा है, उसमें भारतीय संस्कृति के उन मूलभूत प्रेरकतत्त्वों का संकेत मिलता है जो हमारे समाज की जीवन शक्ति का कारण है, साहित्य की उन विशेषताओं का उद्घाटन मिलता है जिससे महत्त्वपूर्ण रचनाओं की सृष्टि होती है। विभिन्न लेखों के छोटे दायरे में ही जैनेन्द्र (सुनीता), अज्ञेय (नदी के द्वीप), हजारीप्रसाद द्विवेदी (बाणभट्ट की आत्मकथा) रेणु (मैला आँचल), [लेख कुछ उपन्यास और उपन्यासकार], राजेन्द्र यादव (शह और मात), यशपाल (झूठा सच), मोहन राकेश (अँधेरे बन्द कमरे) [प्रतिक्रिया : तीन उपन्यास], भारती (कनुप्रिया) दिनकर (उर्वशी) पन्त (लोकायतन) [प्रतिक्रिया : तीन काव्य] का इतना सटीक, मार्मिक एवं तर्कपूर्ण विवेचन मिलता है जो मोटी-मोटी पी-एच. डी. के शोध प्रबन्धों में भी उपलब्ध नहीं। सैद्धान्तिक विवेचन में जिस तर्क और सशक्त शैली का प्रयोग डॉ. देवराज ने किया है वह हिन्दी आलोचना के लिए एक नई उपलब्धि है।

अजय की डायरी

प्रूस्त एवं हेनरी जेम्स को समर्पित इस उपन्यास में कथावस्तु को उपन्यासद्वय की भाँति जीवन चेतना के जिस व्यापक परिप्रेक्ष्य में ग्रन्थित करने का प्रयास किया गया है तथा मानव मन की विविध परतों को जिन मूर्त बिम्बों एवं संवेदनापूर्ण भाषा के माध्यम द्वारा उद्घाटित करने की चेष्टा की गई है, हिन्दी कथासाहित्य के लिए वे स्वयं में महत्त्वपूर्ण उपलब्धियाँ हैं। लेकिन जो इसकी उपलब्धियाँ हैं, प्रकारान्तर से वे ही इसकी अपनी सीमाएँ भी बन जाती हैं। चेतना के विविध स्तरों की सूक्ष्मतम विकृति में कथानक के कई महत्त्वपूर्ण सूत्र बिखर गए हैं और जीवन-दर्शन के महत्ता प्रतिपादन की चेष्टा में उपन्यास चिन्तन मनन से कई स्थलों पर बोझिल हो उठा है। फलतः मनोरंजन मात्र के लिए पढ़नेवाले पाठकों को यह श्रमसाध्य उपन्यास कठिन और दुरूह सिद्ध होगा।

भौतिक प्रगति में आज का मनुष्य पहले से काफी आगे और कायिक उपलब्धियों में वह सापेक्षतया अधिक समृद्ध है। लेकिन इन सबके बावजूद वह भीतर से अधिक खोखला होता जा रहा है। उसका जीवन भौतिक उद्‌भ्रान्ति, नैतिक विघटन एवं मानसिक तनाव की सीमा रेखाओं के बीच अपने 'अस्तित्व' की निरर्थकता का बोध करने लगा है। पर उपन्यास का नायक अजय जीवन के अस्तित्व से ही सन्तुष्ट नहीं, उसे 'सार्थक अस्तित्व चाहिए, ऐसा अस्तित्व जो निरन्तर उच्चतर परिणति की ओर उन्मुख हो।' उसकी दृष्टि में 'मनुष्य की भौतिक प्रगति और संस्थाएँ साधन हैं, साध्य नहीं।' साध्य मनुष्य की चेतना, उसका चेतनामूलक अन्तर्जीवन है। 'इसके लिए आवश्यक है कि वह अपनी 'डेस्टिनी' को पहचाने जो व्यक्ति की ऊँची सम्भावनाओं की चरम परिणति है।' अपनी मान्यताओं की पुष्टि में वह मूलतः दो दर्शन धाराओं को समेटता है—अस्तित्ववादी एवं सांस्कृतिक मूल्यवादी। एक के माध्यम से यह जीवन की, सत्ता को ठोस के रूप में स्वीकार करता है और दूसरे के आधार पर उसकी सार्थकता का बोध करता है।

किसी मान्यता को लेकर बौधिक धरातल पर विचार-विमर्श करना एक बात है, उस पर आस्था रखना दूसरी बात है और आस्था रखते हुए उसे जीवन में उतारने की चेष्टा करना, यह एकदम अलग बात है। अजय अपने वार्तालाप और चिन्तन-मनन में जिस 'व्यक्तित्व' की पूर्णता की बात प्रायः करता मिलता है, उसे जीवन के व्यावहारिक स्तर

* सर्वप्रथम 'नागरी प्रचारिणी पत्रिका', संवत् 2019, नागरी प्रचारिणी सभा, काशी में प्रकाशित।

पर उतरते हम कभी नहीं देख पाते। सिद्धान्त एवं व्यवहार की एकतानता की सिद्धि के लिए जो चारित्रिक दृढ़ता अपेक्षित है, उसका उसमें पूर्ण रूप से अभाव है। इसीलिए हेम को वह न तो खुलकर स्वीकार कर पाता है और न अपनी पत्नी से समझौता ही। वह पलायन कर विदेश चला जाता है और जब लौटकर आता है तो उसकी पत्नी को दूसरे का गर्भ रह जाता है और हेम का दूसरे से विवाह हो जाता है। सच तो यह है कि अजय अपनी ही कुंठा, अपने ही अनुभवविकारों के दायरे में अवश सा चक्कर खाता रहता है। उसमें न तो अस्तित्ववादियों की भाँति 'क्षण' की सत्ता को पूरी तरह स्वीकार कर जीने की क्षमता है और न सांस्कृतिक मूल्यों के प्रति वह दृढ़ आसक्ति, जिसके सहारे वह अपने पक्ष की मानसिक स्वीकृति को जीवनस्तर पर भी उतार सकने की शक्ति प्राप्त कर सके। उसका जीवन खंडित है। बुद्धि के स्तर पर वह जो जीवन-यापन करता है, जीवन के सामाजिक एवं व्यवहारिक पक्ष से उसका कुछ भी सामंजस्य नहीं दीखता।

उपन्यासकार बार-बार चेतना एवं सांस्कृतिक मूल्यों की उच्चतर परिणति की बात उठाता है, पर वस्तुतः उसकी सम्पूर्ण वृत्ति प्रेम प्रसंगों पर केन्द्रित है। अजय भीतर से हमेशा अनुमान करता है कि 'प्यार मेरे अस्तित्व की बड़ी जरूरत थी और है। प्यार को वह व्यक्तित्व की ऊँची सम्भावनाओं का पूरक मानता है अतः पत्नी ऐसी होनी चाहिए जो जीवन को गति ही नहीं प्रगति भी दे, तीखे संवेदन ही नहीं, चिन्तन और संकल्प भी दे। इसके लिए आवश्यक है कि विवाह के पहले पति-पत्नी एक दूसरे के व्यक्तित्व की सम्भावनाओं से पूरी तरह परिचित हों। पर यह सम्भव कैसे हो ? अमेरिका में जाकर वह 'डेटिंग' प्रथा को देखता है और इसके लिए उसे उपयुक्त पाता है। पर भारत की स्थिति तो ऐसी है कि इला जब कुछ सहयोगियों के साथ कश्मीर यात्रा पर निकल जाती है तो उसका भावी पति सन्तोष कुमार शंका मात्र के आधार पर उसे अपमानित करने से नहीं चूकता, यहाँ तक कि रिश्ते को तोड़ भी देता है। इस रूढ़िवादिता के विरोध से किसे इनकार हो सकता हे, पर उसी जोश में 'प्रेयसी' (प्यार) और पत्नी (विवाह) को एक ही सामाजिक परिप्रेक्ष्य एवं भाव-सन्दर्भ में देखना कहाँ तक उचित है ? अपनी पत्नी शीला में भी तो विवाह के पूर्व उसे आकर्षण मिला था। यही क्या निश्चित है कि शादी के उपरान्त प्रेयसी 'हेम' का आकर्षण वैसा ही बना रहेगा ? क्या मात्र आकर्षण प्रेम को स्थायित्व प्रदान करता है ?

कोई भी व्यक्ति अपने मन और अपने ढंग से प्यार करने के लिए पूरी तरह स्वतन्त्र है पर जब वह विवाह के लिए प्रस्तुत होता है तब उसके व्यवहार में अपने ही मन का नहीं किसी और के मन का भी ख़याल करना पड़ता है। पर अजय तो प्रारम्भ से ही आत्मप्रेमी है। अपने स्वार्थ के दायरे में वह इतना संकुचित है कि विवाह किसी से भी क्यों न करे, वह सफल नहीं हो सकता। कारण, उसकी धारणा है कि 'दूसरे के प्रति मेरा कर्तव्य वहीं तक है जहाँ तक मेरी ऊर्ध्व गति मेरे गुणात्मक विकास की बाधक नहीं।' वस्तुतः उपन्यास का नायक 'व्यक्तित्ववादी' कम और 'व्यक्तिवादी' अधिक है, जो सामाजिक जीवन की मर्यादा, पति-पत्नी के समझौते और कभी सार्थक परम्परा की

शक्ति की उपेक्षा में भी अपनी सार्थकता ढूँढ़ता है।

उपन्यास का कथानक मध्यवर्ग के सन्दर्भ में गठित है। कई स्थलों पर मध्यवर्ग की कुछ स्थितियों का मार्मिक विवरण उपलब्ध है और कहीं-कहीं उस पर सटीक व्यंग्य भी मिलते हैं, विशेषकर महाविद्यालय एवं विश्वविद्यालय के आचार्य एवं प्राध्यापकों को लेकर मिस्टर 'पी' का चरित्र 'टाइप' के रूप में द्रष्टव्य है। उपन्यासकार चिन्तक भी है अतः मध्यवर्गीय दुर्बलताओं पर दार्शनिक आवरण देने का उसने यत्र-तत्र व्यर्थ प्रयास भी किए हैं। अजय का सचेत मन यह कहकर सन्तोष करता है कि उसे तो हेम की आत्मिक निकटता चाहिए, पर उसका अवचेतन मन चुम्बन (किस) की बार-बार आकांक्षा करता है पर अपने साहस के अभाव में इस सिद्धान्त वाक्य के पीछे अपनी दुर्बलता को छिपाने का प्रयत्न करता है–'जो चीज दी नहीं गई है, उसे लेना एक प्रकार की बेईमानी है।'' गोया एक भारतीय स्त्री आगे बढ़कर स्वयं चुम्बन का आदान-प्रदान करे और पुरुष अपने स्थान पर स्त्रीत्व की मर्यादा का निर्वाह करे!

चेतना की विविध परतों की सूक्ष्म, विकृत एवं संवेदना की हल्की छाप को मूर्त बिम्बों एवं विवरणात्मक घटनाप्रसंगों द्वारा भाषाबद्ध करने में उपन्यासकार पूरी तरह सक्षम रहा है। जगत् की स्थूल वर्णनात्मकता को छोड़कर जब कभी उपन्यासकार अन्तःकरण की अतल गहराइयों में उतरकर चेतना के प्रवाह को पकड़ने की कोशिश करता है, डायरी कविता के निकट पहुँच जाती है। स्टीफेन स्पेंडर ने लिखा है–'पात्रों की एक साथ कई स्तरों पर अभिव्यक्ति के लिए कविता ही सर्वोत्तम माध्यम है। एक ही वस्तु के विविध 'शेडों' का वर्णन भी बड़ी सफाई से किया गया है–यथा जब हेम अपने साथियों के बीच अजय से बोलती है और जब वह निकट आकर निजी ढंग से उससे कहती है (पृ. 110) तो उसके स्वरों के रूप-गन्ध में जो अन्तर आ जाता है उसे कोई समर्थ लेखक ही अभिव्यक्त कर सकता है।

भाषा में प्रवाह है, लेकिन गति के साथ बहते-बहते यदाकदा भाषा की अशुद्धियों एवं प्रूफ की असावधानी से कोमल तन्तु हिल उठते हैं। उदाहरणस्वरूप– पर हेम 'ने' एक शब्द नहीं बोली' (पृ. 190), 'एक प्रोफेसर' के तुलनात्मक संस्कृति...' (पृ. 227)। प्रूफ की लापरवाही तो और भी खल जाती है यथा, इगोटिस्टिक (इगोइस्टिक पृ. 34-35), पहसज्रा (यह सजा, पृ. 43), पीने छै (पौने 6, पृ. 176), शिला (शाला पृ. 211-12), फलफल (फलफूल) आदि। भाषा की स्वाभाविकता एवं चारित्रिक गुणों के सफल निर्देशन के लिए अगर अंग्रेजी शब्दों एवं वाक्यों के प्रयोग को आवश्यक समझा गया, तो उसमें आपत्ति नहीं। पर कुछ शब्दों का हिन्दी अनुवाद और कुछ को ऐसे ही छोड़ देने से शैली की एकरूपता में व्यवधान पड़ता है। अंग्रेजी के वाक्य के वाक्य वैसे ही रख दिए गए हैं यथा–'यू आर टू सोफिस्टिकेटेड दीपिका, टु द प्वाइंट ऑफ आर्टिफिशियलटी' (पृ. 135), 'हाउ एक्सक्विजिस्ट्ली चार्मिंग, इट सीम्स टु बी ऐन एन्वायंड प्लेस।' (145) आदि। अगर इनका अनुवाद भी दे दिया गया होता, तो अधिक अच्छा होता।[1]

---

1. अजय की डायरी–डॉ. देवराज, प्रकाशक राजपाल एंड संस, दिल्ली, मूल्य 5.00 रुपए।

हिन्दी नवलेखन

'अपने समवर्ती साहित्य के बारे में कुछ लिखना खतरे से खाली नहीं होता' इस तथ्य से भली भाँति परिचित होकर ही लेखक ने उस चुनौती को स्वीकार किया है और वह भी इसलिए कि उस जनश्रुति को वह नहीं मानना चाहता 'जिसके अनुसार समकालीन रचनात्मक उन्मेष को ठीक-ठीक नहीं परखा जा सकता।' समकालीन साहित्यिक प्रवृत्तियों का समुचित आकलन सम्भावना से परे नहीं, पर इसके लिए आवश्यक है कि लेखक में समीक्षक की तीक्ष्ण दृष्टि तो हो ही, रचनात्मक साहित्यकार की वह भावनात्मक अनुभूति भी हो जो सामाजिक वातावरण के सूक्ष्म से सूक्ष्म परिवर्तन को लक्षित कर सके। लेकिन इस तथ्य की उपेक्षा कर इस पुस्तक के लेखक ने जिस सीधे-सादे ढंग से इस पुस्तक को लिखने का प्रयास किया है, क्या उससे सारी 'समसामयिक प्रवृत्तियों को ठीक-ठीक परखा जा सकता है।[1]

किसी भी साहित्यिक प्रवृत्ति को भली भाँति समझने के लिए उसके ऐतिहासिक विकास का निर्देशन आवश्यक होता है। पर नवलेखन की पृष्ठभूमि की विवेचना करते समय लेखक की दृष्टि किसी विशिष्ट साहित्यिक धारा के ऐतिहासिक विकास अथवा परिस्थितियों के बदलने से बदले हुए विविध मानव मूल्यों की साहित्यिक परिणति की ओर नहीं रहा है। वह तो इतना ही संकेत देकर सन्तुष्ट हो जाता है कि ऐतिहासिक क्रमविकास की दृष्टि से 'हिन्दी नवलेखन का घनिष्ठ सम्बन्ध प्रगतिवाद तथा प्रयोगवाद से रहा है।' जहाँ तक छायावाद का प्रश्न है 'नवलेखन उससे बहुत कुछ असम्बद्ध होते हुए भी उसकी कुछेक प्रवृत्तियों से अलग नहीं किया जा सकता। परम्परा के मूल्यांकन का अर्थ कालक्रम विकास का निर्देशन मात्र तो नहीं होता—जैसा लेखक ने माना है।

आलोचना किसी साहित्यिक विधा के बाह्य स्वरूप की परिचयोक्ति से हटकर गहरी दृष्टि से किया गया मूल्यांकन भी है। 'नई कविता' के मूल्यांकन की जगह पर लेखक कवियों के परिचयात्मक विवरण तक ही रह गया है। उसमें भी अधिकांश स्थलों पर अन्तर्विरोधी बातें कहीं गई हैं अथवा विदेशी साहित्य का प्रमाण देकर उलझी दृष्टि को और भी उलझाने का प्रयास किया गया है। लेखक ने एक स्थल पर लिखा है—'उनका

---

*सर्वप्रथम 'नागरी प्रचारिणी पत्रिका' संवत् 2019, नागरी प्रचारिणी सभा, काशी में प्रकाशित

1. हिन्दी नवलेखन—रामस्वरूप चतुर्वेदी; प्रकाशक भारतीय ज्ञानपीठ, पृ. 248, मूल्य 4.00 रुपए।

12(97-1)

(शमशेर का) दृष्टिकोण कदाचित् अब भी मूलतः प्रगतिवादी है...' एक दूसरे स्थल पर 'उनकी कोमल काव्य प्रकृतिवाद की परूषता के साथ मेल नहीं खाती।' प्रश्न है, शमशेर मूलतः प्रगतिवादी हैं या कोमल काव्य के प्रतिनिधि कवि! मूलतः वे कुछ भी क्यों न हों पर उनके बिम्ब लेखक को अतियथार्थवादी चित्रों का स्मरण दिलाते हैं और शिल्पविधान बहुचर्चित कवि कमिंग्ज का।

केवल अन्तर्विरोधी वाक्यों तक ही पुस्तक सीमित हो, ऐसी बात नहीं। कई स्थलों पर पूर्ण निष्ठा के साथ भी बातें कही गई हैं। लेखक का कहना है कि 'कहानी में किसी भी दिशा में महत्त्वपूर्ण प्रयोग प्रायः नहीं हुए हैं।' यह बात नहीं कि वह नई कहानी के लेखकों के नाम से परिचित नहीं–कारण, उन्होंने प्रायः सभी छोटे-बड़े नए कहानीकारों के नाम गिना दिए हैं। पर आश्चर्य है कि इसके बाद भी नई कहानी ने समाज के जिन विभिन्न नए स्तरों का स्पर्श किया है और नई भावभूमि की जिन अनेक परतों को अपनी सीमा में प्रभावोत्पादक ढंग से बाँधा है, उसे किस प्रकार वह नकार गया है ! कमलेश्वर, मोहन राकेश, राजेन्द्र यादव, रेणु, शिवप्रसाद सिंह, अमरकान्त, शेखर जोशी, मन्नू भंडारी की कुछेक कहानियाँ भी जिन्होंने पढ़ी हैं वे कैसे यह विश्वास कर लें कि 'प्रेमचन्द के बाद जैनेन्द्र (पत्नी-जाह्नवी) और अज्ञेय (रोज) के शिल्प में जो नवीन विकास दिखाई दिए थे, हिन्दी का कहानी-साहित्य उनसे आगे नहीं बढ़ सका।'

लेखक का यह मत है कि 'हिन्दी नवलेखन की साहित्यिक पृष्ठभूमि का सन्दर्भ तब तक अधूरा रहेगा जब तक अंगरेजी तथा-यूरोपियन नवलेखन की रूपरेखा नहीं समझ ली जाती।' जो पाठक 'इनकाउंटर' और 'लन्दन मैगजीन' नहीं पढ़ते, उनके लिए विदेशी साहित्य की प्रगति की सामान्य जानकारी इस पुस्तक से हो सकती है। इस सन्दर्भ में चतुर्वेदी जी के इस दृष्टिकोण की सराहना करनी पड़ेगी कि विदेशी साहित्य का अध्ययन हिन्दी साहित्य के सन्दर्भ में तुलनात्मक दृष्टि के लिए प्रस्तुत करना चाहिए और यही कारण है कि अन्य आलोचकों की तरह उन्होंने हिन्दी के विविध साहित्यिक आन्दोलनों को सीधे विदेशी उधार या प्रभाव के रूप में नहीं देखा है। 'डिक्लेरेशंस' और 'धुरीहीनता', 'न्यू सिग्नेचर्स' और 'तारसप्तक', लेमन द्वारा सम्पादित बी.बी.सी. पत्रिका और अज्ञेय की आकाशवाणी पत्रिका आदि की तुलना करने पर उनमें कुछ साम्य भले ही दिखाई दे जाए, पर ये उनके अनुवाद नहीं और न उनमें कोई सीधा सम्बन्ध ही स्थापित किया जा सकता है।

हिन्दी एवं विदेशी नवलेखन के साहित्यकारों एवं उनकी कुछेक महत्त्वपूर्ण कृतियों के नाम की जानकारी की दृष्टि से यह पुस्तक उस सामान्य पाठक के लिए अत्यन्त उपयोगी है जो हिन्दी-अंगरेजी की महत्त्वपूर्ण पत्रिकाओं के ज्ञान के साथ अपने को सम्बद्ध नहीं रख पाता।

भाषा, सामाजिक अस्मिता और राष्ट्रीय एकीकरण

भाषा पर किसी भी बहस की शुरुआत करने के पहले यह जान लेना जरूरी है कि वह एक सामाजिक वस्तु है। मानसिक संकल्पना के साथ-साथ एक सामाजिक यथार्थ भी है; व्याकरणिक इकाई होने के साथ-साथ वह संस्थागत प्रतीक भी है, और सम्प्रेषण का अन्यतम उपकरण होने के साथ-साथ वह हमारी सामाजिक अस्मिता का एक सशक्त माध्यम भी है। इस बात से इंकार नहीं किया जा सकता कि हर भाषा एक निश्चित समुदाय के व्यक्तियों को भावना, चिन्तन और जीवन-दृष्टि के धरातल पर एक-दूसरे के नजदीक लाती है और उन्हें आपस में जोड़ती और बाँधती है। भाषा की इस शक्ति के सहारे व्यक्ति का 'मैं' समुदाय के 'हम' में अपना फैलाव पाता है। उदाहरण के लिए हम हिन्दी भाषाई समुदाय को देखें। यह समुदाय वस्तुतः बोली-समुच्चय का ही एक दूसरा नाम है। इस बोली समुच्चय में बिहारी उपभाषा की भोजपुरी, मगही और मैथिली बोलियाँ हैं जो उसी मागधी अपभ्रंश से निकली है जिससे असमिया और बंगला भाषा निकली है। दूसरी तरफ इसके भीतर राजस्थानी उपभाषा की मालवी, मेवाती, हड़ौती आदि बोलियाँ भी हैं जो उसी नागर अपभ्रंश से सम्बद्ध हैं जिससे गुजराती और मराठी भाषाएँ सम्बद्ध हैं। पर बिहारी और राजस्थानी उपभाषा वर्ग की इन बोलियों ने शौरसेनी अपभ्रंश से निकली पश्चिमी हिन्दी (ब्रज, कौरवी आदि) और अर्द्धमागधी अपभ्रंश से उत्पन्न पूर्वी हिन्दी (अवधी, बघेली, छत्तीसगढ़ी आदि) से तादात्म्य स्थापित कर हिन्दी भाषाई समाज की संकल्पना को सामाजिक-सांस्कृतिक यथार्थता प्रदान की है। वंशानुक्रम की दृष्टि से देखें तो इन बोलियों की सत्ता अलग-अलग है और व्याकरणिक बनावट और बुनावट की दृष्टि से परखें तो इनमें से अधिकांश खड़ी बोली की तुलना में अन्य भाषाओं की संरचना के अधिक नजदीक हैं। पर भाषाई अस्मिता के धरातल पर वे हिन्दी भाषा और उसके समुदाय के साथ हैं। इस हिन्दी भाषाई सामाज की वास्तविकता यह है कि उसका हर सदस्य अपने घरेलू जीवन एवं व्यवहार के आत्मीय सन्दर्भ में अपनी बोलियों का प्रयोग करता है, पर शिक्षा एवं व्यवहार के औपचारिक सन्दर्भ में किसी न किसी अंश में खड़ीबोली का प्रयोग करता ही है। यह बात भी कम महत्त्वपूर्ण नहीं है कि जब हम हिन्दी साहित्य की आज बात करते हैं, तब उसे खड़ी बोली में रचित काव्य-कृतियों

---

* सर्वप्रथम 'प्रतिपक्ष' के जुलाई 1987 अंक में प्रकाशित।

तक ही सीमित नहीं करते। इसमें प्रसाद, पन्त, निराला, प्रेमचन्द, अज्ञेय, मुक्तिबोध आदि की रचनाओं के साथ-साथ अवधी, ब्रज, मैथिली आदि बोलियों के साहित्यकार यथा जायसी, सूर, तुलसी, विद्यापति आदि की कृतियों को भी समाहित करने में संकोच नहीं करते। इन विभिन्न बोलियों के माध्यम से अभिव्यक्त होनेवाला साहित्य एक है क्योंकि इनकी रचना करनेवाले हिन्दी भाषाई समाज की जातीय अस्मिता एवं साहित्यिक चेतना एक है।

स्पष्ट है कि हिन्दी साहित्य का मूलाधार उस हिन्दी भाषाई समाज की सांस्कृतिक चेतना और काव्यात्मक संवेदना है जिसे हम बोली-समुच्चय की अन्तरंग शक्ति के रूप में पाते हैं। वंशानुक्रम की दृष्टि से भिन्न और व्याकरण की दृष्टि से विशिष्ट इन बोलियों को सम्प्रेषण के धरातल पर बाँधने का काम कर रही है सम्पर्क भाषा खड़ी बोली हिन्दी और भावनात्मक सन्दर्भ में उसे जोड़ने का काम कर रही है, इस भाषाई समाज की जातीय अस्मिता। इसमें सन्देह नहीं कि भाषाई समाज के रूप में 'हिन्दी' की सत्ता एक सामाजिक यथार्थ है जिसे इतिहास-चक्र ने बोलियों के वंशानुक्रम के सम्बन्धों का अतिक्रमण कर एक निश्चित अर्थवत्ता प्रदान की है।

यह सही है कि भाषा अपने सामाजिक समुदाय के सदस्यों को अन्दरूनी तौर पर जोड़ने और बाँधनेवाली एक जबर्दस्त ताक़त के रूप में अपनाई जा सकती है। पर इसके साथ यह भी सच है कि भाषा अलगाव का भी कारण बनती है। अगर भाषा, व्यक्ति के 'मैं' का विस्तार कर 'हम' में बदलने की ताकत रखती है, तो वही इस 'हम' को 'वे' के विरोध में खड़ा करने की शक्ति भी रखती है। भाषा की दुहरी प्रकृति के प्रति प्रायः हम अपनी आँख बंद कर लेते हैं। भाषा अगर दो दिलों को जोड़ने का काम करती है तो वह दो दिलों को तोड़ने का साधन भी बनती है। अगर भाषा के सहारे हम 'सच' को पकड़ने की क्षमता रखते हैं तो उसी के सहारे हम 'झूठ' को भी सच साबित करने का सामर्थ्य रखते हैं। अगर तर्कशास्त्री भाषा के प्रतीक चिह्नों और उनके विन्यास के आधार पर प्राक्कथन की प्रकृति के रहस्यों पर से पर्दा उठाकर सत्य की तह तक पहुँचने का दावा कर सकते हैं और अगर प्रबुद्ध साहित्यकार शब्द और अर्थ के मंजुल सम्बन्धों के आधार पर उदात्त भावभूमि पर हमें विचरण करने का अवसर प्रदान कर सकते हैं, तो दूसरी तरफ राजनीतिज्ञ हमें वाग्मिता का सहारा लेते हुए प्रभावी वाक्‌दल में उलझा भी सकते हैं और व्यापारी वर्ग फुसलानेवाली भाषा-वृत्ति का आलम्बन लेकर हमें विज्ञापन की ऐसी दुनिया में ले जा सकते हैं, जहाँ सच-झूठ का विवेक अपना आधार सहज ही खो बैठता है। सच तो यह है कि भाषा में जोड़ने और तोड़नेवाली दोनों ही ताकतें हैं। ताकत के ये दोनों पक्ष एक ही चीज के दो पहलू हैं, एक ही समस्या के दो पक्ष हैं। और यह चीज या समस्या है—सामाजिक अस्मिता।

सामाजिक अस्मिता जिस इकाई को जन्म देती है, उसके मूल लक्ष्य हैं 'आभ्यन्तर एकता' और 'बाह्य विशिष्टता।' इन दोनों लक्ष्यों को साधने के लिए हम 'भाषा' का सहारा लेते है। बहु-बोली प्रधान हिन्दी क्षेत्र को हम खड़ीबोली के सहारे 'एक' सिद्ध करना चाहते हैं, पर इसी खड़ीबोली हिन्दी को बंगाली, तमिल, तेलुगू भाषियों आदि अन्य

क्षेत्रीय समुदायों से अलग एक विशिष्ट इकाई भी सिद्ध करना चाहते हैं। **सच तो यह है कि भारत का एक-एक कोना बहुभाषा-भाषी है, पर भाषा का सहारा लेकर हम उसमें क्षेत्रीयता का रंग भरते चलते हैं।** आन्ध्र प्रदेश में एक नहीं, अनेक भाषाएँ बोली जाती हैं पर तेलुगु भाषा को क्षेत्रीयता का आधार बनाते हुए एक तरफ उसमें एकता भाव पैदा करना चाहते हैं तो दूसरी तरफ उसे विशिष्ट सिद्ध करते हुए हिन्दी, तमिल आदि इन्य इकाइयों से काटने की ओर भी प्रवृत्त होते हैं। जो स्थिति आन्ध्र प्रदेश और तेलुगू भाषा की है, उससे भिन्न कोई स्थिति तमिलनाडु और तमिल, कर्नाटक और कन्नड़, महाराष्ट्र और मराठी आदि क्षेत्रों की नहीं है। क्षेत्रीय अस्मिता के प्रतीक के रूप में भाषा के प्रश्न को उभारने का काम राजनीतिज्ञों के लिए सुविधाजन्य है क्योंकि **भाषा व्यक्तियों को जोड़ने और तोड़ने की दोनों ही शक्ति से सहज ही बँधी हुई है। वह समुदाय में भावनात्मक एकता का कारण भी है और भावना के स्तर पर अन्य समुदायों से विद्वेष का आधार भी है। दूसरा कारण यह भी है कि भाषा, हर किसी के लिए सुलभ है, वह व्यक्ति के पूरे व्यक्तित्व में हवा-पानी की तरह गहराई तक बसी हुई है, इसलिए इसके सहारे शिक्षित और अशिक्षित, स्त्री और पुरुष, उच्च वर्ग और निम्न वर्ग आदि समाज के सभी तबके के व्यक्तियों को छेड़ा और उकसाया जाना सम्भव है।**

भाषा की विघटनकारी शक्ति अगाध है, इसलिए इसे गोली भरे बन्दूक की तरह इस्तेमाल करना भी सम्भव है। भारत के अलावा पाकिस्तान, नाइजीरिया, कनाडा, बेल्जियम, चेकोस्लोवाकिया आदि कई देशों में भाषा को हथियार बनाकर विभिन्न सामाजिक वर्ग अपनी लड़ाई लड़ रहे हैं। भाषाई तनाव और विद्वेष के आधार पर पहले से बने 'एक' राष्ट्र की संकल्पना को निकट इतिहास ने खंडित किया है। भाषाओं के आधार पर बनी राष्ट्रीय अस्मिता की भावना ने न केवल पूरे यूरोप को नए सिरे से खंडित किया, बल्कि पूरे के पूरे 'राष्ट्र' की संकल्पना को ही नया आयाम दे डाला। पहले के बहुभाषा-भाषी राष्ट्र, भाषा की जातीय अस्मिता के आधार पर कई टुकड़ों में बँट गए, यहाँ तक कि बेल्जियम, फिनलैंड, आयरलैंड, स्कॉटलैंड आदि द्विभाषिक क्षेत्र भी क्षेत्रीयता की भावना और भाषाई तनाव से गुजरे। पाकिस्तान के निर्माण के पीछे सामाजिक-आर्थिक या धार्मिक चाहे जो भी कारण रहे हों, उसके निर्माण के साथ 'उर्दू' भाषा को भी जोड़ा गया। उर्दू के नाम पर उन मुसलमानों को 'एक' किया गया जिनकी मादरी जुबान तक उर्दू न थी। पर इसी 'उर्दू' के खिलाफ बंगला भाषा की अस्मिता का सवाल उठाकर बंगला देश को पाकिस्तान से अलग भी किया गया। बंगला देश के निर्माण के पीछे सामाजिक और आर्थिक या फिर राजनीतिक चाहे जो भी कारण रहे हों, वहाँ के निवासियों के लिए बंगला भाषा ही 'हम-वे' की भावनात्मक लड़ाई का हथियार बनी।

जो कहानी अन्तर्राष्ट्रीय सन्दर्भों में राष्ट्रों के बनने और टूटने की है, उससे कोई भिन्न कहानी देश के सन्दर्भ में प्रान्तों की नहीं है। भाषाओं के आधार पर प्रान्तों के पुनर्गठन की हमारी समस्या का बीज उन्नीसवीं शताब्दी से ही शुरू हो गया था। कांग्रेसी इतिहासकार डॉ. पट्टाभि सीतारमैया के अनुसार बिहार के महेश नारायण ने 1894 में

ही भाषा के आधार पर अपने प्रान्त को बंगाल से अलग करने की माँग की थी और उसके लिए आन्दोलन भी चलाया। फलस्वरूप कांग्रेस को 1908 में बिहार को एक स्वतन्त्र प्रान्त के रूप में स्वीकार करना पड़ा। बिहार के निर्माण के बाद भाषाई आधार पर प्रान्तों के पुनर्गठन और निर्माण का आन्दोलन आन्ध्र प्रदेश में 1913 से जोर पकड़ने लगा। कांग्रेस ने 1927 में अपनी संवैधानिक समिति का गठन किया, जिसकी रिपोर्ट के आधार पर यह प्रस्ताव पारित किया गया कि 'भाषाई आधार पर प्रान्तों के पुनर्गठन का अब समय आ गया है' और 'अब यह निहायत जरूरी हो गया है कि 'आन्ध्र, उत्कल, सिन्ध, कर्नाटक को एक स्वतन्त्र प्रान्त का दर्जा दे दिया जाए।' 1928 में गठिन नेहरू समिति ने भी भाषाओं के आधार पर प्रान्तों को पुनर्गठन की पुष्टि करते हुए इस बात पर बल दिया कि प्रशासन की दृष्टि से बहुभाषी प्रान्त असुविधापूर्ण हैं क्योंकि उस स्थिति में आदेशों, निर्देशों और प्रशासनिक प्रयोजनों की भाषा की संख्या दो या उससे अधिक होनी पड़ेगी। 1937 में भी कांग्रेस ने इस नीति की पुष्टि की कि जहाँ तक हो प्रशासनिक इकाई को भाषाई और सांस्कृतिक एकता के आधार पर निर्मित किया जाए।

राष्ट्रपति के आदेश पर भाषाई आधार पर प्रान्तों के पुनर्गठन सम्बन्धी दर-कमीशन की रिपोर्ट में एक-दो महत्त्वपूर्ण तथ्यों का भी उल्लेख है। उसमें यह आशंका भी व्यक्त की गई थी कि किसी एक भाषा के आधार पर गठित प्रान्तों में बसनेवाले अल्पसंख्यक भाषाई समुदायों में विक्षोभ की भावना को स्वभावतः प्रश्रय मिलेगा और अगर प्रभुता सम्पन्न बहुसंख्यक भाषाई समुदाय ने कठोर रूख अपनाया तो स्थिति के विस्फोटक होने की भी सम्भावना हे। दूसरी बात का सम्बन्ध सिद्धान्त से था। भाषाई आधार पर गठित प्रान्तों के दो सैद्धान्तिक आधार दिखलाई पड़ते हैं। पहला आधार प्रत्येक भाषाई समुदाय को एक उप-राष्ट्र (सब-नेशन) के रूप में देखने की दृष्टि देता है, जिसके आधार पर 'भारत राष्ट्र' उपराष्ट्रों के संघ के अलावा और कुछ नहीं बनता। दूसरा आधार, मात्र प्रशासन की दृष्टि से उन प्रान्तों को एक ऐसे घटक के रूप में निर्मित करना चाहता था जो पहले की विषम और जटिल व्यवस्था को भाषा और संस्कृति की दृष्टि से समरूपी और प्रशासन की दृष्टि से सरल बना सके। इस रिपोर्ट में दो प्रान्तों के सन्धि-स्थल पर बसनेवाले बहुभाषा-भाषी समुदायों की अनस्थिर प्रकृति की भी चर्चा की गई।

सन् 1956 तक आते-आते भाषाई आधार पर प्रान्तों के पुनर्गठन की प्रक्रिया ने स्थिरता प्राप्त कर ली। यह माना जाने लगा कि भाषाई अल्प-संख्यकों की समस्या का एक हद तक समाधान मिल गया। पर यह धारणा कितनी आधारहीन थी, इसका प्रमाण कुछ ही सालों में मिलने लगा। 1956 में राज्यों की संख्या 16 थी, जो 1971 में जाकर 22 हो गई और आज भाषाई आधार पर 25 राज्य हैं। गुजराती और मराठी भाषा-भाषियों के आपसी तनाव और टकराहट ने 1960 में महाराष्ट्र को दो उपखंडों में विभक्त किया और हिन्दी तथा पंजाबी के झगड़े ने सालों से एक-दूसरे के साथ का निर्वाह करनेवाले हिन्दुओं और पंजाबियों को भाषा के नाम पर अलग करने के लिए पंजाब को पंजाबी सूबा और हरियाणा में बाँट दिया। पर क्या इससे अल्पसंख्यकों की

समस्या का समाधान हो गया ? क्या भाषा के नाम पर बहनेवाले लाल खून इन दोनों समुदायों के बीच की खाई को पाटने में सफल हुआ ?

विभाजन के पहले पंजाब में सिख अल्पसंख्यक थे, जैसा कि 1961 की जनगणना से पता चलता है। उनकी संख्या राज्य की कुल आबादी का 41.1% था। विभाजन के बाद पंजाब में उनकी संख्या 79.49% हो गई जैसा कि 1971 की जनगणना से संकेत मिलता है। पर इसके साथ यह सच नहीं कि 1961 में हिन्दुओं की जो संख्या पंजाब में 55.6% थी, वह 1971 में 20.01% हो गई। साफ जाहिर है कि पंजाब प्रान्त में जो 'अल्पसंख्यक' (पंजाबी) थे, वे 1971 में प्रभुतासम्पन्न बहुसंख्यक हो गए और जो उस समय बहुसंख्यक (हिन्दी भाषी हिन्दू) थे वे बाद में चलकर अल्पसंख्यक हो गए। क्या अल्पसंख्यकों की अपनी समस्या का समाधान इससे हो जाता है ? इससे मिला क्या ? एक और भाषाई प्रान्त ? पर क्या यह प्रान्त स्वयं में पंजाब के हिन्दू अल्पसंख्यकों की समस्याओं का अपना समाधान है ? बहुभाषिकता भारतीय समाज की जड़ तक फैली हुई है। इसका छोटा से छोटा टुकड़ा ही करके उसे एक-भाषी घोषित क्यों न कर दीजिए, अल्पसंख्यकों की समस्या उस समय तक बनी रहेगी, जब तक बहुसंख्यकों के आधार पर उस भूखंड को एक-भाषी घोषित करते रहेंगे। वस्तुतः इस समस्या के उचित समाधान के लिए पहले भारतीय समाज की भाषाई यथार्थता की सही प्रकृति को समझना जरूरी है, और उसके साथ यह भी समझना जरूरी है कि भाषाओं के आधार पर बनी हमारी सामाजिक अस्थिरता की वास्तविक प्रकृति क्या है ?

इसमें सन्देह नहीं कि आज सिखों ने पंजाबी भाषा को अपनी राजनीतिक और धार्मिक अस्मिता का प्रतीक बना लिया है। इस अस्मिता की भावना को हवा दी है भाषाओं के आधार पर प्रान्तों के पुनर्गठन की प्रवृत्ति ने अन्यथा इसके पहले यह था कि पंजाब के पंजाबी भाषाई समुदाय के सदस्यों में सिख भी थे और हिन्दू भी। पर जब से पंजाब के दो टुकड़े हुए, सिखों ने पंजाबी को राजनीतिक और सामाजिक अस्मिता का जबर्दस्त प्रतीक चिह्न बना लिया है। यह एक दिलचस्प स्थिति है कि पंजाब के बँटवारे के बाद एक ओर तो दिल्ली के आँकड़ों में पंजाबी-प्रवासियों की संख्या में वृद्धि हुई है किन्तु दूसरी ओर पंजाबी को मातृभाषा घोषित करनेवालों के आँकड़ों में आश्चर्यजनक कमी आई है। इस बेमेल स्थिति का कारण है, पंजाबी-हिन्दुओं की अपनी जातीय अस्मिता। चूँकि सिखों ने पंजाबी भाषा को अपने धर्म एवं राजनीति से जोड़ डाला है, इसलिए पंजाबी हिन्दुओं ने उस पंजाबी को अपनी मातृभाषा मानने से इंकार करना प्रारम्भ कर दिया जिसका प्रयोग अब भी वे मातृभाषावत करते हैं। भाषा स्वयं में धार्मिक या अधार्मिक नहीं हुआ करती, न ही उसकी व्याकरणिक व्यवस्था में जातीयता का कोई पुट मिला हुआ करता है। उसको धार्मिकता या जातीयता के रंग में रंगने का काम उसके प्रयोगकर्ता किया करते हैं। सिख धर्म की स्थापना भले ही सन्त गुरु नानक ने की हो, पंजाबी भाषा को उन्होंने जन्म नहीं दिया। उर्दू को आज भले ही मुस्लिम संस्कृति की आवाज की प्रतीक-भाषा के रूप में क्यों न उभारा जा रहा हो,

पर उर्दू भाषा के प्रयोक्ता और उसके माध्यम से साहित्यिक कृतियों के निर्माता हिन्दू और मुसलमान दोनों ही हैं। **भाषा को अपनी जातीय अस्मिता के रूप में साधने के लिए हमेशा ऐतिहासिक एवं सामाजिक कारण हुआ करते हैं। यही कारण है कि भारत के पंजाबी हिन्दू और पाकिस्तान के पंजाबी मुसलमान के लिए पंजाबी भाषा एक प्रतीक के रूप में उभरी है।** भारत का पंजाबी हिन्दू आज सिखों से अपनी अस्मिता नकारने के लिए पंजाबी को मातृभाषा स्वीकार करने के पक्ष में नहीं है और दिल्ली के परिवेश में उसे छोड़ देने के मत में है। इसके विपरीत पाकिस्तान का पंजाबी मुसलमान पंजाबी भाषा को पुनर्जीवित करना चाहता है जिससे इस पंजाबी भाषा द्वारा वह अपनी अस्मिता दूसरे मुसलमानों से अलग बनाए रख सके।

इस बात को बार-बार दुहराने की जरूरत है कि भारत एक बहुभाषी और बहुसांस्कृतिक देश है, और इसीलिए उसकी सामाजिक अस्मिता की प्रकृति भी एकाश्मक नहीं है। यह भी ध्यान देने की बात है कि भारत केवल इसलिए बहुभाषी नहीं है कि यहाँ 1962 मातृभाषाएँ या 200 वर्गीकृत भाषाएँ बोली जाती हैं और लगभग 10 लिपियों का प्रयोग होता है। यह सम्भव है कि राष्ट्र के धरातल पर कोई देश इसलिए बहुभाषी घोषित कर दिया जाए क्योंकि वहाँ भिन्न-भिन्न भाषाओं के बोलनेवाले समुदाय रहते हों। उदाहरण के लिए स्विटजरलैंड को ही लें। यहाँ राजभाषा के रूप में तीन-तीन भाषाएँ स्वीकृत हैं–फ्रेंच, जर्मन और इटालियन। पर यहाँ बसनेवालों के लिए यह आवश्यक नहीं कि वे एक से अधिक भाषा की जानकारी रखते हों। जेनेवा का भाषाई समुदाय 'फ्रेंच-भाषी' है, जुरिरन का जर्मन-भाषी और तियिनों का इतालवी-भाषी, और ये सभी अपने क्षेत्र में सामान्यतः एकभाषी हैं। इसके विपरीत भारत की बहुभाषिकता की प्रकृति सामाजिक है, जिसकी जड़ें बहुत गहरी हैं, इतनी गहरी कि बिना स्कूली शिक्षा पाए ही व्यक्ति द्विभाषिक बन जाता है। यहाँ कोई भी ऐसा भाषाई समुदाय नहीं है जिसके भाषाई कोश में तीन से कम भाषाएँ हों। और खूबी तो यह कि इन सभी भाषाओं के प्रयोग के अपने सामाजिक सन्दर्भ और प्रयोजन हैं, सभी की अपनी-अपनी विशिष्ट भूमिकाएँ हैं, और सभी को उस समुदाय का व्यक्ति सहज भाव से स्वीकार किए हुए हैं।

ध्यान देने की बात है कि समाज का जीवन इकहरा नहीं हुआ करता और न ही व्यक्ति की सामाजिक भूमिकाएँ एक-आयामी हुआ करती हैं। अगर व्यक्ति किसी का बेटा है तो अपने बेटे का पिता भी, किसी स्त्री का वह भाई है तो किसी अन्य स्त्री का पति भी। हमारी प्रशासनिक व्यवस्था की प्रकृति स्तरीय और अभिक्रमित है। हम एक स्तर पर अपने गाँव या शहर से जुड़े होते हैं (स्थानिक सन्दर्भ)दूसरे स्तर पर अपनी क्षेत्रीयता से बँधे होते हैं (क्षेत्रीय सन्दर्भ), एक तीसरे स्तर पर पूरे राष्ट्रीय सन्दर्भ से हमारा नाता बँधता है (राष्ट्रीय सन्दर्भ), और अगर अपने को अपने देश से बाहर की आर्थिक, सामाजिक या सांस्कृतिक व्यवस्था से जोड़ने की ओर प्रवृत्त हुए, तो हम अन्तर्राष्ट्रीय सन्दर्भों से भी सम्बद्ध हो जाते हैं (अन्तर्राष्ट्रीय सन्दर्भ)। जिस प्रकार प्रशासनिक सन्दर्भ में किसी भी देश की समस्या को उसके अन्तर्राष्ट्रीय, राष्ट्रीय, क्षेत्रीय

और स्थानिक दृष्टि से देखना सम्भव है, उसी प्रकार उस देश के सम्प्रेषण-तन्त्र को भी विभिन्न दृष्टियों से देखना आवश्यक है।

एक-भाषीय समाज इन विभिन्न प्रयोजनधर्मी भूमिकाओं को शैली-भेद के आधार पर साधता है जबकि भारतीय बहुभाषी समाज अपनी प्रकृति के अनुसार अपने भाषाई कोश के विभिन्न घटकों द्वारा। हिन्दी भाषाई समाज को ही लें। अपनी स्थानिक भूमिका के सन्दर्भ को वह बोलियों के सहारे निभाता है, अपनी क्षेत्रीय (प्रान्तीय) भूमिका के निर्वाह के लिए वह खड़ीबोली का सहारा लेता है, देशव्यापी सन्दर्भ में वह कभी हिन्दी और कभी अंग्रेजी भाषा के प्रयोग की ओर प्रवृत्त होता है और अन्तर्राष्ट्रीय भूमिका के सन्दर्भ में वह अंग्रेजी को अपनाता है। इन बोलियों और भाषाओं को वह सहज भाव से स्वीकार करता है। उसके व्यक्तित्व में अभी हाल तक ये भाषाएँ दुराव और द्वेष का कारण न थीं, क्योंकि उसका भाषाई व्यक्तित्व सन्तुलित, समन्वित और सामाजिक था। बहुभाषिकता उसके व्यक्तित्व का एक साधक और सार्थक पक्ष था। और जो स्थिति हिन्दी भाषी समाज की थी, उससे भिन्न न तो अन्य भारत की अपने भाषाई व्यक्तित्व की थी। अन्य भाषाभाषी अपनी स्थानिक आवश्यकताओं के लिए अपनी-अपनी मातृभाषा को स्वीकार करते थे, क्षेत्रीय आवश्यकताओं के लिए अपने क्षेत्र की सर्वाधिक प्रयोजनधर्मी सम्पर्क भाषा को अपनाते थे, अखिल भारतीय सन्दर्भ में हिन्दी और अन्तर्राष्ट्रीय सन्दर्भ में अंग्रेजी को अपनाते थे। स्वतन्त्रता-पूर्व हमारी भाषाई चेतना इस पैटर्न को सहज भाव से स्वीकार कर चुकी थी। इसीलिए तिलक, गांधी, सुभाषचन्द्र बोस, राजगोपालाचारी, सुनीति कुमार चटर्जी आदि सभी ने अपनी-अपनी क्षेत्रीय भाषाओं के प्रयोग के साथ-साथ सम्पर्क भाषा हिन्दी के व्यवहार पर बल दिया था। पर स्वतन्त्रता के बाद कुछ ऐसा घटा कि हमारा व्यक्तित्व खंडित होने लगा, सामाजिक अस्मिता की समग्रता टूट-टूटकर न केवल बिखरने लगी बल्कि एक-दूसरे की प्रतिस्पर्द्धी बनने लगी। अब ऐसा लगने लगा कि बहुभाषिकता समाज के लिए एक अभिशाप है, दंगे-फसाद और खून-खराबे का विषैला कारण है।

इस बात का पता लगाना अब आवश्यक हो गया है कि इस परिवर्तन का कारण क्या है ? क्यों पहले का अमृत आज की परिस्थिति में 'विष' बन गया है ? 'हिन्दी' को राष्ट्रभाषा का दर्जा दिलाने में जिन अहिन्दी प्रदेशों और उसके निवासियों का सर्वाधिक योग रहा, वे ही आज उसके विपक्ष में आत्मदाह करने की ओर प्रवृत्त हो रहे हैं ?

इससे तो इनकार नहीं किया जा सकता कि प्राचीन काल से भारत मूलतः बहुभाषिक रहा है। सदियों से चली आ रही उसकी इस बहुभाषिकता ने एक ऐसे 'भारतीय' व्यक्तित्व को जन्म दिया है जिसे न तो आर्य जाति की संज्ञा दी जा सकती है और न अनार्य जाति की। यह व्यक्तित्व बना है सदियों से साथ-साथ रहनेवाले आर्य, द्रविड़, किरात, निषाद आदि जातियों के मेल-मिलाप से, उनके सांस्कृतिक गुणों, भाषाई लक्षणों के अभिसारण और समीकरण की प्रक्रिया से। हम जानते हैं कि शुद्ध रक्त रखनेवाले आर्य 'हवन-संस्कृति' और वर्णाश्रम व्यवस्था के समर्थक थे। 'पूजा-संस्कृति'

द्रविड़ों की थी। अतः पत्र-पुष्प, नारियल-अच्छत का विधान उनका था। यह अभिसारण प्रक्रिया का ही परिणाम कहा जा सकता है कि चाहे उत्तर में बसनेवाला तथाकथित आर्यवंश हो अथवा दक्षिण में स्थित द्रविड़ कुल का, उसके सामान्य आचरण में 'हवन' और 'पूजा' या फिर 'वर्ण व्यवस्था' समान भाव से फलित दिखाई पड़ती हैं। **साफ़ जाहिर है कि संस्कृतियों के अनुकूल और अभिसारण की जिस प्रक्रिया से भारतीय समाज गुजरता रहा है, 'भारतीय व्यक्तित्व' उसी का परिणाम कहा जा सकता है। यह उसके समग्र व्यक्तित्त्व का ही फल था कि भक्ति आन्दोलन से सम्बद्ध दक्षिण के आचार्यों की (बल्लभाचार्य, रामानुजाचार्य, निंबार्काचार्य, मध्वाचार्य) मातृभाषा, द्रविड़ कुल की थी, पुनर्जागरण और जन-सम्पर्क की उनकी भाषा ब्रज थी और तत्त्वचिन्तन तथा दर्शन की भाषा संस्कृत थी।** इन तीनों भाषाओं के प्रयोजनधर्मी तन्तुओं के माध्यम से ही उनका व्यक्तित्व निर्मित हुआ था।

भारत के इस प्रयोजनधर्मी समग्र एवं समन्वित भाषाई व्यक्तित्व में पहली दरार पड़ी अंग्रेजी भाषा द्वारा। भारत के सम्प्रेषण-तन्त्र में अंग्रेज़ी भाषा 'प्रभुता' का सूचक बनकर आई। **भाषा केवल विचारों की अभिव्यक्ति का साधन ही नहीं बल्कि सामाजिक नियन्त्रण का माध्यम भी है।** जैसे-जैसे अंग्रेज शासकों का भारतीय समाज पर नियन्त्रण बढ़ा, वैसे-वैसे ही अनुपात में उसके द्वारा सामाजिक नियन्त्रण में गहराई और फैलाव दोनों ही आता गया और आज आलम यह है कि स्वतन्त्रता के इतने वर्षों बाद भी वह हमारे सामाजिक आचार-विचार को नियन्त्रित करने में हर तरह से समर्थ है। **प्रभुता-सम्पन्नता का यह पक्ष अंग्रेजी के साथ इस तरह जुड़ा हुआ है कि आज अनेक व्यक्ति ऐसे मिलते हैं जो अपने बच्चों को अंग्रेजी पढ़ाने में बेहिसाब खर्च करने में नहीं हिचकते।**

स्वतन्त्रता के बाद हमने अपनी राष्ट्रीय अस्मिता की पहचान के लिए भाषा का सहारा लेना चाहा, अंग्रेजी को हटाकर एक भारतीय भाषा को उसका प्रतीक चिह्न बनाना चाहा। हमारा यह राष्ट्रीय अन्दाज युग की माँग के अनुरूप था क्योंकि अफ्रीका, लैटिन अमेरिका या दक्षिण-पूर्व एशिया के नवोदित स्वतन्त्र देश एक तरफ अपनी स्थानिक भाषाओं के विकास के प्रति सचेत हुए और दूसरी तरफ अपनी राष्ट्रीय पहचान और राजनीतिक दृष्टि से देश की एकात्मकता को बनाए रखने के लिए 'राष्ट्रभाषा' की समस्या के प्रति सजग हुए। इस मनोवृत्ति से प्रेरित होकर ही हमने हिन्दी को संघ की राजभाषा का दर्जा दिया। हिन्दी का चुनाव अपने में गलत न था। क्योंकि राष्ट्रभाषा बनने के लिए जो अर्हताएँ भाषा में होनी चाहिए थीं, वे हिन्दी में पहले से ही विद्यमान थीं। दूसरे गुजरात शिक्षा सम्मेलन के सभापति पद से बोलते हुए महात्मा गांधी ने सन् 1917 में इस तथ्य की ओर संकेत दिया था कि वही भाषा, राष्ट्रभाषा बन सकती है जो सरकारी कर्मचारियों के लिए सहज और सुगम हो जो धार्मिक, आर्थिक और राजनीतिक क्षेत्र में माध्यम भाषा बनने की क्षमता रखती हो, जिसको बोलनेवाले बहुसंख्यक हों और जो पूरे देश के लिए सहज रूप से उपलब्ध हो। उनके अनुसार भारत की भाषाओं में हिन्दी ही एकमात्र भाषा ठहरती है जो उनके द्वारा निर्धारित आवश्यकताओं को पूरा करती है।

हिन्दी का राष्ट्रभाषा या राजभाषा के रूप में चुनाव गलत न था, गलत थी तो वह शासकीय प्रक्रिया जिसके आधार पर हिन्दी को अंग्रेजी की स्थानापन्न भाषा के रूप में उभारने का प्रयास हुआ। हिन्दी को भी प्रभुता-सम्पन्न भाषा बनाने की कोशिश में उसको उन सभी गुणों से वंचित करने की प्रक्रिया शुरू हुई, जो उसे समाज से जोड़ते थे, सम्पर्क भाषा के रूप में उसे प्रयोजनवती बनाते थे और बहुभाषिकता को प्रतिस्पर्द्धा रहित और तनावमुक्त रखते थे। यह बात स्वयंसिद्ध है कि जब कोई भाषा, किसी दूसरी भाषा के प्रयोक्ता के विकास-मान सीढ़ी पर चढ़ने में बाधक बनने लगती है, तब उसका विरोध शुरू हो जाता है। 1955-56 के राजभाषा समिति आयोग की रिपोर्ट में जिन दो सदस्यों ने अपना विरोधी मत दिया था, वे डॉ. सुनीति कुमार चाटुर्ज्या और डॉ. पी. सुब्बारयन थे, दोनों ने हिन्दी को राजभाषा बनाने का विरोध मात्र इस आशंका के कारण किया था कि इससे 'हिन्दी साम्राज्यवाद' की नींव पड़ेगी, प्रभुता सम्पन्न होकर हिन्दी, अंग्रेजी से भी अधिक तानाशाह बन जाएगी।

हिन्दी के सन्दर्भ में जिस तथ्य की ओर गांधीजी ने संकेत किया था, सोवियत संघ में रूसी भाषा को लेकर लेनिन ने भी उसकी ओर अपनी अंगुली उठाई थी। पर लेनिन के अनुसार रूस एक विशाल देश है, उसमें विकसित और अविकसित अनेक उप-राष्ट्र हैं। अगर इन उप-राष्ट्रों को परस्पर आर्थिक विनियम और व्यापार को बढ़ाना है, तो उन्हें एक सम्पर्क भाषा को स्वीकार करना ही होगा। यह सम्पर्क भाषा वहीं हो सकती है जिसे विभिन्न उपराष्ट्र सरलता से सीख सकें और जिसको द्वितीय भाषा के रूप में जाननेवाले सबसे अधिक हों। लेनिन के मत में सोवियत संघ के लिए यह भाषा रूसी थी। पर लेनिन रूसी भाषा को एक प्रभुता सम्पन्न भाषा के रूप में कभी भी देखना नहीं चाहते थे। इसीलिए वे सोवियत संघ की अन्य भाषाओं के 'रूसीकरण' के सख्त विरोधी भी थे। उनके मत के अनुसार राष्ट्रीयता, सामाजिक अस्मिता का एक वृहत्तर आयाम है। इस वृहत्तर आयाम पर जो भाषा सार्थक ढंग से अपनी भूमिका निभाती है, उसे उपराष्ट्रों के बीच आर्थिक विनिमय के दायित्व का भी निर्वाह करना पड़ता है। आर्थिक विनिमय और व्यापारिक सम्बन्ध स्वयं यह निर्धारित करेंगे कि किसी राष्ट्र की कौन-सी भाषा इस दृष्टि से उस राष्ट्र के हित में है।

यहाँ 'राजभाषा' और 'राष्ट्रभाषा' की संकल्पना के बीच अन्तर कर लेना आवश्यक है। **राजभाषा वस्तुतः आर्थिक विकास और प्रशासनिक प्रयोजनों की भाषा है जबकि राष्ट्रभाषा जातीय प्रामाणिकता और सामाजिक अस्मिता की भाषा है। राजभाषा राजनैतिक दृष्टि से देश को सफल बनाती है जबकि राष्ट्रभाषा सामाजिक सांस्कृतिक दृष्टि से उसे एकताबद्ध करती है।** राजभाषा का आधार 'राष्ट्रता' (नेशनिज्म) है और राष्ट्रभाषा का 'राष्ट्रीयता' (नेशनलिज्म)। राजभाषा के लिए यह आवश्यक नहीं कि भाषा उस देश की ही हो, पर जातीय अस्मिता के प्रश्न के सम्बद्ध होने के कारण राष्ट्रभाषा के लिए यह निहायत जरूरी है कि वह भाषा उस देश की अपनी भाषा हो।

वास्तविकता तो यह है कि भाषाई झगड़ों का कारण 'राजभाषा' की संकल्पना और

उसका प्रयोजन है न कि 'राष्ट्रभाषा' की अवधारणा और उसकी सिद्धि। सामाजिक नियन्त्रण की प्रभावी शक्ति और प्रभुता के मूल्य से राजभाषा जुड़ी होती है। इन्हीं मूल्यों से प्रेरित होकर हमारे देश में एक वर्ग 'अंग्रेजी' को 'राजभाषा' बनाए रखने के पक्ष में है और राष्ट्रभाषा का रंग देने के लिए अन्य भारतीय भाषाओं की तरह उसे भी भारत की ही एक भाषा सिद्ध करना चाहता है। **खुशवन्त सिंह** जैसे विद्वान तो अंग्रेजी को अपनी मातृभाषा तक साबित करने के लिए उद्यत हैं और **कुलदीप नैयर** तथा **सुनन्दा सान्याल** उसे राष्ट्रीय एकीकरण का सर्वाधिक महत्त्वपूर्ण साधन साबित करने के लिए प्रयत्नशील हैं। इधर दूसरी तरफ हिन्दी खेमे के कुछ ऐसे विद्वान हैं जो भारतीय संविधान और राजभाषा अधिनियम कानून के तहत जो भी हिन्दी को राजभषा के रूप में सामाजिक नियन्त्रण के अधिकार मिले हैं, उसमें कमी नहीं आने देना चाहते। **अमृतराय** इस दृष्टि से हिन्दी को सर्वोपरि भाषा साबित करना चाहते हैं और **नामवर सिंह** उत्तर प्रदेश में उर्दू को सहयोगी राजभाषा बनाने के सवाल को **'बासी भात में खुदा का साझा ?'** समझते हैं। यहाँ हम केवल इस तथ्य की ओर संकेत देना भर चाहते हैं कि जिस देश ने मात्र 'राज्यभाषा' की दृष्टि से अपने देश की समस्या को सुलझाना चाहा, उसने एक से अधिक भाषाओं को राजभाषा का दर्जा देने में संकोच नहीं किया। यही कारण है कि सिंगापुर (अंग्रेजी, तमिल, मलय और मैंडरीन चीनी) और बेलिजे (अंग्रेजी, स्पेनी, मय और कैरिब) में चार-चार भाषाएँ राजभाषा के पद पर आसीन हैं। तीन भाषाओं को राजभाषा का दर्जा देनेवाले देशों में स्विट्जरलैंड के अतिरिक्त देश हैं– बोलीविया गणतन्त्र और पेरू (स्पेनी, आयोमारा और क्रेचुआ) साइप्रस (ग्रीक, तुर्की और अंग्रेजी), चेकोस्लोवाकिया (चेक, स्लोवाक और हंगेरियन) आदि।

हमारे देश की समस्या इनसे भिन्न है। हम 'राजभाषा' के प्रश्न को 'राष्ट्रभाषा' के सवाल से जोड़कर देखना चाहते हैं। इसका एक प्रमुख कारण भी है। हम देश को मात्र एक राजनीतिक और प्रशासनिक इकाई ही नहीं मानना चाहते, बल्कि यह भी सिद्ध करना चाहते हैं कि यह सामाजिक-सांस्कृतिक दृष्टि से भी किसी न किसी स्तर पर एक है, अपनी तमाम क्षेत्रीय विशिष्टताओं के बावजूद वह एक समग्र इकाई है। इसीलिए हमें 'विभिन्नता में एकता' के प्रश्न से बार-बार उलझना पड़ता है। हम सच में 'राष्ट्रता' और 'राष्ट्रीयता' के द्वन्द्व में उलझकर अपनी भाषाई समस्याओं का हल ढूँढ़ रहे हैं। पर पराधीनता की बेड़ियों को तोड़कर हाल में स्वतन्त्र होनेवाले अफ्रीका और एशिया के देशों पर अगर हम दृष्टि डालें, तो यह स्पष्ट हो जाता है कि प्रत्येक देश 'राष्ट्रता' और 'राष्ट्रीयता' के द्वन्द्व को अपने ढंग से सुलझाना चाहता है। उदाहरण के लिए घाना और जाम्बिया ने 'राष्ट्रता' की प्रवृत्ति से प्रेरित होकर उस भाषा को राजभाषा घोषित की जो स्वतन्त्रतापूर्व विदेशी शासकों की भाषा थी। इजराइल, थाईलैंड, सोमालिया, इथोपिया आदि ने राष्ट्रीयता की भावना पर अधिक बल देते हुए अपने देश की सर्वाधिक सक्षम जन-सम्पर्क की भाषा को राष्ट्रभाषा का दर्जा दिया। पर भारत जैसे देश के सामने समस्या जटिल थी क्योंकि परम्परा अर्जित और संस्कृति पुष्ट इसमें कई समुन्नत भाषाएँ

हैं जो राजभाषा और राष्ट्रभाषा के द्वन्द्व के सरल समाधान के सामने एक प्रश्न चिह्न बनकर आती है। इस प्रश्न के सही समाधान के लिए यह आवश्यक है कि हम 'राजभाषा' और राष्ट्रभाषा' के पीछे के प्रयोजन को सही सन्दर्भों में जाने पर मेरी दृष्टि में इससे भी अति अहम् प्रश्न है अपने देश की सामाजिक-सांस्कृतिक स्थिति को सही ढंग से समझने की, उस सामाजिक अस्मिता को समझने की जो कभी राष्ट्रभाषा के प्रश्न पर खून-खराबा करने के लिए हमें प्रेरित करती है और कभी राजभाषा के सवाल पर दंगे-फसाद करने के लिए हमें उकसाती है।

इस बात पर बल देने की जरूरत है कि न तो हमारे सामाजिक सम्बन्धों की प्रकृति एकोन्मुख है और न ही हमारी सामाजिक अस्मिता एकाश्मक है। राजनीतिक और प्रशासनिक दृष्टि से भी हमारा देश संघीय है और सामाजिक स्तर पर हमारी संस्थाओं की बुनावट स्तरीकृत है। यही कारण है कि भाषाओं के आधार पर बनी हमारी अस्मिता सोपान्विक ढंग से स्तरीकृत है—अन्तर्राष्ट्रीय, राष्ट्रीय, क्षेत्रीय, स्थानिक आदि। स्वाभाविक है कि समग्र पर स्तरीकृत व्यक्तित्व के किसी भी दो स्तरों के बीच 'तनाव' पैदा हो सकता है, अगर हम इन दो स्तरों के बीच सही ढंग से तादात्म्य स्थापित न कर सके। प्रयोजनवती भाषाओं के स्थान पर प्रभुता-सम्पन्न भाषाओं की संकल्पना ने न केवल हमारे समाज की तनाव-मुक्त और प्रतिस्पर्द्धा-रहित बहुभाषिकता को तनावपूर्ण बना दिया, बल्कि भाषाई अस्मिता के सवाल को विस्फोटक स्थिति में भी ला दिया है। आज हर दो स्तरों के बीच की भाषाई अस्मिता को भाषाई झगड़े का रूप दिया जा रहा है। इस दृष्टि से हिन्दी की समस्या को ही लें। उदाहरण के लिए राष्ट्रभाषा के रूप में हिन्दी को अन्तर्राष्ट्रीय सन्दर्भों की भाषा अंग्रेजी के साथ द्वन्द्व के साथ उभारा जा रहा है, बंगला, तमिल, तेलुगू आदि समृद्ध क्षेत्रीय भाषाओं को संघ की राजभाषा हिन्दी के विरोध में उकसाया जा रहा है; मैथिली, भोजपुरी आदि हिन्दी की क्षेत्रीय बोलियों को स्थानीय अस्मिता के नाम पर उस हिन्दी के विरोध में सामने लाया जा रहा है जिसकी वे अब तक बोलियों के रूप में स्वीकृत रही हैं, जन-जातियों की भाषा संथाली; खाँसी आदि जो अपना 'ग्रेट ट्रेडिशन' ढूँढ़ने के प्रयास में हैं, उन्हें अपनी अस्मिता के लिए हिन्दी को सबसे बड़ा खतरा सिद्ध करने का राजनीतिक कुचक्र फैलाया जा रहा है। यह सब द्वन्द्व, तनाव आदि इसीलिए सम्भव हो पाए क्योंकि ये सभी भाषाएँ भारतीय भाषाई समाज के भाषाई कोश के घटक हैं, और उसका हर घटक अपने स्तर पर अपने ढंग की सामाजिक अस्मिता की माँग करता है।

बहुभाषी भारतीय समाज की अस्मिता की प्रकृति हमारी बहुभाषिकता की ही भाँति प्रयोजन सिद्ध और तनावमुक्त थी। स्वतन्त्रता पूर्व भारत में अहिन्दी प्रदेश की राजनीतिक और समाज सुधारक नेताओं ने ही नहीं बल्कि वहाँ की जनता ने भी हिन्दी को राष्ट्रभाषा बनाने की बात स्वीकार कर ली थी। देखना यही है कि राष्ट्रभाषा के रूप में स्वीकृत हिन्दी को राजभाषा बनाने की प्रक्रिया में हम कहीं विद्वेष का ऐसा वातावरण न पैदा कर दें कि हमारी सामाजिक अस्मिता की समग्रता टूट-टूटकर ऐसी बिखर जाए कि उसे फिर से जोड़ना दुष्कर हो जाए।

धूप की छाँव में : पंडित विद्यानिवास मिश्र

जब कभी अपनी रचनाओं के झुरमुट के बीच बैठता हूँ, कुछ नाम क्षितिज पर उभर आते हैं। फुरसत के समय इन छोटे-छोटे सूरज के आलोक में स्वयं अपने को पढ़ा करता हूँ। पढ़ने की प्रक्रिया भी अजीब-सी होती है। धूप का गोला अगर पीछे होता है, तो अपनी छाया को नापने लगता हूँ, और जब वह आगे लुढ़क जाता है, तो पीछे मुड़कर अपनी परछाईं बनाने लगता हूँ। सर पर सीधे चढ़ने का उसे मैंने कभी मौका दिया ही नहीं, इसलिए अपने से काटकर सूरज को कभी पाया ही नहीं। ऐसे धूप लिपटे नामों में एक नाम है पंडित विद्यानिवास मिश्र का। मेरे विचारों के क्षितिज पर यह नाम धूप-छाँव के रंगों से कई आकृतियाँ बनाता रहा है। भाषाशास्त्रीय चिन्तन का एक छोटा-सा पौधा मैंने भी रोपा है। उससे छनकर आनेवाली जो धूप जमीन पर मेरा नाम लिख जाती है, उसकी कुछ किरणें मिश्रजी के नाम से भी लिपटी हैं।

धूप ने कभी भी मेरा पीछा नहीं छोड़ा। वह हमेशा ही मेरी सोच के मूल्यांकन की कसौटी पर रही है। मुझे याद है–सन् '70 से '75 के बीच राष्ट्रीय शिक्षा संस्थान के ग्रीष्मकालीन शिविरों और केन्द्रीय हिन्दी संस्थान के विभिन्न संगोष्ठी-सत्रों में मिश्रजी के साथ हुई कुछ भेंट-मुलाकात। मैं उस समय सोवियत संघ और अमरीका दोनों ही देशों से भाषाविज्ञान में प्रशिक्षित होकर आया था। मन का उत्साह बाढ़ का पानी बना हुआ था। समुद्र बनने के उछाह में अपने कगार की सत्ता स्वीकारने के पक्ष में न था। मन की ऐसी स्थिति में मिश्रजी से एक शिविर में साक्षात्कार हुआ। 'शैलीविज्ञान' पर दो समानान्तर कक्षाएँ चल रही थीं। समय-सारिणी के अनुसार एक कक्षा मैं ले रहा था, दूसरी मिश्रजी। उस समय तक अपने गुरु नामवर सिंह की प्रेरणा और आग्रह पर 'आलोचना' में इस विषय पर मेरे कुछ लेख प्रकाशित हो चुके थे। केन्द्रीय हिन्दी संस्थान के उस समय के निदेशक आदरणीय ब्रजेश्वर वर्मा ने 'प्रसार व्याख्यान माला' के अन्तर्गत जो मेरे भाषण कराए थे वे 'शैलीविज्ञान और आलोचना की *'नई भूमिका'* के रूप में प्रकाशित भी हो चुके थे। मेरे लेख और यह पुस्तक घने बादल की तरह आकाश में उमड़-घुमड़ रहे थे। धरती पर सूरज की रौशनी के छनकर आने के बदले पानी की झड़ी

---

* सर्वप्रथम 'भाषाई अस्मिता और हिन्दी' पुस्तक (ले.डॉ. रवीन्द्रनाथ श्रीवास्तव), में 1992 में प्रकाशित। प्रकाशक : वाणी प्रकाशन, दिल्ली।

लगी हुई थी। मैं अपने ही बादल और उसी बादल के आँगन में गिरते पानी को उलीचने में लगा था। मिश्रजी के पहले 'व्याख्यान' में जाने की मैंने शायद जरूरत महसूस न की। पर शाम एक घटना घट गई।

घटनाओं के छोटी-बड़ी होने का सम्बन्ध उस घटना के भीतर के समय के साथ उतना नहीं होता, जितना कि उसके स्वयं को समय बन जाने में रहता है। कुछ 'बड़ी' लगनेवाली घटनाएँ समय के झरने के साथ बह जाती है। वे या तो हथौड़े के घन की तरह मारकर 'झन्न' हो जाती हैं या फूल की पंखुड़ी की तरफ ऊपर-ऊपर सहलाकर सूख जाती है। पर 'छोटी' दीखनेवाली कुछ घटनाएँ ठूँठ बने जीवन पर हरे पत्ते-सा चिपक जाती हैं या फिर कील-सा मन में धँसकर अटक जाती हैं। इनको समय नहीं बाँधता, बल्कि समय को ये बाँधती हैं। ऐसा न होता तो लगभग बीस-साल पहले की वह मासूम सी दिखनेवाली घटना आज भी अपने जीवन से चिपकी मैं क्यों महसूस करता।

शाम ढलने के साथ अगली कक्षा की तैयारी में लगा था जब मेरी पत्नी बीना के साथ मेरे शिष्य दम्पत्ति अशोक और सुधा कालरा ने कमरे में प्रवेश किया। ये तीनों उस शिविर में प्रतिभागी-छात्र के रूप में भाग ले रहे थे। उनकी बातचीत में कुछ उत्तेजना और कुछ उद्वेलन था। पूछने पर बीना ने कहा : मिश्रजी के क्लास में मजा आ गया। शैलीविज्ञान के रूप में सर्जनात्मक समीक्षा का एक नया आयाम दिखा। पता ही न चला कि एक घंटे का समय कैसे बीत गया। 'मैं चौंका। पहले थोड़ी उत्सुकता बढ़ी पर साथ में मन कसमसाया। शायद इस बात की आँच कालरा-दम्पत्ति ने महसूस की, या फिर भाषाविज्ञान की वैज्ञानिकता के प्रति उनके सजग-मन में शंका का बीज फूट पड़ा था। मेरी एक निगाह जब उनकी तरफ उठी, उनके मुँह से एक साथ निकला : क्लास बहुत अच्छा रहा, पर वह 'शैलीविज्ञान' न था :

मैं दूसरे दिन मिश्रजी की कक्षा में बैठा। वे सहज भाव से भाषिक प्रक्रिया पर अपना भाषण दे रहे थे। आज वे सभी बातें तो याद नहीं, पर उनके तर्क के कुछ पहलू अभी भी मन पर चिपके हुए हैं।

- भाषा केवल कुछ पुनरावर्तमान साँचों को ज्यों का त्यों उतारने की प्रक्रिया नहीं है क्योंकि निरन्तर नए-नए सन्दर्भों में उपयोजित होने के कारण वह विकसित होती है।
- प्रयोजन, ढाँचे से बड़ी वस्तु होती है। इसी प्रयोजन से प्रेरित होकर भाषा, ढाँचे में जकड़ी जाने पर भी उसका अतिक्रमण कर सकती है।
- अभिधेय सन्देशों की परिधि के बाहर जाकर वाच्येतर नवसर्जित सन्दर्भ के उन्मीलन के प्रश्न से हर आलोचक को जूझना पड़ता है।
- सर्जनात्मक सोद्देश्यता की खोज को इस दिशा को एक प्रायोजिक शास्त्र के रूप में प्रतिपादित करने की जरूरत है। इस शास्त्र को श्रीवास्तव 'शैलीविज्ञान' कहते हैं, और मैं 'रीति-विज्ञान।'
- शैलीविज्ञान का विन्यास पाश्चात्य विचारधारा से सम्बद्ध रखता है। 'शैली' शब्द

का प्रयोग साहित्येतर विधाओं के सन्दर्भ में हुआ है। उसे हम या तो प्रादेशिक क्षेत्रीय विशेषताओं के लिए प्रयुक्त पाते हैं या कला-सम्प्रदाय की विशिष्टता को जतलाने के लिए।

- साहित्य की सर्जनात्मक वैशिष्ट्य को बोधित करने के लिए 'रीति' शब्द का प्रयोग उपयुक्त है। एक तरफ भाषागत 'स्टाइल' के लिए और दूसरी तरफ काव्यात्मा के भाषिक अभिलक्षण-समुच्चय के लिए 'रीति' शब्द अधिक साधक हैं।
- शैली के विषय में हमारी धारणा रूढ़ हो चुकी है। उसका आयाम आत्मनिष्ठ है। शैली व्यक्ति की अदा, भंगिमा, रूझान तथा रुचि से जुड़ी संकल्पना है जबकि रीति, समष्टिगत व्यवहार के वैशिष्ट्य की परिचायिका है। 'रीति' से काव्यशास्त्रीय परम्परा का बोध होता है, उससे जुड़ने का मौका मिलता है।

हर किरण प्रकाश की धार होती है। वह अँधेरे में लिपटी कुछ चीजों से हमें काटती है तो दूसरी तरफ उस रज्जु का काम भी करती है, जिससे दो व्यक्तियों का मन बँधता है। किरणों से बँधने का रास्ता अजीब होता है। मिश्रजी के नजदीक मैं इस रास्ते पर चलकर आया। मैं उनके इन भाषाणों में बैठकर यही सोचता रहा कि यह किरण मुझे आड़े-तिरछें कहाँ काट रही है और कहाँ दर्पण पर बैठे धूल की परतों को साफ कर रही है। हम दोनों ही तो साहित्य को शाब्दिक कला के रूप में ग्रहण करते हैं, दोनों ही भाषा पर झेले गए सौन्दर्य की बात करते हैं, दोनों ही भाषा की सर्जनात्मक शक्ति की बात उठाते हुए 'काव्यमर्म' तक पहुँचना चाहते हैं। शैलीविज्ञान की मूल स्थापनाओं के साथ उनकी पूर्ण सहमति थी। डॉ. नगेन्द्र की भाँति न तो उनके मन में इसके प्रति निषेधात्मक भाव था और न ही डॉ. बच्चन सिंह की तरह भयाकुल शंकाभाव। शैलीविज्ञान जिस कला मींमांसा और भाषाशास्त्र के संधिस्थल पर खड़ा होकर संकेत विज्ञान (सिमिआटिक्स) की अपेक्षा रखता है, ज्ञान की उन सभी अर्हताओं से वे परिचित थे।

शैलीविज्ञान और रीतिविज्ञान की कक्षाएँ समानान्तर चलती रहीं। आलोचना की भाषावादी दृष्टि और बस्तुपरक चिन्तन की मनोभूमि साकार रूप ग्रहण कर रही थी। मिश्रजी के भाषणों का जादू मायावी जल-सा मेरे मन को भी कसता रहा। जब तक सैद्धान्तिक पहलू तक उनका व्याख्यान चला, आसमान गुलाबी रंग से भरता रहा। मैं इस रंग के बदलने की प्रतीक्षा में उनकी दो-तीन और कक्षाओं में बैठा, पर वह रंग अपने ही रंग में रँगता रहा। सिद्धान्त को शास्त्र में बदलने के लिए यह जरूरी था कि वह अपने अनुकूल अध्ययन के लिए प्रणाली (मेथड) और विश्लेषण के लिए तकनीक (टेकनीक) को भी विकसित करे। शास्त्रीय पद्धति से मिश्रजी अपरिचित हों, ऐसी बात दिखती नहीं। भाषाशास्त्र, काव्यशास्त्र, तर्कशास्त्र आदि अनेक शास्त्रों के वे मर्मज्ञ विद्वान हैं। शास्त्र की मर्यादा वे जानते हैं। पर 'रीतिविज्ञान' के 'विज्ञान' पक्ष से उनका साहित्यिक संस्कार और कवि हृदय का भावुक संसार टकराता रहा है।

'टकराना' शायद सही शब्द नहीं है। सवाल साध्य-साधन के अन्तर के साथ

रीतिविज्ञान को शास्त्र के रूप में विकसित और प्रतिपादित करने का था। भाषाशास्त्र के भीतर भी एक दुविधा बनी रही। उस दुविधा का आधार रहा है 'भाषा।' भाषावैज्ञानिक के लिए 'भाषा' एक साथ 'साध्य-वस्तु' (आब्जेक्ट लैंगुएज) है जिसका उसे अध्ययन करना होता है और 'साधन-वस्तु' (मेटा-लैंगुएज) भी है, जिसके सहारे उसे साध्य-वस्तु का अध्ययन-विश्लेषण करना पड़ता है। भाषा के इन दोनों प्रयोजनों और उस प्रयोजन से बँधे दो प्रकार्यों का अन्तर रखना जरूरी होता है। मैं यह मानता रहा हूँ कि जिस तरह भाषा-विज्ञान के क्षेत्र में 'साध्य-भाषा' और 'साधन-भाषा' का भेद आवश्यक है, उसी प्रकार साहित्य के सन्दर्भ में भी।

मिश्रजी की सजर्नात्मक-प्रतिभा न तो दुराव चाहती है ओर न ही विभेद, भले ही वह विभेद साध्य-साधन का ही क्यों न हो। वे साधन में भी प्राण फूँककर साध्य का रूप दे देते हैं। साहित्यिक आलोचना न केवल सर्जनात्मक व्यापार है बल्कि उनके लिए साध्यगत संसार भी है। अपनी सर्जनात्मक समीक्षा के आयाम पर खड़े होकर 'काव्य वस्तु' की आन्तरिक प्रकृति को उद्‌भासित करने के लिए वे 'काव्य-वस्तु' को ही अपना उपादान बनाने की ओर प्रवृत्त होते हैं। उनके भीतर का दुर्दम संस्कार 'साधन' को भी साध्य के रूप में रचनान्तरित कर देता है। यह वही पारस-गुण है जो लोहा को हर हालत में सोना बना देता है–सुकोमल, सुनहरा, चमकदार, मूल्यवान। मिश्रजी की अपराजेय सर्जनात्मक शक्ति के पारस-स्पर्श से आलोचना का विश्लेषण तकनीक घुलकर सोने का पानी बन जाता है और अध्ययन-प्रणाली का औजार अध्येयवस्तु का अपना एक विशिष्ट अंग। मैं इस चमत्कारी प्रभाव पर मुग्ध हूँ। उनकी रीतिवैज्ञानिक व्याख्या मुझे रस-सिक्त कर जाती है। पर इस सारी प्रक्रिया से गुजरकर जब धूप की छाँव में बैठकर सोचता हूँ, तो यह निश्चय नहीं कर पाता कि रस के निचोड़ का स्रोत क्या था–साध्य एवं विश्लेष्य 'काव्य-वस्तु' अथवा साधन और विश्लेषण उपकरण। रंगों में दोनों सुनहरे और रस से दोनों सिक्त।

मैंने अपनी इस दुविधा की चर्चा मिश्रजी से भी की। एक ही गेस्ट-हाउस में हम दोनों सपत्नीक ठहरे थे। शाम देर तक समय साथ-साथ बीतता। बातचीत में एक दिन मैंने मन में उठनेवाले भाव को उनके सामने रखा। उनका एक छोटा-सा उत्तर था–रीतिविज्ञान के जरिए तुम्हारे शैलीविज्ञान को प्राणवान बना रहा हूँ। जल्दी ही मेरी इस विषय पर एक पुस्तक आनेवाली है। उसमें एक खंड 'काव्य-व्याख्या' का भी है–देखना।

मैं आतुरता से उस पुस्तक की प्रतीक्षा करता रहा। पाँच-छह मास के अन्तराल में ही उनकी पुस्तक मेरे हाथ में आ गई। 'आभार' में लिखा था :

> शास्त्रीय स्थापना के रूप में 'शैलीविज्ञान' नाम की
> पुस्तक मेरे स्नेहभाजन मित्र डॉ. रवीन्द्रनाथ श्रीवास्तव
> ने अभी हाल ही में प्रकाशित की है, वे मेरी पद्धति को
> संकोचवश संस्कृत भावित कहकर उपचारित आदर देते हैं,
> मेरी पद्धति से सहमत नहीं, यह भली भाँति जानता हूँ,

पर उनकी शास्त्रीय स्थापना की प्ररोरचना के रूप में
ही मैंने इन निबन्धों को ग्रन्थित किया है।

इतना स्नेह और मान तो अपनों से भी नहीं मिला। जहाँ भी मिश्रजी रहे, वाराणसी संस्कृत विश्वविद्यालय के प्रोफेसर पद पर, आगरा के क. मु. हिन्दी संस्थान के निदेशक पद पर या फिर काशी विद्यापीठ के उपकुलपति के पद पर, उनका स्नेहिल सम्बन्ध मुझे खींचता-बुलाता रहा। मिलने पर उनकी यही उत्सुकता जानने की रही कि शोध की किस दिशा की ओर मैं जा रहा हूँ। मैं जो भी कुछ बताता उसका एक सन्दर्भ वे संस्कृत के व्याकरण-दर्शन से अवश्य जोड़ते। परम्परा की पकड़ तो उनकी जबर्दस्त है हीं, उसको व्याख्यायित करने की क्षमता भी अद्‌भुत है। आधुनिक से आधुनिकतम भाषाशास्त्रीय चिन्तन के मूलबिन्दुओं के समानान्तर के भारतीय भाषाशास्त्रीय चिन्तन परम्परा की एक उपधारा खड़ी कर देते। ब्लूमफील्ड के 'संरचनात्मक भाषाविज्ञान' की चर्चा चली तो पाणिनि का भाषासिद्धान्त वे सामने कर देते, और चोम्स्की के सिद्धान्तों पर बात चलती तो भर्तृहरि के व्याकरण-दर्शन की बारीकियों की बात उठाते। यह प्रक्रिया उलट भी जाती। विचारों की प्राचीन सम्पदा को वे आधुनिक बिन्दु के आलोक-पर्व में उजागर करने में नहीं झिझकते। उनहोंने वाक् से सम्बद्ध ऋषियों की मन्त्रभूत सरस्वती में डुबकी लगाई और पाया कि ऋग्वेद के अनुसार, बौद्धिक प्रकाश का देवता जब 'नाम' पाकर मुक्त होता है, तब अपनी वास्तविकता के साथ मुक्त होता है। उनके अनुसार जो ऋग्वेद में कहा गया है, उसी को पश्चिमी विचारक माइकेल डुफ़ान आज कहना चाहता है— 'भाषा ही मनुष्य को विश्व से जोड़नेवाला पोषक नालसूत्र है और यही उसकी मुक्ति का और उसके संकल्प की प्रतिष्ठा का साधन भी है।

रोशनी के स्रोत का हर गोला, विशिष्ट होता है। प्रकाश तो हर स्रोत से झरता हैं, पर उनके ताप में अन्तर होता है, उनके तरंगों की प्रकृति में भेद होता है, उनके प्रभावी स्वाद में फर्क होता है। सूरज और चाँद की रोशनी के इस अन्तर को दिन और रात जानते हैं, कमल और कुमुदनी इससे परिचित हैं। इसी प्रकार बल्ब की रोशनी दिए की टिमटिमाहट तो नहीं बन सकती। हम सभी इस अन्तर को महसूस करते हैं, पर चिन्तन का चश्मा लगाकर इन सबको सपाट कर देते हैं। शायद भाव का अतिरेक हमारे चिन्तन की प्रखरता को भी कुंठित कर देता है या फिर उसे खंडित कर अनेक रंगों में बाँट देता है। मैंने सूरज की सफेद और प्रखर रोशनी को प्रिज्म से देखा है—सतरंगे और इन्द्रधनुषी रंगों में बिखरते और टूटते पाया है। भाषा और वाक् सम्बन्धी अपनी परम्परागत चिन्तन की प्रखर और धवल रश्मि को आधुनिक भाषाविज्ञान के प्रिज्म से गुजरते पाया है। पाणिनि का 'अष्टाध्यायी' भाषा-चिन्तन के प्रकाश-पुंज का अद्‌भुत गोला है, जिसे ब्लूमफ़ील्ड ने 'मानव-बुद्धि के उत्कर्ष का प्रखरतम विजयस्तम्भ कहा है। पर उन पर लिखे गए भाषाविदों के लेखों और पुस्तकों के पढ़ने से उसे 'प्रिज्म' के गुणों या प्रकृति का तो पता चलता है जो पाणिनि दर्शन को सतरंगा बना देता है, पर अष्टाध्यायी के दीप-स्तम्भ और उससे निःसृत रोशनी को न तो छूने देता है और न ही उसको देखने

देता है। पाणिनि आज ब्लूमफील्ड, फिल्मोर, चोम्स्की आदि सभी रूपों में उभरे पर भारतीय क्षितिज पर आज न उदित हो पाए तो पाणिनि के रूप में।

सन् 1966 में लिखी मिश्रजी की पाणिनि पर पुस्तक *(द डिस्क्रिप्टिव टेकनीक ऑव पाणिनि : एन इंट्रोडक्शन)* पढ़ी, तो मुझे कुछ ऐसा ही प्रतीत हुआ था। परम्परा के प्रकाश-पुंज और उसकी रोशनी की पहचान के लिए मिश्रजी भाषा-विज्ञान की तत्कालीन पद्धति का सहारा ले रहे थे। ये पॉल थीमे की प्रसिद्ध पुस्तक, *(पाणिनि एंड द वेद)* से परिचित थे, पर उनके इस विचार को झुठला रहे थे कि पाणिनि के मूल्यांकन और आधुनिक भाषाशास्त्र के सिद्धान्तों से उनके सिद्धान्तों की तुलना के पहले यह जरूरी है कि हम जानें कि पाणिनि-व्याकरण है क्या ? कार्डोना के इस आग्रह पर ध्यान देने की आवश्यकता है कि पाणिनि को पहले पाणिनि की आँख से देखो।

सूरज अपनी जगह पर ठहरने की नियति लेकर उदित नहीं होता। धीरे-धीरे वह क्षितिज के ऊपर उठता है। उसकी लालिमा अपना लालित्य छोड़ नीलाकाश के मोह का भंग करने के लिए शुभ्र वस्त्र धारण करती है। मिश्रजी की चिन्तन-प्रक्रिया के विकास की यात्रा भाषा-चिन्तन की पाणिनीय पीठिका से ही शुरू हुई, और उसी के सहारे आगे बढ़ी। आगे के पड़ाव का एक प्रमाण बिहार-राष्ट्रभाषा-परिषद् पटना द्वारा प्रकाशित उनकी पुस्तक : *भारतीय भाषाशास्त्रीय चिन्तन की पीठिका* (1978) है। इस पुस्तक में मिश्रजी ने वाक्केन्द्रित भारतीय चिन्तन की प्रकृति को पाणिनि-पूर्ववर्ती व्याकरण सिद्धान्त से लेकर पाणिनि और उनकी परवर्ती परम्परा तक देखा है। इस पुस्तक के प्राक्कथन में वे स्वीकार करते हैं...'मैंने पाणिनि की अष्टाध्यायी को अष्टाध्यायी के द्वारा ही फिर से पढ़ने की कोशिश की।' पर अष्टाध्यायी ही क्यों ? इसका मिश्रजी के शब्दों में उत्तर है–अष्टाध्यायी ही समस्त भाषाचिन्तकों का मुख्य रूप से उपजीव्य है और उसी की मान्यताओं को तत्त्व-चिन्तन की दृष्टि से, प्रक्रिया साधन की दृष्टि से और तर्कोत्पत्ति की दृष्टि से विगत ढाई हजार वर्षों से भाषा-चिन्तन का एक अविच्छिन्न प्रवाह भारत में चलता आ रहा है।

सूरज की रोशनी कई रंगों में अपने होने का पता देती है। मिश्रजी का कहना है कि धूप की कोई एक पहचान नहीं होती। 'एक धूप होती है पूस की, बड़ी नरम, बड़ी मुलायम, पर पता नहीं कब चली जाती है। एक धूप होती है, फागुन-चैत की, बड़ी रूखी, बड़ी अनमनी, बड़ी उत्तप्त, और उस धूप में लगता है पोर-पोर पिघल जाएगी। एक धूप होती है जेठ की चिलचिलाती हुई, हहराती हुई, हुलसाती हुई और पसीने से तरकर जुड़ाती हुई। एक धूप सावन की साँझ की, यकायक भूली हुई, बादलों के पेड़ पर फूली हुई, और एक धूप है क्वार की, मृगों की खाल झुलसानेवाली, नदी की पांक दरकानेवाली और ओस के मोती बिछानेवाली। ये सभी धूप हैं। और साथ ही मेरे लिए ये सभी धूप मिश्रजी के व्यक्तित्व में प्रतिबिम्बित हैं। मुझे नहीं मालूम कि मिश्रजी को यह मालूम भी है कि वे धूप बनने की नियति से शापित हो चुके है, पर मुझे अब यह मालूम हो चुका है कि धूप की कोई एक पहचान नहीं होती।

परिशिष्ट

सन्दर्भ

(हिन्दी)

कुमार, सुरेश और रवीन्द्रनाथ श्रीवास्तव	1976	(सं.) शैली और शैलीविज्ञान, केन्द्रीय हिन्दी संस्थान, आगरा
गार्सा द तासी	1939	इन्त्वार द लालितरात्यूर एँदुईऐं हिन्दुस्तानी
गुप्त, गणपति चन्द्र	1964	साहित्य की शैली, भारतेन्दु भवन : चंडीगढ़
गुप्त, प्रकाश चन्द्र	1966	आज का हिन्दी साहित्य, नेशनल पब्लिशिंग हाउस : दिल्ली
चतुर्वेदी, महेन्द्र और रा. कोहली	1974	'समन्वित' (सम्पादकीय)
चतुर्वेदी, रामस्वरूप	1984	भाषा और संवेदना, भारतीय ज्ञानपीठ वाराणसी
तिवारी, भोलानाथ	1977	शैलीविज्ञान, शब्दकार : दिल्ली
त्रिपाठी, करुणापति	सं. 1998	शैली, साहित्य ग्रन्थमाला : बनारस
त्रिपाठी, राममूर्ति	1957	व्यंजना और नवीन कविता, नागरी प्रचारिणी सभा : काशी
दास, ब्रजरत्न	सं. 2010	भारतेन्दु हरिश्चन्द्र, हिन्दुस्तानी एकेडमी : इलाहाबाद
दास, श्यामसुन्दर	1930	भाषा और साहित्य, नागरी प्रचारिणी सभा, : काशी
द्विवेदी, हजारीप्रसाद	1940	हिन्दी साहित्य की भूमिका, राजकमल प्रकाशन, दिल्ली
——	1952	हिन्दी साहित्य : उद्‌भव और विकास, राजकमल : दिल्ली
नगेन्द्र	1976	शैलीविज्ञान, नेशनल : दिल्ली
——	1980	मिथक और साहित्य, नेशनल : दिल्ली
——	1985	भारतीय समीक्षा और आचार्य शुक्ल की काव्य-दृष्टि, राजपाल : दिल्ली
नरसैया, सी.डी.	1974	नई समीक्षा : एक मूल्यांकन, 'समन्विति'
पन्त, सुमित्रानन्दन	1940	ग्राम्या, भारती भंडार : इलाहाबाद

——	1977	पल्लव (आठवाँ संस्करण) राजकमल : दिल्ली
प्रसाद, रामचन्द्र	1973	शैली, हिन्दी ग्रन्थ अकादमी : पटना
वाजपेयी, नन्ददुलारे	सं. 2013	आधुनिक साहित्य, भारती भंडार : इलाहाबाद
——	1959	नया साहित्य : नए प्रश्न, विद्या मन्दिर, वाराणसी
मदान, इन्द्रनाथ	1973	आधुनिकता और हिन्दी साहित्य, राजकमल, दिल्ली
मिश्र, बन्धु	1913	मिश्रबन्धु विनोद, नागरी प्रचारिणी सभा काशी
——	1910	नवरत्न, नागरी प्रचारिणी सभा : काशी
मिश्र, विद्यानिवास	1973	रीतिविज्ञान राधाकृष्ण : दिल्ली
राय, अमृत	1962	कलम का सिपाही, हंस प्रकाशन : दिल्ली
वर्मा, रामकुमार	1954	हिन्दी साहित्य का आलोचनात्मक इतिहास रामनारायण लाल : इलाहाबाद
वार्ष्णेय, लक्ष्मी सागर	1956	भारतेन्दु हरिश्चन्द्र, साहित्य भवन : इलाहाबाद
शर्मा, पद्म सिंह	1932	हिन्दी, उर्दू और हिन्दुस्तानी, हिन्दुस्तानी एकेडमी : इलाहाबाद
शर्मा, रामविलास	1953	भारतेन्दु हरिश्चन्द्र और हिन्दी नवजागरण की समस्याएँ, राजकमल : दिल्ली
——	1956	भारतेन्दु युग, विनोद पुस्तक मन्दिर : आगरा
——	1961	भाषा और समाज, राजकमल, दिल्ली
——	1975	भारतेन्दु युग और हिन्दी भाषा की विकास परम्परा, राजकमल : दिल्ली
——	1981	भाषा युगबोध और कविता, वाणी : दिल्ली
——	1993	प्रेमचन्द और उनका युग, राजकमल : दिल्ली
——	1973	आचार्य रामचन्द्र शुक्ल और हिन्दी आलोचना, राजकमल : दिल्ली
शास्त्री, पी.एस.	1974	नई समीक्षा, 'समन्विति'
शुक्ल, कृष्ण शंकर	1934	आधुनिक हिन्दी साहित्य का इतिहास,

		नागरी प्रचारिणी सभा : काशी
शुक्ल, रामचन्द्र	सं. 2001	रस-मीमांसा, नागरी प्रचारिणी सभा : काशी
——	2000	सूरदास, नागरी प्रचारिणी सभा : काशी
श्रीवास्तव, परमानन्द	1976	उपन्यास का यथार्थ और रचनात्मक भाषा नेशनल : दिल्ली
श्रीवास्तव, रवीन्द्रनाथ	1962	प्रगतिशील आलोचना, साहित्य भवन, इलाहाबाद
——	1967	'साहित्य विश्लेषण का संघटनात्मक दृष्टिकोण' : आलोचना : 38, 69-80 दिल्ली
——	1967	"भाषावैज्ञानिक दृष्टि और आलोचना की नई भूमिका" आलोचना : 39, 60-69 दिल्ली
——	1968	"काव्य भाषा और शैलीविज्ञान', आलोचना 42, 11-20, दिल्ली
——	1972	शैलीविज्ञान और आलोचना की नई भूमिका केन्द्रीय हिन्दी संस्थान : आगरा
——	1974	"नई समीक्षा की भाषावादी चेतना," आलोचना : 30, 64-78, दिल्ली
——	1976	"शैलीविज्ञान और काव्य विश्लेषण" शैली और शैलीविज्ञान मे (सं. कुमार-श्रीवास्तव). केन्द्रीय हिन्दी संस्थान : आगरा
——	1977	"काव्य विश्लेषण और जीवन मर्म", परिशीलन : 42 : 49-54
——	1977	"संसर्गगत काव्य संसार" आलोचना : 43, 21-32, दिल्ली
——	1977	"शाब्दिक सौन्दर्य, काव्यवस्तु और शैलीविज्ञान, आलोचना : 44, 43-55 : दिल्ली
——	1978	"भाषा का आधुनिकीकरण : अनुवाद का संस्कार और दबाव," आलोचना : 45, 8-16 : दिल्ली
——	1979	संरचनात्मक शैलीविज्ञान, आलेख प्रकाशन दिल्ली

सिंह, नामवर	1968	कविता के नए प्रतिमान : राजकमल : दिल्ली
——	1957	इतिहास और आलोचना, लोकभारती इलाहाबाद
——	1979	छायाबाद, राजकमल : दिल्ली
सिंह, बच्चन	1974	"शैलीविज्ञान और आलोचना," आलोचना : 30, 5-10 : दिल्ली
सेंगर, शिवसिंह	1883	शिवसिंह सरोज (सम्पादक) किशोरी लाल गुप्त, हिन्दी साहित्य सम्मेलन : प्रयाग

(अंग्रेजी)

Adolfo. S.V.	1965	Art and Society. Monthly Review Press : New York & London.
Barthes, R.	1967	Science vs Literature. The Times Literary Supplement.
———	1967	Elements of Semiology. Cape : London.
Beardsley, M.C.	1958	Aesthetics. Harcourt, Brace and World : New York.
Beardsley, M.C.	1967	The Concept of Meter : An exercise in Abstraction' IN Essays on the Language and Literature (eds. Chatman and Levin). Boston
Blackmur. R.P.	1952	Language as Gesture. Harcourt and Brace : New York.
Brook-Rose.	1958	A Grammar of Metaphor. Secker and Warburg : London.
Brooks, C	1947	The Well-Wrought. Harcourt and Brace : New York.
Conte, D.		1971 Illusion. Harper Colophon Books : London.
Cassirer, E	1945	Structuralism in Modern Linguistics IN' 'Word', 1,99-120.
Caudwel, C.	1937	Illusion and Reality. People's Publishing House : Delhi.
Caudwell, C.	1938	Studies in Dying Culture. Bodely Head: London.

Chatman, S. 1966 On Theory of Literary Style.' In Linguistics. 27, 13-35.

Chatman, S. 1971 Literary Style : A Sympozium. OUP : London and New York.

Chomsky, N. 1957 Syntactic Structure. The Hague Mouton.

——— 1965 Aspects of the Theory of Syntax. MIT Press : Cambridge.

Crane, R.S. 1958 The Language of Cristicism and the Structure of Poetry. University of Toronto Press.

Culler, J. 1975 Structuralist Poetics. Routledge and Kegan Paul : London.

De, S.K. 1959 Some Problems of Sanskrit Poetics. Firma : Calcutta.

Deichis, D. 1957 Critical Approaches to Literature. Longman : London.

Dwivedi, R.C. 1966 (ed.) Kavya Prakash of the Poetic Light. Motilal Banarsi Das : Delhi.

Edvin,G. 1920 A Sketch of Hindi Literature.

Eioit, T.S. 1932 Selected Essays. New York.

Empson, W. 1961 Seven Types of Ambiguity. Penguin : London.

Enkvist, N.E. 1973 Linguistic Stylistics. Routledge and Kegan Paul : London.

Erlich, R. 1962 The New Romantics : A Reappraisal of the New Criticism. Bloomington.

F.E.K. 1920 A History of Indian Literature.

Fast, H. 1950 Literature and Reality. People's Publishing House : Bombay.

Flores, A. 1945 (ed.) Literature and Marxism. India Publishers : Allahabad.

Fowler, R. 1977 Lingusitics and Novel. Methuen and Co. : London.

Grierson, J.A. 1889 Modern Vernacular Literature of Northern Hindustani.

Halliday, M.A.K. 1973 Explorations in the Functions of Language. Edward Arnold : London.

Haugh, G. 1969 Style and Stylistics. Routledge and Kegan Paul : London.

Hawkes, T. — 1977 — Structuralism and Semiotics.; Methuen and Co. : London.

Hill, A.A. — 1956 — Pippa's Song : Two attempts at Structural Criticism. University of Taxas.

Hungerland, I. — 1958 — Poetic Discourse. Berkley and Los Angels.

J. Robert O. — 1961 — Physics in the Contemporary World' IN Great Essays in Science (ed. M. Gardner) Longman : New York.

Jacobson, R. — 1960 — Linguistics and Poetics'. : In Style in Language. (ed. T.A. Sebeok). MIT Press : Cambridge.

James, W. — 1890 — The Principles of Psychology. Holt : New York.

KelKar, A.R. — 1969 — The being of a Poetry 'In Foundations of Language, 5, 17-23.

Krieger, M. — 1964 — A Window to Criticism. Princeton.

Kuznetov, V. — 1965 — Einstein. MUP : Moscow.

Lavrin, J. — 1947 — An Introduction ot the Russian Nove. London.

Leach, E. — 1970 — Levi-Strauss. Fontana : London.

Mackleish, A. — 1960 — Poetry and Experience. Penguin : Baltimore.

Madan, Indranath. — 1937 — Modern Hindi Literature.

Merzakovasky. D.S. — 1965 — Dostovosky and Tolstoy " In Russian Literature and Modern English Fiction (ed. Donald Davie) Chicago-London.

Murry, F.M. — 1922 — Problems of Style. Oxford Paperbacks : London.

Nagendra — 1977 — (ed.) Tulsidasa : His Mind and Art. National : Delhi.

——— — 1978 — (ed.) Surdasa : His Mind and Art. National : Delhi.

Nicholas, S.G. — 1963 — (ed.) Concepts of Criticism. New Haven.

Pomorska, K. — 1968 — Russian Formalist Theory of Literacy Discourse. The Hague : Mouton.

Quirk, R. and A.H. Smith. — 1959 (eds.) The Teaching of English OUP : Oxford.

Ransom, J.C.	1930	God Without Thunder : An Unorthodox Defence of Orthodoxy. Charles Seribner's Sons : New York.
———	1957	Poets Without Lawrels'. IN Literary Criticism in America (ed. Albert D Vanstrand). Charles Scribner's Sons : New York.
Richards, I.A.	1924	Principles of Literacy Criticism. Routledge and Kegan Paul : London.
———	1926	Science and Poetry. Routledge and Kegan Paul : London.
———	1929	Practical Criticism. Routledge and Kegan Paul : London.
——— and C.K.Ogden.	1949	The Meaning of Meaning. Rotledge and Kegan Paul : London.
Russel. B.	1952	The Impact of Science on Society. Longman : London.
Salonim, M.	1959	Outline of Asian Literature. Montory Books : London.
Saporta, S.	1960	The Application of Linguistics to the Study of Poetic Language. "IN Style in Language (ed. T.A. Sebeok). MIT Press : Cambridge.
Sauccre, F.de.	1916	Course de linguistique generale, Payot. Trans : Paris. Course in General Linguistics, Philosophical library : New York.
Scott, W.S.	1967	Five Approaches of Literary Criticism. Harcourt and Brace : New York.
Searle, J.	1969	Speech Acts. OUP : London.
Sengupta, S.C.	1959	Towards a Theory of the Creative Imagination. OUP : London.
Shastri, Surya Kant		A History of Hindi Literature.
Srivastava, R.N	1977	Rhetoric Devices in Ramacharitmanas' IN Nagendra (ed.) Tulsidasa : His Mind and Art. National : Delhi.
———	1978	Lyrical Genius of Surdasa' IN Nagendra (ed.) Surdasa : His Mind and Art. National : Delhi.

Todorov, T. 1971 The Place of Style in the structure of the text. INS. Chatman (ed.)

Tate, A. 1959 Collected Essays. Denever.

Thompson, G. 1945 Marxism and Poetry. Lawerence and Wishart : London.

Tyanby, A. 1945 A Study of History : Part. I. OUP : Oxford.

Ulman, S. 1964 Language and Style. Basil Blackwell : Oxford.

Vivas, E. 1955 Creation and Discovery. Henry Regnery : Chicago.

Wellek, R. 1960 From the viewpoint of literacy Criticism.' IN Style in Language (ed. T. Sebeok), MIT Press : Cambridge.

——— 1963 The Main Trends of Twentieth Century Criticism. IN Style in Language (ed. T. Sebok), MIT Press : Cambridge.

——— and A. Waren. 1949 Theory oa Literature. Harcourt and Brace : New York.

Wheelright, P. 1862 Metaphor and Reality. IUP : Indiana.

Whitehead, A.N. 1962 The Origin of Modern Science 'IN Philosophy in the Twentieth Centruy (eds. W. Barret and H.D. Eiken). Longman : New York.

Wimset, W.K. and Brooks. 1957 Literary Criticism : A Short History. Oxford Book Corporation : Calcutta.

Young, N.Z. 1951 Doubt and Certainity in Science. OUP : Oxford.

पारिभाषिक शब्द सूची

(आलेखों के कालक्रम से)

अभिव्यंजन	Expression
संवेदनशील	Emotional
अनुभूति	Experience
प्रेषणीय	Communicative
प्रगतिशील	Progressive
कृति/कलाकृति	Work of art/of literature
वृत्तियाँ	Moods
सामाजिक यथार्थ	Social Reality
कलात्मक आवरण	Artistic Cover
एकरूपता	Homogeniety
असंगतियाँ	Incoherence
अभिन्नता	Oneness
विरोधाभास	Oxymoron
चित्त	Mind/Heart
काल्पनिक आदर्श	Utopion ideal
गतिवर्धक शक्तियाँ	Dynamic potency
अन्तर्विरोधी	Self Contradictory
विषमता	Heterogenity
सजीव/मार्मिक	Vital
समाज व्यवस्था	Social System
आदर्शवादी	Idealistic
तार्किकता	Logicality
क्रान्तिकारी	Revolutionary Concsiousness
सामन्तवाद	Feudalism
समाज सुधारक	Social reformer
वर्ण व्यवस्था	Caste System

मध्य वर्ग	Middle Class
मनोवृत्ति	Attitude
वंशगत	Heriditary
अन्तर्द्वन्द्व	Inner Conflict
प्रवृत्ति	Trend, tendency
तनाव	Tension
सुधारवादी	Reformist
संस्कार	Refinement
सामाजिक विभाजन	Social division
मानदंड	Criterion, Standard
अनुरूपता	Analogy
प्रतिकूलता	Hostility
निरूपण	Portrayal
पुनरुत्थान	Resurrection
दार्शनिक	Philosophical
सत्यनिष्ठ वस्तु	Truth
मूर्त छवियाँ	Images
तात्कालिक	Imediate
निरीक्षण	Investigation
परीक्षण	Testing
अनुकृति	Imitation
आत्मतत्त्व/आत्मा	Spirit
सौन्दर्य	Beauty
भूततत्त्व/वस्तु	Matter
विचार प्रक्रिया	Thought Process
सूक्ष्म	Subtle
पूरक	Complimentary
उन्नयन	Sublimation
आन्तरिक चेतना	Inner Conssiousness
प्रेरणातत्त्व/प्रेरणा	Inspiration
कलात्मक सौन्दर्य	Artistic beauty
परिवेश	Halo
आनुपातिक	Proportional
तात्कालिक चिन्तन	Imediate Contemplation
रूपगत अभिव्यक्ति	Morphological type of real life

मूर्त छवि	Imagery
रचनात्मक रूपान्तर	Cretive reproductions
संभावित यथार्थ	Reality as Possibility
रचनात्मक	Creative
तद्रूपचित्रण	Photography
संश्लेषण प्रक्रिया	Synthesis
संचय	Accumulation
व्यापक	Universal
प्रसार	Expansion
सर्वसाधारण	Type
वर्ग भेद	Class difference
प्रगतिपरक	Progressive
मानवतावादी	Humanistic
मूल्यांकन	Evaluation
उद्बुद्धवर्ग	Intelligentsia Class
भाषाबद्ध	Language bound
आकस्मिकता	Chance
यथार्थ तत्त्व	Reality
स्वानुभूति	Self Experience
विचार साहित्य	Literature of reasoning
शिल्प-विधान/रूप तत्त्व	Form
कल्पना	Imagination
सम्भावित	Probable
तद्रूपकार	Imitator
जनकल्याण	Public Welfare
द्वन्द्वात्मक भौतिकवाद	Dialectic materialism
आदर्शोन्मुख यथार्थवाद	Idealistic Realism
जातीय	Racial
राष्ट्रीय	National
आर्थिक	Economic
कलात्मक सौन्दर्य	Aesthetic
श्रम	Labour
विषयवस्तु/विषय	Content
मनोविनोद	Play
उपयोगितावाद	Utilitarianism

संचालन	Movement
सामूहिक भाव	Collective Emotion
वास्तविकता	Reality
मिथ्यावरण	Illusion
क्रिया व्यापार	Action
सीधा	Direct
वस्तुगत यथार्थ	Objective Reality
कलात्मक यथार्थ	Literary Reality
ऊपरी ढाँचा	Super Structure
न्यूनतम	Minimum
प्रचार साहित्य	Propoganda Literature
तटस्थ	Neutral
व्यक्तित्त्व	Individuality
कलात्मक गुण	Artistic attribute
आधार	Base
निरंकुशता	Despotism
समसामयिक	Contemporary
खंडित व्यक्तित्व	Split personalityècultural lag
जमीन कर	Land tax
पूँजीवाद	Capitalism
रूढ़िग्रस्त	Conservative
मानव मूल्य	Human values
परम्परागत	Traditional
दायित्व	Responsibility
मानसिक गठन	Makeup of mind.
वर्ण	Caste
वर्ग	Class
आन्तरिक गुण	Inherent qualities
गत्यात्मक/गतिशील	Dynamic
कार्यशक्ति	Intensity
जटिलता	Complexity
क्रमिक सुधार	Step by step
औद्योगिक क्रान्ति	Industrial Revolution
उदार	Librel
मस्तिष्क का गठन	Mental makeup

आश्रित विधेय	Conditioned reflex
प्रत्युत्तर	Response
ऊँच-नीच	Social Inequalities
जन्मगत पक्ष	Status of birth
मध्य स्तर	Mediocre
गतिवर्द्धक	Linear
समस्तरीय	
स्तरवर्द्धक	Horizental
अहं/अहंपक्ष	Ego
नैतिकता	Morality
स्वच्छन्द	Romantic
रहस्यवाद	Mysticism
आत्माभिव्यक्ति	Expression of personality
तथ्यपरक	Factual
नवजागरण	Renaissance
पलायनवाद	Escapism
सृजनात्मक प्रक्रिया	Creative Process
स्थूल उत्पादन	Raw material
बोधपरक	Cognitive
भावपरक	Imotive
प्रवृत्ति	Bond
घात-प्रतिघात	Interaction
मूर्त स्वरूप/मूर्तरूप/रूपाकार	Structure
मानस ग्रन्थियाँ	Complexes
दृष्टिकोण	Angle of vision
सबल/सार्थक	Forcefull
विकासशील	Developing
व्यक्तिगत सम्पत्ति	Private property
समाजवाद	Socialism
सामूहिक श्रम	Group labour
सामन्तवादी राजकुमार	Feudal Lords
केन्द्रोन्मुखी शक्ति	Centrepitale force
घनत्व	Density
मूर्त संरचना	Concrete structure
नियत घटक	Constul factor

उद्बुद्ध	Elivated
संकेतात्मक	Represent
ठोस प्रतीक	Concrete image
प्रच्छन्न	Latent
चेतना	Consciousness
अर्थ क्षेत्र	Semantic field
सबल साहित्य	Forceful literature
रूढ़िवादिता	Stagnant
व्यक्तित्ववाद	Theory of individuation
चेतन	Conscious
अचेतन	Unconscious
सामूहिक	Collective
स्वाभाविक प्रवृत्तियाँ	Natural Instincts
चेहरा	Mask
व्यक्तित्व की पूर्णता	Self
समूहगत	Generic
अखंडित व्यक्तित्व	Integrated Personality
स्वस्थ प्रकृति	Normality
बाह्यजगत	Objective World
नैतिक	Moral
स्वाभाविक	Neorotic
अहं का आदर्श	Ego ideal
नैतिकता निरपेक्ष	Amoral
संगठन प्रज्ञा	Intellect
संवेदनशून्यता	Emotional less
एकत्व	Unity
स्वप्न सिद्धान्त	Dream theory
प्रतिमा	Architype
उपकरण	Tools
प्रणाली	Method
विघटन	Dissociation
गत्यात्मक स्वगति	Automation
प्रत्यय	Concept
पद्धति	Technique
खगोलविद्या	Astronomy

फलित ज्योतिष	Astrology
परिमाणिक	Quantitative
क्रमबद्ध	Orderly, Systemetic
अभिरचना	Pattern
लचीलापन	Fluctuation
सम्भावना	Probability
फलन	Funciton
तथ्यसामग्री	Data
सम्भाव्य अकरणीय	Probable impossibility
अकरणीय	Improper
असम्भाव्य करणीय	Improbable prossibility
श्रेणी	Category
अन्विति	Congruence
आन्तरिक अनुरूपता	Internal harmony
गठन	Structure
उपागम/दृष्टिकोण	Approch
समीकरण	Equation
उद्देश्य	Purpose
सार्वभौमिक प्रकथन	Universal Statement
व्याख्या	Explanation
स्वतन्त्र सत्ता	Autonomy
अभिप्राय	Intention
संघटनात्मक	Structural
प्रतिमान मानक	Norm
आंगिकता	Organisty
जीवन्तता	Liveliness
सार्वजनिक वस्तु	Public Object
बुनावट	Texture
पर्यवेक्षण	Observation
सांवेदनिक	Emotional
विवरण	Description
अर्थवत्ता	Signification
उत्तेजना	Stimulous
अनुक्रिया	Reaction
पुर्नबलन	Reinforcement

वंचन	Deprivation
प्रयोजन	Purpose
अभिप्राय	Intention
गोचर	Perceptible
शाब्दिक प्रतीक	Verbal Sign/Linguistic sign
कलावस्तु	Art object
सम्भावना	Potential
आस्वाद्य वस्तु	Aesthetic object
संक्रियात्मक	Operational
पाठालोचन	Textual criticism
कार्यपद्धति	Method
गुणात्मक	Attributive
घुमावदार सीढ़ी	Spiral
समन्वयवाद	Synthesis
गत्यात्मक शक्ति	Frequency
घटना	Event
जीवन्त संघटना	Living Structure
सन्दर्भ	Perspective
जाति	Race
परिवृत्त	Surrounding
युग	Milieu
सम्प्रदाय	Sect
सर्वसमावेश अभिरचना	Over all patterns
विकल्पन	Variant
रूपवादी	Formalistic
सन्दिग्धार्थता	Ambiguity
सन्तुलन	Balance
भंगिमा	Posture
प्रोक्ति/वाक्यबन्ध	Discourse
गत्यात्मक शक्ति	Dynamic force
सहअस्तित्व	Co-existence
अन्तरंग	Intrinsic
बहिरंग	Extrinsic
सामन्तवादी शासक	Feudal Lords
शास्त्र	Disciplin

उपादान	Elements
प्रकार्य	Function
व्यवहार	Usage
व्यावहारिक	Applied
केन्द्रक	Locas
स्वनिष्ठ	Autonomous
चयन	Selection
विकल्प	Alternative, Optional
वर्गीकरण	Classification
रूपान्तरण	Transformation
सामान्य	General
विशिष्ट	Special
वस्तुवादी	Objective
उपलक्षण	Distinctive features
सार्वकालिक	Universal
घटक	Construct
आधारभूत	Basic
रूपवादी	Formal
स्वनिम	Phoneme
प्रभेदक लक्षण	Districtive features
प्रभाववादी	Impressionist
नव्यरूपवादी	Neo-formalistic
संरचनावाद	Structuralism
अवधारणा/संकल्पना	Concept
उपादान वस्तु	Substance
आकृति/रूप	Form
मौखिक	Oral
अभिव्यक्ति माध्यक	Expression mode
प्रभेदक लक्षण	Differential features
प्रतिरूप	Model
अपरिवर्तनीय	Invarient
साकल्परूप	Organic whole
आंगिकता	Organisity
समग्रयोग	Aggrigate
प्रेक्षणीय	Observable

आभ्यन्तर	Deep
रूपावली	Paradigm
भाषा व्यवस्था	Langue
भाषा व्यवहार	Parole
सार्वभौम व्याकरण	Universal Grammer
सर्जक/कृतिकार	Writer
उत्पादक	Producer
उपभोक्ता	Consumer
सच्चा	Genuine
काव्य वस्तु	Art object
सिद्ध काव्यवस्तु	Aesthelic art object
सहस्वन	Allohohone
गुच्छ	Cluster
व्यक्त	Specified
प्रतिफलित	Actualised
अव्यक्त	Unspesified
निलम्बित	Suspended
पुनःसर्जना	Recreation
सहसर्जनात्मक क्रिया	Co-Creative act
सक्रियता	Activity
संगत	Compatible
विधा	Genre
सकर्मक	Transitive
अकर्मक	Intransitive
प्रतिभागी दर्शक	Participant Observer
अस्मिता	Identity
मानक	Standard
अपकेन्द्री	Sentrifugal
अभिकेन्द्री	Sentripital
बोली	Dialect
उपभाषा	Allorect
क्षेत्रीय/जनपदीय	Regional
भाषा-नियोजन	Language planning
अभिव्यक्ति	Expression
कलात्मक सत्य	Artistic truth

सम्प्रेषणीयता	Communicability
अनुस्तरण	Grading
आयाम	Space
काल सीमा	Temporal
मिथकीय समीक्षा	Mythical criticism
प्रतीक विज्ञान	Semiotical Criticism
सम्प्रेष्य	Communicable
विचलन/अतिक्रमण	Develation
अर्थवत्ता	Signification
केन्द्रक	Locus, nucleus
बुनावट/गठन	Texture
पाठ विश्लेषण	Text analysis
आद्यप्रारूप/प्रतिमा	Archetype
विधा	Genre
विरोध	Paradox
संघटक	Constituents
संसर्ग	Association
संसक्ति	Cohesion
समष्टिपरक	Macro-Structure
साकल्य	Whole
सुगठित	Well formed
अनुमेय	Predicatable
अभिविन्यास	Orientation
अर्मूत	Abstract
अतिव्याप्ति	Overlapping
अतिशोधन शैली	Pseudo Cultured Style
अनुकरण	Mimicry
अनुभावक	Experiencer
अनुकारक	Imitator
पारदर्शित	Transperency
अपारदर्शित	Opacity
अभिधेयार्थ	Literal meaning
अभिव्यक्त	Manifested
असम्पूर्ण वाक्य	Minor-Sentence
आर्थी	Semantic

प्रोक्ति/कथन	Discourse
कथा-व्याकरण	Story grammar
कथा	Theme
कर्तृवाच्य	Active Voice
कर्मवाच्य	Passive Voice
काव्य प्रकार्य	Poetic Function
क्रम-विपर्यय	Inversion
क्रमबद्धता	Concatenation
क्रमिक	Gradual
गल्प	Fiction
गुणार्थ	Intentional meaning
जनभाषा	Vernacular
जीवन्तता	Vitality
तदनभूतिवादी	Expathist
तनाव	Tension
देशज शब्द	Indigeneous ward
द्योतन	Exponence
नवप्रवर्तन	Innovation
परत	Layer
परास	Range
पाठेतर	Extra-textural
प्रत्यक्ष	Perceptible
प्रत्यक्षण	Perception
प्रसंग	Reference
बहुवचनत्व	Plurity
बोधन	Comprehension
भाषा भेद	Varirty of Language Language veriation
भाषा विचलन	Language shift
भाषा संस्कार	Exgenics of Language
भाषा सामग्री	Language corpus
मृदुता	Softness
रूढ़	Opaque Conventional
रूपक	Metophor
रूपबन्ध	Format

लोकाचार	Usage
वाच्यार्थ	Extension of meaning
विचरण	Alternance, Variation
विधान	Setting
विन्यास	Arragnement
विरलता	Rareness
शब्द वृत्त	Lexicon
शैलीगत	Stylistic
सन्दर्भपरक अर्थ	Referential meaning
सामाजिक अस्मिता	Social identity
साहित्यिक मानक	Literary standard
हेतुभद् वृत्ति	Conditional Attitude